NAISSANCE DE L'ESCROQUERIE MODERNE DU XVIIIe AU DEBUT DU XIXe SIECLE

Logiques Juridiques

Collection dirigée par Gérard Marcou

Le droit n'est pas seulement un savoir, il est d'abord un ensemble de rapports et pratiques que l'on rencontre dans presque toutes les formes de sociétés. C'est pourquoi il a toujours donné lieu à la fois à une littérature de juristes professionnels, produisant le savoir juridique, et à une littérature sur le droit, produite par des philosophes, des sociologues ou des économistes notamment.

Parce que le domaine du droit s'étend sans cesse et rend de plus en plus souvent nécessaire le recours au savoir juridique spécialisé, même dans des matières où il n'avait jadis qu'une importance secondaire, les ouvrages juridiques à caractère professionnel ou pédagogique dominent l'édition, et ils tendent à réduire la recherche en droit à sa seule dimension positive. A l'inverse de cette tendance, la collection *Logiques juridiques* des Éditions L'Harmattan est ouverte à toutes les approches du droit. Tout en publiant aussi des ouvrages à vocation professionnelle ou pédagogique, elle se fixe avant tout pour but de contribuer à la publication et à la diffusion des recherches en droit, ainsi qu'au dialogue scientifique sur le droit. Comme son nom l'indique, elle se veut plurielle.

Déjà parus

R. ROMI, *Thomas Patafume, juriste : une vie, une oeuvre*, 2005.
Y. BAZOUNI, *Le métier de diplomate*, 2005.
A. AOUIJ-MRAD, M. H. DOUCHEZ, B. FEUILLET, *Santé, argent et éthique : une indispensable conciliation ?*, 2005.
Emilie MARCOVICI, *La gauche et la VIe République*, 2005.
Cyril BRAMI, *Des juges qui ne gouvernent pas. Retour sur les idées constitutionnelles de Roger Pinto*, 2005.
A. AOUIJ-MRAD, M.H. DOUCHEZ, B. FEUILLET, *Santé, argent et éthique : une indispensable conciliation*, 2005.
Mita MANOUVEL, *Les opinions séparées à la Cour internationale*, 2005.
Eric CARPANO, *Etat de droit et droits européens*, 2005.
Fabien CADET, *L'ordre public en droit international de la famille. Étude comparée France/Espagne*, 2005.
Marc LE DORH, *Les démocrates chrétiens français face à l'Europe*, 2005.
C. ETRILLARD, *Le temps dans l'investigation pénale*, 2004.
Sylvain Sorel KUATE TAMEGHE, *La protection du débiteur dans les procédures individuelles d'exécution*, 2004.

Catherine Samet

NAISSANCE DE L'ESCROQUERIE MODERNE DU XVIIIe AU DEBUT DU XIXe SIECLE

La naissance de la notion d'escroquerie d'après la jurisprudence du Châtelet et du Parlement de Paris durant le siècle de Louis XV (1700-1790)

Avec le soutien
du Comité pour l'Histoire Economique et Financière de la France

L'Harmattan
5-7, rue de l'École-Polytechnique
75005 Paris
FRANCE

L'Harmattan Hongrie
Könyvesbolt
Kossuth L. u. 14-16
1053 Budapest

L'Harmattan Italia
Via Degli Artisti, 15
10124 Torino
ITALIE

Ouvrages du même auteur :

- *La naissance de la notion d'abus de confiance dans le ressort du Parlement de Paris au cours du XVIIIe siècle*, Paris, PUF, 1998.

- *La ville, peurs et espérances,* Paris, La documentation française, 1995. [direction et édition].

- *Justice, transparence et démocratie*, Paris, éditions Val-de-France, 1998. [direction et édition].

- *Lettres japonaises*, Paris, éditions Val-de-France, 1998. [direction et édition].

- *Les visages de la loi*, Paris, éditions L'Archer-PUF, 2000. [direction et édition].

- *Les aveux d'un juge d'instruction*, Paris, Flammarion, 2001 ; rééd. J'ai lu, 2003.

- *La violence des mineurs*, Paris, La Documentation française, 2001. [direction et édition].

- *Lettres d'Afrique du Sud*, Paris, éditions l'Harmattan, 2001.

- *Précis de médecine légale*, Paris, éditions Arnette, 2003. [Contribution « Médecine légale et justice »].

- Contribution au *Dictionnaire de Criminologie et de Droit pénal,* Paris, Dalloz, 2004.

ISBN : 2-7475-8721-5
EAN : 9782747587211

REMERCIEMENTS

Ce travail n'a été rendu possible que par un soutien vigilant et bienveillant de mon maître, Madame Yvonne Bongert, professeur émérite à la Faculté de Droit de l'Université de Paris II-Panthéon, dont l'amicale attention n'a jamais failli. Formée par son enseignement à la faculté que j'ai eu l'honneur de suivre pendant de longues années et aidée par ses conseils et son sens de la rigueur, j'ai pu entreprendre et achever cette recherche sous sa direction. Grâce à elle, j'avais déjà mené à bien une première étude, *La naissance de la notion de l'abus de confiance*, primée par l'Université de Paris II et publiée, en 1989, par les Presses Universitaires de France dans la collection des « Travaux et recherches de l'Université de Droit, d'Économie et de Sciences sociales de Paris ». À l'issue de cette publication, j'ai souhaité poursuivre mon enquête dans l'histoire du droit pénal des affaires et Madame Bongert a bien voulu à nouveau en assurer la direction. Madame Y. Bongert m'a également ouvert sa bibliothèque personnelle, riche de nombreux traités du XVIIIe siècle et accessible à des heures non ouvrables, ce qui est loin d'être négligeable pour un juge d'instruction en pleine activité ! Son amitié, tout autant que son ample savoir, m'ont été précieux durant les nombreux moments difficiles pour me montrer le chemin à suivre. Nos discussions tardives et animées ont assurément participé à rendre vivant à mes yeux, et j'espère à ceux du lecteur, ce droit de l'Ancien Régime.

Monsieur le Professeur André Laingui m'a non seulement aimablement ouvert les portes de la bibliothèque d'Histoire du Droit de l'Université de Paris-II, mais également celles de son cours que j'ai eu la chance de fréquenter pendant plusieurs années. Il n'a jamais, non plus, manqué de répondre à toutes mes questions.

Messieurs les Professeurs Bernard Bouloc de l'Université de Paris-I et Jacques-Henri Robert, Directeur de l'Institut de Criminologie de l'Université de Paris-II, m'ont toujours prodigué des encouragements chaleureux auxquels j'ai été sensible et des observations utiles.

Je tiens à exprimer une reconnaissance particulière au Professeur Ezra Suleiman, Directeur de l'Institut d'Etudes européennes à l'Université de Princeton (New Jersey, U.S.A.) qui m'a également permis de poursuivre ces recherches à la bibliothèque Firestone. Mais ma reconnaissance va aussi aux professeurs Robert Darnton et Philip Nord de l'université de Princeton sans qui rien n'aurait été possible ; une pensée amicale va également à Joyce Slack, manager des programmes.

Je ne pourrais remercier tous ceux et celles qui, nombreux, ont contribué d'une façon ou d'une autre, et d'abord par leur soutien, au bon achèvement de cette recherche. Madame Cécile Piveteau de l'Université de Paris-II m'a communiqué quelques références. Il m'est aussi un plaisir d'exprimer ma reconnaissance à ceux qui m'ont permis l'accès aux sources pour ce travail, d'abord aux Archives Nationales, Monsieur Galland, Conservateur en Chef, Monsieur Jubert, Conservateur en Chef, Madame Hildesheimer, Conservateur en Chef et professeur associée à Paris I, ainsi que Madame Claire Béchu, responsable du département de la communication des documents, ensuite à la Bibliothèque Nationale, Monsieur Jérôme Ogereau, qui a notamment autorisé que de nombreux documents du fonds Joly de Fleury soient micro-filmés. Aux Archives nationales comme à la Bibliothèque nationale, j'ai sollicité de nombreux conservateurs qui ont toujours avec le sourire, tenté de répondre favorablement à mes demandes.

Le soutien du Comité pour l'histoire économique et financière de la France me touche beaucoup. L'intérêt porté ainsi par le Ministère des finances à ce travail achevé est précieux et je voudrais à ce titre remercier Madame Anne de Castelnau.

Enfin, je remercie pour leur patience et leur bienveillante fidélité mes amis, dont le Père Bernard de Boissière S.J., Françoise et Marcel Boiseau, Ludivine Conrad, Anne Gelbert, Denise Jolivet, Dominique Lecomte, Frédéric Manfrin, Evelyne Samama, Sébastien Studer et Stamatios Tzitzis.

Une thèse d'Etat est l'occasion de multiples rencontres souvent fructueuses et très attachantes. Celles-ci sont autant de respirations dans un travail long et difficile dont les orientations de recherches étaient multiples et où les tâches de juge et d'enseignant apportaient déjà chaque jour leur lot de responsabilités et de fatigue. Mais la compagnie des escrocs du XVIIIe siècle n'a, loin s'en faut, pas été désagréable. Pleins de malice et d'invention, ils ont toujours su me surprendre, illustrant à merveille l'esprit d'un siècle volage mais novateur, léger et si profondément moderne.

Paris, le 27 avril 2005

PRÉFACE

Mademoiselle Catherine SAMET nous présente, avec son *Essai sur la naissance de l'escroquerie moderne* durant le siècle de Louis XV, un très important et très intéressant travail pour l'aboutissement duquel elle s'est livrée, pendant sept ans, à des recherches considérables tant aux Archives nationales (fonds du Châtelet et du Parlement de Paris) qu'à la Bibliothèque nationale (collection Joly de Fleury), sans parler de nombreuses sources imprimées qu'elle a été amenée à consulter. Il lui a fallu beaucoup de courage et de persévérance pour mener à bien de telles investigations que son activité de magistrat instructeur rendait particulièrement difficiles. Depuis longtemps déjà elle s'intéressait aux origines de cette délinquance économique puisqu'elle avait consacré un mémoire de doctorat, publié dans les Travaux et Recherches de l'Université de Droit, d'Économie et de Sciences sociales de Paris, à *La naissance de la notion d'abus de confiance dans le ressort du Parlement de Paris au XVIIIe siècle* (Paris, PUF, 1989).

Ce n'est pas un hasard si ces délits voisins ont fait leur apparition de façon concomitante au XVIIIe siècle. La conjoncture en effet s'y prêtait.

D'une part, cette période était celle d'une forte expansion de l'économie. Dès la Régence, on assiste à un accroissement de la population, qui continuera à augmenter au cours du siècle, favorisé par un enrichissement dû à une reprise des affaires sans précédents. Le progrès de l'industrie et surtout du commerce est considérable, tendant à faire de l'argent la valeur suprême. L'on peut dire qu'à partir de 1750 celui-ci est roi et engendre la dégradation des mœurs. Certes la religion n'a pas disparu et exerce encore une influence notable, surtout dans les campagnes. En revanche, et il s'agit là d'un autre élément qui a joué un rôle important en la matière, la Cour, la noblesse et même la bourgeoisie sont gagnées par la philosophie des Lumières. Celle-ci prend un tel ascendant sur les esprits que la morale s'en trouve complètement subvertie. Il n'est plus question de vertu, d'honneur et de désintéressement : la morale traditionnelle fait place à celle du plaisir, de l'intérêt et de l' « amour-propre », c'est-à-dire de l'égoïsme. « C'est sur l'intérêt », écrit d'Holbach, « que la morale doit fonder solidement tous les préceptes pour les rendre efficaces ». « Nos jugements ou sentiments moraux »,

nous-mêmes nous fait en entier ce que nous sommes » et il voit là le fondement même de la morale.

Au début du siècle, dans son ouvrage *La fable des abeilles, ou vices privés, bienfaits publics*, paru en 1723 et reprenant un premier essai sur la question datant de 1705, Mandeville estimait que ce subvertissement de la morale avait des effets bénéfiques : « Supprimez », dit-il, « ou restreignez l'égoïsme, la vanité, toutes ces passions que veut détruire la morale, vous portez atteinte à l'industrie et au commerce dont ils sont les moteurs ». Pareil optimisme peut toutefois laisser dubitatif le lecteur de *La morale universelle* de d'Holbach : un passage de ce petit livre permet d'entrevoir certaines conséquences de cette nouvelle philosophie morale susceptibles de se révéler beaucoup moins avantageuses pour le négoce, quel qu'il soit. S'agissant des objets « qui excitent l'amour de l'homme, appelés des biens ou des plaisirs », « on dit », remarque l'auteur, « qu'ils sont bons, beaux, utiles, agréables, et l'on approuve les actions et moyens qui les procurent ».

C'était là légitimer les moyens de se procurer de l'argent les plus dommageables pour l'économie tels que vols, tromperies, dols, abus de confiance au sens le plus large du terme, manœuvres frauduleuses, tous agissements délictueux qui, de fait, se multipliaient dans cette société du XVIIIe siècle complètement corrompue et menaçaient tout particulièrement le commerce dont on sait qu'il a un impérieux besoin de sécurité pour se développer.

La justice ne pouvait rester sans réagir devant pareille situation, notamment devant la délinquance astucieuse, singulièrement dangereuse dans le monde des affaires. Les juges cependant ne disposaient d'aucun texte formel d'incrimination spécifique pour la réprimer. Certes les mots *escroc* et *escroque* au féminin existaient bien et Madame PLESSIX-BUISSET les a rencontrés dès le XVIIe siècle. Il n'en demeure pas moins que le délit d'escroquerie n'apparaîtra pas avant la loi des 19 et 22 juillet 1791. Les magistrats se contentaient donc le plus souvent de décrire les procédés frauduleux utilisés ou d'avoir recours aux délits connus par le droit de l'époque tels que le dol, le faux, la filouterie ou même à des infractions empruntées au droit romain, comme le stellionat, que sanctionnait encore la pratique judiciaire du XVIIIe siècle. C'est ainsi qu'au fil du temps, de manière empirique, ils vont arriver à dégager les éléments de cette tromperie délictueuse, qui aboutiront, avec la loi de 1791, à la qualification technique et rigoureuse du délit d'escroquerie.

En conclusion l'on peut dire que la thèse de Mademoiselle SAMET a, d'abord, le mérite de la nouveauté. Personne, jusqu'alors, n'avait eu le courage de s'attaquer à l'étude des origines et du développement de cette délinquance économique en dépit de l'intérêt que présente, aujourd'hui, un tel sujet et des comparaisons qu'il ne peut manquer d'évoquer au juriste moderne. Elle présente en outre l'intérêt de mettre parfaitement en lumière qu'en l'absence de tout texte légal et de toute coopération de la part de la doctrine, les juges du XVIIIe siècle ont réussi, non sans quelques tâtonnements certes, mais en faisant preuve d'âtonnements certes, mais en faisant preuve d'un réel esprit novateur et d'un sens remarquable de l'opportunité, à créer de toutes pièces, à partir du droit romain, un délit appelé à prospérer considérablement par la suite. L'auteur nous fait assister à cette élaboration d'une notion juridique si aboutie qu'aujourd'hui encore, les points sur lesquels la jurisprudence de l'Ancien Régime se montrait parfois hésitante ne sont pas toujours parfaitement élucidés et donnent lieu, en maintes occasions, à bien des discussions entre nos criminalistes modernes.

Madame Yvonne BONGERT
Professeur émérite de l'Université de Paris II Assas-Panthéon

SOMMAIRE

Dans un temps d'ignorance on n'a aucun doute, même lorsqu'on fait les plus grands maux ; dans un temps de lumière, on tremble encore lorsqu'on fait les plus grands biens. On sent les abus anciens, on en voit la correction ; mais on voit encore les abus de la correction même. On laisse le mal, si l'on craint le pire ; on laisse le bien, si on est en doute du mieux. On ne regarde les parties que pour juger du tout ensemble ; on examine toutes les causes pour voir tous les résultats.

Montesquieu, préface de *L'Esprit des Lois.*

INTRODUCTION

Le monde contemporain s'attarde peu sur l'origine de la constitution d'une infraction financière, comme si la corruption et sa pénalisation avaient existé de tous temps. En revanche - et sans se poser davantage de questions -, l'actualité judiciaire constate régulièrement l'apparition de formes inédites de délinquance et les commentateurs juridiques se livrent avec délices à des spéculations intellectuelles sur le devenir de tel ou tel délit. Mais les juristes spécialistes de droit pénal et plus spécialement ceux du droit des affaires utilisent rarement l'histoire pour expliquer le droit contemporain.

Entreprendre une recherche sur la naissance d'une notion juridique comme celle de l'escroquerie se révèle pourtant très éclairant. De toute évidence, l'escroquerie est une infraction subtile et polymorphe. Elle nécessite d'être conceptualisée pour pouvoir élaborer un outil répressif fondamental. Est-il possible d'assister, en droit français, à la création d'un tel délit ?

L'enjeu d'une telle enquête est clair : peut-on découvrir le sens d'une pareille évolution pénale ?

D'autant qu'en matière financière apparaissent des obstacles spécifiques. La réglementation et le contrôle du monde économique constituent, en effet, l'une des superstructures les plus difficiles à mettre en place, alors que la globalisation du monde et les échanges rendent plus nécessaire que jamais leur application effective et efficace.

Notre époque n'est pas la première à se heurter à des situations inédites ; l'Empire romain, ou l'Ancien Régime français, notamment, ont aussi connu de longues périodes d'expansion économique et d'extensions territoriales. Leurs besoins juridiques furent importants sans que, pour autant, leur soit donnée une définition juridique précise et nommée comme telle du délit d'escroquerie.

C'est en effet seulement à la fin de la première Révolution française qui substitua au pouvoir nobiliaire celui de la bourgeoisie, qu'intervient, en apparence brutalement, la loi de l'Assemblée Nationale Constituante des 19 et 22 juillet 1791 sur la police municipale et correctionnelle qui incrimine, pour la première fois, l'escroquerie d'une manière spéciale. Il convient évidemment de se demander pourquoi.

Cette loi dispose que :

> « Ceux qui, par dol, ou à l'aide de faux noms ou de fausses entreprises, ou d'un crédit imaginaire, ou d'espérances et de craintes chimériques, auraient abusé de la crédulité de quelques personnes et escroqué la totalité ou partie de leur fortune, seront poursuivis devant les tribunaux de district ; et, si l'escroquerie est prouvée, le tribunal de district, après avoir prononcé les restitutions et dommages

et intérêts, est autorisé à condamner, par voie de police correctionnelle, à une amende qui ne pourra excéder cinq mille livres, et à un emprisonnement qui ne pourra excéder deux ans. [...] En cas de récidive, la peine sera double. [...] Tous les jugements de condamnation à la suite des délits mentionnés au présent article, seront imprimés et affichés. »

Peut-on croire que cette incrimination novatrice de l'escroquerie en droit français soit simple contingence ? Ou doit-on, au contraire, supposer qu'elle est l'aboutissement d'une longue réflexion juridique et l'expression d'un besoin impératif, compte tenu de l'état social du moment ? Ses éléments constitutifs seraient alors révélateurs. L'escroquerie semble porter en elle-même un paradoxe juridique puisqu'elle serait à la fois une sorte de vol qualifié et une infraction si distincte qu'elle nécessite une autonomie conceptuelle. Mais pourquoi, par-delà la condamnation de l'obtention de biens par une espèce d'abus de la confiance d'autrui[1], l'idée qu'il soit possible d'abuser de la crédulité de quelques personnes devient-elle si insupportable ? En d'autres termes, jusqu'où des juridictions de jugement doivent-elles protéger les victimes ?

I. LA NAISSANCE DE L'ESCROQUERIE MODERNE S'INSCRIT-ELLE DANS UN CONTEXTE HISTORIQUE PARTICULIER ?

Pour répondre à ces questions, il est indispensable de mettre le droit dans une perspective historique et d'examiner toutes les sources qui s'y rapportent. Il est tout aussi nécessaire de les replacer au cœur de la question centrale du sens du droit pénal qui peut finalement se résumer en trois points : qui condamner, qui défendre dans la société et au nom de quelles valeurs ?

Ce travail s'avère d'autant plus passionnant que nous avons dû dépouiller des dossiers judiciaires qui, pour nombre d'entre eux, n'avaient jamais été ouverts depuis leur jugement. Le point de départ repose en effet sur une hypothèse simple : l'élaboration progressive de la notion d'escroquerie devait apparaître dans les textes du XVIIIe siècle. En effet, examiner les travaux et décisions des éminents juristes du XVIIIe siècle qui exerçaient dans le ressort de la plus grande juridiction

---

[1] La notion d'abus de confiance doit être ici entendue d'un point de vue strictement moral comme cela figure dans l'*Encyclopédie ou Dictionnaire raisonné des sciences des Arts et des métiers par une société de gens de lettres, mis en Ordre et publié par M. Diderot, et quant à la parole mathématique, par M. D'Alembert*, Berne et Lausanne, 1781. L'*Encyclopédie* ne définit ni l'escroquerie, ni la filouterie. La seule explication est relative au verbe *tromper* et vise justement le manquement à la confiance : « suspendre, séduire, décevoir, abuser de l'ignorance, de la confiance, de la crédulité, de la facilité de quelqu'un. Il est plus honteux de tromper, que d'être trompé. À force d'être fier, on se trompe soi-même. Ma fuite a trompé la vengeance. Les ennemis ont trompé la prudence » .

de l'époque qu'était le Parlement de Paris, dont ceux du Châtelet, devait, selon toute vraisemblance, permettre de suivre le processus d'élaboration de cette infraction de droit pénal des affaires jusqu'au jour de sa naissance qui, rappelons-le, date des 19 et 22 juillet 1791.

Pour analyser ces sources, nous avons choisi de suivre la méthode préconisée, entre autres, par Paul Ricoeur, dans le premier tome de *Temps et récit* où il estime, avec d'autres théoriciens, que l'analyse causale est possible et légitime en histoire. Or, si l'on suppose que des relations de cause à effet existent et si l'Assemblée Nationale constituante de 1791 a voté une loi affirmant l'existence d'une infraction spécifique constituant l'escroquerie, c'est que nécessairement, des juristes des périodes antérieures ont su caractériser un tel délit dans les affaires qu'ils avaient à traiter.

François Furet note que toute l'histoire, même la plus événementielle, restait implicitement causaliste puisqu'elle reposait nécessairement sur l'hypothèse que l'après découle de l'avant et l'éclaire, d'une certaine façon. Cette réflexion sur la causalité historique prend ici toute sa valeur, et montre les raisons de notre méthode déductive et rétrospective. Le sujet contribue ainsi à une réflexion sur les différentes temporalités historiques.

La lecture devient déterministe puisque le passé semble produire le présent qui, à son tour, provoque l'avenir. La mise en perspective est indispensable. À l'inverse du scientifique, l'historien est certain de son point d'arrivée ; il peut proposer plusieurs explications mais un invariant demeure, le résultat final.

Analyser alors la jurisprudence et les notes des praticiens exerçant sous le règne de Louis XV, et plus généralement durant toute la fin de l'Ancien Régime, ne se justifie qu'en permettant aux textes de prendre leurs véritables dimensions. Celles-ci ne peuvent s'apprécier qu'au regard de la première règle de droit français faisant naître officiellement le délit d'escroquerie.

Mais la question demeure entière. L'enquête portera-t-elle ses fruits ? Était-il possible de remonter le temps en découvrant, par exemple, que la jurisprudence des magistrats du siège et les réquisitoires du Parquet montrent l'émergence des éléments constitutifs d'une infraction qui se rapproche au fur et à mesure de celle de l'escroquerie textuelle ?

Quelles seraient les conséquences de ce qui pourrait être trouvé ? Fernand Braudel notait que « l'histoire dite économique, en train seulement de se construire, se heurte à des préjugés : elle n'est pas l'histoire noble. L'histoire noble, c'est le navire que construisait Lucien Febvre : non pas Jakob Fugger, mais Martin Luther, mais François Rabelais. [2] » Le parallélisme s'impose peut-être pour l'histoire du droit pénal, indissociable des événements qui lui sont contemporains.

---

[2] Fernand Braudel, *La Dynamique du capitalisme*, Paris, Flammarion, coll. « Champs », 1988, p. 10-11.

Ainsi est-il tout aussi légitime de soutenir, même si la démarche peut en paraître singulière, que tenter d'assister à la gestation de la notion d'escroquerie, puisqu'on dispose de la date juridique de sa naissance, ne peut qu'apporter une nouvelle approche indispensable, aussi bien aux juristes, aux économistes qu'aux historiens parce qu'elle *n'est ni infondée, ni neutre* et qu'un texte pénal se mûrit et se nourrit à la fois du passé et de son époque.

Il convient donc d'abord de rappeler brièvement la situation économique et financière au début de la période qui nous intéresse.

À la mort de Louis XIV, le 1er septembre 1715, le gouvernement se trouve devant deux très grandes difficultés : l'une est la pénurie d'espèces d'or et d'argent qui avait déjà perduré tout au long du règne du Grand Roi ; l'autre consiste en une dette publique très importante due, en partie, aux guerres de la fin du règne[3]. Pour sortir de l'impasse, le règne de Louis XV inaugure une nouvelle politique financière et économique, mise en place par le gouvernement de la Régence jusqu'en 1722. La France fait, en effet, un pas vers la modernité grâce au mercantilisme et à la banque, le 24 octobre 1715, lorsqu'un Écossais nommé John Law propose au Régent un moyen original de résoudre ces difficultés et de renflouer en même temps l'économie du royaume et les finances de l'État. « Le Régent est séduit mais ne se décide pas. Law revient à la charge en décembre. Cette fois il est entendu. »[4].

Si la théorie de Law est controversée, il n'en demeure pas moins que le personnage apparaît comme un vrai « théoricien de l'économie et un théoricien de génie. »[5]. Dans son ouvrage *Money and Trade* (1705), il propose une idée qui fera la fortune de la « monnaie dirigée » (*managed currency*). Il tente en effet de démontrer que la véritable richesse n'est pas la monnaie mais le commerce, l'industrie, le nombre des habitants, et la bonne culture des terres. « Seulement il faut un fluide qui entraîne tout ; c'est la monnaie de papier bien supérieure au numéraire parce que beaucoup plus souple et mobile. D'ailleurs, puisque les seules richesses réelles sont les denrées et les marchandises, le choix de la monnaie finalement importe assez peu »[6]. Plus utile est de multiplier l'offre de produits financiers et de services, bref d'innover et d'entreprendre afin de commercer davantage. La formule paraît économique, puisque le système conçu par John Law se met en place en trois ans. La Banque, créatrice de monnaie, et une Compagnie de Commerce, productrice des richesses, en sont les deux institutions-clés qui doivent s'auto-financer. La Banque privée d'émission et d'affaires, fondée en mai

---

[3] Jean de Viguerie, *Histoire et dictionnaire du temps des Lumières*, Paris, Robert Laffont, coll. « Bouquins », 1995, p. 23.

[4] *Ibid.*

[5] Jean de Viguerie, *op. cit.*, p. 24.

[6] Jean de Viguerie, *op. cit.*, p. 24.

1716, devient royale en décembre 1718. La Compagnie est constituée en août 1717 sous le nom de Compagnie d'Occident, puis prend la raison sociale de Compagnie des Indes en 1718[7]. Elle se voit attribuer le monopole de l'exploitation de la Louisiane, la ferme des impôts indirects (août 1719) et celle des impôts directs (octobre 1719). Enfin, elle émet des actions vendues dans le public.

Cependant, l'État procède à des manipulations sur le cours des monnaies en dépréciant la monnaie, afin d'encourager la confiance à l'égard des billets. Le système se trouve alors déséquilibré par une mise en œuvre trop rapide et risquée. Quant aux actions, une propagande abusive assure leur crédit : « La Louisiane n'est encore qu'une terre déserte et inconnue. Mais on parle de rochers de diamants, de collines d'or, de carrières d'émeraudes[8] ». L'imagination et la crédulité sont mises à rude épreuve par une sorte de publicité mensongère avant la lettre. Les gens se battent pour acquérir les fameuses actions. Qui vend ses terres, qui ses bijoux ou ses dentelles, pour avoir du papier. La rue Quincampoix, située entre les rues Saint-Denis et Saint-Martin, devient le centre des négociations et, du matin jusqu'au soir, ne désemplit pas d'une activité grouillante. Les fortunes se font et se défont. Il faut soutenir le marché. La Compagnie procède régulièrement à des augmentations de capital. Pour faire monter le cours des actions, le Conseil du Roi autorise de fréquentes émissions de billets. Ainsi, actions et billets sont-ils liés par le système. Or, nommé Contrôleur général des Finances en janvier 1720, Law autorise de son propre chef les nouvelles émissions. Il dirige ainsi complètement le l'économie. L'État y trouve également avantage : par l'arrêt du 27 août 1719, la Compagnie a été autorisée à prêter de l'argent au roi pour rembourser la dette publique[9]. La première opération réalisée est un prêt de 1.200 millions. La menace de banqueroute était très forte au début de la Régence. Grâce à Law, ce péril semble écarté, tandis que la confusion des intérêts est à son comble.

Mais pendant l'été 1719, la confiance de certains commence à être ébranlée, d'autant que les Anglais et les banquiers ennemis de Law se mettent à peser sur le cours. C'est le début de la baisse, qui devient vertigineuse : en quelques jours les actions retombent de 18.000 livres à 10.000, puis à 9.000. Voltaire ne fut pas le dernier à dénoncer « la cupidité que le fameux système de Lass réveilla dans toutes les conditions, depuis le plus bas peuple jusqu'aux magistrats, aux évêques et aux princes, détourna tous les esprits de toute attention au bien public et de toute vue politique et ambitieuse, en les remplissant de la crainte de perdre et de l'avidité de gagner »[10].

---

[7] Philippe Haudrère, *La Compagnie française des Indes au XVIIIe siècle (1719 – 1795)*, Paris, Librairie de l'Inde, 1989.

[8] *Ibid.*

[9] Jean de Viguerie, *op. cit.*, p. 24-26.

[10] Voltaire, *Précis du siècle de Louis XV*, Œuvres historiques, Gallimard, Pléiade, 2000, p. 1307.

Cependant la faillite du système de John Law n'a-t-elle pas surtout ébranlé profondément la capacité de confiance en provoquant de nombreux revers de fortune et des spéculations proches de la corruption ? La population soupçonne d'ailleurs avoir été spoliée et dupée par une sorte d'escroc, à la fois maître d'œuvre et metteur un scène d'entreprises plus ou moins fausses et d'espérances chimériques. Law serait-il un inventeur original qui n'a pas réussi à maîtriser le passage de sa théorie à la pratique, ou un vulgaire délinquant ?

Comment juger les faits ? Les plus grandes fortunes sont apparues en quelques instants, puis se sont, quelquefois, aussi rapidement transformées en de grandes misères. Le choc psychologique de la population, dans toutes ses classes sociales, a été très important. Pour parer aux craintes, à la défiance, à la peur de l'avenir, les mentalités s'adaptent, mais pas toujours dans une parfaite rectitude morale ni juridique. Ainsi n'avons-nous pas trouvé la moindre sentence pénale ou un quelconque arrêt condamnant Law pour vol ou escroquerie. Edgar Faure, dans son ouvrage[11] n'y fait pas plus référence. Nombreux sont les sujets, en revanche, qui ont été tentés par une attitude transgressive, puisqu'ils avaient le sentiment profond d'avoir été trompés. C'étaient alors autant de facteurs de désagrégation et de corruption qui pouvaient, sur le long terme, obérer la très réelle croissance de l'économie du pays et freiner sans doute sa modernisation.

Le philosophe et économiste écossais Adam Smith note, en 1776, que les manufactures et le commerce ne peuvent se développer dans un Etat que lorsque la possession des propriétés est parfaitement garantie, ainsi que les conventions et leur exécution[12]. Les juristes, les magistrats des grandes juridictions françaises de cette fin d'Ancien Régime, dont ceux du Châtelet et du Parlement de Paris, ne pouvaient donc pas rester insensibles à cette nécessité de rendre fiables les différentes institutions : celles de la propriété, des moyens de paiement et de crédit ; celles aussi des professions publiques. Ils en arrivaient à la conclusion d'Adam Smith que lorsque la population d'un pays a assez de confiance « dans la fortune, la probité et la sagesse d'un banquier pour le croire toujours en état d'acquitter comptant et à vue ses billets et engagements, en quelque quantité qu'il puisse s'en présenter à la fois, alors ces billets finissent par avoir le même cours que la monnaie d'or et d'argent, en raison de la certitude qu'on a d'en faire de l'argent à tout moment »[13]. C'est seulement alors que la prospérité peut se consolider et les transformations sociales nécessaires se produire.

Approfondir le raisonnement juridique sur ce sujet devenait donc indispensable dès ces années, d'autant que le système présentait non seulement des

---

[11] Edgar Faure, *La banqueroute de Law*, Gallimard, NRF, 1977.
[12] Adam Smith, *Recherches sur la nature et les causes de la richesse des nations*, Paris, Flammarion, GF, 1991, t. II, p. 555.
[13] Adam Smith, *op. cit.*, t. I, p. 375.

points négatifs mais aussi des points positifs[14]. Cette réflexion « est forte dans son apologie du crédit bancaire et des avantages du papier. Elle est faible lorsqu'elle estime la quantité de billets à mettre en circulation »[15]. Mais le Régent aurait-il vu si loin ? Le système de Law semblait ne comporter « ni privation, ni impôt, ni souffrance »[16]. Il était donc tentant d'y recourir pour améliorer l'état des finances publiques.

Voltaire le reconnaît lui-même : « C'était un jeu nouveau et prodigieux où tous les citoyens pariaient les uns contre les autres... Il arriva qu'un système tant chimérique enfanta un commerce réel et fit renaître la Compagnie des Indes établie autrefois par le célèbre Colbert et ruinée par les guerres. Enfin, s'il y eut beaucoup de fortunes particulières détruites, la nation devint bientôt plus commerçante et plus riche[17]. »

Or les juristes ont-ils alors, au siècle de Louis XV, pensé à élaborer et à faire édicter une ordonnance royale qui aurait eu pour objet de poursuivre et de sanctionner toutes manœuvres comme un dol qui, par ses ruses et le préjudice causé, serait tombé dans le domaine du délit public ?

Telle est la question à laquelle les magistrats ont été confrontés. Comment y ont-ils répondu ? De 1715 à la mort de Louis XV, le 10 mai 1774, puis par les décisions judiciaires marquantes de l'extrême fin de l'Ancien Régime, les magistrats ont-ils su repérer les éléments constitutifs de cette tromperie frauduleuse constituant l'escroquerie, afin de stabiliser le marché monétaire et de marchandises en plein développement ? Dans quelle mesure l'élaboration éventuelle de la notion d'escroquerie dans le ressort du Châtelet de Paris, et en appel devant le Parlement de Paris, a-t-elle permis une croissance plus durable en contribuant à la valorisation de l'outil productif français dans le cadre européen et mondial ? L'analyse des sources judiciaires et doctrinales durant presque tout le XVIIIe siècle, de 1700 au 10 octobre 1790, jour où cette Cour suprême de tout le royaume de France dut cesser ces fonctions, permet-elle de nommer cette infraction et d'en dégager la véritable qualification ?

II. LA DIFFICULTÉ À QUALIFIER L'ESCROQUERIE JUSQU'AU DÉBUT DU XIXe SIÈCLE.

Commençons notre enquête par une première définition et les quelques éléments sémantiques dont disposent les magistrats au XVIIIe siècle, puisqu'ils ne

---

14 Jean de Viguerie, *op. cit.*, p. 24-26.
15 *Ibid.*
16 *Ibid.*
17 Voltaire, *Précis du siècle de Louis XV*, Œuvres historiques, NRF Gallimard, Pléiade, 2000, p. 1307.

possèdent pas *a priori* les éléments formels constitutifs de la future infraction qui, eux-mêmes, se modifieront au cours du temps.

Sous l'Ancien Régime, *escroc* ou *escroqueur* est un nom masculin qui désigne le fripon « qui attrape l'argent ou les hardes d'un autre par artifice, soit sous prétexte d'emprunt, soit en le filoutant au jeu, ou par quelque autre voye. Ne laissez pas entrer cet escroc chez vous, dans vostre bibliothèque. Une femme qui ne paye pas quand elle a perdu, doit passer pour escroqueuse »[18]. Le *Dictionnaire historique de la langue française* sous la direction d'Alain Rey[19] nous apprend qu'*escroquer* est un verbe transitif, emprunté en 1557 à l'italien *scroccare*, qui signifie littéralement « décrocher ». Il est attesté avant 1566 au sens de « manger, ou vivre aux dépens d'autrui » et on le rattache généralement à *crocco*, ce qui veut dire *croc*, *crochet*, proposée par le *Dictionnaire étymologique de la langue française* de Bloch et von Wartburg[20], au radical onomatopéique *krokk-*, dont procède le mot français *croquer*. Le verbe s'emploie au XVIe s. dans *escroquer quelqu'un* « soustraire quelque chose à quelqu'un par fourberie » et dans *escroquer quelque chose à quelqu'un* ; *escroquer quelque chose de quelqu'un* est cependant d'emploi rare, même si du verbe dérivent les noms *escroqueur* et *escroqueuse*, mentionnés en 1558 par Du Bellay. Le mot *escroc* a peut-être le sens de « malfaiteur » dans un texte de 1634 et signifie « écornifleur » en 1640 chez Oudin. Ces expressions ont néanmoins vieilli et ont été remplacées par *escroc* et *escroquerie*, nom féminin que l'on retrouve avant 1672 chez Tallemant des Réaux et chez Scarron en 1660. L'emploi de la forme féminine reste archaïque à la fin du XVIIe siècle. D'ailleurs Mme de Sévigné emploie le terme *une escroc*, tandis qu'en 1657, Tallemant des Réaux parle *d'une escroque*.

Cependant, si cette analyse étymologique n'apporte pas la preuve formelle de l'existence d'une infraction judiciaire reconnue, elle met en évidence l'existence dans la langue d'une expression désignant une tromperie financière. Rappelons-nous que Hermès-Mercure était à la fois le dieu des commerçants et celui des voleurs. De même, la langue allemande distingue peu entre le verbe *tauschen* (échanger) et le verbe *taüschen* (tromper), le mot *Handel* désignant aussi bien le commerce que la querelle. Ainsi le souvenir des hommes associe-t-il l'échange et le mensonge, le négoce et la violence, dans un vestige obscur qui n'est peut-être pas seulement celui des mœurs de la préhistoire[21]. La mythologie et le lexique

[18] Gilles Ménage, *Grand dictionnaire étymologique du français*, 1650, « Ce mot vient de l'italien *scroccare* qui signifie « obtenir quelque avantage, ou quelque plaisir, pour rien ». On dit aussi d'un auteur qui tâche de se mettre en estime par cabale, que c'est un escroc de réputation. »

[19] Sous la direction d'Alain Rey, *Dictionnaire historique de la langue française*, Le Robert, 1999.

[20] O. Bloch & W. von Wartburg, *Dictionnaire étymologique de la langue française*, PUF, 8e édition, 1989.

[21] André Sédillot, *Histoire morale et immorale de la monnaie*, Paris, Bordas-Cultures, 1989, p. 12.

garderaient donc les traces des relations difficiles dans le transfert des biens, par tous moyens.

Mais les mots conservent-ils cette signification à la fin de l'Ancien Régime ? La consultation du *Dictionnaire universel de police* de Monsieur des Essarts[22], avocat et membre de plusieurs Académies réputées de la ville de Cherbourg, est des plus instructives à cette égard. Il définit le filou comme « un homme qui vole adroitement ; c'est indiquer que les filous sont tous des gens adroits qui cherchent à vivre et s'enrichir en faisant des dupes. » Et il s'interroge plus loin : « Combien n'y a-t-il pas d'espèces de filous et d'escrocs ? ».

L'écrivain Louis-Sébastien Mercier dresse, quant à lui, un tableau assez détaillé des escrocs polis et des filous[23], en énonçant que les escrocs de toute espèce se rendent au-moins une fois dans leur vie dans la capitale, parce que c'est dans ce « vaste grand théâtre [qu'] ils pourront déployer tout leur talent, frapper de plus grands coups, et rencontrer un plus grand nombre de dupes ». Il signale que les escrocs s'attachent particulièrement aux jeunes gens dont ils vont flatter les passions et la confiance. L'unique but de l'escroc, nous dit Mercier, est de « s'approprier l'argent ». Pour ce faire, « ils ont toujours quelque projet, quelqu'entreprise qui doit rendre la mise au centuple. Éloquents sur ce chapitre, ils parlent de votre fortune comme d'une chose assurée, et la leur n'est jamais incertaine. On les entend prononcer à propos le nom des hommes en place[24] ».

Mercier se veut assez précis sur les manœuvres qu'emploient les escrocs : « L'un se mêle avec des joueurs, amorce l'un d'entre eux par des pertes volontaires, et après l'avoir alléché, le ruine par des fraudes hardies et méditées. L'autre loue un bel hôtel, de beaux carrosses, descend chez les marchands, paie d'abord sans difficulté, puis suppose des commissions pour les pays étrangers[25]. » La description se transforme en une galerie de portraits : « Le plus perfide a des plans et des projets à moitié vus, à moitié adoptés par les hommes en place[26] ». Se distinguent les filous des escrocs : « Après ces escrocs, viennent les filoux, lesquels font avec la main ce que les autres font avec la langue[27] ». Le filou est donc un

---

[22] *Dictionnaire universel de police, contenant l'origine et les progrès de cette partie importante de l'administration civile en France ; les lois et règlements et arrêts qui y ont rapport ; les droits, privilèges et fonctions des magistrats et officiers qui exercent la police ; enfin, un tableau historique de la manière dont elle se fait chez les principales nations de l'Europe*, par monsieur des Essarts, Avocat et membre de plusieurs Académies réputées de la ville de Cherbourg, 1786.

[23] Louis-Sébastien Mercier, *Les tableaux de Paris*, Tome I, Chapitre XXXI, « Escrocs polis, filoux », Amsterdam, 1783.

[24] *Ibid.*

[25] Louis-Sébastien Mercier, *Les tableaux de Paris*, Tome I, Chapitre XXXI, « Escrocs polis, filoux », Amsterdam, 1783.

[26] *Ibid.*

[27] *Ibid.* S. Mercier y détaille le vol par filouterie : « Quand on fait la visite chez l'un de ces drôles-là, on lui trouve cinquante-six montres, trente tabatières, vingt étuis ; c'est une boutique de la foire. Il

voleur qui soustrait avec astuces. L'escroc obtient par tromperie et manœuvres la remise de ce qu'il convoite. Ce dernier est redoutable par ses ruses dont les premières victimes sont toujours les plus fragiles. Il faut se prémunir de pareils agissements. C'est pourquoi est imprimée une brochure intitulée « *Les Astuces de Paris, ou Anecdotes parisiennes*, dans lesquelles on voit les ruses que les intrigants et certaines jolies femmes mettent en usage pour tromper les gens simples et les étrangers. Cet ouvrage renferme une partie des tours que la fainéantise et l'audace emploient journellement pour tromper l'expérience. J'y renvoie. Porter le flambeau sur tant de friponneries obscures, c'est pour ainsi dire, les mettre en déroute ; et c'est en même temps donner un avis aux administrateurs des États, qui verront de quelle manière honteuse les hommes cherchent à subsister, quand on ne leur laisse pas les moyens de le faire honnêtement »[28].

Ces portraits de l'escroc dressés par un auxiliaire de justice et un chroniqueur, largement factuels et psychologiques, apparaissent d'entrée de jeu remarquablement observés, même s'ils ne prétendent ni être exhaustifs, ni d'une totale précision juridique. Mais ce constat n'est-il pas d'une parfaite logique puisqu'il se rapporte à une période antérieure à 1791, c'est-à-dire se situant avant la première loi sur l'escroquerie ? Pour autant, est-ce à dire que les auteurs de l'Ancien Régime ne disposaient d'aucune référence technique pour poursuivre de pareils agissements ?

Peut-on véritablement supposer que les droits anciens n'aient pas réprimé les comportements de filouterie manifeste ? Nous ne le pensons pas. Réprouvée de tout temps, la « tromperie » est en effet réprimée depuis fort longtemps. Soulignons cependant que les juristes du XVIIIe siècle limitent généralement leur références aux textes du droit romain, faute d'accès aux autres sources.

---

n'en veut qu'aux bijoux ; il laisse le vol des mouchoirs à ces petits misérables, qu'on tolère d'abord, pour les enrégimenter ensuite comme mouchards. Pour lui, il est chef d'une horde qui agit sans violence dans les parterres des spectacles, et surtout à la sortie.

Quelquefois dans la rue, un de ces filoux se met à courir de toutes ses forces, vient à votre rencontre, se précipite dans vos bras ; vous le recevez, pour n'être pas renversé du coup. Il vous fait mille excuses ; vous lui répondez avec politesse ; et *pendant ce mouvement rapide*, il a *tiré* votre montre, et court encore. Vous ne vous en doutiez pas ; car cet homme étoit bien mis.

Quand on vous a volé un effet de quelque valeur, vous vous adressez à un bureau de la police. Il y a des moyens ingénieux pour le ravoir ; et telle tabatière, après avoir fait deux cents lieues, est revenue dans la poche du propriétaire. Comment ? Ah, comment ! Suis-je fait pour vous dire tout ?

Une autre fois, on compose avec le voleur ; on affiche l'effet comme *perdu*, on promet une *récompense*. Le bijou vous est rapporté, et vous acquittez fidellement votre promesse, ainsi qu'il convient. »

[28] *Ibid.*

Pourtant, déjà le Code de Hammurabi[29] vers 1750 avant J.-C., appelait ainsi « voleurs » tous ceux qui trompaient autrui et sanctionnait pareils comportements, éventuellement par la mise à mort du coupable et la restitution de l'objet détourné.

Le droit grec punissait aussi l'atteinte à la propriété qui repose entre autres sur la tromperie. En l'espèce, selon le commentaire de L. Gernet au discours de l'orateur attique Lysias né vers 440 av. J.-C., *Accusation contre des co-associés pour injures*, le préteur avait exigé une sûreté réelle, et celle-ci avait été constituée. « Elle consistait en un cheval malade : quand le créancier s'en aperçut, il voulut revenir sur l'opération, pendant qu'il en était temps. Il semble bien, en effet, que dans le droit hypothécaire des Grecs, la chose hypothéquée était en principe subrogée à la dette, que le créancier ne pouvait se satisfaire que sur le gage, et que les risques de pertes étaient à sa charge. Il pensa intenter l'action rédhibitoire. Pourquoi ? C'est que le nantissement était volontairement conçu comme vente [...] Le cheval mourut. L'homme au cheval voulut plaider. [...] La peine encourue par le plaideur paraît être l'atimie, Dinarque indique l'amende au décuple »[30]. D'après Lysias lui-même, le coupable pouvait être puni de mort.

À son tour, le droit romain, par l'édit du préteur, a réservé à ce magistrat[31] le droit de donner une action spéciale, dans le cas où les faits de dol ne constituaient aucun délit déterminé : *Quae dolo malo facta esse dicentur, si de his rebus alia actio non erit, et justa causa esse videbitur, judicium dabo*[32]. Vers 220 avant J.-C, Ulpien[33] explique que le préteur avait voulu par là empêcher que les fraudes criminelles ne fussent une source de fortune pour leurs auteurs, et de ruine pour ceux qui en auraient été victimes : *Hoc edicto praetor adversus varios et dolosos qui aliis offuerunt calliditate quadam, subvenit : ne vel illis malitia sua sit*

---

[29] § 7 : « Si quelqu'un a acheté ou reçu en garde de l'argent, de l'or, un ou une esclave, un bœuf, un mouton, un âne, ou quoi que ce soit, de la main d'un fils d'homme libre ou d'un esclave sans témoin ni contrat, alors cet homme est un voleur : il sera mis à mort. »
§ 9 : « Si quelqu'un dont un objet a été égaré le retrouve dans les mains d'un autre homme et que celui-ci lui dit : c'est un vendeur qui me l'a vendu et je l'ai acheté devant témoins, les juges examineront leurs dires et entendront les témoins. S'il apparaît que le vendeur est un voleur, il sera tué. Le propriétaire de la chose égarée la reprendra. L'acheteur reprendra l'argent qu'il avait remis au vendeur. »
§ 49 : « Si quelqu'un a accepté de l'argent d'un marchand en lui donnant en garantie son terrain prêt à l'ensemencement de l'orge, à la moisson, c'est le propriétaire du terrain qui récoltera et ne restituera au marchand que l'argent dont on lui a fait avance ainsi que son intérêt. »
§ 65 : « Si quelqu'un a reçu de l'argent d'un marchand et s'il n'y a chez le débiteur rien à livrer, le créancier ne peut exiger la totalité de la récolte à venir. ». Traduction d'André Finet, Ed. du Cerf, Paris, 1973.

[30] Lysias, *Discours*, t. I, éd. et trad. L. Gernet et M. Bizos, Paris, Les Belles Lettres, 1974, p. 122.

[31] Le droit prétorien est fondé sur l'activité juridictionnelle du magistrat romain, cf. J. Humbert, *Institutions politiques et sociales de l'antiquité*, Dalloz, 1984, § 413-415.

[32] *Digeste*. 4 ; 3, 1, 1 : Loi 1, § 1, *De dolo malo*.

[33] L'œuvre d'Ulpien (vers 220 ap. J.-C.) est parvenue aux compilateurs de l'époque de Justinien.

lucrosa, vel istis simplicitas damnosa[34]. De là était née cette règle, appliquée par l'ancienne jurisprudence, que le dol, lorsqu'il ne constituait pas un délit défini par la loi, était puni extraordinairement à l'arbitraire du juge : *Si dolus non habet nominatum delictum, tunc extra ordinem judicis arbitrio punitur*[35].

Ainsi le droit romain sanctionnait-il à la fois le maniement de la chose d'autrui, c'est-à-dire le vol, et également la mauvaise foi, le *dolus malus*. Le maniement frauduleux de la chose d'autrui déclenchait l'action publique par le *furtum*. Paul (*Sent.* II, XXXI, 36), nous dit : « Celui qui soustrait sa propre chose ne peut pas être tenu de l'action *furti* s'il n'a pas porté atteinte à autrui. » En revanche, un propriétaire se volait lui-même, s'il lésait la chose d'autrui. Le *furtum* était alors caractérisé lorsqu'un propriétaire, après avoir donné une chose en gage, la soustrayait au créancier du propriétaire qui enlèvait la chose au possesseur de bonne foi (G. III, 200), ou enfin de celui qui la soustrayait à l'usufruitier. Mais c'est surtout le comportement dolosif caractéristique de l'intention coupable qui devrait permettre de sanctionner toutes les manœuvres illicites. Or, le droit romain a nettement caractérisé l'*animus* ou l'*affectus furandi* d'une infraction qui consiste à vouloir retirer d'une chose que l'on a frauduleusement accaparée tous les profits qu'en retire le propriétaire.

Pour autant, afin de poursuivre un escroc à Rome, il fallait l'aide du prêteur ; celui-ci avait un large pouvoir d'appréciation. Ainsi, le droit romain n'a jamais connu une incrimination spécifique de l'escroquerie, tout au plus sanctionnait-on certains faits graves. Mais était-ce suffisant ? Les juristes de l'Ancien Régime, formés au droit romain et qui l'utilisaient couramment, par les notions de *furtum* ou de stellionat notamment, ont sans doute perçu que l'*animus* de l'escroc était spécifique et nécessitait une criminalisation particulière. Nous reviendrons sur cet apport du droit romain dans notre analyse.

Qu'en était-il de l'ancien droit germanique ? Si on trouve également diverses formes du délit de fraude, il n'existait pas non plus de concept général suffisamment précis et déterminé. À vrai dire, dans les sociétés agricoles, l'on avait peu l'occasion de souffrir de la fraude dans les relations contractuelles et c'est ce qui explique, peut-être, que dans notre ancien droit, l'escroquerie était confondue avec le vol, car, si elle portait atteinte à la propriété d'autrui, l'auteur obtenait la chose par malhonnêteté, ruse et fourberie.

L'examen rapide des anciens droits montre donc que la répression prévue par un texte pénal de ce qui pourrait être nommé escroquerie n'existait pas encore de façon rigoureuse. Il appartenait alors au juge de l'Ancien Régime français de procéder à une interprétation extensive des lois anciennes pour poursuivre les

---

[34] *Digeste*. 4 ; 3, 1, 1.

[35] Repris dans le *Répertoire alphabétique*, Dalloz, 1881, *Vol et Escroquerie*, n° 710, et par Adolphe Chauveau et Faustin Hélie, *Théorie du Code pénal*, t. V, n° 2202.

fautes commises par les justiciables. André Laingui[36] le signale lorsqu'il écrit que la peine est laissée à la juste ordonnance et à l'équitable intégrité du juge[37].

Pour sanctionner les ruses et les filouteries, André Laingui précise que « les docteurs appelaient les juges à se conformer à la loi romaine, ne leur accordant de pouvoir arbitraire qu'en deux occasions : atténuer la peine ordinaire prévue par la loi romaine ou une ordonnance des rois de France [...] ; absence d'une loi écrite contre un acte indiscutablement infractionnel »[38].

Le principe était simple et semblait prévaloir sous l'Ancien Régime : sanctionner la faute même sans loi ni ordonnance. Pourtant, il ne pouvait exister de même « nulle règle sans faute »[39]. Il en résulte que l'acte dolosif devait être sanctionné quelle qu'en fût la forme. Mais réprimer sans référence précise et encore moins légale n'était pas simple. D'autant que reconnaître juridiquement l'escroquerie qui n'était pas encore constituée relevait d'un diagnostic périlleux ! Comment les juristes ont-ils réagi face à cette aporie ? Il semble que, durant des siècles, l'usage se soit accommodé de l'arbitraire du juge, chargé d'apprécier et de punir les faits d'escroquerie comme d'autres tromperies. Mais la pensée révolutionnaire semble marquer, une fois de plus, une rupture avec cette situation de fait.

III. LA DIFFICILE NAISSANCE JURIDIQUE DE LA NOTION MODERNE DE L'ESCROQUERIE

Or, « si, sous l'Ancien Régime, l'arbitraire du juge s'accommodait de telle imprécision, le principe de légalité des délits et des peines était incompatible avec ce système »[40]. Les Révolutionnaires, désirant justement s'opposer au pouvoir arbitraire des juges, affirmèrent dès 1790 que le *Code Pénal* « sera[it] incessamment réformé, de manière que les peines soient proportionnées au délit[41] [mais aussi que] les mêmes délits [puissent] être punis des mêmes peines, sans distinction des personnes »[42].

---

[36] André Laingui, *La responsabilité pénale dans l'ancien droit*, Paris, LGDJ, 1970, p. 15.

[37] Cf. aussi l'opinion de Julius Clarus de Milan, *Pratique criminelle*, 1559, livre V, comme le note A. Laingui. La faute intentionnelle doit être punie. Elle est assimilée au dol du droit romain, livre 48 du *Digeste*, titre 8.

[38] André Laingui, *op. cit.*, p. 15.

[39] André Laingui, *op. cit.*, p. 15.

[40] Michelle-Laure Rassat, *Escroquerie*, éd. du Juris-Classeur pénal, 1996, p. 6.

[41] Loi du 16-24 août 1790, titre II, article 21.

[42] Loi du 3-14 septembre 1791, titre I *Code pénal* de 1791, 25 septembre - 6 octobre 1791 in *Table générale, analytique et raisonnée des lois, décrets, ordonnances, règlemens...depuis 1788 jusqu'et y compris 1830, ouvrage faisant suite à la Collection complète des lois, composée pour servir de table*

La compétence pénale d'une juridiction chargée de juger de la matière d'escroquerie était donc privilégiée[43]. Mais le problème de la qualification et de sa reconnaissance par le magistrat était également souligné : « Ne doit-on pas aussi considérer qu'il se trouverait une infinité de circonstances où les premières poursuites n'ayant pas été faites par les magistrats de sûreté avec assez de soin, parce qu'à la simple lecture de la plainte, ils auroient trouvé qu'il s'agissait d'escroquerie...[44] ». Comment d'ailleurs faire apparaître un délit, lorsque les poursuites s'exerçant par les voies ordinaires aboutissaient bien imparfaitement devant les juridictions civiles ? Au point qu'il aurait fallu que « les tribunaux civils, pour compléter l'instruction, fissent ou délégassent des fonctions d'officiers de police judiciaire, ce qui entraînerait dans le service une confusion et un désordre qu'il importe d'éviter[45] ».

La répression pénale et légale devenait donc une nécessité impérative pour un système judiciaire qui se voulait davantage rigoureux.

C'est pourquoi l'escroquerie[46] finit par devenir un délit distinct par la loi des 19 et 22 juillet 1791 sur la police municipale et correctionnelle, dans son article 35 du titre II, qui énonce que si l'escroquerie est prouvée, « le tribunal de district, après avoir prononcé la restitution et dommages et intérêts, [était] autorisé à condamner par voie de police correctionnelle, à une amende qui ne pourra excéder cinq mille livres et à un emprisonnement qui ne pourra excéder deux ans ». Après que l'Assemblée Nationale Constituante eut opéré une « classification des délits et des peines » en portant expressément l'escroquerie dans la catégorie 5 correspondant aux atteintes aux biens[47], le *Décret relatif à la poursuite des délits*

---

particulière à tous les recueils de lois, et surtout au Bulletin Officiel par J.-B. Duvergier, Avocat à la Cour royale de Paris, publié à Paris chez A. Guyot et Scribe, libraires-éditeurs, rue Neuve-des-Petits-Champs, et au Bureau d'administration, rue de Seine, en 1838.

[43] Dans les *Observations des parlements sur le projet de Code criminel*, à la fin de l'Ancien Régime, le Parlement de Bordeaux notait, p. 11 : « [...] On ne voit point où se trouve l'utilité d'attribuer aux tribunaux civils la connaissance des délits d'escroquerie, d'abus de confiance, et généralement de tout délit correctionnel qui dérive, soit d'actes ou effets contenant ou opérant obligation, disposition ou décharge, soit du refus d'exécuter une convention, un pacte, un arrangement quelconque, arrêté verbalement ou par écrit, ou de leur donner le droit qu'ils n'ont jamais eu, d'appliquer les peines relatives à ces délits ».

[44] *Ibid.*

[45] *Ibid.*

[46] Cf. Michelle-Laure Rassat, *op. cit.*

[47] Loi des 19 et 22 juillet 1791, « Classification des délits, et peines qui seront prononcées. [...] Les délits punissables par la voie de la police correctionnelle seront, 1. les délits contre les bonnes mœurs ; 2. les troubles apportés publiquement à l'exercice d'un culte religieux quelconque ; 3. les insultes et les violences graves envers les personnes ; 4. les troubles apportés à l'ordre social et à la tranquillité publique, par la mendicité, par les tumultes, par les attroupements ou autres délits ; 5. les atteintes portées à la propriété des citoyens, par dégât, **larcin ou simple vol, escroqueries,** ouverture de maison de jeu où le public est admis ».

d'escroquerie et d'abus de la crédulité, en date du 7 au 9 frimaire an II (27 au 29 novembre 1793)[48], permit le renvoi des escrocs devant les tribunaux de police correctionnelle en première instance et en « appel devant les tribunaux de district, et, à Paris, devant le tribunal d'appel de police correctionnelle ».

La suite des textes législatifs qualifiant et réprimant l'escroquerie est brève et significative.

Il faut en effet attendre la loi du 13 mai 1863[49] pour que soit précisé ce qu'il convenait d'entendre par « tentative du délit d'escroquerie et sanctionnée comme telle ». Napoléon III désirait certainement par cette modification rassurer les milieux financiers qui se lançaient alors dans un libéralisme pur et dur au moment d'une audacieuse politique de prêts pour le Mexique.

Bien entré dans les mœurs judiciaires, le délit d'escroquerie a ensuite fait l'objet d'une modification textuelle intervenue 72 ans plus tard par le décret-loi du 16 juillet 1935 qui modifiait l'article 405 du *Code pénal* de 1810. Cette modification législative doit certainement être mise en rapport avec l'affaire Stavisky qui avait défrayé la chronique. En 1928 le personnage commença ses opérations douteuses, d'abord au détriment du Crédit Municipal d'Orléans, puis du Crédit Municipal de Bayonne. L'escroquerie s'est effectuée soit par l'engagement de fausses pierres, soit par l'émission de faux bons[50]. Il se fit ainsi remettre 258

---

[48] *Décret relatif à la poursuite des délits d'escroquerie et d'abus de la crédulité*, en date du 7 au 9 frimaire an II (27 au 29 novembre 1793), t. XVI, page 556.
Article 1. « Ceux qui, par dol, ou à l'aide de faux noms pris verbalement et sans signature, ou de fausses entreprises, ou d'un crédit imaginaire, ou d'espérances et de craintes chimériques, auroient abusé de la crédulité de quelques personnes, et escroqué la totalité ou partie de leur fortune, seront à l'avenir poursuivis en première instance devant les tribunaux de police correctionnelle, sauf l'appel devant les tribunaux de district, et, à Paris, devant le tribunal d'appel de police correctionnelle ».
Article 2. « Les tribunaux de district ou d'arrondissement qui se trouvent actuellement saisis de la connaissance en première instance de quelques uns des délits rapportés en l'article précédent, en continueront l'instruction, et l'appel de leur jugement sera porté devant d'autres tribunaux de district ou d'arrondissement conformément à l'article Ier du titre 5 du décret du 16 août 1790 ».
Article 3. « Les tribunaux de district ou d'arrondissement connaîtront en première instance de ces mêmes délits, lorsque la plainte en sera incidente à une demande civile de laquelle ils se trouveront saisis ».

[49] *DP* 1863, 4. 79.

[50] Cf. Yves-Frédéric Jaffré, *Les grandes affaires criminelles du XXe siècle*, in *La Gazette du Palais*, 2 janvier 2000, p. 18-28. Stavisky obtenait sur des pierres manifestement fausses un prêt d'une valeur correspondant à celui qui aurait été consenti sur de vraies pierres, un expert complice surestimant les bijoux présentés. Il bénéficia ainsi à Orléans, sur des pierres d'une valeur réelle de 600.000 francs environ, de prêts allant jusqu'à 26 millions de francs de l'époque. Pour les faux bons, les manœuvres étaient plus complexes. Lorsqu'un emprunteur se présentait pour solliciter un prêt, le Crédit Municipal, s'il ne possédait pas les fonds suffisants pour avancer l'argent qui lui était demandé, avait la possibilité légale d'émettre des bons, dits « bons de caisse ». Ces bons, extraits d'un carnet à souches, comprenaient trois parties : la souche, qui restait entre les mains du directeur caissier comme pièce justificative, le volant, titre de créance remis à celui qui avançait les fonds au Crédit Municipal,

millions de francs. Le scandale finit par éclater dans les derniers jours de l'année 1933, lorsque certaines compagnies d'assurances, auprès desquelles avaient été placés des bons, s'aperçurent qu'ils avaient été truqués. Un mandat d'arrêt fut alors lancé contre Stavisky qui mourut le 8 janvier 1934.

Une fois examinées, les opérations frauduleuses de grande envergure eurent pour conséquence l'article 405 du *Code pénal* de 1935 qui dispose que :

> « Quiconque, soit en faisant usage de faux noms ou de fausses qualités, soit en employant des manœuvres frauduleuses pour persuader l'existence de fausses entreprises, d'un pouvoir ou d'un crédit imaginaire, ou pour faire naître l'espérance ou la crainte d'un succès, d'un accident ou de tout autre événement chimérique, se sera fait remettre ou délivrer, ou aura tenté de se faire remettre ou délivrer des fonds, des meubles ou des obligations, dispositions, billets, promesses, quittances ou décharges, et aura, par un de ces moyens, escroqué ou tenté d'escroquer la totalité ou partie de la fortune d'autrui, sera puni d'un emprisonnement d'un an au moins et de cinq ans au plus, et d'une amende de 1.000 francs au moins et de 10.000 francs au plus »[51].

Le décret-loi du 8 août 1935 énonçait de surcroît que :

> « Si le délit a été commis par une personne ayant fait appel au public en vue de l'émission d'actions, obligations, bons, parts, ou titres quelconques, soit d'une société, soit d'une entreprise commerciale ou industrielle, l'emprisonnement pourra être porté à dix années et l'amende à 50.000 francs »[52].

---

et le talon, qui restait entre les mains du contrôleur du Crédit Municipal. Les indications portées sur ces trois parties des bons devaient évidemment concorder et comporter les signatures du directeur caissier et du contrôleur qui signait en même temps le talon. De la sorte, aucune fraude n'était théoriquement possible. Mais, aussi bien à Orléans qu'à Bayonne, Stavisky, par l'intermédiaire des deux directeurs de ces Crédits Municipaux, suscita l'émission de faux bons. Le contrôleur était d'abord mis en confiance par sa hiérarchie, puis acceptait de signer par avance en blanc des bons au directeur caissier. Sur la souche et sur le talon, le directeur inscrivait une somme quelconque, 100 francs par exemple, qui était portée en recette en comptabilité. Par contre il portait sur le volant une somme importante selon les besoins de Stavisky et les possibilités des prêteurs qui eux, en revanche, ne se doutaient de rien. Ils croyaient par conséquent que leurs créances étaient valablement comptabilisées. Il n'en était rien, et Stavisky, qui escomptait les bons du Crédit Municipal, gardait la totalité de la somme, tandis qu'il ne remettait au Crédit Municipal que la somme correspondant au montant exact de ce qui avait été inscrit sur la souche et sur le talon.

[51] Taux de la loi du 24 mai 1946 : 60.000 à 600.000 francs ; de la loi du 25 septembre 1948 : 120.000 à 1.200.000 francs ; de la loi du 14 avril 1952 : 240.000 à 2.400.000 francs.

[52] Taux de la loi du 24 mai 1946 : 3.000.000 francs ; de la loi du 25 septembre 1948 : 6.000.000 francs ; de la loi du 14 avril 1952 : 12.000.000 francs.

Dans tous les cas, les coupables pouvaient être, en outre, frappés pour dix ans au plus de l'interdiction des droits ; ils pouvaient aussi faire l'objet de l'interdiction de séjour pendant le même nombre d'années.

L'adaptabilité de l'outil répressif demeurant un souci constant, l'intérêt pour les éléments constitutifs de l'infraction d'escroquerie est resté d'actualité pour le législateur, puisqu'il a modifié à nouveau sa définition en 1992, par l'article 313.1 du *Code pénal,* entré en vigueur en 1994 :

> « L'escroquerie est le fait, soit par l'usage d'un faux nom ou d'une fausse qualité, soit par l'abus d'une qualité vraie, soit par l'emploi de manœuvres frauduleuses, de tromper une personne physique ou morale et de la déterminer ainsi, à son préjudice ou au préjudice d'un tiers, à remettre des fonds, des valeurs ou un bien quelconque, à fournir un service ou à consentir un acte opérant obligation ou décharge. L'escroquerie est punie de cinq ans d'emprisonnement et de 2.500.000 F d'amende ».

Toutes ces modifications législatives ont bien entendu eu pour objet d'assortir au mieux l'outil répressif à certaines de ces pratiques malhonnêtes des affaires qui sont, suivant le temps, plus ou moins tolérées, ou simplement enfin ouvertement dénoncées. Mais cette adaptation s'est-elle soldée par un progrès ? L'infraction a-t-elle vraiment gagné en précision juridique et en efficacité ?

En tous cas persistent des facteurs d'aggravations dans la commission de l'infraction. L'article 313.2 du *Code pénal* énonce ainsi :

> « Les peines sont portées à sept ans d'emprisonnement et à 5.000.000 F d'amende lorsque l'escroquerie est réalisée : 1) par une personne dépositaire de l'autorité publique ou chargée d'une mission de service public, dans l'exercice ou à l'occasion de l'exercice de ses fonctions ou de sa mission ; 2) par une personne qui prend indûment la qualité d'une personne dépositaire de l'autorité publique ou chargée d'une mission de service public ; 3) par une personne qui fait appel au public en vue de l'émission de titres ou en vue de la collecte de fonds à des fins d'entraide humanitaire ou sociale ; 4) au préjudice d'une personne dont la particulière vulnérabilité due à son âge, à une maladie, à une infirmité, à une déficience physique ou psychique ou à un état de grossesse, est apparente ou connue de son auteur ; 5) en bande organisée ».

Enfin, l'article 313.3 indique que « la tentative des infractions [...] est punie des mêmes peines ».

À travers les siècles, l'évolution des textes est donc étonnante par la difficulté à en cerner la trajectoire. L'escroquerie s'affiche d'abord comme un vol mais vise essentiellement l'abus de la crédulité de la personne dupée. Elle est synonyme de ruse et d'artifice. Aussi ne se distingue-t-elle que par quelques manœuvres frauduleuses qu'il convient d'employer pour tromper et qui finissent par se nommer ainsi. Par la suite, la notion d'usage de faux noms se précise comme tendant à faire croire en de fausses qualités. Puis suivent la reconnaissance de l'abus de qualité vraie et le retour à la notion générale de tromperie.

Est-ce à dire que les juristes tournent autour de cette infraction sans jamais la circonscire totalement ? Peut-être, mais ce qui est en revanche certain, c'est qu'ils cherchent en tout état de cause à garantir les échanges.

Cette nécessité de probité et de sécurité juridique des XIXe et XXe siècles était-elle moins importante pour cette ère des Lumières, qui commençait non seulement par la banqueroute de Law, comme nous l'avons vu, mais qui participait aussi de la nouvelle « richesse des nations » ? On peut en douter tant la société s'ouvrait au commerce et aux services, aux transactions du monde, conquérant l'Amérique, subissant la concurrence de pays prospères comme l'Angleterre. Il fallait donc fiabiliser les moyens d'échanges. Comme plus tard au XXIe siècle, ce qui contribuait à affaiblir la monnaie constituait « un obstacle au commerce »[53].

Il est donc légitime de se pencher sur la genèse de l'escroquerie au XVIIIe siècle. Il apparaît en effet incontestable que se développe alors une grande réflexion intellectuelle sur le système économique et les outils juridiques et sociaux qui peuvent être à disposition pour mieux sécuriser le marché. Adam Smith constate ainsi que « les villes commerçantes de l'Europe, au lieu d'être les manufacturiers et les voituriers seulement d'une très petite partie du monde (cette partie de l'Europe qui est baignée par l'Océan Atlantique, et les pays voisins des mers Baltique et Méditerranée), sont devenues maintenant les manufacturiers des cultivateurs nombreux et florissants de l'Amérique[54] ». De même, les flux des échanges sont passés à une autre échelle avec l'expansion des ports qui « mérite[nt] bien une autre attention »[55]. L'avocat Des Essarts apostrophe ainsi le lecteur en

---

[53] Œuvres de G. Filangieri, traduites de l'italien, nouvelles éditions accompagnées d'un commentaire de Benjamin Constant et de l'éloge de Filangieri par M. Salfi, publié à Paris en 1822, tome II, p. 117. Filangieri ajoutait : « Or qui ne voit que la multitude des faillites dans une nation doit produire cet effet ? Quelle confiance peut-on avoir dans les négociants d'un pays où la banqueroute entre dans la combinaison des moyens propres à agrandir la fortune d'un commerçant, où il ne peut être riche qu'après la troisième opération de ce genre ? ». Toute transgression de la loi est-elle alors la violation d'une convention sociale ? Et Filangieri d'affirmer : « Si ces conventions ne sont autre chose que les devoirs contractés par chaque citoyen envers la société, pour prix des droits qu'ils acquièrent, la violation d'une convention doit être suivie de la perte d'un droit. »

[54] Adam Smith, *Recherches sur la nature et les causes de la richesse des nations*, Paris, Flammarion, GF, 1991, t. II, (Livre IV, chapitre VII, section 3), p. 241.

[55] *Dictionnaire universel de police, contenant l'origine et les progrès de cette partie importante de l'administration civile en France ; les lois et règlements et arrêts qui y ont rapport ; les droits, privilèges et fonctions des magistrats et officiers qui exercent la police ; enfin, un tableau historique de la manière dont elle se fait chez les principales nations de l'Europe*, par monsieur des Essarts, 1786, Avocat et membre de plusieurs Académies réputées de la ville de Cherbourg. Tome VI, p. 245.

désignant « les vaisseaux dont il[s] [sont] rempli[s], présentant à vos regards les chefs d'œuvre de l'industrie humaine, les preuves les plus étonnantes de la hardiesse du génie commerçant, les instruments des richesses particulières, de l'opulence et de la force publique »[56].

La science du commerce elle-même se conceptualise et « présente déjà [...] l'idée d'une mécanique [...]. On peut s'occuper personnellement du commerce de trois manières. Le premier objet est d'acheter les productions de la terre et de l'industrie pour les revendre, par petites parties aux autres citoyens, c'est ce qui constitue le détaillant... Le second objet du commerce, est celui d'un citoyen qui entreprend de faire donner des formes aux matières premières. On appelle manufacturiers, ceux qui s'y appliquent et leur industrie est très nécessaire, parce qu'elle augmente les richesses réelles et relatives de l'État. La troisième espèce de commerce est l'occupation d'un citoyen qui fait passer chez l'étranger les productions de la patrie[57] ». Un négociant ne peut plus se priver « de la faculté de penser et d'agir[58] ». Il dit se former au droit. D'autant que le piège monétaire a failli se refermer sur l'ensemble de la société française et que l'avenir appartient au commerce.

Comment cette évolution juridique de la société de la fin de l'Ancien Régime s'inscrit-elle alors dans le champ du droit pénal des affaires ? Que se passait-il dans le ressort du Parlement de Paris ? Quelle était sa jurisprudence et celle de ses juridictions dont celle du Châtelet ? Les magistrats ont-ils pu comprendre et discerner qu'il existait en réalité une infraction spécifique et c'est pourquoi ils auraient « inventé », c'est-à-dire découvert l'escroquerie, si tant est qu'ils jouissaient d'un quelconque pouvoir de création du droit ? Dans quelles conditions travaillaient-ils ?

Les magistrats du ressort du Parlement de Paris bénéficiaient, à l'évidence, d'une grande prestance intellectuelle, mais également d'une incontestable aura. Les remontrances du 15 mai 1733 rappellent au roi Louis XV la puissance de ce pouvoir judiciaire. « Le Pouvoir de votre Parlement, Sire, [...] intéresse le Pouvoir du Souverain. L'autorité qu'il exerce en votre nom, est une émanation de cette Autorité suprême que vous ne tenez que de Dieu sur vos Peuples. Tout ce qui a pour objet, dans l'administration de la Justice, la Police générale du Royaume, l'Ordre, la Paix et la Tranquillité publique, fait la portion la plus sublime et la plus essentielle de ses devoirs»[59]. Le Parlement de Paris est donc « le premier parlement

---

[56] *Ibid.*, p. 245.

[57] Des Essarts, *Dictionnaire universel de police...*, *op. cit.*, p. 251.

[58] Des Essarts, *Dictionnaire universel de police...*, *op. cit.*, p. 242.

[59] Cité par Philippe Payen, *Les Arrêts de règlement du Parlement de Paris au XVIIIe siècle. Dimension et doctrine*, Paris, PUF, coll. « Les grandes thèses du droit français », 1997.

et la plus ancienne cour souveraine du royaume »[60], dégagée de « la Cour le Roi » durant la seconde moitié du XIIIe siècle. Son ressort primitif était l'ensemble du royaume. « Pour les hommes du XVIIIe siècle, le parlement de Paris est « le parlement par excellence ». Dire le Parlement, c'est entendre celui de Paris »[61].

Il siège normalement dans la capitale. Le Parlement sédentaire est ainsi installé au Palais de justice, l'ancien palais de la Cité. Ce majestueux édifice[62] parvient à contenir, dans un entassement hérité du Moyen Âge, le Parlement de Paris, la Chambre des Comptes, la Cour des Aides, celle des Monnaies, la Chambre des Décimes, la juridiction des Requêtes de l'Hôtel, les trois tribunaux de la Table de marbre, le bailliage du Palais, l'élection, la maîtrise particulière des Eaux et Forêts, le bureau des Trésoriers de France, et plusieurs autres juridictions[63].

Mais « on y vient [aussi] pour manger et pour boire, acheter des livres ou des dentelles, rencontrer des amis, flâner, saisir au vol un écho des nouvelles du jour. Le magistrat le plus austère ne peut être insensible à cette atmosphère ; il passe trop d'heures chaque jour en cette ruche pour en ignorer les bourdonnements »[64]. Dès le XVIe siècle en effet, le Palais avait été envahi par les lingères, les mercières, les miroitiers et les marchands de bourses, les plumassières, les libraires, les chapeliers, les marchands de poupées et de patenôtres, les couteliers, les gens de loi, les artisans et les gueux[65]. « Ce n'est point un palais, dit Joachim du Bellay[66], mais une cité dans Paris », cité dont un ambassadeur vénitien estime[67] à 40 000 âmes la population diurne[68]. Sous Louis XV, peu de différence : jusqu'à la création des galeries du Palais-Royal, c'est au palais de justice, dans les échoppes de la salle des pas perdus, que se tiennent « les joailliers, les bijoutiers et les tablettiers à la mode »[69], sans parler des libraires, des mercières et des dentellières. La grand'salle du Palais reste, à Paris, l'endroit unique où s'aperçoivent « de jolies têtes ornées de rubans, à côté de [...] figures de jurisconsultes. Des sacs de procureurs reposent sur des pièces à ariettes, et tous ces loups en perruque font les galants auprès de ces petites marchandes »[70]. [...] Même

---

[60] *Encyclopédie méthodique, Jurisprudence*, t. VI, p. 384.

[61] François Bluche, *Les Magistrats du Parlement de Paris au XVIIIe siècle*, Paris, éd. Economica, 1986, p. 9.

[62] *Ibid.*

[63] Notamment celle des clercs du palais (la basoche), celle du prévôt général des monnaies et maréchaussées de France, celle des clercs de la chambre des comptes.

[64] François Bluche, *op. cit.*, p. 211.

[65] Poëte, *Une vie de cité, Paris*, t. II, p. 306-307.

[66] Poëte, *op. cit.*, t. II, p. 112.

[67] En 1546.

[68] Poëte, *op. cit.*, t. II, p. 178.

[69] Madame d'Epinay, *Mémoires*, t. I, p. 51, note.

[70] Louis-Sébastien Mercier, *Tableau de Paris*, t. II, p. 23.

si l'activité marchande du Palais ne s'est jamais tout à fait relevée du tort que lui a causé l'incendie de 1776 »[71].

Les conversations vont bon train, les idées s'échangent, puisque la grande salle est aussi le quartier général des avocats, procureurs, scribes et plaideurs. Les avocats, groupés autour du *pilier des consultations*, discutent et donnent des avis sur tout. Les scribes ou écrivains publics, « en quelque sorte incorporés à chaque pilier de cet immense caravansérail de la chicane »[72], servent aussi de guides aux plaideurs novices et d'interprètes à ceux qui n'entendent que leur patois.

Entre 1715 et 1771, le Parlement a été transféré, par deux fois, hors de la capitale, à titre de sanction en raison de son opposition au pouvoir royal. Du 21 juillet 1720 au 20 décembre de la même année, il est ainsi transporté à Pontoise[73]. Le second transfert par voie d'autorité a lieu en 1753. Les conseillers des enquêtes et des requêtes sont dispersés, par lettres de cachet, et exilés. Quant à la grand'chambre, constituée en Parlement, elle est, une fois encore, envoyée à Pontoise. Il faut attendre le 4 septembre 1754 pour voir le rétablissement de tout le Parlement à Paris[74]. Les décisions de la première juridiction de France possèdent donc une importance symbolique et juridique incontestable au point que le roi est tenté d'en limiter la splendeur, et faire en sorte qu'elles ne soient pas toujours issues de l'île de la Cité. Que vont pour autant décider ces arrêts, notamment en ce qui concerne l'escroquerie, dans une société à l'aube de la révolution industrielle qui souhaite la prospérité ?

La question offre d'autant moins de réponse évidente que le Parlement de Paris, auquel la juridiction du Châtelet est directement rattachée, oppose cette fois volontairement sa propre autorité au pouvoir du roi Louis XV. En effet Louis XV, par sa passivité, permet aux Parlements de profiter des difficultés financières et des querelles religieuses, sans cesse renaissantes, pour critiquer âprement l'absolutisme monarchique et revendiquer, comme au temps de la Fronde, un droit de contrôle sur le gouvernement. L'agitation se trouve ainsi entretenue et contribue à créer dans tout le royaume un état d'esprit « révolutionnaire ». Même le duc de Choiseul qui, de 1758 à 1770, fut le ministre le plus influent, n'osa pas entrer en lutte ouverte avec les parlements qui en profitèrent pour accentuer leur opposition.

Cette attitude entraîna une des grandes réformes de l'organisation judiciaire de l'Ancien Régime, puisque Louis XV renvoya Choiseul, suspect d'une trop grande complaisance envers les parlementaires, et choisit en 1770 un homme autoritaire, Maupeou, qui devint chancelier. Même s'il était ancien magistrat, Maupeou prend paradoxalement parti contre ses collègues. Et parce que le

---

[71] Stein, *Le palais de justice*, p. 37.
[72] Bast, *op. cit.*, t. IV, p. 337.
[73] *Encyclopédie méthodique, Jurisprudence,* t. VI, p. 389.
[74] François Bluche, *op. cit.*, p. 9.

Parlement de Paris se met encore une fois en grève, Maupeou décide d'en finir. Dans la nuit du 20 au 21 janvier 1771, il envoie un mousquetaire demander à chaque parlementaire de répondre sur-le-champ, par oui ou par non, s'il est décidé à reprendre son service. Presque tous refusent. Ils perdent alors immédiatement leur charge et sont exilés. Maupeou abolit la vénalité des charges des magistrats, ces derniers étant désormais rémunérés par l'État. Il n'est donc plus question de recevoir des épices. La magistrature devient un corps de la fonction publique. Maupeou décide aussi d'accélérer le traitement des affaires, suivant en cela une logique qui semble d'une actualité constante à travers l'histoire. « Saint Louis [avait déjà pris] une Ordonnance, l'an 1254, pour l'administration de la justice [...], mais enfin les affaires s'étant multipliées, Philippe de Valois par son Édit du mois de Février 1327 pour une plus prompte expédition de la justice, créa en titre d'office, huit conseillers au Châtelet de Paris, quatre clercs et quatre laïques. Ce nombre fut augmenté jusqu'à douze, sans nouvel Édit et demeura en cet état pendant près de deux siècles »[75]. Les écrivains du XVIIIe siècle ont au alors beau jeu de continuer à critiquer la lenteur de la procédure propice aux chicanes, et la cherté ruineuse, compte tenu d'une tradition bien ancrée d'absence de personnel judiciaire en nombre suffisant.

« Pour jouir de sa fortune, Licaste attend de gagner « un procès qui, depuis deux ans, se doit juger tous les jours et qui, selon les apparences, n'est pas près de finir »[76]. Un autre plaideur est « surpris de trouver sa bourse vide après dix ans de procès, dont le dernier jour est égal au premier »[77]. Mais ce ne sont pas là inventions de poètes. Le commissaire Dubuisson ne raconte-t-il pas « qu'on a plaidé au Parlement [en mai 1735], pendant dix audiences, pour savoir si un architecte du Roi, membre de l'académie de peinture et de sculpture, ferait un rapport d'ouvrages ou si ce serait un expert ordinaire »[78]. Plein de bon sens, notre témoin se demande qui sont les plus coupables, des avocats chicaniers ou « des juges qui ont la patience et la sottise de les écouter »[79]. Il oublie les procureurs qui perdent, en général, leurs clients dans un maquis de procédure ; d'où le succès comique du *Procureur arbitre*, dans lequel Philippe Poisson met en scène un procureur assez naïf pour réconcilier les parties »[80].

---

[75] Delamare, *Traité de la police, où l'on trouvera l'histoire de son établissement ; les fonctions et les prérogatives de ses magistrats ; toutes les lois et tous les règlements qui la concernent ; on y a joint une description historique et topographique de Paris et 8 plans gravés, qui représentent son ancien état et ses divers accroissements, avec un recueil de tous les statuts et règlements des six corps des marchands*, 2nde éd. augm., Paris, 1722, p. 247 (livre I, chap. 3).
[76] Le Grand, *L'usurier gentilhomme*, 1713, in *Théâtre*, t. II, p. 8.
[77] Marivaux, *La voiture embourbée*, in *Romans*, Paris, Gallimard, coll. « Pléiade », p. 38.
[78] Dubuisson, *Lettres au marquis de Caumont*, p. 78.
[79] *Ibid.*
[80] François Bluche, *op. cit.*, p. 212-213.

Le chancelier Maupeou régule et administre le fonctionnement de la justice.

Mais comme l'avait déjà souligné, en 1762, l'avocat Jean-Antoine Soulatges, dans son *Traité des crimes*[81], ce qui apparaît comme le plus important est sans aucun doute la matière criminelle, parce qu'elle touche « non seulement les biens, mais encore l'honneur, et la vie même des hommes ». C'est pourquoi Louis XIV, « voulant rendre la procédure criminelle uniforme dans tout le royaume, donna l'ordonnance de 1670 qui est aujourd'hui dans cette matière, la loi vivante qui fixe l'ordre de cette procédure et les formalités qui doivent être observées pour la faire valablement. Louis XV, heureusement régnant, a aussi rendu plusieurs édits et déclarations en exécution de cette ordonnance… ».

L'avocat précise alors selon quelles procédures pénales agissent le Parlement de Paris et aussi le Châtelet. Deux voies sont en effet offertes pour les procès criminels : celle du Grand Criminel, et celle du Petit Criminel. Toutes deux sont également utilisées pour juger les voleurs et les escrocs. « Les accusations qui sont au Grand Criminel sont des accusations des crimes graves, qui peuvent mériter des peines afflictives ou infamantes »[82] ; ces infractions sont instruites « extraordinairement », c'est à dire par récolement et confrontation des témoins et accusés[83].

Les procès au Petit Criminel « sont des accusations formées pour les crimes ou délits légers, dont la punition ne peut aller qu'à des réparations envers la personne offensée, à des condamnations pécuniaires, et à des dommages et intérêts ; ceux-ci sont instruits à l'ordinaire[84], c'est à dire sans récolement ni confrontation et sont jugés seulement sur les charges et informations qui constatent

---

[81] Jean-Antoine Soulatges, *Traité des crimes, divisé en deux parties : la première de la nature des crimes… et des peines, la deuxième, la manière d'instruire les procès criminels avec le style ou formules*, Toulouse, librairie de l'Université, 1762, t. I, préface.

[82] Jean-Antoine Soulatges, *op. cit.*, t. II, p. 3-4.

[83] Dans le cadre de la procédure extraordinaire, le juge, une fois saisi, procède ou fait procéder à une information secrète au Châtelet depuis l'*Ordonnance* de 1498, qui est le premier texte législatif à distinguer entre les procédures ordinaire et extraordinaire. Le choix de la procédure s'exerce après le rapport d'enquête et les accusés en ont connaissance, par une nouvelle comparution. Les témoins sont entendus dans l'information afin qu'ils réitèrent leurs dépositions devant l'accusé sous serment. Ce dernier peut critiquer ces témoignages, sans être assisté d'un avocat, il peut aussi développer ses arguments et demander que soient cités ses propres témoins. C'est après cette phase capitale de l'instruction que le juge sollicite l'avis des conseillers de la juridiction, en vue de soumettre l'accusé à la question.

[84] La procédure ordinaire, quant à elle, « conservait d'assez près les formes de la procédure civile, se déroulant à l'audience, sans secret, les parties produisant leurs preuves de part et d'autre. Même si les témoins continuent d'être entendus par les enquêteurs, selon les règles que l'on trouve notamment chez Beaumanoir (chapitre 40), les résultats de l'enquête sont communiqués aux parties. Puis les avocats plaident en audience publique et la sentence est rendue », in Arlette Lebigre et André Laingui, *Histoire du droit pénal*, t. II, *La procédure criminelle*, Paris, Cujas, p. 63.

le délit, soit à l'audience, ou sur procès par écrit. Ainsi, ce n'est que par les charges qu'on peut juger si un délit est un grand ou petit criminel. (...) De sorte que si par les informations, le crime se trouve grave, les juges décrètent les accusés, de prise de corps, quand ce seroit même contre un domicilié ; au lieu que lorsque le crime est léger, ils ne décrètent que d'un soit ouï, ou d'un ajournement personnel suivant la nature du délit et la qualité des accusés »[85].

Les magistrats jouissent donc d'une véritable indépendance qui leur permet d'élaborer leur jurisprudence en toute liberté et de faire le choix de leur procédure.

Leur activité juridictionnelle est d'autant plus importante que le contentieux est non seulement multiple, mais que le ressort du Parlement de Paris est beaucoup plus étendu que celui des autres Parlements : il englobe Paris et l'Ile-de-France, la Picardie, le Soissonnais, la Brie et la Champagne, le Vexin français, la Beauce et le Chartrain, le Perche, l'Orléanais, le Gâtinais, le Blaisois, la Touraine, l'Anjou et le Maine, le Berry et le Bourbonnais, le Nivernais, la Marche, l'Auvergne, le Lyonnais-Forez-Beaujolais, le Limousin, l'Angoumois, l'Aunis et la Saintonge, le Poitou[86]. Une partie de la Bourgogne, à savoir le Mâconnais, l'Auxerrois et Bar-sur-Seine, échappe à la juridiction du parlement de Dijon pour dépendre de celui de Paris, tout comme Dunkerque, qui ne dépend pas du parlement de Douai. Cet immense ressort correspond à l'ancien domaine royal, ne contenant pas moins d'« un grand tiers du royaume »[87].

La contrepartie d'une si vaste étendue consiste bien sûr en des difficultés pour les plaideurs lointains, ou de médiocre fortune, qui ont grand peine à se faire rendre justice sans frais exorbitants[88]. L'abbé Georgel constate que la contrainte d'un voyage, souvent long de 150 à 200 lieues, engloutit, avec le séjour à la capitale, « le patrimoine de celui qui [vient] de si loin contester pour une partie de son héritage »[89]. L'étendue de ce ressort doit encore s'analyser en fonction de l'importance de la population française de l'époque, ce qui a pour conséquence d'augmenter le nombre des justiciables[90]. « Des calculs les plus récents [...], il

---

[85] Arlette Lebigre et André Laingui, *op. cit.*, t. II, p. 3-4.
[86] Bibliothèque du Sénat, ms 1218, p. 280 ; Bastard d'Estang, *Les Parlements de France*, t. I, p. 242, note.
[87] Mirabeau, *L'Ami des hommes*, t. I, p. 40.
[88] François Bluche, *op. cit.*
[89] Georgel, *Mémoires*, I, 205.
[90] Il faut dire que la configuration du royaume en 1715 ressemblait déjà au territoire de la France contemporaine. À l'Est, les duchés indépendants de Lorraine et de Bar séparaient la Champagne et l'Alsace, avec néanmoins les enclaves françaises des seigneuries épiscopales de Metz, Toul et Verdun. Si la Savoie et le comté de Nice appartenaient au roi de Sicile tandis qu'Avignon et le Comtat Venaissin participaient de la juridiction pontificale, et la Corse de la République de Gênes, le territoire national s'étendait plus avant vers la Flandre et l'Allemagne, comprenant Philippeville, Marienbourg, Sarrelouis et Landau, excluant en revanche la république urbaine de Mulhouse et la principauté de Montbéliard.

ressort qu'à la mort de Louis XIV, le royaume comptait 22.500.000 habitants, chiffre plus élevé qu'on ne l'imaginait. L'important, c'est qu'avec ces 22 à 23 millions d'âmes, la France était de loin l'État le plus peuplé d'Occident avec 24 % des Européens »[91].

En effet, aucun des autres pays unifiés d'Europe ne rassemblait à lui seul la moitié de la population française : les Îles britanniques comptaient de 6.500.000 à 7.000.000 d'habitants, l'Espagne un peu plus, les possessions de la maison d'Autriche dans l'Empire et en Europe centrale autant que l'Espagne, les Provinces-Unies 1.900.000, la Suède 1.500.000. « La France jouissait donc en 1715 d'une forte supériorité numérique : quelques 20 millions de producteurs et presque autant de contribuables, qui donnaient à la politique royale sa solidité et sa profondeur [...]. Soixante ans plus tard, Louis XV laissait en mourant un royaume d'au moins 27.000.000 d'habitants, augmentation très sensible depuis le début de son règne. Cette croissance, d'abord modérée jusque vers 1750 (11 %), s'accéléra ensuite (18 %) et se poursuivit jusqu'à la Révolution (28.100.000 en 1790), soit un gain d'environ 32 % pour le siècle »[92].

La cour du Parlement de Paris a-t-elle alors les moyens humains et matériels pour assumer une si lourde tâche et garder sa capacité d'innovation ? Le marquis de Mirabeau posait déjà la question dans *L'Ami des hommes* pour répondre : le Parlement « assure que oui, et je dis que non »[93].

Paris ainsi que le ressort de son Parlement avaient, il est vrai, bien besoin de l'activité de leurs juridictions pénales.

La plus importante juridiction de première instance de la Cour, à savoir le Châtelet, est sans conteste la plus concernée par les affaires.

Le Châtelet est le siège de la justice royale ordinaire, civile et criminelle exercée à l'origine par le prévôt de Paris dans le ressort de la prévôté et vicomté de Paris. Ayant assumé progressivement les fonctions de bailli royal, le prévôt de Paris est devenu, au cours du XIIIe siècle, juge d'appel des juridictions royales et seigneuriales - laïques et ecclésiastiques - de son ressort. N'étant pas juge en dernier ressort, le prévôt de Paris rend des *sentences* dont les appels se portent au parlement de Paris[94].

L'étendue de la prévôté et vicomté de Paris au XVIIIe siècle est connue par une carte dressée par le géographe du roi G. Delisle en 1711, sur laquelle sont

---

[91] Michel Antoine, *Louis XV*, Paris, Fayard, 1989, p. 230-231

[92] *Ibid.*.

[93] Mirabeau, *op. cit.*, t. I, p. 40.

[94] Henri Gerbaud et Michèle Bimbenet-Privat, *Châtelet de Paris, Répertoire numérique de la série Y. Tome premier. Les chambres Y1 à 10718 et 18603 à 18800*, avec la collaboration de Jacques Dion, Paris, Archives nationales, 1993, p. 10, « Définition de la juridiction du Châtelet de Paris ».

indiqués tous les lieux régis par la coutume de Paris[95] : très approximativement, la prévôté et vicomté s'étendait alors de Luzarches à la Ferté-Alais (nord/sud), et de Neauphles-le-Château à Tournan-en-Brie (ouest/est). Il faut, bien sûr, en souligner l'extrême morcellement : « non seulement [...] des temporels et des terres érigées en duchés-pairies ont obtenu le droit de ressortir directement au Parlement, mais encore toute une partie du domaine royal a également fini par échapper totalement à la juridiction du Châtelet : ce sont les résidences royales de Paris et des environs avec les forêts, les grueries et les garennes qui en dépendent. C'est pourquoi, au XVIIIe siècle, les bailliages royaux attachés aux résidences de Versailles, Meudon, Choisy-le-Roi et Vincennes ressortissaient au Parlement tout comme la bailliage du Palais, par exemple ; enfin certaines grueries et les garennes ont concouru depuis le XVIe siècle à former les capitaineries des chasses »[96].

Cette juridiction du Châtelet a aussi été présentée comme « la plus belle du royaume ». La préface du *Nouveau stile*[97] affirme que « l'abondance et la variété des matières dont elle connoît et que cette grande ville fournit, la supériorité des magistrats qui y président, la capacité des officiers qui y exercent sous leurs yeux, contribuent à rendre la procédure que l'on pratique dans cette juridiction très exacte et conforme aux ordonnances, et peut même servir de modèle aux autres juridictions ordinaires ».

Là encore, le personnel est nombreux et professionnel, même s'il n'est pas attesté qu'il soit suffisant compte tenu de l'importance de la délinquance. Les premiers lieutenants sont attestés dès le XIVe siècle : un lieutenant civil est cité dès 1302, un lieutenant criminel au début du XVe siècle. L'*Ordonnance* d'avril 1454 autorise, par son article 57, le prévôt à commettre ses lieutenants sans limitation de durée. « Cependant, si la différenciation des fonctions de lieutenant civil, de police et criminel n'est sans doute pas étrangère à la différenciation progressive des chambres du Châtelet, inversement, l'usage pour ces magistrats de siéger en alternance aux diverses audiences a pu être cause des confusions de compétences continuellement observées d'une chambre à l'autre »[98].

Mais en réalité l'origine des chambres du Châtelet n'est pas prouvée, faute d'archives. Le prévôt de Paris siégea d'abord tantôt au « Grand Parquet » pour les affaires civiles, tantôt au « Petit Parquet » pour les affaires criminelles, cette distinction étant très nette dès les premiers siècles de la juridiction. Le « Petit Parquet » est à l'origine de la Chambre criminelle ; le « Grand Parquet » devint le « Parc civil » ou « Auditoire d'en haut », premier siège de la justice civile du

---

[95] Cette carte a été publiée dans *Les archives de l'Ile-de-France. Guide des recherches*, sous la direction de G. Gilles et G. Weill, Paris, 1989, p. 200-201.

[96] Henri Gerbaud et Michèle Bimbenet-Privat, *op. cit.*, p. 11.

[97] *Nouveau stile du Châtelet*, 1685, A.N. Paris.

[98] Henri Gerbaud et Michèle Bimbenet-Privat, *op. cit.*, p. 12-13.

Prévôt. En 1667, un lieutenant général de police fut institué pour siéger en la Chambre de police. Un édit du roi de février 1674 visant à « supprimer les longueurs qu'apportent les différents degrés de juridiction » réunit au Châtelet de Paris toutes les justices seigneuriales situées dans la ville, les faubourgs et la banlieue de Paris. Cet édit crée un « nouveau Châtelet » destiné à doubler l'ancien Châtelet devenu insuffisant. Les ressorts respectifs des deux juridictions étaient délimités par le cours de la Seine[99].

L'intense activité des juridictions du ressort du Parlement de Paris est en effet incontestable, comme le décrit, en 1781, J.-P. Brissot de Warville dans la *Théorie des lois criminelles* : « Toutes les capitales n'offrent qu'une scène affreuse de débauche, de misère, de vices et de forfaits, qui tous parlent du même centre de l'égoïsme. [...] Là, les manières tiennent lieu de mœurs, la fausseté s'intitule politique, la trahison y est le jeu ordinaire, la fureur du luxe fait fouler aux pieds les noms si chers d'amis, de parents, de citoyens ; tous les degrés sont bons parce qu'ils mènent à la fortune et ce n'est pas souvent le plus coupable que les lois punissent, c'est le moins adroit. Le luxe y confond tous les rangs et rapproche les extrêmes, mais ce n'est que pour augmenter le poids de l'infortune des citoyens »[100].

L'habitude de cet argent gagné facilement et perdu rapidement, ainsi que l'accession de nouvelles classes sociales au monde des affaires, perturbent l'ordre social établi. Les organisations n'apparaissent plus suffisantes pour empêcher des esprits filous d'inventer des astuces en fraude de tout droit. Les nouveaux moyens de paiement perturbent aussi l'ancienne conception de la soustraction du bien d'autrui par leurs façons d'accaparer la fortune d'un autre. Adam Smith lui-même constate l'existence de nombreuses manœuvres frauduleuses, par exemple, lorsqu'un banquier s'aperçoit que deux particuliers se tirent réciproquement des lettres de change qu'ils font escompter dans son établissement. Qu'il est alors difficile de repérer un effet de commerce fondé sur un « manège »[101] ! C'est pourquoi les corporations et les jurandes s'opposaient souvent à la participation des particuliers au commerce, quelle que soit leur extraction[102]. Là encore, pour contourner les traditionnels cordons de sécurité qui maintenaient la société, Adam Smith dénonce, au cours du XVIIIe siècle, l'usage des prête-noms, qui permettaient par exemple à de très grands seigneurs de la cour d'utiliser la complaisance de leur jardinier ou de leur valet pour se livrer aux affaires sous une fausse identité. La

---

[99] Henri Gerbaud et Michèle Bimbenet-Privat, *op. cit.*, p. 12-13.

[100] Brissot de Warville, *Théorie des lois criminelles*, Paris, 1781, p. 57.

[101] Adam Smith, *Recherches sur la nature et les causes de la richesse des nations*, tome I, traduction de Germain Garnier revue par Adolphe Blanqui, Flammarion, GF, 1991. Livre II, chapitre II, p. 397.

[102] Guy Richard, *La Noblesse d'affaires au XVIIIe siècle*, 2e édition, Paris, Armand Colin, 1997, p.131.

noblesse s'intéressait-elle vraiment aux affaires et entrait-elle dans le jeu de la concurrence et du commerce en s'abaissant au rôle de la bourgeoisie ? Le petit peuple instruit des mécanismes de la spéculation avait sans doute intérêt, sans se livrer à des vols *stricto sensu*, à rechercher des procédés permettant un enrichissement aux marges de la légalité habituelle. Sous le règne de Louis XV, la société allait, d'une certaine façon, demander aux juges de se prononcer sur des comportements inédits, enclins à commercer en défrichant des domaines jusqu'ici inconnus et sans doute négligés par les juristes. En 1748, Montesquieu écrit dans *L'Esprit des lois* : « Des gens frappés de ce qui se pratique dans quelques États, pensent qu'il faudrait qu'en France il y eût des lois qui engageassent les nobles à faire le commerce. Ce serait le moyen d'y détruire la noblesse, sans aucune utilité pour le commerce »[103]. Le grand bouleversement était-il en marche ? A l'évidence, sans deviner ce que serait la Révolution, les penseurs de l'époque percevaient-ils que les changements des comportements modifiaient tout à fait les rapports sociaux de la fin de l'Ancien Régime et qu'un corpus législatif serait précieux ?

Le socle de la pyramide sociale peut, en effet, sembler remis en cause par les friponneries, les différentes sortes de filouteries, les sortes d'escroquerie qui commencent à apparaître. Les vols sont commis avec abus, les faux, les prévarications, les stellionats ne connaissent plus aucune limite dans leur commission. De nombreux scandales judiciaires éclosent et sont colportés par les gazettes, tout comme les fulgurantes ascensions sociales de ceux qui, hier encore, n'étaient pas grand chose.

Peut-on alors supposer qu'en 1791 l'Assemblée Nationale Constituante, informée de la très substantielle jurisprudence concernant des formes d'escroquerie, dont avaient dû connaître les juridictions du Châtelet, et plus généralement du Parlement de Paris, depuis le règne de Louis XV jusqu'à la Révolution, a été sensible à la matière et au problème que posaient la multiplicité de ces cas d'espèces ? Ce qui est certain, c'est que la mise en cause de la probité des dirigeants ou des acteurs du système économique, par la calomnie ou l'intérêt, pouvait, là encore, mettre en péril des résultats économiques non seulement escomptés mais indispensables à la société marchande et bourgeoise qui se mettait en place.

Se posait également la question des valeurs de référence qui seules peuvent guider les jugements des magistrats. Les juges au Châtelet puis au Parlement de Paris ont-ils non seulement tenté de protéger par le droit la propriété, la foi publique, l'intégrité physique des personnes, ou ont-ils déjà tenté de développer « un droit pénal plutôt de *direction*, en ce qu'il tend à diriger, c'est-à-dire à orienter

---

[103] Montesquieu, *De L'Esprit des lois*, Paris, éd. Garnier-Flammarion, coll. « GF », livre XX, chap. XXII, « Réflexion particulière », p. 22-23.

les affaires dans la perspective imposée par l'État [104]» ? Autant d'interrogations qui méritent que l'on cherche à y apporter des réponses à partir de la jurisprudence du ressort du Parlement de Paris.

IV. COMMENT ÉMERGE LA NOUVELLE INFRACTION FORMELLE ET COMPLEXE DE L'ESCROQUERIE ?

L'analyse de la jurisprudence des principales juridictions de la fin de l'Ancien Régime composant la cour du Parlement de Paris, ainsi que la lecture de la doctrine de l'époque et des écritures des Procureurs généraux de la famille Joly de Fleury, permettent-elles alors de voir apparaître les éléments constitutifs de la future infraction pénale de l'escroquerie ? Peut-on les voir émerger des sources que nous avons pu retrouver et consulter ?

Si les archives judiciaires sont tout entières contenues au cœur du système politique et policier du XVIIIe siècle, elles ne se livrent pas immédiatement[105]. Par-delà la lecture, il faut apprendre à apprivoiser le raisonnement juridique des juges et procureurs de l'époque, à pénétrer les actes, les mots, les cris, les espoirs et tracer le contour de ce qui pourra devenir une nouvelle infraction. Arlette Farge décrit l'archive comme « bribe, morceau de phrase, fragments de vie recueillis dans ce vaste sanctuaire de paroles mortes et pourtant prononcées que sont les archives judiciaires. Paroles émergeant de trois nuits successives et profondes : celle du temps et de l'oubli, celle des infortunés, celle, plus opaque à nos intelligences défiées, de la constitution et de l'empire de la faute. » [106].

Deux fonds ont été dépouillés : celui de la juridiction de première instance du Châtelet et celui, en appel, du Parlement de Paris. Si le fonds du Châtelet est lacunaire, il permet cependant d'étudier, statistiquement de façon significative, les sentences touchant à cette délinquance d'affaires. Les efforts pour conserver les archives judiciaires permettent ce type de recherche, même si les guerres et les incendies ont provoqué des pertes importantes. Depuis qu'en 1195, à Fretteval, les Anglais avaient tendu à Philippe Auguste une embuscade dans laquelle il perdit sa chapelle, son trésor, le sceau royal et tous ses titres que l'on portait à sa suite, l'une des obsessions des rois de France fut en effet de conserver les différentes chartes et documents essentiels au gouvernement. Les archives cessèrent alors d'être ambulantes et furent déposées au palais des rois à Paris. Les différentes juridictions

---

[104] Mireille Delmas-Marty, *Droit pénal des affaires. Partie spéciale : infractions*, Paris, PUF, coll. « Thémis Droit », 1973, 3e éd. 1990, t. II, p. 1.

[105] Arlette Farge, *La Vie fragile. Violence, pouvoirs et solidarités à Paris au XVIIIe siècle*, Paris, Seuil, coll. « Points histoire », 1986, p. 11.

[106] Arlette Farge, *op. cit.*, p. 7.

qui composaient la cour du Parlement de Paris prirent également l'habitude de garder les sentences et arrêts rendus, dont celles du Châtelet et du Parlement proprement dit. Ce sont ces documents qui, s'accumulant au cours des siècles, ont formé les grandes séries ou sous-séries de la section judiciaire, aujourd'hui section ancienne des Archives nationales[107]. Au 1er janvier 1789, les dépôts du Châtelet et des autres tribunaux représentaient un des groupes d'archives principaux constitués[108]. Les archives du Parlement étaient, quant à elles, divisées en dix groupes[109], dont les registres du Parlement criminel de la série X^{2A} et les minutes regroupées dans la série X^{2B}.

Le fonds du Châtelet de Paris est très important, puisqu'il comporte 18.800 articles. Comme nous le savons, le Châtelet, qui correspondait dans Paris à la fois à la prévôté et au présidial, représentait assez exactement le Tribunal de première instance d'aujourd'hui. Le premier registre criminel dont nous disposons pour le Châtelet, sous le numéro de série Y 10.531, date de 1389. Il est important de souligner que les liasses dites « du Petit Criminel » au Châtelet conservent également les premières étapes de procédure d'un très grand nombre de dossiers d'affaires plus graves, relevant normalement de la procédure à l'extraordinaire mais clos avant leur terme faute de preuves suffisantes ou pour toute autre raison. C'est ainsi qu'on y trouve des procédures pour vols, morts suspectes, filouteries, escroqueries, agressions à main armée, homicides, *etc*[110]. Les jugements prononcés

---

[107] Cf. Michel Antoine, Henri-François Buffet, Suzanne Clemencet, Ferréol de Ferry, Monique Langlois, Yvonne Lanhers, Jean-Paul Laurent, Jacques Meurget de Tupigny, introduction de Charles Braibant, *Guide des recherches dans les fonds judiciaires de l'Ancien Régime*, Paris, Imprimerie Nationale, 1958.

[108] Les groupes d'archives principaux sont : 1. Le Trésor des Chartes ; 2. Les dépôts du Parlement ; 3. Les dépôts de la Chambre des Comptes ; 4. Les dépôts de la Cour des Aides ; 5. Les dépôts du Châtelet et des autres tribunaux.

[109] Les archives du Parlement de Paris se répartissent ainsi :
X^{1A} : Parlement civil, registres.
X^{1B} : Parlement civil, minutes.
X^{1C} : Parlement civil, accords.
X^{2A} : Parlement criminel, registres.
X^{2B} : Parlement criminel, minutes.
X^{3A} : Requêtes du palais, registres.
X^{3B} : Requêtes du palais, minutes.
X^{4A} : Chancellerie, registres.
X^{4B} : Chancellerie, minutes.
X^{5} : Communauté des procureurs au Parlement.
Emile Camapardon a dressé le répertoire numérique de ces archives en 1889.

[110] Le détail des affaires traitées par le Petit Criminel est donné, d'après une étude statistique de l'année 1770, par A. Mericskay, *Le Châtelet et la répression de la criminalité à Paris en 1770*, thèse de doctorat de 3e cycle, Université de Paris-Sorbonne, 1984, qui fournit l'analyse la plus précise du contenu de ces liasses (thèse dactylographiée).

au Grand Criminel, quant à eux, n'étaient pas rendus en public. Enfin, et de façon générale, lorsque le lieutenant criminel n'avait pas réussi à mettre la main sur l'accusé, les sentences étaient rendues par contumace.

Cependant, la grande difficulté de l'étude du fonds du Châtelet consiste en ce qu'il n'y a pas d'inventaire en matière criminelle. Il est ainsi impossible de repérer par avance la liste des sentences rendues par exemple dans les matières telles que les vols, stellionats, prévarications, faux ou encore filouteries, voire escroqueries. Les cartons qui contiennent les archives des procès ne sont en réalité regroupés que par date. Il a donc été extrêmement difficile d'accéder à l'information qui était ici recherchée, c'est-à-dire de localiser les sentences qui pouvaient être rendues dans des cas d'espèce qui seraient, depuis 1791, qualifiés d'escroquerie. Le précieux *Guide des recherches dans les fonds judiciaires d'Ancien Régime* dirigé par Michel Antoine, permet cependant de s'orienter d'une part dans chacune des séries, et d'autre part de regrouper les archives participant d'une même affaire.

Pour notre enquête, nous avons systématiquement consulté tous les cartons relatifs aux années du règne de Louis XV et ceux relatifs aux affaires connues en appel par le Parlement de Paris jusqu'à la fin de l'Ancien Régime.

Notre travail a été grandement facilité par l'inventaire des arrêts que nous avons pu trouver au Parlement de Paris et qui sont également aujourd'hui conservés aux Archives nationales. En effet, l'*inventaire 450* est constitué de tables alphabétiques et analytiques des registres et des minutes du Parlement criminel. Il indique non seulement les noms des accusés jugés en appel, mais aussi la date de l'arrêt et les peines infligées. Cet inventaire est divisé en quatre parties qui couvrent les années 1700 à 1790[111]. Par la date de l'arrêt, il est permis, sous réserve d'autorisations très spéciales[112], de rechercher l'original pour les années de janvier 1700 au 31 juillet 1784 dans les registres X^{2A} 504-898 et pour les années du 1er août 1784 au 14 octobre 1790 dans les cartons X^{2B} 1075-1089. Cet *inventaire 450* a été dressé par J.-B. Saint-Martier, au début du XIXe siècle. Il nous a aidés à localiser les affaires jugées en appel au Parlement de Paris sous le règne de Louis XV et même jusqu'à la fin de l'Ancien Régime, et qui semblaient faire référence à des procès d'escroquerie. Comme cet *inventaire 450* mentionne également la date des sentences de la juridiction de premier degré, c'est à partir de cette indication que nous avons systématiquement recherché les décisions rendues par la juridiction du Châtelet de Paris lorsque les archives en avaient été conservées.

---

[111] T. I, 1700-1725 ; t. II, 1725-1750 ; t. III, 1750-1780 ; t. IV, 1780-1790.

[112] Nous devons encore une fois remercier M. Galland, M. Jubert et Mme Hildesheimer des Archives Nationales qui nous ont autorisé exceptionnellement à consulter ces arrêts qui ne sont plus communiqués au public.

Si la série des minutes des arrêts criminels du Parlement de Paris[113] est extrêmement utile, c'est parce qu'elle est souvent complétée, dans la procédure extraordinaire, par quelques pièces de l'instruction criminelle[114]. Les minutes se rapportant à une même instruction sont souvent réunies dans une chemise portant le nom du ou des accusés, mais il arrive aussi qu'elles se trouvent en place chronologique, c'est-à-dire dispersées[115].

Enfin, il nous a été également exceptionnellement possible d'avoir accès aux instructions complètes soumises au Parlement de Paris afin de les dépouiller. Il

---

[113] Série comprenant : les minutes X^{2B} 1-1090 (1528-1790) et feuilles d'audience X^{2B} 1094-1172 (1565-1790)

[114] Série criminelle X^{2B} 1174-1318 (1551-1790).
Les pièces essentielles de l'instruction criminelle, dans une procédure extraordinaire, sont :
- l'information qui contient les dépositions des témoins sur le crime et sert à justifier les faits contenus dans la plainte ;
- l'interrogatoire de l'accusé ;
- le récolement qui contient les déclarations des témoins après lecture de leur déposition ;
- la confrontation de l'accusé aux témoins, qui avait lieu après le récolement.
Les liasses les plus anciennes contiennent, outre les pièces que nous venons d'énoncer, quelques procès-verbaux de question et d'exécution capitale, et d'autres portant description de pièces servant à l'instruction.
Information, interrogatoire, confrontation et récolement se présentent sous la forme de procès-verbaux ; elles commencent par un court préambule qui comporte la date, le nom du conseiller commissaire, celui de l'accusé, la date de l'arrêt ordonnant la procédure (à partir de la fin du XVIIe siècle) et le nom du requérant.
Les signatures de l'accusé, des témoins, du conseiller commissaire se rencontrent dès le XVIe siècle.
À la suite de l'Ordonnance de 1670, l'usage s'établit dans les informations de faire signer chaque déposition par le conseiller commissaire et les témoins.
Les interrogatoires sont signés par le conseiller commissaire et l'accusé. Dans les récolements, les témoins signent avec le conseiller leur déposition, dans les confrontations ils signent avec l'accusé.
En outre, le conseiller signe ou paraphe chaque page quelquefois avec l'accusé et le témoin.

[115] Existe également la série des procès-verbaux de question et d'exécution. Cette série de minutes se trouve incomplète ; certaines années manquent ou ne sont représentées que par quelques X^{2B} 1330-1334 (1584-1778).
On trouve soit des procès-verbaux de question, soit des procès-verbaux d'exécution.
Les procès-verbaux de question commencent par la date, les noms des commissaires, généralement au nombre de deux, la mention de l'arrêt ordonnant la question.
Puis vient un premier interrogatoire sans question, signé par les deux commissaires et l'accusé, s'il sait signer. Ensuite l'interrogatoire sous la question signé par les mêmes.
S'il s'agit d'un procès verbal de question et d'exécution, le procès-verbal commence par la date et la prononciation de l'arrêt à l'accusé par le greffier criminel qui signe. Puis vient le procès-verbal de question analogue à celui que nous venons de décrire et avec parfois une confrontation ; puis le procès-verbal de l'exécution où se trouvent les déclarations du condamné ; il est signé *in fine* par le greffier criminel.
Notons que les procès-verbaux ne sont régulièrement signés qu'à partir du dernier quart du XVIIe siècle.

s'agit d'un fonds épars et retiré des minutes et registres[116]. S'il peut induire en erreur car il fait référence à des homonymes ou au contraire à des espèces différentes concernant la même personne, il doit être lu dans sa totalité car, comme pour le fonds du Châtelet, il n'existe ici aucun inventaire.

Nous avons donc décidé, compte tenu des difficultés rencontrées liées à la masse très importante des sources à consulter, de commencer par dépouiller les affaires jugées en appel devant le Parlement de Paris et ayant été par conséquent inventoriées. Nous avons ainsi pu plus facilement rechercher les sentences rendues par le Châtelet de Paris en première instance, même si, de surcroît, nous avons pratiqué des sondages, qui nous ont conduits à examiner dans de nombreux cartons des espèces pouvant constituer des infractions d'escroquerie.

Cette méthode, si elle porte en elle ses limites, a néanmoins été suffisamment systématique pour permettre une analyse exacte de la jurisprudence de la juridiction du Châtelet et des arrêts du Parlement de Paris dans ce qu'elle apporte comme éléments constitutifs du futur délit défini formellement en 1791 puis ultérieurement. En effet, sur 477 accusés d'escroquerie jugés en appel devant le Parlement de Paris, dont nous avons étudié les qualifications et les pénalités, nous avons plus spécifiquement retrouvé et dépouillé les affaires se rapportant à 237 mis en cause.

Durant notre enquête, très personnelle enfin a été notre relation avec la famille Joly de Fleury. La collection Joly de Fleury se consulte à la Bibliothèque Nationale, rue de Richelieu, à Paris. Elle a été acquise par l'État en 1836 au dernier des Joly de Fleury. Classé alors par Taschereau et Léopold Delisle, le fonds contient les archives des procureurs généraux du Parlement de Paris, ainsi que des pièces récupérées par la famille. Il comporte 2.555 volumes *in folio*. Originaires de Bourgogne, les Joly de Fleury ont en effet travaillé dans les cours de justice et à la chambre des comptes de Dijon sous les derniers ducs Valois (Philippe le Bon et Charles le Téméraire). Au XVIe siècle, la famille gagne Paris : les Joly de Fleury deviennent conseillers au Parlement de Paris. En 1704, Guillaume François Joly de Fleury est en charge des fonctions d'avocat général jusqu'en 1717, date à laquelle il remplace d'Aguesseau comme procureur général, jusqu'à sa retraite en 1746.

Guillaume François Louis Joly de Fleury, fils aîné du précédent, est avocat général en 1731. Il remplace son père comme procureur général de 1746 à sa retraite en 1775. Omer Joly de Fleury (1715-1810), second fils de Guillaume François, est avocat général au grand conseil, puis au Parlement de Paris. Il devient président en 1768. Son fils remplace en 1775 son oncle comme procureur général jusqu'à la Révolution. Enfin, Jean François Joly de Fleury (1718-1802), neuvième enfant de Guillaume François, a une carrière particulière : conseiller au Parlement,

---

[116] Références des instructions du Parlement de Paris : X^{2B}1304, X^{2B} 1305, X^{2B} 1308, X^{2B} 1309, X^{2B} 1314, X^{2B} 1318.

maître des requêtes, intendant de Bourgogne (1749), conseiller d'État, il remplace Necker en 1781 au ministère des finances, et garde ce poste jusqu'en 1783[117].

L'inventaire sommaire de la collection dressé par A. Molinier en 1881 nous a permis de sélectionner un certain nombre de cotes, comme les conclusions du procureur général de 1720 à août 1789[118], les notes et mémoires sur les procès jugés par le Parlement de 1737 à 1775[119], les petites affaires criminelles[120], les annotations sur l'affaire Beaumarchais contre Goëzman[121] et celles correspondant à l'affaire du Collier de la Reine[122].

Notre étude a donc porté sur une matière abondante et variée, la difficulté de l'enquête résultant justement de cette multiplicité de sources, notamment manuscrites.

Ces sources sont encore à compléter par la lecture des criminalistes de l'époque qui ont, eux-mêmes, pu éventuellement repérer et analyser le phénomène infractionnel qui prend naissance devant eux. Mais conceptualiser en temps réel est sans doute l'un des exercices intellectuels les plus difficiles. Il nous a fallu retrouver ces raisonnements et les analyser.

L'apport de ces sources commande le plan de cette étude qui est donc le résultat d'une mise en perspective d'un pan essentiel du droit pénal des affaires puisqu'aucun texte formel d'une infraction spécifique d'escroquerie n'avait été édicté avant la loi des 19 et 22 juillet 1791, pas plus que n'existait une mention d'une infraction spécifique d'escroquerie dans le Code Louis XV. Nous déterminerons donc la criminogénèse de l'escroquerie à partir de sa notion moderne, qui nous a permis de retrouver les constructions intellectuelles initiales.

Aussi aborderons-nous notre recherche sur la naissance de la notion d'escroquerie pendant le siècle de Louis XV, et plus généralement jusqu'à la loi de 1791, d'après la jurisprudence du Châtelet et celle en appel du Parlement de Paris, en observant quels sont les éléments juridiques qui ont pu être déterminants dans l'appréciation de la nécessité de créer ce délit.

---

[117] A. Molinier, *Inventaire sommaire de la collection Joly de Fleury*, Paris, Alphonse Picard, 1881, XXXXVI - 122 pages.

[118] Cote 609-920 : conclusions du procureur général (1720-août 1789).

[119] Cote 1801-1887 affaires judiciaires : procès jugés par le Parlement de 1737 à 1775. La série comporte de nombreuses lacunes ; les affaires y sont rangées par ordre chronologique d'arrêts ; beaucoup de volumes se composent de mémoires et de notes du procureur général.

[120] Cote 1897-1957 : Petits dossiers d'affaires judiciaires (1776-1786). 1574 dossiers rangés dans l'ordre indiqué par un ancien inventaire, par ordre chronologique. Chaque dossier comprend le résumé de l'affaire par le procureur général et les pièces à l'appui, manuscrites et imprimées. Pour employer cette collection, il faut connaître la date de l'arrêt définitif intervenu. La plupart des affaires n'ont que peu d'intérêt ; quelques-unes, mais en petit nombre, se rapportent à des communautés civiles ou ecclésiastiques.

[121] Cote 2082 : affaire Beaumarchais-Goëzman.

[122] Cote 2088-2089 : affaire du Collier de la Reine.

C'est ainsi que dans la première partie de notre travail, nous distinguerons les manœuvres frauduleuses de la notion plus générale de *dol*, qui caractérisent l'abus de crédulité et qui ont prévalu dans une définition plus technique de l'escroquerie.

Puis, dans une seconde partie, nous nous intéresserons à l'élément matériel de l'infraction et à ce qui transforme la simple remise en une appropriation délictueuse et, par conséquent, en la nécessité de poursuivre et sanctionner un tel acte.

Il sera ainsi possible de montrer que le droit pénal va ici s'engager dans une nouvelle voie : celle d'un instrument de qualification formel et complexe qui se substitue aux appréciations générales des juges. Il sera éclairant de se demander si, à cette occasion, ce droit a gagné en précision. Les textes légaux garderont-ils, du reste, dans leur rigidité, la même fonction emblématique et pédagogique que la parole du juge ? Une société plus technicienne, y compris dans ses régimes juridiques, peut-elle conserver toutes ses valeurs par la signification de sa répression ?

En effet, l'appréciation, par les juges du siècle de Louis XV, de la spécificité et de la gravité d'une infraction telle que l'escroquerie n'a-t-elle pas été le meilleur témoignage d'un régime juridique permettant une adaptation souple du droit qui se fonde presque exclusivement sur des principes généraux ?

PREMIÈRE PARTIE

L'ESCROQUERIE : DU DOL AUX MANŒUVRES FRAUDULEUSES

Pourquoi les magistrats du siècle des Lumières ont-ils éprouvé le besoin de transformer la notion de dol civil en celle du dol pénal ? Certes, un dol est caractérisé par la tromperie qu'il implique. Mais peut-il constituer une escroquerie ? Quelle est l'importance d'une nouvelle infraction qui se jouerait du crédit pour mieux manipuler des espérances imaginaires ? Un délit d'escroquerie ne serait-il que la conséquence logique et juridique de l'abus de la crédulité d'autrui ?

TITRE I : DU DOL CIVIL AU DOL PÉNAL

Si l'escroquerie émerge, c'est que la notion civiliste du dol ne lui correspond pas parfaitement et ne suffit plus à la sanctionner. Les magistrats des juridictions du ressort du Parlement de Paris ont eu, semble-t-il, l'intuition de cette insuffisance. Mais s'ils sont désireux de combattre la malhonnêteté, ils pourraient apparaître, de prime abord, incapables de caractériser, et ainsi de qualifier précisément, tel ou tel comportement délictueux de tromperie. Pourtant, les manœuvres frauduleuses pour abuser l'une des parties dans un acte juridique en vue d'obtenir son consentement[123] n'expriment-elles pas un dol tellement exacerbé que le consentement de la dupe est en réalité extorqué ? L'intention n'est-elle pas, dans ce cas, si frauduleuse qu'elle ne peut que caractériser une infraction pénale ?

Chapitre 1. L'exacerbation du dol

Dépouiller les sentences du fonds du Châtelet et les arrêts du Parlement de Paris sous le règne de Louis XV conduit à une première constatation : les juges tentent d'apprécier les faits qui leur sont soumis et les nomment de différentes façons. Il paraît d'ailleurs très difficile, au départ, de dégager clairement pourquoi une infraction constituerait une escroquerie, étant donné qu'elle n'existe pas encore formellement. Comment ces magistrats auraient-ils pu faire émerger les éléments constitutifs d'un délit moderne de tromperie et le punir ? Caractériser la tromperie n'est, en effet, pas une tâche aisée. L'appréhension de l'attitude psychologique du délinquant oblige à rechercher la véritable intention de l'agent et si elle constitue un dol pénal. La tromperie est-elle la volonté de tromper et atteint-on ainsi les limites juridiques de l'action *furti* ?

Section 1. La recherche de l'intention

Ne faut-il pas rechercher l'expression d'une ruse dans les rapports juridiques et sa limitation judiciaire ?

---

[123] *Code civil*, art. 887, 1116, 1147, 1150, 1792 et 1967.

§ 1 - La ruse

L'analyse de l'intention infractionnelle de l'auteur des faits supposés a été le premier indice pour rechercher si l'escroquerie comme ruse pouvait être réprimée.

Dans le droit romain classique, sous l'influence de la philosophie grecque, est affirmée l'idée que le débiteur contracte une obligation qui repose sur la *fides* et permet de remettre à plus tard la demande de prestation. Une action de bonne foi force le débiteur à s'exécuter. Cette idée de confiance est propre aux obligations contractuelles, aussi est-ce à propos des contrats que les jurisconsultes présentent la théorie générale de l'obligation et cette tradition a persisté jusqu'au *Code civil* français[124]. Dans cette acception, le dol consiste en le fait de surprendre, par une erreur provoquée, le consentement d'une personne et d'amener cette personne à conclure un contrat[125]. Le dol atteint le consentement dans son élément d'intelligence, par l'erreur qu'il entraîne. C'est alors l'erreur causée par le dol qui constitue le vice du consentement[126].

Le monde judiciaire a, d'instinct, différencié la simple erreur, la mauvaise appréciation de la valeur d'une chose et le dol personnel que commet la personne qui trompe intentionnellement. Le *Digeste* affirme déjà que « le dol est une ruse et une adresse frauduleuse dont on se sert pour tromper quelqu'un »[127].

Le dol est alors soit réel soit personnel. Il est réel quand une chose est vendue plus qu'elle ne vaut : ce dol n'est pas poursuivi puisque les lois permettent de se servir de son industrie, lorsqu'il s'agit du prix et de l'estimation des choses. En 1771, Claude-Joseph de Ferrière analyse le dol réel de la même façon, puisqu'il le définit comme « celui qui vient de la chose, quand un acquéreur à qui on a livré tous les effets compris dans le contrat, a été déçu par le peu de valeur, les terres qu'il auroit achetées... »[128]. Il en tire des conséquences identiques : « Il n'y a point en cela du fait du vendeur, lequel n'a point été obligé de déclarer la quantité de ses terres ; l'acquéreur doit s'imputer à s'en être pas informé, comme il le pouvoit... »[129].

Le dol, en revanche, est personnel quand une personne est déçue par la fraude de quelqu'un, c'est-à-dire qu'elle a subi indûment un fait[130].

> « Le dol personnel est celui qui provient du fait de quelqu'un, dans le dessein de tromper un autre ; comme si le vendeur d'une terre ou d'une maison fait

---

[124] Marcel Planiol, *Traité élémentaire de droit civil*, 1899, t. II, p. 2.
[125] *Code civil*, art. 1109 et 1116.
[126] Marcel Planiol, *op. cit.*, t. II, p. 79.
[127] *Digeste*, 4 ; 3, 1, 1.
[128] Claude-Joseph de Ferrière, *Dictionnaire du Droit*, Paris, 1771, t. I-II, p. 502.
[129] *Ibid.*
[130] Fieffé Lacroix, *Corps de droit civil romain...*, t. I, p. 129.

paroître un bail fait à plus haut prix que celui convenu entre le bailleur et le preneur, dans le dessein de vendre son héritage à un prix plus fort sur le pied du bail ; c'est un dol personnel provenant du fait du vendeur pour tromper l'acquéreur et lui faire payer plus qu'il n'en auroit payé autrement [...] »[131].

§ 2 - L'interdiction de la ruse

Aucune société ne peut admettre l'expression d'une intention délibérée de tromper car elle est la borne de ce que ne doivent franchir des transactions privées. La différence de nature est substantielle entre des comportements sans doute fautifs, mais qui ne justifient qu'une simple réparation entre particuliers dans la société civile, et la volonté de tromper l'autre. Les jurisconsultes romains, dont Labéon[132], donnent du dol la définition suivante : « Le dol, est toute ruse, fourberie ou manœuvre (*machinatio*) qui tendent à frustrer un tiers »[133]. Les magistrats de l'Ancien Régime, imprégnés de droit romain, ne peuvent donc pas ne pas défendre les justiciables de toutes les ruses et tromperies intentionnelles. Ils appliquent en cela les dispositions de l'alinéa 1 de l'*Édit du préteur*, qui dispose que : « Lorsque une chose aura été faite de mauvaise foi, et qu'on n'aura point d'autre moyen de revenir contre elle, je donnerai une action si on me soumet une cause raisonnable »[134]. À l'alinéa 2, Servius, jurisconsulte du Ier siècle après J.-C., définit la mauvaise foi : « Elle a lieu quand on cherche à paraître faire une chose, et qu'en vérité on agit autrement. »[135].

Les juges de l'Ancien Régime suivent l'exemple du préteur, qui « accorde son secours contre les ruses et les détours, lorsqu'on a cherché à tromper quelqu'un par de mauvaises subtilités, afin que les fourbes ne puissent tirer aucun profit de leur méchanceté , et que les gens de bonne foi ne soient pas lésés dans leur droiture »[136].

Si en effet le *dolus malus* a donné lieu à une vengeance classique jusqu'au IIe siècle avant J.-C., l'*Édit du préteur* sanctionne tout acte frauduleux, toute ruse, toute tromperie ou manœuvre employée pour circonvenir, tromper ou leurrer autrui

---

131 Claude-Joseph de Ferrière, *op. cit.*, p. 502.

132 Labéon (Ier s. av. J.-C., Ier s. ap. J.-C.), jurisconsulte contemporain d'Auguste, était également préteur urbain.

133 *Itaque ipse (Labeo) sic definit, dolum malum esse omnem calliditatem, fallaciam, machinationem ad circumveniendum, fallendum, decipiendum alterum adhibitam.* Ulpien, qui rapporte cette définition célèbre, ajoute : *Labeonis definitionis vera est.* (*Digeste*, liv. IV, titre III (*De dolo malo*), fragments 1 et 2). La définition de Labéon s'applique à ce que les Romains appelaient le *dolus malus*. On opposait au *dolus malus* que la loi réprouvait, le *dolus bonus* qu'elle tolérait sans cependant l'encourager ; c'était celui qu'on protégeait pour défendre des intérêts légitimes, surtout contre un ennemi ou un voleur.

134 *Digeste* liv. I, titre IV, fragment 3.

135 *Ibid.*

136 *Ibid.*

et, en particulier, pour l'amener à conclure un contrat. Contrairement à la *culpa,* simple faute non intentionnelle, voire imprudence dommageable, le *dolus* caractérise la mauvaise foi. Il s'oppose donc à la *bona fides*, la bonne foi, aux notions morales et psychologiques liées à l'honnêteté, qui produit des effets dans le droit des biens et des obligations[137].

Cicéron[138] rapporte l'exemple célèbre de cette tromperie rusée qui, par-delà toutes conventions, entraîne la victime à accepter de remettre de l'argent contre une prestation qui n'aura jamais lieu. Pour inciter le chevalier romain Canius à acheter une villa située au bord de la mer, dans un endroit assez isolé, que ce dernier n'aurait pas acquise spontanément, Pythius, banquier de Syracuse, invite sa future victime à y séjourner. Pythius rassemble alors une foule de pêcheurs à qui il demande, par une mise en scène, de donner à son hôte le spectacle d'une pêche miraculeuse. Il paie les pêcheurs afin que ceux-ci aillent et viennent avec leurs barques, accostant parfois pour proposer la vente de splendides poissons. Cassius se laisse abuser et a toutes raisons, alors, de penser que la propriété offre des réserves en poisson exceptionnelles et qu'elle se situe dans un endroit fort animé. Il accepte donc de conclure l'achat de cette villa auprès de Pythius, moyennant un prix exorbitant. Il s'aperçoit le lendemain, à son grand étonnement, que barques et poissons ont disparu. Les heures passant, il comprend qu'il a fait l'objet d'une magnifique tromperie et que le contrat n'a été que l'aboutissement du processus infractionnel.

> « Envisagé, non plus comme la cause d'un vice du consentement, mais comme un délit commis dans la conclusion d'un contrat, le dol [...] se commet en vue d'un acte juridique qui n'est pas encore accompli ; il est donc antérieur, ne fût-ce que d'un instant, à l'acte dont il détermine la conclusion. » [139].

Marcel Planiol considère cependant que le dol criminel n'est pas seulement l'aggravation de mauvaises manœuvres qu'une partie aurait employées vis-à-vis d'une autre[140].

> « Ce qui caractérise le dol, ce qui le sépare des autres agissements délictueux, c'est la nature des moyens qu'il emploie et le but qu'il poursuit. Le dol consiste à tromper, à faire naître une erreur en l'esprit d'autrui, de façon à faire prendre à

---

[137] Raymond Monier, *Petit vocabulaire de droit romain*, Paris, 1930.

[138] Cicéron, *De Officiis*, IV, 58-61.

[139] Marcel Planiol, *Traité élémentaire de droit civil,* 1899, t. II, « Obligations, contrats, sûretés réelles », p. 80.

[140] Sur ce point, pour des avis divergents, cf. Bédarride, *Traité du dol et de la fraude*, n° 17 et 18 ; A. Chauveau et F. Hélie, *Théorie du Code Pénal*, n° 1982 ; Blanche, *Etudes pratiques sur le Code pénal*, t. VI, p. 144.

quelqu'un une résolution qu'il n'eût pas prise sans cela. Pour y réussir, il faut donc falsifier les éléments d'après lesquels la personne va se déterminer. Ainsi, le choix des moyens est imposé par la nature du but poursuivi. »[141].

Pour distinguer le dol civil du dol pénal, « la loi pénale fait un délit de toute atteinte à la propriété et abandonne au droit civil toute la matière des conventions »[142].

Cette distinction a été controversée, compte tenu des liens intimes existant entre la propriété et ses conventions, mais elle peut paraître justifiée lorsqu'on considère que l'existence d'un dol, c'est-à-dire l'introduction de la mauvaise foi dans des obligations contractuelles, constitue une atteinte au droit de la propriété du contractant, atteinte qui semble appeler une sanction pénale. L'escroc entend spolier par le mensonge et n'a donc jamais eu l'intention de contracter. Or, le droit pénal ne devrait jamais rester indifférent toutes les fois que le dol a pour but une spoliation[143]. Finalement est appelé dol, « toute espèce d'artifice dont quelqu'un se sert pour en tromper un autre. »[144].

Cependant, la distinction entre dol civil et dol criminel ne peut pas être faite si le dol n'est pas, conclut M. Planiol, frappé d'une peine pour lui-même. Mais comment alors appeler ce dol criminel ?

La question est entière en 1762, lorsque Soulatges précise pourtant que l'on attend du système judiciaire que toute injustice soit appelée crime ou délit, parce que « tout ce qui est fait par dol et fraude, fait contre Dieu ou contre les hommes, contre la prohibition des lois divines et humaines, [...] sont l'objet à quelques punitions, eu égard à la qualité et aux circonstances du crime ou délit »[145].

Comme la confusion des dols n'allait pas sans inconvénients, aussi bien sur le plan procédural que sur celui des conséquences juridiques, il faut se demander comment la jurisprudence apprécie l'intention frauduleuse[146].

---

141 Marcel Planiol, *Revue critique*, 1893, n° 8.
142 Marcel Planiol, *Traité élémentaire de droit civil*, 1899, p. 545 et 649.
143 *Ibid.*
144 Pothier, *Traité des obligations*, n° 31.
145 Jean-Antoine Soulatges, *Traité des crimes...*, Toulouse, Birosse éd., 1762, t. I, ch. I, p. 1.
146 Michelle-Laure Rassat, *Juris-classeur*, 1996, *s.v.* Escroquerie.

Section 2. De l'intention dolosive à la culpabilité volontaire

Comment passe-t-on d'un simple dol à une véritable volonté coupable de tromper ?

§ 1 - L'intention dolosive

En droit romain, le préteur ne semble pas avoir eu à se prononcer souvent sur l'emploi de manœuvres frauduleuses qui auraient déterminé quelqu'un à faire quelque chose, car pour établir ses actes juridiques, le citoyen s'entourait de l'avis de plusieurs personnes dont la présence était requise pour assurer à la fois la validité et la preuve des conventions. La protection assurée par le droit romain consistait donc à rendre public, à authentifier le contrat, voire l'action. Lorsque ce formalisme diminua et que les échanges entre les personnes s'effectuèrent de façon privée, le caractère non public des actes entraîna la nécessité de trouver un autre moyen juridique de sanctionner l'intention et les manœuvres frauduleuses, assez pratique pour pouvoir être utilisé fréquemment. En d'autres termes, le dol devient un délit quand les actes juridiques sont moins publics[147]. Mais contrairement à l'action sur les choses (*in rem*), l'action pour dol ne peut être qu'*in personam*. Cette action ne fut-elle cependant que subsidiaire à défaut de tout autre moyen en droit ? Ou bien allait-on faire appel à des références juridiques plus précises afin de pouvoir poursuivre le dol pénal ?

Theodor Mommsen répond à cette question dans son traité de droit pénal romain[148], en observant que la science postérieure a retenu des manœuvres et de l'intention le terme caractéristique de *falsum*, qui a donné « faux ». Le verbe *fallere* signifie tromper et désigne, dans le langage commun, la tromperie malveillante par paroles et par actes[149]. Paul[150] soulignait ainsi que l'élément moral de l'infraction consistant à substituer le faux au vrai était le plus répréhensible : *falsum est quidquid in veritate non est sed pro vero adseveratur*[151]. Ce terme a pu paraître approprié pour désigner toute forme de dol pénal. Il sera intéressant de constater si les praticiens du droit en ont gardé la mémoire jusqu'à la loi de 1791, pour caractériser l'infraction d'escroquerie proprement dite.

---

[147] Paul-Frédéric Girard, *Manuel élémentaire de Droit romain*, section 2 : principaux délits privés, tit. 6 : *le dol* (*dolus malus*), p. 449.
[148] Theodor Mommsen, *Droit pénal romain*, Paris, Ancienne librairie Thorin et fils, 1907, t. I, n° 4.
[149] Theodor Mommsen, *op. cit.*, section IV, p. 388.
[150] Jurisconsulte de la fin du IIe et du début du IIIe siècle dont les écrits fragmentaires ont été recueillis dans le *Digeste* de Justinien.
[151] Paul, *Coll.* 8 / 6 / 1, *Nov.* 73, *praef.*

§ 2 - La volonté coupable

Plus généralement, l'analyse de la volonté coupable s'approfondit au fil des ans. Le dol désigne la volonté mauvaise, la malice, le désir de nuire, tandis que la *fraus* implique plutôt une action malicieuse concrète. Jean-Marie Carbasse[152] souligne que l'expression *dolus malus* est fréquente, à partir du droit romain, surtout dans les sources législatives. Il note que si le mot *malus* est juxtaposé à *dolus*, dans une forme apparemment pléonastique puisque le dol implique par lui-même un mal, cette précision était rendue nécessaire parce que le droit des obligations connaissait par ailleurs le *dolus bonus*. Il aurait été en effet de tous temps admis que l'habileté ou la roublardise étaient tolérées en affaires dans une certaine mesure[153]. L'expression *fraus mala* se rencontre aussi, ce qui tend à démontrer que l'élément psychologique, c'est-à-dire l'appréciation de la culpabilité, est totalement pris en compte comme élément constitutif d'une infraction. Dès l'époque d'Hadrien, au IIe siècle de notre ère, la nécessité d'intention coupable, de l'expression de la volonté fautive, est affirmée avec clarté dans les rescrits impériaux[154].

Reste à savoir si le caractère frauduleux du dol nécessitait qu'il fût jugé devant une juridiction pénale. Certains crimes graves contre les particuliers comme l'incendie volontaire et l'assassinat ont été poursuivis et punis par les magistrats de la cité devant des juridictions pénales. Ils suivaient en cela la même procédure qu'en matière de délit public qui était considéré comme lésant les intérêts de la cité qu'il affaiblissait ou sur laquelle il attirait la colère des dieux. Raymond Monier rappelle que les sacrilèges, les trahisons et les désertions constituaient des délits publics. *A contrario*, les attentats contre la personne et les biens du chef de famille et de ses subordonnés étaient, en règle générale, considérés comme des délits privés où seul l'intérêt du groupe d'individus était en jeu[155]. Mais de même que certains crimes graves contre les particuliers, comme l'incendie volontaire et l'assassinat, ont été de bonne heure punis par les magistrats de la cité, de même le soin de la répression du dol n'était alors plus laissé à la victime ou à son *pater familias*. Car l'infraction, même si elle touchait des intérêts privés, troublait également gravement l'ordre public.

Devait-on alors considérer qu'un dol « obscur » - puisque la présence des témoins n'était plus indispensable -, dont l'intention coupable s'était pourtant suffisamment révélée dans des manœuvres qui enfermaient la victime dans une

---

152 Jean-Marie Carbasse, *Histoire du droit pénal et de la justice criminelle*, Paris, PUF, coll. « Droit pénal », 2000, p. 45.

153 *Digeste*, liv. IV, titre III, fragment 1.

154 Jean-Marie Carbasse, *op. cit.*, p. 45.

155 Raymond Monier, *Manuel élémentaire du droit romain*, Paris, Monchrétien, 1947-1954, t. II, p. 35.

tromperie, était encore une infraction privée ou déjà un délit public ? La sécurité des contrats et de toute forme d'échange dépendait de ce choix et par conséquent l'ordre économique pouvait se trouver remis en cause.

Les manœuvres frauduleuses pouvaient, de surcroît, impliquer le public et devenir une véritable industrie pour leur(s) auteur(s). Comment dès lors juger un dol aussi exaspéré ? *Quid* du droit romain et de ses limites ? L'intention coupable ne caractérisait-elle pas en réalité un délit autonome ?

En dépouillant les archives du Châtelet et du Parlement de Paris au XVIIIe siècle, nous avons découvert une fréquente utilisation du droit romain. Le magistrat disposait vraisemblablement de toutes ces références qui avaient contribué à sa formation. Comment allait-il interpréter sa compétence civile ou pénale dans le cas de manœuvres frauduleuses caractérisant un dol poussé à l'extrême ? De quelle façon qualifier ce type de comportement frauduleux ?

Nos premières recherches ont pour but de déterminer à quel moment, au début du XVIIIe siècle, apparaissait pour la première fois le terme d'*escroc*, et si le jugement d'une telle affaire relevait de la juridiction du Châtelet en matière pénale et du Parlement de Paris dans une même composition, bref, si le dol avait bien cette dimension criminelle du droit romain comme tout délit intéressant l'ordre public.

Il semble que l'on puisse dater l'événement du 14 mars 1702, jour où le Parlement de Paris eut à connaître en appel du cas de La Souleharpe[156]. Cet homme avait été condamné en première instance au Châtelet. La sentence rendue par le Châtelet est perdue. En revanche, par son arrêt, le Parlement caractérise l'infraction commise de façon péremptoire et ordonne que le condamné soit exposé au carcan durant deux heures, avec un écriteau « devant et derrière portant ces mots *escroc public* ».

La preuve est donc faite que les magistrats reconnaissent, dès 1702, le dol pénal et s'aventurent à le qualifier de façon précise, tentant de dépasser, même si la chose est rare, les préventions habituelles.

---

[156] Arch. Nat. X^{2B} 905 : affaire n° 77 : La Souleharpe, arrêt du 14 mars 1702. Le Châtelet le condamne à trois années de galères. Le Parlement réduit la peine, et décide de bannir simplement l'accusé pour neuf ans de la ville, prévôté et vicomté de Paris.

Section 3. Les limites de l'action *furti*

Mais comment la notion d'escroquerie était-elle comprise sur le plan juridique à la veille du règne de Louis XV ?

§ 1 - *Furtum* et *contrectatio*

Il semble que le fait d'escroquer dépende d'une notion délictuelle plus large, à savoir la *contrectatio*. Le terme est difficilement traduisible à la lumière de la jurisprudence romaine. On pourrait peut-être le définir comme le « maniement » frauduleux de la chose d'autrui, sachant que cette traduction pourrait en réalité englober trois infractions modernes d'atteinte aux biens, que sont le vol, l'abus de confiance et l'escroquerie. En effet, la notion de *furtum* n'est pas la simple équivalence de la soustraction du bien d'autrui qui correspond à la définition actuelle du vol. Paul, dans le *Digeste*, la définit comme la *contrectatio fraudulosa rei alieni*.

La *contrectatio* fait référence au mode de possession. Cette différence d'appréciation provient de la notion même de *contrectatio* qui vise non seulement le *furtum rei*, c'est-à-dire la soustraction, mais aussi le *furtum usus*, c'est-à-dire le détournement, et enfin le *furtum possessionis* qui peut être assimilé à toute forme de possession frauduleuse. Seule l'intention de lucre caractérise l'infraction et justifie la sanction en droit romain. Par conséquent, le vol n'existe pas si l'on s'empare de la chose d'autrui pour la détruire, ou encore s'il s'agit d'une chose abandonnée, *res derelicta*, ou enfin si l'on vend une chose appartenant à autrui dont on se croit propriétaire par une erreur de fait ou même par une erreur de droit[157]. Le droit romain admet même qu'il y a *furtum* quand le paiement de l'indu est obtenu sans « manœuvres frauduleuses ». Mais il est d'autant mieux caractérisé qu'existe une tromperie comme celle pratiquée par celui qui se présente comme le créancier pour obtenir, de façon illicite, le paiement d'une somme en réalité due à autrui.

Cependant, il est possible désormais d'admettre que lorsque l'escroc se fait remettre la chose, il ne commet pas un simple vol. En effet, *contrectare*, - littéralement *tirer un objet à soi* -, est employé non seulement dans le sens de *dérober*, mais également dans celui de *se faire remettre*. Une telle notion trouve sans doute sa cause et ses limites dans le caractère frauduleux de l'action qu'elle désigne et la substance même de sa matérialité résulte de son *animus* ou *affectus furandi*. Cette intention peut consister à vouloir retirer de la chose tous les profits qu'en retire le propriétaire, *intercipiendi* ou *intervertendi*, ou à obtenir un profit

---

[157] Marie-José Metzger, *L'Evolution de la notion de manœuvres frauduleuses dans le délit d'escroquerie et la réforme de l'article 405 du Code pénal*, thèse soutenue devant la Faculté de Droit et des Sciences Économiques de Montpellier I, p. 7.

quelconque d'une autre nature[158]. L'action *furti* appartient alors, affirme Gaius, « à celui qui a intérêt à ce que la chose soit conservée, alors même qu'il ne serait pas le propriétaire. Aussi n'est-elle exercée par le propriétaire que s'il a intérêt à ce que la chose ne soit pas perdue »[159]. Il ne suffit d'ailleurs pas d'être intéressé pour pouvoir intenter l'action *furti* ; il faut encore que le vol expose la victime à subir une perte, et non pas seulement à manquer un gain[160] ; il faut aussi que cet intérêt ait une cause honnête[161].

Par conséquent, ce que punit la loi romaine dans le cadre du *furtum*, c'est toute forme d'appropriation illégitime, car ce qui était répréhensible dans la *contrectatio* consistait en la maîtrise, sous une forme ou sous une autre, de la chose d'autrui, par un acte *invito domino*[162]. Le *furtum* apparaît ainsi viser un champ infractionnel aux nombreuses facettes. Le législateur romain avait, du reste, multiplié les définitions spéciales relatives aux différentes catégories de voleurs : suivant qu'ils agissaient dans les lieux publics ou dans les lieux privés, ils étaient nommés *saccularii* ou *directarii*. Le *Digeste*, loi VII, précise : *saccularii qui, vetitas in sacculo artes exercentes, partem subducunt, partem subtrahunt, item qui directarii appellantur, hoc est, hi qui in aliena coenacula se dirigunt furandi animo*. Labéon[163] classe, selon l'étymologie, l'action *furti* dans les *contrectationes* commises nuitamment, puisqu'il faisait dériver le mot *furtum* de *furro*, la couleur noire, la raison en étant que cette sorte de vol se commet dans l'obscurité et le plus souvent de nuit. Cependant, l'étymon peut aussi avoir été forgé à partir du mot « fraude », *fraus*, comme l'affirme Sabin[164], voire de *fero* ou *aufero*, qui signifient « porter, emporter »[165], ou peut-être du grec, qui nomme le voleur *phôr*. En fait, ce mot serait issu d'un nom racine archaïque, degré *o* de la racine indo-européenne **bher*, donc **bhor*. Ce terme ne signifie pas « celui qui emporte », mais « celui qui porte sur lui l'objet volé », ce qui indique sa culpabilité[166]. Le latin *fur, furis* semble en effet inséparable du grec *phôr*, auquel il pourrait être emprunté par le biais de l'étrusque. Tous deux remontent peut-être à un original non indo-européen et n'auraient été rattachés à *fero / pherô* par étymologie populaire appuyée sur le

---

[158] Georges Lévy, *De l'action furti en droit romain*, Paris, Imprimerie Moquet, 1885, p. 16.
[159] Gaius, *Institutes*, liv. III, § 203.
[160] L. 71, § 1, *De furt.*
[161] L. 12, § 1, *De furt.*
[162] Girard, *Droit romain*, p. 402.
[163] Jurisconsulte du Ier siècle.
[164] Jurisconsulte du Ier siècle.
[165] M. Hulot et M. Berthelot, *Corps de droit civil romain, 50 livres du Digeste de l'Empereur Justinien VII*, traduit en français, Metz et Paris, 1805, [livre 47, titre 2, Des vols], p. 191.
[166] Pierre Chantraine, *Dictionnaire étymologique de la langue grecque*, Paris, Klincksieck, 1984, *s.v.*

sens de *ferre*, comme dans l'expression *agere ferreque,* « piller, ravager »[167]. Le *furtum,* dans le droit romain, déclenche donc l'action publique en cas de *contrectatio* frauduleuse, suivant les différentes circonstances que nous venons ici de rappeler, circonstances très différentes les une des autres, mais qui emportent la culpabilité.

§ 2 - La première incrimination de l'escroquerie : la loi des 19-22 juillet 1791

L'ancien droit fait siennes ces distinctions, et l'action exercée contre celui qui se livre à un vol par manœuvres est appelé action contre l'escroc, nous dit Merlin : c'est « le nom que l'on donne à un fripon qui est dans l'habitude d'attraper de l'argent ou autre chose par ruse, par fourberie, et l'escroquerie est l'action que commet l'escroc en friponnant »[168].

La finesse de l'analyse ne semble pourtant pas toujours avoir été perçue par tous les praticiens du droit de l'Ancien Régime, qui n'ont peut-être pas tiré de l'action *furti* toutes ses conséquences. Emile Garçon porte une autre appréciation sur les distinctions opérées par les juristes de l'époque :

> « Nos anciens criminalistes distinguaient seulement le vol du larcin. Cette dernière expression s'appliquait au vol fait par surprise, en cachette ou par industrie, c'est-à-dire à l'aide de moyens frauduleux pour se faire remettre la chose. D'ailleurs l'influence créatrice de ces vieux auteurs est loin d'être négligeable ; ce sont eux, en effet, qui ont dégagé un système nouveau de circonstances aggravantes tiré de la qualité de la personne, du temps, du lieu, du mode de perpétration, système qui a passé tout entier dans nos lois modernes. »[169].

On peut trouver là sans doute un commencement d'explication à la rédaction de la première incrimination de l'escroquerie d'une manière spéciale, par la loi des 19-22 juillet 1791 sur la police municipale et correctionnelle. L'article 35, titre II, section II, en donnant, rappelons-le, la définition suivante

> « Ceux qui, par dol ou à l'aide de faux noms ou de fausses entreprises, ou d'un crédit imaginaire, auront abusé de la crédulité de quelques personnes et escroqué tout ou partie de leur fortune seront poursuivis devant le Tribunal de district, et si l'escroquerie est prouvée, le Tribunal de district, après avoir prononcé la restitution, est autorisé à condamner, par voie de police correctionnelle, à une

---

[167] A. Ernout et A. Meillet, *Dictionnaire étymologique de la langue latine*, Paris, Klincksieck, 1959, *s.v.*

[168] Cf. Philippe-Antoine Merlin, édition du *Répertoire de Guyot*, Paris, Garnery, 4ᵉ éd. 1812-1825 ; 5ᵉ éd. 1827-1828, *s.v°* *Escroquerie.*

[169] Cf. Emile Garçon, *Code pénal annoté*, art. 379. Historique du vol.

amende qui ne pourra excéder 5.000 livres et à un emprisonnement qui ne pourra excéder deux ans »,

a incontestablement donné une base très large à la nouvelle infraction. Le législateur de 1791 permettait en effet par la qualification d'inclure toute une série d'espèces, antérieurement sanctionnées par des pénalités prévues par l'action *furti* et donc tout simplement par celle de vol. L'expression *dol* peut, à ce stade de l'analyse théorique, être interprétée comme une substitution aux cas anciennement qualifiés de vols, où le mensonge poursuivait la seule spoliation, c'est-à-dire l'appropriation du bien d'autrui, qui se dissimulait sous les apparences d'un contrat. Le faux nom, quant à lui, constitue un empiétement sur le terrain du faux. Les fausses entreprises et le crédit imaginaire sont l'ébauche des manœuvres définies par le futur article 405 du *Code pénal*.

On peut alors résumer l'œuvre du législateur de 1791 par la formule suivante : « Quel que soit le procédé employé pour commettre un dol, il peut donner lieu à l'application de la loi pénale »[170].

La loi du 22 frimaire an VIII, modifiant le texte de 1791, confirme tout simplement les principes antérieurs et laisse au délit d'escroquerie son caractère vague et indéterminé, par l'addition suivante : « Celui qui, par dol ou à l'aide de faux nom *pris verbalement*, etc… ». En revanche, elle restreint le terrain du faux, suivant en cela la critique contre le texte précédent. En outre, une loi de frimaire an II dégage l'action publique de la question civile ; elle défère la connaissance du délit aux tribunaux de police correctionnelle et marque ainsi plus nettement le caractère délictuel de l'escroquerie.

En 1715, Bruneau, avocat au Parlement de Paris, avait déjà observé que le larcin participait du vol, que ce dernier avait des formes diverses et qu'il fallait analyser les dols et les fraudes qui pouvaient compliquer l'approche traditionnelle des soustractions commises : « Le larcin est un autre genre de vol qui comprend plusieurs espèces »[171]. Il faisait ainsi référence à Jacobus De Bellovisu, qui visait le *furtum*, à Lebrun qui commentait les procès civils et criminels et à Bugnyon qui, en ses *Lois abrogées*[172], inventoriait le vol de bestiaux, la concussion, le péculat, le plagiaire, le sacrilège, le stellionat ou transplantement de bornes, usure et autres. Bruneau indique que les mots *larcin*, ou *larron*, étaient synonymes parce qu'ils correspondent à trois mots latins « qui font presque la différence de toutes sortes de larcins, à proportion de leur gravité, *latro, fur, grassator* »[173]. Il distingue donc les deux premières infractions, la première se commettant le jour, la seconde la nuit, et

---

[170] En ce sens, Marcel Planiol, *Revue critique de législation et de jurisprudence*, 1893, p. 21.
[171] M. A. Bruneau, *Observations et maximes sur les matières criminelles*, Paris, 1715.
[172] Bugnyon, *Lois abrogées*, liv. 3, p. 309.
[173] M. A. Bruneau, *op. cit.*, tit. 23, p. 414, « du larcin en général », chap. « explication du titre ».

les modes opératoires de l'ensemble des auteurs de ces infractions qu'on appelle voleur, brigand, filou, coupeur de bourse. Il veut ainsi croire que le mot *fourbe* provient de ces comportements, puisqu'il conclut que le *fur* est celui que nous appelons larron, d'où vient furtivement, faire une chose en cachette et comme à la dérobée[174].

> « [...] Je ne parle pas, nous dit-il, des vols domestiques, de ces sortes de gens qui s'introduisent dans les grandes maisons en qualité de maître d'hôtel, rencontrant des Apicius pour dépenser ou sous le nom d'intendants, étant aussi gueux que Codrus, lorsqu'ils entrent et qu'y étant chargé des dépouillent, ils n'en sortent que par les brèches et les ruines qu'ils y ont faites pour s'enrichir. »[175]

Mais voici, nous indique-t-il alors,

> « un échantillon de nouvelles espèces, d'un qui avoit eu secret en vingt ans, de ramasser cent mille écus ensemble, avec un carrosse, une maison et des meubles des plus propres de Paris, qu'on alloit voir par curiosité et qu'il montrait par ostentation [...] et par la conduite est retombé dans son premier état. (...) Le nommé Jean Lavaur qui s'honore de titres par son imprudence et ses intrigues, parvint à la qualité d'être agent, solliciteur ou intendant des maisons et affaires de la dame, comtesse de ***, de la demoiselle ***, sœur de madame, aussi de la demoiselle ***, vers l'année 1678. Il fit de merveilleux progrès par les désordres et la confusion qu'il mit dans les affaires de ces personnes, qui allèrent très mal, en faisant bien les siennes : ce qui fit ouvrir les yeux de l'esprit à ces dames et à leurs amis, qui les porteront à faire assigner au Châtelet de Paris, pour leur rendre compte de leurs biens et revenus. Ce fut une action civile qui fut bientôt après changée en action criminelle, ayant découvert les dégradations qu'il faisoit de leurs biens, s'en rendant le maître, leur extorquant des actes par la confiance aveugle qu'elles avoient en lui, pour mieux réussir en ses desseins de s'approprier tous les biens de ces dames, dont il les avoit dépouillées. Elles rendirent plainte contre ces malversations, qui fut suivie d'une information et d'un décret. L'affaire dura trois années entières au Châtelet. Il y eut inscription en faux et des lettres de récision obtenues contre divers actes surpris par les fuites et subterfuges (...). Intervint sentence définitive au rapport de monsieur de Brilleux, Conseiller, le 12 mars 1706, dont voici l'extrait : « par laquelle est déclaré dûment atteint et convaincu, d'avoir abusé par dol et fraude de la confiance de la fonction (...), d'avoir fait prendre en lui, les actes, les contrats, et les quittances dont il s'étoit servi (...) (ils) ont été déclarés nuls comme frauduleusement surpris et extorqués : on le condamne à remettre à la demoiselle son testament, et tous ses titres et papiers. »[176].

---

[174] M. A. Bruneau, *op. cit.*, p. 422.
[175] *Ibid.*
[176] M.A. Bruneau, *op. cit.*, p. 423.

L'avocat Bruneau constate donc en praticien, dès 1715, soit au moment de l'avènement du règne de Louis XV, l'insuffisance de l'action *furti* qui, jusqu'à la première loi de 1791, ne suffit plus à poursuivre de façon spécifique dols et fraudes. Il se livre à l'analyse d'une affaire Jean Lavaur qu'il présente comme une nouvelle espèce, sous-entendant qu'il est conduit en tant que défenseur à connaître un contentieux pénal en plein développement qui touche la vie des affaires, entame la confiance et permet des enrichissements indus. Il nous invite à nous pencher à notre tour sur les décisions judiciaires rendues à l'époque par le Châtelet et le Parlement de Paris.

Le premier dossier sur cette question date de 1717[177]. Première observation : le Châtelet rend sa sentence le 4 mai, et l'affaire est rejugée en appel très rapidement, puisque l'arrêt est rendu dès le 10 juin. Pierre Boutet est accusé d'être entré chez de nombreux particuliers de Paris, et de leur avoir réclamé « avec malice » des espèces sonnantes et trébuchantes, avec lesquelles il est reparti. C'est ainsi qu'il est déclaré coupable en première instance. L'infraction est clairement désignée car Boutet doit subir le carcan en place de Grève, où il porte un écriteau le désignant comme « trompeur public »[178]. Deuxième observation : la prévention reprise par la sentence des juges du Châtelet indique seulement qu'il s'est « introduit dans différentes maisons de cette ville et [a] exigé de l'argent de plusieurs particuliers... ». Par conséquent, en 1717 tout au moins, les magistrats n'ont pas qualifié de façon précise une infraction de tromperie qui aurait pu se nommer escroquerie. Ce n'est que par leur condamnation qu'ils indiquent de façon générique que Pierre Boutet est un trompeur public. En revanche, les juges semblent conserver l'interprétation, classique en droit romain, de la *contrectatio*, en la formulant par une analyse de l'appropriation, ici par l'exigence d'argent chez un certain nombre de personnes. Si l'intention criminelle est constituée par l'absence de consentement des victimes, l'expression utilisée dans le texte même des décisions judiciaires se rapproche de l'action *furti,* et donc de la répression du vol, puisque le fait d'exiger constitue pratiquement, pour l'auteur, une soustraction inversée des biens d'autrui, peut-être une extorsion. En tout cas, il n'est nullement fait mention de ruse et des manœuvres dont a dû faire preuve Pierre Boutet pour que les magistrats le qualifient tout de même de « trompeur public ». L'interprétation de cette jurisprudence n'est donc rendue possible que par référence expresse au droit romain, mais reste très floue par rapport à la future législation de 1791 sur l'escroquerie.

---

177 Arch. Nat. X^{2B} 937, affaire n° 18 : Pierre Boutet, arrêt du 10 juin 1717.

178 Il a aussi été banni cinq ans et condamné à payer trois livres d'amendes. La sentence a été confirmée par le Parlement, en appel.

Les mêmes limites d'application à l'action *furti* se retrouvent dans le cas des « malversations » commises par Georges Le Brun[179], jugé en première instance par le Châtelet le 5 octobre 1720, et pour lequel le Parlement de Paris a prononcé un arrêt définitif de condamnation en appel le 28 mars 1721[180]. Outre l'extrême rapidité de la procédure - et ce malgré les critiques de l'époque que nous avons pu relever sur la relative lenteur des procès -, notons, là encore, que la prévention de l'accusé retient simplement que Georges Le Brun est « dûment atteint et convaincu de malversations diverses ». Autant dire que si les décisions judiciaires ont été rendues rapidement, elles se sont aussi contentées d'une analyse juridique des faits très succincte, puisque sous l'expression « malversations diverses », on peut comprendre que l'appropriation frauduleuse a été commise sans que, pour autant, il soit nécessaire de rechercher plus avant des éléments spécifiques de constitution d'infraction pénale. En d'autres termes, la référence générale à l'appropriation dolosive du droit romain suffit pour poursuivre et condamner au début du XVIIIe siècle.

Les comportements dolosifs exacerbés sont par conséquent considérés comme de nature pénale par la juridiction du Châtelet et, en appel, par le Parlement de Paris au XVIIIe siècle, qui relèvent la commission de malversations et de tromperies. Mais dans leur interprétation juridique pure, les qualifications peuvent sembler imprécises même si elles font référence de façon implicite au droit romain. Aussi si les juridictions répressives condamnent les auteurs de telle infraction, il leur reste à caractériser les éléments du dol pénal qui formeront, en 1791, l'infraction spécifique d'escroquerie.

---

179 Arch. Nat. X^{2B} 945, affaire n° 81 : Georges Le Brun, arrêt du 28 mars 1721.

180 Pour ces faits, Georges Le Brun a été condamné au Châtelet à être battu de verges et banni cinq ans, le Parlement a ensuite adouci la sanction, puisque Le Brun a été condamné en appel, après avoir été battu de verges, à être banni seulement pour trois ans.

Chapitre 2. Un consentement extorqué

Qu'est-ce qu'un consentement vicié par tromperie ? Doit-on considérer qu'elle le rend nul ou est-elle constitutive d'une escroquerie parce que la dupe a été trompée volontairement par l'escroc ?

Section 1. La nullité d'un consentement vicié par tromperie

La tromperie rend l'infraction autonome et la fait du même coup émerger.

§ 1 - L'autonomie infractionnelle du consentement trompé

Le respect de la volonté des parties est essentiel pour un véritable État de droit. Tout engagement volontaire nécessite donc le consentement. Ce terme a pour racine latine le verbe *consentire*, qui signifie *accepter qu'une chose ait lieu*, mais également, surtout pour un juriste, l'*approuver*, c'est-à-dire l'*autoriser*. Quatre conditions sont essentielles pour la validité d'un engagement : d'abord qu'existe une cause licite dans l'obligation ; que l'engagement porte sur un objet certain ; que la personne ait également la capacité de contracter ; enfin et surtout, que la partie qui s'oblige y consente. Or, il n'y a point de consentement valable si le consentement n'a été donné que par erreur, ou s'il a été extorqué par violence, ou surpris par dol. C'est en ces termes que les dispositions de l'article 1109 du *Code civil* de 1804 rappellent qu'il ne doit pas exister de vice du consentement. Aujourd'hui encore, l'article 1113 du *Code Civil* dispose que la violence est une cause de nullité du contrat, sauf si ce contrat a été approuvé, précise l'article 1115, depuis que la violence a cessé. Enfin, en application de l'article 1116, le dol est une cause de nullité de la convention lorsque les manœuvres pratiquées par l'une des parties sont telles qu'il est évident que, sans ces manœuvres, l'autre partie n'aurait pas contracté. Ce dol ne se présume pas : il doit être prouvé. Ces principes essentiels du droit moderne français ne sont que la conséquence de la nécessaire protection des personnes et de la théorie des obligations telles qu'elles résultent déjà du droit romain.

Ce sont justement les jurisconsultes romains qui ont donné la définition du dol comme viciant le consentement puisque, selon Labéon, « le dol est toute ruse, fourberie ou manœuvre (*machinatio*) qui tendent à frustrer un tiers »[181]. Par conséquent, Pothier en 1761 n'a fait que reprendre cette définition en précisant que la nullité d'un consentement était de surcroît acquise lorsqu'il n'était pas seulement

---

[181] *Digeste*, liv. I, titre IV (*De dolo malo*), fragments 2 et 3.

vicié mais trompé, parce qu'« on appelle dol toute espèce d'artifices dont quelqu'un se sert pour en tromper un autre »[182]. Or pour apprécier le dol, voire la tromperie, Paul indiquait déjà qu'il fallait en revenir à l'appréciation des faits, des espèces : *An dolo qui factum sit, ex facto intelligitur*[183].

Il convient donc d'examiner les éléments d'un dossier en recherchant si l'engagement contracté émane d'une volonté libre et spontanée, qui doit être d'une parfaite pureté depuis son origine. Il faut aussi dépasser l'apparence pour rechercher véritablement si une tromperie n'a pas entraîné une spoliation pour l'une ou l'autre des parties.

Le dol est cependant d'autant plus constitué que le consentement n'a pas été seulement vicié, mais que la tromperie a consisté à l'extorquer. Le délinquant a en fait pour unique volonté d'obtenir un pseudo-consentement. L'intention criminelle est caractérisée et rend alors le dol pénal si la tromperie est non seulement intentionnelle, mais préméditée. Elle préexiste en quelque sorte à l'engagement lui-même, puisqu'elle en constitue un commencement par les manœuvres qui ont pour but d'extorquer l'accord[184]. Pour autant, M. Planiol critiquait ses prédécesseurs qui voyaient simplement le dol criminel comme synonyme de manœuvres frauduleuses[185].

Mais il semblerait que la tromperie soit, en tout état de cause, l'élément essentiel constitutif du dol pénal, lorsqu'elle est le fondement de l'acte. Bruneau rapporte, en 1715, l'anecdote d'une impératrice trompée par « un imposteur, qui lui avoit vendu de fausses pierreries pour de véritables ; l'empereur fit punir cet affronteur de même monnoye, en le faisant jeter dans la fosse aux lions, pour y être dévoré ; ce coupable crut être mort, mais au lieu de faire entrer un lion par la petite porte de la loge, on y jeta un chapon : ainsi cet imposteur n'a eu que la peur, et au même instant, l'empereur fit crier tout haut, *imposturam hic fecit (et) passus est* »[186]. Il convient donc de poursuivre et sanctionner par la voie pénale celui qui obtient un consentement, on pourrait dire extorque, par tromperie.

C'est certainement une telle approche qu'avaient sur cette question les criminalistes du XVIIIe siècle. En 1715, Bruneau n'emploie guère le terme d'escroquerie dans son ouvrage *Observations et maximes sur les matières criminelles,* pas plus que Denisart dans la *Collection de décisions nouvelles et de*

---

[182] Pothier, *Traité des obligations*, 1761, n° 31.

[183] Paul, liv. XLIV, IV.

[184] Émile Garçon, *Code pénal annoté*, 1801-1830, Dispositions préliminaires, p. 7 et suiv. ; R. Garraud, *Traité théorique et pratique de droit pénal français*, t. I, p. 375 et suiv., et *Précis de droit criminel*, p. 181.

[185] Bédarride, *Traité du dol et de la fraude*, n° 17 et 18 ; Adolphe Chauveau et Faustin Hélie, *Théorie du Code civil*, n°1982 ; Blanche, *Etudes pratiques sur le Code pénal*, t. VI, p. 144.

[186] Selon Pollion, *Galienis*, cité par M.A. Bruneau, *Observations et maximes sur les matières criminelles*, Paris, 1715, tit. 31, p. 465.

notions relatives à la jurisprudence actuelle, pas d'avantage que Brillon dans le *Dictionnaire des arrêts ou jurisprudence universelle des parlements de France*. Nulle mention de l'escroquerie n'est faite par Jousse dans son *Traité de la justice criminelle* ni dans son *Nouveau commentaire sur l'ordonnance criminelle*, ou par Guy du Rousseaud de la Combe dans son *Traité des matières criminelles*, ou enfin par Lange dans la *Nouvelle pratique civile, criminelle ou bénéficiale*.

Bruneau a donc recours à la notion de stellionat :

> « J'ai dit que le mot stellionat venoit d'un petit lézard appelé *stellio*, décrit par Accurse, après Pline et Aristote, que c'est un petit animal fin et rusé, qui a sur le dos des façons d'étoiles : il est si malicieux et envieux du bien de l'homme, que la peau qu'il quitte tous les ans, est un remède au mal d'épilepsie, ou mal caduc, aussi-tôt qu'il s'en dépouille, il la mange. Pour vivre son artifice et de faire une fosse où il se cache, et il met sur le bord de l'appast, pour y attirer des animaux, et les sorts qu'ils viennent, il se jette dessus : lisez au *Lévitique* (chapitre 2, v. 30) et aux *Proverbes* (chapitre 30, v.28) ce qui est dit de cet animal ; voyez au *Digeste* (livre 47, titre 20), au *Code* (livre 9, titre 34), où il est expressément parlé du crime de stellionat. »[187]

En faisant référence au crime de stellionat, qui est à la fois caractérisé par la mauvaise foi, la malice, et par conséquent le dol, Bruneau peut se reporter à divers textes légaux qui avaient été édictés au XVIIe siècle. C'est ainsi que l'*Ordonnance* du mois d'avril 1667, dans son article 4 du titre 34, a fait subsister la contrainte par corps contre les stellionataires et faux vendeurs convaincus, qu'ils soient femmes ou hommes. L'*Ordonnance* de Paris de janvier 1629, dans ses articles 149 et 156, condamne également à racheter les rentes lorsqu'il y a un stellionat, « tant ce crime est odieux (...) à cause de son imposture, du dol et de la fraude et de la fausse déclaration (...). » Ainsi, le stellionat n'annule pas seulement les conventions où il se rencontre, mais il est de plus puni et réprimé selon les circonstances.

Jousse, en 1771, fait quant à lui référence à la notion de *soustraction sans consentement* pour caractériser un pseudo-accord, extorqué de façon criminelle, et qui a abouti à l'appropriation d'un bien d'autrui. « On entend par vol, nous dit Jousse[188], toute soustraction et enlèvement frauduleux du bien d'autrui dans le dessein de se l'approprier ou de s'en servir sans le consentement de celui à qui il appartient. » Il croit ainsi, c'est lui-même qui l'affirme, traduire la définition que Paul donnait du *furtum*. C'est ainsi qu'il range au nombre des vols[189] : le stellionat, la vente à faux poids ou mesures, le fait de chercher à gagner l'argent d'un enfant,

---

[187] M.A Bruneau, *op. cit.*, tit. 31, p. 466.
[188] Jousse, *Traité de la justice criminelle en France*, 1771, part. 4, tit. LVII, art. 1.
[189] Jousse, *op. cit.*, art. 2, 14 et suiv.

d'un valet ou de toute autre personne qu'on sait ne point lui appartenir, celui du créancier qui redemande une seconde fois à son débiteur l'argent qu'il a reçu de lui pour sa dette, sachant que ce débiteur a perdu sa quittance. Est aussi coupable du vol celui qui, pour se faire remettre de l'argent, emploie certaines manœuvres frauduleuses ; celui qui, par exemple, se présente faussement comme mandataire du créancier afin de toucher aux mains du débiteur la somme qu'il dit être chargé de recevoir, celui qui allègue mensongèrement l'existence d'une créance pour en recevoir le montant, celui qui se fait nourrir par le fermier d'un seigneur comme étant envoyé par ce dernier[190].

Le magistrat Muyart de Vouglans suit-il, en 1780, l'exemple de Jousse ? C'est en les qualifiant de *vols contre la sûreté du commerce* qu'il entend voir poursuivies les infractions d'affaires du type de celles[191] de l'usure, de la banqueroute frauduleuse et du monopole. La tromperie est ici perçue comme une coalition d'une certaine puissance qui empêche autrui de consentir à un contrat en toute liberté, puisque le choix est d'une certaine façon forcé. La perception de ces infractions par Muyart de Vouglans est bien l'illustration qu'il entend protéger et développer la liberté du commerce, et justifie ainsi l'acte de poursuite. Les coalitions des marchands qui n'ont donc pour but que de vendre leurs marchandises dans un certain temps et à un certain prix, vicient intrinsèquement les transactions commerciales.

Dans son *Répertoire universel et raisonné de jurisprudence civile, canonique et bénéficiale*, publié en 1784, avec le recul dû au XVIIIe siècle qui s'achève, Guyot définit l'action que commet l'escroc en friponnant. Aux mots *escroc* et *escroquerie*, il indique ainsi que l'« escroc est le nom qu'on donne à un fripon qui est dans l'habitude d'attraper de l'argent ou autre chose par ruse, par fourberie. L'escroquerie est l'action que commet l'escroc en friponnant. Le carcan est la peine la plus ordinaire attachée à l'escroquerie »[192]. Il précise même que l'escroquerie est sanctionnée comme faisant partie d'une série diverse d'infractions dont la nature doit être dénoncée publiquement compte tenu de leur forme même consistant à tromper autrui. Il écrit ainsi que :

> « Les cas pour lesquels on prononce ordinairement la peine de carcan sont la banqueroute, le crime de faux, la bigamie...l'escroquerie, les friponneries au jeu, les vols de fruits champêtres, le colportage des livres défendus, les insultes faites au maître par leurs domestiques...souvent joints d'autres peines à celle du carcan,

---

[190] Georges Lévy, *De l'action furti en droit romain. Des éléments constitutifs du vol, de l'escroquerie et de l'abus de confiance en droit français*, Paris, 1885, p. 63-64.

[191] Muyart de Vouglans, *Lois criminelles de France*, 1780, liv. III, tit. VI.

[192] Guyot, *Répertoire universel et raisonné de jurisprudence civile, criminelle, canonique et bénéficiale*, t. VII, 1784, p. 679.

ainsi que deux écriteaux qu'on attache au dos et sur la poitrine du coupable pour indiquer son crime... »[193].

Il cite aussi, entre autres, l'arrêt du Parlement du 29 janvier 1767, par lequel le sieur Damaze Almart du Mont de Montjolly, écuyer, a été condamné pour avoir affronté et ruiné plusieurs particuliers par ses escroqueries[194].

Nous avons retrouvé cette affaire dans les archives du Parlement de Paris. Son étude est intéressante, mais remarquons d'abord que le nom de l'accusé n'a pas été correctement orthographié par Guyot. En effet Damas de Calmart Dumont de Montjolly interjette appel d'une sentence rendue par le Châtelet le 8 août 1766. Il a été condamné en première instance[195] pour

> « avoir pris des titres et qualités qui ne lui appartenaient pas, de s'être supposé revêtu de dignités et de charges imaginaires ou auxquelles il n'avait jamais eu aucun droit, comme aussi de s'être dit soit parent, soit allié ou honoré de la protection de personnes recommandables avec lesquelles il n'avait aucune affinité et d'avoir à l'aide de ces suppositions fait un nombre infini de dupes, tant dans la province que dans Paris, envers lesquelles il aurait exercé les infidélités, abus de confiance et escroqueries tendant à leur faire perdre leur état et ruiner leur fortune »[196].

La cour fait droit sur l'appel interjeté par ledit Damas de Calmart Dumont de Montjolly de ladite sentence le 29 janvier 1767. Elle met, dans un premier temps, l'appellation et sentence de laquelle a été appelé au néant et, ce faisant,

---

[193] Guyot, *op. cit.*, t. VII, p. 479.

[194] Damaze Almart du Mont de Montjolly a été condamné à être attaché au carcan pendant trois jours consécutifs, à la marque et aux galères pendant neuf ans : arrêt du 29 janvier 1767, Arch. Nat. X^{2B} 1037 affaire n°344.

[195] Arch. Nat. X^{2B} 1037 affaire n°344.

[196] *Ibid.* : Damas de Calmart Dumont de Montjolly a été « condamné à être attaché au carcan pendant trois jours consécutifs, savoir, le premier au carrefour de Bucy, le deuxième dans la place du Palais Royal et le troisième et dernier jour dans la place de Grève, et par chacun desdits jours y demeurer depuis midi jusqu'à deux heures, ayant écriteau devant et derrière portant ces mots : affronteur et escroc public, et ledit dernier jour, battu et fustigé nu de verges par l'exécuteur de la haute justice, flétri d'un fer chaud en forme des lettres GAL sur l'épaule droite et conduit à la chaîne pour y être attaché et servir le roi comme forçat sur ses galères pendant le temps et espace de neuf ans, défenses à lui faites de se retirer en aucun cas, même après le temps de sa condamnation expiré, dans cette ville de Paris, faubourgs et banlieue d'icelle ni à la suite de la cour, sous les peines portées par les déclarations du roi, aurait été dit aussi que ladite sentence serait à la diligence du substitut du procureur général du roi, imprimée, publiée et affichée dans tous les lieux et carrefours accoutumés de la ville, faubourgs et banlieue de Paris et partout où besoin serait ».

confirme la sentence en retenant comme qualification celle relative à l'action d'un affronteur[197] et d'un escroc public[198].

On peut alors supposer que la jurisprudence a dû, dès le début du règne de Louis XV, sanctionner pénalement ces tromperies qui viciaient toute forme de consentement. C'est ainsi que le Châtelet a rendu le 17 juillet 1722, en première instance, une sentence par laquelle il a condamné Pierre Petitot[199], prévenu d'avoir escroqué plusieurs personnes. Il faut remarquer que l'action en elle-même d'« avoir escroqué » est pour la première fois expressément notée par la juridiction dans sa décision. C'est d'ailleurs en raison de cette escroquerie, c'est-à-dire de la tromperie proprement dite, que l'accusé est « dûment atteint et convaincu d'avoir escroqué plusieurs personnes ». Le Parlement de Paris a repris les termes de cette condamnation en confirmant en appel la sentence par un arrêt du 11 décembre 1722.

Ce même Parlement de Paris rend, le 27 avril 1739, un arrêt qui illustre combien la tromperie, en d'autres termes l'escroquerie, est considérée comme une véritable extorsion de consentement[200]. Cette fois, il ne se prononce pas sur une décision du Châtelet, car la sentence en première instance a été rendue par le bailliage de Mâcon, le 17 novembre 1738. Les faits qu'avaient eu à connaître ces juridictions sont assez simples : les dénommés Barat, de La Praye, Berthelet et Geoffroy sont accusés d'avoir triché aux cartes avec leur partenaire, un dénommé Magloire, et d'avoir réussi ainsi à lui voler sa montre et sa tabatière en argent. Le bailliage de Mâcon avait innocenté de La Praye et Geoffroy en les mettant hors de cour, et avait désiré être plus amplement informé des faits en ce qui concernait

---

197 Le verbe *affronter* signifiait « tromper sous pretexte de bonne foy », ainsi que le précise la première édition du *Dictionnaire de l'Académie française*, 1694.

198 Arch. Nat. X^{2B} 1037 affaire n°344 : Damas de Calmart Dumont de Montjolly est condamné en appel par le Parlement de Paris, le 29 janvier 1767 à « être attaché au carcan pendant trois jours consécutifs, savoir, le premier jour au carrefour de Bucy, le deuxième dans la place du Palais Royal, et le troisième et dernier jour dans la place de Grève, et chacun desdits jours y demeurer depuis midi jusqu'à deux heures ayant écriteau devant et derrière portant ces mots : affronteur et escroc public, et ledit dernier jour battu et fustigé nu de verges par l'exécuteur de la haute justice, flétri d'un fer chaud en forme des lettres GAL sur l'épaule droite et conduit à la chaîne pour y être attaché et servir le roi comme forçat sur ses galères pendant le temps et espace de neuf ans, lui fait défense de se retirer en aucun cas même après les temps de la condamnation expiré dans cette ville de Paris, faubourgs et banlieue d'icelle ni à la suite de la cour sous les peines portées par les déclarations du roi. Ordonne que les Mémoires imprimés sont et demeurent supprimés, comme aussi ordonne que le présent arrêt sera imprimé, publié et affiché dans tous les lieux indiqués par ladite sentence et partout où besoin sera, et pour le faire mettre à exécution, renvoie ledit Damas de Calmart Dumont de Montjolly prisonnier par devant le lieutenant criminel dudit Châtelet ».

199 Arch. Nat. X^{2B} 948, affaire n° 112 : Pierre Petitot, arrêt du 11 décembre 1722. Pierre Petitot a été condamné à être battu de verges et à être banni cinq ans de la ville, prévôté et vicomté de Paris.

200 Arch. Nat. X^{2B} 984, affaires n° 137, 144, 175 et 202 : Barat, Berthelet, de La Praye, Geoffroy, arrêt du 27 avril 1739.

Barat et Berthelet. Le Parlement de Paris, pour sa part, considère que ledit Magloire a été escroqué aux cartes, ce qui a permis le vol de ses biens de valeur[201]. En distinguant l'appropriation frauduleuse, que le Parlement de Paris appelle encore en 1739 *vol,* de la circonstance dans laquelle cette infraction a pu être commise, qui est constituée par le fait d'avoir escroqué, la plus haute juridiction inscrit sa décision dans le raisonnement suivant : le vol existe parce que le consentement est extorqué. Mais la tromperie engendre une véritable soustraction, c'est-à-dire une *contrectatio* du bien d'autrui.

Cette jurisprudence a longtemps perduré, et ce bien au-delà du règne de Louis XV, puisque le Châtelet a encore rendu en première instance le 12 septembre 1781, une sentence confirmée en appel devant le Parlement de Paris le 7 décembre 1781[202] par un arrêt condamnant François Boisin parce qu'il était « dûment atteint et convaincu d'avoir trompé plusieurs personnes pour pouvoir les voler ». La peine de vol a été particulièrement sévère, parce que la soustraction n'avait là encore été rendue possible que par la tromperie[203].

Il nous faut encore citer le cas d'Angélique Drugeau[204], condamnée en première instance par la juridiction de Mamers, par une sentence du 8 mars 1786, mais qui, à son tour, a connu la juridiction d'appel du Parlement de Paris par une décision du 5 octobre 1786. Cette femme a en effet été condamnée pour avoir été « dûment atteinte et convaincue de filouteries et de vols »[205].

Le parallélisme des formes et du fond est total, puisque l'action publique sur les vols s'est exercée à l'occasion de filouteries. En d'autres termes, le consentement à la remise a été plus que vicié puisqu'il a même été extorqué en raison de la filouterie pour aboutir à de véritables soustractions correspondant à l'époque à la notion de vol.

§ 2 - L'émergence d'un nouveau dol pénal

Le dol pénal se distingue-t-il alors du dol civil, parce que l'infraction porterait en elle-même une certaine violence ? Cette analyse semble étonnante aux juristes du XXIe siècle. En fait, l'hypothèse serait que la tromperie contribue au vol, voire à la constitution d'une forme d'extorsion. Le Parlement de Paris a ainsi,

---

201 Le Parlement de Paris a mis hors de cour Barat, mais condamné les dénommés Berthelet, de La Praye et Geoffroy à être admonestés et condamnés à payer chacun trois livres d'aumône envers les pauvres (Arch. Nat. X^{2B} 984, affaires n° 137, 144, 175 et 202 : Barat, Berthelet, de La Praye, Geoffroy, arrêt du 27 avril 1739).

202 Arch. Nat. X^{2B} 1068, affaire n° 606 : François Boisin, arrêt du 7 décembre 1781.

203 C'est ainsi que François Boisin a été condamné à deux heures de carcan, suivies par des coups de verges et enfin par cinq années de galères.

204 Arch. Nat. X^{2B} 1080, affaire n° 642 : Angélique Drugeau, arrêt du 5 octobre 1786.

205 Angélique Drugeau a été condamnée être battue de verges et bannie au départ pour neuf ans, puis, par la juridiction parisienne, pour une période de cinq ans seulement.

par arrêt du 13 mars 1741, à se prononcer sur une sentence en date du 31 décembre 1740 du bailliage de Vitry-le-François, par requête du substitut du procureur général du roi. Il est utile de l'examiner car il s'agit d'une juridiction qui n'est pas géographiquement très éloignée du Châtelet. Il s'agit d'un procès criminel en appel dans lequel sont accusés Laurent Langault et Nicolas Mangin, détenus à la prison de la Conciergerie du Palais de Paris[206]. Les faits, tels qu'ils résultent de l'instruction, sont les suivants : Laurent Langault, huissier interdit d'exercice, s'est présenté à la femme de Claude Patin, vigneron à Bassues. Il lui a prétendu (ce qui était faux compte tenu de la décision rendue contre lui), être porteur d'ordres pour l'emmener avec violence dans la nuit du 15 au 16 juillet 1740, dans un premier cabaret du lieu de résidence des Patin, puis dans celui de Saint-Lambin. Dans ce deuxième établissement, Langault a détenu la femme Patin comme une prisonnière pour le reste de la nuit. Il avait pour dessein « d'en tirer de l'argent ». A cette fin, il avait demandé à Nicolas Mangin de l'assister et l'a rendu ainsi complice de la détention de cette femme. C'est par ces manœuvres fallacieuses consistant à user de façon illégale d'une ancienne qualité, et aussi à utiliser la coercition, que les deux hommes ont réussi à extorquer l'argent de l'épouse de monsieur Patin - en lui arrachant au sens propre du terme - son consentement à leur remettre la somme. En première instance, Langault et Mangin ont été condamnés à être attachés au carcan un jour de marché, de dix heures du matin jusqu'à midi, afin que le public que la juridiction espérait nombreux puisse lire les écriteaux, sur lesquels ils étaient qualifiés d' « exacteurs »[207]. Si le Parlement de Paris a confirmé la culpabilité de Langault et Mangin et a aggravé la sanction, il n'a pas oublié de maintenir la condamnation au carcan avec écriteau.

Que peut-on en conclure dans un premier temps ? Dès les premières années du règne de Louis XV, que cela soit sous la Régence ou sous le gouvernement personnel du roi, l'action d'escroquer était enfin nommée par elle-même et par conséquent reconnue. Mais l'émergence de ce nouveau dol pénal n'était pas encore achevée. Le dol, bien souvent, ne constitue qu'une circonstance de commission d'un délit, qui tenait du vol ou de l'extorsion, parce qu'il consistait à accaparer, y compris avec violence. La notion juridique de l'escroquerie restait à préciser.

Section 2. Une infraction de tromperie

N'y a-t-il pas alors un véritable renversement dans l'importance des éléments constituant ce dol pénal, qui ressort de l'étude de la jurisprudence des

---

206 Arch.Nat. X^{2B} 988, affaire n° 214 : Laurent Langault, Nicolas Mangin, arrêt du 13 mars 1741.
207 Arch.Nat. X^{2B} 988, affaire n° 214 : Laurent Langault, Nicolas Mangin, arrêt du 13 mars 1741.

magistrats au XVIIIe siècle ? L'art de tromper autrui volontairement deviendrait-il ce qu'il faut expurger d'une société ?

§ 1 - L'escroc : celui qui trompe les autres

En 1786, l'avocat Des Essarts apprécie l'ensemble de la pratique qu'il a eue à connaître et se penche non seulement sur les décisions rendues sous le règne de Louis XV, mais aussi sur celles prises durant l'ensemble du siècle et sur des cas d'espèces qui n'ont pas vu la procédure aboutir à un jugement. Il fait ressortir que l'escroc n'est pas simplement celui qui vole en se trompant, mais celui qui, de façon intentionnelle et exclusive, trompe les autres. Son *Dictionnaire* est riche de cas d'espèces, qui mettent en évidence l'astuce, la ruse et les intrigues, et qu'il a eus à connaître dans le secret de son cabinet. Il explique ainsi comment le consentement est extorqué, que l'escroquerie apparaît parce que le dol civil ne correspond plus à une qualification rigoureuse des faits et que seul le dol criminel caractérise ce type d'infraction.

L'avocat indique :

> « Les filous de cette espèce n'ont pas étudié le cœur humain, comme les philosophes pour en tirer des règles de conduite et de morale, ils pénètrent tous les replis pour en connoître les faiblesses, et pour en tirer parti. L'un, aspirant à se faire une fortune brillante, aux dépens des sots de toutes les conditions et de tous les rangs, réfléchit sur les habitudes attachées, pour ainsi dire, à chaque état. Lorsqu'il découvre les passions ordinaires qui agitent un individu [...], il l'attaque par l'endroit faible qu'il a aperçu. L'amour propre flatté, caressé et exalté, est un des moyens que les filous de la grande espèce emploient constamment. Ils savent que rarement l'homme, même le plus sage, est insensible aux éloges qui flattent son amour propre. Souples, adroits à saisir toutes nuances qui s'offrent à leurs yeux perçants, ils ne négligent rien pour connaître les préjugés et les goûts des personnes qu'ils veulent subjuguer[208]. »

Des Essarts nous fait comprendre, sans doute sans le vouloir, que Molière n'a pas ainsi inventé son Tartuffe *ex nihilo,* mais a simplement décrit une catégorie existante d'escrocs. En effet, si l'infraction se découvre petit à petit, des cas particuliers ont été relevés durant la deuxième moitié du XVIIe siècle. Rappelons que Monsieur Loyal, l'huissier à verge dans le fameux *Tartuffe* de Molière, représenté en 1669, vient signifier par exploit à Orgon une ordonnance qui le dépossède de tous ses biens, puisqu'il a juridiquement remis ceux-ci à Tartuffe[209] :

---

[208] Des Essarts, *Dictionnaire universel de police..., op. cit.*
[209] Molière, *Tartuffe*, acte V, scène 4, vers 1745 et suiv.

« Et je vous viens, Monsieur, avec votre licence, / Signifier l'exploit de certaine ordonnance… ».

Il s'explique :

> « […] Ce n'est rien seulement qu'une sommation, / Un ordre de vider d'ici, vous et les vôtres, / Mettre vos meubles hors, et faire place à d'autres, / Sans délai ni remise, ainsi que besoin est. ».

La cause en est simple :

> « La maison à présent, comme vous savez de reste, / Au bon Monsieur Tartuffe appartient sans conteste. / De vos biens désormais il est maître et seigneur, / En vertu d'un contrat duquel je suis porteur. / Il est en bonne forme, et l'on n'y peut rien dire. »

Orgon est horrifié des conséquences de ses propres actes. Il a en effet été dupé puisque, trompé par les diverses flatteries, manœuvres et ruses en tout genre dont Tartuffe a fait preuve pour arracher son consentement, il lui a fait don de ses biens. La donation est en réalité injustifiée. Tartuffe n'avait de puritain et de dévot que l'apparence, dont il jouait pour arriver à ses fins, à savoir déshériter la famille légitime : Orgon risque la saisie et l'expulsion.

Molière dénoue finalement l'intrigue par un coup de théâtre juridique. S'il ne parle pas encore expressément d'un escroc, il en décrit le comportement. Et qui lui en tiendrait grief puisque les magistrats eux-mêmes n'étaient toujours pas précis dans leurs qualifications, un siècle plus tard ? L'auteur dénonce lui-même la « fraude » qui entache la liberté de consentement d'Orgon, par les manœuvres dolosives dont il a fait l'objet.

L'absence de loyauté semble préoccuper les sociétés occidentales durant l'Ancien Régime. Désormais, son interprétation s'inscrit dans le cadre de deux écoles philosophiques qui s'affrontent dans la tradition européenne : la pensée chrétienne et le machiavélisme. Tous se souviennent qu'en 1513 Machiavel avait affirmé dans *Le Prince* que, par exemple, les chefs d'État n'avaient pas à se soucier de respecter la parole donnée. Peut-il cependant encore y avoir un « commerce » entre les hommes si leurs relations sont entachées potentiellement de ruse et de tromperie ? Guez de Balzac (1595-1654) affirme, au contraire, que les sociétés risquent de se défaire s'il n'y a pas de loyauté dans les engagements[210].

---

[210] Guez de Balzac, *Le Prince,* 1631 : « Ils [les païens] ont tenu qu'on ne gagnait rien à mentir, sinon de n'être pas cru quand on disait vrai, nous laissant tirer de là cette conséquence, qu'il faut être homme de bien par nécessité et par intérêt, quand on ne le serait pas d'inclination, ni de volonté ; puisque le mal est aussi peu utile que peu honnête ; puisque la première tromperie exclut d'ordinaire

Cette même opinion était déjà exprimée, en 1580, par Montaigne dans ses *Essais* :

« Notre intelligence se conduisant par la seule voie de la parole, celui qui la fausse trahit la société publique. C'est le seul outil par lequel se communiquent nos volontés et nos pensées, c'est le truchement de notre âme : s'il nous faut, nous ne nous tenons plus, nous ne nous entreconnaissons plus. S'il nous trompe, il rompt tout notre commerce et dissout toutes les liaisons de notre police. »[211].

Cette absence de morale dans l'activité du commerce est directement pointée du doigt par l'avocat Des Essarts :

« Il s'y exerce une autre espèce d'escroquerie qui n'est pas moins dangereuse. Les garçons des cafés se permettent [...] de proposer des bijoux, quelquefois les garçons limonadiers se chargent eux-mêmes de la vente des bijoux. Ces gens ont grand soin de proposer aux étrangers et aux provinciaux, des montres, des cannes, et autres effets en dessous de la moitié de leur valeur. Lorsqu'on a la sottise de les en croire, sur leur parole, on est sûr d'être trompé. Cette fraude est une espèce de filouterie très commune. »[212].

Des Essarts témoigne aussi de l'escroquerie aux personnes âgées :

« On imagine tous les escrocs qui s'attachent à des vieillards pour les déterminer à les instituer leur héritier. Ce sont de vrais caméléons dont les intrigues sont aussi dangereuses que fréquentes. Un de ces individus, qui avoit découvert qu'un vieux père de famille avoit chassé les enfants de la maison, trouve le secret d'y être reçu. Avant d'obtenir cette faveur, il savoit que le vieillard avoit les principes les plus austères, et que tout ce qui offrait l'image du luxe offensait ses regards. Il se fit faire sur le champ des habits analogues du rôle qu'il vouait jouer. Chaque fois qu'il se présentait chez le vieillard, il était dans le négligé le plus simple. Sa conversation étoit conforme à son maintien. Une bonhommie affectée séduisit bientôt le vieillard, qui le nomma en peu de temps le consolateur de ses vieux jours. Ce manège dura pendant quelques années. Heureusement pour les enfants disgraciés, ils furent instruits des manœuvres de cet escroc. Pour détromper leur père, ils recueillirent sur le compte du fourbe qui vouloit les dépouiller de leur patrimoine, des anecdotes dont ils firent usage pour le faire chasser. On leur apprit que cet homme, habillé si simplement, lorsqu'il rendait visite à leur père, paroissait souvent, avec les habits les plus recherchés au spectacle et dans plusieurs maisons de luxe ; que cet homme, qui affichait les mœurs les plus austères en présence du vieillard, menait la conduite la plus

---

la seconde, et que la confiance étant une fois perdue, il n'est plus possible de nuire ni de profiter à personne. »

[211] Montaigne, *Essais*, II, XVIII, « Du Démentir », 1580.

[212] Des Essarts, *op. cit.*, t. I, p. 183.

scandaleuse ; qu'il fréquentait les académies de jeu et qu'il entretenait une actrice d'un des spectacles du boulevard ; ils apprirent également que cet homme peu délicat faisait chaque jour des dupes en faisant de nouvelles affaires. Convaincu qu'on ne lui en avait pas imposé, il (le vieil homme) déchira un testament qu'il avait fait en faveur de l'escroc et lui ferma sa porte. »[213].

Il conclut malheureusement son récit en indiquant que « cette classe d'escroc échappe aux recherches et à l'autorité de la police »[214]. Dénonce-t-il ainsi la difficulté de prouver une tromperie qui, aussi subtilement, met en cause le consentement et caractérise le dol ? Il est certain, en tout cas, que si les magistrats ont eu autant de mal à cerner de tels agissements, c'est que la notion même de soustraction, voire d'extorsion de consentement, devait être extrêmement difficile à repérer et à prouver, parce que tout était combiné afin de tromper l'autre. La conséquence en est logique : il est plus aisé de sanctionner un cas de soustraction ou de violence que l'escroquerie.

§ 2 - L'élément moral d'une nouvelle infraction

Mais comment distinguer une véritable escroquerie d'une tromperie tolérable, voire d'une ruse anodine ? Peut-on ainsi abuser de la crédulité, c'est-à-dire d'une confiance innocente ? Comment qualifier un comportement que la morale réprouve mais que le droit ne connaît pas encore complètement ? Les mots n'expriment pas tout et ils peuvent laisser perplexes les juristes contemporains. Apparaît ainsi « l'affronteur » sur la scène de la vie en société.

> « C'est celui qui pour s'enrichir, abuse de la confiance publique et fait des dupes. L'affronteur a quelque analogie avec l'aigrefin et l'escroc. Cependant, il a un caractère particulier qui le distingue et qu'il faut marquer par les manœuvres qu'il emploie pour réussir. L'affronterie est un délit aussi dangereux qu'il est commun. Il est d'autant plus pernicieux, que de nombreuses victimes, rougissant d'avouer une crédulité aveugle, se gardent bien de divulguer leur disgrâce et laissent ainsi l'affronteur imprudent faire des nouvelles dupes et s'enrichir de leurs dépouilles. Ces affronteurs qui, après en avoir imposé longtemps à un peuple crédule et avide de nouveautés, ont fini par tomber entre les mains de la police, avoient quelquefois, il faut l'avouer, un langage et des manières séduisantes : leurs moyens, leurs ruses se sont tellement multipliés, selon les circonstances des temps et des lieux, qu'il était difficile qu'une certaine classe d'hommes n'en fût la dupe ; chaque province, chaque ville même, a été à son tour le théâtre où un affronteur exerçoit son adresse heureuse et par tout de nouveaux procédés, de nouvelles ruses. »[215].

---

[213] Des Essarts, *op. cit.*, t. III, p. 537 : « escrocs, filous, escroqueries et filouteries de toutes espèces ».
[214] *Ibid.*
[215] Des Essarts, *op. cit.*, t. I, p. 184.

Le consentement est, là encore, extorqué par la tromperie qui, en elle-même, offre à celui qui l'observe des faces multiples. Voici celui qui, attachant à un mauvais habit une croix de Saint-Louis, la tient cachée. Il se présente comme un gentilhomme et laisse par hasard apercevoir sa décoration ; il peut alors prétendre être un vieux militaire sans fortune, alors qu'il n'en est rien, et espérer, par son attitude, obtenir des secours. Voilà tel autre, encore plus intrigant, qui arrive avec grand fracas dans une ville. Il y lie quelques connaissances. Des Essarts témoigne à nouveau :

> « Bientôt il imagine de fabriquer une correspondance entre lui et les plus fortes maisons de commerce ; il a soin de laisser dans sa chambre, comme par négligence, les preuves apparentes de cette correspondance factice : par ce moyen, il acquiert le plus grand crédit, en profite amplement : et laisse à ses créanciers pour sûreté de leur dû, ses lettres de crédit fameuses, dont la vue les avait éblouis. Et part à petit bruit sans prendre congé ni du marchand bijoutier, ni de ses riches correspondants entre lui et les plus fortes maisons de commerce. »[216].

L'art de tromper son monde connaîtrait-il des limites ? Rien n'est moins sûr car, après tout, les façons les plus extravagantes n'apparaissent-elles pas les plus naturelles dans un premier temps ?

> « Celui-ci, par une métamorphose heureuse, d'une limonadière, sa maîtresse, fait une princesse de l'Empire : quelques enveloppes à lettres ministérielles lui servent à faire opérer le prestige : la princesse fait de riches emplettes, ne paie que de son nom et disparaît emportant trente et quarante mille livres avec sa principauté. »[217].

Un autre qui s'annonce,

> « chargé de l'habillement des troupes, soutient cette fourberie, par une figure heureuse, un extérieur aisé et beaucoup d'esprit ; il achète pour deux mille livres d'échantillons, faible prélude d'un achat considérable qu'il promet à faire sous peu ; mais le marchand crédule perd avec ses échantillons l'espoir d'habiller l'armée. »[218].

Des Essarts est intarissable. Voilà qu'il nous présente

---

216 *Ibid.*
217 *Ibid.*
218 Des Essarts, *op. cit.*

« un possesseur d'un secret unique, [qui] a le talent de changer la substance des métaux ; promettant à la foule crédule un or imaginaire ; il soutire à chaque amateur un or plus réel. Après avoir ruiné ceux à qui il promettoit tant de richesses, il disparaît et devient aussi difficile à découvrir que cette pierre merveilleuse qu'il annonçait avoir trouvée. »[219].

Et l'avocat se fait procureur. Dans un style ciselé et redoutable, il dénonce :

« Les exemples que nous venons de citer suffisent pour qu'on s'en garantisse, les affronteurs ayant, pour l'ordinaire, le même langage, employant les mêmes artifices, à quelques nuances près : mais si les particuliers doivent chercher à rendre leur fourberie inutile, l'homme public, le magistrat, doit faire plus : il doit punir avec la plus grande sévérité ces nouveaux Scapin, dont le grand art, le véritable secret, est de ruiner des familles entières. »[220].

Le bailliage de Chartres, à quelques kilomètres du Châtelet, partage le même état d'esprit lorsqu'il a à connaître, en première instance, le 8 mars 1727, l'affaire de Jeanne Baliache, qui avait séduit des hommes pour leur prendre de l'argent, sans accorder ce qu'elle avait promis. Le 17 juillet 1727, le Parlement de Paris se penche à son tour sur la vertu de cette respectable dame de quarante ans et conclut pourtant qu'elle est « dûment atteinte et convaincue d'avoir séduit plusieurs individus et de leur avoir, sous de fausses promesses, escroqué de l'argent »[221].

Le Châtelet relève, le 4 décembre 1734, les « duperies diverses » que commet Jacques Lefebvre. Mais ces tromperies semblent insuffisamment constituées à la juridiction de première instance pour être valablement sanctionnées[222]. Le Parlement de Paris adopte une position opposée en déclarant l'accusé coupable. Soyons clairs, ce ne sont plus le vol, l'extorsion, l'abus qui sont condamnés, mais le fait désormais de *duper*, c'est-à-dire d'abuser de la crédulité.

En 1735, le Châtelet de Paris connaît une affaire pour laquelle il va remarquablement analyser les éléments constitutifs de la prévention. Est-il à ce moment là visionnaire ? Sans doute, car il est d'une précision juridique qui ne peut que laisser admiratif. Par une sentence du 23 octobre 1734[223], il juge Antoine François, âgé de 25 ans, pour avoir trompé plusieurs personnes par de fausses promesses. Ce sont ces manœuvres qui caractérisent une véritable escroquerie grâce à laquelle François a obtenu ce qu'il cherchait. « Dûment atteint et convaincu

---

[219] *Ibid.*
[220] *Ibid.*
[221] Arch. Nat. X^{2B} 961, affaire n° 136 : Jeanne Baliache, arrêt du 17 juillet 1727.
[222] Arch. Nat. X^{2B} 974, affaire n° 219 : Jacques Lefebvre, arrêt du 12 avril 1734.
[223] Arch. Nat. X^{2B} 976, affaire n° 195 : Antoine François, 24 janvier 1735.

d'avoir par de fausses promesses escroqué plusieurs personnes »[224], François est condamné par le Châtelet et le Parlement s'incline devant cette analyse juridique, puisqu'en appel, il se contente par un arrêt du 24 janvier 1735 de confirmer la sentence de première instance[225]. L'escroc est donc celui qui par son dol, ici les fausses promesses, commet une infraction pénale.

Pour tromper et extorquer ce qu'il n'est plus possible d'appeler un véritable consentement, les escrocs se concertent et s'organisent. Pour autant les jurisprudences se suivent et ne se ressemblent pas. Si la plume des juges ne s'égare plus, elle n'en reste pas moins hésitante sur les qualifications.

Le 26 juillet 1760[226], le Châtelet condamne un certain Joseph Bréamant, dit La Lime, surnom sans doute dû à son état de compagnon serrurier, ainsi que Pierre Joseph Manuel Rieber, dit Cadet Villeneuve, gagne-deniers, Pierre Ternisier dit Terrifiant, compagnon menuisier, et enfin Pierre Hüe, dit Bien Aymé, tailleur de pierres. Tous quatre sont devenus soldats au régiment des Gardes françaises dans la compagnie de Villars. Il leur est reproché, d'après le Parlement de Paris, d'avoir laissé Rieber fabriquer une fausse lettre au nom d'un officier de police, puis d'avoir prétendu, à la faveur de cette lettre, être officiers de police, ceci leur permettant d'interpeller avec violence un dénommé De La Noue, prétendument en fuite. Après s'être emparés de la personne de De La Noue, ils ont réussi à obtenir de lui la somme de vingt livres alors qu'ils se trouvaient au cabaret du village de La Chapelle où ils l'avaient conduit[227]. En 1760, les magistrats du Châtelet ont donc toujours l'esprit marqué par les délits connus et qu'ils repèrent sans doute facilement, comme le faux de la « lettre faussement souscrite au nom d'un officier de la police », ou encore les « excès et violences » qui ont été employés pour s'emparer de De La Noue. Une fois ces infractions visées, ils concluent qu'a été commise une escroquerie. En d'autres termes, c'est parce que La Noue est obligé de remettre les vingt livres qu'il a sur lui et que son consentement est totalement nul compte tenu du dol pénal existant, que le Châtelet déduit qu'une escroquerie est commise. Le Parlement a fait droit à l'appel le 19 août 1760, mais ordonne à son tour que « la sentence de laquelle a été appelé sortira son plein et entier effet »[228].

Le 8 février 1769, le bailliage de Lyon s'aligne sur la jurisprudence du Châtelet, puisqu'il déclare « dûment atteint et convaincu » Pierre Hardy, domestique de son état, âgé de 25 ans, « d'avoir escroqué ledit Pauliet », et le

---

224 *Ibid.*

225 Arch. Nat. X^{2B} 976, affaire n° 195 : Antoine François, 24 janvier 1735.

226 Arch. Nat. X^{2B} 1024, affaire n° 448 : Joseph Bréamant, Pierre Hue, Pierre Joseph Manuel Rieber, Pierre Ternisier, 19 août 1760.

227 *Ibid.*

228 *Ibid.*

condamne pour cela à porter un écriteau avec la mention « escroc public »[229]. N'ayant rien à perdre, Hardy interjette appel, et le Parlement de Paris le condamne, par un arrêt du 1er juillet 1769, toujours au carcan avec le même écriteau d'escroc public[230]. Les sanctions sont claires et les juridictions ont bien l'intention de dénoncer à la population ces actes d'escroquerie consistant à tromper autrui par un dol pénal.

En d'autres termes, escroquer autrui revient à abuser une personne en la déterminant à remettre un bien. Cette tromperie peut s'exercer dans le cadre d'un contrat, voire un quasi-contrat, en manœuvrant la conscience, voire la crédulité de la victime[231].

Cependant, malgré la clairvoyance de certains magistrats, l'analyse juridique progresse-t-elle pour dépasser la simple évidence qu'il convient de sanctionner celui qui dupe l'autre ? Le Parlement de Paris, qui connaît en appel non seulement des sentences du Châtelet, mais aussi des nombreuses juridictions de son immense ressort, omet encore en 1782, c'est-à-dire bien après le règne de Louis XV, de qualifier un escroc de façon explicite. Il a à connaître ainsi le cas de Jacques Courtin[232], jugé une première fois à Auxerre par une sentence du 23 février 1782. En cette première instance, l'accusé est déclaré « dûment atteint et convaincu d'avoir filouté ledit Salmon ». En appel, par un arrêt du 3 août 1782, le Parlement le condamne à être mis deux heures au carcan avec un écriteau qui ne laisse aucun doute sur la réalité de la qualification des faits qui a emporté la décision des plus hauts magistrats de France[233]. Le panneau de Jacques Courtin porte en effet le mot « filou » et non « escroc ».

Même jurisprudence, pour la juridiction du Mans qui, en première instance, rend une sentence, le 2 décembre 1782, à propos de Jacques Cornu[234], un marchand de vaches de 40 ans demeurant à La Bazoche, qui est « dûment atteint et convaincu d'avoir filouté plusieurs individus ». En appel le 6 mai 1783, le Parlement de Paris confirme la culpabilité de l'accusé.

La filouterie est encore identifiée par le Châtelet, en première instance, dans une sentence du 19 décembre 1785, qui juge Anne Doisy[235], dite Nanette d'Orléans, âgée de 35 ans, demeurant rue Geoffroy Lasnier, et Salomon Schanelle, petit marchand âgé de 24 ans, pour avoir « filouté ledit François ». Si le Châtelet

---

229 Arch. Nat. X^{2B} 1042, affaire n° 442 : Pierre Hardy, arrêt du 1er juillet 1769.
230 *Ibid.*
231 Cette opinion n'est pas très éloignée de celle de Corinne Mascala., *Répertoire Dalloz*, nov. 2001, art. « Escroquerie ».
232 Arch. Nat. X^{2B} 1070, affaire n° 625 : Jacques Courtin, arrêt du 3 août 1782.
233 *Ibid.*
234 Arch. Nat. X^{2B} 1072, affaire n° 626 : Jacques Cornu, arrêt du 6 mai 1783.
235 Arch. Nat. X^{2B} 1079, affaire n° 641 et n° 730 : Anne Doisy et Salomon Schanelle, arrêt du 13 mai 1786.

demande à être plus amplement informé sur le cas d'Anne Doisy, il n'en est pas de même pour Salomon Schanelle à qui il défend de récidiver, ce qui démontre bien qu'il croit en la culpabilité, même s'il recherche des preuves pour l'auteur principal. Le Parlement de Paris a beaucoup moins d'états d'âme sur la réalité des faits et condamne la dame Doisy pour ces faits[236], tandis qu'il confirme la décision de culpabilité et d'interdiction de récidiver rendue à l'encontre de Salomon Schanelle.

La sénéchaussée du Mans, à la requête du substitut du procureur général du roi, condamne, le 16 juin 1779, Pierre Malleville et François Malleville[237], se disant merciers pour

> « avoir formé et exécuté le dessein de filouter et escroquer de l'argent sur la route de la ville du Mans et celle de Paris, au moyen de deux petits paquets dans lesquels étaient renfermées une croix et une bague de cuivre jaune enveloppées en coton avec une étiquette sur papier portant 28 livres 10 sous au moyen de quoi ils auraient escroqué le 4 janvier dernier à Mathurin Appel la somme de 6 livres et le lendemain pareille somme à Pierre Dreux »[238].

Le Parlement de Paris reçoit « le procureur général du roi appelant *a minima* de ladite sentence ». Il fait droit à l'appel interjeté par Pierre et François Malleville de la même sentence. Il met lesdites appellations et sentence de laquelle a été appelé au néant et enfin condamne, le 4 août 1779, Pierre et François Malleville en leur faisant porter un écriteau les désignant comme escrocs[239].

Le droit contemporain considère aujourd'hui la filouterie comme une infraction voisine de l'escroquerie. L'article 313.5 du Nouveau *Code Pénal* de 1992 définit la filouterie comme le fait, pour une personne qui sait être dans l'impossibilité absolue de payer, ou qui est déterminée à ne pas payer, de se faire servir à manger et à boire dans un hôtel ou un restaurant, de bénéficier d'une chambre dans un établissement pour une occupation n'excédant pas huit jours de se faire servir des carburants par des professionnels ou de se faire transporter en taxi. La filouterie correspond donc aux grivèleries d'aliments, d'hôtels et de carburant de l'ancien article 401 du *Code pénal* et à la grivèlerie de voitures de places, prévue par la loi du 31 mars 1926. Mais ce n'est que par la loi du 26 juillet 1973 que les premiers cas de filouterie ont été relevés pénalement au sens de la grivèlerie. Cette perspective historique explique pour partie les interprétations jurisprudentielles larges de l'infraction de filouterie par la Chambre criminelle de

---

[236] *Ibid.*

[237] Arch. Nat. X^{2B} 1063, affaire n° 504 : Pierre et François Malleville, arrêt du 4 août 1779.

[238] *Ibid.*

[239] Arch. Nat. X^{2B} 1063, affaire n° 504 : Pierre et François Malleville, arrêt du 4 août 1779.

la Cour de Cassation qui décide par exemple que le retrait d'un distributeur automatique de billets de banque par le titulaire d'une carte magnétique, d'une somme d'argent excédant le solde disponible de son compte bancaire, s'analyse en l'inobservation d'une obligation contractuelle mais la Cour a dû se demander si elle n'était pas en face d'un délit de filouterie d'argent[240].

Les magistrats du XVIIIe siècle, semblent ne pas distinguer l'escroc du filou parce que, en tous les cas, ils ne sont pas ceux qui se trompent, mais ceux qui trompent les autres, en extorquant un consentement par abus de crédulité. En d'autres termes, c'est l'intention qui permettrait alors de caractériser l'escroquerie dès l'abord. Comment, dès lors, qualifier ce dol spécial ? Cette même question s'est posée en des termes à peu près similaires aux professionnels du droit qui, en participant aux délibérés de la Cour de Cassation, sont, eux aussi, obligés de déterminer si en utilisant les moyens modernes de distribution d'argent, celui qui trompe est encore dans le dol civil, ou déjà dans le dol pénal, et si, par-delà la filouterie, il n'est pas en train de commettre une véritable escroquerie.

---

[240] *Cass. crim.*, 24 novembre 1983 : D. 1984, p. 465.

Chapitre 3. Un dol spécial

Comment alors définir cette volonté de tromper, même lorsque l'intention paraît légitime ?

Le dol pénal désignerait une intention spécifique d'escroquer. Et l'infraction pourrait exister quels qu'en soient le mobile ou la qualité des parties.

Section 1. La volonté de tromper : une intention spécifique d'escroquer

L'intention peut-elle être un élément constitutif de l'infraction, et comment est-elle caractérisée par la jurisprudence ?

§ 1 - L'élément intentionnel

Une infraction, quelle qu'elle soit, se caractérise par son élément intentionnel. Mais cette affirmation est d'autant plus problématique lorsque le délit est à peine en train de se commettre et même d'apparaître juridiquement aux yeux de ses contemporains. Comment, en effet, déterminer qu'une ruse, une filouterie, une fraude, correspondent à des agissements volontaires qui se suffisent à eux-mêmes? Le dol pénal résulte-t-il plus particulièrement d'une intention spécifique et bien forgée de tromper ? Qu'est-ce qu'un escroc, si ce n'est celui qui, par un dol exacerbé, entraîne la dupe à réaliser l'objectif répréhensible qu'il lui fixe ?

L'escroquerie est, à l'évidence, une *infraction intentionnelle* pour nombre d'auteurs. Michelle-Laure Rassat indique ainsi qu'« elle requiert la conscience chez l'agent d'user de l'un des moyens incriminés [...]. Il convient encore d'établir que l'agent a voulu, par usage du dol, « escroquer tout ou partie de la fortune d'autrui » »[241].

Le droit pénal général opère traditionnellement cette classification entre les infractions d'imprudence, celles qui sont purement matérielles et enfin celles qui sont intentionnelles. L'étude de la spécialité de chaque infraction est plus délicate. Ainsi distingue-t-on les coups et violences des homicides et ce n'est qu'au sein de ces catégories que l'on fait intervenir l'élément intentionnel. André Vitu et Roger Merle[242] soulignent que le mobile de l'action est parfois proposé pour une classification d'ensemble. On peut distinguer ainsi les comportements de violence et d'agressivité, qui engendrent meurtres, coups, rébellions, outrages, destructions, incendies, explosions... ; ceux de convoitise, comme les vols, les recels, les faux,

---

[241] Michelle-Laure Rassat, art. « Escroquerie », *Jurisclasseur*, 1996, p. 10.

[242] André Vitu et Roger Merle, *Traité de droit criminel. Droit pénal spécial*, éd. Cujas, Paris, 1982, p. 28.

les fraudes diverses, les abus de confiance, et les escroqueries ; mais aussi de lubricité dans les viols, attentats à la pudeur, proxénétisme, outrages aux bonnes mœurs ; ou encore d'indifférence sociale avec les coups et homicides par imprudence, infractions aux règles de la circulation, vagabondage et mendicité, omission de porter secours etc... ; et enfin d'idéologie, par les infractions contre la sûreté de l'État ou contre la Constitution...

Bien sûr, ce propos reste limité et relatif, car coexiste dans la psychologie humaine une multiplicité de pulsions et de sentiments qui rend rarement l'intention pure et parfaite. Le violeur est quelquefois obligé de tuer. L'assassinat peut être crapuleux. Le vol peut se concevoir comme une attitude nihiliste ou destructrice, et pas seulement utilitaire. Précieux pour le praticien du droit qui doit poursuivre, défendre ou juger, et pour le criminologue qui étudie la science du crime, le critère du mobile n'est donc pas toujours satisfaisant pour identifier et encore moins qualifier une infraction. Il n'en reste pas moins que l'escroquerie devient un dol spécial lorsqu'existe une intention spécifique d'escroquer, c'est-à-dire que l'auteur exprime sa volonté de tromper.

Aussi faut-il d'abord que le délinquant soit capable de commettre un dol général. Jacques-Henri Robert l'explique ainsi : « Le dol général est, dans l'esprit d'un agent doué de discernement et de liberté, la représentation exacte du monde environnant et de l'impact qu'y imprime son geste »[243]. En d'autres termes, l'auteur est en mesure d'appréhender la modification qu'il va opérer par sa transgression[244]. L'intention n'est pas incluse dans le dol général, ce qui est ici retenu, c'est la conscience de l'effet d'un passage à l'acte.

Toute différente est l'intention qui caractérise le dol spécial. Il s'agit alors non pas seulement d'avoir une simple conscience des faits comme un bateau ballotté au gré de la tempête, mais de vouloir escroquer, c'est-à-dire construire le processus du passage à l'acte qui permettra à l'escroc d'aboutir à ses fins par tromperie, soit de suivre un cap dans l'espoir d'aboutir à bon port.

Le Châtelet a régulièrement caractérisé cette intention d'escroquer par la qualification de ses sentences, indiquant qu'untel est « dûment atteint et convaincu d'avoir escroqué ». La juridiction parisienne, confirmée en cela par le Parlement de Paris, a, ce faisant, affirmé que l'infraction constituait un dol spécial lorsqu'existait une intention spécifique d'escroquer.

Jeanne Le Sage, femme Bonnetier, âgée de 46 ans, marchande de toilettes, demeurant rue du Verbois, est ainsi condamnée par le Châtelet dans une sentence du 12 mars 1747, car elle est « dûment atteinte et convaincue d'avoir escroqué

---

[243] Jacques-Henri Robert, *Droit pénal général*, 4e édition, collection « Thémis droit privé », Paris, PUF, 1988, p. 312.
[244] *Ibid.*

plusieurs personnes. »[245]. En raison de la commission de ce dol spécial, elle est condamnée et le Parlement, par un arrêt du 13 juillet 1747 confirme la décision du Châtelet.

Le 10 novembre 1751, le présidial de Lyon a rendu en première instance une sentence caractérisant la commission spécifique de la même infraction d'escroquerie, puisque Louis Desforges, âgé de 32 ans, officier, est « dûment atteint et convaincu d'avoir escroqué plusieurs personnes » [246]. Le Parlement de Paris considère, de son côté, que les faits ne sont pas suffisamment avérés et qu'il peut y avoir discussion quant à la preuve de l'intention de commettre une infraction aussi spécifique, aussi demande-t-il à être plus amplement informé. Nous n'avons pas trouvé d'autre décision rendue après cette demande d'enquête.

Durant les dernières années de l'Ancien Régime, Jean-Baptiste Fredin, âgé de 24 ans, tailleur, est jugé en première instance à Beauvais et, par une sentence du 6 février 1780, se voit déclaré « dûment atteint et convaincu d'avoir escroqué ledit sieur Gagnon »[247]. Une nouvelle fois, le Parlement de Paris adoucit la peine par son arrêt du 4 septembre 1780.

Quelques mois plus tard, le Châtelet, par une sentence du 2 décembre 1780, renforce cette jurisprudence lorsqu'il a à connaître du cas de Claude Finy, âgé de 25 ans, négociant, demeurant à Besançon, qu'il déclare « dûment atteint et convaincu d'avoir dupé ledit Nicolas et de lui avoir pris une tabatière d'argent »[248]. Il est cependant intéressant de noter que l'escroquerie n'est pas nommée en tant que telle dans la prévention, mais qu'il est question de la commission de ce dol spécial par l'emploi des termes *avoir dupé* et *avoir pris*. Le doute sur la qualification n'est d'ailleurs pas permis car le Châtelet décide ici comme souvent d'afficher sa décision. Ainsi Claude Finy est-il condamné à deux heures de carcan, avec l'écriteau « trompeur public ». Le Parlement de Paris, par un arrêt du 10 mars 1781, analyse avec beaucoup d'attention les éléments constitutifs de cette infraction spécifique, puisqu'il finit par trouver qu'elle n'est pas suffisamment constituée, au point qu'il demande à être plus amplement informé.

Bénigne Joseph Lalouette, âgé de 33 ans, maître-fripier demeurant au Petit-Carreau, est condamné en première instance à Auxerre, par une sentence du 18 mars 1782, car il est déclaré « dûment atteint et convaincu d'avoir escroqué ledit Demongeot »[249]. La sentence est frappée d'appel, mais confirmée par un arrêt du Parlement de Paris en date du 14 août 1782.

---

[245] Arch. Nat. X^{2B} 1001, affaire n° 223 : Jeanne Le Sage, arrêt du 13 juillet 1747.
[246] Arch. Nat. X^{2B} 1010, affaire n° 368 : Louis Desforges, arrêt du 10 mars 1752.
[247] Arch. Nat. X^{2B} 1066, affaire n° 655 : Jean-Baptiste Fredin, arrêt du 4 septembre 1780.
[248] Arch. Nat. X^{2B} 1067, affaire n° 649 : Claude Finy, arrêt du 10 mars 1781.
[249] Arch. Nat. X^{2B} 1070, affaire n° 678 : Bénigne Lalouette, arrêt du 14 août 1782.

Pierre Garnier, âgé de 24 ans, clerc tonsuré, est également déclaré « dûment atteint et convaincu d'avoir escroqué ledit Pierrard »[250] par une sentence de première instance du 24 mars 1783. Lorsque le Parlement de Paris connaît de cette affaire par un arrêt du 15 octobre 1783, il confirme la première décision rendue.

§ 2 - L'intention caractérisée par la jurisprudence

À la fin du XVIIIe siècle, l'ensemble des juridictions du ressort du Parlement de Paris, cherche, en réalité, à caractériser l'intention spécifique d'escroquer. C'est ainsi qu'Amable Dollet, marchand lillois âgé de 30 ans, est jugé en première instance à Châteauroux le 14 janvier 1785, et il se retrouve ainsi « dûment atteint et convaincu d'avoir escroqué ledit Suard »[251]. Le Parlement de Paris, par un arrêt du 8 août 1785, s'il se félicite sans doute de la décision de poursuite, n'en demande pas moins à être plus amplement informé, car il considère que les éléments constitutifs du dol spécial de l'escroquerie ne sont pas, là encore, suffisamment prouvés.

Le 19 septembre 1786, le Châtelet, en première instance, décide dans l'affaire de Claude Bidault que ce tisserand de la rue des Anglois, âgé de 33 ans, est « dûment atteint et convaincu » non seulement d'avoir commis des escroqueries, mais également des vols[252]. Ainsi la distinction entre ces deux types d'infractions commence-t-elle. Le Parlement de Paris, par un arrêt du 12 janvier 1787, confirme la sentence.

Enfin le 10 juin 1788, Joseph Courty, charpentier âgé de 33 ans, est condamné en première instance à Beauvais car il est dit « dûment atteint et convaincu d'avoir escroqué ledit Bellecote »[253]. Le Parlement de Paris, par un arrêt du 4 novembre 1788, confirme cette sentence mais en aggrave la condamnation.

La lecture de ces cas de jurisprudence révèle, par conséquent, que le dol spécial doit être d'abord prouvé, puisqu'il s'agit d'imputer à quelqu'un la responsabilité de sa commission. Jacques-Henri Robert[254] évoque l'existence d'une règle traditionnelle non-écrite, selon laquelle la bonne foi se présume. En d'autres termes, la présomption d'innocence joue d'autant plus pour les escrocs qu'il est forcément difficile de débusquer leur véritable intention puisque, par définition, ils ont dû la cacher pour duper la victime en abusant d'elle. C'est ainsi qu'« il n'existe pas de preuves directes du fonctionnement de l'esprit des êtres humains et les

---

[250] Arch. Nat. X^{2B} 1073, affaire n° 658 : Pierre Garnier, arrêt du 15 octobre 1783.
[251] Arch. Nat. X^{2B} 1077, affaire n° 640 : Amable Dollet, arrêt du 8 août 1785.
[252] Arch. Nat. X^{2B} 1081, affaire n° 604 : Claude Bidault, arrêt du 12 janvier 1787.
[253] Arch. Nat. X^{2B} 1084, affaire n° 627 : Joseph Courty, arrêt du 4 novembre 1788.
[254] Jacques-Henri Robert, *Droit pénal général*, 4e éd., coll. « Thémis droit privé », Paris, PUF, 1988, p. 321.

parquets et tribunaux doivent invoquer des présomptions. Leur tâche est inégalement difficile selon les incriminations et selon les espèces. Pour les infractions peu complexes, comme le meurtre, les événements parlent souvent d'eux-mêmes »[255]. Il est certain que douze coups de couteau ne peuvent que prouver l'intention criminelle, et qu'il est moins aisé de démonter le calcul d'un filou escroqueur.

Cependant, en droit contemporain, le caractère intentionnel de l'infraction ne se déduit pas des pratiques immorales, mais seulement de la violation de la loi par l'utilisation de moyens prohibés[256]. Il est évident, sous l'Ancien Régime, et plus particulièrement dès le règne de Louis XV, que si la volonté de commettre une escroquerie en tant que telle était reconnue, il n'existait aucune ordonnance royale pour définir en lui-même ce dol spécial. L'affirmation de Corinne Mascala[257], reprenant en cela toutes les théories exposées par Bernard Bouloc, selon lequel sans texte ne peut aujourd'hui exister l'intention de l'infraction, ne s'applique pas à la pratique judiciaire du siècle des Lumières. Ainsi l'intention se déduit-elle des faits eux-mêmes, qui doivent à eux seuls permettre de reconstituer la psychologie de l'escroc et sa volonté d'enfreindre une règle sociale. La négligence ou l'absence de précautions ne suffisent plus alors à déterminer l'existence d'une volonté affirmée de tromper. Le caractère délictuel doit également résulter de la mauvaise foi[258].

Des Essarts, dans son *Dictionnaire*, ne peut s'empêcher de nous conter, par un de ces plaisirs d'avocat qui se devine dans sa façon de rapporter les faits, un cas rencontré dans sa pratique : des escrocs d'habitude avaient voulu démontrer, avec une absence totale de moralité, la virtuosité de leur pensée criminelle et leur capacité à concevoir intentionnellement une nouvelle duperie.

> « Plusieurs escrocs qui avoient une grande habitude de la filouterie, s'étaient réunis un jour. Chacun racontait des exploits et demandoit aux autres un tribut d'admiration. Un de ces escrocs dit à ses camarades qu'il avoit conçu le projet de filouterie le plus hardi et le plus périlleux...C'est, répondit l'audacieux filou, d'aller chez untel..., officier de police, qui a sur son bureau deux flambeaux d'argent et de les lui enlever en sa présence sans être arrêté. Le projet est fou, s'écrièrent d'une voix unanime les escrocs qui écoutoient leur camarade. Le filou attend avec impatience la nuit. Il s'était habillé en noir... et avait caché ses cheveux sous une perruque qui annonçait un marchand ou un homme attaché à quelque profession honnête. Une cuisinière lui ouvre la porte, et lui dit que son maître est dans son cabinet. Le filou y entre ; fait de profondes révérences à

[255] *Ibid.*
[256] Orléans, 15 mars 1957, *Gaz. Pal.* 1957.2.145.
[257] Corinne Mascala, *Répertoire pénal Dalloz*, novembre 2001, art. « escroquerie », § 172.
[258] *Cass. crim.* 14 janv. 1941.

l'officier et lui dit qu'il vient lui dénoncer une escroquerie qu'on a commise chez lui et lui demande justice. – De quelle manière s'y est-on pris ? dit l'officier. – J'avais comme vous, monsieur, répondit le filou, deux flambeaux sur un bureau où je travaillais. J'étois comme vous sans aucune défiance. Un fripon qui est entré a pris mes deux flambeaux, a soufflé mes deux bougies, m'a laissé dans l'obscurité et s'est enfui avec les flambeaux. Dans le moment même que le filou tenait ce discours, pour rendre l'escroquerie plus sensible, il se saisit des deux flambeaux et soufflant en même temps les deux bougies, il laissa l'officier de police sans lumière et sans flambeaux. Cet officier cherchoit en vain la sonnette et crioit au secours, au voleur, tandis que le filou était déjà descendu dans la rue et courait avec sa proie vers l'endroit où ses camarades l'attendent. »[259].

Un escroc serait ainsi capable d'escroquer en se moquant de son propre vice. La volonté de tromper est à son comble. Surtout lorsque le lézard se rend dans la gueule du crocodile comme notre escroc qui se rend chez l'officier de police avec force révérences car il a l'intention de le tromper. Il expose à la future dupe ce qu'il s'apprête à commettre, tout en lui faisant croire qu'il s'agit d'un fait commis par autrui. L'escroc dupe donc parce qu'il en a l'intention. Pourrait-il d'ailleurs se comporter sans tromper ? Telle est bien l'intention que le monde judiciaire considère intrinsèquement comme différente d'infractions comme le vol ou l'abus du bien d'autrui, et qu'il veut sanctionner en tant que telle.

La malhonnêteté se situe tout à la fois dans la parole, les propositions et la manipulation de la crédulité, car l'escroc, dès le départ, a l'intention de jouer de tous ces artifices. La confiance devient crédulité, et le passage à l'acte une vraie saynète.

> « Les filous n'ont d'autre but que celui de faire passer dans leurs mains l'argent d'autrui... Ils réitèrent leurs mêmes propositions à toutes les personnes qu'ils peuvent tromper. Ces filous possèdent le talent de la parole. Ils sont même souvent très éloquents... Ces dévastations pleines de chaleur, n'ont d'autre objet que celui d'arracher aux gens crédules et faciles quelques avances passagères que les filous promettent de rendre incessamment. D'autres filous prennent des titres pour en imposer plus facilement. »[260].

Pour autant, la duperie, selon Des Essarts, n'exclut pas la soustraction du bien d'autrui par vol, ce qui n'entrerait pas dans la définition légale donnée à l'infraction dès 1791 par le législateur. Mais cette imprécision dans l'élément matériel ne semble pas prévaloir dans la conception que les juristes de l'époque ont de l'infraction. Il devient évident, sous le règne de Louis XV, que l'escroquerie est

---

[259] Des Essarts, *op. cit.*, tome I, p. 541.
[260] Des Essarts, *op. cit.*, tome III, p. 538.

un dol spécial en raison de la volonté spécifique de tromper autrui, et qu'elle nécessite finalement l'expression d'une nouvelle infraction tour à tour nommée filouterie, affronterie, duperie, abus de la crédulité d'autrui ou escroquerie.

Les magistrats du Châtelet ont dû instruire certaines affaires à l'extraordinaire pour tenter de démontrer cette intention frauduleuse de l'escroc. Cette juridiction de première instance a ainsi conclu par une sentence du 20 janvier 1761 une procédure d'enquête diligentée contre Jean Jouin de Sauseuil, qui avait fait l'objet d'une plainte déposée devant elle[261]. Le mercredi 31 octobre 1759, à huit heures du soir, Antoine Joachim Thiot, Conseiller du Roi et Commissaire au Châtelet, voit comparaître devant lui le sieur Germain Alexis Pépin, maître sellier-carrossier à Paris, demeurant rue de Buci en la paroisse Saint-Sulpice. Il est accompagné du sieur Pierre Jacques de la Villegaudin, ce dernier étant également Conseiller du Roi et inspecteur de police. Pépin déclare que, le 9 octobre vers les onze heures du matin, est venu dans son atelier un individu de la taille de cinq pieds environ, portant des cheveux roux, avec une figure longue et blême, un chapeau à plumet blanc, une épée d'acier damasquinée, des boucles de souliers à diamants, un habit couleur marron. Cet homme est accompagné d'un tout jeune homme qu'il a présenté comme son frère, âgé d'environ douze ans. L'adulte a alors déclaré au plaignant avoir loué chez le sieur De la Rue, également maître-sellier rue de Vendôme dans le Marais, un cabriolet, ainsi qu'un cheval chez son voisin. Il a affirmé avoir eu un incident avec ledit véhicule en voulant traverser le Pont Neuf, puisque les deux brancards s'étaient alors cassés et qu'il ne pouvait plus se servir de son cabriolet. Or, déclare-t-il, il a besoin d'un moyen de transport pour se rendre à la campagne, et il lui faut donc un autre cabriolet. Il propose donc à Germain Alexis Pépin de lui en fournir un pour dix jours[262]. L'exposé des faits paraît des plus logiques, sauf qu'il saute aux yeux que l'individu élégamment habillé ne présente en dehors de son apparence aucune preuve de sa capacité à honorer financièrement une pareille location.

Antoine Joachim Thiot le rapporte ainsi sur procès-verbal pour la juridiction de jugement, faisant remarquer combien l'intention dolosive de tromper s'inscrivait dès les premières paroles, comme dans les faits et gestes de l'escroc :

> « […] que le comparant trop facile à croire ce particulier de bonne foi lui a loué une chaise en forme de sabot garnie en velours d'Utrecht jaune avec un pavillon garni de cuir et de sa gouttière, et trois colonnes de fer qui soutiennent le dit pavillon, dont celle de derrière formant le milieu à trois branches, le pourtour des dites colonnes fermant et closant ladite chaise avec des mantelets de toile cirée doublés de toile jaune, et des rideaux de pareille étoffe qui ferme le devant, ladite

---

[261] Arch. Nat. Y 10.225, affaire n° 12 : Jean Jouin de Sauseuil, sentence du 20 janvier 1761.
[262] Arch. Nat. Y 10.225, affaire n° 12 : Jean Jouin de Sauseuil, sentence du 20 janvier 1761.

chaise montée sur son train à deux roues avec un essieu de bois, garni de son coussin, de son harnois pour un cheval, et enfin ladite voiture en état de rouler [...] »[263].

Mais l'intention dolosive est-elle si facilement décelable par la future victime ? L'individu, pour prouver sa bonne foi, laisse tout de même un cabriolet brisé en priant Germain Alexis Pépin de prévenir son collègue le sieur De la Rue afin qu'il puisse venir le prendre, ce qui ne peut manquer de mettre Pépin en confiance. De plus, l'individu dit se nommer le chevalier de Faucilly, et déclare son adresse, puisqu'il dit demeurer rue de la Croix des Petits Champs.

> « [...] que ledit particulier laissa chez le comparant le dit cabriolet brisé comme dit est, en le priant de faire avertir le dit Sieur La Rue de le venir prendre ; que ledit particulier se dit nommer le chevalier de Faucilly et demeurer rue de la Croix des Petits Champs chez Madame d'Auteuil dans l'allée du coffretier au premier étage, et laissa son adresse par écrit ; laquelle adresse est écrite de sa main [...]»[264].

Comment se construit, dès lors, le dol de l'escroquerie ? La victime s'informe de l'identité de son client, afin au départ de mieux le servir. Mais elle va, à partir de ce moment-là, de découverte en découverte. Pépin se rend à l'adresse indiquée par le particulier, et il tombe sur une femme qui dit s'appeler d'Auteuil, et qui tient une maison close, dans laquelle le particulier se rend habituellement pour s'amuser avec les demoiselles. Et là, surprise : la dame indique que ledit monsieur est connu sous différents noms, et après quelques questions, précise que sa véritable identité correspond à celle de Johain de Sauseuil, et qu'il demeure Isle Saint-Louis, près du Pont Rouge. Pépin s'y précipite, on lui confirme l'identité de son client, mais on lui indique aussi que Sauseuil est connu pour se livrer à des manœuvres frauduleuses, et qu'il s'est fait mettre à la porte.

> « [...] Le lendemain dix du dit présent mois le comparant alla à l'adresse susdite s'informer dudit particulier, où il trouva en effet une particulière qui dit se nommer d'Auteuil, et connoître ledit particulier sur la désignation que lui en fit le comparant pour être venu quelques fois chez elle s'amuser avec des demoiselles ou avec elle, disant qu'elle tenoit lieu public, ajoutant cette particulière que ledit particulier étoit aussi connu sous différents noms, et qu'elle croyoit que son vrai nom étoit Johain de Sauseuil, et qu'il demeuroit Isle Saint-Louis près le Pont Rouge, où le comparant alla sur le champ, et apprit que ledit particulier y étoit connu sous le nom de Sauseuil ; qu'il avoit arrêté à ses gages un Suisse qu'il avoit

---

263 *Ibid.*
264 *Ibid.*

établi dans une maison dont il avoit passé bail ; que le Suisse dit au comparant que le propriétaire de ladite maison lui avoit défendu d'y laisser entrer ledit Sauseuil, ni aucun effet de sa part, parce qu'il s'étoit aperçu de ses mauvaises manœuvres […]. »[265].

Pris de doute sur l'honnêteté de l'affaire que Jean de Sauseuil lui a proposée, Pépin se rend quelques jours après ses premières visites chez son collègue De la Rue, afin de vérifier les circonstances de la location du premier cabriolet qui avait finalement été déposé chez lui. De la Rue l'informe alors que son garçon avait effectivement loué un cabriolet au dit particulier, et avait par ailleurs organisé avec l'aide d'un voisin la mise à disposition d'un cheval pour dix jours.

« […] Quelques jours après ces premières informations le comparant alla chez ledit Sieur La Rue lui faire part de l'affaire qu'il avoit faite avec ledit particulier, et des circonstances ci-dessus dites ; sur quoi ledit Sieur De la Rue lui dit que son garçon avoit en son absence loué le dit cabriolet au dit particulier, et que son dit garçon lui avoit fait louer un cheval par son voisin ; que ledit particulier avoit aussi loué ledit cabriolet et ledit cheval pour dix jours […] »[266].

De la Rue est cependant sans nouvelles directes de son client, mais a appris, auprès d'autres collègues, que des inconnus lui avaient loué de la même façon d'autres voitures. Pris de peur, Pépin décide donc de saisir le Procureur du Roi au Châtelet de ces faits dont il soupçonne l'irrégularité, et fait sa déposition devant Antoine Joachim Thiot, Conseiller du Roi et Commissaire au Châtelet.

« […] Depuis ledit jour du présent mois le comparant n'a eu aucune nouvelle du dit particulier, qu'il a seulement appris que dans le même temps quelques uns de ses confrères ont été surpris de même que lui par une location de pareilles voitures par gens inconnus ; nous observant le comparant que la dite chaise est peinte en vert, excepté les roues et brancard qui le sont en rouge. Laquelle déclaration le comparant est venu nous faire pour servir à Monsieur le Procureur du Roy au dit Châtelet ce que de raison ; de laquelle il nous a requis acte à lui octroyé. Lequel Sieur comparant nous a représenté ladite adresse écrite de la main du dit particulier, ensuite de laquelle le comparant a fait une note du départ de sa chaise en sabot au prix convenu verbalement, à raison de trois livres par jours, laquelle adresse nous avons signée et paraphée, *ne varietur*, conjointement avec le dit sieur comparant, et laquelle adresse nous avons remise au dit sieur De la Villegaudin pour la déposer au Greffe criminel du dit Châtelet comme pièce

[265] Arch.Nat. Y 10.225, affaire n° 12 : Jean Jouin de Sauseuil, sentence du 20 janvier 1761.
[266] *Ibid.*

pouvant servir à conviction. Et ont signé avec nous commissaire soussigné en fin de la minute des présentes. »[267].

Il n'est pas difficile à la juridiction parisienne, compte tenu de toutes les informations fournies, de retrouver Jouin de Sauseuil, généalogiste de son état et, devant l'accusation portée contre lui de manœuvres dolosives, il soumet au Lieutenant Criminel du Châtelet une supplique, par laquelle il met en cause le jeune garçon qui l'accompagnait pour louer les cabriolets, qu'il dénonce comme étant un dénommé François Charles Rossignol, que l'on apprend être étudiant au collège d'Harcourt. Sauseuil semble vouloir se décharger de sa responsabilité sur son jeune complice.

Le Châtelet de Paris n'apprécie pas les faits et la répartition de responsabilité que lui suggère l'accusé Jouin de Sauseuil. Par sa sentence du 20 janvier 1761, qui fait suite à une procédure d'enquête instruite à l'extraordinaire, il joint les procédures diligentées contre Jouin de Sauseuil et François Charles Rossignol. Il prononce ensuite la culpabilité des deux auteurs sur une qualification d'escroquerie, compte tenu de la manœuvre consistant à se faire remettre à chaque fois gratuitement une nouvelle voiture après usage de l'ancienne, sans rien payer ni davantage dédommager des dégâts causés. Par la même occasion, le Châtelet en profite pour condamner Madeleine Fleury, la tenancière qui vend les charmes de ses pensionnaires, non pas pour une coaction quelconque à un délit d'escroquerie pour lequel elle est mise hors de cour, mais pour débauche. La sentence déclare coupables « sçavoir le dit Jouin de Sauseuil des différentes escroqueries mentionnées au procès et d'avoir abusé de l'inexpérience du dit Rossignol pour l'inciter à se prester aux dites escroqueries, et le dit Rossignol de s'être presté aux dites escroqueries ».

Pour le Châtelet, l'escroquerie est donc constituée, puisque depuis le début de la manœuvre, Jouin de Sauseuil entend tromper ses victimes en leur faisant croire qu'il a besoin de se procurer un cabriolet, puisque son dernier véhicule s'est cassé. Prétextant être accompagné de son jeune frère et en usant d'un faux nom, il obtient la confiance qui lui vaut la remise de ce qu'il a bien l'intention de ne jamais ni régler, ni restituer. Le dol ne peut donc plus être simplement du domaine civil, puisque le consentement est volontairement extorqué, et que la volonté exprimée est bien celle de tromper frauduleusement la crédulité d'autrui.

---

[267] *Ibid.*

Section 2. Il peut y avoir escroquerie même si le mobile semble légitime

Quel est le véritable mobile de l'escroc ? Et celui-ci peut-il être admissible ?

§ 1 - Le mobile

Mais peut-il y avoir escroquerie si l'intention de tromper avait un objectif tout à fait valable, voire justifié ? Si l'infraction est, à l'évidence, intentionnelle, il faut encore établir quelle est la volonté de l'agent. Est-ce que par exemple ce dernier a voulu, par l'usage d'un dol pénal, escroquer tout ou partie de la fortune d'autrui ? Cette question a-t-elle cependant une valeur absolue ou relative ? En d'autres termes, quel que soit le but, n'y aurait-il jamais de légitimité à tromper quelqu'un pour se faire remettre ses biens, ou au contraire certains objectifs permettraient-ils que les fins justifiassent les moyens ?

Michelle-Laure Rassat pense que l'escroquerie « requiert la conscience chez l'agent d'user de l'un des moyens incriminés [...] sans qu'il soit nécessaire d'examiner les mobiles »[268]. Cette position est constamment rappelée dans le droit contemporain par la jurisprudence. Les juridictions doivent donc être indifférentes au mobile, car « peu importent la légitimité du but poursuivi par l'agent ou la participation de la victime à un acte illicite qui a donné l'occasion de commettre l'escroquerie »[269].

Cette absence d'appréciation du mobile est-elle déjà aussi certaine au XVIIIe siècle, et particulièrement sous le règne de Louis XV, dans la jurisprudence du Châtelet et du Parlement de Paris ?

À partir du mardi 4 janvier 1752 au matin, le Parlement de Paris, en la personne de Jean-Jacques Forest, Conseiller du Roi, enregistre à son greffe criminel les dépositions d'un certain nombre de témoins à la suite d'un premier arrêt en date du 30 décembre 1751, ordonnant une information extraordinaire, suite à une procédure diligentée en première instance par le Châtelet[270]. L'ensemble de cette procédure trouve son origine dans la plainte d'André de Laville, huissier-priseur de son état.

Le jeudi 23 décembre 1751, l'huissier-priseur Laville, procédant à une vente qui connaît un certain succès, crie soudain au voleur et saisit un particulier revêtu d'une redingote, portant perruque et chapeau, qui s'empare des bijoux et de la caisse. M. Amyot, Procureur au Châtelet, se précipite pour verbaliser le particulier, qui s'avère être le commissaire Regnaudet. Comment aurait-on pu le reconnaître dans un déguisement, puisque sa robe et son rabat étaient

---

268 Michelle-Laure Rassat, *Jurisclasseur Pénal 1996*, art. « Escroquerie », p. 10.

269 *Crim.* 15 déc. 1943 : D. 1945, 131, note Donnedieu de Vabres.

270 Arch. Nat. X2B 1308, affaire Thomas Joseph Jean Regnaudet, arrêt du 4 juillet 1752. Le fonds du Châtelet étant lacunaire, il ne permettait pas de retrouver la sentence de première instance.

volontairement cachés par ruse ? Regnaudet avait voulu interpeller quelques voleurs, mais n'avait réussi, par ses manœuvres, qu'à faire croire qu'il était saoul et qu'il s'apprêtait lui-même à commettre une exaction. Son identité étant découverte, tout laisse alors à croire que le mobile de son geste était noble... Mais qu'en était-il de son intention, qui consistait à tromper pour s'emparer de biens et de personnes ? L'affaire est jugée suffisamment confuse pour mériter une très longue instruction où de nombreux témoins sont entendus. Une escroquerie, des vols ont-ils été commis et par qui ? Qui a voulu tromper l'autre ? Sommes-nous en présence d'un dol pénal spécial ?

Est ainsi interrogé Louis Jean Le Bègue, âgé de 29 ans, travaillant avec les huissiers priseurs, qui remarque deux particuliers qu'il pense être horlogers et qu'il voit se saisir d'une pendule et d'un petit coffret de bois de noyer, dans lequel se trouvaient des montres et autres effets. André Alland, âgé de vingt-quatre ans, demeurant à Paris rue Saint-Martin déclare qu'ayant vu une vente, il « s'y arrêta et mit son enchère sur une garniture de boutons qui fut adjugée à un autre ; que pendant que l'huissier faisoit le compte de celui à qui il avoit adjugé les boutons, le déposant vit un homme en redingote fendre la presse comme un homme ivre ; que cet homme vint par derrière l'huissier, se jeta à corps perdu sur des montres qui étoient sur la table et sur un sac d'argent [...]. ».

Ce deuxième témoin entend alors le particulier déclarer à l'huissier :

> « Me connais-tu, je suis le commissaire Regnaudet ; à quoi l'huissier lui dit 'Monsieur le commissaire il n'est guerre séant de vous travestir dans vos fonctions, de quel ordre venez-vous, de quoi s'agit-il', sur quoi le commissaire commanda au sergent de mettre les menottes à ce drôle-là en montrant l'huissier ; que le sergent s'approcha de l'huissier, le prit au justaucorps avec violence, à quoi l'huissier enserré le repoussa en lui disant 'retirez-vous, je suis officier de justice, je suis dans mes fonctions, vous n'avez pas droit de mettre la main sur moi' ; que tout le monde murmuroit, en disant qu'il n'étoit pas permis de traiter ainsi un huissier priseur ; que le sergent se retira et dit à un de ses soldats 'vois-tu ce bougre-là, il m'a repoussé mais il me le paiera', à quoi le soldat répondit au sergent qu'il falloit lui donner un coup de poing et lui crever les deux yeux [...]. »

Il n'apparaît pas que le Parlement se soit prononcé par un arrêt de condamnation contre ledit commissaire Thomas Joseph Jean Regnaudet. Il n'a donc été sanctionné ni pour vol, ni pour escroquerie. Son déguisement, son apparente ébriété, n'avaient-ils alors comme objectif que d'interpeller d'autres voleurs, voire l'huissier-priseur qu'il soupçonnait de malversations ? L'information ne permet pas de répondre à cette question. Néanmoins, ni le Châtelet, ni le Parlement de Paris n'ont finalement décidé de sanctionner l'huissier ou le particulier, un véritable commissaire qui trompait, sans doute par profession. En 1752, un vrai commissaire a donc pris l'allure d'un ivrogne dans un dessein non caractérisé mais qui pourrait participer d'une opération de police. Où est alors la vérité lorsque l'intention est de tromper et que le déguisement y participe ? Peut-être pourrait-on là, exceptionnellement, faire remarquer que le mobile de l'action, qu'elle soit ou non qualifiée de *vol* ou d'*escroquerie*, la légalise.

§ 2 - Une infraction toujours sérieuse

L'accusation doit pourtant toujours être examinée sérieusement. Quelques années plus tard, il est ainsi question de l'exercice d'une pseudo-fonction d'exempt du guet dans le but de solder un contentieux. En effet le Châtelet rend, le 26 octobre 1759, une sentence où lui est soumis le cas de Camille Saint-Paul, instruit par la juridiction à l'aide d'une procédure à l'extraordinaire[271]. Le commissaire enquêteur et examinateur Jean-Baptiste Dorival, qui porte le titre de Conseiller du Roi, reçoit, le vendredi 6 avril 1759 à midi, Nicolas Feuillet fils, marchand orfèvre à Paris à l'enseigne de l'Étoile couronnée, demeurant rue Saint-Louis. Ce dernier désire déposer plainte contre un dénommé Saint-Paul qui se dit exempt de guet, c'est-à-dire officier chargé de la police pendant la nuit. Il lui reproche d'abord de l'avoir brutalisé à la suite d'un jeu au pair et impair engagé dans l'espoir de gagner une chopine de vin, alors qu'ils étaient sous l'effet de l'alcool dans le cabaret de l'Osaye.

> « L'an mil sept cent cinquante neuf, le vendredi six avril heure de midi, par devant nous Jean Baptiste Dorival, Conseiller du Roy et Commissaire enquêteur et examinateur au Châtelet de Paris, en notre hôtel est comparu Sieur Nicolas Feuillet fils, marchand orfèvre à Paris, y demeurant rue Saint-Louis paroisse Saint-Barthélemy en la Cité et à l'enseigne de l'Etoile couronnée, lequel sieur a rendu plainte, contre le sieur Saint-Paul se disant exempt du Guet, et nous a dit que le jour d'hier environ sur les onze heures du soir, lui sieur plaignant étant accompagné du sieur Darreau, horloger demeurant susdite rue Saint-Louis avec lequel il venait de passer environ deux heures à boire bouteilles dans le cabaret au Marché neuf et à l'enseigne de l'Osaye, et étant sur le point de rentrer chez lui, ils se proposèrent l'un à l'autre d'entrer dans le cabaret susdite rue Saint-Louis au coin de celle de Sainte-Anne, qu'y étant entrés ils y ont trouvé le dit sieur Saint-Paul qui y étoit à boire avec différentes personnes, que lui sieur plaignant l'ayant reconnu pour avoir bu avec lui il y a environ un mois, l'a abordé, et soit à cause de la connaissance, ou par un effet du vin qu'il avoit précédemment bu (lequel ne se rappelle point) il a proposé au dit sieur Saint-Paul de gager avec lui une chopine de vin au jeu de paire ou impaire, qu'à cette proposition au lieu pour le dit sieur Saint-Paul de se comporter ainsi que sa qualité l'enseignoit, il a commencé par se saisir brusquement de lui sieur plaignant et de le maltraiter […] »[272].

---

[271] Arch. Nat. Y 10.213, affaire n° 14 : Camille Saint-Paul, sentence du 26 octobre 1759.
[272] *Ibid.*

Mais le motif principal de la plainte est le bruit occasionné par la bagarre qui, compte tenu de l'heure tardive, justifie l'intervention d'une brigade du guet à cheval et d'une escouade du guet à pied dans le débit de boissons. À leur vue, le sieur Saint-Paul lâche Nicolas Feuillet fils et finalement quitte les lieux. Cependant, le matin suivant, à sept heures, soit trois heures avant le dépôt de plainte, la victime est étonnée de constater que le serveur du cabaret de l'Osaye vient la voir pour lui indiquer que Saint-Paul l'attend pour recevoir de l'argent, sous peine de poursuites. Comme Feuillet fils refuse de se rendre à ce rendez-vous, Saint-Paul se transporte jusqu'à la boutique de Nicolas Feuillet père en prétendant que le fils de ce dernier l'a empêché de faire son travail d'exempt du guet, et qu'en conséquence, il va l'interpeller. Nicolas Feuillet père considère alors que, quelle que soit la validité des explications, il n'a pas à en rechercher les véritables détails, et qu'il vaut mieux que les choses en restent là. Pour ce faire, il indemnise le dénommé Saint-Paul dont la démarche apparaît légitime, puisqu'elle doit permettre d'éviter de possibles représailles ou une procédure entre les deux jeunes gens.

Réflexion faite, après le départ de Saint-Paul, la légitimité du mobile de l'action apparaît de moins en moins évidente à Nicolas Feuillet père. Qu'a fait son fils pour justifier une interpellation par ordre du Roi ? Un exempt du guet a-t-il pouvoir pour exécuter une telle décision alors qu'il s'agit d'un simple différend ? De surcroît, cet exempt a-t-il autorité pour transiger à un prix qui est loin d'être négligeable ? Nicolas Feuillet père doute de la démarche de Saint-Paul, et en admettant même, par improbable, que son but fût acceptable, ne croit plus à la valadité de la remise d'argent. C'est pourquoi il envoie son fils trouver Jean Baptiste Dorival, Conseiller du Roi et Commissaire enquêteur et examinateur au Châtelet de Paris, afin que ce dernier puisse caractériser l'infraction commise, quel qu'en soit le mobile[273].

Le 26 octobre 1759, le Châtelet de Paris, à la demande du Procureur du Roi, rend contre Camille Saint-Paul une décision qui sera confirmée le 31 janvier 1761 par le Parlement de Paris[274].

Le Châtelet, par l'instruction de l'affaire menée à l'extraordinaire, établit que Camille Saint-Paul, loin d'être exempt du guet, n'exerce en réalité aucune profession. Arguant d'une fausse qualité, il en a profité pour escroquer Nicolas Feuillet père, lui faisant miroiter d'arranger la situation et d'éviter l'emprisonnement pour son fils. La juridiction de première instance n'examine, par conséquent, même pas le véritable mobile de l'action de Camille Saint-Paul. Constatant que la volonté de ce dernier était bien de tromper le père du jeune

---

[273] Arch. Nat. Y 10.213, affaire n° 14 : Camille Saint-Paul, sentence du 26 octobre 1759.

[274] Arch.Nat. X^{2B} 1025, affaire n° 557 : Camille Saint-Paul, arrêt du 31 janvier 1761.

homme avec lequel il avait la veille eu maille à partir pour de l'argent, le Châtelet juge que Camille Saint-Paul s'est rendu coupable d'une escroquerie.

Par arrêt du 31 janvier 1761, le Parlement confirme que Camille Saint-Paul est « dûment atteint et convaincu de s'être supposé exempt de guet et chargé en cette qualité d'un ordre du roi pour arrêter un particulier, du père duquel il a tiré de l'argent sous prétexte de ne pas mettre le dit ordre à exécution. »[275].

Il est alors clair que la tromperie n'a pas été prise à la légère et que l'intention dolosive est injustifiable. L'énoncé des faits de cette affaire, aussi cocasses soient-ils, renvoie finalement à une ruse reconnue et sanctionnée. Or, cette jurisprudence est inverse de celle concernant Thomas Joseph Jean Regnaudet citée précédemment. La tromperie peut-elle alors être aggravée par la qualité des parties ?

Section 3. La tromperie peut être aggravée par la qualité des parties

La société du XVIIIe siècle connaît les prémisses d'une médiatisation à outrance. Elle est donc particulièrement sensible au scandale, et plus généralement à la corruption de personnes qui devraient pourtant présenter une qualité certaine.

§ 1 - Le scandale de l'affaire Beaumarchais

Tandis que la réforme Maupeou vient de faire des magistrats des fonctionnaires rétribués par l'État, plus que jamais dévoués au service public de la justice, la royauté tombe en discrédit, l'influence française est de moins en moins évidente en Pologne et en Turquie, et en Europe de façon générale. L'abbé Terray, nommé Contrôleur général en 1770, est proche de la banqueroute, tandis que la nouvelle favorite de Louis XV, la comtesse du Barry, mène grand train. Lorsque Louis XV décède, en mai 1774, ne sont même pas organisées des funérailles publiques, et son corps est conduit à la sépulture de Saint-Denis par une traversée nocturne du Bois de Boulogne. Dans cette période apparemment difficile, la vie des affaires bat son plein et le monde change vite.

Dès le XVIIe siècle, la monarchie s'est évertuée à attirer la noblesse vers le grand commerce : depuis 1669, les nobles peuvent se livrer au commerce de mer, depuis 1681 à l'armement et aux constructions navales, depuis 1686 aux assurances maritimes, depuis 1701 au commerce en gros tant de terre que de mer, et depuis 1767 à la manufacture et à la banque[276]. La bourgeoisie marchande, à laquelle participent désormais quelques enfants de la noblesse dans les villes manufacturières et dans les ports, prospère même si de nombreux anoblis fuient

---

[275] *Ibid.*

[276] Guy Richard, *La Noblesse d'affaires au XVIIIe siècle*, 2e édition, Paris, Armand Colin, 1997, p. 13.

encore le commerce et l'industrie pour les offices et la propriété terrienne. L'essor économique appartient alors à une population bigarrée, composée d'entrepreneurs, d'aventuriers et de nobles dont la plupart sont des maîtres de forges, des armateurs, des grands capitaines du textile, de la chimie, des sociétés minières.

Mais noblesse et commerce constituent-ils deux termes antinomiques ? Le noble peut-il se livrer à des activités commerciales ou industrielles ? Comment protéger ces parties de qualité des vulgaires ruses et tromperies qui peuvent participer du milieu affairiste, populaire ou bourgeois ?

Au début du XVIIe siècle, le juriste Charles Loyseau séparait nettement la noblesse de la roture, car il pensait que les financiers ne pouvaient pas être anoblis et estimait qu'*a contrario* les aristocrates ne devaient pas jouer avec l'argent. La classification de Jean Domat (1625-1696) semble plus souple, car il multiplie les catégories et, ce faisant, affaiblit la division traditionnelle entre clergé, noblesse et tiers au bénéfice des « conditions et professions », laissant néanmoins perdurer distinctions et privilèges. Peut-on pourtant considérer qu'au milieu du XVIIIe siècle, ces modèles n'ont pas résisté à l'évolution sociale, et qu'à partir des années 1750, la France soit passée d'une « société d'ordres et d'états à une société de classes »[277] ? Si les ordres de la noblesse, du clergé et du Tiers-État demeurent jusqu'en 1789, de nouvelles catégories apparaissent, comme la noblesse d'affaires, la grande bourgeoisie et les premiers ouvriers.

L'écrivain Pierre-Augustin Caron de Beaumarchais, incarne parfaitement cette nouvelle société. Il est mêlé, d'avril 1773 à février 1774, à une controverse qui le met aux prises avec un juge du nom de Goëzman et son épouse. L'affaire fait grand scandale, mais Beaumarchais s'emploie, avec un art qui n'appartient qu'à lui, à retourner la situation puisqu'il rédige des mémoires judiciaires qu'il utilise comme de véritables armes offensives, et qui deviennent paradoxalement un genre littéraire divertissant[278] dans une société qui raffole des potins. Comment en rendre compte ? Son ambiguïté sociale est révélatrice. Ce fils d'horloger anobli par le Roi passe son temps à amasser des fortunes, les perdre et mieux les regagner tout en polémiquant. Sa qualité et sa notoriété le protègent-elles alors ou aggravent-elles sa situation ?

Les comptes entre Beaumarchais et le financier Pâris-Duverney sont contestés par le petit-neveu et héritier de ce dernier, un gentilhomme du nom d'Alexandre Falcoz de La Blache. Le comte de La Blache prétend que la signature de son grand-oncle sur son dernier relevé de compte avec Beaumarchais est un faux ; selon lui, Caron n'avait pas de créances à faire valoir sur la succession du vieil homme dont il était au contraire fortement débiteur. En février 1772, après six

---

[277] Cette expression de Roland Mousnier est citée par Guy Richard, *op. cit.*, p. 10.

[278] Sarah Maza, *Vies privées, affaires publiques. Les causes célèbres de la France prérévolutionnaire*, traduit de l'américain par Christophe Beslon et Pierre-Emmanuel Dauzat, Fayard, Paris, 1997, p. 122.

mois de procédure, le tribunal de première instance rend son jugement en faveur de Beaumarchais, déboutant son adversaire de ses citations pour faux et usage de faux. La Blache fait immédiatement appel auprès du Parlement de Paris ; malchance, ou maladresse, c'est ce moment que choisit Beaumarchais pour avoir une altercation avec le tout-puissant duc de Chaulnes, ce qui lui vaut d'être conduit à la prison du Fort-l'Evêque. En février 1773, à quelques semaines du verdict qui devait être rendu par les magistrats du Parlement, Beaumarchais n'est plus qu'un homme ruiné et privé de liberté ; c'est alors qu'il entre en conflit avec le magistrat chargé de rapporter devant ses collègues, le juge Goëzman[279].

Beaumarchais cherche à approcher Goëzman pour le gagner à sa cause. Autorisé à quitter sa prison à cette fin, parvient-il, après plusieurs tentatives infructueuses, comme cela lui est reproché pénalement, à remettre en paiement à la femme de Goëzman une montre sertie de diamants, cent livres et quinze louis d'or ? Beaumarchais a-t-il tenté de corrompre le magistrat fraîchement issu de la réforme Maupeou ? A-t-il tout simplement fait de fausses déclarations et transmis des pièces tronquées qui participeraient à une escroquerie au jugement ? Ces questions restent posées lorsque contre toute attente, le Parlement de Paris rend un arrêt le 6 avril 1773, qui déclare Beaumarchais coupable de falsification et le condamne à payer la somme de cinquante-six mille livres à son ennemi juré, le comte de La Blache.

Madame Goëzman aurait cependant omis de rendre la dernière somme remise, les quinze louis qu'elle avait exigés après-coup. Cet acte ultime pousse Beaumarchais à contre-attaquer. Comme le juge Goëzman appartient aux très impopulaires tribunaux Maupeou, les contemporains y voient une dénonciation du système judiciaire. « Louis XV supprima l'ancien Parlement, quinze louis détruiront le nouveau », se moque-t-on[280].

A l'automne 1773, Beaumarchais parvient à faire rouvrir le procès. Il accuse Goëzman de malhonnêteté et de duperie, ce à quoi ce dernier réplique par des accusations de « corruption et calomnie ». Entre octobre 1773 et février 1774, les mémoires judiciaires s'échangent et on peut se demander si la tromperie commise constitue ou non un dol pénal spécifique équivalent à une escroquerie au jugement, et si ce dol spécial serait aggravé par la qualité des parties.

La collection Joly de Fleury contient la transcription du témoignage essentiel d'Edme Jean Lejay, libraire rue Saint-Jacques à Paris, qui explique comment Caron de Beaumarchais, en voulant obtenir une décision judiciaire qui lui soit favorable, n'a pas hésité à employer des manœuvres frauduleuses auprès de l'épouse du juge Goëzman, Conseiller à la Grand' Chambre du Parlement, qui devait connaître de son affaire. Le but de l'opération consiste à bénéficier, par

---

[279] Sarah Maza, *op. cit.*, p. 123.
[280] Cité par Sarah Maza, *op. cit.*, p. 124.

corruption, d'un entretien privé avec le magistrat, afin d'intercéder auprès de lui et d'escroquer une décision judiciaire qui soit favorable à Beaumarchais.

La tromperie est d'autant moins supportée qu'elle met en cause d'un côté un Conseiller du Parlement et, de l'autre côté, un homme d'affaires polémiste et bien introduit, aussi bien sous Louis XV que sous Louis XVI.

Mais l'escroquerie est-elle constituée ? S'il y a eu tentative de corruption, celle-ci a-t-elle porté ses fruits ? Le juge Goëzman a-t-il pu entendre et être convaincu par des arguments frauduleusement portés à sa connaissance et sans doute erronés ? A-t-il accepté d'être soudoyé alors même qu'il n'allait pas faire prévaloir la position de Beaumarchais ? L'exacerbation de toutes ces manœuvres dolosives est à son comble, et crée une des affaires judiciaires les plus retentissantes de la fin du règne de Louis XV et du début de celui de Louis XVI. Justice et politique se trouvent mêlées dans un phénomène d'une modernité étonnante. C'est dans cette ambiance que les témoins doivent s'expliquer en toute sérénité. Le 30 mai 1773, Edme Jean Lejay dépose ainsi sur procès-verbal :

> « Je soussigné Edme Jean Lejay pour rendre hommage à la vérité déclare que le sieur Caron de Beaumarchais, ayant une affaire considérable devant Monsieur de Goëzman, conseiller de la grande chambre, m'a fait prier très instamment par le sieur Bertrand, ami dudit sieur Beaumarchais d'être intéressé auprès de madame Goëzman dont l'ai l'honneur d'être connu, (...) de lui présenter une montre à répétition garnie de diamants avec un rouleau de cent Louis afin de l'engager d'intercéder auprès de Monsieur son mari en faveur dudit sieur de Beaumarchais ; j'ai eu la facilité de m'y prêter et ce uniquement pour donner audit sieur Bertrand une marque de mon zèle pour ses intérêts, mais la vérité est que madame Goëzman a rejeté hautement avec indignation ma proposition, en m'ajoutant que non seulement elle offensoit sa délicatesse, mais qu'elle étoit de nature à m'attirer toute sorte de disgrâce de la part de son mari, s'il venoit à en savoir quelque chose. J'ai gardé ladite montre et ledit rouleau jusqu'au moment où j'ai rendu l'un et l'autre audit sieur Bertrand. Je déclare en outre que le mauvais succès qu'a eu ledit sieur de Beaumarchais et la perte de son procès l'a engagé à m'écrire depuis une lettre fort impertinente, comme si j'eusse négligé ou trahi ses intérêts. Affirmant que tout ce qui pourroit être dit de contraire à ma présente déclaration seroit une infâme imposture, ce que je suis en état de soutenir envers et contre tous, en foi de quoi, j'ai signé à Paris ce 30 mai 1773. »[281].

Son témoignage est-il sincère ? Comme dans toute instruction judiciaire, il faut rechercher la vérité dans les déclarations souvent contradictoires des différents témoins et parties. Le procureur Joly de Fleury s'interroge, le 19 juin 1773 :

---

[281] Cote 2082 de la collection Joly de Fleury : affaire Beaumarchais-Goëzman (1773-1776), volume de 167 feuillets, réalisé le 24 avril 1872, transcription du feuillet 2.

« Les chambres se sont assemblées hier et aujourd'hui relativement à monsieur de Goëzman, conseiller de grand chambre. Il était rapporteur d'une affaire pendante en la cour entre M. de Beaumarchais et M. le comte de la Blache : on y a dénoncé aux chambres les tentatives qu'on a faites pour séduire madame de Goëzman. Cette dénonciation m'a été communiquée aujourd'hui ainsi qu'à MM. Les gens du Roi et lundi prochain nous donnons nos conclusions sur cet objet »[282].

Le conseiller Goëzman écrit de surcroît, le 29 juin 1773, à Joly de Fleury :

« Monsieur, d'après ce que vous m'avez fait l'honneur de me dire, je me persuade que vous ne précipiterez pas une instruction, dont votre sagacité a vu du premier coup d'œil les conséquences. Quel[le] est (...) l'âme honnête qui voudra se conforter à l'état pénible du magistrat, s'il doit être exposé à combattre des délations évidemment calomnieuses ? Je suis avec une respectueuse considération, Monsieur, votre très humble et très obéissant serviteur. De Goëzman »[283].

Le procureur tient informé le chancelier René-Nicolas de Maupeou de l'état de la procédure, le 10 juillet 1773 :

« Monseigneur, il y a eu ce matin assemblée des chambres dans laquelle M. Doué de Combaut a rapporté l'affaire concernant M. Goëzman. Cette assemblée a duré jusqu'à quatre heures, elle a été assez agitée. On y a décidé de prise de corps Lejay[284], d'ajournement personnel Beaumarchais ainsi que le sieur Bertrand Destoller banquier, et madame de Goëzman assignée pour être ouie. On doit interroger demain Martin Lejay. Ces messieurs paroissant disposés à suivre cette affaire avec activité, j'aurai l'honneur de vous instruire des suites qu'elle aura. Je suis avec respect, vôtre. »[285].

Caron de Beaumarchais se défend, de son côté, par quatre mémoires qu'il présente devant le Parlement de Paris. Joly de Fleury en a conservé des copies ainsi que l'extrait du registre de l'arrêt de condamnation du Parlement de Paris du 26 février 1774[286]. Beaumarchais explique en effet, à sa façon, que n'a été commise ni tromperie ni corruption, quelle que soit la qualité des gens mis en cause dans l'affaire :

---

[282] Cote 2082 de la collection Joly de Fleury : affaire Beaumarchais-Goëzman (1773-1776), feuillet 4.
[283] Cote 2082 de la collection Joly de Fleury : affaire Beaumarchais-Goëzman (1773-1776), feuillet 7.
[284] Cote 2082 de la collection Joly de Fleury : affaire Beaumarchais-Goëzman (1773-1776), feuillet 2.
[285] Cote 2082 de la collection Joly de Fleury : affaire Beaumarchais-Goëzman (1773-1776), feuillet 8.
[286] Fonds Joly de Fleury, volume d'affaires 2082 comprenant mémoires et arrêt du Parlement de Paris en date du 26 février 1774.

« [...]La question qui occupe aujourd'hui les Chambres assemblées, est de savoir si la nécessité de répandre l'or autour d'un Juge pour en obtenir une audience indispensable, et qu'on n'a pu se procurer autrement, est un genre de corruption punissable, ou seulement un malheur digne de compassion. »[287].

Beaumarchais se défend de tout acte dolosif dans la procédure judiciaire. La qualification des faits reste peu débattue, car il conteste leur véracité. Par conséquent, ce qui est retenu, c'est qu'il n'a ni tenté de corrompre, ni voulu tromper la justice personnellement, et il retourne l'argument cherchant à accuser le conseiller de se livrer, malgré sa qualité, à des actions aussi contestables :

« [...] Peu de jours avant le prononcé du délibéré, j'avois enfin obtenu du Ministre la permission de solliciter mon procès, sous les conditions expresses et rigoureuses de ne sortir qu'accompagné du sieur Santerre, nommé à cet effet ; de n'aller nulle autre part que chez mes Juges ; et de rentrer prendre mes repas et coucher en prison : ce qui gênoit excessivement mes démarches, et raccourcissoit beaucoup le peu de temps accordé pour mes sollicitations.

Dans ce court intervalle je m'étois présenté au moins dix fois chez M. Goëzman sans pouvoir le rejoindre »[288].

Mais de quoi est-il alors question : de manœuvres frauduleuses qui permettent d'obtenir un jugement en sa faveur en trompant la religion du juge[289] ? Ou de corruption, voire de trafic d'influence d'un magistrat qui, ayant été payé, abuserait de sa fonction pour obtenir une décision favorable[290] ? Ce qui est certain, et Beaumarchais est le premier à l'admettre, c'est que la « tromperie » a été aggravée par la qualité des parties, qui avaient toute possibilité, même les plus inattendues, et ne serait-ce que par relation, pour extorquer une décision judiciaire. Caron de Beaumarchais affirme bien entendu que ce sont les autres qui ont mal agi, et qu'il s'est tout au plus laissé convaincre, sans avoir aucunement l'intention de commettre une infraction :

« [...] Alors le sieur Dairolles, logé dans la maison de ma sœur, se ressouvint qu'un nommé Le Jay, Libraire, avoit des habitudes intimes chez M. Goëzman, et pourroit peut-être me procurer les audiences que je désirois. Il fit venir le sieur Le Jay, l'entretint, en reçut l'assurance, que moyennant un sacrifice d'argent l'audience me seroit promptement accordée. Etonné qu'il s'ouvrît une pareille voie, et curieux de savoir quelle espèce de relation pouvoit exister entre ce Libraire

---

[287] Caron de Beaumarchais, *Mémoires à consulter*, in fonds Joly de Fleury, volume d'affaires 2082.
[288] Caron de Beaumarchais, *Mémoires à consulter*, in fonds Joly de Fleury, volume d'affaires 2082.
[289] Crim. 22 mars 1973 : D.1973, 379 ; Crim. 4 mars 1991 : *JCP* 91, IV, 227 ; Crim. 24 sept. 1996 : *Dr. pén.* 1997, comm. 2, obs. M. Véron ; *Rev. Sc. Crim.* 1997, p. 644, note Ottenhof.
[290] Crim. 13 janv. 1916 : D. 1921, 1, 63 ; art. 432-11 du Nouveau *Code Pénal*.

et M. Goëzman, j'appris du sieur Dairolles que le Libraire débitoit les ouvrages de ce Magistrat ; que Madame Goëzman venoit assez souvent chez lui pour recevoir les rétributions d'Auteur ; ce qui avoit mis assez de liaison entr'elle et la dame Le Jay. « Mais le vrai motif qui engage le sieur Le Jay à répondre des audiences, ajouta-t-il, est que Madame Goëzman l'a plusieurs fois assuré, que, s'il se présentoit un Client généreux, dont la cause fût juste, et qui ne demandât que des choses honnêtes, elle ne croiroit pas offenser sa délicatesse en recevant un présent ». Cela me fut dit chez ma sœur, devant plusieurs de mes parents et amis.

La demande étant portée à deux cents louis, je me récriai sur la somme, autant que sur la dure nécessité de payer des audiences. Quand on m'a jugé aux Requêtes de l'Hôtel, disois-je, où j'ai gagné ce Procès en première instance, loin qu'il m'en ait coûté pour voir mon Rapporteur, je n'ai même pas su quel étoit son Secrétaire ; et M. Dufour, Magistrat aussi accessible, que Juge éclairé, a poussé la patience et l'honnêteté, jusqu'à souffrir mes importunités verbales et par écrit, pendant six semaines au moins. Pourquoi faut-il aujourd'hui payer […] ?

Plus économe de ma bourse, ma sœur voulut essayer d'arracher cette audience pour cinquante louis ; et, de son chef, elle remit un rouleau seul au sieur Le Jay, lui disant qu'elle n'avoit pas encore pu changer en or les deux mille quatre cents livres apportées par son frère, et qu'elle le prioit en grâce de voir si ces cinquante louis ne suffiroient pas pour m'ouvrir cette fatale porte. Mais bientôt le sieur Dairolles vint chercher le second rouleau. « Quand on fait un sacrifice, Madame, lui dit-il, il faut le faire honnête ; autrement il perd son mérite ; et M. votre frère désapprouveroit beaucoup, s'il le savoit, qu'on eu perdu seulement quatre heures pour épargner un peu d'argent. » Alors ma sœur ne pouvant plus reculer, abandonna tristement les autres cinquante louis ; et ces Messieurs retournèrent chez Madame Goëzman.

[…] Docile à la leçon, je fus le soir chez M. Goëzman, accompagné de Me Falconet, Avocat, et du sieur Santerre. Tout ce qu'on nous avoit prédit arriva ; la porte nous fut obstinément refusée ; je fis demander le laquais de madame, à qui je proposai de rendre ma lettre à sa maîtresse ; il me répondit niaisement, qu'il ne le pouvoit alors, parce que Monsieur étoit dans le cabinet de Madame avec elle. C'est une raison de plus, lui dis-je, en souriant de sa naïveté, de porter la lettre à l'instant. Je vous promets qu'on en vous en saura pas mauvais gré. Le laquais revint bientôt, et nous dit que nous pouvions monter dans le cabinet. […] »[291].

Finalement, Beaumarchais reconnaît que les délits ont donc été commis et ont été considérés comme extrêmement graves par le Parlement de Paris, qui a instruit l'affaire à l'extraordinaire :

« Ces délits sont parus graves, la Cour a ordonné qu'il en seroit informé à la requête de Monsieur le Procureur Général ; l'information a été faite, elle a été suivie

---

[291] Caron de Beaumarchais, *Mémoires à consulter*, in fonds Joly de Fleury, volume d'affaires 2082.

de tout l'appareil de la procédure extraordinaire ; le Suppliant n'en a jamais redouté la rigueur, bien persuadé qu'elle fourniroit les preuves de son innocence… »[292].

Mais Beaumarchais accuse le conseiller Goëzman d'avoir abusé de sa qualité de magistrat :

« […] Le premier avril 1773, monsieur Goëzman fut nommé Rapporteur du procès d'entre le Suppliant et le Comte de la Blache. Le Suppliant n'en fut pas plus tôt informé, qu'il désira de voir ce Magistrat et de l'entretenir de son affaire. […] Monsieur Goëzman dit, dans le Mémoire qu'il a distribué au nom de sa femme et il répète dans sa note intitulée : Note Remise par monsieur Goëzman à Messieurs ses confrères, que le 2 avril, il donna audience dans la matinée à maître Falconnet l'un des conseils du Suppliant… »[293].

L'habileté de Beaumarchais est grande, puisqu'il ose affirmer devant le Parlement de Paris, alors qu'il est accusé dans une affaire criminelle, qu'il a trouvé lui même la procédure suivie *« malhonnête »*.

Beaumarchais nous livre enfin de quelle façon le conseiller Goëzman l'a reçu, a entendu ses arguments et l'a conseillé pour que la décision lui soit favorable :

« […] Monsieur Goëzman ne tarda pas à paroître dans son cabinet ; le Suppliant l'y vit pour la première fois ; il conféra avec lui sur son affaire ; le Magistrat lui fit des objections, que le suppliant accueillit attentivement pour se mettre en état d'y faire une réponse par écrit et la lui remettre. […]. »

Par conséquent, Beaumarchais explique qu'il a tenté de remettre au conseiller Goëzman une note afin qu'elle figure en procédure et qu'elle oriente trompeusement la juridiction de jugement lors de son délibéré. Pour ce faire, le conseiller Goëzman devait lui accorder une seconde audience pour que la présentation de la réponse ait lieu, suivant les conseils de ce dernier :

« Il rédigea en effet cette réponse. Et pria le sieur Dairolles de lui faire obtenir une seconde audience pour la présenter. Le croira-t-on ? On lui parla d'un second sacrifice pour avoir cette seconde Audience : une montre à répétition enrichie de diamants fut remise au sieur Dairolles, celui-ci la remit au sieur Le Jay qui la porta à Madame de Goëzman. Mais chose étrange, on vint dire au Suppliant que cette dame demandoit 15 louis pour le secrétaire de son mari, auquel elle se proposa de les remettre ; le Suppliant fut d'autant plus surpris de la proposition

---

[292] Caron de Beaumarchais, *Mémoires à consulter*, in fonds Joly de Fleury, volume d'affaires 2082.
[293] *Ibid.*

> qu'un de ses amis avait remis la veille 10 louis à ce secrétaire... La portière lui dit qu'elle avoit des ordres de ne laisser entrer personne...Le même jour, le délibéré fut rapporté sur les 7 heures du soir, le Suppliant perdit sa cause [...][294]. »

Beaumarchais pose enfin la question de l'éventuelle commission d'un dol spécial dans cette affaire rendant compétente la juridiction pénale, mais se garde bien de suggérer une quelconque qualification qui pourrait servir de réponse qu'elle soit d'escroquerie au jugement ou de corruption. Il reconnaît néanmoins que :

> « Toute la question se réduit à un seul point. Les présents offerts à madame Goëzman ont-ils eu pour motif de gagner le suffrage de son mari, ou seulement d'obtenir des audiences qu'il refusoit et que le Suppliant regardoit comme très nécessaires et très importantes [...][295]. »

Le Parlement de Paris rend finalement son arrêt, toutes chambres assemblées, et condamne Gabrielle Julie Jamart, femme de Louis Valentin Goëzman, à être mandée à la Chambre pour y être blâmée à genoux [296].

En d'autres termes, le Parlement de Paris innocente le conseiller Goëzman, ce qui lui évite aussi de statuer judiciairement sur la prévention qui aurait permis de qualifier véritablement l'infraction. N'ayant pas à nommer le dol pénal principal, il lui est alors aisé de condamner l'épouse du conseiller Goëzman et Beaumarchais pour une simple tentative de corruption, puisque le jugement initial en lui-même n'a pas fait l'objet d'escroquerie à la décision judiciaire. Reste que la tromperie a été aggravée par la qualité des parties mises en cause dans ce procès.

§ 2 - La qualité des parties et l'escroquerie

Les juridictions parisiennes sont incontestablement sensibles à ce dernier critère, qui participe d'autant plus de la constitution du dol criminel que les dupes sont incitées à avoir confiance par ce seul fait.

L'Ancien Régime finissant, le Châtelet condamne ainsi par une sentence du 10 janvier 1782, en première instance, Louis d'Harcourt, âgé de 18 ans « dûment atteint et convaincu d'avoir profité de son nom pour se faire remettre diverses marchandises »[297]. Le Parlement de Paris confirme en appel la culpabilité de Louis d'Harcourt par un arrêt du 4 septembre 1782, et aggrave sa sanction. L'escroquerie est constituée, parce que la qualité de l'auteur, issu d'une des plus

---

[294] *Ibid.*
[295] *Ibid.*
[296] Arrêt du Parlement de Paris en date du 26 février 1774, fonds Joly de Fleury, volume d'affaires 2082, comprenant mémoires et arrêts.
[297] Arch. Nat. X^{2B} 1070, affaire n° 638 : Louis d'Harcourt, arrêt du 4 septembre 1782.

grandes familles françaises, utilisée à mauvais escient, participe de la tromperie et permet la remise. La dupe est rendue crédule par la confiance qu'elle accorde spontanément à l'escroc, tandis que celui-ci manque volontairement à l'honneur de sa situation.

Jusqu'où l'attirance pour le commerce et l'intérêt agissent-ils alors pour corrompre l'honneur de sujets qui peuvent être ainsi incités à faillir ? Les juristes doivent-ils réagir et se doter de moyens pénaux afin d'y remédier ?

TITRE II. DU DOL PAR TROMPERIE À L'ESCROQUERIE

Quels sont en fait les critères qui permettent de distinguer l'escroquerie des autres vols commis par tromperie, ou de la fraude ?

Chapitre 1. Des différentes espèces de vols par tromperie

Quelle différence peut-on établir entre l'escroquerie, les péculats, concussions, prévarications, stellionats et autres infractions financières ?

Section 1. Distinction du vol par tromperie des péculats, concussions, prévarications, abus de confiance, faux et stellionats

Si, au XVIIIe siècle, les auteurs de la doctrine du droit criminel, formés au droit romain, ont perçu la distinction fondamentale à opérer entre un dol civil et des manœuvres frauduleuses, savaient-ils pour autant qualifier juridiquement un dol pénal caractérisé par la tromperie ? Que pensent les criminalistes ? Pour André Laingui et Arlette Lebigre, « Le XVIIe siècle n'est pas le grand siècle de la doctrine pénale »[298]. La même question peut se trouver posée pour les années précédant la Révolution française et la nouvelle législation de 1791. Les juristes ont-ils alors conçu l'escroquerie comme une infraction particulière, à la fois dans ses éléments constitutifs et dans sa pénalité ? Jusqu'où va la conceptualisation de cette délinquance d'affaires qui aboutit à l'élaboration de textes particuliers comme celui concernant l'escroquerie par l'Assemblée nationale constituante ?

§ 1 - Vol par tromperie et escroquerie

Le manquement à l'honneur, à la parole donnée, le mépris de la confiance reçue, sont autant de circonstances qui aggravent le maniement de la chose d'autrui sans son consentement. Existent dans cet esprit différentes espèces de vol par tromperie.

Ainsi Denisart, lorsqu'il collecte en 1771 les décisions qui lui paraissent importantes, rapporte les propos d'Authomme sur les coutumes de Bordeaux de 1666, qui lui servent de fondement à son appréciation générale de la matière.

---

[298] André Laingui et Arlette Lebigre, *Histoire du Droit pénal,* I, Paris, Cujas, 1979, p. 15.

« Le vol par lui-même est une action si basse que, relativement aux personnes nobles, ou de qualité relevée, il suffirait de ne les punir que par la honte. C'est ce que fit Charles IX, à l'égard d'un seigneur qui avait mis dans sa poche et retenu une bague que le roi lui avait donnée à garder pendant qu'il se lavait les mains. Charles IX, ne s'étant plus souvenu de ce qu'il avait fait de son diamant, fut instruit par un de ses gentilshommes, que c'était ce seigneur qui l'avait. Le roi, quelques jours après, en se lavant les mains, donna une autre bague à garder à ce même seigneur, lui disant publiquement, ne faites pas de celle-ci comme de l'autre »[299].

Denisart appelle ici *vol* ce qui pourrait, en droit moderne, être à la fois considéré comme une simple soustraction frauduleuse et un abus de confiance, mais l'analyse du passage à l'acte et des différentes éléments matériels qui le constituent ne l'intéresse pas. Ce qu'il dénonce en revanche, c'est la façon dont le roi est trompé, bafoué. Et la grandeur de la victime consiste à mépriser ses droits à réparation pour préférer donner une vraie leçon de conduite éthique à l'auteur de l'infraction.

Jousse, dans son *Traité de la justice criminelle de France,* ne soutient pas autre chose. Conseiller au présidial d'Orléans et illustre juriste, il tente une classification plus rigoureuse des différentes sortes de vols et il souligne le caractère prédominant de la tromperie. Car ce qui aggrave pour lui l'infraction en elle-même, est la violation de la confiance qu'elle comporte. Or, Jousse reconnaît que le larcin se confond souvent avec le vol dans la pratique judiciaire, alors que ce qui définit le larcin, c'est justement qu'il est commis par surprise, industrie ou cachette[300].

---

[299] Denisart, J.-B., *Collection de décisions*, Paris, 7e édition, 1771, t. IV, p. 874, chap. X.

[300] Jousse, *Traité de la justice criminelle de France*, Paris, 1771, t. IV, tit. 67, p. 166 : « [...] On entend par vol, toute soustraction et enlèvement frauduleux du bien d'autrui, dans le dessein de se l'approprier ou de s'en servir, sans le consentement de celui à qui il appartient. D'où l'on voit premièrement que le vol n'a lieu à proprement parler qu'à l'égard des choses mobilières... Deuxièmement, qu'il n'y a point de vol tant qu'il n'y a point d'enlèvement de la chose volée... Le vol diffère du larcin, en ce que le larcin, à proprement parler, se fait par surprise, ou industrie et en cachette ; comme tous ceux qu'on appelle filous, ou coupeurs de bourses ; ou lieu que le vol se fait par force ou violence. Néanmoins dans l'usage on confond assez le larcin avec le vol... Le larcin, ou vol simple, est celui qui se fait en cachette et qui n'est accompagné ni d'effraction, ni de port d'arme, ni d'aucune circonstance particulière qui l'aggrave... Des différentes circonstances qui rendent le vol plus ou moins grave : la qualité de celui qui fait le vol, contribue à le rendre plus grave : par exemple, si le vol est fait par un domestique, ou par un soldat ; ou par un officier de justice dans sa fonction ; deuxièmement (par) le lieu où se fait le vol... Troisièmement (par) le temps auquel le vol est fait ; quatrièmement (par) la manière dont il est fait...Cinquièmement (par) la qualité de la chose volée ; sixièmement (par) la qualité...Septièmement (quand) le vol devient plus considérable, lorsqu'il donne lieu à une émotion publique... ».

La conscience d'une mauvaise action prévaut une nouvelle fois dans son analyse des acquisitions de tous ceux qui trompent la société, la foi chrétienne, ou encore la clientèle, et Jousse dénonce la gravité de pareilles infractions[301], qui peuvent faire l'objet d'une procédure à l'extraordinaire, et donc d'une information judiciaire :

> « Il y a des vols simples qui ne peuvent être poursuivis extraordinairement. Tels sont, premièrement, le vol fait par un fils à son père ; deuxièmement, celui de la veuve sur les biens de son mari ; troisièmement, celui de l'héritier sur les biens de la succession ; quatrièmement, le vol du créancier qui abuse du gage de son débiteur ; cinquièmement, celui du dépositaire qui viole le dépôt ; sixièmement, du dépositaire qui veut frustrer le locataire ou usufruitier avant le temps convenu. Toutes ces personnes ont une espèce de droit dans la chose qu'ils prennent ; ainsi, on ne les regarde pas comme voleurs. »[302].

Ce texte est remarquable, car Jousse pressent que les infractions décrites ne peuvent plus être analysées comme des vols. Cependant, son intuition ne lui permet pas encore de qualifier d'abus de confiance le fait, pour un dépositaire, de détourner son dépôt ou d'escroquerie celui de tromper le consentement et induire la remise[303]. Jousse remarque simplement dans une formule que nous retiendrons que « Toutes ces personnes ont une espèce de droit dans la chose qu'ils prennent ; ainsi, on ne les regarde pas comme voleurs »[304].

Mais ce n'est pas cette réflexion qui permet aux praticiens du droit de porter sur les panneaux imposés au condamné au carcan, les mentions « escroc », « escroc public », « filou », « trompeur » ou autres noms dont il n'est pas très agréable d'être affublé et qui illustrent la qualification.

Jousse caractérise pourtant l'infraction moderne d'abus de confiance, sans la nommer[305]. N'osant totalement s'affranchir de sa culture de droit romain, il la

---

[301] Jousse, *op. cit.*, t. IV, tit. 67, p. 170 : « Il y a une nouvelle Déclaration du roi du 4 mai 1724, qui fixe les peines sur plusieurs espèces de vols. L'article III de cette Déclaration, porte : « que ceux ou celles qui n'ayant été repris de justice, se trouveront convaincus de vol, autre que ceux commis dans les églises, ou vols domestiques, ne pourront être condamnés à moindre peine que celle du fouet et d'être flétris d'une marque en forme de lettre V ; sans préjudice de plus grandes peines, s'il y échet, suivant l'exigence des cas. » On joint ordinairement à cette peine, celle du bannissement à temps hors du ressort de la juridiction. »
L'article 628 de la coutume de Bretagne, porte : « que pour fait non qualifié ne sera imposée peine de mort, s'il excède ou monte à la somme de dix livres, auquel s'ensuivra peine de mort, sauf en tout l'arbitrage du juge, selon la qualité et les circonstances du délit. »

[302] Jousse, *op. cit.*, t. IV, tit. 67, p. 176.

[303] Cf. Catherine Samet, *La Naissance de la notion d'abus de confiance dans le ressort du Parlement de Paris au cours du XVIIIe siècle*, Paris, PUF, 1989, p. 32-35.

[304] *Ibid.*

[305] Catherine Samet, *op. cit.*, p. 56.

regroupe sous le terme général de vol d'usage. C'est cette sorte de vol par tromperie que commet le dépositaire, le gardien, le mandataire, ou le voiturier, qui se servent de la chose qui leur a été confiée. Il en est de même du créancier qui fait du gage qui lui a été donné, un autre usage que celui auquel il est destiné, contre la volonté et intention de son débiteur[306]. Le tailleur, le foulon, la blanchisseuse, ou tous autres ouvriers, à qui ont été confiés des habits à raccommoder, ou à blanchir, et qui s'en servent ou les prêtent à d'autres, commettent aussi une espèce de vol[307].

Le paradoxe réside en ce que, sous le règne de Louis XV, le *larcin d'usage* n'est plus un véritable vol. La qualification semble inappropriée, parce qu'il n'existe aucune voie de fait. Mais comme le larcin trouve son origine dans une mauvaise volonté et une malignité préméditée, il permet de prendre le bien d'autrui et d'abuser de la faiblesse psychique de la victime. Jousse en reste donc à la notion de vol de l'action *furti* parce que cette appréhension des choses lui suffit pour entrer en voie de condamnation.

> « La raison pour laquelle, en France, le larcin d'usage n'est pas regardé comme un véritable vol, et ne se punit pas comme le larcin de possession, qui est le vrai larcin : c'est, comme le dit un auteur illustre (monsieur Pélisson en son Traité de la peine du péculat), que comme la possession est de fait, il s'ensuit que tout larcin de possession consiste en voie de fait qui est ce qu'il y a de plus dangereux dans les États et de plus défendu en France ; au lieu que dans le larcin qui n'est que de simple usage, il n'y a aucune voie de fait. D'ailleurs la première espèce de larcin provient toujours d'une mauvaise volonté et d'une malignité préméditée pour être capable d'aller prendre le bien d'autrui jusqu'entre ses mains ; au lieu que dans l'autre espèce de larcin, l'occasion tente, surmonte et force souvent, pour ainsi dire, notre faiblesse… »[308].

---

[306] Jousse, *op. cit.*, t. IV, tit. 67, p. 175 : « Les dépositaires, gardiens, messagers, voituriers et mandataires, qui retiennent injustement la chose qui leur est donnée en garde, dépôt ou gage ; ou qui la vendent ou en disposent à d'autres, commettent une espèce de vol et doivent être punis au moins d'une peine extraordinaire. Ainsi, le créancier qui, après la dette payée, retient (…) le gage qui est entre ses mains, ou qui nie qu'il y en ait été donné […] peut être poursuivi par action de vol (L 52, §7 ; L1, D2 *furtis* ; Farinacius, *qu.* 168, N, 5, §8) […] ceux qui jouent l'argent d'autrui, commettent aussi une espèce de vol ; mais qui doit être punie d'une peine moindre (Farinacius, *qu.* 109, N, 81.82) ».

[307] Jousse, *op. cit.*, t. IV, tit. 67, p. 176 : « Du vol d'usage. Lorsqu'un dépositaire, gardien, mandataire, ou voiturier, se sert de la chose pour laquelle elle lui a été confiée ; il commet une espèce de vol, suivant les dispositions des lois romaines (§ sur le *furtum, autem* 6, *instit. de obligatio quae ex delicto nascuntur* ; L *si pignore* 54 §1, D de *furtis* ; Farinacius, qu. 169, N1-9). Il en est de même du créancier qui se sert du gage qui lui a été donné, pour un autre usage que celui auquel il est destiné contre la volonté et intention de son débiteur ou autre à qui ce gage appartient (L *si pignore.* D *de furtis*) … Le tailleur, le foulon, la blanchisseuse, ou tous autres ouvriers, à qui on a donné des habillements à raccommoder, ou à blanchir, et qui s'en sert ou les prête à d'autres, commet aussi une espèce de vol… ».

[308] Jousse, *op. cit.*, t. IV, tit. 67, p. 178.

Toujours en 1771, Claude-Joseph de Ferrière, doyen des Docteurs-Régents de la faculté des droits de Paris, et ancien avocat au Parlement, reprend à son compte cette dichotomie opérée au sein des vols, entre ceux commis avec violence, et ceux, aussi appelés *larcins*, qui sont « faits clandestinement et sans violence[309] ». Il ne s'interroge pas plus pour savoir si le dol par tromperie, quelquefois nommé *escroquerie*, constitue ou non une nouvelle infraction spéciale pour la jurisprudence.

Cette très grande difficulté à le définir et à distinguer en quoi la tromperie et / ou la ruse forment l'essentiel du dol est perceptible chez les purs commentateurs de la jurisprudence et les acteurs de la procédure judiciaire. Citons ainsi une affaire qualifiée de « vol avec filouterie » rapportée par le procureur général Joly de Fleury, lors d'un recours en grâce en 1782, et qui reste à la traîne de cette conception de la doctrine des vols et des larcins, sans que soit clairement discerné ce qui tient de la soustraction de ce qui ressortit à la filouterie.

Le 9 juillet 1782, Pierre Ducellier, 28 ans, marié, deux enfants, coquetier au lieu de Jaudun, est condamné en appel par le Parlement de Paris, à la suite d'une sentence rendue par le bailliage de Sainte-Ménehould à la requête du substitut du Procureur général du roi. Il est convaincu d'avoir « filouté » un dénommé Laplace, roulier de son état, qui s'était endormi, une ceinture contenant environ 430 livres à la taille. Les deux hommes se connaissent, car ils se sont rencontrés sur un chemin de traverse et ont même résolu d'aller dormir au domicile de Ducellier. Comme le roulier estime qu'ils en sont trop éloignés, Ducellier l'aide à tirer sa voiture avec ses propres chevaux, mettant Laplace en confiance. Pour donner du repos aux animaux, les hommes décident alors de ménager aussi leurs forces et s'accordent pour s'allonger quelque temps. Ils n'ont aucune raison de se méfier l'un de l'autre, et au contraire, ils se laissent mutuellement la garde de l'ensemble de leurs biens. Le roulier se couche à plat ventre et s'endort avec sa ceinture. C'est alors que profitant de la possibilité qui lui était offerte de s'en saisir, Ducellier s'en empare. Du moins est-ce la thèse du roulier qui affirme durant le procès que :

> « surpris à son réveil de ne la plus sentir, il pensa que Ducellier la lui avoit volée, que le voyant de l'autre côté de sa charrette, il lui avoit fait ce reproche, en la lui demandant. Ducellier niant avoir volé, la crainte, ajoute le roulier, de se faire une querelle avec lui le détermina à n'en plus parler. Il détela un de ses chevaux et

---

[309] Ferrière, Claude-Joseph de, *Dictionnaire de droit et de pratique*, Paris, 1771, p. 804 : « Le vol [...] est un larcin qui est fait avec violence : néanmoins vol et larcin se prennent quelquefois indifféremment pour toutes sortes de larcins. [...] Ceux qui sont convaincus de larcins ou vols faits clandestinement et sans violence, non qualifiés, c'est à dire non accompagnés de circonstances aggravantes, doivent être punis pour la première fois de fouet. ».

monta dessus pour aller joindre des paveurs qu'il voyait près de là et leur demanda s'ils connoissoient ledit Ducellier, que leur ayant dit que cet homme lui avait volé sa ceinture et son argent... »[310].

Les faits sont qualifiés de « vol avec filouterie » par le procureur général et les juridictions de jugement, car le nommé Ducellier est dûment atteint et convaincu d'avoir filouté au nommé Laplace, roulier, endormi, une ceinture contenant 430 livres.

Le procureur général livre à la postérité dans ce cas d'espèce son point de vue, en commençant son propos par « mon avis » :

> « Mais si l'on daigne faire attention que la déposition du Roulier est la seule contre lui, et qui a dû entraîner la condamnation, si elle n'a été vraie dans toute sa force, a pu être fausse sans qu'il ait fait un faux témoignage. [...] En effet, les circonstances prouvées et avouées que l'accusé avoit caché l'argent à deux endroits différents, qu'il avoit jeté la ceinture dans un bois voisin, qu'il le conduisit *à moi parce qu'il craignoit que le roulier ne l'ait vu ramasser la ceinture. [...]* Et la hardiesse de l'action de couper une ceinture autour d'un corps d'un homme qui dort avec confiance auprès de soi et de lui voler aussi son argent ne permet pas d'envisager l'accusé comme un sujet qui soit digne de la clémence du roi »[311].

Force est de constater cette constante difficulté à faire prévaloir dans la qualification et quelle que soit l'interprétation des problèmes par la doctrine, soit l'élément de vol, soit celui de tromperie, comme la partie du mode opératoire qui caractérise l'infraction.

Cette difficulté est perceptible dans la présentation des faits par Marot fils, avocat au Parlement, Conseiller du roi et receveur des impositions de l'Angoumois[312].

Ecoutons le sieur Marot fils :

> « Monsieur Goupilleau de Villeneuve est encore jeune, je le suis aussi. Il m'a gravement insulté dans un lieu public [...] je lui ai donné sur la figure un coup de poing. [...] Je suis, depuis le mois d'avril 1775, propriétaire de la charge de receveur des tailles d'Angoulême, appartenant ci-devant à mon père, et dont il fait encore aujourd'hui l'exercice. Le nommé Leplanchu travailloit dans le bureau de la recette en qualité de simple caissier. Un vol d'environ 40000 livres donna lieu à un procès considérable, des changements et altérations faits sur les registres de la main de Leplanchu, attestent qu'il est l'auteur du vol. [...] J'ai été indignement traité dans ces mémoires. On a osé y prétendre sous le nom de Leplanchu qu'il ne

---

[310] Bibl. Nat. ; fonds Joly de Fleury : cote 1991, vol. 3, feuillet 3, recours en grâce, commutations.

[311] Bibl. Nat. ; fonds Joly de Fleury : cote 1991, vol. 3, feuillet 13, conclusions du procureur général.

[312] Bibl. Nat. ; fonds Joly de Fleury : cote 1938, vol. 41, feuillet 22, mémoire en défense.

falloit attribuer le déficit de la caisse qu'à l'intelligence qui régnoit entre mon caissier et moi ; que ce caissier, à l'insu de mon père, m'envoyait des sommes considérables à Paris pour soutenir mes fastes et folles dépenses. [...] Je demande qu'avant faire droit sur mon appel de la procédure extraordinaire, la Cour m'admette à la preuve des faits articulés dans ma plainte avec défense d'exécuter le décret de prise de corps et dans le cas où la Cour y feroit difficulté et croira que l'instruction doit être continuée devant les premiers juges ; je conclus à la conversion de mon décret de prise de corps en décret d'assigné pour être ouï, sauf, après avoir subi interrogatoire, à être par moi requis ce qu'il appartiendra »[313].

Ce que Marot fils ne supporte pas, c'est d'être accusé de complicité de vol, ce qui entraîne de sa part un geste de violence. Aucune véritable discussion juridique ne naît cependant dans l'argumentation, alors qu'il est question d'argent déposé dans une caisse publique, de soustraction par un employé du receveur et de manipulation par faux des écritures comptables pour dissimuler l'ensemble des opérations. En droit contemporain, ces mêmes faits revêtiraient la qualification de détournement de biens publics, et éventuellement d'abus de confiance, de faux en écriture publique et de recel : ils seraient passibles de la Cour d'assises. Certes, ce dol par tromperie ne caractériserait pas en soi une escroquerie, mais participerait d'une analyse consistant à mettre en relief la spécificité des éléments particuliers, comme la confiance, le détournement, la ruse, sur la simple disposition du bien d'autrui. Or, ce qui est applicable pour ce cas d'espèce l'est pour l'escroquerie.

§ 2 - Péculat et escroquerie

Le détournement des deniers publics constitue sous l'Ancien Régime le crime de péculat, qui peut inclure des formes modernes d'escroquerie. Guyot définit cette infraction :

« C'est un crime qui est devenu très commun en France [...]. Tout dépositaire, tout receveur de deniers du Roi qui se permet d'en disposer, soit pour ses affaires personnelles, soit pour subvenir aux besoins d'un autre, se rend coupable de ce crime et s'expose à une peine très rigoureuse. L'argent qu'il a reçu et dont il est gardien, doit être pour lui si sacré, qu'il n'y a aucun cas où il soit excusable de s'en servir [...]. Le besoin le plus pressant ne doit jamais lui autoriser [...]. Le Trésorier public doit considérer la caisse comme une forteresse dont chaque écu est un prisonnier mis sous sa garde [...]. La Loi *Julia*, chez les Romains, comprenoit sous le nom de péculat, deux crimes qui, à nos yeux, sont bien différents : le vol des deniers publics, et celui des choses [...]. La peine du péculat a beaucoup varié chez le peuple législateur. Par la Constitution des empereurs Gratien et Valentinien, les officiers qui, dans la fonction de leur charge,

---

313 *Ibid.*

déroboient les deniers publics, doivent être dégradés de leur office [...]. Tout le monde sait quelle fut la punition du célèbre Fouquet, convaincu d'avoir, dans sa place de surintendant des Finances, employé les deniers de l'État à se faire des créatures à éclipse, par sa magnificence, par la pompe de ses fêtes, tous les courtisans de son siècle »[314].

L'acte de soustraction d'un objet spécifique du domaine public constitue donc textuellement le péculat qui prime sur toute autre considération de tromperie. C'est ainsi que l'article 8 du titre XIX de l'*Ordonnance* de 1670 prévoit une procédure dérogatoire au droit commun de l'époque, et sans doute liée, même si cela n'est pas explicite, à la qualité de ceux qui pratiquent des dols aussi spéciaux :

> « L'article 8 du titre XIX de l'*Ordonnance* de 1670 fait en faveur des accusés du crime de péculat, une exception particulière : il permet aux juges de leur accorder un conseil après leur interrogatoire. Il n'est pas aisé de deviner pourquoi ce recours, qui sera sans doute accordé indistinctement à tous les accusés, parce que la raison et l'humanité le sollicitent pour exemple, apparut aux législateurs ne devoir être toléré que pour ceux qui semblent en avoir le moins besoin. »[315].

Ainsi, celui qui « en fait escroque de l'argent public » a droit, pour un tel détournement, comme nous l'explique Jousse[316], à la qualification de cas royal, qui peut prendre différentes formes juridiques. Jousse se livre à une description où le maniement, le dépôt confié, la dissipation, en un mot l'abus de confiance, mais également le jeu, la négociation à son profit, les manœuvres frauduleuses d'une escroquerie, la réception par ruse participent totalement de cette forme de vol :

> « Le péculat est un vol, ou une dissipation des deniers royaux publics, qui se fait par les receveurs, et autres officiers qui en ont le maniement, ou à qui le dépôt en a été confié ; ou par les magistrats qui en sont les ordonnateurs. [...] Le crime de péculat se commet de plusieurs manières : en dérobant, ou divertissant les deniers royaux, ou publics, ou en les appliquant à son profit (ordonnance de 1629) ; en jouant l'argent des recettes qui ont été confiées ; en négociant ces deniers pour y profiter, ou en les donnant à rente, usure ou intérêt... En billonnant et changeant les espèces reçues, ou en en achetant d'autres pour faire les paiements ; en retenant les deniers royaux, et en les employant pas aussitôt à leur destination ; en retardant le paiement des deniers royaux reçus pour les employer à d'autres usages... »[317].

---

[314] Guyot, *Répertoire universel*, 1785, t. XIII, p. 54-55.
[315] Guyot, *op. cit.*, t. XVI, p. 55.
[316] Jousse, *Traité de la justice criminelle*, Paris, 1771, t. IV, p. 36.
[317] *Ibid.*

Cette catégorie de dol par tromperie est considérée comme extrêmement grave et punie avec une grande rigueur[318].

De même Ferrière considère-t-il que le péculat n'est en réalité qu'un vol « qui est qualifié des choses par rapport à la quantité des choses volées »[319].

Cette considération de la « chose »[320], c'est-à-dire de l'objet du crime, et non de la tromperie qui peut constituer un larcin, mais également un abus de la

---

[318] Jousse, *Traité de la justice criminelle*, Paris, 1771, t. IV, p. 36 : « Le péculat a toujours été regardé comme un crime des plus graves et contre lequel les lois ont sévi avec plus de rigueur. La peine établie par les Romains contre le péculat, fut d'abord la peine du quadruple… Mais depuis on trouva que cette peine étoit trop faible et l'on établit la peine de la déportation et contre les personnes viles, celle d'être condamné aux mines… En France, la peine du péculat a aussi varié. Une *Déclaration* de François Ier du 8 juin 1532, article VI, porte que les financiers et autres personnes ayant le maniement des deniers royaux […] seront pendues et étranglées. Mais cette *Déclaration* n'a jamais été enregistrée. […] Il est vrai que par l'établissement d'une nouvelle chambre de justice faite en 1716, on y a prononcé quelques peines afflictives, comme du pilori, ou des galères, amendes honorables, et ce qui s'était déjà observé auparavant dans quelques cas ; mais il ne paroît pas qu'on ait jamais prononcé la peine de mort ; et cela a toujours dégénéré en des peines pécuniaires contre les coupables. ». L'article VI de la *Déclaration* du 8 juin 1532 de François Ier, qui n'a jamais été enregistrée, précise que les financiers et autres personnes ayant le maniement des deniers publics seront pendus et étranglés. Le plus souvent, des peines pécuniaires sont dans la pratique prononcées, accompagnées de peines afflictives comme le pilori ou les galères, car cette infraction est un vol.

[319] Claude-Joseph de Ferrière, *Dictionnaire de droit et de pratique*, Paris, 1771, p. 805 : « Il y a encore un vol qui est qualifié des choses par rapport à la quantité des choses volées et qui, quoiqu'il dût être puni très grièvement demeure le plus souvent impuni. Ce vol appelé péculat est celui qui se fait des finances qui appartiennent au Prince, ou qui se lève sur le public. Ceux qui commettent ce crime avec adresse, s'enrichissent impunément aux dépens du pauvre peuple… ».

[320] Adolphe Chauveau et Faustin Hélie, *Théorie du Code pénal*, 1843, t. II, p. 578-580 indiquent, ainsi que : « Ces soustractions constituaient, dans la législation romaine et dans notre ancien droit, le crime de péculat : *peculatus est furtum pecuniae publicae vel fiscalis.* Ce terme dérivait du mot *pecus : peculatus furtum publicum dici coeptus a pecore.* Le motif de cette origine est sans doute qu'aux premiers temps de Rome, le vol des choses publiques n'était qu'un vol de bestiaux, unique richesse des Romains. Jules César incrimina ensuite sous la même qualification, par la loi Julia de peculatu, la dissipation de deniers destinés aux sacrifices ; enfin elle fut encore étendue au détournement des deniers privés confiés à des dépositaires publics. Les peines furent d'abord le bannissement, ensuite la déportation ou la condamnation aux mines, suivant la qualité des coupables. La loi Julia de residuis étendait les mêmes châtiments aux comptables qui conservaient entre leurs mains les deniers publics qu'ils avaient reçus pour les employer à un usage déterminé.

Dans notre ancien droit, le péculat était le vol ou la dissipation des deniers royaux ou publics, par les receveurs et autres officiers qui en avaient le maniement ou à qui le dépôt en avait été confié, ou même par les magistrats qui en avaient été les ordonnateurs ; le détournement des deniers privés, par les mêmes officiers, ne constituait point le même crime, alors même que ces deniers leur avaient été confiés à raison de leurs fonctions.

L'ordonnance de janvier 1629 déclarait coupables de péculat tous ceux qui, étant préposés pour le maniement des deniers royaux, emportent les deniers dont la recette leur est confiée, ou les détournent de leurs caisses, ou sortent du royaume sans en avoir rendu compte, ou font de faux emplois ou des omissions dans leurs comptes, ou se trouvent débiteurs de fortes sommes sans pouvoir vérifier la cause de leurs pertes (art. 390 à 398). La peine ordinaire de ce crime était ou les galères ou le

confiance ou une escroquerie, est ce qui prévaudra dans la qualification de péculat et l'interprétation qu'en donne l'avocat au Parlement Bruneau :

> « Le péculat est une espèce de larcin des plus énormes et détestables. Il se commet des deniers publics et royaux et le plus souvent par ceux à qui la garde en est confiée [...]. Ce mot peut aussi venir de peculium, qui signifie finance [...]. Le péculat n'est autre chose qu'un vol des deniers publics ou royaux par ceux qui en font la gestion et le maniement et la direction, qui les ont entre les mains : c'est en quoi est la perfidie et l'abus »[321].

Rappelons pour mémoire que le *Nouveau Code pénal* français de 1992, applicable depuis le 1er mars 1994, reprend dans ses dispositions de l'article 433-4 cette même interprétation de la soustraction ou du détournement de biens contenus dans un dépôt public, qu'il y ait ou pas tromperie, puisqu'il le définit comme :

---

bannissement perpétuel avec confiscation des biens. C'était ainsi qu'avait été interprétée l'*Ordonnance* du 1er mars 1545, remise en vigueur par la déclaration du 26 novembre 1633, et portant : « Ordonnons que le crime de péculat sera puni par confiscation de corps et de biens, par *quelque personne qu'il ait été commis.* » Cependant l'article 398 de l'*Ordonnance* de 1629, la déclaration du 5 mai 1690 et celle du 3 juin 1701, portaient pour les cas les plus graves la peine de mort. Les simples particuliers complices du détournement de deniers publics n'étaient passibles que d'une action civile en restitution des sommes détournées.

Le crime de péculat fut longtemps la plaie de l'administration des finances : il fallut à plusieurs fois créer des juridictions extraordinaires, élever des chambres de justice, pour en combattre les déprédations ; et ces juridictions elles-mêmes, quoique façonnées pour ces luttes, reculèrent devant les déprédateurs. On en voit un curieux exemple dans le préambule de l'édit de mars 1717, qui portait amnistie des crimes de péculat et malversations. « Les recherches, dit ce préambule, que la chambre de justice a faites, et les états d'une grande partie de ceux qui en étaient l'objet ont donnés de leurs biens, nous ont fait connaître la grandeur du mal et la difficulté du remède : plus nous avons voulu approfondir la cause et le progrès, plus nous avons reconnu que la corruption s'était tellement étendue, que presque toutes les conditions en avaient été infectées ; en sorte qu'on ne pouvait employer la plus juste sévérité pour punir un si grand nombre de coupables, sans causer une interruption dangereuse dans le commerce et une espèce d'ébranlement dans tout le corps de l'État. » Ainsi les malversations, par leur nombre et par la qualité des coupables, échappaient à l'action des lois, et le législateur lui-même, voilant la justice, était contraint d'en décréter l'inexécution.

L'assemblée constituante fut également préoccupée des difficultés d'atteindre les crimes de cette nature : elle en déféra la connaissance à des jurés spéciaux ; le code des délits et des peines en attribua ensuite la poursuite immédiate au directeur du jury d'accusation (art. 142). Les peines étaient portées par les articles 11 et 12 (2e partie, titre 1er, section 5) du *Code pénal* du 25 septembre-6 octobre 1791, ainsi conçus : « Article 11. Tout fonctionnaire public qui sera convaincu d'avoir détourné les deniers publics dont il était comptable sera puni de la peine de quinze années de fers. – Article 12. Tout fonctionnaire ou officier public qui sera convaincu d'avoir détourné ou soustrait des deniers, effets, actes, pièces ou titres, dont il était dépositaire, à raison des fonctions publiques qu'il exerce, et par l'effet d'une confiance nécessaire, sera puni de la peine de douze années de fers. ».

[321] M.A. Bruneau, *Observations et maximes sur les matières criminelles*, 1715, p. 446-447.

« Le fait de détruire, détourner ou soustraire un acte ou un titre, ou des fonds publics ou privés, ou des effets, pièces ou titres en tenant lieu, ou tout autre objet, qui ont été remis, en raison de ses fonctions, à une personne dépositaire de l'autorité publique ou chargée d'une mission de service public, à un comptable public, à un dépositaire public, ou à l'un de ses subordonnés (...) ».

Cependant, le droit contemporain n'exclut pas la possibilité de la constitution d'une escroquerie de deniers publics, lorsque les éléments de cette infraction sont réunis si, d'après les dispositions de l'article 313-2 du Nouveau *Code pénal*, elle est commise par une personne dépositaire de l'autorité publique ou chargée d'une mission de service public, ou encore par une personne qui fait appel au public en vue de l'émission de titres ou en vue de la collecte de fonds à des fins d'entraide humanitaire ou sociale, voire par une personne qui prend indûment la qualité d'une personne dépositaire de l'autorité publique ou chargée d'une mission de service public.

Aussi peut-il être, *a contrario*, très intéressant de rechercher si l'escroquerie est déjà considérée comme telle sous le règne de Louis XV, lorsque la tromperie préexiste au vol et permet la remise du bien. En d'autres termes, le vol, y compris commis par péculat, ne serait plus seulement un dol commis éventuellement par tromperie, mais tout simplement une véritable escroquerie, si la ruse prenait corps en des manœuvres frauduleuses qui conduiraient la dupe à remettre spontanément à l'agent ce qu'il désire. L'étude des différentes autres espèces de vol par tromperie permet-elle alors de concevoir les limites de la notion de vol sous l'Ancien Régime et d'approcher davantage la future infraction d'escroquerie ?

§ 3 - Concussion et escroquerie

L'individualisation des infractions et des peines ainsi que le fait qu'elles étaient distinguées de l'infraction générale de vol, sont très vite apparus dans des matières qui mettaient en cause la fonction publique, par exemple. La malversation qui consiste à manier les deniers publics de façon frauduleuse est ainsi nommée *concussion* et non *soustraction*. L'origine latine du nom désigne une véritable « secousse », peut-être un cataclysme pour l'organisation de l'État. Cette concussion est ainsi « le crime que commet un officier public ou un homme revêtu d'une autorité quelconque, en exigeant de ceux qui dépendent de son ministère de plus grands droits que ceux que les règlements lui ont attribués »[322].

---

[322] Guyot, *Répertoire universel*, t. XIII, p. 387 : « La concussion prend le nom d'exaction lorsque celui qui perçoit plus qu'il ne doit percevoir, donne néanmoins reçu de tout ce qu'il a pris. Il y a concussion de la part d'un magistrat lorsqu'il reçoit des présents de ceux qui ont des affaires dans son

En 1771, Ferrière fait à nouveau appel aux notion d'atteinte à la dignité, au manquement de la charge, pour définir une pareille infraction qui lui semble participer autant d'un abus que d'une extorsion.

> « La concussion [...] est l'abus que fait de son pouvoir un homme constitué en charge, en dignité, ou en commission, pour extorquer de l'argent ou quelque autre chose de ceux sur qui la charge ou son emploi lui donne quelque pouvoir [...]. Ce crime est public et ne peut être poursuivi, non seulement par celui contre lequel il aura été commis, mais aussi par toute autre personne, et on ne peut poursuivre contre celui qui l'a commis, fait pendant que dure la charge [...] »[323].

Là encore, peut-il y avoir escroquerie lorsque sont aussi commises des malversations et des concussions ? Nous croyons que la réponse doit être similaire à celle que nous suggérions dans le cadre du péculat. En effet, celui ou celle qui utiliserait le même mode opératoire que celui pratiqué dans la concussion, mais qui ne serait pas légitimement gardien des deniers publics ou de toute prestation publique, pourrait être coupable, à titre principal ou secondaire, de dol par tromperie et donc d'escroquerie. Il nous appartiendra par la suite d'examiner comment, à partir d'entreprises frauduleuses, il est possible ou non de trouver de pareilles espèces dans la jurisprudence du Châtelet et du Parlement de Paris sous le règne de Louis XV.

§ 4 - Prévarication, abus de confiance et escroquerie

Cette spécialisation recherchée dans la caractérisation des infractions pénales n'est pas uniquement réservée aux affaires de l'État, mais concerne également tous ceux qui se livrent au négoce. Jousse étudie ainsi « des vols faits par gens d'affaires, comme intendants, receveurs, et autres administrateurs qui sont à nos gages »[324]. Quelle est la nature des maniements opérés frauduleusement ? Représentent-ils de simples vols aggravés, des abus de confiance, voire des escroqueries ? Voilà l'explication qu'il en donne :

> « Les intendants, fermiers, commis, receveurs et autres qui dissipent l'argent de leur maniement et recettes, ou qui s'en servent pour leurs affaires personnelles, commettent à la vérité, une espèce de vol, parce que tout emploi des deniers

---

tribunal. [...] La concussion commise par les juges a toujours été en horreur chez toutes les nations... Hérodote nous apprend que Cambyse fit écorcher vif un juge convaincu de ce crime. ».

323 Claude-Joseph Ferrière, *Dictionnaire de droit et de pratique*, Paris, 1771, tome II, p. 355. Il poursuit « La peine de ce crime est arbitraire en France. Plusieurs concussionnaires n'ont été condamnés qu'à une peine pécuniaire, d'autres au bannissement ou aux galères, d'autres enfin ont été punis de mort ».

324 Jousse, *Traité de la justice criminelle*, Paris, 1771, t. IV, tit. 57, p. 179.

> d'autrui, contre l'intention du propriétaire, est un vol ; et même on peut dire, que c'est, en quelque sorte un vol domestique, parce qu'il est fait par un serviteur à son maître. Cependant, nous ne regardons point cette espèce de vol comme un vol capital ; et il est certain que le maître n'a, dans ce cas, contre son intendant, commis ou receveur, que l'action pour le poursuivre, et pour le faire contraindre par corps au paiement du reliquat ; ce qui est encore une suite des principes établis ci-dessus... Mais, comme ces sortes de délits emportent avec eux un abus de confiance et de prévarication dans les fonctions, on les punit sévèrement »[325].

Il est donc à la fois question chez Jousse d'abus de confiance et de prévarication, mais ils demeurent conçus comme une espèce de vol. Cette confusion dans les esprits dans la façon de concevoir chacune des infractions spéciales n'est cependant pas le monopole de Jousse, puisqu'elle est également présente chez des Essarts qui évoque un cas d'espèce où il est à la fois question de manquement à la confiance par détournement, et de comportement d'escroc :

> « Un autre s'annonce pour l'homme de confiance de l'horloger, d'un grand seigneur, qui leur demande de sa part une pendule qu'il faut régler et raccommoder. On lui donne avec confiance la pendule qui devient la proie d'un escroc »[326].

Il est vrai que les juridictions ont à connaître d'affaires extrêmement complexes dont les montages présentent désormais une grande technicité.

C'est ainsi que nous trouvons dans le fonds Joly de Fleury[327], pour l'année 1744, un mémoire déposé en faveur de Monsieur et Madame du Chilleau. Elle est l'unique héritière d'un ancien notaire au Châtelet, un certain maître Félize. Nous sommes en appel devant le Parlement de Paris. Voici les faits : dans le courant des années 1771 et 1772, à la faillite de maître Leboeuf de Le Bret, notaire au Châtelet, maître Félize, lui aussi notaire au Châtelet et père de madame du Chilleau, prête en deux fois à maître Le Bret la somme de 24 000 livres ; pour sûreté de ce prêt, Le Bret lui donne 30 reconnaissances de rescriptions de 1000 livres chacune sur les recettes générales des finances, avec consentement de la vente de ces reconnaissances dans le cas où maître Félize se trouverait avoir besoin de son argent ; le tout se faisant de bonne foi et sans reconnaissance de part et d'autre. Au mois de décembre 1777, maître Leboeuf de Le Bret propose à maître Félize d'échanger les rescriptions contre 14 actions de la Compagnie des Indes de 2.500 livres chacune, garnies de leurs dividendes à compter des six derniers mois de la

---

[325] *Ibid.*
[326] Des Essarts, t. I, p. 541.
[327] Bibl. Nat. ; fonds Joly de Fleury : cote 1945, vol. 48, feuillet 94, affaire Monsieur et Madame Du Chilleau : nantissement et abus de confiance.

dite année 1777. Enfin, en mars 1778, maître Félize prête de nouveau à maître Leboeuf de Le Bret une somme de 6000 livres, pour sûreté de laquelle est encore constitué comme nantissement 10 autres actions de la Compagnie des Indes de 2500 livres chacune. Maître Félize compte tenu de l'importance de ces opérations, se rend le 17 août 1780 chez le notaire du représentant des créanciers de maître Leboeuf de Le Bret, pour y déclarer les actions qu'il a en dépôt et en nantissement.

À la mort de maître Félize, lorsque monsieur et madame Du Chilleau trouvent dans la succession les 24 actions de la Compagnie des Indes, ils veulent se procurer la rentrée des fonds dont ses effets étaient le gage. Cependant, ces actions sont désormais aux mains de tiers. En conséquence, le 13 octobre 1781, ils assignent au Châtelet de Paris tant la veuve et ses héritiers que les représentants des créanciers de maître Leboeuf de Le Bret, pour que la somme en question de 30.000 livres soit remise, avec intérêts et dépens, et qu'ils soient autorisés à vendre les 24 actions.

> « Un officier public possesseur de bonne foi d'actions de la Compagnie des Indes, qui lui ont été données en nantissement par un officier public, et qui sont des effets de commerce aussi libres et aussi faciles que celui de l'argent comptant, peut-il, sans avoir été remboursé de 30 000 livres sur ses seuls effets, être dépouillé de son gage par un tiers qui s'en prétend propriétaire sous le prétexte, d'un côté, que l'emprunteur n'a pu donner ses actions en nantissement qu'en violant la foi d'un dépôt volontaire et privé ; et d'un autre côté que le prêt sur nantissement n'a pas été accompagné d'un acte par devant notaire ? »[328].

C'est ainsi que monsieur et madame Du Chilleau soutiennent que l'abus de confiance que l'on reproche à maître Leboeuf de Le Bret sur les sommes dues au principal ne peut pas constituer un obstacle à ce que maître Félize puisse acquérir, sur le gage qui lui était donné, le privilège qu'il résulte du nantissement.

L'action en revendication des époux Du Chilleau du nantissement constitué par des actions de la Compagnie des Indes est donc consécutive à un abus de confiance commis par un officier public ministériel sur une somme d'argent qui lui a été prêtée et qu'il aurait dû rembourser au lieu de la détourner pour financer ses créances. Droits et procédures s'enchevêtrent et les praticiens ont sans doute beaucoup de difficultés pour démêler les fils de l'écheveau d'un point de vue juridique. Mais les faillis ne commettent-ils pas des manœuvres frauduleuses pour pouvoir s'en sortir ? Aux abois, abusent-ils de l'argent qui leur est confié ? Ne cherche-t-on pas toujours par la ruse et la tromperie à faire de bonnes affaires et à gagner plus d'argent ? Seules l'étude des titres et l'analyse précise des opérations permettent alors au magistrat, après avoir reçu les mémoires des avocats, de

---

[328] *Ibid.*

qualifier la commission d'éventuelles infractions pénales, et de dédommager les préjudices encourus.

Les voies judiciaires civiles et pénales s'ouvrent cumulativement, même si cette alternative pose problème, notamment lorsqu'il s'agit de malversations d'un officier dans les fonctions de sa charge. Il faut bien le souligner, l'aspect criminel des dols n'est pas toujours reconnu et poursuivi. Ferrière note ainsi :

> « La prévarication est la malversation d'un officier dans les fonctions de la charge. Un juge prévarique lorsque, séduit par l'intérêt ou par faveur, il s'écarte tant soit peu de ce qui lui inspiroit la justice pure, désintéressée et sans passions [...]. Quelquefois, la peine ne consiste qu'en dommages et intérêts, quelquefois c'est l'interdiction et quelquefois l'amende honorable, les galères ou la peine capitale »[329].

Une telle ambiguïté dans l'analyse de ces espèces d'infractions conduit à des qualifications larges et peu explicites. L'inventaire 450 du Parlement de Paris reprend cette imprécision et qualifie d'escroquerie les faits reprochés à François Bobau[330] ; or ce n'est, en réalité, ni l'analyse de la sentence du bailliage de Melun en date du 19 mars 1749, ni celle du Parlement de Paris en son arrêt du 7 août 1749, car dans ces deux décisions judiciaires, François Bobau est déclaré « dûment atteint et convaincu d'avoir commis plusieurs prévarications ». La compétence criminelle est néanmoins confirmée.

On constate la même analyse de la compétence pénale du Parlement de Paris sur la commission de dols spéciaux par tromperie, qui ne sont pas *stricto sensu* des escroqueries, mais s'en rapprochent quant à leur traitement, à propos par exemple de l'affaire de Jacques Badin[331], jugé une première fois par le bailliage d'Etampes le 3 mai 1752, et en appel par le Parlement de Paris par un arrêt du 30 septembre 1752. Jacques Badin est déclaré « dûment atteint et convaincu d'avoir pratiqué plusieurs prévarications à l'encontre de différents individus » par le bailliage d'Étampes, et pour ce faire, il est condamné à deux heures de carcan avec écriteau portant la mention « prévaricateur ». Le Parlement préfère le mettre hors de cour, considérant qu'il n'a pas une preuve suffisante de ces agissements. Il en est de même de sa complice, une dénommée Thomin, qui est également condamnée en première instance à deux heures de carcan avec écriteau « complice de prévarications ».

Marie Béquin est jugée une première fois par la prévôté de Coucy, dans une sentence du 9 août 1769, avec son époux Charles Lafosse. Tous deux sont

---

[329] Ferrière, Claude-Joseph, *Dictionnaire de droit et de pratique*, Paris, 1771, tome II, p. 396.
[330] Arch. Nat. X^{2B} 1005, affaire n° 151 : François Bobau, arrêt du 7 août 1749.
[331] Arch. Nat. X^{2B} 1011, affaire n° 271 : Jacques Badin, Thomin, arrêt du 30 septembre 1752.

déclarés « dûment atteints et convaincus d'avoir opérés plusieurs prévarications », et pour ce faire, Marie Béquin est condamnée[332].

Ces prévarications sont considérées comme des escroqueries par l'inventaire 450, et la jurisprudence reste constante à la fin du règne de Louis XV, puisque nous y retrouvons une autre affaire dans laquelle le Parlement de Paris a jugé moins sévèrement qu'une des juridictions de première instance de son ressort des faits de prévarication[333]. Ainsi la cour de justice du Mans a-t-elle rendu une sentence le 13 janvier 1772 par laquelle elle considère Jean-René Durand comme « dûment atteint et convaincu de diverses prévarications » et le condamne à être exposé au carcan avec un écriteau portant la mention « prévaricateur »[334].

Mais comment se fait-il que l'inventaire 450, dressé par J.-B. Saint-Martier au début du XIXe siècle, assimile la commission de prévarications à celle de l'escroquerie ? N'est-ce pas tout simplement que cette dernière infraction, n'étant pas reconnue comme parfaitement autonome jusqu'en 1791, est confondue avec d'autres dols spécifiques ?

§ 5 - Faux et escroquerie

Pour répondre à cette question, inversons le raisonnement. L'usage de faux participe-t-il du dol par tromperie parce qu'il serait un des moyens utilisés pour duper, ou n'est-il qu'une simple infraction distincte ? La réponse est difficile à formuler. Les auteurs considèrent, au départ en tout cas, l'infraction spécifique de faux, comme un délit distinct, ce qui rend d'autant plus ardu le travail effectué par des juristes de périodes postérieures, et notamment par ceux qui ont participé du travail de fabrication de l'inventaire 450 de J.-B. Saint-Martier. C'est sans doute ce qui explique qu'ils aient continué à introduire dans la catégorie d'escroquerie des faits pourtant qualifiés de faux.

Mais le vol commis avec faux constitue-t-il alors systématiquement une escroquerie ?

La coutume de Bretagne, titre 25, article 682, précise que tous ceux qui auront vendu la même chose à deux personnes seront punis comme larrons et faussaires[335]. L'expression est ancienne et peu précise, et s'apparente peu à la commission de véritables faux.

---

332 Arch. Nat. X^{2B} 1043, affaire n° 288 : Marie Béquin, Jacques Lafosse, arrêt du 11 janvier 1770.

333 Pour illustration de notre propos, ont été regroupées par l'inventaire 450 du Parlement de Paris sous la qualification d'escroquerie d'autres prévarications comme : X^{2B} 1080, affaire n° 593 : Pierre Aufranc, arrêt du 28 décembre 1786 ; X^{2B} 1084, affaire n° 714 : Jean-Louis Picquant, arrêt du 24 octobre 1788.

334 Arch. Nat. X^{2B} 1046, affaire n° 388 : Jean-René Durand, arrêt du 27 juin 1772.

335 Cité par Jousse, *Traité de la justice criminelle*, Paris, 1771, t. IV, p. 127.

Qu'en décident les juridictions du ressort du Parlement de Paris au XVIIIe siècle? La sénéchaussée de Moulins statue le 25 janvier 1742, à la requête du substitut du procureur général du roi, sur le cas de Claude Bourgeois, huissier au bureau des finances de la généralité de Moulins, en le déclarant « dûment atteint et convaincu d'avoir indirectement fait mention dans la signification par lui faite, accusation de Beullin, châtelain de ladite ville, le 26 juillet 1741, sans lui avoir parlé de sa réponse [...] »[336]. L'acte est donc un faux, qui par les manœuvres frauduleuses de l'huissier s'avère avoir été tout à fait volontairement commis et n'est donc pas constitutif d'une quelconque erreur matérielle. Le Parlement de Paris fait droit à l'appel interjeté par le procureur général du roi, et confirme l'interdiction de Claude Bourgeois à la fonction d'huissier pendant une période de trois mois.

Ce qui est certain, c'est que les juridictions repèrent parfaitement l'infraction spécifique de faux en écriture publique ou privée.

Simon Dumaine est ainsi jugé en première instance par le Châtelet le 23 juillet 1760,

> « dûment atteint et convaincu d'avoir mis dans le commerce et fait valoir pour la somme de quatre mille livres une lettre de change originairement de mille livres qu'il avoit depuis converti lui-même en une lettre de change de quatre mille livres en faisant un 4 du chiffre 1 qui commence le nombre 1000 et en ajoutant le mot « quatre » à la fin d'une ligne dans une place qu'il avoit ménagé exprès pour cadrer avec le mot mille commençant la ligne suivante, ainsi qu'il est mentionné au procès... »[337].

Le Châtelet condamne Dumaine. En appel, la cour du Parlement de Paris confirme, le 16 avril 1761, la culpabilité de l'accusé et le qualifie d'escroc et de falsificateur de lettres de change.

Celui qui use de manœuvres frauduleuses pour tromper autrui relève enfin de l'appellation que nous recherchons. Et alors que nous tentons de distinguer le vol par tromperie des autres délits spécifiques reconnus par les juridictions d'Ancien Régime, apparaît au grand jour, affichée sur les places publiques et à la porte de la Bourse, l'infraction d'escroquerie. Comment repérer sa spécificité dans la pensée juridique ?

§ 6 - Stellionat et escroquerie

Peut-être doit-on faire référence à une autre très ancienne infraction spécifique de la vie des affaires, que le droit romain reconnaît déjà ? Existe-t-il ainsi un dol par tromperie en tant que tel dans la palette des délits pénaux ?

---

[336] Arch. Nat. X^{2B} 991, affaire n° 156 : Claude Bourgeois, arrêt du 2 août 1742.
[337] Arch. Nat. X^{2B} 1025, affaire n° 383 : Simon Dumaine, arrêt du 16 avril 1761.

Nous ne pouvons pas alors ne pas faire référence au mot *stellionat,* qui tire son origine du mot latin *stellio,* « donné à une espèce de lézard qu'on distinguoit par le finesse et par la variété de ses couleurs, parce que les coupables de ce délit emploient toutes sortes de ruses et de finesses pour cacher leur fraude »[338].

Guyot rappelle que dès le droit romain,

> « le stellionat étoit le crime de celui qui, par dol, cède, vend ou engage une chose qu'il avoit déjà cédée, vendue ou engagée, et qui cache cet engagement, à la personne avec laquelle il contracte [...]. Le marchand qui donnoit une marchandise pour une autre qu'il avoit vendue et qui étoit d'un prix supérieur, étoit aussi stellionataire. Enfin, on rangeoit dans cette classe ceux qui faisoient de fausses déclarations dans des actes. Il résulte de ces différentes espèces de stellionats, admises par les lois romaines, que ces crimes ne se commettoient pas seulement dans les conventions, mais encore par le seul fait et sans qu'il fût prouvé, par une déclaration expresse. »[339].

Quelle interprétation le droit français de la fin de l'Ancien Régime peut-il faire du stellionat ? Est est-il assimilable à une simple escroquerie ? Guyot répond :

> « On ne regarde comme stellionataire, que celui qui fait une déclaration frauduleuse dans un contrat, soit en vendant un héritage qui ne lui appartient pas ou qui est substitué, soit en déclarant comme franc et quitte de toute charge un fonds qui se trouve déjà hypothéqué à d'autres... Boniface cite deux arrêts, dont l'un du 18 juin 1639, a jugé que celui qui donne ou engage une chose pour une autre, si elle vaut moins, peut être poursuivi comme stellionataire ; l'autre arrêt, qui est celui du 8 mai 1666, a décidé que celui qui passe des actes simulés pour paraître riche, afin de tromper les autres, peut être poursuivi comme stellionataire. »[340].

Le stellionat est donc une infraction technique. Elle consiste en une fausse déclaration, dans le cadre d'un contrat pour simuler une possession afin de tromper l'autre. Cette déclaration participe de la spécificité de l'infraction comme un simple élément constitutif. L'analyse juridique est identique à l'élaboration d'une escroquerie à partir d'autres éléments dolosifs comme l'usage de faux ou de manœuvres.

Or Guyot constate que les Romains cherchaient à punir le stellionat en particulier, en fonction de la gravité du dol qui était commis, et des circonstances qui l'avaient accompagné :

---

338 Guyot, *Répertoire universel*, Paris, 1785, t. XVI, p. 404.
339 *Ibid.*
340 *Ibid.*

« La peine du stellionat, chez les Romains, étoit arbitraire ; on le punissoit d'une manière plus ou moins sévère, suivant les circonstances. En France, la peine qu'on prononce contre les stellionataires, dépend de la gravité du dol et des circonstances qui l'ont accompagné. On condamne ordinairement les coupables de ce délit à une amende, ou un bannissement, quelquefois au fouet et à l'amende honorable ; mais ces dernières peines ne se prononcent que lorsqu'il y a un dol considérable. [...] Des coutumes, entre autres celle de Bretagne, veulent que celui qui vend la même chose à deux personnes, soit condamné à la peine prononcée par les lois contre les faussaires...On poursuivait autrefois le stellionat par la voie criminelle ; mais on ne prend aujourd'hui cette voie que lorsque le dol est accompagné de circonstances très graves »[341].

C'est aussi certainement pourquoi Jousse n'a pas lui-même recherché s'il existait une infraction spécifique d'escroquerie. En effet, il nous explique lui-même que « le stellionat est un nom général que l'on donnoit dans le droit romain à toutes les tromperies, fraudes et impostures qui n'avoient point de nom propre. »[342]. N'est-ce pas la définition à retenir pour l'escroquerie si on la considère comme un délit spécial de dol par tromperie ?

Dans la suite de son analyse, Jousse réduit cependant la portée de l'infraction de stellionat, car il la décrit avec le plus de détails possible : « Le stellionat proprement dit, est le crime de celui qui par dol cède, vend, ou engage une chose qu'il avoit déjà cédée, vendue ou engagée à une autre personne et qui dissimule cet engagement »[343].

Jousse donne alors des exemples de stellionats :

« Ainsi, celui qui pour trouver de l'argent avec plus de facilité déclare à ceux à qui il emprunte, par les contrats qu'il passe avec eux, que les héritages qu'il affecte et qu'il hypothèque au paiement de leur dû, sont francs et quittes, en leur dissimulant les hypothèques antérieures [...]. Il en est de même, si dans un contrat de constitution, ou dans une obligation, l'emprunteur prenoit la qualité du seigneur d'une terre qui ne lui appartient point, quand même il n'obligeroit point cette terre spécialement ; ou s'il obligeoit à cet emprunt une terre dont celui qui vend une même chose à deux personnes doit être puni de la peine ordinaire du faux (*L qui duobus, D, ad. De corn, de falis ; Farinacius qu 150 n°219 ; Iulius Clarus et falsum*) »[344].

[341] *Ibid.*
[342] Jousse, *Traité de la justice criminelle*, Paris, 1771, t. IV, p. 125.
[343] *Ibid.*
[344] *Ibid.*

Il conclut :

> « Le stellionat est un véritable larcin ; parce que celui qui le commet, vole et dérobe l'argent de celui qu'il trompe [...]. La peine de ce crime, chez les Romains, était arbitraire [...]. Cette peine est aussi arbitraire en France et dépend de la gravité du dol et des circonstances du temps, de l'âge et de la qualité des personnes. La peine est l'amende ; ou le bannissement et même le fouet, si le stellionat renferme un dol considérable »[345].

Cependant, il relève que la classification de ce type d'actions dans le domaine pénal n'est pas automatique au XVIIIe siècle, ce qui est contradictoire par rapport à ce qu'il vient d'énoncer sur le droit romain. « Aujourd'hui, on ne poursuit guère le stellionat en France que par la voie civile [...] »[346].

Comment considérer alors le dol de stellionat par rapport au dol d'escroquerie ? La pratique juge-t-elle ce genre d'infraction au pénal sans base juridique définie ?

Jousse note dans son *Traité* qu'il arrive en effet que les juridictions pénales se déclarent compétentes pour connaître des stellionats, tout comme les juridictions civiles.

> « [...] Néanmoins il peut arriver des cas où il y aura lieu d'infliger les peines dont on vient de parler ; surtout à l'égard du vendeur qui vend la même chose à deux personnes et qui en reçoit le prix (*Farinacius*. *Qu*. 150 n°236). Outre la peine ordinaire du stellionat, on condamne par corps celui qui est coupable à réparer le mal qu'il a fait, en lui faisant payer les dommages et intérêts et dépens de celui qu'il a trompé ; ou en lui faisant restituer les sommes qu'il a touchées. Ainsi, lorsque par un contrat de constitution, ou par une obligation, le débiteur déclare l'héritage qu'il oblige, franc et quitte de toute dette et hypothèque ; ou quand il oblige un bien qui ne lui appartient pas, on peut le contraindre par corps comme stellionataire à racheter cette rente à cause de son imposture et à la mauvaise foi ; quand même les biens de ce débiteur seroient d'ailleurs bien plus que suffisants pour le paiement de la rente en obligation (disposition de l'article 149 de l'ordonnance du mois de janvier 1629. Tel est aussi le sentiment de Brodeau, S, chapitre 18 n° 5 ; et il a été ainsi jugé par l'arrêt du 24 février 1542, rapporté par Papon, livre II, titre 4, n° 149 [...]) »[347].

Selon Jousse, l'infraction de stellionat est elle-même excusable dans certains cas. Peut-on penser qu'il peut en être de même d'une éventuelle infraction d'escroquerie ? Nous l'avons évoqué dans le mobile, mais faut-il aller plus loin ? L'auteur semble suggérer que le fait répréhensible peut avoir été commis sans

---

[345] Jousse, *op. cit.*, t. IV, p. 126.
[346] Jousse, *op. cit.*, t. IV, p. 127.
[347] *Ibid.*

mauvaise foi. Est-ce possible alors que le stellionat ne soit que ruse, tout comme l'escroquerie ? Ces contradictions ne sont pas relevées pas Jousse, qui se contente d'une analyse civile et non criminelle des causes justificatives, ce qui neutraliserait le caractère pénal du délit. En réalité est jugée la capacité de veiller normalement à ses affaires dans un comportement de bon père de famille, tel que l'évoque notamment Emile Garçon[348] au XIXe siècle.

> « [...] Parmi les causes qui excusent du crime de stellionat, voici les principales. La première est lorsque celui qui a vendu ou engagé étoit dans la bonne foi et que la vente ou l'engagement n'étoit pas de son fait et qu'il n'y avoit connaissance. La seconde, si le premier acheteur n'a rien payé de la chose à lui vendue et que le second acquéreur en ait payé le prix qui seul parfait la vente (*Farinacius Qu. 150* n°230-231). La troisième, si le vendeur ou cédant, ne livre pas la chose au second vendeur (*Farinacius. Qu.* 150, *ibidem* n°232). La quatrième si ce vendeur ou cédant, déclare à l'acquéreur la vente ou engagement qu'il a déjà fait de la chose à un premier acquéreur, ou créancier, ou si l'acquéreur en avoit par lui-même connaissance (*Farinacius. Qu.* 150 *n°234*) [...]. Le cinquième cas où est la peine du stellionat cesse d'avoir lieu, c'est lorsqu'avant la contestation en cause, l'accusé offre de dédommager son débiteur, ce qui n'a pas lieu dans le vol (LI, crime *stellionatus*). Le sixième cas est lorsque celui qui se plaint du stellionat est lui-même complice de la faute. On prétend aussi que le repentir excuse en cette espèce le crime, même après qu'il ait consommé (*Farinacius. Qu.* 150, n°233). »[349].

En 1771, Claude-Joseph de Ferrière est aussi affirmatif pour désigner le stellionat comme le dol spécifique de la tromperie : « Le dol est celui qui provient du fait de quelqu'un, dans le dessein de tromper un autre [...]. »[350].

Cependant, là encore, cette infraction est limitée dans son champ d'application :

> « [...] Comme si le vendeur d'une terre ou d'une maison fait paroître un bail fait à plus haut prix que celui convenu entre le bailleur et le preneur, dans le dessein de vendre son héritage à un prix plus fort sur le pied du bail ; c'est un dol personnel provenant du fait du vendeur pour tromper l'acquéreur et lui faire payer plus qu'il n'en auroit payé autrement [...]. »[351].

---

[348] Emile Garçon, *Code pénal annoté*, Paris, Sirey, 2e éd. refondue par Ancel, Patin et Rousselet, 1952-1959. – Cass. crim., 13 mars 1806 : *Bull. crim.*, n° 41. – 24 avril 1807 : *Bull. crim.*, n°88. – 28 avr. 1808 : *Bull. crim.*, n°111.
[349] Jousse, *Traité de la justice criminelle*, Paris, 1771, t. IV, p. 129.
[350] Claude-Joseph de Ferrière, *Dictionnaire de droit et de pratique*, Paris, 1771, p. 501.
[351] *Ibid.*

Mais Ferrière nous explique aussi pourquoi une telle infraction, même limitée, s'est formée et ceci intéresse notre étude, par l'analogie que cette espèce peut présenter avec une infraction d'escroquerie qui semble *a priori* plus générale.

« La raison est que la fraude ne doit pas profiter à celui qui la commet au préjudice d'autrui. [Le dol réel] est au contraire celui qui vient de la chose, quand un acquéreur à qui on a livré tous les effets compris dans le contrat, a été déçu par leur peu de valeur, les terres qu'ils auroient achetées [...]. Il n'y a point en cela du fait du vendeur, lequel n'a point été obligé de déclarer la qualité de ses terres ; l'acquéreur doit s'imputer de ne s'en être pas informé, comme il le pouvoit [...]. C'est la raison pour laquelle le dol personnel donne lieu à la restitution et à la requête civile et non au dol réel, à moins qu'il n'y eût lésion d'autre moitié du juste prix »[352].

La référence à la fraude civile est néanmoins une explication curieuse. Pourquoi et comment celle-ci devient-elle une infraction pénale ? Pourquoi le dol par tromperie ne fait-il pas, comme il nous l'a suggéré, l'objet d'une simple indemnisation, au lieu d'une véritable sanction ? La confusion persiste ici entre jugement moral et appréciation des éléments juridiques, comme auparavant. Et n'est-ce pas ce qui, *in fine*, distingue le vol proprement dit de la tromperie ?
Ferrière le répète :

« Le stellionat est une espèce de larcin qui se commet par celui qui vend ou qui engage des immeubles qui ne lui appartiennent pas, ou qui les hypothèque comme francs et quittes, quoiqu'ils ne le soient pas ; ou qui les vend, comme étant propriétaire de la totalité, quoiqu'il ne le soit que d'une partie. Un homme commet aussi stellionat, qui prend la qualité d'une terre ou qui l'hypothèque comme propriétaire sans déclarer qu'il n'en est qu'usufruitier ; ou qui oblige et hypothèque un héritage qui est substitué, sans faire mention de la substitution [...] Il résulte que le stellionat est un contrat frauduleux qui a pour principe et fondement du côté du débiteur, le dol et la fraude qu'il emploie pour tromper la bonne foi du créancier. C'est une tromperie qui trouble la société civile et le commerce qui se fait par le moyen des contrats qui est du droit des gens. Aussi appelle-t-on ces débiteurs malicieux, stellionataires et faux vendeurs. Monsieur Cujas dit que le mot stellionatus vient de stellio, qui est une espèce de petit lézard extrêmement fin ; de sorte qu'on appelle en droit de ce nom toute sorte de dols et tromperies qui ne peut être désigné par un nom propre. »[353].

L'infraction poursuivie de stellionat est, par conséquent, au principal, une atteinte à la vie civile et à la sécurité des contrats juridiques. Aucune vie des

---

[352] Claude-Joseph de Ferrière, *op. cit.*, p. 502.
[353] Claude-Joseph de Ferrière, *op. cit.*, t. II, p. 717, V° stellionat.

affaires ne peut reposer sur une pareille activité frauduleuse de gens dénués de tout scrupule, qui se placent en marge de la société et entraînent à leur perte des victimes innocentes. Et c'est pourquoi, nous dit Ferrière, « le stellionat est [...] une espèce de crime [...] »[354].

Il reconnaît que

> « la manière la plus ordinaire et la plus facile de poursuivre ceux qui en sont coupables, est la voie civile. Le créancier exerce contre le stellionataire, l'action qu'il a contre lui pour le faire condamner à racheter la rente, ou à rendre ce qu'il a reçu [...]. Si le stellionataire, avant que d'être actionné, avoit payé les créances antérieures, le stellionat seroit atteint par ce paiement, il ne sera plus sujet à la contrainte par corps, ni même à la peine du remboursement du principal de la rente. On peut prendre la voie de la poursuite extraordinaire, mais cela ne se pratique pas, d'autant que par l'action civile, le créancier vient à ses fins avec moins d'embarras. Les femmes ne peuvent être réputées stellionataires ; que quand elles sont libres [...]. »[355].

Pourtant, le stellionat serait par essence criminel sous l'Ancien Régime. C'est du moins ce qu'affirme Ferrière lui-même, sans avoir l'impression de se contredire, parce qu'il le justifie par le sens de la condamnation qui est recherchée :

> « Le stellionat est toujours considéré comme crime et d'autant que tous les crimes sont personnels, si l'un des coobligés commet stellionat, la peine qui est d'être contraignable par corps au remboursement n'a lieu qu'à son égard [...]. La condamnation pour crime de stellionat emporte infamie. »[356].

C'est ce qu'affirme l'avocat Lange dans sa *Nouvelle pratique civile, criminelle et bénéficiale* :

> « [...] Il y a encore une infinité de fourberies, dans lesquelles il n'y a point qui réussissent avec plus de succès que ceux qui prennent la figure des gens de bien, et desquels on ne peut rien reprocher sans paroître ennemi de la vertu [...]. Mais le stellionat est un véritable larcin : parce que celui qui le commet vole et dérobe l'argent de celui qu'il trompe. Ce mot de stellionat chez les Romains, s'appliquoit à toutes sortes de crimes qui n'avoient point de nom propre. Parmi nous, à proprement parler, c'est une friponnerie et un artifice malicieux pour attraper l'argent d'autrui. »[357].

---

[354] *Ibid.*
[355] *Ibid.*
[356] Claude-Joseph de Ferrière, *op. cit.*, t. II, p. 717, V° stellionat.
[357] Lange, *Pratique de Lange, la nouvelle pratique civile, criminelle et bénéficiale, ou le Nouveau Praticien François, réformé suivant les nouvelles ordonnances, avec un traité du droit d'induit et de*

Comment, dès lors, distinguer la commission d'une éventuelle escroquerie du stellionat ? La question n'est pas simple et les auteurs du siècle de Louis XV n'ont pas apporté de véritable réponse.

En revanche, il apparaît que des dols spéciaux existent et constituent des crimes particuliers, à côté des simples soustractions frauduleuses, comme par exemple le faux. Par conséquent, toute la question consiste à se demander si la mention de l'escroquerie qui apparaît dans la jurisprudence a été analysée conceptuellement.

Section 2. L'analyse de Muyart de Vouglans[358]

De la doctrine du XVIIIe siècle, Muyart de Vouglans est-il le seul criminaliste à avoir compris qu'existait une infraction autonome d'escroquerie ?

§ 1 - Un criminaliste visionnaire ?

En 1753, le Conseiller au Grand Conseil à Paris Muyart de Vouglans a une position beaucoup plus tranchée que celle de ses confrères et collègues. S'il n'a pas toujours le style le plus clair ou le plus pur, et si ses analyses sont souvent sous-estimées par rapport à celles de Jousse, car il ne semble pas comprendre les événements historiques qui se préparent, il est pourtant l'un des grands découvreurs de l'infraction d'escroquerie.

Pourquoi ce grand nom de la pensée juridique de l'Ancien Régime est-il si décrié ? Les explications ne sont pas tendres :

> « Les *Institutes au droit criminel* et l'ouvrage principal, *Les Lois criminelles de France dans leur ordre naturel*, écrits dans un style souvent pénible et très éloigné de la clarté de Jousse, se signalent autant par leur érudition que par leur répressivité. À une époque où la jurisprudence des parlements modère presque systématiquement en appel les condamnations de première instance et où les auteurs les moins révolutionnaires déplorent que la torture n'ait pas encore disparu, Muyart exprime une opinion isolée, anachronique, avec une prétention au discours rationnel qui ne dissimule ni son caractère réactionnaire, ni sa complaisance pour les peines atroces[359]. Il est à peine besoin d'ajouter que son influence sera nulle, contrairement à celle de Jousse dont une partie du message

---

la juridiction ecclésiastique trouvée dans les manuscrits de l'auteur. Et un nouveau style des lettres de la Chancellerie, suivant l'usage qui se pratique à présent, par monsieur Pimont, Paris, 1755, 2 vol., 15e éd. t. II, p. 45-46.

358 Cette analyse s'appuie sur le livre III des *Lois criminelles en France dans leur ordre naturel*.

359 Madame Rolland dit dans ses *Mémoires* : « Je n'ai jamais rencontré d'homme dont la sanguinaire intolérance m'ait plus révoltée », *Mémoires*, 2 vol., 1905, t. II, p. 127.

sera sauvée par ses qualités scientifiques, et surtout à celle de Beccaria qui, avant d'inspirer la législation révolutionnaire en France, passera dans le droit positif de plusieurs pays d'Europe. »[360].

En réalité, la polémique s'instaure, au XVIIIe siècle, entre les sympathisants de Beccaria, héritier indirect de Montesquieu et les traditionnalistes qui inspirent Muyart de Vouglans. Pour Montesquieu, en effet, mieux vaut prévenir les crimes : un bon législateur doit moins s'attacher à punir les crimes qu'à les prévenir[361]. Après la publication de l'*Esprit des lois* en 1748, Beccaria publie en France, deux ans après sa première édition italienne, soit en 1766, son *Traité des délits et des peines,* qui s'inspire des écrits du grand magistrat bordelais et par lequel il s'élève contre les abus de la procédure inquisitoire et contre l'archaïsme de certaines incriminations. André Laingui et Arlette Lebigre soulignent[362] que

> « le petit livre de Beccaria eut un retentissement énorme, tant dans sa partie critique qui dénonce « l'arbitraire » sous tous ses aspects (absence d'incriminations légales, arbitrage des juges sur la peine, arrestations arbitraires) et attaque la procédure inquisitoire, que pour sa partie constructive qui renouvelait entièrement les fondements du droit pénal : pour les incriminations, une légalité qui ne doive plus rien aux sources coutumières mais résulte de la seule volonté expresse du législateur[363] ; pour la peine, la même exigence d'une stricte légalité[364] et des caractères que Beccaria était le premier à énoncer, sinon à avoir conçu : la peine, dit-il, doit être prompte, certaine, personnelle, proportionnée au délit et la moindre possible ».

Le débat est idéologique. Beccaria participe du courant de la philosophie des Lumières, abolitionniste de la torture et qui prône la légalité des délits et des peines. Un autre grand représentant de cette nouvelle pensée, Voltaire, va jusqu'à dédier sa *Relation de la mort du chevalier de La Barre* à l'auteur italien : rappelons que le philosophe avait également commenté son *Traité des délits et des peines.* L'idée est lancée qu'il faut réformer non seulement les institutions judiciaires, comme s'y risque le chancelier Maupeou, mais également le droit et la procédure

---

[360] André Laingui et Arlette Lebigre, *Histoire du droit pénal*, Paris, Cujas, 1979, t. I, p. 17. On se reportera également à l'article d'André Laingui « Pierre-François Muyart de Vouglans : l'anti-Beccaria », *Revue des archives de philosophie du droit*, 1995, p. 169.

[361] Ce texte de Montesquieu est également cité par J.-P. Brissot de Warville, *Théorie des lois criminelles*, Paris, 1781, chap. I, p. 37 : « [...] Un bon législateur doit moins s'attacher à punir les crimes qu'à les prévenir ; il doit plus s'appliquer à donner des mœurs qu'à infliger des supplices. ».

[362] André Laingui et Arlette Lebigre, *op. cit.*, 1979, t. I, p. 16.

[363] « Tout citoyen doit savoir dans quelles circonstances on est coupable et dans quelles circonstances on est innocent ».

[364] « Seules les lois peuvent fixer les peines qui correspondent au délit. »

criminelle. Le discours de rentrée des cours prononcé, en 1767, par l'avocat général Servan va étonnamment dans le même sens. Pour Servan, l'homme n'est jamais aussi heureux que « depuis qu'il s'est dépouillé de sa liberté naturelle pour se soumettre aux lois, depuis qu'il a cédé une partie de ses droits pour assurer la jouissance du reste et resserrer sa volonté pour étendre son pouvoir ; maintenant que son bonheur est en commun, un nouvel ordre s'est établi [...] »[365]. Cette opinion se trouve bientôt mêlée à toutes celles des avocats et des magistrats publiées à la veille de la Révolution. Or, qui élève sa voix contre cette vague de contestation ? Muyart de Vouglans. Il ose même écrire des pamphlets[366] contre Beccaria et Montesquieu, ce qui n'est évidemment pas fait pour plaire. Il défend le système inquisitoire de la procédure et l'arbitraire des juges sous l'Ancien Régime.

Mais comment le conseiller Muyart de Vouglans, homme admiratif du système en place, tient-il compte des nouveaux us et coutumes économiques d'un monde résolument tourné vers le futur ?

Pierre Gaxotte narrant le *Siècle de Louis XV*[367], explicite les observations des acteurs juridiques de la France du XVIIIe siècle. Il replace cette vision dans un contexte plus large qui embrasse toute la période moderne :

> « Les grands voyages, la découverte de l'Amérique, la naissance des empires coloniaux ébranlèrent le système. Des occasions de gain s'offrirent de toutes parts et la corporation devint un cadre trop étroit et trop minutieux. Elle avait préservé et transmis d'âge en âge les subtils secrets de la technique manuelle, mais elle avait pris les défauts du monopole, l'égoïsme, les formes compassées, l'étroitesse d'esprit, la manie de légiférer, la haine des changements, bons ou mauvais. Cela allait fort loin. Les fabricants de pain d'épice, par exemple, ne pouvaient débiter leur marchandise qu'en rond, en carrés, en cœurs et en billes : les bonshommes et les petits cochons leur étaient interdits. Fallait-il donc s'attaquer aux jurandes, compromettre la paix sociale, sacrifier des avantages éprouvés à l'espoir d'un enrichissement encore incertain ? C'eût été folie d'y songer ! Mais alors la France devait-elle se retrancher du monde, déchoir de son rang, vivre dans le passé, protégée du progrès par de hautes murailles ? »[368].

Cette interrogation est essentielle pour comprendre l'esprit de la noblesse et plus généralement des grands commis de l'État qui influencent toutes les décisions du royaume. Puisque le monde vient à la France et qu'il est impossible

---

365 Servan, *Discours sur l'administration de la justice criminelle*, 1767.

366 Nous parlons de sa « Réfutation des principes hasardés dans le *Traité des délits et des peines* » (1767), et de sa « Lettre sur le système de l'auteur de l'*Esprit des lois* touchant la modération des peines » (1785).

367 Pierre Gaxotte, *Le Siècle de Louis XV*, Paris, éd. Fayard, coll. « Les Grandes études historiques », 1933.

368 Pierre Gaxotte, *op. cit.*, p. 397.

d'échapper à cette forme de « mondialisation », le système lui-même, s'il veut survivre, ne doit pas refuser le progrès mais au contraire s'adapter. Les réformes s'imposent. Le parallélisme des problématiques entre l'Ancien Régime et le monde contemporain est frappant : Jusqu'où doit aller la modernité ? Que faut-il maintenir de la tradition ? Et comment subvenir aux besoins croissants du peuple, qui a toujours faim, non seulement de nourriture, mais plus généralement et légitimement d'une amélioration de son niveau de vie, puisque les marchandises affluent du monde entier ?

> « Selon les statistiques dressées par les commis du contrôle général, le commerce extérieur du royaume a quadruplé de 1715 à 1787. Il atteint à la veille de la Révolution le chiffre énorme de 1153 millions qui ne se retrouvera plus avant 1825.Les exportations de denrées exotiques comptaient pour quinze millions en 1716 ; elles comptent pour cent cinquante-deux en 1787 ; témoignage éclatant de la prospérité des îles d'Amérique. »[369].

La production française n'est pas seulement en reste, les infrastructures permettent également au pays de jouer à la plaque tournante et de devenir un centre important de transit.

> « Les marchandises étrangères réexportées représentaient six millions en 1716 ; comptent pour cent cinquante-deux en 1787 : preuve que notre marine marchande ne se contente plus de transporter les produits français ; elle concurrence avec succès les marines étrangères. C'est en 1783 qu'est créée la première ligne régulière de paquebots entre Le Havre et New-York. Les deux grands ports de l'Atlantique, Bordeaux et Nantes, deviennent des places internationales où s'entreposent, se négocient et se distribuent les grands produits coloniaux. De Saint-Domingue provient la moitié du sucre consommé dans le monde ; en une seule année les armateurs de Nantes y importent 30 000 nègres ! »[370].

Rappelons que l'historien Pierre Gaxotte publie ses commentaires en 1933. L'époque n'est pas neutre, la crise économique mondiale bat son plein, et l'auteur ne peut s'empêcher de se livrer à des comparaisons, déjà bien hasardeuses, entre l'organisation économique de sa période et celle du XVIIIe siècle.

> « Pour notre fabrication excessive et déréglée, la difficulté presque insurmontable est de trouver sans cesse de nouveaux débouchés où déverser des stocks monstrueux et toujours reformés. Au XVIIIe siècle, la situation est

---

[369] Pierre Gaxotte, *op. cit.*, p. 399.
[370] Pierre Gaxotte, *op. cit.*, p. 399-400.

exactement contraire : la demande précède l'offre et l'emporte sur elle. La clientèle est plus nombreuse ; ses exigences se sont accrues. Ce sont les négociants qui sollicitent les industriels pour obtenir d'eux des marchandises dont l'acheteur est déjà trouvé. Loin de ralentir la production, ils la stimulent ; ils poussent au perfectionnement de l'outillage, à la construction de nouvelles manufactures et surtout à la destruction des métiers organisés qui gênent la concurrence et empêchent la concentration capitaliste : ce sont les marchands en gros qui ont été les agents de la révolution industrielle et cette révolution s'est faite contre les gens de métier et malgré eux »[371].

Dans un tel contexte, que doivent faire les juristes qui entendent soutenir la monarchie et les institutions en place ? Comment préserver le développement économique et la croissance afin de permettre au royaume de vivre mieux, ouvert sur le monde, tout en conservant sa substance ? Que doit enfin faire le pénaliste devant la multitude de crimes commis et les nouvelles occasions offertes à la délinquance par les déplacements de biens et de personnes ?

Muyart de Vouglans, parce qu'il est conservateur, recherche paradoxalement quelles sont les idées nouvelles qui pourraient permettre de maintenir l'organisation du système politique. S'il s'intéresse à améliorer la pratique judiciaire, n'est-ce pas pour mieux en préserver l'esprit et les grands principes ? Il ne veut donc pas critiquer pour tout changer, il tente de recenser « dans leur ordre naturel » les véritables lois criminelles qui s'appliquent dans le royaume de France et essaie de déterminer le champ d'action du criminaliste. Dans son livre III, il expose quelles sont les différentes espèces de crimes et les peines afférentes existantes. Il prévient : « À la vue de cette multitude et variété effrayante

---

[371] Pierre Gaxotte, *op. cit.*, p. 400-401. Il poursuit « Par un détour également imprévu, la campagne a été conquise la première et le capitalisme s'est servi d'elle pour réduire les centres urbains. Les corporations, en effet, n'avaient autorité que chacune dans sa ville. Il n'existait point entre elles de confédérations provinciales ou nationales : la campagne échappait à leur tutelle. Or, de tout temps, les paysans avaient occupé les mois d'hiver et les soirées vides à des travaux de filature, de tissage, de coutellerie, de poterie ou de menuiserie. Les grossistes s'emparèrent de cette main d'œuvre par l'appât de gains plus élevés et la firent travailler pour le grand commerce et pour l'exportation. Aux artisans ruraux, ils distribuent la matière première, fournissent des outils et des métiers perfectionnés. En Flandre, en Picardie, en Champagne et en Haute-Normandie, villages et hameaux sont continuellement parcourus par des commissionnaires qui répartissent les commandes, portent les modèles et les dessins, ramassent et paient les articles finis. Le cultivateur et le journalier continuent bien à travailler chez eux, à leur guise, aux heures que laissent libres les besognes des champs ; néanmoins, ils ne sont plus que les employés d'un entrepreneur, les serviteurs gagés d'une « affaire » qui les dépasse, dont ils n'ont jamais vu les directeurs et dont ils ignorent les autres rouages. Que les entrepreneurs s'affranchissent des entraves corporatives et que, pour économiser des frais de transport, ils réunissent ouvriers et machines dans quelques bâtiments, l'industrie moderne sera née et avec elle le prolétariat. Ainsi se fondent de grandes manufactures de drap et de coton à Sedan, à Amiens, à Rouen, à Reims, à Louviers, à Mulhouse et à Orléans. »

de crimes [...] ne devrions pas en effet d'autant plus craindre d'entrer dans une carrière aussi vaste et aussi délicate que nous ne trouvons d'ailleurs aucun garde assez sûr pour pouvoir nous y conduire ? ».

Au titre 6, article 3 du livre III du chapitre II de la première partie, Muyart de Vouglans affirme l'existence « des vols faits par escroquerie ou filouterie ».

L'existence de vols commis par escroquerie n'avait jamais jusqu'alors été affirmée de façon aussi péremptoire. Désormais ne doit plus être poursuivie uniquement la tromperie, mais une infraction spéciale, celle de l'escroquerie. L'économie de la monarchie n'a, il est vrai, plus les moyens de tolérer des escrocs. La concurrence est rude car elle est internationale. L'obligation de performance constitue déjà une sorte d'impératif catégorique.

Malheureusement Muyart de Vouglans n'est pas aussi explicite que nous le souhaiterions sur les éléments constitutifs de cette infraction de l'escroquerie. Ses références au droit romain sont insuffisantes pour définir correctement ce qu'il nomme avec précision ; mais s'il en mesure le besoin, il ne dispose sans doute pas encore d'autres outils juridiques. C'est certainement pourquoi, dans son article III sur « Des vols faits par escroquerie ou filouterie » il commence par expliquer :

> « Les voleurs de cette espèce sont connus, dans le droit romain, tantôt sous le nom de *saccularii* ou coupeurs de bourses, tantôt sous celui de *directarii*, parce qu'ils s'introduisent dans les maisons sous différents prétextes, dans la vue d'y voler. [...] Les uns et les autres devoient suivant ce même droit, être punis plus rigoureusement que les voleurs ordinaires, à cause de la trahison et de l'abus de confiance dont ces sortes de vols se trouvent accompagnés. »[372].

L'escroquerie est donc définie comme une trahison morale et un abus de confiance ici conçus dans une appréhension non juridique. Il s'agit aussi d'une nouvelle conception de la vie des affaires, et de la façon dont le droit doit désormais l'accompagner. Considérer le droit pénal des affaires comme une nouvelle discipline, tout à fait fondamentale à la réussite de l'Ancien Régime, est évidemment essentiel pour le juriste Muyart de Vouglans.

On le présente comme répressif, on l'accuse de refuser la prévention. Peut-être. Mais quand il s'agit de réguler le système de production et d'échanges du pays, Muyart de Vouglans dénonce surtout une pratique frauduleuse qui, répétée, crée un préjudice considérable et qu'il faut absolument réduire. L'escroquerie rend donc le vol qualifié, car l'objectif, pour Muyart de Vouglans, est d'éviter la ruine des particuliers et de leurs créanciers à la suite d'actions dolosives spécifiques comme l'escroquerie. Le vol n'est plus la simple soustraction du bien d'autrui,

---

[372] Muyart de Vouglans, *Les lois criminelles de France dans leur ordre naturel*, Paris, 1780, p. 292.

mais le maniement frauduleux effectué sur n'importe quel bien par une escroquerie, ce qui le rend qualifié.

Le délit d'escroquerie participe de toutes sortes de comportements affairistes répréhensibles, plus généralement dénommés comme des « vols commis par gens d'affaires ». Et la liste n'est pas exhaustive :

> « Nous voulons parler des agents, receveurs, commis et autres préposés à la conduite de nos affaires, lorsqu'ils s'approprient les deniers dont la recette leur est confiée. L'on peut aussi rapporter à ces sortes de vols, aux faits par gens de justice, tels que greffiers, procureurs, huissiers, dont nous avons parlé en traitant de la concussion et du faux commis par gens de justice. L'on peut encore y rapporter les vols faits par les commis des postes qui décachètent les lettres et paquets pour s'approprier l'argent et les effets qui s'y trouvent renfermés et contre lesquels a été rendue la déclaration du 25 septembre 1742 [...]. Comme aux différents vols dont nous parlons ici, se trouve joint un abus particulier des fonctions de ceux qui les font, ils sont sans contredit plus punissables que les vols ordinaires ; et c'est par conséquent le cas d'augmenter le temps du bannissement, ou même de porter la peine jusqu'aux galères à temps, lorsque le vol est considérable [...].
>
> [Quant aux] vols faits par des hôteliers, maîtres de coche, de navire et messagers [...], nous les regardons [...] comme crimes publics et par conséquent comme sujets à la poursuite extraordinaire [...] à cause de la confiance publique qu'on est obligé de donner aux personnes de cet état. »[373]

Le vol peut ainsi être clandestin, parce qu'il résulte d'une escroquerie. Autant dire qu'il n'est plus qu'une référence judiciaire qui permet de sanctionner en l'absence de texte légal spécifique. Or Muyart de Vouglans ne veut pas contraindre le magistrat dans une échelle des peines trop stricte. Il veut toujours lui permettre d'apprécier les faits qu'il a à juger, par ce qui est appelé l'arbitraire. Mais Muyart de Vouglans cherche néanmoins à orienter la conception que doivent avoir les juges de ce type de délit. Aussi, s'il n'utilise pas en 1768 le terme même d'escroquerie, peut-être par pragmatisme, développe-t-il au moins les différentes sortes de vols qualifiés et la façon dont il faut les comprendre. Il est alors intéressant de noter qu'il ne mentionne pas la soustraction mais un enlèvement qui souligne simplement la notion de déplacement physique.

> « Nous disons, en premier lieu, que le vol est un enlèvement, parce que le vol ne se fait régulièrement que d'une chose mobilière qui peut se transporter d'un lieu à un autre [...]. A l'égard des immeubles, quoique ceux qui s'en emparent justement soient réputés également voleurs parmi nous, l'Acte par lequel se fait ce

---

[373] Muyart de Vouglans, *Les lois criminelles de France dans leur ordre naturel*, Paris, 1780, p. 295-297.

dépouillement, s'appelle proprement usurpation, qui peut être poursuivie criminellement, lorsqu'elle est jointe à la violence.

[...] Nous avons dit, en second lieu, que le vol est un enlèvement clandestin, pour le distinguer de la rapine, qui se commet publiquement et par violence. Nous avons parlé de celle-ci sous le nom de force publique, en traitant des crimes de lèse-majesté en second chef. »

Muyart de Vouglans ajoute :

« Nous avons aussi parlé dans la première partie des *Institutes de la distinction des vols manifestes et non-manifestes suivant le Droit romain, et des peines qui y étoient attachées*.

[...] Nous avons dit, en troisième lieu, que le vol étoit un enlèvement frauduleux, parce que c'est la mauvaise foi qui fait le crime : *furtum* dit la loi *sine affectu furandi non commititur*.

[...] Nous avons dit, en quatrième lieu, que le vol le fait soi de la chose d'autrui.

[...] Nous avons dit, en cinquième lieu, que le vol étoit fait dans la vue d'en retirer un profit particulier ; car, s'il n'étoit pas uniquement que dans la vue d'insulter et de nuire à celui qu'on dépouille de ses biens, ce seroit alors moins un vol qu'une injure réelle.

[...] En sixième lieu, que le vol se faisoit contre le consentement de celui envers qui il se commettoit.

[...] Les vols qualifiés sont ceux qui intéressent principalement l'ordre public et qui sont accompagnés de certaines circonstances aggravantes, qui demandent qu'ils soient punis exemplairement. »[374].

Muyart de Vouglans propose ainsi une bonne synthèse des connaissances juridiques sur l'infraction de vol, dans les *Institutes au droit criminel, ou principes généraux sur ces matières suivant le droit civil, canonique, et la jurisprudence du royaume*. Il précise :

« Ces circonstances se tirent ou de la manière dont le vol a été fait, comme s'il est commis avec effraction, avec armes, ou avec déguisement, ou bien par adresse et filouterie ; ou de la qualité de ceux qui le commettent, comme si ce sont des Domestiques, des vagabonds, gens sans aveu, gens d'affaires, officiers ou ministres de la justice, soldats, cabaretiers, maîtres de coche, ou de navire, messagers, voituriers, serruriers et autres dépositaires publics ; ou de la qualité de la chose volée, comme si le vol est fait d'une chose sacrée, des deniers royaux, des deniers publics [...] ou de l'habitude, comme s'il a été réitéré plusieurs fois, s'il est commis par un grand nombre de personnes ; ou du lieu, comme si c'est à

---

[374] Muyart de Vouglans, *Institutes au droit criminel*, 1768, p. 396-400.

l'église…ou enfin de la sûreté du commerce, comme un fait d'usure et de banqueroute frauduleuse, monopole et recellement. »[375].

Par conséquent, l'escroquerie est à la fois une circonstance de commission et un élément de qualification de l'infraction de vol. La poursuite du vol permet la répression. La filouterie entraîne l'aggravation de la sanction et, de façon générale, l'escroc est à éliminer de la société. Telle est la position nette de Pierre-François Muyart de Vouglans.

§ 2 - L'affirmation de l'existence de l'escroquerie

Muyart de Vouglans recourt à une formule particulièrement acérée : « [il est question] des vols qualifiés comme contraires à la sureté du commerce »[376].

C'est dans ce cadre qu'il dénonce tous ces vols qualifiés qui menacent l'économie : l'usure, la banqueroute frauduleuse[377], le monopole et le recellement.

L'escroquerie, qui est donc une des infractions du droit pénal des affaires, doit être traitée comme toutes les autres atteintes à l'économie. C'est pourquoi Muyart de Vouglans opère en réalité trois distinctions qui lui permettent de caractériser ce type d'infraction. Comme il ne peut pas s'appuyer sur un élément légal, et que l'élément matériel qui doit être sanctionné s'apparente au vol, il ne retient, en réalité, que la spécificité des personnes coupables de ce type d'infraction, la façon dont elle s'opère, et enfin la clandestinité qui la caractérise.

L'escroquerie est d'abord un vol fait

> « par gens d'affaires : sous le nom de gens d'affaires, nous comprenons les intendants de maison, receveurs, et autres administrateurs des biens qui sont à nos gages, mais qui ne demeurent point avec nous. Les vols que font ceux-ci ne doivent point, pour cette raison, être punis aussi sévèrement que les vols domestiques, mais aussi comme ils entraînent avec eux un abus de confiance et de

---

375 Muyart de Vouglans, *op. cit.*, 1768, p. 400.

376 Muyart de Vouglans, *op. cit.*, titre V, chap. VII, 1768, p. 425.

377 L'auteur précise : « Sous le nom de banqueroute, l'on entend en général l'abandon que fait un débiteur de tous ses biens à ses créanciers, à cause de son insolvabilité feinte ou véritable. Dans l'origine, ce mot ne s'entendoit proprement que des banquiers ou négociants publics qui soudoient les créanciers ; mais aujourd'hui il s'applique également à tout particulier, soit marchand, négociant, trésorier, receveur, dépositaire public et autres débiteurs ou comptables, qui faute de volonté ou de pouvoir, manquent à acquitter leurs dettes et s'enfuient pour échapper aux poursuites de leurs créanciers […]. Suivant l'Ordonnance du Commerce, la Déclaration du mois d'août 1725, l'on peut poursuivre comme banqueroutier frauduleux […] ceux qui divertissent leurs effets, supposent des créanciers et déclarent plus qu'il n'est dû au véritable […]. Quant aux banqueroutiers frauduleux (et ceux qui les aident ou les favorisent) ils doivent, au terme du titre 11, être punis de mort. […] Il y a eu un célèbre arrêt du 26 janvier 1702, qui condamne le nommé François Fabre, caissier, pour avoir fait une banqueroute frauduleuse, aux galères perpétuelles, préalablement attaché au pilori pendant trois jours de marché. », in *Institutes au droit criminel*, 1768, p. 431-434.

prévarication dans leurs fonctions, ils doivent sans contredit, être sujets à des punitions plus sévères que les autres vols ordinaires »[378].

L'abus de confiance, la prévarication, sont autant de circonstances qui, pour Muyart de Vouglans, aggravent encore le vol commis par filouterie. Ils entrent donc dans la catégorie de l'escroquerie, parce que les auteurs qui abusent et se livrent à la prévarication dans le but d'escroquer sont des filous, c'est-à-dire des escrocs. La conséquence est très simple : ces individus doivent être punis plus sévèrement que les auteurs des vols ordinaires.

Ces vols qualifiés par la qualité de leurs auteurs comprennent aussi tous ceux commis par des « vagabonds et gens sans aveu, par gens d'affaires, par gens de justice, par des soldats, par des cabaretiers, par des maîtres de coche, de navire, par des messagers, par des voituriers, par des serruriers »[379]. Ils participent des vols domestiques.

L'escroquerie est ensuite un vol « fait avec adresse et filouterie ». En effet, ces sortes de vols, « à cause de l'abus de confiance qui y sont joints et de la difficulté qu'il y a à s'en garantir, sont punis de peines plus rigoureuses que les vols ordinaires »[380].

Enfin, les escroqueries sont fréquentes dans toutes sortes de trafics et de jeux interdits, liés au hasard et à la tromperie, qui alimentent une économie souterraine qui ne saurait être tolérée dans un État de droit, et dans un marché transparent. « Au reste comme ces sortes de vols se commettent principalement à l'occasion des jeux, nous aurons lieu d'en parler plus amplement en traitant des délits de police. »[381]

Muyart de Vouglans consacre ainsi le chapitre V du *Traité des crimes* in *Institutes au droit criminel* au problème des jeux publics, parce qu'ils sont défendus.

Muyart de Vouglans ne donne donc pas *stricto sensu* une définition moderne de l'infraction d'escroquerie, puisqu'il la traite comme un « vol qualifié »[382]. Ce faisant, il rejoint dans son analyse l'avocat au Parlement Guy de

---

[378] Muyart de Vouglans, *Institutes au droit criminel*, *Traité des crimes*, 1768, p. 405.

[379] Muyart de Vouglans, *Id.*, p. 403.

[380] *Ibid.*

[381] Muyart de Vouglans, *Les lois criminelles de France dans leur ordre naturel*, 1780, p. 292.

[382] « Dans le chapitre I des *Instituts au droit criminel*, Muyart de Vouglans traite des « vols qualifiés par la manière dont ils sont faits et de leurs peines ». Sous cette rubrique, il énumère le « vol avec effraction », le « vol avec armes », le « vol avec déguisement », et le « vol avec filouterie ». Il définit ainsi les « vols faits avec adresse et filouterie » : « Nous voulons parler des vols faits par ces faiseurs de tours, coupeurs de bourses, appelés en droit *sarcularii*, ou bien par ces sortes de gens appelés *directarii*, qui s'introduisent subtilement dans les maisons et boutiques dans la vue d'y voler, sous prétexte du jeu ou d'achat de marchandises : *Directarii qui in alienas caenaculas se dirigunt, furandi*

Rousseaud de La Combe, qui, en 1768, distingue également le « vol [qui] se commet par force et par violence et par rupture et effraction »[383] du « larcin [qui] se fait par surprise, clandestinement et cachette »[384].

> « L'Ancien droit français semble [...] avoir été [...] très impressionné par le droit romain avec une tendance à englober sous une même qualification de vol toutes les atteintes au droit de propriété. »[385].

Mais, contrairement à la conception de nombre d'auteurs modernes, le juriste de la fin de l'Ancien Régime, notamment Muyart de Vouglans, a parfaitement compris que l'escroquerie constitue une qualification spéciale. Cette infraction se commet par astuce, c'est-à-dire par filouterie, à l'aide matériellement d'abus, de prévarication, de concussion, d'extorsion, de faux et de stellionat, entre autres. Ces moyens concrétisent les manœuvres frauduleuses.

Cependant, Muyart de Vouglans ne veut pas se limiter à une définition trop précise, qu'il ne maîtrise sans doute pas, et qu'il ne peut bien entendu appuyer sur un texte légal qui n'existe pas encore. C'est pourquoi il estime qu'il est « difficile et dangereux de vouloir prescrire des règles certaines en la matière »[386].

Si d'autres auteurs de la doctrine ont mentionné l'existence de l'escroc comme des Essarts dans son *Dictionnaire universel de police*, ou Guyot dans son *Répertoire universel*, ont-ils, pour autant, caractérisé les éléments constituant l'escroquerie comme Muyart de Vouglans ?

Faut-il attendre la Loi des 19-22 juillet 1791 pour disposer d'une qualification juridique précise de l'escroquerie ? Ou n'est-ce que par le *Code pénal* de 1810 que la distinction entre les trois infractions que sont le vol, l'abus de confiance et l'escroquerie, est définitivement opérée ? Faut-il donc supposer que les praticiens, dans leurs jugements sur des cas d'espèces, ont fait preuve d'une vision plus précise que celle, par définition plus conceptuelle, des théoriciens du droit ?

---

animo », Nelly Thouvenot, *L'Escroquerie et sa répression dans le ressort du Parlement de Paris de 1780 à 1790*, Mémoire pour le D.E.S. d'Histoire des Institutions, Université de droit – Paris II, 1978, p. 14.

383 Guy Rousseaud de La Combe, *Traité des matières criminelles*, Paris, 1768, 7e éd., p. 36.

384 *Ibid.*

385 Michelle-Laure Rassat, *Juris-classeur Pénal*, 1996, art. « Escroquerie », p. 5.

386 Muyart de Vouglans, *Lois criminelles*, 1780, liv. III, chap. I, § 1.

Chapitre 2. De la fraude à l'escroquerie

Les magistrats de l'Ancien Régime ont su non seulement distinguer le fripon du simple voleur mais ils ont encore caractérisé la fraude pénale.

Section 1. De la friponnerie rusée...

Les juristes du XVIIIe siècle apportent-ils une première définition du fripon et donc de l'escroc reconnu comme un délinquant à part entière ?

§ 1 - La définition de l'escroc fripon

La légitimité de la source jurisprudentielle sous l'Ancien Régime ne fait aucun doute. Les magistrats disposent en effet du pouvoir d'apprécier totalement les cas d'espèces qui leur sont soumis, c'est-à-dire arbitrairement, de décider si tel ou tel fait constitue une infraction. Les sources législatives au début du règne de Louis XV ne sont pas légion en matière de droit pénal et elles s'appuient sur le droit romain qui a légué la tradition de l'action *furti* ainsi que de la sanction liée à la commission d'un vol et dont la connaissance est acquise.

Le Châtelet appartient au ressort du Parlement de Paris, lui-même émanation de la *curia regis*. La cour et ses juridictions, par délégation de la puissance publique en matière judiciaire, ont donc toute légitimité pour prétendre, non seulement à appliquer le droit, mais aussi à l'énoncer. Le dire pour le révéler revient à créer des précédents qui peuvent servir de références et génèrent le droit. Cependant les praticiens sont aussi des auteurs d'ouvrages de référence. Si Pierre-François Muyart de Vouglans a ainsi nettement distingué l'infraction d'escroquerie, peut-on pour autant affirmer qu'il a été le seul juriste de son temps à le faire ? D'aucuns ont pu l'affirmer[387]. Il est certain que Muyart de Vouglans est le seul à avoir classé l'escroquerie de façon didactique dans une catégorie d'infractions d'affaires, comme nous avons pu l'observer.

Mais est-ce que cela signifie qu'aucun de ses contemporains n'a visé expressément l'escroquerie ? Serait-il le seul à avoir suggéré aussi clairement l'existence d'un vol par escroquerie dans ses éléments constitutifs, les autres s'étant contentés de mentionner l'existence des méfaits des escrocs ? Si tel était le cas, les incriminations retenues par la source jurisprudentielle participeraient largement d'un constat qui commencerait à peine à prendre forme dans la doctrine.

---

[387] Tel est le cas de Nelly Thouvenot, *L'Escroquerie et sa répression dans le ressort du Parlement de Paris de 1780 à 1790*, Mémoire pour le D.E.S. d'Histoire des Institutions, Université de droit – Paris II, 1978.

En réalité Guyot, en 1785 dans son *Répertoire universel*, définit l'escroc et l'escroquerie. Sous quelle forme ? S'agit-il d'un simple relevé des offenses à la moralité qui sont couramment pratiquées au XVIIIe siècle ?

Rappelons que la vie urbaine à Paris et dans les cités alentours offre mille occasions aux escrocs de révéler leurs friponneries :

> « Les grandes villes qui, sous le masque d'un étalage fastueux, cachent la misère qui ronge leurs habitants, les grandes villes sont inondées de gens sans état, sans assise, sans ressources, qui ne mendient pas à la vérité, mais qui ne s'occupent que de moyens de subsister aux dépens du commun. De là les escrocs, les filous […] »[388].

C'est dans ce contexte que Guyot analyse, à sa façon, l'infraction d'escroquerie et l'action de l'escroc : « Escroc est le nom qu'on donne à un fripon qui est dans l'habitude d'attraper de l'argent ou autre chose par ruse, par fourberie. L'escroquerie est l'action que commet l'escroc en friponnant. Le carcan est la peine la plus ordinaire attachée à l'escroquerie. » [389].

Pour Guyot, l'escroquerie est donc la friponnerie. La qualification est imprécise et l'élément moral est prédominant. Elle date néanmoins de la fin de l'Ancien Régime.

Guyot appuie sa définition juridique sur l'analyse de la jurisprudence. Il s'interroge pour savoir quand sont prononcées les peines infamantes[390], comme celle du carcan,. À cette occasion, il vise l'*escroquerie*, en général, et en particulier l'une de ses formes, l*a friponnerie au jeu*.

Il rappelle ainsi non seulement l'arrêt du Parlement de Paris du 29 janvier 1767, où l'écuyer Damaze Almart du Mont de Montjolly, a été condamné[391], pour avoir escroqué plusieurs particuliers, mais encore un autre arrêt du Parlement de Paris en date du 13 décembre 1774, par lequel sont condamnés Jacques Meirano, Jean-Baptiste Zegri, Philippe Laval, dit Bonhomme, et Jean Esprit Desmasre, dit Saint-Martin, à être attachés au carcan en place de Grève, portant chacun des écriteaux, l'un devant et l'autre derrière, avec ces mots, *Cocangeur*[392], *Escroc*

---

[388] J.-P. Brissot de Warville, *op. cit.*, Paris, 1781, p. 81.

[389] Guyot, *Répertoire universel*, Paris, 1785, t. VII, p. 79.

[390] Guyot, *op. cit.*, p. 479. Il explique ainsi : « Les cas pour lesquels on prononce ordinairement la peine de carcan sont la banqueroute, le crime de faux, la bigamie […] l'escroquerie, les friponneries au jeu, les vols de fruits champêtres, le colportage des livres défendus, les insultes faites au maître par leurs domestiques […] souvent joints d'autres peines à celle du carcan, ainsi que deux écriteaux qu'on attache au dos et sur la poitrine du coupable pour indiquer son crime ».

[391] Arch. Nat. X^{2B} 1037 affaire n°344 : arrêt du 29 janvier 1767.

[392] Le cocangeur était assimilé à un tricheur. La cocange était en effet une sorte de jeu de hasard, qui paraît être l'aïeul du bonneteau. ce jeu était tenu par un habile escamoteur ; il fallait deviner sous quelle coquille de noix (il y en avait trois en jeu) se trouvait une petite boule de liège.

public et *fripon au jeu*, « à cause des filouteries et escroqueries par eux pratiquées à Paris, et dans le voisinage, même en province, soit au jeu avec des cartes préparées, soit par des tours d'adresse et de subtilité, soit enfin par des jeu envers différents marchands et particuliers… »[393].

Le *Répertoire universel* cite enfin un arrêt du 19 août 1776, par lequel le Parlement de Paris condamne Pierre Chambault « pour avoir abusé de la simplicité du nommé Etienne Jannicot, meunier à Nanceray, en lui promettant une poule noire qui lui pondroit de l'argent tous les jours, et lui avoir, par ce moyen, escroqué à plusieurs reprises, une somme de 480 livres ».

L'avocat des Essarts se lance, en pénaliste et criminologue, dans la rédaction et la publication d'un *Dictionnaire universel de police* entre 1786 et 1789. Il « photographie » ce faisant l'ensemble du siècle de Louis XV. Lui aussi mentionne l'escroquerie, et dénonce les escrocs. Mais son ouvrage est-il un manuel de droit pénal général et spécial, ou une pratique à destination de tous ceux qui veulent connaître, non pas les véritables éléments constitutifs des infractions, mais leurs caractéristiques sociologiques ?

Des Essarts propose ainsi une définition :

> « Définir un filou, un homme qui vole adroitement, c'est indiquer que les filous sont tous des gens adroits qui cherchent à vivre et s'enrichir en faisant des dupes. Combien n'y a-t-il pas d'espèces de filous et d'escrocs ? Elles se multiplient et varient à l'infini. »[394].

Il précise cependant que les filous et escrocs agissent rarement seuls :

> « Les filous ont presque tous des complices. Pour employer leur expression ; on ne peut, disent-ils, travailler en grand qu'avec de grands moyens ; et ces grands moyens consistent à se réunir, à se reconnoître et à se prêter mutuellement des secours. »[395].

Des Essarts indique également les moyens employés par ces fripons d'escrocs qui commettent des filouteries de toutes espèces :

> « […] J'ai déjà parlé, dans l'article affronteur, de plusieurs des moyens employés par cette classe d'individus aussi considérable que dangereuse. On ne

---

[393] Guyot, *Répertoire universel*, Paris, 1785, t. VII, p. 680. Arrêt du Parlement de Paris en date du 13 décembre 1774, par lequel sont condamnés Jacques Meirano, Jean-Baptiste Zegri, Philippe Laval, dit Bonhomme, et Jean Esprit Desmasre, dit Saint-Martin.

[394] Des Essarts, *Dictionnaire universel de police*, Paris, 1786-1789, 7 vol., in-4°, t. III.

[395] *Ibid.*

doit pas exiger que je rapporte tous les tours plus ou moins ingénieux des filous et des escrocs. Je me bornerai à citer ceux qui sont les plus connus et dont on ne peut trop avertir les gens faibles et crédibles. « Porter le flambeau (dit un moraliste moderne) sur ces friponneries obscures, c'est pour ainsi dire mettre en déroute ceux qui les commettent, et c'est, en même temps, donner un avis utile aux administrateurs pour purger les grandes capitales d'une vermine aussi funeste »[396].

§ 2 - L'escroc délinquant

L'affronteur est comme le fripon, ou encore comme le filou, il *est* avant tout un escroc. C'est tout du moins ainsi que le définit finalement Des Essarts, avec quelques nuances sur la gravité de l'acte, distinctions désormais caduques en droit moderne. Il est ainsi

> « celui qui pour s'enrichir, abuse de la confiance publique et fait des dupes. L'affronteur a [donc] quelque analogie avec l'aigrefin et l'escroc. Cependant, il a un caractère particulier qui le distingue et qu'il faut marquer par les manœuvres qu'il emploie pour réussir. L'affronterie est un délit aussi dangereux qu'il est commun. Il est d'autant plus pernicieux, que de nombreuses victimes, rougissant d'avouer une crédulité aveugle, se gardent bien de divulguer leur disgrâce et laissent ainsi l'affronteur imprudent faire des nouvelles dupes et s'enrichir de leurs dépouilles. Ces affronteurs qui, après en avoir imposé longtemps à un peuple crédule et avide de nouveautés, ont fini par tomber entre les mains de la police, avoient quelquefois, il faut l'avouer, un langage et des manières séduisantes : leurs moyens, leurs ruses se sont tellement multipliés, selon les circonstances des temps et des lieux, qu'il était difficile qu'une certaine classe d'hommes n'en fût la dupe ; chaque province, chaque ville même, a été à son tour le théâtre où un affronteur exerçoit son adresse heureuse et par de nouveaux procédés, de nouvelles ruses »[397].

Des Essarts souligne ici un élément de qualification important. Il relève en effet que l'escroc qui affronte le monde abuse en fait de la crédulité de certains particuliers. Or, n'est-ce pas l'un des éléments constitutifs de l'infraction de l'escroquerie en 1791 ? Des Essarts conclut donc lui aussi que l'escroquerie, sous ses différentes formes de filouterie ou d'affronterie, doit être poursuivie au pénal et punie de façon criminelle.

Il est intéressant de noter que Des Essarts se réfère à la même jurisprudence que Guyot pour caractériser l'escroquerie. Il rapporte encore l'affaire du Parlement de Paris en date du 29 janvier 1767, où l'écuyer Dumont de Montjolly est condamné « pour avoir affronté et ruiné plusieurs particuliers par ses

---

396 *Ibid.*

397 Des Essarts, *op. cit.*, Paris, 1786-1789, t.I.

escroqueries »[398]. Il est cependant plus précis dans le rappel des faits qui motivent cet arrêt :

> « Cet affronteur persuadait, à de gens de haute qualité, qu'il était leur parent, supposait des relations qu'il n'avait point, et sous cet appareil pompeux, à l'aide de quelques intrigues, empruntait ce qu'il ne devoit jamais rendre, faisoit ce qu'on appelle des affaires et ruinait des enfants de famille »[399].

Pourquoi des Essarts ne rappelle-t-il que les arrêts mentionnés par Guyot ? S'est-il contenté de se référer à ce dernier ? Praticien, des Essarts a certainement lu les écrits de ses collègues. En tout cas, il commente également l'arrêt du 17 mai 1776[400],

> « rendu sur l'appel d'une sentence du 12 septembre 1775, « condamne le nommé Chambault, à être attaché au carcan sur la place de Pithiviers, pendant trois jours, avec un écriteau portant ces mots affronteur par fausse magie. » La sentence l'avoit déclaré atteint et convaincu d'avoir escroqué sept cent vingt livres à Jannicot, sous prétexte de lui vendre une poule noire qui devoit lui pondre de l'argent et de l'avoir réduit à la dernière misère ; pour réparation de quoi, il avoit été condamné au fouet, au carcan, au flétrissement et au bannissement pour cinq ans ; il avait eu quelques complices qui avaient encouru les mêmes condamnations, mais qui s'étaient évadés. Il ne faut pas être surpris que Jannicot, quoique ruiné par cet affronteur, n'ait pas obtenu la restitution de la somme que celui-ci lui avait escroquée […]. »[401].

Ces observations sont extrêmement intéressantes d'un point de vue juridique. Des Essarts explique en effet que si, à titre des réparations civiles, Jannicot n'a pas obtenu des magistrats du Parlement de Paris la restitution de la somme qui lui a été escroquée, c'est parce qu'il l'avait remise volontairement à l'auteur de l'infraction. Voilà qui montre une acuité remarquable dans l'observation et le raisonnement. Car n'est-ce pas précisément ce qui distingue le vol, mais aussi l'abus de confiance, de l'escroquerie et ce qui rend cette décision paradoxale ? En effet, le voleur soustrait, l'abuseur de la confiance d'autrui détourne et l'escroc se fait remettre le bien convoité.

Des Essarts écrit : « Jannicot avait donné volontairement. ». Tout est dit. L'escroquerie n'est-elle pas désormais définie ? Voici que notre avocat

---

[398] Des Essarts, *op. cit.*, Paris, 1786-1789, t.I.
[399] *Ibid.*
[400] Pout cette même affaire, Guyot donne la date du 19 août 1776.
[401] Des Essarts, *Dictionnaire universel de police*, Paris, 1786-1789, t. I, *s.v.* affronteur.

criminologue, qui s'intéresse à la police et adore le droit, a remarquablement distingué un des éléments constitutifs du futur texte sur l'escroquerie de 1791.

Des Essarts affine son raisonnement :

> « [...] s'il s'était déjà laissé affronter par un autre on l'avait averti de se délier de celui-ci ; enfin, ce qui tranche toute question est que le motif qui lui avait fait donner son argent était condamnable. »[402].

C'est ce qui distingue l'escroquerie du vol, car dans le second cas, la soustraction de l'argent aurait, à l'époque, nécessité la restitution sans aucune hésitation par le Parlement. Mais pour l'escroquerie-affronterie, les juridictions ne savent plus que penser de cette espèce de vol qui n'en est pas un. L'action civile ne se substitue plus à l'action pénale (c'est en ce sens qu'il faut désormais raisonner) et si elle peut éventuellement la compléter, elle ne doit pas, en tout cas, empêcher une véritable répression pour ce type de délit d'affaires. Des Essarts poursuit :

> « Sans toutes ces considérations, Chambault aurait été certainement condamné à le lui restituer : en effet, l'affront publié fait aux affronteurs serait un trop faible châtiment, si on les forçait à la restitution ; insensibles à la honte, ce n'est qu'en leur arrachant le prix de leur escroquerie qu'on les punit véritablement, et c'est le seul moyen de les faire découvrir par ceux qui ont été dupes » [403].

Il continue en faisant référence à une autre affaire qu'a connue le Parlement de Paris.

> « Par un autre arrêt du même Parlement, rendu le 8 octobre 1776, la cour déclare François dit Thiel, dit Minette, atteint et convaincu d'avoir été constamment, depuis plusieurs années, affronteur public ; d'avoir connu le pays s'annonçant faussement pour chirurgien, pour avoir des secrets capables de guérir toutes les maladies, pour être sorcier, prédire l'avenir et faire trouver des trésors cachés, d'avoir été trouvé porteur de livres de prétendue magie, notamment d'avoir employé toutes sortes de ruses et de moyens illicites, même superstitieux et attentatoires à la religion, pour abuser de la crédulité du nommé Dumont, lui avoir escroqué des sommes considérables et lui avoir fait vendre tout son bien sous la fausse promesse de lui faire trouver des trésors ; d'avoir escroqué treize louis du sieur Desnoyels, chirurgien, sous prétexte de lui faire avoir une charge auprès du Roi, dont il se disoit médecin ; pour réparation de quoi ; flétri et condamné aux galères perpétuelles »[404].

---

[402] *Ibid.*
[403] Des Essarts, *Dictionnaire universel de police*, Paris, 1786-1789, t. I, *s.v.* affronteur.
[404] *Ibid.*

Ces observations permettent donc à Des Essarts de conclure :

> « Paris est rempli de ces affronteurs hardis qui en imposent par des dehors brillants et qui, sous des noms empruntés, s'insinuent dans les grandes maisons, les font contribuer à leurs dépenses »[405].

Faut-il croire que la vie urbaine et des affaires multiplie les affronts que subissent les victimes d'escrocs qui manquent de moins en moins d'envergure ? Le problème est suffisamment important pour inciter les arrêtistes et commentateurs à rechercher ainsi à mieux appréhender la matière. Cela ne semble pas facile, puisque comme nous l'avons déjà indiqué, Muyart de Vouglans affirme qu'il est difficile et dangereux de vouloir prescrire des règles certaines sur le sujet[406], et Merlin se contente de définir l'escroc comme « le fripon qui est dans l'habitude d'attraper quelque chose par ruse, par fourberie »[407].

Lorsqu'en 1881, Edouard Dalloz fils et Charles Vergé se penchent à leur tour sur la spécificité de cette infraction, ils remarquent que « le mot escroquerie se rencontre pour la première fois dans notre ancienne jurisprudence française, laquelle, toutefois, ne distinguait pas encore nettement l'escroquerie du vol [et que] l'escroquerie impliquait la double idée de vol et de ruse, de fourberie »[408]. Ils constatent également que « l'escroquerie est l'action que commet l'escroc en friponnant »[409], confirmant en cela l'opinion de Merlin.

En 1899, Paul Dorigny reprend la définition donnée par Merlin pour le XVIIIe siècle, où l'escroc apparaît comme « un fripon qui est dans l'habitude d'attraper de l'argent ou autre chose par ruse ou par fourberie »[410].

C'est donc assez rapidement, et certainement à tort, que Garçon écrit que « nos anciens criminalistes distinguaient seulement le vol du larcin »[411]. Il souligne pourtant que l'influence créatrice de ces auteurs anciens est loin d'être négligeable, puisqu'ils ont su dégager les circonstances aggravantes tirées de la qualité de la personne, du temps, du lieu, et du mode de perpétration de cette infraction qui deviendra l'escroquerie. Émile Garçon conclut son exposé en indiquant qu'il appartient alors au droit intermédiaire de dégager la notion d'escroquerie dans sa conception moderne.

---

405 *Ibid.*

406 Muyart de Vouglans, *Les lois criminelles de France dans leur ordre naturel*, Paris, 1780, liv. III, chap. I, § 1.

407 Merlin, *Répertoire*, V° *Escroquerie.*

408 Edouard Dalloz et Charles Vergé, *Code pénal annoté*, Paris, 1881, V° *Vol et Escroquerie.*

409 *Ibid.*

410 Paul Dorigny, *Étude de la loi et de la jurisprudence sur le délit constitutif d'escroquerie*, Paris, Librairie Nouvelle de Droit et de Jurisprudence, 1899, p. 33.

411 Émile Garçon, *Code pénal annoté*, art. 379.

En 1896, Joseph Sevray affirme parallèlement qu'il faut attendre la législation intermédiaire pour faire sortir l'escroquerie de la classe des vols.

> « Elle en fit un délit spécial, avec lequel présente beaucoup d'analogie celui que réprime l'art. 405 du *Code pénal.* Le législateur de 1810 s'est, en effet, certainement inspiré de la loi des 19-22 juillet 1791, dont l'article 35 au titre II portait : « Ceux qui par dol, ou à l'aide de faux noms ou de fausses entreprises, ou d'un crédit imaginaire, ou d'espérances et de craintes chimériques, auraient abusé de la crédulité de quelques personnes et escroqué la totalité ou partie de leurs fortunes, seront poursuivis devant les tribunaux du district [...]. »[412].

Une telle conception de l'évolution de l'infraction dans sa perspective chronologique, et au vu de cette première conclusion, a fait soutenir que l'escroquerie, en somme, n'était pas distincte du vol. Affirmation que nous nuançons désormais, puisqu'à la fois les circonstances de sa commission, mais également la spécificité de sa désignation, sont connues par la doctrine à la fin du règne de Louis XV.

Cependant, en 1901, la tradition est prise de considérer que l'escroquerie au XVIIIe siècle n'est ni plus ni moins qu'un vol. Alfred Landry écrit ainsi : « En somme, l'escroquerie n'est point distincte du vol. »[413]. Il ajoute :

> « L'escroc est le nom que l'on donne à un fripon qui est dans l'habitude d'attraper de l'argent ou autre chose par ruse, par fourberie, et l'escroquerie est l'action que commet l'escroc en friponnant. L'escroc nous apparaît dans l'ancien droit comme l'auteur de délits nombreux prévus dans les textes de l'époque féodale sous le nom de larcins et roberies et dont nous retrouvons la trace dans l'art. 401 du *Code pénal* sous le nom de larcins et filouteries. »[414].

En réalité, ils oublient que les magistrats du Châtelet, comme ceux des autres juridictions du ressort du Parlement de Paris sous le règne de Louis XV, ont rendu suffisamment spécifique l'infraction commise dans des circonstances d'escroquerie, par affronterie, ou par filouterie, pour qu'un délit spécial paraisse constitué.

Contrairement aux idées reçues, les praticiens ont effectué un remarquable travail de conceptualisation dans l'analyse du comportement de l'escroc, difficile à définir même au regard des législations postérieures, compte tenu de la multiplicité des agissements et de leur adaptation au monde dans lequel ils se commettent.

---

[412] Joseph Sevray, *De l'Escroquerie*, thèse de doctorat, Caen, 1896, p. 17.
[413] Alfred Landry, *De l'Escroquerie*, thèse de doctorat, Poitiers, 1901, p. 10.
[414] Alfred Landry, *op. cit.*, p. 11.

Pour autant, l'escroquerie, longtemps considérée comme un vol, ne rentre-t-elle pas plutôt dans la catégorie des fraudes ?

Section 2. ...à la fraude pénale

Mais si la qualification de vol n'est plus satisfaisante, l'escroquerie constitue-t-elle pour autant une fraude ? Et les fraudes elles-mêmes sont-elles nécessairement des escroqueries ?

§ 1 - L'escroquerie constitue-t-elle une fraude ?

Cette question n'est pas spécifique au droit français. La conception anglo-saxonne de la fraude est beaucoup plus large que la définition stricte de l'infraction d'escroquerie, et l'inclut. Pour le droit contemporain en France, ce problème d'interprétation a été résolu « par l'évolution à l'issue de laquelle le législateur français a supprimé le dol de l'énumération des moyens entrant dans la définition de l'escroquerie et la prolifération d'incriminations *sui generis* qui gravitent aujourd'hui tout autant autour de l'article 405 du *Code pénal* que de l'article 313.1 du nouveau *Code* »[415].

Dans l'ancien droit, la question est beaucoup plus délicate. Ainsi la coutume de Normandie et les coutumes anglo-saxonnes connaissent-elles des « quasi-vols » ou des actes « ayant la saveur du larcin »[416] tels que l'usage de faux poids, de fausses mesures ou de fausses monnaies, la passation de fausses obligations dans un but frauduleux, la tromperie sur les denrées alimentaires[417]. Dans la coutume de Savoie, on assimile la contrefaçon de perles au vol[418].

Quelle est, en réalité, la différence entre une escroquerie et une fraude ? Cette dernière se définit aussi comme un acte de mauvaise foi, une tromperie. Le nom *fraude* provient du latin *fraus, fraudis* qui signifie à la fois erreur et provocation à l'erreur, c'est-à-dire tromperie.

De tous temps, les fraudes ont existé et elles ont toujours été réprimées. Dans l'Antiquité, les malversations portaient essentiellement sur les quantités et les qualités des marchandises en circulation. Les boissons[419] constituaient un objet de fraude, ainsi que les épices, les parfums ou les tissus. Le droit romain réprimait les fraudes en mettant à la disposition des victimes des actions civiles qui leur

---

415 Michelle-Laure Rassat, *Jurisclasseur pénal*, 1996, V° *Escroquerie*, p. 11.

416 Albert Chavanne, *Jurisclasseur pénal*, 1952, art. 405, § 2.

417 Jean Le Foyer, *Exposé du droit pénal normand au XIIIe siècle*, thèse de doctorat, Paris, 1931, p. 149 et 154.

418 Henri Duvillaret, *Essai sur le droit pénal en Savoie*, thèse de doctorat, Grenoble, 1943, p. 351.

419 Le vin, en particulier.

permettaient d'annuler les contrats et, le cas échéant, d'obtenir des indemnités de réparation. La fraude n'était, pas plus que l'escroquerie, du domaine public et n'était donc pas poursuivie au pénal.

Au Moyen Âge et jusqu'au XVIIe siècle, les maîtres de corporation réglementaient les privilèges, l'organisation du travail et la fabrication des produits ; le respect des règles professionnelles était assuré par les prévôts. L'autorité royale intervenait également pour empêcher les fraudes. En février 1351, la grande *Ordonnance* de Jean le Bon constitua une charte impérative qui fixait les prix, les salaires et les règlements de travail, tout en déterminant les conditions de loyauté de fabrication et de vente.

Au XVIIe siècle et jusqu'à la fin du XVIIIe siècle, le régime des corporations fut renforcé : on mit sur pied une réglementation minutieuse à caractère économique, social, fiscal, douanier et commercial qui portait sur la conformité des marchandises avec les statuts de fabrication, sur la forme exigée pour les récipients des boissons et sur l'obligation d'apposer des marques ou des emblèmes de la cité ou de la corporation.

Tout cela, en apparence, peut sembler se différencier de l'infraction spéciale d'escroquerie.

D'un point de vue législatif, la divergence dans les évolutions semble se renforcer. En effet, dès le 30 septembre 1723, est proclamée une *Déclaration royale*, « portant nouveau règlement sur le fait du commerce, registrée au Parlement ». L'article Ier dispose :

> « Article I. Que les déclarations contiendront la quantité, le poids, le nombre et la mesure des marchandises, le nom du marchand ou du facteur qui les envoie, de celui à qui ils seront adressés, le lieu du chargement et celui de la destination, et que les marques et les numéros des ballots seront mis en marge des déclarations [...]. A l'égard des sucres bruts, sirops, huiles et beurre, qui sont marchandises sujettes à déchets et à courtage, les droits n'en seront payés que sur le pied du poids effectif, sans que les marchands soient sujets à en déclarer le poids, mais seulement de rapporter les déclarations du poids au lieu du chargement [...] »[420].

Cette Déclaration organise des principes de précaution afin de limiter la commission de fraudes. Par exemple, il est désormais prévu que « les voituriers et conducteurs des marchandises, soit par eau soit par terre, qui n'auront pas en main leur facture ou déclaration à leur arrivée, seront tenus de faire leur déclaration sur le registre [...] »[421].

---

[420] *Code de Louis XV ou Nouveau recueil des principaux règlements et ordonnances de Sa Majesté, tant sur la justice, police et finances, que sur la juridiction ecclésiastique, et sur toutes sortes de matières intéressantes ; rangées par l'ordre des temps*, Grenoble, 1746, t. I, p. 74.
[421] *Code de Louis XV...*, p. 77.

Ces mêmes modalités s'affirment pour éviter toute fraude dans la distribution des grains dans le royaume, distribution dont on connaît l'importance, qui aboutira à la « guerre des farines » et, en 1775, à des jugements particulièrement sévères qui, par leur exemplarité, tendent à éviter des détournements et des manipulations sur les grains[422].

§ 2 - Les fraudes sont-elles des escroqueries ?

La fraude est définie comme une tromperie. Est-elle pour autant une sorte d'escroquerie ? En 1809, Fieffé Lacroix affirme que dans le droit romain : « la fraude se définit comme la tromperie : [elle est une] action faite de mauvaise foi »[423].

Sous l'Ancien Régime, compte tenu du flou qui persiste dans les définitions juridiques, il est vraisemblable que certaines escroqueries furent considérées comme des fraudes et *vice-versa*. Que savoir de ces contrats où les parties sont responsables des fraudes et des négligences lorsqu'il y a dépôt, usage, gage, louage, délivrance d'une dette, tutelle et, en un mot, administration frauduleuse des affaires d'autrui ? La fraude peut naturellement intégrer l'escroquerie et nous retrouvons là la conception du droit anglo-saxon.

En effet, obtenir la remise d'une valeur par une manœuvre mensongère, ou frustrer par une appropriation frauduleuse la confiance d'un créancier, c'est réaliser une fraude à l'égard d'autrui, en surprenant sa bonne foi et en le faisant tomber dans l'erreur. Est-ce constitutif de manœuvres frauduleuses ? Or toute fraude ne doit-elle pas être sanctionnée pénalement ? Sous quelle forme ? Peut-on trouver une distinction claire entre la fraude purement civile et la fraude pénale ?

L'intention de fraude est incluse dans le dol général, c'est-à-dire la volonté de commettre l'acte en tant que délit. Elle est aussi un dol spécial, parce qu'elle représente la volonté de se procurer à soi-même ou de procurer à autrui un bénéfice

---

[422] F. Isambert et *alii*, *Recueil général des anciennes lois françaises*, Paris, 1830, t. XXI, p. 499, n° 988.

[423] Fieffé Lacroix, *Le corps de droit civil romain : la clé des lois romaines*, Metz, 1809, t. I : « La fraude se définit comme la tromperie : action faite de mauvaise foi. C'est agir contre la loi que de faire ce qu'elle défend ; c'est agir en fraude de la loi quand on attaque son esprit en conservant ses termes (*Dig*. Liv. I, tit. 3, loi 29). […] Autre chose est la fraude, autre chose est la peine de la fraude. En effet, la fraude eut rester impunie ; la peine ne peut exister sans fraude. La peine est la punition d'un délit ; la fraude est le délit même ; et comme une disposition à la peine (*Dig*. Liv. 50, tit. 16, loi 131). […] Toutes les fois qu'il est question de fraude, on ne fait pas seulement attention à ce que le demandeur a entre ses mains au terme de la contestation en cause, mais on lui accorde aussi tous les avantages qu'il aurait pu retirer de la chose contestée, s'il n'en est pas été privé par la mauvaise foi du débiteur (*Dig*. Liv. 50, tit. 17, loi 78). ».

illégitime, le *lucri faciendi causa*[424]. L'escroquerie est, par conséquent, frauduleuse, mais la fraude est-elle nécessairement une escroquerie ?

Pour constituer l'escroquerie, sans doute faut-il que l'intention de tromper se matérialise par les agissements de l'agent. R. Garraud explique que « la fraude en matière d'escroquerie, comprend, en effet, comme la fraude paulienne [...] qui est une espèce d'escroquerie, les deux éléments classiques : l'*eventus damni* et le *consilium fraudis* »[425].

Par conséquent, si l'occasion fait le larron, le fraudeur, comme le filou, a bien l'intention de tromper. La nature des deux infractions semble identique. Voyons dans la jurisprudence ce qui pourrait les différencier.

L'opinion de Joly de Fleury est intéressante en la matière. À propos d'une affaire du 1er juin 1776, il conseille[426], après avoir observé la jurisprudence de son siècle, de vérifier les poids et mesures employés sur les marchés qui peuvent servir à tromper frauduleusement le client, et de faire juger ces affaires de fraude par des procédures à l'extraordinaire en cas d'infraction. Mais l'utilisation de faux moyens de mesure participe-t-elle de l'infraction d'escroquerie en tant que telle ?

Nous avons pu trouver, classées selon l'inventaire 450 du fonds du Parlement de Paris sous la qualification d'escroquerie, deux autres affaires qui portent en réalité sur des fraudes. Est-ce que cela tend à démontrer que la confusion est possible pour les juristes ?

À la fin de l'Ancien Régime, le Châtelet a à connaître, par une sentence en date du 17 décembre 1778, le cas de Charles Oudolle, reconnu « dûment atteint et convaincu d'avoir acheté un champ qu'il avait mesuré avec un étalon « allongé », cherchant à l'obtenir à un moindre prix »[427]. La juridiction de première instance le condamne à être exposé durant deux heures au carcan avec un écriteau qui ne laisse aucun doute sur la qualification retenue par les magistrats à l'époque, puisqu'il y est indiqué « escroc public ». Le Parlement de Paris qui connaît cette affaire en appel rend son arrêt le 30 septembre 1779 et confirme intégralement cette sentence du Châtelet. La distinction entre la fraude et l'escroquerie n'est donc pas parfaitement claire, durant ces temps de maturation du droit.

---

[424] R. Garraud, *Traité théorique et pratique du droit pénal français*, Paris, éd. Larose, 1894, t. V, p. 269.
[425] *Ibid.*
[426] Bibl. Nat. ; fonds Joly de Fleury : cote 1901, vol. 5 : Est référencée une affaire de fraude en date de 1776 : le baron de Verrière contre le défendant police : 1er juin 1776. « Monsieur le procureur, cependant, il peut être dangereux d'encourager l'usage [... des] poids et mesures [...] pour ajuster les mesures [...] d'instruire le procès à l'extraordinaire. Durant la foire [...] proclame de faire afficher les pancartes évocatrices de droits [...] par une ordonnance du 12 juin 1774 [...] ordonner qu'on emploierait les balances de poids. ».
[427] Arch. Nat. X^{2B} 1064, affaire n° 523 : Charles Oudolle, arrêt du 30 septembre 1779.

Le 12 août 1779, le bailliage de Lyon rend en première instance une sentence identique qui est également confirmée en appel par le Parlement de Paris dans un arrêt du 13 mars 1780. En effet, dans l'une et l'autre des décisions judiciaires, Jean-Baptiste Vacessin est « dûment atteint et convaincu d'avoir raccourci ses étalons pour gagner sur le tissu »[428].

Le 22 octobre 1779, le Parlement de Paris statue en appel sur une affaire commerciale que nous connaissons par un mémoire d'un sieur Fayolle, négociant, fabricant d'indiennes de Clermont, « appelant et demandeur contre Monsieur le Procureur Général Joly de Fleury, prenant le fait et cause de son substitut, et contre les sieurs Giron, commis au contrôle et marchand de vin, meunier, cabaretier, et Rochefort, marchand ». Fayolle écrit :

> « Deux apothicaires ont déclaré travailler et mixtionner du vin que deux célèbres chimistes après les mêmes expériences et produits, assurent être francs et loyals. Les juges de police ont condamné, comme auteur de la falsification, celui qui ne l'avait pas en sa possession et puissance, celui contre lequel il n'a ni preuve ni présomption. On a donc fait l'erreur pour la vérité ; on a donc puni l'innocent pour le coupable. Quels droits n'aurait-il pas de se venger ? Nous aimions à les oublier »[429].

Simple fraude ou véritable escroquerie ? Rappelons les faits. Au mois de novembre 1777, le Sieur Fayolle achète à Rochefort et Bernard 1707 pots de vin. Rochefort se met en société avec Fayolle, pour le vin vendu par lui-même ainsi que pour celui acheté à Bernard. Cette société ne fait aucune vente en 1778. En février 1779, Rochefort, toujours gardien et possesseur du vin, en fait conduire 10 pièces à Clermont. Giron, commis au contrôle et marchand de vin lui-même, comme d'autres fermiers et marchands de vin, les achète. On les jauge sur la place. Il paye les pots et les fait transporter dans une des caves qu'il tient à loyer. À peu près dans le même temps, Fayolle vend à Messence, cabaretier, 11 pièces de vin, non de celui en société... mais de son cru, encavé à Clermont. Le terme du payement est convenu et les clefs de la cave remises à Messence.

Mais Fayolle apprend que Messence n'a rien qui puisse tranquilliser un créancier car ses dettes sont considérables. Fayolle le traduit donc au Conseil pour obtenir soit une caution soit la résiliation du marché. Or, si Messence ne se plaint pas de la qualité du vin, il ne peut pas pour autant trouver de caution.

C'est à ce moment que le cabaretier Bouchon demande la résiliation d'une vente de cinq pièces de vin que Rochefort lui aurait faite au nom de la société, au motif que ce vin est poussé, et que des experts l'ont déclaré comme tel. Une

---

428 Arch. Nat. X^{2B} 1065, affaire n° 738 : Jean-Baptiste Vacessin, arrêt du 13 mars 1780.

429 Bibl. Nat. fonds Joly de Fleury : cote 1931, vol. 34, feuillets 90-99.

sentence commerciale de première instance des juges consuls prononce la résiliation du marché.

Devant cette difficulté, Fayolle demande des comptes sur la qualité et la quantité du vin faisant l'objet de la société avec Rochefort. Une sentence des juges consuls du 26 mai 1779 nomme des commissaires pour procéder aux comptes.

Le 7 juin, Fayolle est assigné devant le même tribunal par Messence qui lui demande également la résiliation de la vente des onze pièces de vin, dont on rappelle que ce dernier n'avait pas pu obtenir une caution pour garantir son paiement. Joly de Fleury note pourtant que malgré cette difficulté juridique, Fayolle avait eu la générosité d'accorder de très grands délais de paiement à Messence. Joly de Fleury remarque également que « le prétexte de Messence est aussi que le vin a été travaillé ; qu'il faut des experts pour savoir si ce vin est marchandé [...] »[430].

Le 9 juin 1779, par une sentence contradictoire en première instance, les juges consuls déclarent Giron non recevable dans sa demande de résiliation, et le 11 du même mois, Messence est également déclaré non recevable. Ne trouvant pas d'aboutissement favorable à leur procédure, Giron et Messence, évidemment mécontents des juges consuls, décident alors de changer de stratégie du tout au tout et de s'adresser directement au tribunal de police pour une procédure pénale, voie qu'ils espèrent efficace afin, notamment, de faire poser des scellés sur les bouteilles de vin.

Mais nous ne sommes plus dans un cas de produits frelatés, ni dans une simple fraude commerciale. Est désormais compétente en première instance une juridiction pénale qui a à connaître d'une infraction de fraude, non encore totalement déterminée et qui pourrait caractériser une escroquerie. Les demandeurs obtiennent gain de cause en première instance, et des scellés sont posés sur les pots de vins.

Un appel est alors interjeté, et le Parlement de Paris statue sur cette affaire par un arrêt du 22 octobre 1779, rendu contradictoirement en présence de monsieur le Procureur général. Le Parlement ordonne que les scellés soient retirés et que la cave et les fûts soient libérés et à disposition.

Joly de Fleury, commentant cet arrêt, se demande si Rochefort n'a pas été présumé coupable jusqu'à la preuve du contraire, et puisque cette preuve parfaite n'existe pas, si la juste peine du dol qui a été commis, ne pourrait être prononcée contre quelqu'un d'autre. La compétence pénale se justifie néanmoins, parce que la fraude doit alors être jugée comme une escroquerie et inversement. Ce sont, en fait, les manœuvres frauduleuses et extérieures à l'objet même qui distinguent l'escroquerie de la fraude.

---

[430] Bibl. Nat. fonds Joly de Fleury : cote 1931, vol. 34, feuillets 90-99.

Chaque cas d'espèce présente donc sa spécificité, malgré des points communs : l'amour de l'argent et l'absence de scrupules quant au fait de tromper autrui. Fabriquer de la fausse monnaie, sous une forme ou sous une autre, constitue-t-il alors aussi une espèce de fraude sur le moyen de paiement, qui participerait d'une escroquerie ?

Le procureur du roi Moreau requiert ainsi le 7 janvier 1761 devant le Châtelet :

> « Je requiers pour le Roi ledit Jean Fremont être déclaré dûment atteint et convaincu d'avoir altéré et falsifié des liards en les usant sur le grès et les frottant avec du vif argent, au point de les faire passer pour des pièces de dix huit deniers, et de les avoir données pour telles dans le public ainsi qu'il est mentionné au procès pour réparation condamné à être pendu et étranglé tant que mort s'ensuive par l'exécuteur de la haute justice à une potence qui sera à cet effet plantée dans la place de Grève, ses biens acquis confisqués au Roy ou à qui il appartiendra, précisant préalablement que la somme de deux cents livres d'amende envers le Roi au cas que confiscation n'ait pas lieu au profit de Sa Majesté, et avant l'exécution le dit Jean Fremont être appliqué à la Question Ordinaire et Extraordinaire pour apprendre par sa bouche la vérité d'aucuns faits résultants du procès et les noms de ses complices. »[431].

Le 14 janvier 1761, le Châtelet rend sa sentence contre les décrotteurs Jean Frémont et Denis Lerouge :

> « Nous disons par délibération de conseil, ouï sur ce le Procureur du Roy, que le dit Jean Fremont est déclaré dûment atteint et convaincu d'avoir altéré et falsifié des liards en les frottant avec du vif argent au point de les faire passer pour des pièces de dix huit deniers, et de les avoir donnés pour tels dans le public »[432].

La monnaie est donc frauduleusement falsifiée, puisqu'elle laisse croire qu'elle a plus de valeur qu'elle n'en a. Quelle est la nature de cette infraction ? L'État, qui a le monopole de la monnaie, ne peut être que sévère envers tous ceux qui s'attaquent directement à un tel élément de stabilité de l'économie d'une nation qu'est la fiabilité de ses moyens de paiement. Peut-on considérer, là encore, que ces faits, de même que la fraude, font partie de la grande catégorie des friponneries rusées ?

Le professseur Bouloc affirme qu'il convient de trancher cette question dans le sens proposé par la Cour de cassation : « Sans doute, par l'usage d'une monnaie que l'on sait fausse, l'auteur tente d'escroquer la fortune d'autrui,

---

[431] Arch. Nat. Y 10.225, affaire n° 13 : Jean Frémont et Denis Lerouge, sentence du 14 janvier 1761.
[432] *Ibid.*

puisqu'il y a emploi de manœuvres frauduleuses pour persuader l'existence d'un crédit imaginaire ; néanmoins, dans la mesure où la remise des fonds a été déterminée par l'usage de la fausse monnaie, l'escroquerie se présente comme le délit de conséquence de crime[433].

La question est loin d'être neutre, d'autant que jouer sur la valeur des choses pour duper la clientèle est une des constantes du comportement humain. Le 25 mai 1768, la cour de justice de Châtellerault rend en première instance une sentence par laquelle elle déclare Jean Guignard « dûment atteint et convaincu de couper sa farine pour en tirer davantage »[434].

La jurisprudence reste constante, même après la mort de Louis XV, puisque le 4 août 1779, Philibert Plassure est jugé de la même façon en première instance à Paray-le-Monial, « dûment atteint et convaincu d'avoir coupé son vin d'eau sucrée en le prétendant pur »[435].

Le 25 février 1783, le bailliage de Beauvais, en première instance, déclare aussi Antoine Marguerittte « dûment atteint et convaincu d'avoir mouillé la farine avant de la vendre pour l'alourdir »[436].

Pour mieux lutter contre les fraudes en tous genres et les diverses escroqueries qui corrompent les agents du marché, nous pouvons donc conclure qu'à la fin de l'Ancien Régime, les jurisprudences du ressort du Parlement de Paris, dont celle du Châtelet, sont clairement passées de la simple répression de la friponnerie rusée à la poursuite au pénal de toute fraude. Ce type de dol ne peut plus être civil, et l'escroquerie devient une des circonstances les plus aggravantes de cette sorte de vol. Le professeur Bouloc précise qu'il convient de considérer « que la frontière peut être trouvée soit dans les moyens utilisés, soit dans le but recherché par son auteur »[437].

Or la Révolution de 1789, en supprimant les associations professionnelles et les règlements qu'elles édictent, entraîne une période d'anarchie pendant laquelle les fraudes se multiplient. Dès les 19 et 22 juillet 1791 est voté un texte pour sanctionner ceux qui vendent des boissons falsifiées et des aliments gâtés ou corrompus, en plus de ceux qui commettent des escroqueries de façon générale. La même assemblée, à la même date que la composition de la Constituante, décide également de la création de l'infraction de l'escroquerie.

---

[433] Crim.26 déc.1961, Bull. crim., n°556 cité par Bernard Bouloc, *Répertoire pénal*, Paris, Dalloz, art. « escroquerie », cet article a en grande partie été repris par Corinne Mascala.
[434] Arch. Nat. X^{2B} 1040, affaire n° 439 : Jean Guignard, arrêt du 25 novembre 1768.
[435] Arch. Nat. X^{2B} 1065, affaire n° 716 : Philibert Plassure, arrêt du 21 avril 1780.
[436] Arch. Nat. X^{2B} 1073, affaire n° 692 : Antoine Marguerittte, arrêt du 13 octobre 1783.
[437] Bernard Bouloc, *Répertoire pénal*, Paris, Dalloz, art. « escroquerie », cet article a en grande partie été repris par Corinne Mascala.

Le *Code pénal* de 1810 sanctionne ensuite de façon spécifique les fraudes sur l'or ou l'argent par des peines correctionnelles.

En 1832, cette disposition est appliquée à la nature et à la substance de toutes les marchandises.

Au début du XXe siècle, la loi du 1er août 1905, modifiée en 1908, 1918, 1929 et 1939, établit un véritable *statut de la répression des fraudes*[438], et c'est encore à l'heure actuelle le texte qui fait référence parallèlement à celui sur l'escroquerie, et que l'on retrouve dans le Code de la consommation.

---

[438] Une réglementation préventive comporte l'énumération des fraudes possibles et punissables : fraudes sur la nature de la marchandise, sur ses qualités, sur l'espèce et l'origine, sur la quantité ; fabrication, c'est-à-dire création d'un faux produit périssable (denrées servant à l'alimentation de l'homme, substances médicamenteuses, boissons ou produits agricoles ou naturels) ; vente ou exposition de denrées corrompues ou toxiques ; détention de marchandises fraudées ; fraude sur les appellations d'origine ou sur les indications de provenance ; fausses signatures, en particulier signatures d'œuvres d'art.

Chapitre 3. Des entreprises frauduleuses

La spécificité de l'escroquerie, qui tend à se différencier de la fraude, repose-t-elle alors sur l'existence d'entreprises frauduleuses ? Ces dernières doivent-elles être totalement fausses ou non, ou ne devrait-on pas plutôt imaginer que l'infraction ne se distingue en réalité que par des manœuvres de toutes sortes ?

Section 1. Des machinations aux fausses entreprises

Or ce qui caractérise l'escroquerie consiste en ce que les machinations font croire en de fausses entreprises, ou en des entreprises à l'importance exagérée. Les manœuvres que subit la dupe sont non seulement multiples, mais surtout très efficaces.

§ 1 - Des moyens prohibés par la loi

Est-ce échafauder de véritables entreprises frauduleuses qui distingue la véritable escroquerie de la simple fraude ?

Répondre à pareille question n'est pas facile sur le plan historique. Nous partons en fait du constat qu'en 1791, deux textes vont régir d'un côté l'infraction de fraude, de l'autre côté le délit d'escroquerie. Qu'en est-il sous le règne de Louis XV, dans le ressort du Parlement de Paris ?

Le Parlement de Paris a eu à se prononcer le 3 août 1747 sur cet aspect dans une affaire concernant Hilaire Taillet, un boulanger âgé de 41 ans, ainsi que son épouse. La juridiction de première instance n'était pas le Châtelet, mais le tribunal de Belleyme, qui avait jugé, par une sentence du 14 janvier 1747 qu'ils étaient « dûment atteints et convaincus d'avoir escroqué les habitants de La Fresnaye en gagnant sur le poids du pain »[439]. En fait, cette affaire est considérée comme une véritable escroquerie commerciale, le dol frauduleux consistant à monter une entreprise pour vendre des produits qui ne correspondent pas à ce que la clientèle pense acheter. Aussi en appel, le Parlement de Paris, s'il se montre un peu moins sévère envers son épouse, confirme-t-il la sentence contre Hilaire Taillet.

L'objet même de cette vente est précieux, car la peur de la famine reste vivace à la fin de l'Ancien Régime et cette jurisprudence s'inscrit dans cet état d'esprit. La « police des grains » est maintenue.

---

[439] Arch. Nat. X^{2B} 1001, affaire n° 254 : Hilaire Taillet, arrêt du 3 août 1747.

« L'administration royale continue à contrôler la circulation et les prix afin d'assurer l'approvisionnement dans de bonnes conditions. Toutefois, ce contrôle est très souple et les règlements ne sont pas toujours appliqués. L'opinion des milieux gouvernementaux et de la haute administration est semi-libérale. On pense que trop de règlements nuisent au commerce et, par voie de conséquence, au ravitaillement. En cas de menace de cherté on se méfie des mesures préventives qui pourraient inquiéter, provoquant les maux qu'elles sont censées éviter. Par exemple, en 1738, à la veille d'une famine, l'assemblée de police de Paris refuse de promulguer un décret général de réglementation. Quant aux prix, on évite de les taxer. Nous ne connaissons pour toute la période qu'un seul exemple de taxation : en 1725, le lieutenant général de police Hérault taxe la farine aux Halles de Paris. »[440].

En fait, deux disettes se produisent dans le royaume : la première dans les années 1725-1726, et la deuxième dans les années 1738-1742. La décision concernant Hilaire Taillet date de cinq ans plus tard. Il est vrai que le gouvernement de Louis XV s'efforce alors d'être efficace pour tenter de ravitailler au mieux les populations.

« Il achète du grain (« le grain du roi ») ou du pain pour être distribué à Paris et aux marchés avoisinants. En 1725, le lieutenant de police Hérault constitue un réseau de greniers de réserve[441] qui servira Paris pendant un demi-siècle. »[442].

À partir de 1760 est également créé un stock royal de blé sous l'autorité de financiers. Mais certains en profitent pour s'opposer au roi Louis XV en l'accusant d'organiser la sous-alimentation en pain de la population par la corruption du marché de la farine. Finalement la liberté frumentaire n'est supprimée par Terray qu'en 1770. Pourtant, quelles que soient les mesures prises, c'est bien la question du pain et de l'alimentation qui restera une des questions populaires les plus sensibles d'avant la Révolution[443].

En 1747, les magistrats ne peuvent pas non plus ignorer les plaintes des boulangers, compte tenu des difficultés nouvelles dans l'exercice de leur profession. En effet, au fur et à mesure que s'avance le règne de Louis XV, « plusieurs maîtres ont été contraints de quitter boutique, de se défaire de leurs

---

[440] Jean de Viguerie, *Histoire et dictionnaire du temps des Lumières*, Paris, Robert Laffont, coll. « Bouquins », 1995, p. 70-71.

[441] D'après Steven L. Kaplan, *Le Pain, le peuple et le roi. La bataille du libéralisme sous Louis XV*, Paris, Perrin, 1986, 461 pages.

[442] Emmanuel Le Roy Ladurie, *L'Ancien Régime. L'absolutisme bien tempéré (1715-1770),* Paris, Hachette, coll. « Pluriel », 1991, p. 225.

[443] *Ibid.*

fonds et sont réduits à la dernière misère »[444]. En mai 1773, des grandes villes sont troublées par des émeutes frumentaires, car les travailleurs manuels voient leur condition se détériorer. Lutter contre la fraude devient donc un impératif.

Une semblable difficulté de qualification se retrouve à propos du cas de Jean-François Bouret, jugé au Châtelet par une sentence du 3 février 1767. Il est « dûment atteint et convaincu d'avoir mêlé des copeaux de bois teints au tabac qu'il vendoit »[445]. La distinction est toujours difficile à établir entre la fraude et l'escroquerie. La marchandise qu'il vend n'est pas pure. Il a bien l'intention dès le départ de tromper ses futurs cocontractants dans leur acquisition. Le Parlement de Paris, par un arrêt du 23 mai 1767, n'est pas, quant à lui, convaincu de disposer de toutes les preuves pour qualifier l'infraction. Jean-François Bouret est-il coupable, et de quoi ? Le Parlement demande à être plus amplement informé.

L'enjeu de cette jurisprudence est important. L'escroquerie est-elle une intention ? Est-ce un dol spécial ? Ou n'est-ce finalement que l'entreprise elle-même qu'il convient alors de définir ?

Cependant, avant de tenter de le faire, nous devons encore rappeler qu'au XVIIIe siècle, le développement économique dans ce monde global est de plus en plus concurrentiel, au sens contemporain du terme, tel qu'il apparaît en France.

Fernand Braudel rappelle que tous les outils de l'échange sont en service, compte tenu de l'accélération économique générale : les bourses amplifient leur activité, Londres essaie de supplanter Amsterdam, Genève et Gênes se disputent les parts de marché. Paris continue de prendre goût à l'argent et au crédit. Les foires ne sont plus ainsi les centres du commerce, et se contentent désormais des régions marginales de l'économie européenne, comme en France la zone des foires de Beaucaire ; en Italie, la région des Alpes (Bolzano) ou le Mezzogiorno, plus encore les Balkans, la Pologne, la Russie et, vers l'ouest, au-delà de l'Atlantique, le Nouveau monde[446].

La distribution commerciale perd cependant sa forme traditionnelle, et s'ouvre donc aux nouvelles pratiques boursières.

Le parallèle est tentant entre le règne de Louis XV et ce début du XXIe siècle : ouverture des marchés, accélération des échanges, moyens techniques inédits, anticipation des besoins, adaptation des productions, livraisons. Bien entendu, l'informatique et internet, avec la logistique contemporaine, n'existent pas dans le monde de l'Ancien Régime, mais en est-on intellectuellement si éloigné ?

Quand on se penche sur toutes les affaires qui font l'objet de contrats, ou sur celles qui sont connues des tribunaux, une observation s'impose : l'offre et la

---

[444] M. Garden, *Lyon et les Lyonnais au XVIIIe siècle*, Paris, Les Belles Lettres, 1970, p. 341.

[445] Arch. Nat. X^{2B} 1037, affaire n° 307 : Jean-François Bouret, arrêt du 23 mai 1767.

[446] Fernand Braudel, *La Dynamique du capitalisme*, Paris, Flammarion, coll. « Champs », 1985, p. 31-32.

demande prévalent, et le marché doit être surveillé, quant à l'approvisionnement et aux prix.

Fernand Braudel décrit « ce *private market* qui, bien avant le XVIIIe siècle, a commencé à organiser dans toute l'Angleterre les achats directs, souvent anticipés, aux producteurs, l'achat aux paysans, hors du marché, de la laine, du blé, des toiles, etc., c'est la mise en place, contre la réglementation traditionnelle du marché, de chaînes commerciales autonomes, fort longues, libres de leurs mouvements et qui d'ailleurs profitent sans scrupules de cette liberté. Elles se sont imposées par leur efficacité, à la faveur des gros ravitaillements nécessaires à l'armée ou aux grandes capitales. Le « ventre » de Londres, le « ventre » de Paris ont été en somme révolutionnaires. Bref, le XVIIIe siècle aura tout développé en Europe, y compris le « contre-marché » »[447].

Toute la difficulté réside justement dans cette régulation indispensable à la sécurité des contrats et à la protection judiciaire contre toute entreprise frauduleuse.

Ce point central est peut-être la clef de voûte de tout le raisonnement juridique qui fait apparaître l'infraction spéciale de l'escroquerie.

On peut finalement se demander si ce qui différencie la fraude de l'escroquerie et de ce qui, plus tard, sera appelé l'abus de confiance, n'est pas justement que le consentement de la victime soit surpris et vicié par les procédés de l'escroc, alors que, comme l'indiquent les auteurs modernes, « la remise de la chose qui sera ensuite l'objet de l'infraction d'abus de confiance est de l'essence même du contrat conclu »[448].

Escroquer autrui ne serait ainsi pas uniquement frauder. Bien entendu, il y a tromperie dans les deux cas. Mais cette tromperie s'exercerait, dans l'escroquerie, en dehors de tout contrat. L'entreprise frauduleuse a pour objectif non pas de frauder les termes d'un contrat (ce qui caractérise la fraude en elle-même), mais d'obtenir pour l'escroc la remise d'un bien qu'il convoitait par une sorte de quasi-contrat, ou de quasi-vol, si l'on préfère, puisque la relation juridique est, par essence, dolosive.

Le Châtelet se situe certainement dans cette logique, lorsqu'il condamne, par une sentence en date du 13 décembre 1759, Jean Fournereau, 24 ans, garçon chirurgien, en le déclarant « dûment atteint et convaincu d'avoir escroqué à un fripier et à un marchand de bas l'habit et les huit paires de bas mentionnés au procès ». Il est condamné au carcan en place de Grève avec écriteau portant la mention « escroc »[449].

---

447 *Ibid.*

448 Cette théorie a été développée par Jacques Léauté, *Le Rôle de la théorie civiliste de la possession dans la jurisprudence relative au vol, à l'escroquerie et à l'abus de confiance*, Mélanges Patin, p. 223, ainsi que par Corinne Mascala, *Répertoire pénal*, art. « Escroquerie », Dalloz, novembre 2001.

449 Arch. Nat. X^{2B} 1023, affaire n° 403 : Jean Fournereau, arrêt du 19 janvier 1760.

Dans cette affaire, il est évident que Jean Fournereau n'a pas soustrait les marchandises avec violence et n'a donc pas commis un simple vol. Il est tout aussi établi qu'il ne s'est pas fait remettre ces vêtements pour commettre un abus de confiance. Comme le vendeur de cet habit et de ces bas ne trompe pas Jean Fournereau sur leurs qualités, et que ce dernier ne tente pas d'acquérir ces biens avec de la fausse monnaie ou en s'engageant à payer ou à fournir une prestation dont la valeur serait insuffisante, il n'y a donc pas non plus constitution d'une fraude au sens du texte de 1791 et de la législation postérieure. Reste alors à constater que Jean Fournereau n'a pu que faire croire aux marchands, par une entreprise frauduleuse dès le départ, qu'il allait pouvoir à terme les dédommager et qu'il a, grâce à ce moyen, obtenu sans un véritable contrat la remise des objets. C'est pourquoi le Châtelet a pu conclure que Fournereau était un escroc.

En effet, escroquer autrui, c'est tromper une personne physique ou morale en la déterminant à remettre un bien quelconque grâce à une entreprise frauduleuse.

Cette jurisprudence s'affirme dans le ressort du Parlement de Paris, puisque celui-ci connaît en appel de la sentence rendue en première instance par le bailliage de Bourges le 12 février 1782. Par cette première décision, Anne Varlet est « dûment atteinte et convaincue d'avoir pendant plusieurs années escroqué les maisons où elle travailloit, en inventant de fausses courses et en se faisant remettre de l'argent qu'elle gardoit pour elle... »[450]. Bien évidemment, le contrat pour lequel elle est rémunérée ne consiste pas en de fausses activités. Anne Varlet sort du contrat initial pour créer une nouvelle entreprise, frauduleuse celle-ci. La remise d'argent n'est pas seulement abusive, car détournée de son objet, elle n'aurait simplement jamais dû avoir lieu, puisque la course n'existe pas et n'a jamais existé. La fiction l'emporte sur la réalité. Sur cette constatation, la juridiction de première instance, puis le Parlement de Paris, vont pouvoir motiver leur décision. En effet, le bailliage de Bourges condamne l'entreprise de cette domestique qui dépasse le simple vol, parce qu'elle trompe en abusant de la situation. Son sort est funeste, non seulement parce qu'elle a trahi la confiance de ses maîtres, mais aussi parce qu'elle a bien plus que soustrait, elle a inventé. Son intelligence est redoutable et sa ruse insupportable.

Pour que la société moderne puisse fonctionner, il faut que chaque rouage tienne sa place. C'est exactement ce qui se produit dans le mécanisme économique qui s'installe sous le règne de Louis XV, par la spécialisation et la hiérarchisation des métiers, des plus humbles, comme ceux de crocheteurs, débardeurs, colporteurs, voituriers, matelots, jusqu'aux caissiers, boutiquiers, courtiers, usuriers, et enfin négociants. D'ailleurs le marchand peut être désormais armateur,

---

[450] Arch. Nat. X^{2B} 1070, affaire n° 739 : Anne Varlet, arrêt du 18 septembre 1782.

assureur, prêteur, emprunteur, financier, banquier, ou même entrepreneur industriel ou exploitant agricole[451].

Chaque métier, chaque fonction et chaque prestation s'échangent alors dans le cadre de relations contractuelles, qui font tourner la machine économique.

Or la tromperie s'exerce en dehors de ces contrats, et ne débouche que sur la remise à l'escroc d'un bien qu'il convoite. C'est l'escroc qui décide, et non le cocontractant.

La fraude est alors d'une autre nature, puisque c'est tout de même dans le cadre contractuel de la vente de marchandises que la tromperie s'exerce. Qu'elle soit ou non accompagnée d'affirmations mensongères ou de manœuvres ne change rien au fait qu'il s'agit, au départ, de l'exécution plus ou moins performante d'un véritable contrat.

Pierre Michel Billot, jugé en première instance par le Châtelet le 7 avril 1773, n'a commis ni fraude ni abus de confiance[452]. Les faits sont les suivants : Billot, âgé de 49 ans, maître tabletier demeurant rue Victor, n'a jamais voulu passer de contrats réguliers avec différents marchands. Sa méthode est différente. Il s'introduit auprès d'eux et fait semblant de vouloir leur acheter de la marchandise qu'il fait, à chaque fois, livrer à de fausses adresses dans des maisons à plusieurs issues. Lorsque les livreurs de ces marchands se présentent et déposent lesdits biens, avant même qu'ils ne se rendent compte de la supercherie, Billot récupère les paquets et se sauve en les emportant. Il n'y a donc ni erreur d'évaluation sur la valeur des biens ni discussion possible : cette affaire ne concerne pas une fraude. Billot ne s'est pas non plus fait remettre valablement, par contrats, lesdites marchandises par chacun des marchands. Il n'a pas abusé des biens qu'il s'est fait remettre dans le cadre de ces conventions. Par conséquent, il n'y a eu aucun abus de confiance de commis. Le Châtelet conclut donc sa sentence en indiquant que Pierre Michel Billot est « dûment atteint et convaincu d'une multitude combinée et fort réfléchie d'escroqueries consécutives par lui pratiquées envers nombre de marchands faisant différents commerces [...] ». Le Parlement de Paris confirme totalement cette décision[453], par un arrêt du 28 avril 1773.

---

[451] Fernand Braudel, *op. cit.*, p. 62-63.

[452] Arch. Nat., jugement à l'extraordinaire, Y 10.335, affaire n° 13 : Pierre Michel Billot, sentence du 7 avril 1773.

[453] Arch. Nat. X^{2B} 1048, affaire n° 291 : Pierre Michel Billot, arrêt du 28 avril 1773. Le Parlement ajoute simplement que l'arrêt doit être affiché où besoin sera, étant donné que Pierre Michel Billot a été « dûment atteint et convaincu d'une multitude combinée et fort réfléchie d'escroqueries consécutives par lui pratiquées envers nombre de marchands faisants différents commerces, dans les boutiques des quels il s'introduisoit en apparence pour leur procurer le débit de leurs marchandises qu'il faisoit porter par eux ou par leurs garçons à de fausses adresses dans des maisons ayant plusieurs issues de l'une desquelles il profitait pour se sauver après s'être emparé des marchandises, qu'il se faisoit remettre par le porteur à titre de confiance, sous le prétexte de les faire voir aux personnes qu'il

Les marchandises ici livrées ont pu être vendues au juste prix, ce qui n'empêche nullement la commission d'une escroquerie[454]. Celle-ci est caractérisée, parce que le consentement au contrat a été extorqué par les moyens frauduleux utilisés.

Mais comment déduire des faits le caractère intentionnel nécessaire à la commission d'infraction ? Comment s'assurer qu'il s'agit de machinations ? Comment deviner que l'entreprise est fausse au départ, voire *a minima* d'importance largement exagérée ?

Dans le cas de Pierre Michel Billot, les multiples commandes et leur importance ne signifient nullement que l'entreprise soit plus importante qu'il ne l'aurait souhaité, car elle est fausse tout simplement.

Au XVIIIe siècle, aucun texte particulier ne régit encore l'escroquerie. Il n'est pas possible, comme cela sera après 1791, de déduire le caractère intentionnel de l'infraction de l'utilisation de moyens prohibés par la loi[455].

Les pratiques immorales de l'agent sont ici prises en compte contrairement à l'effet mécaniste lié à la violation d'un texte, tel que cela résultera encore de l'application du principe de légalité appliqué dès le droit intermédiaire.

Mais la fausse entreprise n'est-elle constituée que par une simple négligence ou par l'absence de précautions ? La fausse entreprise ne résulte-t-elle pas, en réalité, de manœuvres frauduleuses ? Billot doit persuader les différents marchands, c'est-à-dire les futures victimes, de l'existence d'une activité fictive. Il laisse croire qu'il pourrait acquérir les biens auprès d'eux. L'escroquerie est alors réalisée, parce que la victime est persuadée de l'existence de cette entreprise[456].

L'apparence crée l'illusion, inspire confiance en la capacité. L'entreprise peut aussi consister, par exemple, à faire croire que l'on peut mener grand train pour cacher un trafic de bijoux.

Citons, à la suite de des Essarts, cette chronique judiciaire d'un escroc-affronteur, filou de son espèce, qui a monté « une grande affaire », profitant d'une « figure agréable ». Il « s'annonça chez plusieurs marchands comme un homme de condition que ses parents avaient appelé dans la capitale pour y épouser une riche héritière. En faisant cette confidence, le filou avoit toujours la précaution perfide d'acheter quelques bagatelles qu'il payait comptant. Les marchands, qui cherchent occasions de vendre, ne manquent jamais de faire beaucoup de politesses à ceux

---

supposoit avoir dessein d'en faire emplette, desquelles marchandises de différentes natures il s'est approprié une très grande quantité qu'il a revendues ensuite, ou dont il a disposé à son profit, le tout ainsi qu'il est mentionné au procès… ».

454 Il y a escroquerie lorsque, à la suite de manœuvres frauduleuses, une chose a été vendue au juste prix (Cass. crim. 23 avr. 1896, *Bull. crim.*, n° 139 ; 26 mai 1865, *ibid.*, n° 119).

455 Orléans, 15 mars 1957, *Gaz. Pal.* 1957.2.145.

456 Cass. crim. 1er févr. 1968, *D.* 1968.451, note Fourgoux.

qui leur offrent l'appât d'une fourniture considérable. Le filou, après s'être ainsi assuré des dispositions des marchands qu'il préparoit de loin pour exécuter son projet, s'occupa des moyens de le faire réussir [...] »[457].

L'escroc organise donc une fausse entreprise en se faisant passer pour un noble qui possède un hôtel particulier et différentes propriétés qu'il lui faut gérer de front avec l'ensemble des activités mondaines y afférent. Comment s'y prend-il ?

Il épie le départ d'un marquis pour une de ses terres, où ce dernier passe six mois de l'année :

> « [...] Ayant appris qu'il étoit parti depuis deux jours et qu'il n'avait laissé dans son hôtel que son suisse, le filou se présente chez le marquis de ***, s'annonce comme son parent et fait paroître le plus grand chagrin de n'avoir pas prévenu son départ. Le suisse le reçoit avec tous les égards qu'il doit à un parent de son maître. Le filou lui demande l'adresse du marquis pour lui écrire, parce qu'il avoit (dit-il) une affaire importante à lui communiquer. Le suisse s'empresse de donner l'adresse, et le filou se retire. Quelques jours après, il se présente à nouveau à la porte du Marquis, et demande à son suisse s'il peut lui indiquer un honnête marchand de vin. Je suis accoutumé (dit-il au suisse) dans le château de mon père, à boire d'excellents vins ; mon estomac ne peut se familiariser avec les mixtions préparées qu'on vend dans les auberges. Je suis logé (ajouta-t-il) dans un hôtel garni, où je me fais servir, par un traiteur, dans mon appartement. Il ne me manque que du vin franc et naturel. – J'en ai du très bon, répondit le suisse au filou, qui le savait parfaitement ; et si vous voulez, Monsieur, le goûter, je me ferai un plaisir de vous en fournir. – Le filou descend de voiture, entre chez le suisse, et goûte son vin, qu'il trouve excellent. Il lui en demande deux bouteilles, qu'il paie. Deux jours après, il en prend d'autres. Chaque fois que le filou vient chercher du vin, il ne manque jamais de s'informer si monsieur le Marquis, son parent, n'a point adressé un paquet pour lui [...] »[458].

L'escroc est désormais introduit dans l'hôtel grâce au suisse, dont il a l'entière confiance. Il en vient à lui faire des confidences et lui raconte :

> « [...] je suis sur le point de faire un très grand mariage ; tout est arrangé entre ma famille et celle de la riche héritière qui m'est destinée. Les parents de cette jeune personne doivent me faire une visite. Je ne veux point les recevoir dans mon hôtel garni, parce que je ne suis pas logé assez décemment. J'ai dit que j'avois la permission de jouir de l'hôtel de monsieur le Marquis, et que ce seroit dans cet hôtel qu'on rédigeroit mon contrat. Je l'ai également indiqué aux marchands, qui doivent apporter les bijoux qui seront choisis par les parents ; ainsi

---

[457] Des Essarts, 1787, livre IV, p. 18.
[458] *Ibid.*

il est bien essentiel que j'aie la jouissance de l'appartement de monsieur le Marquis mon parent [...] »[459].

Pour faire croire au suisse qu'il doit disposer de cet hôtel particulier, l'escroc n'hésite pas à raconter toutes sortes d'histoires afin de rendre possible la disposition de la place. Et c'est ce qui se produit.

> « [...] Volontiers, Monsieur, répondit le suisse. Je serai très flatté de vous obliger. Quand voulez-vous que j'ouvre l'appartement de monsieur le Marquis ? Après-demain, dit le filou. Pourvu que cela ne vous dérange pas ? Vous le trouverez en état de recevoir vos visites, répondit le suisse, dès huit heures du matin. Tant mieux, s'écria le filou, parce que je me débarrasserai d'abord des marchands et je consacrerai le reste de la journée à des occupations plus importantes. Vous me rendrez un service essentiel dont je serai très reconnaissant et votre maître vous en saura bon gré. Je vous quitte pour aller prévenir les personnes qui se rendront ci après-demain [...] »[460].

L'escroc ne manque pas d'aplomb. Il ose faire livrer toutes les marchandises qu'il espère frauduleusement acquérir dans cet hôtel du marquis dont il n'a strictement aucune raison de disposer. Son entreprise est totalement fausse, mais elle fonctionne. En effet le suisse va mettre tout son zèle à contribuer, sans le vouloir, à la splendeur des lieux afin que l'immeuble n'en inspire que davantage confiance. Une fois le décor planté, les marchands sont attendus et seront tout aussi trompés que le suisse.

> « [...] Au jour indiqué, le suisse voulant faire honneur au parent de son maître, prend son habit de livrée, et met son baudrier. Huit heures s'en vient de sonner, lorsque le filou se présenta à la porte de l'hôtel. Vous pouvez monter, Monsieur, dans le salon. Votre domestique vous annoncera les personnes qui doivent venir vous voir. Le maître et le domestique se disposèrent à jouer chacun leur rôle. Un joaillier se présente et demande au suisse Monsieur le Comte, parent de Monsieur le Marquis. Montez au premier, vous trouverez les gens de Monsieur le Comte qui vous annonceront. Le joaillier, plein de confiance, monte, et sur le champ, il est introduit dans le salon de Monsieur le Comte, qui examine plusieurs paires de bracelets entourés de brillants, des bagues et d'autres bijoux ornés de diamants. Il choisit ceux qui lui paroissent les plus beaux, et demande au joaillier de les lui laisser jusqu'au lendemain, pour les montrer à ses parents. Le joaillier y consent. On convient du prix de chaque article, et tout doit être payé le lendemain, argent comptant. Le joaillier quitte le filou, en applaudissant d'avoir une occasion aussi favorable de vendre la marchandise à un seigneur qui paie comptant. Un

---

[459] *Ibid.*
[460] *Ibid.*

horloger, un bijoutier, un marchand d'étoffes, une marchande de dentelles et d'autres fournisseurs, se présentent successivement. Le filou étale à leur yeux les diamants que le joaillier lui avoit confiés et tous suivent le même exemple [...] »[461].

La mise en scène de cette entreprise est extrêmement fine, puisque chaque étape profite de l'acquis de la précédente. Lorsque ce tour de passe-passe est terminé, l'ensemble des biens se retrouve donc dans l'hôtel particulier à la disposition de l'escroc, celui-ci n'ayant jamais eu la moindre intention de passer contrat, et encore moins de payer ses fournisseurs.

> « [...] Toutes les personnes que le filou attendoient étant arrivées, il fait des paquets des bijoux et des marchandises qu'on lui avoient apportées, descend et les met dans sa voiture ; en disant au suisse qu'il reviendra sur les quatre heures pour recevoir les autres personnes. Le suisse lui répond qu'il est le maître de venir quand il voudra. Le filou part. Le suisse l'attend le reste de la journée ; la nuit étoit arrivée, il ferme l'appartement. Le lendemain, les marchands se présentent à la porte de l'hôtel du Marquis, et demandent Monsieur le Comte. Il n'est pas encore arrivé, dit le suisse, revenez dans une heure. Les marchands reviennent : même réponse de la part du suisse. On lui fait des questions sur Monsieur le Comte. Il dit que le connoît que parce qu'il lui a vendu du vin, et qu'il lui a assuré qu'il étoit parent de son maître. Les marchands inquiets font des démarches pour découvrir l'hôtel garni où le filou logeait. Ils apprennent qu'il n'est point connu dans celui qu'il avoit indiqué au suisse. Alors ils ne doutent plus qu'ils ont eu affaire à un filou, et ils ont recours aux officiers de police [...] »[462].

Nous n'avons trouvé trace de cette affaire ni dans la jurisprudence du Châtelet, ni dans celle du Parlement de Paris, et sans doute Nicolas-Toussaint des Essarts a-t-il raison, l'escroc habile n'a jamais été interpellé.

§ 2 - La persuasion de l'existence de fausses entreprises

Comment cependant l'escroc arrive-t-il aussi bien à persuader de l'existence de fausses entreprises ? Nous avons pu observer des mises en scène exceptionnelles, accompagnées de mensonges, et d'une certaine audace. À la fin du XIXe siècle, R. Garraud ne dit pas autre chose.

> « [...] Persuader l'existence de fausses entreprises, c'est arriver, à l'aide de manœuvres frauduleuses, à faire croire à une personne qu'une entreprise qu'on lui expose est vraie, tandis qu'elle ne l'est pas du tout, ou qu'elle ne l'est pas entièrement. Les fausses entreprises peuvent être de trois espèces : il y a d'abord

---

[461] *Ibid*.
[462] *Ibid.*

celles qui n'existent réellement pas, ce sont les entreprises chimériques ; puis, celles qui, bien qu'ayant un fond certain, présentent, dans quelque partie, des circonstances entièrement fausses ; enfin, celles qui existent, différentes de celles qu'on a fait miroiter aux yeux de la victime »[463].

Il faut donc encore savoir inventer et réaliser des entreprises, qu'elles soient totalement ou partiellement fausses. En un mot, l'escroc doit avoir de l'imagination. L'entreprise chimérique n'est pas des moins subtiles, car il faut donner toute l'apparence de la réalité[464].

> « [...] Il suffirait à l'escroc, pour passer au travers des mailles de la loi, de prendre, comme base de ses manœuvres, un fait réel qu'il grossirait, modifierait, en un mot, autour duquel il évoluerait. En pareille matière, tout ce qui n'est pas absolument vrai est faux. Aussi, la jurisprudence décide que dès que le prévenu a su persuader, par ses manœuvres, qu'une entreprise vaine et sans ressources était riche et féconde, il y a là une fausse entreprise [...] »[465].

L'avenir de ces escroqueries par fausse entreprise ne peut que connaître un développement important, compte tenu du développement de l'exploitation des capitaux d'autrui. R. Garraud note ainsi que souvent,

> « [un escroc] pour capter la confiance et obtenir des remises de fonds, a simulé une société qui est de pure imagination, qui n'existe pas ; c'est un commerçant, par exemple, qui, pour se faire livrer des marchandises à crédit, se présente comme l'associé en nom collectif de A... et de B..., commerçants solvables, alors qu'aucune société n'a jamais existé entre eux »[466].

---

[463] R. Garraud, *Traité théorique et pratique du droit pénal français*, Paris, 1894, éd. Larose, t. V, p. 253.

[464] Cette apparence dans les éléments constitutifs de la fausse entreprise est soulignée par Yves Mayaud, *Le Mensonge en droit pénal*, éditions L'Hermès, Lyon, 1977, p. 182 : « C'est de plusieurs manières qu'une entreprise commerciale se révèle « fausse » au sens de l'article 405 du *Code pénal.* Tout d'abord, elle peut être purement fictive, c'est-à-dire n'avoir que l'apparence d'une existence non constituée : dans le cas où l'entreprise en question affecte la forme d'une société, il s'agit là d'une société de pure façade ; seuls quelques éléments extérieurs destinés à duper les tiers sont censés manifester à leurs yeux un semblant d'existence : raison sociale, ouverture de locaux, personnel engageant..., autant d'éléments qui par leur combinaison suffisent à constituer les manœuvres propres à persuader de l'existence réelle de l'entreprise simulée [Crim., 23 avril 1857, S. 1857-1-61 ; 5 décembre 1873, S. 1874-1.94 ; 9 mai 1913, *Bull. crim.* n° 234 ; 6 janvier 1962, *Bull. crim.* n° 11 ; 28 novembre 1968, *Bull. crim.* n° 321]. Sont également considérées comme fausses les entreprises réelles dans leur existence, mais irrégulièrement constituées : il s'agit alors non seulement d'une simulation de société, mais d'une simulation de constitution de société, tendant à cristalliser aux yeux de tous l'apparence d'une constitution régulière. [...] ».

[465] R. Garraud, *op. cit.*, p. 253.

[466] *Ibid.*

Or, à partir de 1750, s'annoncent les prémices de la révolution industrielle. Pour se développer, l'économie a à la fois besoin de capitaux, de création de sociétés commerciales et de fiabilité : l'enjeu est historique. « À partir de 1750, le siècle est emporté par le vertige de la fortune. D'Angleterre, arrivent les machines et les techniques nouvelles, la navette volante, la machine à filer, la machine à tisser, le calandrage au cylindre, la machine à retordre, les presses à chaud, la fonte du coke, la machine à vapeur, les cylindres à papier, les laminoirs, la première machine-outil. Le gouvernement appelle en France les constructeurs étrangers et les naturalise. Les capitaux abondent, les affaires sont faciles, le crédit se développe, de grandes fortunes s'édifient. Presque toutes les branches de la production, les toiles peintes, le coton, les houillères, la grosse métallurgie, la savonnerie, les glaces, le raffinage, les produits chimiques, l'armement, connaissent une extraordinaire prospérité. Toutes les formes d'association en usage aujourd'hui sont couramment pratiquées. Nobles et bourgeois y mêlent leur argent. Sans déroger, un marquis n'aurait pas pu tenir boutique, ni vendre du drap : la société anonyme lui permet d'être discrètement marchand de chandelles, charbonnier ou fabricant de jupons »[467].

Le marchand n'est plus alors le modeste artisan-compagnon ne livrant son produit que parcimonieusement. Apparaît l'industriel. « Le personnage moderne du gros industriel qui brasse des millions et commande à des centaines d'ouvriers existe bien avant la Révolution. Bien mieux, il a déjà fait souche et fondé des dynasties : Dollfus à Thann, Perret à Lyon, Drouhin à Belleville, de Wendel à Hayange et au Creusot, Oberkampf à Jouy. Existe aussi l'inventeur, artisan habile comme Jacquard, constructeur et mathématicien comme Vaucanson, Cugnot et Jouffroy d'Abbans, homme de laboratoire comme Berthollet, Leblanc et les disciples de Lavoisier. Sous Louis XIV, la France n'avait qu'une Bourse, à Lyon. Celle de Paris, née et morte avec Law, est réorganisée en 1724. Elle se tient de dix heures du matin à une heure après-midi. Il y a un marché à terme, une cote, de l'agiotage. On spécule sur les changes, sur les valeurs d'État, sur les parts de la Ferme générale, sur les actions des grandes compagnies : Compagnie des Indes, Assurances maritimes, Eaux de Paris, Assurances générales. Au jugement de Necker, la France détient la moitié du numéraire existant en Europe »[468].

Le marchand est donc de plus en plus souvent un intermédiaire. Son commerce peut être important et ses formes juridiques multiples, en nom personnel ou en société. Il devient donc intéressant pour un escroc d'en capter les stocks. C'est ainsi que Jean-Pierre André est jugé en première instance par le Châtelet le 4 mai 1770, poursuivi pour « différentes escroqueries par lui faites de marchandises à lui livrées par des marchands pour parvenir à l'une desquelles il a fait une fausse

---

[467] Pierre Gaxotte, *Le Siècle de Louis XV*, Paris, Fayard, 1933, p. 402-403.
[468] Pierre Gaxotte, *op. cit.*, p. 403-404.

lettre de change »[469]. La preuve de son escroquerie n'est cependant pas totalement rapportée et André est finalement mis hors de cour par le Châtelet et en appel, par un arrêt du 26 mars 1773, le Parlement de Paris le décharge de l'accusation.

Claude Doussot montre un pareil intérêt à escroquer des marchands. Il est donc jugé en première instance par le Châtelet le 10 septembre 1776, avec un dénommé Gauthier. Tous deux sont « dûment atteints et convaincus d'avoir escroqué plusieurs marchands en leur achetant des marchandises et en les payant de faux bijoux ». Le Châtelet condamne ces deux hommes au carcan. En appel, par un arrêt du Parlement de Paris en date du 12 octobre 1776, leur sentence est confirmée[470].

Mais faire croire à de fausses entreprises implique de manœuvrer la dupe. En effet, pour la persuader de ces fausses entreprises et escroquer ainsi tout ou partie de sa fortune, encore faut-il pouvoir la convaincre de la réalité de l'organisation. Il faut donc que des actes viennent corroborer et appuyer le mensonge pour valider l'existence de fausses entreprises.

> « Ce sont là deux éléments distincts, qui concourent à préciser les moyens dont l'agent doit s'être servi pour escroquer autrui, et la rédaction de la loi a eu pour but de bien marquer cette double exigence, en précisant dans quelles conditions le dol deviendrait criminel »[471].

Le terme « entreprise » doit être compris de façon extrêmement large, sans *a priori* et sans, *stricto sensu,* respecter les formes connues du droit des affaires. L'interprétation doit donc être extensive.

> « Fidèles à la pensée de Garçon, nous pensons au contraire que l'on peut « sans forcer les termes de la loi considérer comme un escroc celui qui, en employant des manœuvres frauduleuses, persuade à des dupes qu'un dessein formé sera mis à exécution, alors que ce dessein n'a aucune réalité » ; et l'auteur d'ajouter que « c'est précisément parce qu'on n'a pas compris ce sens général du mot « entreprise », que l'on a, à tort, critiqué certains arrêts » (Garçon, *op. cit.*, art. 405, n° 50). C'est dire que la plupart des manœuvres remplissent cette condition de « persuasion, de fausses entreprises », expression légale qui, par son interprétation, revêt un caractère générique suffisant pour étouffer dans leurs principes les distinctions nuancées »[472].

---

[469] Arch. Nat. X^{2B} 1048, affaire n° 264 : Jean-Pierre André, arrêt du 26 mars 1773.

[470] Arch. Nat. X^{2B} 1055, affaire n° 376 : Claude Doussot, arrêt du 12 octobre 1776.

[471] R. Garraud, *Traité théorique et pratique du droit pénal français*, Paris, éd. Larose, 1894, t. V, p. 250.

[472] Yves Mayaud, *Le Mensonge en droit pénal*, Lyon, éd. L'Hermès, 1977, p. 180.

L'utilisation de manœuvres destinées à faire croire à l'existence de fausses entreprises peut d'ailleurs, à une époque où la légalité de l'infraction n'existe pas, induire en erreur le praticien du droit.

Nous pouvons nous interroger sur la nature du cas de Clément Chavanis, jugé en première instance devant le prévôt de Paris le 17 juillet 1771, « dûment atteint et convaincu d'avoir escroqué et vendu à son profit un cabriolet et un cheval qui lui avoient été confiés à titre de location »[473]. En appel, par un arrêt en date du 16 février 1773, il est déchargé des plaintes et accusations contre lui intentées, car là encore la preuve n'est pas rapportée qu'il ait commis une escroquerie. A cause de ses manœuvres tendant à faire croire qu'il avait la capacité commerciale de vendre une voiture, il est jugé pour escroquerie alors qu'il commet un abus de confiance, puisque le cabriolet et le cheval lui étaient confiés à titre de location et sont donc simplement détournés. Il faut se méfier des pseudo « fausses entreprises » qui peuvent cacher un simple abus !

L'entreprise peut aussi se limiter à quelques mensonges. Prenons le cas de François Delalande, jugé en première instance au bailliage d'Orléans le 18 décembre 1773. Il est « dûment atteint et convaincu d'avoir été sous le nom de personnes connues acheter des marchandises qu'il a emportées sans les payer et dont il a ensuite disposé et notamment chez ladite Jarron où il a acheté trois aulnes en prenant le nom de Joseph Dubois »[474]. L'entreprise consiste alors uniquement à se faire passer pour des personnalités dont on emprunte l'identité et l'apparence.

L'étude de la jurisprudence le prouve, l'élément de tromperie du dol se précise en la fin du siècle des Lumières. Les machinations des fausses entreprises constituent désormais l'infraction d'escroquerie. L'intention frauduleuse prend corps dans ce dessein de frustrer le propriétaire de sa chose en en obtenant la délivrance par des moyens qui conduisent à faire croire à l'entreprise du dupeur. Finalement le premier but n'est-il pas de convaincre la dupe de l'existence de fausses entreprises ? Il est étonnant de constater que la doctrine contemporaine poursuit cette idée.

> « Pour que l'escroquerie soit constituée, il ne suffit pas que les actes décrits soient perpétrés, il faut encore qu'ils soient utilisés pour persuader la victime de quelque chose d'inexact. [...] Le premier but coupable est de chercher à convaincre la dupe de l'existence de fausses entreprises. »[475].

Cette interprétation donne la définition de la fausse entreprise qui consiste à tromper la victime sur sa situation réelle, qu'elle soit financière, professionnelle

---

[473] Arch. Nat. X^{2B} 1048, affaire n° 329 : Clément Chavanis, arrêt du 16 février 1773.
[474] Arch. Nat. X^{2B} 1050, affaire n° 357 : François Delalande, arrêt du 3 février 1774.
[475] Michelle-Laure Rassat, *Jurisclasseur pénal*, art. « Escroquerie », 1996, p. 26.

ou personnelle. Reprenons le cas de Claude Doussot[476], qui fait croire à des marchands qu'il peut se procurer la marchandise qu'ils détiennent parce qu'il en a les moyens de paiement. En réalité, Doussot se contente d'appâter ses fournisseurs pour les duper par de faux bijoux. La manœuvre consiste à s'en être procuré pour donner le change. C'est ce que constate le Châtelet par sa sentence du 10 septembre 1776 et ce que confirme le Parlement de Paris dans un arrêt du 12 octobre 1776.

Encore une fois, nous retrouvons la même définition de la fausse entreprise dans l'interprétation contemporaine de l'escroquerie. « Par fausse entreprise, il faut entendre fausse activité. La qualification s'applique donc à toute personne qui s'emploie à tromper la victime sur sa situation réelle. »[477].

Pierre Michel Billot[478] a ainsi été qualifié d'escroc par le Châtelet le 7 avril 1773, car il a fait croire à des fournisseurs qu'il disposait de multiples domiciles qui lui permettaient de se faire livrer à toutes les fausses adresses et d'accaparer ensuite frauduleusement les biens remis. Le Parlement de Paris a confirmé la sentence le 28 avril 1773, considérant que l'entreprise frauduleuse était bien constitutive de l'escroquerie.

La modernité de la notion ne peut pas nous échapper, avec le recul de l'histoire, puisque la doctrine actuelle indique que l'entreprise frauduleuse consiste en des

> « entreprises industrielles ou commerciales. Une société nulle n'est pas *ipso facto* une fausse entreprise. Dans la mesure où il ne s'agit pas d'une société fictive, de façade […]. Il peut s'agir d'une entreprise totalement fictive ; c'est le cas de l'individu qui, pour inspirer confiance à son client, lui fait visiter l'atelier d'un confrère, qu'il présente comme le sien, déterminant la dupe, par cette mise en scène, à verser un acompte […]. Est également fausse entreprise celle qui a une existence réelle mais qui est présentée par l'escroc, à l'aide de manœuvres, dans quelques unes des parties qui la composent, sous des apparences trompeuses. La simulation peut porter sur l'importance de la société, son objet, ses caractéristiques essentielles »[479].

Il appartient donc aux juges du fait de déterminer si les éléments trompeurs « ont une importance suffisante pour qu'il y ait fausse entreprise »[480].

---

[476] Arch. Nat. X^{2B} 1055, affaire n° 376 : Claude Doussot, arrêt du 12 octobre 1776.

[477] Michelle-Laure Rassat, *op. cit.*, p. 26.

[478] Arch. Nat. X^{2B} 1048, affaire n° 291 : Pierre Michel Billot, arrêt du 28 avril 1773.

[479] Michelle-Laure Rassat, *op. cit.*, p. 26, et également Cass. crim., 1er fév. 1955 : *JCP* 1955, éd. G., IV, 37 ; *Rev. Sc. Crim.* 1955, p. 529, observation Bouzat, pour une entreprise de crédit différé. – 8 fév. 1956 : *JCP* 1956, éd. G., IV, 41. – 22 juil. 1971 : *Bull. crim.*, n° 239

[480] *Ibid.*, ainsi que Cass. crim., 9 janv. 1978 : *JCP* 1978, éd. G., IV, 85. – 16 janv. 1980, Le Ster. – Cf. aussi Cass. crim., 6 oct. 1980 : *Bull. crim.*, n° 248, au sujet d'une escroquerie au préjudice de porteurs

L'escroquerie peut ainsi être identifiée à une entreprise frauduleuse, une tromperie dont les manœuvres ne peuvent aboutir qu'à duper. C'est ce que retiendra l'article 35 du titre II de la loi des 17 et 22 juillet 1791, qui dispose que ceux qui, à l'aide de fausses entreprises, auraient abusé de la crédulité de quelque personne, commettent une escroquerie.

Section 2. Des manœuvres spécifiques et multiples

Les entreprises frauduleuses sont constituées par des manœuvres qui doivent pouvoir réussir à tromper la dupe.

§ 1 - Des manœuvres frauduleuses

Mais comment faire usage de manœuvres frauduleuses pour construire de telles entreprises ? Comment la dupe se laisse-t-elle abuser ?

Dans un premier temps, notons que l'agent doit être d'une parfaite lucidité, puisque c'est en conscience qu'il va accomplir ces manœuvres pour tromper la future victime et se faire remettre ce qu'il convoite. Pour avoir la preuve de cette conscience et de cette intention, il appartient au juge d'examiner les manœuvres employées car elles « trahissent chez l'agent la conscience du caractère chimérique de l'entreprise proposée à sa dupe »[481].

Le mot *manœuvre* se définit, selon le dictionnaire de Littré, comme une « opération de la main » d'une part, et, d'autre part, au figuré, comme les « moyens que l'on emploie pour gouverner certaines affaires ». Pour le verbe *manœuvrer*, il faut encore entendre qu'il s'agit d' « employer ces moyens pour la réussite d'une affaire ». Le lexicographe n'attache pas à ces termes une connotation péjorative, alors que, dans l'usage, il en va autrement[482]. Il est vrai que selon le dictionnaire Larousse des synonymes, les manœuvres sont des agissements « adroits et prémédités », l'expression se prenant « presque toujours en mauvaise part ».

Cependant, l'usage de manœuvres frauduleuses n'est-il pas, et de loin, la forme de tromperie la plus fréquente et la plus difficile à caractériser ?

Le bailliage de Provins, en première instance, se penche sur cette question en étudiant le cas de Louis Bonneau et en rendant sa sentence le 15 novembre 1736. Avant de se permettre d'affirmer par leur jugement que Bonneau est « dûment atteint et convaincu [...] d'avoir escroqué plusieurs personnes en se présentant comme marchand », les magistrats recherchent en quoi la tromperie

---

de parts d'une société civile dont l'activité était différente de celle prévue par les statuts et la publicité.

[481] Michelle-Laure Rassat, *Jurisclasseur pénal*, p. 33.

[482] Cf. Michelle-Laure Rassat, *op. cit.*, p. 22.

consiste. Ils découvrent ainsi que Bonneau s'est présenté « sous de fausses identités, [pour...] qu'on lui remette de l'argent afin de pouvoir rentrer chez lui » et en « se présentant comme marchand »[483].

L'activité susceptible d'être qualifiée de manœuvres frauduleuses est simplement décrite par la juridiction de première instance et par le Parlement de Paris en appel. En l'état, il n'est pas précisé si la manœuvre frauduleuse doit se définir de telle ou telle façon. Les juridictions vont-elles, par leur pratique, tenter d'énumérer, de façon plus ou moins limitative, ce qui peut être appelé « manœuvres »[484] ? Gardons pour l'instant en mémoire notre première définition de la manœuvre frauduleuse : d'abord et avant tout un acte exercé dans un but unique, la tromperie[485].

Le 14 août 1759, Pierre Chenon, Conseiller du roi, Commissaire au Châtelet de Paris, est saisi d'une information à la requête du procureur du Roi audit Châtelet. L'enquête porte sur les vols et escroqueries qu'auraient commis un dénommé Trinquelaire avec son épouse et d'autres individus, au préjudice de Monsieur et madame Briet, ainsi que d'autres victimes, qui s'en sont plaints le même jour par déclaration faite auprès du procureur[486].

Dans le cadre de cette enquête, subdéléguée au Lieutenant criminel, est entendu Nicolas Bernay, âgé de 36 ans, vigneron de son état, qui demeure à Cormeil, et qui est assigné par exploit d'un dénommé Bonnaire, huissier à verge, pour venir à Paris afin d'être entendu comme témoin. Il prête ainsi serment de dire la vérité, et précise qu'il est le petit-cousin de Marie-Jeanne Drouet, dite Fessard, l'une des plaignantes[487].

---

483 Arch. Nat. X^{2B} 980, affaire n° 152 : Louis Bonneau, arrêt du 8 avril 1737.

484 Notons pour mémoire que l'article 405 du *Code Pénal* de 1810 ne le précise pas.

485 Michelle-Laure Rassat, *op. cit.*, p. 22 : « L'adjectif frauduleux signifie « qui est entaché de fraude », celle-ci étant un « acte de mauvaise foi et de tromperie » (Littré). L'escroquerie est, en effet, une tromperie, une fraude, mais les notions de tromperie et de fraude ont en droit français une signification précise (tandis que pour nombre de juristes étrangers elles recouvrent pratiquement toute la tromperie criminelle, et on a évoqué les difficultés rencontrées pour distinguer le dol criminel de l'escroquerie du dol civil). [...] L'usage de manœuvres frauduleuses est, de loin, la forme de tromperie la plus fréquente et la plus difficile à caractériser. C'est la forme la plus traditionnelle de l'infraction reprise comme telle pat le droit nouveau mais cependant avec un changement dans la représentation. ».

486 Arch. Nat. Y 10.225, affaire n° 38 : Trinquelaire, sentence du 16 janvier 1761. « Information faite par nous Pierre Chenon, Conseiller du Roy, Commissaire au Châtelet de Paris, à la requeste de Monsieur le Procureur du Roy au dit Châtelet, contre le nommé Trinquelaire, sa femme et autres, au sujet des vols et escroqueries par eux faits aux nommés Briet, sa femme et autres, contenus en leurs plainte et déclaration du quatorze aoust mil sept cent cinquante neuf. ».

487 « En exécution de l'ordonnance de Monsieur le Lieutenant criminel, rendue sur les conclusions de M. le Procureur du Roy ensuite de l'expédition de la dite plainte. Du lundi huit octobre mil sept cent cinquante neuf huit heures du matin. Nicolas Bernay âgé de trente six ans vigneron demeurant à Cormeil venu exprès à Paris assigné par exploit de Bonnaire, huissier à verge, en date du jour d'hier

Bernay expose que deux ans auparavant, il vendait du vin à La Courtille dans le cabaret du Coq, grâce à la veuve Hugueneau, et par l'intermédiaire de Marie-Jeanne Hugueneau, dite Fessard. Il exerçait son activité durant toutes les fêtes et les dimanches. Au bout de quinze jours, il est prévenu qu'il ne trouverait pas la recette provenant de la vente du vin, parce qu'un couple, les Trinquelaire, qui logeaient dans la maison, avaient acheté un billet de loterie d'une valeur de cent écus à la mercerie, et que pour pouvoir financer ce projet, ils avaient intéressé ladite Fessard en l'associant pour moitié à l'achat de ce billet. Comme elle n'avait pas cet argent, elle s'était procuré les cinquante écus dans la caisse que tenait Bernay. Elle rassure alors Bernay que son argent est bien placé et que l'opération rapportera des intérêts[488].

Bernay continue normalement son activité de vente de vin, lorsqu'un dimanche suivant, la Fessard lui raconte que la veille sont arrivés à l'auberge des dames et des messieurs dont l'un se fait nommer le duc de La Rochefoucauld, un autre le marquis des Pars. Est présente également la duchesse de Montvallier. Tout ce beau monde vient visiter Trinquelaire et son épouse. On se met à discuter, et finalement, ils proposent de marier Fessard avec un valet de chambre chirurgien de monsieur le duc de la Rochefoucauld, à savoir un dénommé Du Cadet du Framboisier. Devant un tel espoir, suscité chez madame Fessard, les messieurs indiquent que ce projet ne pourrait avoir lieu que si la veuve Hugueneau avait bien soin de Trinquelaire, de son épouse et de leurs enfants. Ils ne devaient manquer de rien[489].

Pour mieux intéresser les aubergistes à cette entreprise, il est même précisé que tous y trouveraient un avantage. Les espérances les plus flatteuses sont faites, y compris pour Nicolas Bernay, puisqu'il est précisé qu'il est lui-même concerné par

---

dont il nous est apparu après serment par lui fait de dire vérité et qu'il a déclaré n'être parent allié serviteur ni domestique des parties, sinon qu'il est petit cousin de Marie Jeanne Drouet dite Fessard l'une des plaignantes, lecture à lui faite de la dite plainte. »

488 « Dépose qu'il y a deux ans vendant alors du vin à la Courtille dans le cabaret du Coq qu'il tenoit de la veuve Hugueneau par le ministère de Marie Jeannne Hugueneau dite Fessard sa petite cousine, le dit déposant y alloit toutes les fêtes et dimanches. Au bout de quinze jours la femme Hugueneau le prévint qu'il ne trouveroit pas le compte de son argent provenant de la vente de son vin parce que le nommé Trinquelaire et sa femme qui logeoient dans la maison avoient pris un billet de loterie de la mercerie qui coûtoit cent écus, qu'ils avoient intéressé la dite Fessard pour moitié moyennant cinquante écus qu'elle avait tiré du comptoir mais que son argent lui rapporteroit bon intérêt [...]. »

489 « [...] un autre dimanche elle lui conta qu'il étoit venu la veille en carrosse des messieurs et des dames, l'un se faisoit nommer le duc de La Rochefoucauld, l'autre le marquis des Pars, la dame se faisoit appeler la duchesse de Montvallier, ils venoient voir Trinquelaire et sa femme et ils firent entendre qu'ils vouloient marier la dite Fessard avec le nommé Du Cadet du Framboisier, valet de chambre chirurgien de M. le duc de La Rochefoucauld ; et sous l'espoir de ce mariage ces messieurs recommandèrent à la veuve Hugueneau d'avoir soin de Trinquelaire et sa femme et leurs enfants, de ne les laisser manquer de rien [...]. »

une amélioration de sa situation. A deux conditions : d'une part que le vin soit consommé par la famille Trinquelaire, et que d'autre part l'argent gagné par le restant de la vente finance une belle vie à cette famille et ses invités. C'est ainsi que Bernay place dans cette opération une somme de douze cent quarante-et-une livres. En garantie, il ne reçoit de ladite Fessard qu'un billet garantissant le cautionnement de Briet[490].

Nicolas Bernay, dans son témoignage, affirme alors qu'il a vu « des manœuvres pratiquées par cette troupe de fripons ». Il est peut-être plus juste d'affirmer qu'après avoir été lui-même dupé, il a pris conscience des manœuvres dont il a été l'une des victimes, et qui ont été pratiquées par l'ensemble de ces escrocs. En tout cas son témoignage est clair. Il expose ainsi qu'il

> « a vu une partie des manœuvres pratiquées par cette troupe de fripons pour abuser de la crédulité de cette veuve Hugueneau, de Briet, de sa femme, de la Fessard et du déposant lui-même qui en a été dupe, il a vu venir presque tous les fêtes et dimanches pendant cinq mois le dit Du Cadet du Framboisier sous prétexte de faire sa cour à la Fessard ; Du Cadet, Trinquelaire et sa femme dirent au déposant de faire venir la mère de la dite Fessard pour raison de ce mariage, le déposant l'amena le dimanche suivant ; Du Cadet, Trinquelaire et sa femme avec Briet et sa femme firent à cette mère cette demande de sa fille pour le dit Du Cadet en l'annonçant valet de chambre chirurgien de Monsieur le duc de La Rochefoucauld, intendant des finances de Monseigneur le duc d'Orléans ; sa mère dit qu'il falloit des informations, mais Trinquelaire et sa femme, Briet et sa femme qui étoient dupes de ces premiers la pressèrent en disant qu'il n'y avoit pas à hésiter, que toutes les informations étoient faites, qu'ils connaissoient Du Cadet ainsi que ses protecteurs et que c'étoit une fortune pour sa fille [...] »[491].

Pour donner de la substance à ses manœuvres et laisser croire qu'il est riche, ou du moins qu'il a des revenus, Du Cadet présente à la Fessard une bourse qu'il affirme bien entendu être pleine de louis, et qui sera le cadeau de noces. La belle refuse de recevoir d'avance ce présent, car elle préfère être mariée. Briet et son épouse sont quant à eux sous le charme des promesses de ces personnes. Mais en même temps, ils ne peuvent subvenir à l'ensemble de leurs besoins et continuent

---

490 « [...] et qu'elle, son gendre et sa fille qui étoient Briet et sa femme y trouveroient leur avantage. La veuve Hugueneau rendit cela au déposant en lui faisant envisager les espérances les plus flatteuses pour lui-même, de sorte que le vin du déposant étoit consommé par cette famille Trinquelaire, et l'argent du vin qui se débitoit se consommoit à leur fournir leur nécessaire et à faire des parties de belles et de café ; le déposant y est pour une somme de douze cent quarante une livres dont la dite Fessard lui a fait son billet pour le cautionnement de Briet [...]. »

491 Arch. Nat. Y 10.225, affaire n° 38 : Trinquelaire, sentence du 16 janvier 1761.

à leur faire mener grand train en prenant des crédits, notamment chez le boulanger, chez l'épicier et tous les autres fournisseurs qui s'avèrent nécessaires[492].

Comment alors susciter chez Briet l'enthousiasme nécessaire pour qu'il puisse continuer à s'endetter avec joie et sans l'ombre d'un soupçon ? Etonnamment, plus la promesse est grande, plus elle apparaît facilement crédible. Rien ne peut arrêter les dupeurs dans l'ampleur de leurs manœuvres, et ils n'hésitent pas à jouer sur la corde sensible de Briet en lui faisant miroiter monts et merveilles. C'est ainsi que Trinquelaire, son épouse, le marquis des Parts et le sieur Laville promettent à Briet ce qui pourrait sembler inaccessible. Briet se voit en effet proposer la place de directeur général de la Compagnie des Indes : « Trinquelaire et sa femme avec le marquis des Parts et le sieur Laville promettoient à Briet de lui faire avoir la place de directeur général de la Compagnie des Indes [...] ».

Pour donner de la consistance à cette proposition qui coûte si cher à Briet, on lui fait voir des provisions et lettres de cachet. Il n'est question que de nobles engagés dans cette promesse : le duc de La Rochefoucauld, le marquis des Pars, le comte de Mirevaux, madame la duchesse de Montvallier, que l'on nomme aussi première dame au carrosse de la Reine. Nicolas Bernay précise néanmoins dans son témoignage qu'il n'a vu à l'auberge que le nommé Du Cadet, Trinquelaire et son épouse, sa servante et leurs enfants. Il a néanmoins été affirmé que tous ces gens sont attachés à Monseigneur le duc d'Orléans. Là encore, ce n'est qu'après avoir réalisé de quelles manœuvres frauduleuses il a été la victime que Nicolas Bernay s'est informé de savoir si, au Palais Royal étaient connus Du Cadet, Trinquelaire et son épouse, et qu'il a été informé qu'il n'en était rien[493].

Est alors entendue Jeanne Madeleine Drouet, âgée de 23 ans, qui demeure chez la veuve Fessard. Elle confirme les faits et précise que moults compliments ont été faits à Briet et à son épouse pour accueillir la famille Trinquelaire, d'autant

---

[492] « [...] quelques jours après Du Cadet présenta à la Fessard une bourse qu'il disoit plaine de louis en présent de noces ; mais la Fessard la refusa disant qu'elle n'accepteroit rien que tout ne fût terminé ; d'un autre côté Briet et sa femme étoient dupés par les fripons, ils s'étoient épuisés pour les entretenir jusque là même qu'ils ont pris à crédit chez les boulanger, épicier et autres fournisseurs [...]. »

[493] « [...] Briet lui a fait voir des provisions et lettres de cachet de cette place qu'il a dit tenir du sieur Laville ; le déposant a entendu nommer de ces fripons, le duc de La Rochefoucauld, le marquis des Pars, le comte de Mirevaux et le sieur de Laville, madame la duchesse de Montvallier, que l'on qualifioit première dame au Carrosse de la Reine, outre Du Cadet du Framboisier ; mais de tous ces fripons le déposant n'a vu que Du Cadet, Trinquelaire, sa femme, sa servante et leurs enfants ; que comme on avoit annoncé tous ces gens attachés à Monseigneur le duc d'Orléans, le déposant lorsqu'il s'est vu dupé a été s'en informer au Palais Royal où on lui a dit sur le récit qu'il a fait de leurs manœuvres que ces gens étoient des fripons et qu'on ni connaissoient point ces gens-là ; qui est tout ce qu'il a dit savoir, lecture à lui faite de sa déposition a dit icelle contenir vérité y a persisté a requis salaire lui taxé cent sous et a signé en notre minute. ».

que cela allait leur procurer l'avantage d'entrer dans l'état des pensions de la maison d'Orléans. Mais ce n'est pas tout. Comme madame Briet va accoucher, le marquis de Pars lui propose d'être le parrain de l'enfant à naître, même s'il était jusqu'alors retenu à Orléans. Il ne faut pas oublier en effet que certaines promesses sont formulées par personnes interposées[494].

Puis le jour de Noël, Jeanne Madeleine Drouet atteste que le marquis de Pars a personnellement dit à Briet :

> « [...] comme il alloit lui faire avoir la place de directeur général de la Compagnie des Indes il falloit qu'il portât l'épée et qu'il alloit lui en donner le droit ; la nuit il fit monter Briet dans la chambre de la Trinquelaire pour lui faire la cérémonie de l'Epée, ils s'enfermèrent tous deux avec la femme Briet qui voulut voir la cérémonie, la déposante, curieuse, regarda à travers la serrure, vit que le marquis des Pars fit étendre Briet sur le lit, lui mit deux épées nues en croix sur l'estomac et récita des paroles qu'elle crut être en latin ; quelque temps après la Trinquelaire lui apporta un morceau de papier sur lequel il y avoit plusieurs cachets en cire d'Espagne rouge qu'elle lui dit être ses patentes de directeur général de la Compagnie des Indes »[495].

Les mensonges se doublent ainsi d'une mise en scène remarquable. La scène se tient à guichet fermé mais les tiers peuvent la regarder à travers le trou d'une serrure. Le principal intéressé, à savoir le sieur Briet, est lui-même impressionné par cette cérémonie d'adoubement où il tient le premier rôle. Devant une telle espérance de carrière de directeur de la Compagnie des Indes, comment Briet aurait-il pu refuser quelques minables ardoises auprès d'un épicier ou d'un boulanger !

L'enquête se poursuit. Est entendue la veuve Hugueneau. Elle prétend avoir été méfiante d'une certaine façon, en demandant quand lui seraient payées les deux mille cinq cents livres qui lui étaient dues. Or il lui a été répondu qu'elle disposerait de cette somme dans les deux mois. C'est pourquoi la déposante a prié sa fille, Marie-Jeanne, de lui avancer les dix-huit francs de la caisse du comptoir. Et c'est ainsi que cette somme a été remise à Trinquelaire. Mais des garanties lui ont aussi été fournies. En effet, la femme Trinquelaire lui remet un papier signé d'un dénommé Durand, premier intendant de Monseigneur le duc d'Orléans, qui vaut reconnaissance de dettes pour cent trente-six francs, et engagement de payer

---

[494] « [...] il félicitoit Briet et sa femme de ce que Trinquelaire et sa famille étoient venus loger chez eux puisqu'ils leur avoient procuré l'avantage d'entrer sur l'état des pensions de la maison d'Orléans ; comme Mme Briet étoit prête d'accoucher le marquis des Parts se proposa comme parrain de l'enfant avec la déposante et lorsqu'elle accoucha il fit dire qu'il étoit à Orléans pour les affaires du prince et fit tenir l'enfant par Trinquelaire au nom de lui marquis des Pars et par la déposante [...] ».

[495] Arch. Nat. Y 10.225, affaire n° 38 : Trinquelaire, sentence du 16 janvier 1761.

dans les deux mois une somme de deux mille cinq cents livres à la veuve Hugueneau et à sa fille[496].

La veuve Hugueneau avoue alors qu'elle-même et

> « la dite Marie-Jeanne attendoient avec impatience l'échéance de ces deux mois quelque temps auparavant la femme Trinquelaire leur dit qu'au lieu de deux mille cinq cent livres elles auroient chacune dix mil francs et leur a fait encore fournir de l'argent. La déposante lui demanda d'où provenait tout cet argent, la Trinquelaire lui dit que cela provenait d'un trésor que M. le comte de Mirevaux de sa connaissance avoit trouvé sur un terrain de Monseigneur le duc d'Orléans et que ce prince en avoit destiné le produit à être distribué à de pauvres familles. »[497].

Chaque témoin a donc une bonne raison d'avoir adhéré à cette entreprise par les manœuvres qui leur ont personnellement été faites et qui leur ont fait croire qu'ils avaient intérêt à la réussite de celles-ci.

C'est dans ces conditions qu'est entendu Jacques-Louis Briet, qui apporte des détails de plus en plus étonnants. Ainsi, la Trinquelaire lui aurait encore affirmé, puisque le dénommé duc de La Rochefoucauld n'est jamais venu au cabaret du Coq, que

> « ce marquis [des Pars] alloit être premier intendant des finances de Monseigneur le duc d'Orléans à la place de M. le duc de La Rochefoucauld qui étoit envoyé en ambassade, que ce marquis avoit été si satisfait de lui déposant qu'il alloit se défaire en sa faveur de sa place de directeur général de la Compagnie des Indes, et à raison de ce, elle lui demanda deux louis pour quelques petits frais qu'il y avoit à payer, et de jour en jour c'étoit tantôt deux louis tantôt trois, quatre, dix, ce qui s'est monté à des sommes immenses ; ce marquis a ainsi amusé très longtemps le déposant en le berçant de l'espoir de lui succéder dans sa place de directeur de la Compagnie des Indes, il lui fit entendre que comme il alloit lui céder l'appartement qu'il avoit à la Compagnie des Indes tout meublé, il lui falloit quelques étoffes pour meubler celui qu'il alloit occuper au Palais Royal, il lui demanda du damas bleu et du galon d'or ; le déposant prit chez lui le sieur David, marchand rue Grenétat, une pièce de damas bleu, quarante et tant d'aunes de galon d'or, une tabatière d'or, du velours et des dentelles, trois épées, et chez le sieur Lescalier demeurant dans le Temple, le déposant prit six montres à boëte d'or, une montre à boëte d'argent, une cueillette de vin de Bourgogne, quarante cinq bouteilles de vin de Champagne et liqueurs parce qu'outre l'ameublement il étoit

[496] « [...] la déposante demanda quand viendroient ces deux mille cinq cent livres, il répondit que cela seroit payé dans deux mois, la déposante pria la dite Marie Jeanne [*sa fille*] de lui avancer ces dix huit francs de son comptoir, ce qu'elle fit, et ils furent remis à Trinquelaire fils qui les porta à sa mère. Le même jour la femme Trinquelaire leur remit un papier signé Durand premier intendant de Monseigneur le duc d'Orléans portant reconnaissance de cent trente six francs et promesse de leur payer à chacune dans deux mois une somme de deux mille cinq cent livres [...] ».

[497] Arch. Nat. Y 10.225, affaire n° 38 : Trinquelaire, sentence du 16 janvier 1761.

question de faire des présents, et de régaler ses confrères de la Compagnie des Indes qu'il devoit lui amener ; le déposant lui remit ces étoffes, galon et une partie des bijoux, il fut obligé d'en vendre quelques uns pour faire de l'argent à l'effet de subvenir à tout celui qu'on lui demandoit pour avoir ses provisions de la place de directeur »[498].

Les manœuvres ont été d'une efficacité prodigieuse, toutes les promesses, tous les documents, engagements et cérémonies employés dans cette affaire étant faux, compte tenu de la liste que la principale victime, à savoir le sieur Briet, dresse lui-même de tout ce qu'il a fourni à la famille Trinquelaire. Les témoins apportent d'ailleurs au lieutenant criminel et ce faisant à la juridiction du Châtelet tous ces témoignages parce qu'ils sont désormais convaincus d'avoir été dupés.

C'est dans ces conditions que le Châtelet rend en première instance sa sentence le 16 janvier 1761, par laquelle :

> « Nous disons par délibération de conseil, ouï sur ce le Procureur du Roy, que la contumace est déclarée bien et valablement instruite contre le nommé Delaville et un *quidam* prenant le nom et se faisant passer pour le duc de la Rochefoucauld, accusés absents, et en adjugeant le profit d'icelle, les dits Delaville, *quidam*, Jean Pierre Trinquelaire, Marie Jeanne Feuillebarbe femme du dit Trinquelaire, Anne Hervelue et François Jean Planchenot déclarés dûment atteints et convaincus des manœuvres et escroqueries mentionnées au procès [...] ».

Le Châtelet caractérise ce faisant de façon précise et indiscutable les manœuvres qui constituent l'escroquerie. Il indique dans la motivation de sa sentence que des personnes se sont « fait passer » pour des personnes dont l'identité a été soit inventée soit utilisée, et afin de mieux parvenir à faire croire à l'ensemble des manœuvres mises en place :

> « [...] et en outre les dits deux contumax, François Jean Planchenot et Anne Hervelue d'avoir pris des noms et qualités supposées pour parvenir aux dites manœuvres et escroqueries ainsi qu'il est mentionné au procès [...] ».

Comme les manœuvres de cette escroquerie apparaissent extrêmement complexes, nécessitant moults personnages et de nombreuses inventions, le Châtelet n'est pas en état de se prononcer sur l'ensemble des faits, et pour une partie d'entre eux, sans que cela ne soit un empêchement à l'exécution à terme de la première partie de la sentence, il décide un plus amplement informé.

Cette sentence est portée au Parlement le 17 janvier 1761, qui la confirme par un arrêt du 27 janvier 1761.

---

[498] Arch. Nat. Y 10.225, affaire n° 38 : Trinquelaire, sentence du 16 janvier 1761.

§ 2 - Des manœuvres qui aboutissent

Comment de telles manœuvres ont-elles pu aboutir ? Peut-on vraiment croire, alors qu'on ne bénéficie d'aucune position sociale, de peu de fortune ou d'éducation, qu'un poste de directeur général de la Compagnie des Indes vous soit proposé ? Peut-on imaginer que la noblesse fréquente la famille Trinquelaire et se plaise à s'amuser au cabaret du Coq ? Aussi invraisemblable que ce soit, le mécanisme a fonctionné. Il faut préciser que le prestige de la Compagnie des Indes est énorme dans la France de l'époque, depuis la Régence, et a rapporté beaucoup d'argent. Jusqu'en août 1769, elle garde un privilège de commerce au delà du Cap de Bonne-Espérance[499].

Adam Smith l'évoque dans ses *Recherches sur la nature et les causes de la richesse des nations* : « Le commerce de l'Inde, en ouvrant un marché aux marchandises de l'Europe, ou ce qui revient à peu près au même, à l'or et à l'argent que ces marchandises achètent, doit tendre nécessairement à augmenter la production annuelle des marchandises de l'Europe et, par conséquent, la richesse et le revenu réel de cette partie du monde »[500].

Jacques-Louis Briet ne peut donc qu'être ébloui à l'idée même que l'on puisse envisager de le faire employer par la Compagnie des Indes. Comme tout un chacun dans cette société du XVIIIe siècle, il espère gagner plus d'argent. Adam Smith explique la place désormais prépondérante de l'argent dans cette « nouvelle économie » :

> « La double fonction que remplit l'Argent, et comme instrument de commerce et comme mesure des valeurs, a donné naturellement lieu à cette idée populaire, que l'Argent fait la richesse, ou que la richesse consiste dans l'abondance de l'or et de l'argent. L'argent servant d'instrument de commerce, quand nous avons de l'argent, nous pouvons bien plutôt nous procurer toutes les choses dont nous avons besoin, que nous ne pourrions le faire par le moyen de toute autre marchandise. Nous trouvons à tout moment que la grande affaire, c'est d'avoir de l'argent ; quand une fois on en a, les autres achats ne souffrent pas la moindre difficulté. D'un autre côté, l'argent servant de mesure des valeurs, nous évaluons toutes les autres marchandises par la quantité d'argent contre laquelle elles peuvent s'échanger. Nous disons d'un homme riche, qu'il a beaucoup d'argent, et d'un homme pauvre, qu'il n'a pas d'argent. On dit d'un homme économe ou d'un homme qui a grande envie de s'enrichir, qu'il aime l'argent ; et en parlant d'un homme sans soin, libéral ou prodigue, on dit que l'argent ne lui

---

[499] Emmanuel Le Roy Ladurie, *L'Ancien Régime. L'absolutisme bien tempéré (1715-1770)*, Hachette, coll. « Pluriel », 1991, p. 212-213.

[500] Adam Smith, *Recherches sur la nature et les causes de la richesse des nations*, Paris, Flammarion, GF, 1991, t. II, liv. IV, chap. I, p. 35.

coûte rien. S'enrichir, c'est acquérir de l'argent ; en un mot, dans le langage ordinaire, Richesse et Argent sont regardés comme absolument synonymes »[501].

Voltaire, dans son ouvrage sur *Le Siècle de Louis XV*, porte un jugement plus moral sur ces comportements humains tournés vers la spéculation et la manifestation ostentatoire des richesses, même s'il n'en admire pas moins le capitalisme à l'anglaise. Il évoque la *cupidité* qui saisit la France profonde comme la noblesse, le nouvel amour du gain et aussi le passionnant destin de la Compagnie des Indes, créée par Colbert. Celle-ci s'est hissée au rang d'institutions comme le Louvre ou Versailles. Elle invente une forme de capitalisme populaire, où chacun a le sentiment de pouvoir bénéficier d'un certain enrichissement. Pourquoi Briet n'aurait-il pas, lui aussi, mordu à cet appât du gain qui enflamme les esprits comme une drogue ? Écoutons Voltaire :

« Un Écossais nommé Lass, qui n'avait d'autre métier que d'être grand joueur et grand calculateur, obligé de fuir de la Grande-Bretagne pour un meurtre, avait dès longtemps rédigé le plan d'une compagnie qui paierait en billets les dettes d'un État et qui se rembourserait par les profits. Ce système était très compliqué ; mais réduit à ses justes bornes, il pouvait être très utile. C'était une imitation de la banque d'Angleterre et de sa compagnie des Indes… »

Il établit d'abord une banque en son propre nom en 1716. Elle devint bientôt un bureau général des recettes du royaume. On y joignit une compagnie du Mississipi, compagnie dont on faisait espérer de grands avantages. Le public, séduit par l'appât du gain, s'empressa d'acheter avec fureur les actions de cette compagnie et de cette banque réunies. Les richesses, auparavant resserrées par la défiance, circulèrent avec profusion. Les billets doublaient, quadruplaient ces richesses. La France fut très riche en effet par le crédit… »

Chaque sujet du royaume avait évidemment entendu parler du système. Chacun espère un jour devenir riche[502].

---

[501] Adam Smith, *op. cit*, t. II, liv. IV, chap. I, p. 31.

[502] « La banque fut déclarée Banque du roi en 1718. Elle se chargea du commerce du Sénégal. Elle acquit le privilège de l'ancienne compagnie des Indes fondée par le célèbre Colbert, tombée depuis en décadence et qui avait abandonné son commerce aux négociants de Saint-Malo. Enfin, elle se chargea des fermes générales du royaume. Tout fut donc entre les mains de l'Écossais Lass, et toutes les finances du royaume dépendirent d'une compagnie de commerce. Cette compagnie paraissant établie sur de si vastes fondements, ses actions augmentèrent vingt fois au-delà de leur propre valeur. Le duc d'Orléans fit sans doute une grande faute d'abandonner le public à lui-même… Lass, séduit lui-même par son système et ivre de l'ivresse publique et de la sienne, avait fabriqué tant de billets, que la valeur chimérique des actions valait en 1719 quatre-vingts fois tout l'argent qui pouvait circuler dans le royaume. Le gouvernement remboursa en papiers tous les rentiers de l'État ».

« Le régent ne pouvait plus gouverner une machine si immense, si compliquée et dont le mouvement rapide l'entraînait malgré lui. Les anciens financiers et les gros banquiers réunis épuisèrent la banque royale, en tirant sur elle des sommes considérables. Chacun chercha à convertir ses billets en espèces ; mais la disproportion était énorme. Le crédit tomba tout d'un coup ; le régent voulut le ranimer par des arrêts qui l'anéantirent. On ne vit plus que du papier ; une misère réelle commençait à succéder à tant de richesses fictives. Ce fut alors qu'on donna la place de contrôleur général des finances à Lass, précisément dans le temps qu'il était impossible qu'il la remplit ; c'était en 1720, époque de la subversion de toutes les fortunes des particuliers et des finances du royaume...Le désordre était au comble. Le Parlement de Paris s'opposa autant qu'il put à ces innovations et il fut exilé à Pontoise. Enfin dans la même année, Lass chargé de l'exécration publique fut obligé de fuir du pays qu'il avait voulu enrichir et qu'il avait bouleversé. »[503].

Pour autant, la Compagnie des Indes a continué son activité et ne disparut qu'en 1794. Autant dire qu'en 1761, cette société a encore de beaux jours devant elle, et que Briet ne peut être que flatté et honoré que l'on pense à lui.

Il y a été aidé : les manœuvres ont été multiples pour le conduire à adhérer à un tel projet. Il a rencontré des gens du beau monde, de la noblesse la plus choisie, on lui a montré des documents, des lettres patentes, il a été « initié » lors d'une « cérémonie », et tout cela ne s'est pas fait en un jour.

En d'autres termes, les manœuvres frauduleuses tendant à déterminer la dupe à opérer sa remise de biens multiples pour laquelle il a souscrit de nombreux crédits, ont duré longtemps et se sont déroulées sous des formes variables. Nous rejoignons l'interprétation de Michelle-Laure Rassat sur l'escroquerie, lorsqu'elle explique qu' « il s'agit d'une infraction complexe ; souvent les manœuvres frauduleuses tendant à déterminer la dupe à opérer la remise sont étalées dans le temps et parfois dans l'espace »[504].

Cependant Briet, qui est lui-même dans le commerce, n'aurait-il pas dû manifester une plus grande méfiance et prendre plus de renseignements et de garanties qu'il ne l'a fait, même si toute la mise en scène consistait à ce que de nombreuses personnes se portent garantes de la proposition qui lui était faite ?

« Au début du XIXe siècle, doctrine et jurisprudence avaient tendance à se montrer, de façon générale, très exigeantes sur l'importance des manœuvres frauduleuses[505]. Dans le cadre d'un raisonnement qu'on peut dire civiliste, mais

---

503 Cité par René Grevet, *La France et les Français au XVIIIe siècle (1715-1788), Économie et culture*, Paris, éd. Ophrys, coll. « Documents et histoire », 1993, p. 80.

504 Michelle-Laure Rassat, *op. cit.*, p. 10.

505 On se reportera à R. Garraud, *Traité théorique et pratique du droit pénal français*, Paris, éd. Larose, 1894, t. V, p. 247.

qui était pour elles un cadre de droit commun, elles ne considéraient l'escroquerie comme constituée que si les actes commis étaient de nature à surprendre la vigilance de quelqu'un d'une intelligence normale veillant normalement à ses affaires, autrement dit le bon père de famille du *Code civil*[506]. On peut voir là à la fois les séquelles de la confusion qui avait existé, à une époque relativement proche, entre le dol civil et l'escroquerie pénale, et une erreur d'appréciation certaine sur le terrain du droit pénal où les éléments prédéterminés ne sont pas de mise. »[507].

En réalité, la faiblesse psychologique de Briet ne doit pas ici être exagérée. Il pèche par ses qualités. Commerçant, il aime le gain. Il pense tirer profit d'une affaire dans laquelle il investit et imagine l'entreprise juteuse. Qu'il soit dans l'erreur participe du risque. Être sensible aux titres et à la flatterie : voilà la faiblesse dont il fait preuve et qui l'empêche, sans doute, de mieux analyser la réalité du marché qu'on lui soumet. Mais la perversité de l'escroc est grande, car elle consiste justement à saisir les failles d'une personnalité et à s'attaquer à ses parties les moins lucides. Les manœuvres sont donc fonction de l'aptitude de jugement concrète de chaque victime, elles sont particulières à chaque cas d'espèce[508].

Briet devait donc être capable d'arbitrer entre le risque admissible de quelqu'un qui veut s'insérer dans une société par actions, dont l'évolution économique est par définition aléatoire, surtout à l'époque, et une méfiance normale envers la prise d'engagement dont son devoir était d'obtenir le meilleur rapport garanties-sécurité.

Sa décision résulte du fait que nous savons que Briet a été dupé. Mais, dans le feu de l'action, le choix était moins évident. D'autant que le risque capitaliste était peut-être encore plus grand sous l'Ancien Régime que de nos jours.

---

506 On peut se référer à Émile Garçon, *Code pénal annoté*, 2e éd. refondue par Ancel, Patin et Rousselet, Sirey, 1952-1959 – Cass. crim., 13 mars 1806 : *Bull. crim.*, n° 41. – 24 avril 1807 : *Bull. crim.*, n°88. – 28 avr. 1808 : *Bull. crim.*, n°111.

507 Michelle-Laure Rassat, *op. cit.*, p. 16.

508 *Ibid.* : « Le but de l'escroquerie étant de punir celui qui abuse d'autrui, il est en effet légitime de penser, à l'inverse, que la perversité de l'escroc est d'autant plus forte qu'il s'attaque à de moins lucides, et donc que c'est en fonction de l'aptitude de jugement concrète de chaque victime qu'il faut apprécier la suffisance des manœuvres qui l'ont trompé. À partir du milieu du XIXe siècle, le droit positif s'est suffisamment fixé en ce sens que l'intensité suffisante de la tromperie doit s'apprécier dans chaque cas particulier, en fonction de la capacité concrète de résistance intellectuelle et psychologique de la victime en cause par rapport à l'opération dont il s'agit (Cass. crim., 5 oct. 1871 : *D.* 1872, 1, p. 382. – 22 oct. 1987 : *Gaz. Pal.*, 1988, 1, p. 114, note JP Doucet – CA Toulouse, 30 oct. 1902, S. 1904, 2, p. 110), ce qui ne se confond pas forcément avec son niveau intellectuel général susceptible d'être battu en brèche par une très forte envie, une très forte passion, une très forte angoisse, *etc.* ».

« Un auteur français, très distingué par ses connaissances en matière d'économie politique, l'abbé Morellet, donne la liste de cinquante-cinq compagnies par actions pour le commerce étranger, qui se sont établies en divers endroits de l'Europe depuis 1600, et qui, selon lui, ont toutes failli par les vices de leur administration, quoiqu'elles eussent des privilèges exclusifs. Il a été mal informé sur le compte de deux ou trois d'entre elles qui n'étaient pas des compagnies par actions, et qui n'ont pas failli ; mais en revanche il y a eu plusieurs compagnies par actions qui ont failli, et qu'il a omises.

Les seuls genres d'affaires qu'il paraît possible, pour une compagnie par actions, de suivre avec succès, sans privilège exclusif, ce sont celles dont toutes les opérations peuvent être réduites à ce qu'on appelle une routine, ou à une telle uniformité de méthode, qu'elle n'admette que peu ou point de variation. De ce genre sont : 1° le commerce de la banque ; 2° celui des assurances contre les incendies et contre les risques de mer et de capture en temps de guerre ; 3° l'entreprise de la construction et de l'entretien d'un canal navigable ; 4° une entreprise du même genre, celle d'amener de l'eau pour la provision d'une grande ville.

Quoique les principes du commerce de banque puissent paraître tant soit peu abstraits et compliqués, cependant la pratique est susceptible d'en être réduite à des règles constantes. Se départir une seule fois de ces règles, en conséquence de quelque spéculation séduisante qui offre l'appât d'un gain extraordinaire, est une chose presque toujours extrêmement dangereuse, et très souvent funeste à la compagnie de banque qui s'y expose. Mais la constitution d'une compagnie par actions rend, en général, ces compagnies plus fortement attachées aux règles qu'elles se sont une fois faites, qu'aucune société particulière »[509].

Mais tout le monde n'ayant pas les compétences financières requises, un modeste commerçant pouvait être séduit par l'idée de diriger une compagnie commerciale par actions.

Aussi si Briet aurait dû faire preuve d'un minimum de prudence, comme tout bon père de famille, avant de prendre le risque de s'endetter, comment sécuriser les contrats et s'assurer que les projets ne soient pas commandés par des prises de décisions irrationnelles ? Au demeurant, la part psychologique n'est-elle pas présente dans chaque choix économique ? Pourquoi vouloir gagner plus d'argent quand on en a déjà, l'ambition est-elle une qualité ou un défaut ?

Toute la problématique réside dans la parfaite adéquation entre ses propres capacités intellectuelles, nerveuses, financières, et l'engagement envisagé. Mais de là à penser que l'on puisse être le simple objet de manœuvres frauduleuses entreprises avec astuce par des escrocs, voilà qui est une autre question.

---

[509] Adam Smith, *Recherches sur la nature et les causes de la richesse des nations,* Paris, Flammarion, GF, 1991, t. II, liv. V, chap. I, section 3, p. 381.

La confrontation avec la délinquance est toujours choquante et étonnante. Elle est inattendue, même pour un commerçant. La corruption financière, subtile, construite, sur le moment peut être difficile à éviter, car les escrocs sont aussi sympathiques, bien présents et prêts à tout pour inspirer confiance. Entre la théorie résultant d'un commentaire de l'arrêt, et la pratique issue de la confrontation aux faits, existe souvent un fossé énorme. Il faut même se demander alors s'il n'appartient pas à la police et à la justice d'agir. Briet aurait pu se croire préservé d'une pareille population de dupeurs.

L'équilibre résulte-t-il seulement d'un comportement raisonnable de celui qui réussira à éviter d'être victime ? Comment Briet aurait-il pu se prémunir de la mise en scène dont il a fait l'objet avec autant de force et de conviction ? La nécessaire lutte contre la délinquance financière doit comprendre une capacité en personnel et également en outils juridiques suffisants, pour non seulement pouvoir sanctionner de pareils comportements, mais aussi peut-être s'en prémunir. La morale de cette histoire est de toute façon sauve, puisque les époux Trinquelaire et consorts sont condamnés, et que Briet est quitte pour s'en remettre à sa destinée.

Toute la difficulté pour se prémunir éventuellement contre les manœuvres frauduleuses réside en ce qu'elles sont généralement efficaces. En effet, comme la doctrine moderne le confirme, le terme « manœuvre » implique nécessairement un acte positif, un fait actif de la part de l'auteur de l'escroquerie[510]. Cet acte, ou ces actes, plus ou moins complexes, plus ou moins difficiles à repérer, font la différence, car ils sont généralement parfaitement adaptés à la situation.

C'est ainsi que le bailliage de Tours rend en première instance, le 11 avril 1761, une sentence confirmée par un arrêt du Parlement de Paris du 14 juillet 1761[511] :

> « Vu par la Cour le procès criminel [...] contre Antoine Busseuil, Catherine Villefort veuve de Claude Busseuil, Marie Busseuil, Jean Busseuil, François Busseuil, Antoine Busseuil fils (ces quatre derniers sont les fils de François Busseuil), Charles Flatteau et Pierre Joseph de la Coste, défendeurs et accusés [...] ledit Antoine Busseuil auroit été dûment atteint et convaincu d'avoir le 7 mai 1760 été chez le nommé Sacher, tanneur à Saint Maur, d'avoir demandé à la femme dudit Sacher des louis marqués à la vache, et en cherchant dans une quantité d'argent que ladite femme Sacher lui avoit exhibé, de lui avoir volé la somme de 66 livres et véhémentement soupçonné d'avoir ledit jour volé à Louise Chevalier veuve d'Estienne Meusnier aubergiste de ladite ville de Saint Maur deux doubles louis d'or de chacun 48 livres, deux louis de chacun 24 livres et la valeur de 5 à 6 louis de 24 livres en écus de six livres, comme aussi d'avoir mené une vie errante et vagabonde, n'ayant aucun état ni domicile, ainsi qu'il est prouvé au procès... ».

---

[510] Corinne Mascala, *Répertoire pénal*, Paris, Dalloz, 2001, art. « Escroquerie ».

[511] Arch. Nat. X^{2B} 1026, affaire n° 314 : François Busseuil, arrêt du 14 juillet 1761.

Pour toutes ces raisons, le Parlement dans son arrêt confirme la sentence du bailliage de Tours, qui entend sanctionner les filouteries en tous genres commises lors d'une « vie errante et vagabonde ».

Les manœuvres ont été appréciées comme telles par le juge, elles n'avaient qu'un seul but : tromper les tiers[512].

Le 23 mars 1762, le Châtelet rend une sentence en première instance contre René de Gouesse du Barda[513].

> « Ledit Barda auroit été déclaré dûment atteint et convaincu des manœuvres et escroqueries par lui faites en se supposant employé dans les fermes et d'avoir contrefait dans un certificat la signature d'un des fermiers généraux de sa Majesté ainsi qu'il est mentionné au procès [...] ».

La mise en scène est impressionnante, encore une fois. N'hésitant pas à contrefaire, dans un faux certificat, rien moins que la signature d'un des fermiers généraux de Sa Majesté le roi Louis XV, René de Gouesse du Barda emploie toutes les manœuvres pour faire croire qu'il est employé à la Ferme générale, afin de collecter frauduleusement des impôts. La remise des fonds, à défaut d'être spontanée, devient dans ce cas obligatoire. Le dupé a tout lieu de croire à la collecte des impôts, normalement au bénéfice de l'État, en tous cas pour le collecteur lui-même. Quant à l'escroc, il manifeste un sang-froid assez rare. Le contexte fiscal de ces années 1760 n'est sans doute pas étranger à l'emploi de ces manœuvres.

> « Pendant la Régence, la débâcle du Système, auquel les fermes avaient été adjugées en 1719, ramena en 1721 à la formule de la régie, sous l'égide des frères Pâris, qui étaient les premiers à en connaître les défauts. Au début de juillet 1726, le Peletier des Forts y renonça et le 19 août fut signé le bail qui abandonnait à quarante fermiers généraux (dont le sieur Carlier était le prête-nom) la perception pendant six ans des gabelles, aides, traites et domaines, pour 80 millions par an »[514].

Les fermes générales restèrent, à partir de ce moment-là, sous les feux de l'actualité durant le règne de Louis XV, car leurs activités ont été elles-mêmes contestées et ont pu également être considérées comme de véritables scandales financiers.

---

[512] Cass. crim. 14 juin 1912, *Bull. crim.*, n° 315 ; 6 juin 1913, *ibid.*, n° 270 ; 12 et 28 mars 1914, *ibid.*, n° 141 et 175.

[513] Arch. Nat. X^{2B} 1027, affaire n° 351 : René de Gouesse du Barda, arrêt du 7 mai 1762.

[514] Michel Antoine, *Louis XV*, Paris, Fayard, 1989, p. 312.

> « Ce premier bail fut très désavantageux pour l'État, parce que, d'une part, on prit pour chiffre de base les produits d'une régie qui avait mal fonctionné et que, de l'autre, l'accroissement des affaires fut plus rapide qu'on ne pensait et que, pendant quatre ans, les fermiers furent seuls à en profiter et réalisèrent des gains énormes »[515].

Il est alors possible de se demander si les fermiers généraux n'escroquaient pas eux-mêmes les particuliers en faisant croire qu'ils prélevaient les impôts qu'ils avançaient au roi, alors qu'ils conservaient une grande partie de ces prélèvements ; et si par ailleurs ils ne commettaient pas des abus de confiance en détournant l'argent public des caisses de l'État. Les suspicions étaient suffisamment grandes pour que le régime juridique des fermes générales soit modifié par priorité. Une telle réforme ne pouvait pas passer inaperçue dans le royaume.

> « Aussi l'une des premières décisions importantes d'Orry fut-elle, à la fin de mai 1730, de résilier ce bail deux ans avant son expiration et d'en passer un nouveau, plus élevé de quatre millions. Et ensuite, de renouvellement en renouvellement, le contrôle devint plus sévère et les enchères toujours plus hautes. Les fermiers continuèrent à faire de gros bénéfices, mieux proportionnés néanmoins aux risques courus et aux capitaux engagés. Plus les années passèrent et plus la ferme devint une administration exemplaire. Qu'importe ! Le public en resta aux profits considérables produits par le bail Carlier, d'où date la réputation légendaire de richesse véreuse des fermiers généraux et leur impopularité. Réputation tenace bien que de moins en moins méritée »[516].

Cela peut expliquer l'intérêt de René de Gouesse du Barda à l'activité de la Ferme générale et à l'idée qu'il pouvait en tirer profit lui aussi, puisque personne ne semblait vouloir précisément contrôler l'activité réelle des fermes.

> « À partir de 1726, la ferme est devenue une organisme capital dans la monarchie, un organisme « para-étatique » dirait-on aujourd'hui. Ses bureaux centraux à Paris finirent par compter quelque six cents employés et les effectifs répandus par le royaume une hiérarchie de plus de vingt-cinq mille agents, recrutés et dirigés avec un soin croissant, soumis à des règles précises de rémunération et d'avancement et bénéficiant, pour la première fois en France, d'un régime régulier de retraite proportionnelle. Le statut très moderne de ce personnel était, avant la lettre, un statut de fonctionnaire et, comme tel, a servi de modèle »[517].

---

515 Michel Antoine, *op. cit.*, 1989, p. 313.
516 *Ibid.*
517 *Ibid.*

En 1762, René de Gouesse du Barda n'avait sans doute aucune chance d'échapper aux poursuites du Procureur du roi, en usant, par des manœuvres frauduleuses, de la qualité d'employé d'une ferme générale, puisque désormais l'institution est bien structurée, aussi bien dans l'organisation que dans le recrutement du personnel. Gouesse du Barda a sans doute confondu le mécontentement que continuent à procurer les assiettes d'impositions directes et indirectes, qui ne sont pas toujours uniformes, ni égalitaires, et le trop lourd poids fiscal supporté par une population souvent très misérable. Ceci allait être pour partie une des causes de la Révolution française[518].

L'idée d'une réforme de la fiscalité prenait donc corps durant le règne de Louis XV et s'avérait en réalité tout à fait nécessaire pour la survie du régime, car il fallait établir l'égalité de tous les sujets devant l'impôt. Or l'arsenal fiscal de la monarchie était constitué d'un héritage épars et inadapté[519].

Mais le plus dramatique dans cette affaire fiscale réside dans la corruption intrinsèque du système, qui ne peut qu'inciter les escrocs à vouloir bénéficier de cette manne. En effet, les collecteurs eux-mêmes ne respectaient pas le droit. « Les collecteurs taxaient avec bienveillance leurs amis, leurs parents, ceux dont ils dépendaient et ceux qui devaient leur succéder à la collecte. Les seigneurs et le juge faisaient dégrever leurs fermiers ; le curé intervenait pour ses protégés. Intérêt, caresses, menaces, intimidation, corruption, tout était mis en œuvre pour fausser la balance et, en fin de compte, le poids le plus lourd retombait sur les pauvres, les isolés, les veuves et les mineurs. « Toute la subtilité et toute la malice de l'esprit humain, écrivait Orry dans une circulaire, s'exercent à faire la répartition avec injustice. » Contre cet arbitraire toujours menaçant, pas d'autre défense que la misère ou l'affectation de la misère. Le paysan craint de dépenser. Il en arrive à

---

518 *Ibid.* : « Les impositions indirectes dont les fermiers généraux assuraient la perception restèrent jusqu'à la Révolution un bel exemple de complexité, avec douanes intérieures, inégalités de droits selon les provinces, exemptions et privilèges locaux ou personnels, etc. L'uniformisation de ce système ou, à défaut, sa simplification n'étaient pas du ressort de la ferme : c'était un problème de gouvernement. Du moins, grâce à la ferme générale constituée au temps de M. Le Cardinal, le rendement des contributions indirectes fut-il désormais mieux assuré, permettant au contrôleur général de tabler chaque année sur un chiffre certain de recettes lors de la préparation du budget. ».

519 « On n'y trouvait guère qu'un seul impôt direct, la taille, qui, en principe, représentait le rachat du service militaire. C'est à dire qu'elle n'était payée ni par les nobles qui se battaient en personne, ni par le clergé qui ne se battait pas : elle était, par excellence, l'impôt roturier. Chaque année le Conseil fixait le montant de la taille – une cinquantaine de millions – et la répartissait entre les généralités, en prenant pour base les chiffres de l'année précédente, corrigés d'après l'état présumé des récoltes, les avis des administrateurs locaux et les requêtes en dégrèvement présentées par les assujettis. Après quoi, chaque intendant subdivisait la somme qu'il devait percevoir entre les paroisses de son ressort », in Pierre Gaxotte, *Le Siècle de Louis XV*, Paris, Fayard, 1933, p. 281-282.

négliger sa culture, à ne pas réparer sa maison, à fuir le gain, parce que ce gain serait un titre assuré à une augmentation de cote »[520].

Autant dire que frauder le fisc devient un exercice national et ne suscite pas de remords de conscience. Bien entendu, cette explication ne justifie en rien les agissements frauduleux de René de Gouesse du Barda.

Mais l'État lui-même est obligé de faire des compromis[521]. Il permet l'affranchissement de l'impôt pour ceux qui se portent acquéreurs de titres et de charges. Un édit du duc de Bourbon a autorisé les contribuables à payer leurs impôts dans la localité où ils ont leur résidence principale, et non dans celle où ils possèdent des terres affermées. « Bref, légalement ou illégalement, la matière imposable va toujours en se rétrécissant et la charge n'en paraît que plus lourde et plus humiliante à ceux qui la supportent pour les autres. Aussi ces déshérités se défendent-ils par une mauvaise volonté tenace. Retards, commandements, procès en surtaux, sommations, saisies : la levée de la taille donne lieu chaque année à une tragi-comédie judiciaire dont vivent grassement huissiers, procureurs et porteurs de contrainte, mais qui multiplie à l'infini les frais et les délais de perception »[522].

C'est dans ces conditions que le Châtelet condamne, le 23 mars 1762, René de Gouesse du Barda au carcan avec écriteau portant les mots *escroc et faussaire*. Il entend se débarrasser d'un sujet qui dévalorise encore un peu plus la fonction de percepteur aux yeux de contribuables déjà fort peu enclins à accomplir leur devoir[523].

Il est vrai que cette affaire est tout à fait représentative de la situation très grave où se trouve la royauté qui ne veut pas voir la fin de son régime. Et s'il existe un péril financier réel, le premier souci de l'État est de faire respecter à la fois la loi fiscale et l'autorité chargée de la perception des impôts. Il convient également d'utiliser cette période de relative stabilité pour consolider les grands principes d'imposition, qui seuls peuvent être respectés par la population et permettre ainsi d'éviter toute révolte.

---

520 Pierre Gaxotte, *op. cit.*, 1933, p. 282.

521 « Mais plus la taille est redoutée, plus on met d'obstination à s'y soustraire et moins le rendement en est régulier. Aussi, pour parer à cette déficience, l'État est-il amené, peu à peu, à passer avec certaines collectivités des contrats particuliers qui lui assurent un forfait, inférieur sans doute aux sommes théoriquement dues, mais à coup sûr mieux et plus vite payé que les sommes réellement recouvrées », Pierre Gaxotte, *op. cit.*, p. 283.

522 Pierre Gaxotte, *op. cit.*, p. 283.

523 Arch. Nat. X^{2B} 1027, affaire n° 351 : René de Gouesse du Barda, arrêt du 7 mai 1762. Le Châtelet décide de flétrir le condamné d'un fer chaud portant les lettres GAL sur l'épaule droite, avant de l'envoyer « servir neuf ans dans les galères ». Le Parlement, par son arrêt du 7 mai 1762, confirme intégralement la sentence du Châtelet.

> « Décidé à assainir les finances publiques par un prélèvement uniforme sur les revenus des particuliers, privilégiés ou non, Machault ne chercha pas à faire excuser la hardiesse de son projet, en profitant d'un moment de péril. C'est en pleine paix qu'il se détermina à tenter l'entreprise. Comme la difficulté n'était plus de trouver de l'argent, mais bien d'imposer aux premiers ordres le principe révolutionnaire de l'égalité devant l'impôt, il se contenta du taux très modéré de 5%. Ce qui était perdu d'un côté serait plus que regagné de l'autre. Moitié moindre que l'ancien dixième, ce vingtième était en effet établi pour toujours, sans aucune exemption, restriction, ni faveur, à titre de taxe normale et permanente, ou mieux encore, à titre de taxe-modèle. Le plan du contrôleur général fut discuté au cours de nombreux conseils et Louis XV l'approuva pleinement dans tous ses détails »[524].

Mais, pour une fois, ce que le roi voulait n'était pas ce que souhaitaient les corps sociaux. La volonté du roi, théoriquement sans limites, se heurte alors à des oppositions féroces. Une des premières est celle du Parlement de Paris, qui a reçu l'ordre d'enregistrer les édits prévoyant cette réforme en mai 1749. Dans ce bras de fer avec le pouvoir monarchique, il s'incline. Prennent alors le relais les pays d'États, qui jusqu'en 1752, se mobilisent avec force afin de résister à cette réforme. Enfin le clergé s'oppose vigoureusement à l'application d'un principe d'égalité fiscale. Le roi cède devant la pression religieuse. S'ouvre alors en France une des premières campagnes de presse que la nation ait connue. L'affaire fiscale est devenue une affaire d'État, et personne ne peut plus ignorer les problèmes de recouvrement des impôts.

> « C'était la brochure d'actualité, la chanson, le court pamphlet imprimé sur une feuille volante et qui faisait fureur une semaine. Certains avaient l'approbation du censeur ; la plupart paraissaient sans nom d'auteur ni d'imprimeur et encouraient les foudres du Parlement, de la Sorbonne ou de la police. [...] La querelle du vingtième suscita en deux ans plusieurs centaines de Lettres, d'Observations, de Mémoires, d'Avis sincères, de Discours et de Défenses, sans compter quelques gros volumes dogmatiques, bourrés de citations et de références. [...] Dans les *Embellissements de Cachemire*, par exemple, un Indien philosophe et un habitant de la ville regardent passer les moines : - Voilà de grands garçons bien faits, dit l'Indien, combien en avez-vous dans votre patrie ? – A peu près cent mille de différentes espèces, dit le bostangi. – Les braves gens pour travailler à embellir Cachemire, dit le philosophe. Que j'aimerais à les voir la bêche, la truelle et l'équerre à la main ! - Et moi aussi dit le bostangi, mais ce sont de trop grands saints pour travailler. – Que font-ils donc ? dit l'Indien. – Ils chantent, ils boivent, ils digèrent, dit le bostangi. – Que cela est utile à un État ! dit l'Indien »[525].

---

[524] Pierre Gaxotte, *op. cit.*, p. 285.
[525] Pierre Gaxotte, *op. cit.*, p. 301-302.

Et Pierre Gaxotte de conclure : « C'est toute la manière de Voltaire avec, déjà, le ton et la malice de *Candide* »[526]. Il ajoute : « En 1754, tout en gardant les Sceaux, Machault quitta le Contrôle général pour la Marine, et l'Assemblée du clergé put, en 1755, faire sa réconciliation avec le roi. »[527].

Loin de ces affaires d'État, mais beaucoup plus proche de la réalité quotidienne vécue par le peuple, s'organisent de petites escroqueries qui permettent de gagner facilement de l'argent. Le 18 février 1768, Georges Gérardin[528], âgé de 32 ans, est jugé en première instance par le bailliage de Sainte-Ménehould pour avoir, par de fausses promesses qui ont suffi à ses manœuvres, pris l'argent que lui remettaient un certain nombre de particuliers. Georges Gérardin est condamné pour trouble à l'ordre public. Il interjette donc appel, et le Parlement de Paris, par un arrêt en date du 2 septembre 1768, est moins sévère mais accentue la publicité de la peine puisqu'il condamne finalement Georges Gérardin à deux heures de carcan avec écriteau portant le mention « escroc public ».

Les filous sont d'habiles orateurs. Des Essarts le confirme dans son *Dictionnaire universel de police* :

> « [...] Les filous n'ont d'autre but que celui de faire passer dans leurs mains l'argent d'autrui... Ils réitèrent leurs mêmes propositions à toutes les personnes qu'ils peuvent tromper. Ces filous possèdent le talent de la parole. Ils sont même souvent très éloquents... Ces dévastations pleines de chaleur, n'ont d'autre objet que celui d'arracher aux gens crédules et faciles quelques avances passagères que les filous promettent de rendre incessamment »[529].

En effet, les fausses promesses dites avec conviction permettent de tirer des profits frauduleux. C'est ainsi que, le 18 septembre 1768, Simon et François Lévêque sont jugés par le bailliage de Sens, « dûment atteints et convaincus d'avoir fait de fausses promesses et d'en avoir tiré ignoblement profit »[530]. Ces manœuvres sont suffisantes pour constituer une escroquerie, et c'est ainsi qu'ils sont condamnés. En appel, le Parlement de Paris confirme cette condamnation par un arrêt du 23 février 1769, et ajoute qu'il leur est fait défense de récidiver.

Le 28 janvier 1770, le bailliage de Riom juge Jacques James, et les dénommés Lamy et Meynier, « dûment atteints et convaincus d'avoir revendu des biens appartenant audit Legendre sans l'aviser auparavant ». Ici les manœuvres ne sont pas véritablement analysées, et elles peuvent avoir été confondues avec un

---

[526] *Ibid.*
[527] Pierre Gaxotte, *op. cit.*, p. 304.
[528] Arch. Nat. X^{2B} 1040, affaire n° 421 : Georges Gérardin, arrêt du 2 septembre 1768.
[529] Des Essarts, *Dictionnaire universel de police*, Paris, 1786-1789, p. 538.
[530] Arch. Nat. X^{2B} 1041, affaires n° 491 et 492 : François et Simon Lévêque, arrêt du 23 février 1769.

abus des choses remises, qui auraient été détournées de ce qui avait été convenu. Il s'agirait donc, en tout cas dans la conception moderne du droit, d'un abus de confiance. Il n'en demeure pas moins que le bailliage de Riom condamne James à être exposé deux heures au carcan, avec un écriteau où il est mentionné qu'il est « complice d'escrocs ». Lamy est condamné à être exposé deux heures au carcan avec un écriteau qui ne laisse aucun doute sur la qualification retenue : « escroc ». Enfin Meynier est exposé au carcan avec également un écriteau portant la mention « escroc ». Le Parlement de Paris, dans un arrêt du 29 mai 1770, confirme les condamnations de James et de Lamy, ainsi que celle de Meynier[531].

En fait, ce qui a à la fois jeté une certaine imprécision dans la caractérisation des éléments constitutifs de l'infraction, mais aussi emporté la décision des magistrats, est l'existence des manœuvres frauduleuses qui ont servi à obtenir la remise des biens.

Or cette atteinte à la richesse du pays par des manœuvres qui conduisent à duper n'est plus du tout acceptée dans un pays où la conscience de l'importance du produit intérieur et du marché n'a jamais été aussi forte. Tout aussi essentielle apparaît la possession de l'or et de l'argent, et de la monnaie de façon générale.

Il faut donc à la fois acquérir sa fortune sans la voler, mais aussi savoir la conserver. « Un pays riche est celui qui abonde en argent, et le moyen le plus simple d'enrichir le sien, c'est d'y entasser l'or et l'argent. Quelque temps après la découverte de l'Amérique, quand les Espagnols abordaient sur une côte inconnue, leur premier soin était ordinairement de s'informer si on trouvait de l'or et de l'argent dans les environs »[532].

Cependant, de la même façon que les États et les peuples sont partis en guerre et ont conquis pour posséder, certains escrocs sont prêts à utiliser les manœuvres les plus brutales pour accaparer l'argent d'autrui. Ainsi Pierre-Jérôme Legris est-il jugé en première instance au bailliage d'Eu, le 21 janvier 1775, « dûment atteint et convaincu d'avoir escroqué de l'argent en usant de menaces de feu ». La manœuvre est à la fois simple, précise, et ressemble à du chantage. Elle suffit néanmoins à constituer l'escroquerie, qui devient ici une infraction violente[533]. Le 8 mars 1775, le Parlement de Paris, en appel, confirme la culpabilité de Legris et le condamne de surcroît au carcan avec des écriteaux mentionnant « escroc avec menaces ».

Examinons maintenant le réquisitoire de Moreau, procureur du roi, présenté le 24 août 1776, lors du jugement à l'extraordinaire au Châtelet, qui rend

---

[531] Arch. Nat. X^{2B} 1043, affaire n° 450 : Jacques James, Lamy, Meynier, arrêt du 29 mai 1770.

[532] Adam Smith, *Recherches sur la nature et les causes de la richesse des nations*, Paris, Flammarion, coll. GF, 1991, t. II, liv. IV, chap. I, p. 31.

[533] Arch. Nat. X^{2B} 1052, affaire n° 482 : Pierre-Jérôme Legris, arrêt du 8 mars 1775.

sa sentence le 10 septembre 1776, contre Claude Doussot, marchand mercier, Edmond Gautier, bijoutier, et un *contumax* nommé Pierrot.

> « Vu les déclarations et procès verbaux dressés par le commissaire Chenot père les dix-sept, dix-huit, vingt-et-un et vingt-deux février de la présente année contenant l'emprisonnement de Claude Doussot et Edmond Gautier prévenus d'avoir été chez le nommé Gouard, marchand fripier, chez le nommé Desjardins, marchand mercier, le nommé Juneau, marchand fripier, et autres marchands, et d'y avoir acheté des marchandises, en nantissement desquelles ils leur donnoient des boîtes de fer blanc qui paroissoient renfermer des montres à boîte d'argent et autres effets qu'ils ont eu le secret d'enlever avec subtilité, et y ont substitué d'autres boîtes contenant des tessons de faïence [...] »[534].

Claude Doussot et Edmond Gautier sont poursuivis et jugés parce qu'ils se sont rendus chez un marchand fripier, un certain Gouard, puis chez un mercier, un nommé Desjardins, et encore chez Juneau, un autre fripier, et enfin chez beaucoup d'autres marchands. Les deux compères ont acheté à tous ces fournisseurs des marchandises et ont donné en garantie par nantissement à ceux-ci des boîtes de fer blanc. Les boîtes en elles-mêmes n'avaient pas de valeur, si ce n'est qu'elles étaient censées contenir des montres à boîtier d'argent ainsi que d'autres effets qu'ils ont montrés à tous ces commerçants. Cependant au moment de leur remettre ces boîtes, Doussot et Gautier ont réussi à les substituer par d'autres boîtes qui ne contenaient que des tessons de faïence qui n'avaient bien évidemment aucune valeur. La fausse garantie participait ainsi de la manœuvre frauduleuse.

L'enquête est menée dans l'urgence, puisque le procureur du roi fait un résumé des différents procès-verbaux de la procédure :

> « [...] lesdits procès verbaux répondus d'une ordonnance du vingt-quatre dudit mois qui me donne acte de la plainte que je rends desdits faits, dit qu'il en sera informé, et cependant que les dits accusés seront arrêtés et écroués, vus et visités par les médecins et chirurgiens du Châtelet, afin de connoître s'ils ont été repris de justice ; les interrogatoires subis par les dits accusés ledit jour vingt quatre février ; suivis d'une ordonnance du dit jour portant que l'instruction sera continuée, qu'un extrait du jugement intervenu contre ledit Edmond Gautier sera joint au procès, et qu'un *quidam* qu'on a dit se nommer Pierrot, indiqué, sera pris au corps ; les rapports des médecins et chirurgiens du Châtelet de la visite des dits accusés ; l'exercice du jugement intervenu contre ledit Edmond Gautier ; les procès verbaux dressés par ledit commissaire Chenot les vingt deux et vingt sept du dit mois de février, premier et six mars suivant contenant perquisition faite en la demeure du dit Doussot en quelle demeure ont été trouvés des effets escroqués par

---

[534] Arch. Nat. Y 10.369, affaire n° 30, jugement à l'extraordinaire : Claude Doussot, sentence du 10 septembre 1776.

> les dits susnommés, les dits procès verbaux contenant aussi la déclaration du nommé Lelièvre, au sujet de hardes à lui escroquées par les dits accusés de la même manière que ce ci-dessus exprimé, la reconnaissance faite par ledit Lelièvre d'une redingote à lui représentée pour faire partie des hardes à lui escroquées, sur le vu desquels il a été ordonné les vingt-huit, cinq et treize des dits mois de février et mars, qu'ils seroient joints au procès qui s'instruit à ma requête contre les dits Gautier et Doussot ; la déclaration faite au commissaire Dupuy le trois mai suivant par la femme Dufour, fripière, au sujet de hardes et effets à elle escroqués le neuf février précédent par trois quidams sur des nantissements pareils à ceux mentionnés ci-dessus ; suivie d'une ordonnance du quatre du dit mois qui me donne acte de la plainte que je rends des dits faits, dit qu'il en sera informé ; l'information faite en conséquence par ledit commissaire Chenot les seize, vingt quatre, vingt cinq et vingt sept du dit mois de mars avec une ordonnance du neuf du dit mois de mai portant qu'elle sera jointe et continuée, que les dits Claude Doussot et Edmond Gautier seront de nouveau interrogés sur les faits y contenus, et que les témoins seront récolés et confrontés; mon réquisitoire au bas duquel est une ordonnance du douze juin suivant portant que les procès verbaux faits par le commissaire Chenot, l'information dont ils ont été suivis, la déclaration faite au commissaire Dupuy, l'information à laquelle le dit commissaire a procédé, les interrogatoires subis par les dits Claude Doussot, Edmond Gautier, et autres procédures ci-dessus datées et énoncées, seront joints et réunis, pour sur le tout n'être fait et suivi qu'une seule et même instruction [...] »[535].

On découvre avec quelle minutie sont menées l'enquête et l'instruction présentée par le procureur du roi, qui conclut que Claude Doussot, Edmond Gautier et un troisième accusé non identifié qui semble se nommer Pierrot, sont auteurs des escroqueries rapportées, en raison de faits constitutifs de manœuvres frauduleuses. C'est pourquoi le procureur du roi Moreau demande que lui soit donné :

> « [...] acte de ce que j'articule et mets en fait que les dits Claude Doussot, Edmond Gautier et le dit quidam qu'on a dit se nommer Pierrot, sont auteurs des escroqueries mentionnées auxdits procès verbaux, déclarations et informations, en conséquence que les dites informations seront continuées devant le commissaire Chenot, que les dits accusés seront interrogés sur les faits résultant des dits déclarations, procès verbaux et informations, que les témoins seront récolés et confrontés, que le décret de prise de corps décerné le vingt quatre février dernier contre un quidam qu'on a dit se nommer Pierrot, sera exécuté, en conséquence que le dit quidam sera pris au corps, et que le procès lui sera fait et parfait suivant la rigueur des ordonnances ; les interrogatoires des dits Claude Doussot et Edmond Gautier du quatorze du dit mois de juin ; répondu d'une ordonnance du même jour portant qu'ils seront joints au procès, que l'instruction sera continuée, et que les

---

[535] Arch. Nat. Y 10.369, affaire n° 30, jugement à l'extraordinaire : Claude Doussot, sentence du 10 septembre 1776.

accusés seront récolés sur leurs interrogatoires et confrontés l'un à l'autre en ce que besoin sera ; les recollements et confrontations du dix sept du même mois par contumace bien et valablement instruit contre un quidam qu'on a dit se nommer Pierrot ; ladite sentence du six août portant que les recollements ci-devant faits des témoins sur leurs dépositions et aussi sur leurs interrogatoires vaudront informations contre le quidam qu'on a dit se nommer Pierrot aussi absent et contumax ; le tout à moi communiqué et examiné [...] »[536].

Moreau présente au Châtelet des *réquisitions motivées et concises* :

« [...] Je requiers pour le Roy la contumace être déclarée bien et valablement instruite contre un quidam qu'on a dit se nommer Pierrot, et avant prendre conclusions définitives être plus amplement informé des faits mentionnés au procès, et les dits Claude Doussot et Edmond Gautier être déclarés dûment atteints et convaincus des escroqueries faites chez différents marchands chez lesquels ils ont acheté et se sont fait livrer des marchandises pour le prix desquelles ils ont laissé et donné en nantissement des boîtes de fer blanc paroissant renfermer des effets de valeur proportionnée, lesquelles boîtes ils ont enlevées avec subtilité, et y ont substituées d'autres boîtes de pareille nature en formes et grandeurs et remplies de tessons de faïence et de chiffons de pareille nature ainsi qu'il est mentionné au procès ; pour réparation condamnés à être attachés au carcan dans la Place de Grève, et y demeurer depuis midi jusque à deux heures, ayant chacun l'écriteau devant et derrière portant ces mots {Escroc public},ce fait bannis pour neuf ans de la ville, prévôté et vicomté de Paris, condamnés chacun en trois livres d'amande envers le Roy ; en outre requiers la sentence qui interviendra sur mes présentes conclusions, être imprimée, lue, publiée et affichée dans tous les lieux et carrefours accoutumés de la ville et faubourgs de Paris, et par tout où besoin sera. »[537].

Le Châtelet va-t-il alors considérer que ces trois accusés, dont un contumax, sont véritablement les auteurs d'une escroquerie concertée, caractérisée par les manœuvres frauduleuses qu'ils auraient employées pour convaincre différents marchands de leur remettre des biens ? Ces manœuvres seraient constituées par le simple fait de donner en garantie sous forme de nantissement des boîtes en fer blanc qui ne contiennent pas ce qui a été annoncé et montré. L'adresse dont font preuve les trois hommes dans l'exécution de ces manœuvres démontre-t-elle également l'intention de tromper ?

Les magistrats du Châtelet n'ont-ils pas à limiter le terrain du dol punissable ? Peuvent-ils se référer à une définition quelconque de la manœuvre frauduleuse ? Le dol, manœuvre frauduleuse, n'est-il pas bien plus qu'un simple

---

536 Arch. Nat. Y 10.369, affaire n° 30, jugement à l'extraordinaire : Claude Doussot, sentence du 10 septembre 1776.
537 *Ibid.*

mensonge, puisqu'il doit persuader de l'existence, par exemple, d'un nantissement ?

Après délibération en chambre du Conseil, la juridiction du Châtelet rend sa sentence le 10 septembre 1776 :

> « Nous disons par délibération de conseil, ouï sur ce le Procureur du Roy, que la contumace est déclarée bien et valablement instruite contre le dit quidam qu'on a dit se nommer Pierrot, accusé absent, et adjugeant le profit d'icelle, que le dit quidam et les dits Claude Doussot et Edmond Gautier sont déclarés dûment atteints et convaincus d'avoir escroqué différents marchands en achetant chez eux des marchandises et leur offrant en nantissement des montres et autres bijoux qu'ils enfermoient en présence des marchands dans une boëte de fer blanc, qu'ils ficeloient et cachetoient, et à laquelle ils substituoient lors de la remise une autre boëte de fer blanc de même forme ficelée et cachetée de même, et remplie de cendres et de tessons[538]. »

Les escrocs sont ici condamnés par le Châtelet parce qu'ils ont acheté des biens à des marchands en leur offrant de faux nantissements. Non pas que des boîtes n'aient pas été remises, mais qu'elles ne contenaient pas les montres et autres bijoux annoncés, alors même qu'elles avaient été ficelées et cachetées devant les marchands. Les escrocs avaient donc réussi à intervertir ces boîtes avec d'autres boîtes de fer blanc identiques, également ficelées et cachetées, mais remplies de cendres et de tessons. Le Châtelet a considéré que cette tromperie dans la manœuvre désignait en elle-même les auteurs comme des « escrocs chez les marchands ».

Cette qualification est particulièrement infamante. Une telle manœuvre met en péril toute la distribution commerciale et désigne ses auteurs comme des agents dangereux. Or, nous l'avons vu, cet aléa économique n'est plus toléré.

C'est pourquoi ces escrocs chez les marchands voient dénoncée publiquement leur activité frauduleuse. Par conséquent, l'expression « manœuvres frauduleuses » est large, parce qu'elle correspond à un moyen essentiel de commission de l'infraction de l'escroquerie. Aussi, si les juges devaient quitter le système judiciaire de l'Ancien Régime qui leur permettait d'apprécier les faits qui leur étaient soumis, sans aucune référence légale obligatoire, pour un régime légal, il était désormais évident que les entreprises mais aussi de simples manœuvres frauduleuses participeraient, à terme, sous la dénomination de dol criminel ou d'agissements trompeurs, à la constitution d'un délit spécifique.

---

[538] Arch. Nat. Y 10.369, affaire n° 30, jugement à l'extraordinaire : Claude Doussot, sentence du 10 septembre 1776.

R. Garraud le confirme en 1894, dans son *Traité théorique et pratique*[539] :

> « [...] Le troisième moyen d'escroquerie est le plus général, ce sont les « manœuvres frauduleuses ». L'expression est très large : elle correspond au *dolus malus* des Romains, que Labéon avait défini, avec la précision toute relative qu'on est en droit d'exiger en pareille matière : « *Omnem qualititatem, fallaciam, machinationem, ad circumveniendum, fallendum, decipiendum alterum adhibitam* ». [...] Toute définition, en pareille matière, sera non seulement périlleuse, elle sera forcément vague, équivoque, incomplète. Il faut cependant séparer l'escroquerie ou le dol criminel du simple dol qu'on est convenu d'appeler dol civil parce qu'il ne donne lieu qu'à une action civile, [...] en exigeant, pour que le dol soit punissable, les trois caractères suivants : 1. Qu'il consiste en une manœuvre, c'est à dire en un artifice, ou quelque chose de plus que le simple mensonge ; 2. Que cette manœuvre soit frauduleuse ; 3. Qu'elle ait été employée pour persuader l'existence de fausses entreprises, d'un pouvoir ou d'un crédit imaginaire, ou pour faire naître l'espérance ou la crainte d'un succès, d'un accident ou de tout autre événement chimérique. »[540].

Beaucoup d'imagination s'impose pour trouver tous les jours les idées de nouvelles manœuvres. Est-ce sous l'inspiration divine que Jean-Louis Lafond a pensé qu'il pourrait tromper un chanoine de Notre-Dame de Paris ? Le Châtelet doit se poser, entre autres, cette délicate question, lorsqu'en première instance il connaît de cette affaire et rend une sentence le 12 mars 1782. Lafond se voit reprocher de s'être fait remettre frauduleusement par le chanoine sa croix pectorale, sous le fallacieux prétexte de vouloir la faire reluire. Le chanoine n'a sans doute pas résisté à la tentation de voir sa croix briller. Toujours est-il que la manœuvre

---

[539] R. Garraud, *Traité théorique et pratique du droit pénal français,* Paris, éd. Larose, 1894, t. V, p. 242 : « Le problème qui se posait au législateur du *Code pénal* (en 1810), comme il se pose à tous les législateurs, c'était de limiter le terrain du dol punissable. » ; et « C'est à quoi s'est efforcé le *Code pénal* français ».

[540] R. Garraud, *Ibid.*, p. 242 : « Cet ensemble d'éléments caractéristiques se trouve établi par la disposition précise de l'article 405, et par une suite de décisions uniformes de la Cour de Cassation. Dans un arrêt de principe, rendu le 5 mai 1820, cette Cour fixe ainsi l'interprétation *ne varietur* de la loi : « les expressions *manœuvres frauduleuses*, qui ont été substituées, dans l'article 405 du *Code pénal*, au mot dol, placé dans l'article 35 de la loi du 22 juillet 1791, et dont le sens était trop général et trop vague, n'ayant pas elles-mêmes une signification assez précise pour que l'application n'en pût pas devenir arbitraire, il a été de la prévoyance du législateur, de fixer le cas où cette application devait être faite, en déterminant *dans quel objet* ces manœuvres ont dû être employées, pour qu'elles pussent être jugées former une circonstance élémentaire du délit d'escroquerie. [...] Il n'a dû être caractérisé que par *l'effet qui pourrait en être résulté*, c'est-à-dire par la confiance qu'il aurait inspirée et l'abus qui aurait été fait de cette confiance, en se faisant remettre frauduleusement, par son moyen, des fonds, des meubles, des obligations, des décharges, *etc.* » En un mot, la règle fondamentale qu'il ne faut jamais oublier, c'est que, dans l'application de l'article 405, les manœuvres frauduleuses se lient nécessairement aux membres des phrases qui les suivent et qui ne peuvent en être séparées ».

frauduleuse est bien constitutive d'une escroquerie. Le Châtelet a ainsi pu condamner Jean-Louis Lafond, par l'expression de « voleur et sacrilège[541] », moins explicite qu'à l'habitude, mais sans doute plus moralisatrice.

Cette constante référence au vol et la ruse, dans la conception même de la manœuvre, correspond tout à fait à ce que R. Garraud note plus d'un siècle plus tard :

> « L'escroquerie, dans le sens vulgaire du mot, est le fait d'une personne qui emploie des manœuvres frauduleuses pour se faire remettre le bien d'autrui. C'est une variété du vol ; elle n'en diffère que par le procédé. L'escroc, en effet, ne soustrait pas la chose, comme le voleur, malgré la volonté du propriétaire (*invito domino*), mais il en obtient, par la ruse, la remise volontaire »[542].

La loi va nommer ce type de manœuvres. R. Garraud le qualifie encore de « ce genre de fraude ». Le législateur de l'Assemblée nationale constituante, en 1791, n'ose pas encore une totale rupture juridique, et donc intellectuelle, avec les notions connues du droit romain. Pour lui, une manœuvre rusée est encore un dol. Alors au lieu d'appeler un chat un chat et d'indiquer que des manœuvres frauduleuses conduisent à la constitution d'une escroquerie, il précise que c'est notamment par dol que l'on abuse de la crédulité de certaines personnes et que l'on escroque ainsi leur fortune.

> « Il faut arriver à la loi des 17 et 22 juillet 1791 pour trouver une disposition générale sur ce genre de fraude. L'article 35 du titre II de ce *Code* renvoyait devant les tribunaux de district : « ceux qui, par dol ou à l'aide de faux noms ou de fausses entreprises, ou d'un crédit imaginaire, ou d'espérances ou de craintes chimériques, auraient abusé de la crédulité de quelques personnes, et escroqué la totalité ou partie de la fortune d'autrui », et si l'escroquerie était, prouvée, le tribunal avait la faculté, après avoir prononcé les restitutions et dommages et intérêts, de les condamner « par voie de police correctionnelle, à une amende qui ne pouvait excéder cinq mille livres et un emprisonnement qui ne pouvait excéder deux ans. »[543].

Pourquoi les juristes, forts de leur expérience jurisprudentielle, ont-ils, en 1791, par delà leur formation, préféré l'utilisation de la notion de *dol* à celle de *manœuvres frauduleuses* ? Ne peut-on pousser plus loin la tentative d'explication ?

---

[541] Arch. Nat. X^{2B} 1070, affaire n° 677 : Jean-Louis Lafond, arrêt du 23 août 1782.
[542] R. Garraud, *op. cit.*, t. V, p. 236.
[543] R. Garraud, *op. cit.*, t. V, p. 237.

Ne peut-on supposer en effet que la confusion[544] entretenue dans la mention du *dol* entre dol civil et dol criminel a aussi l'immense avantage de permettre autant la réparation civile que la sanction pénale en cas d'escroquerie ? Ce double choix est encore explicité par R. Garraud qui commente ainsi l'emploi du mot *dol* à la place de l'expression *manœuvres frauduleuses* :

> « Cette disposition autorisait la confusion entre le dol civil et le dol criminel à un double point de vue : en ce qu'il suffisait, au terme de cet article, pour constituer le délit, qu'une personne eût, par dol, abusé de la crédulité d'une autre et escroqué par ce moyen, la totalité ou une partie de sa fortune ; en ce que la répression du dol était abandonnée aux tribunaux civils, saisis de l'action en restitution et dommages et intérêts et chargés de réprimer subsidiairement et, en quelque sorte, par voie de conséquence, les manœuvres et les ruses qui se révélaient dans le procès. [...] Le tribunal de cassation, il est vrai, essaya de tracer la limite entre le dol civil et le dol criminel et décida que le dol criminel seul devait tomber sous l'application de la loi de 1791 »[545].

Car il est certain que la nouvelle législation a voulu définir une infraction pénale quand elle qualifie l'escroquerie. Et dans ce même esprit, la loi du 9 frimaire de l'an II (27-29 novembre 1793) a tenté de dissocier encore l'escroquerie du dol civil, en précisant que la compétence pour juger de l'escroquerie appartenait aux tribunaux correctionnels.

Cette volonté du législateur repose en fait sur la pratique judiciaire, notamment du Châtelet et du Parlement de Paris, puisque pour ces juridictions, aucun doute n'est possible : l'escroc relève de la procédure criminelle, il est condamnable, et à des peines importantes.

Toute l'ingéniosité de la poursuite consiste donc à découvrir un fait matériel résultant d'une manœuvre frauduleuse qui, elle-même, caractérise l'escroquerie. Garçon précise que « cette tendance s'accuse surtout dans les jugements des tribunaux correctionnels et dans les arrêts des cours d'appel »[546].

---

[544] Albert Chavanne, dans son article sur l'escroquerie dans le *Juris-classeur* en 1952, précise que « Cette confusion des deux dols n'allait pas sans inconvénients (V. *Planiol, Dol civil et dol criminel : Rev. crit. législ. et jurisp.* 1893, p. 545 et 649). Entre le dol civil et le dol criminel, il n'y a sans doute pas de différence d'essence mais une simple différence de degré. Il convient cependant de ne pas soumettre à la loi pénale des actes socialement peu dangereux tels que le simple mensonge par exemple ».

[545] R. Garraud, *op. cit.*, t. V, p. 237.

[546] Émile Garçon, *Code pénal annoté*, livre III, art. 405. Il indique qu'à son avis, après 1810, « la doctrine de la Cour de cassation, moins large, est de beaucoup préférable ; et pourtant, la Cour suprême s'est laissée quelquefois entraîner elle-même à des décisions contestables, particulièrement dans sa jurisprudence la plus récente. C'est, à notre avis, une exagération de la répression que la loi condamne certainement. ».

Mais la définition de l'escroquerie par des manœuvres dont l'intention est frauduleuse serait-elle à la fois trop large et trop floue ? C'est en tout cas ce qu'affirme É. Garçon :

> « La définition actuelle de l'escroquerie est trop embrouillée et trop restrictive, et on sollicite une réforme législative dégageant ce délit de toute condition précise. Sous prétexte que les escrocs transforment leurs moyens - et, à la vérité, on exagère beaucoup leur esprit inventif - on veut un texte permettant d'atteindre leurs fraudes dans toutes leurs manifestations »[547].

Et n'était-ce pas la fonction même de la jurisprudence appliquée dans le ressort du Parlement de Paris, et par conséquent par le Châtelet, sous le règne de Louis XV ?

---

[547] *Ibid.*

TITRE III. DU CRÉDIT AUX ESPÉRANCES IMAGINAIRES

Jusqu'où vont les manœuvres de l'escroc ? Doit-on le laisser jouer fallacieusement d'un certain crédit et par quel artifice ? Toute la question consiste à se demander si les pouvoirs dont l'escroc prétend faire usage sont imaginaires ou non.

Chapitre 1. Du faux crédit

La qualification d'escroquerie peut être constituée dans le cas d'emploi de faux noms, de fausses qualités ou encore d'abus de qualités vraies.

Section 1. Faux noms

L'escroc utiliserait de faux noms afin d'obtenir frauduleusement un quelconque crédit auprès de la dupe.

§ 1 - L'usage de faux noms

La société française, sous le règne de Louis XV, se construit sur les échanges d'idées et de marchandises, les fortunes rapidement édifiées, la valorisation de tout commerce, et une différenciation qui ne repose plus seulement sur la naissance mais aussi sur la réussite. Lorsque tout est mouvement, remise en cause, et que l'importance de savoir à qui l'on a affaire est essentielle, non seulement pour contracter, mais encore pour accorder un quelconque crédit, il est plus que jamais nécessaire de connaître le nom de la personne avec laquelle se noue une relation. En effet, dans ce pays où l'honneur a jusqu'alors permis le maintien des valeurs et de la cohérence, la capacité à accorder sa confiance à quelqu'un reste désormais le gage d'une mutation réussie vers la modernité. Il faut à la fois savoir garantir ce crédit, et, en conséquence, en interdire l'usage frauduleux.

Les besoins sont grands. Il faudrait tout savoir, tout connaître, pour devenir un bon et riche négociant, mais est-ce possible ? Il faut ainsi nécessairement des intermédiaires, des personnes de confiance et avec lesquelles bâtir de petits ou grands projets. Ces messieurs du commerce doivent faire preuve « de l'habileté, du savoir-faire, [d'] un large réseau d'information, du calcul, de la rectitude et encore de l'audace, du flair, le coup d'œil, [car] il faut tout cela pour faire un marchand heureux […] »[548]. La grande aventure de la fin de l'Ancien Régime a commencé pour tous ceux, roturiers ou nobles, qui veulent transformer le système économique. Une seule condition, il faut en être capable et savoir s'entourer :

> « […] s'il [le commerçant] voit grand, s'il veut franchir rapidement les étapes qui mènent à la fortune, il lui faut encore une solide santé, une bonne réputation, le goût du pari, du jeu, du coup risqué. Suivre les cours des marchés, connaître les changes, savoir tenir les livres en partie double ou simple, dresser des factures, des comptes de sociétés, des contrats de grosse aventure, des polices d'assurance, des lettres de change ; connaître les lieux où se manufacturent les objets et les pays producteurs des marchandises profitables, les moyens de transport les moins onéreux, les droits à payer à l'entrée et à la sortie : il faut savoir tout cela comme il faut être versé dans les travaux de construction et d'armement d'un navire, et dans la jurisprudence consulaire, et ne pas ignorer les ordonnances et les arrêts qui règlent le commerce terrestre et maritime, ni les langues étrangères, l'italienne pour la Méditerranée, l'espagnole en usage en Orient et sur les côtes d'Afrique, l'allemande pour les pays du nord. Enfin, bien qu'il ne soit pas nécessaire qu'il soit bien savant, il n'est pas inutile au marchand de connaître un peu l'histoire, et surtout la géographie, l'hydrographie et la science de la navigation. »[549]

L'entreprise devient plus que jamais collective. Elle est l'union de personnalités et d'investissements. Elle repose sur des engagements, des noms et des signatures.

> « Tous ces chefs d'entreprise constituent des sociétés de divers types, soit anonymes, soit en nom collectif, ou bien en commandite. La compagnie d'Anzin, par exemple, fondée en 1757, est une société anonyme formée entre dix-sept personnes pour l'exploitation du charbon de Fresnes. La Manufacture royale de quincaillerie de La-Charité-sur-Loire est une société de trente parts constituée en 1766 avec le capital important de 900 000 livres. »[550]

La prise de risque est la condition essentielle de cette réussite dans le domaine capitaliste. Il faut y consentir avec non seulement sa capacité personnelle, mais encore son nom qui forge la réputation, quelle que soit sa famille d'origine. Cette nouveauté n'est pas aisée. La plupart de ceux qui vivent de leurs rentes n'y sont pas encore habitués.

---

548 Guy Chaussinand-Nogaret, *La Vie quotidienne des Français sous Louis XV*, Paris, Hachette, coll. « La vie quotidienne… », 1979, p. 178-179.
549 Guy Chaussinand-Nogaret, *op. cit.*, p. 178-179.
550 Jean de Viguerie, *Histoire et dictionnaire du temps des Lumières*, Paris, Robert Laffont, coll. « Bouquins », 1995, p. 237.

« Cependant, les capitaux ne sont pas toujours faciles à trouver. L'argent ne manque pas en France, mais beaucoup de rentiers préfèrent encore les offices aux parts d'entreprises. Or les sommes nécessaires sont très importantes et souvent difficiles à réunir. En 1744, Babaud de La Chaussade ne trouve à emprunter qu'auprès de la Compagnie des Indes. Un mouvement de concentration se dessine. Les plus grandes entreprises gagnent de proche en proche, multipliant leurs implantations et absorbant les petits concurrents. On voit se constituer ainsi des ensembles de forges et de hauts-fourneaux. Dans l'Est, le groupe Depret possède un haut-fourneau et treize forges en Hainaut, et plusieurs autres établissements en Lorraine et Champagne. En Alsace, en 1747, Dietrich possède trois manufactures métalliques dont il est le créateur : Niderbronn, Jaegerthal et Rauschendwasser »[551].

Chacun y met du sien et il n'y a guère de place pour une bouche inutile. L'ouvrier doit encore se déclarer et son identité lui permet d'offrir ses services sur un nouveau marché du travail, celui de l'entreprise.

« L'effectif moyen de la main d'œuvre nécessaire au fonctionnement d'une forge étant de trois ou quatre cents personnes, et chaque nouveau site industriel étant composé de plusieurs forges et hauts-fourneaux, on atteint des chiffres dépassant le millier d'ouvriers employés sur le même lieu de travail. Le même phénomène se produit dans les mines. Tubeuf, concessionnaire des mines d'Alès, salarie deux mille cinq cents ouvriers, travaillant douze heures par jour pour des salaires variant de 20 à 22 sols. Comme en Angleterre, on emploie aussi des femmes et des enfants que l'on paye 10 sous par jour »[552].

L'activité commerciale bat maintenant son plein avec une très forte croissance pour les grandes places financières, et les lieux d'échanges du commerce atlantique. Les quatre plus grands centres, en dehors de Paris, sont Lyon, Marseille, Nantes et Bordeaux. Cette dernière ville connaît ainsi « une expansion spectaculaire, son chiffre d'affaires passant de 7,5 millions de livres en 1770 à 250 millions en 1782. À la fin du règne de Louis XV, cette place effectuait près du quart du commerce extérieur du royaume »[553].

L'évolution économique a-t-elle alors naturellement conduit à incriminer tous ceux qui, à l'aide notamment de faux noms, auraient abusé de la crédulité de quelques personnes et escroqué tout ou partie de leur fortune ? La manœuvre semble en tout cas aussi répréhensible dans cet usage d'une identité fallacieuse que dans celle d'une fausse entreprise afin de tromper l'autre. La loi des 19-22 juillet

---

[551] *Ibid.*
[552] *Ibid.*
[553] Pierre Léon, *Économies et sociétés préindustrielles,* t. II, p. 174, in Jean de Viguerie, *op. cit.*, p. 238.

1791 sur la police municipale et correctionnelle a incriminé l'escroquerie par ces moyens[554].

Par conséquent, l'escroquerie se définit aussi, en 1791, parce que l'emploi de faux noms a permis d'obtenir un faux crédit, caractéristique de cette infraction d'affaires. Lorsque la loi du 22 frimaire an VIII (novembre 1799) vient modifier le texte de 1791, le texte reste général mais limite néanmoins le recours au faux nom pour commettre une escroquerie à son usage verbal. S'agit-il de restreindre le champ de compétence de l'infraction textuelle de l'escroquerie, afin de l'empêcher d'empiéter sur le terrain du faux ?

Ce qui est certain, c'est qu'en 1791 l'escroquerie ne vise que l'emploi de faux noms, sans faire référence expressément à la fausse qualité ou à l'abus de qualité vraie, comme cela sera prévu dans l'évolution ultérieure des textes législatifs.

Mais comment, dans la jurisprudence de la fin de l'Ancien Régime et dans le ressort du Parlement de Paris, la nécessité de sanctionner judiciairement l'usage d'un faux nom, qui permettrait de commettre une escroquerie, est-elle apparue ?

Nous nous sommes déjà penchés sur cette sentence du bailliage de Provins en date du 15 novembre 1736 par laquelle Louis Bonneau a été « dûment atteint et convaincu d'avoir sous de fausses identités, demandé qu'on lui remette de l'argent afin de pouvoir rentrer chez lui et d'avoir escroqué plusieurs personnes en se présentant comme marchand »[555]. Le Parlement de Paris a confirmé sa condamnation par un arrêt du 8 avril 1737, reprenant à son compte l'unique motivation, à savoir que l'on ne peut pas utiliser de fausses identités pour se faire remettre fallacieusement de l'argent, en faisant croire ainsi à une relation commerciale qui, dans la réalité, n'existe pas.

Quelques années plus tard, le 3 octobre 1768, la Cour de justice d'Orléans rend une sentence par laquelle elle considère Mesmin Baratin et un dénommé Duneau comme « dûment atteints et convaincus d'avoir par de fausses promesses et sous de faux noms escroqué ledit Sarraud »[556]. Elle condamne donc Baratin et Duneau, au motif que l'escroquerie est constituée, et le Parlement de Paris, par un arrêt en date du 27 janvier 1769, confirme cette sentence. Autant dire que, dans le courant du XVIIIe siècle, les décisions judiciaires sanctionnent sévèrement l'usage de faux noms ayant permis de commettre des tromperies.

---

[554] L'article 35, titre II, section II, de cette loi en donnait, rappelons-le, la définition suivante : « Ceux qui, par dol ou à l'aide de faux noms ou de fausses entreprises, ou d'un crédit imaginaire, auront abusé de la crédulité de quelques personnes et escroqué tout ou partie de leur fortune seront poursuivis devant le Tribunal de district, et si l'escroquerie est prouvée, le Tribunal de district, après avoir prononcé la restitution, est autorisé à condamner, par voie de police correctionnelle, à une amende qui ne pourra excéder 5.000 livres et à un emprisonnement qui ne pourra excéder deux ans. ».

[555] Arch. Nat. X^{2B} 980, affaire n° 152 : Louis Bonneau, arrêt du 8 avril 1737.

[556] Arch. Nat. X^{2B} 1041, affaire n° 272 : Mesmin Baratin, arrêt du 27 janvier 1769.

Revenons au milieu du règne de Louis XV. Le prévôt de Sens rend, le 10 mars 1741, une sentence par laquelle Edme Delomas, boucher demeurant à Mobiorne, est « dûment atteint et convaincu de fausseté »[557]. Delomas fait appel devant le Parlement de Paris, car il nie avoir apporté de fausses lettres rédigées au nom d'un dénommé Garnier, fermier d'une dame Lenoir. Il refuse ensuite de reconnaître avoir passé, le 11 juillet 1740, un contrat de vente avec cette dame, sous le nom inventé de Charles Pruiseau, devant Barcurrot de Boullard. L'usage de ces fausses identités, se traduisant par un faux écrit et un faux contrat, lui avait pourtant permis d'obtenir la remise par « vol » d'une somme de quatre cents livres et cent livres de pots de vin.

Le Parlement de Paris rend alors, le 23 mars 1741, un premier arrêt qui fait droit à l'appel et « ordonne qu'à la requête du procureur général du roi, il seroit informé par addition des faits consignés en la plainte du cinq janvier 1741 »[558].

Un conseiller rapporteur est nommé et sont entendus le curé de Mobiorne, un certain Pesneau, les trois curés de Rosny, nommés Fillet, Bourgault et Guyot, et Simon, curé de Feivres. Lorsque l'information est terminée, la chambre en vacation du Parlement de Paris, comportant notamment messieurs Molé et Le Peletier de Rosanboz, statue le 19 septembre 1742, constate que les faits sont constitués, et condamne Edme Delomas sur ce fondement, en confirmant la sentence du prévôt de Sens[559].

Les faux intellectuels et matériels, portés dans un acte authentique formalisé par le notaire royal Barcurrot de Boullard et dans un prétendu écrit d'un fermier, auraient été suffisants à emporter dans cette affaire une condamnation criminelle. Or, dans les années 1741-1742, ni la prévôté de Sens, ni le Parlement de Paris ne suivent cette hypothèse de qualification juridique, qui aurait eu comme base le *crimen falsi*. En effet, ce qui caractérise le caractère frauduleux des faits, c'est, par-delà l'élément matériel du faux, l'ensemble de la manœuvre, qui consiste en l'emploi par Edme Delomas de fausses identités, d'abord celle du fermier Garnier, et ensuite celle d'un dénommé Charles Pruiseau, qui ont été ensuite traduites par des écrits. Les faux noms permettent d'abuser du crédit de la personne dupée, à savoir madame Lenoir, puisque c'est par ce moyen que Delomas se fait remettre quatre cents livres et cent livres de pots de vin.

Il convient de mettre en perspective l'interprétation de ces faits par la jurisprudence dans le ressort du Parlement de Paris sous le règne de Louis XV avec celle présentée par R. Garraud en 1894, dans son *Traité théorique et pratique du droit pénal français*.

---

[557] Arch. Nat. X^{2B} 991, affaire n° 180 : Edme Delomas, arrêt du 19 septembre 1742.
[558] *Ibid.*
[559] *Ibid.*

« Il est évident, en effet, que le seul emploi d'un faux nom dans un contrat, par exemple dans une vente, un louage, un emprunt, le seul usage d'une fausse qualité ne serait pas une escroquerie. Il faut, pour qu'il y ait délit, d'une part, que cette manœuvre ait été employée par l'agent pour obtenir d'un tiers des sommes ou valeurs, ou pour arriver à lui faire souscrire des promesses, obligations ou décharges [...] »[560].

Or, l'usage des faux noms dans l'affaire Edme Delomas est réprimé parce que cet usage a été la cause déterminante de la remise des fonds ou valeurs escroqués. Mais peut-il y avoir eu en même temps commission d'un faux, y compris authentique, et d'une escroquerie ? Cette question fera l'objet de nombreux débats juridiques ultérieurs. Ce qui est certain, c'est que la forme employée dans l'usage du faux nom importe peu, en tous cas sous le règne de Louis XV, dans la constitution de l'élément matériel de l'escroquerie, et ce jusqu'au texte législatif de 1791[561].

Jean-Charles Frédéric Mayer[562] est jugé au Châtelet de Paris, par une sentence du 26 juin 1761, à la suite d'une information faite par Antoine Bernard Léger, avocat au Parlement, conseiller du roi et commissaire à ladite juridiction. Mayer est détenu provisoirement durant son procès à la prison du Grand Châtelet, parce qu'il est prévenu de différentes escroqueries.

L'enquête a permis d'entendre, à huit heures du matin, le lundi 6 avril 1760, Jean Joseph Du Buquoy, maître tailleur d'habits de 32 ans, demeurant à Paris, rue des Fossés en la paroisse Saint-Germain-l'Auxerrois. Il témoigne que, le 17 mars 1760, l'accusé, demeurant dans un hôtel garni sous le nom de Vainpercrulx, le fit chercher, et lui donna plusieurs morceaux de pont de soie en lui donnant l'ordre de coudre deux devants de petite veste. Le témoin indique qu'il a exécuté cette commande. Le lendemain, c'est-à-dire le 18 mars 1760, le même client lui demande encore un habit de drap gris, une petite veste et une culotte de gros de Naples bleu roi, le tout galonné de lame en argent, qu'il doit exécuter le jour même, car la personne qui s'est présentée sous le nom de Vainpercrulx lui a exposé avoir besoin de ces affaires pour se rendre le lendemain à Versailles afin

---

560 R. Garraud, *Traité théorique et pratique du droit pénal français*, Paris, éd. Larose, 1894, t. V, p. 237.

561 Cette opinion est confirmée non seulement par la jurisprudence ultérieure, mais également par la doctrine : *Recueil Dalloz*, « Escroquerie », p. 8, n° 62 : « Pour que l'usage du faux nom ou de la fausse qualité soit punissable, il est nécessaire que cet usage ait été la cause déterminante de la remise des fonds ou valeurs escroqués. », et *ibid.*, n° 65 : « S'il y a usage d'un faux nom ou d'une fausse qualité, la forme employée importe peu. L'usage est punissable, qu'il ait été réalisé verbalement ou par écrit (Crim. 5 février 1925, *Bull. Crim.* n° 37). Toutefois, si l'usurpation a été commise dans un écrit, ce fait matériel constitue en même temps une escroquerie et un faux. ».

562 Arch. Nat. Y 10.230, affaire n° 17, jugement à l'extraordinaire : Jean-Charles Frédéric Mayer, sentence du 26 juin 1761.

d'entrer dans la garde suisse. Le témoin Jean Joseph Du Buquoy porte donc les différents habits, la veste et la culotte, au dénommé Vainpercrulx. C'est alors que ce dernier fait prendre encore au tailleur toutes les mesures pour habiller aussi un domestique et un coureur. Vainpercrulx demande alors au tailleur de présenter sa facture et s'engage à lui en régler le montant dans les deux heures, puisque, explique-t-il, il doit recevoir de l'argent des banquiers Tourton et Baurefer.

Étonné de ne pas voir arriver le règlement promis, le témoin va trouver ces banquiers, quelques heures plus tard, pour s'enquérir dudit baron de Vainpercrulx. Ils lui affirment ne pas connaître cette personne. Le témoin se rend donc à l'hôtel garni où était supposé loger Vainpercrulx. On lui indique qu'il n'y a jamais demeuré, et que l'on ne sait pas où il se trouve. Le témoin se présente enfin au Châtelet devant le commissaire Léger, parce qu'il a appris qu'y est détenu un dénommé Mayer, qui pourrait être celui se faisant appeler Vainpercrulx[563].

Sont ensuite auditionnés par le commissaire au Châtelet : Antoine Nantois, sergent du guet ; Jean-Baptiste Bernard, marchand pelletier ; Jacques Antoine Lehu, caporal de Nantois et également sergent du guet ; Jean François Moulins, marchand chapelier, Nicolas Guillaume Lefrique, directeur des diligences de Flandre ; et enfin Marie-Madeleine Bristel, femme de Jean Ridoux compagnon

---

[563] *Ibid.* : « Jean Joseph Du Buquoy maître tailleur d'habits à Paris y demeurant rue des Fossés et paroisse Saint-Germain-l'Auxerrois âgé d'environ trente deux ans, lequel après serment par lui fait de dire vérité, qu'il a déclaré n'être parent, allié, serviteur ni domestique des parties pour et contre lesquelles il a été assigné le jour d'hier par exploit d'Antoine Bonnaire huissier à verge au dit Châtelet dont copie à nous représentée.
Dépose, lecture à lui faite du procès verbal susdaté que le dix sept mars dernier le Sieur Du Buquoy tenant chambres garnies rue [*illisible*] envoya chercher lui déposant lequel s'étant transporté chez lui y trouva le dit accusé connu dans l'hôtel garni sous le nom de Vainpercrulx et qui donna au déposant plusieurs morceaux de pont de soie pour faire deux devants de petite veste qu'il fit, le lendemain dix huit mars le dit Mayer fut dans sa voiture chez le déposant pour lui commander un habit de drap gris, une petite veste et culotte de gros de Naples bleu de Roy, le tout galonné d'un petit galon à lame en argent, pour être fait dans le jour afin que le dit Mayer pût s'en servir le lendemain pour aller à Versailles pour ses affaires, disant qu'il vouloit entrer dans les Suisses, et le lendemain le dit déposant ayant été porter les habit, veste et culotte du dit Mayer il lui fit prendre la mesure pour habiller un domestique et un coureur, en lui disant qu'il devoit lui arriver du galon d'or pour les habits des dits domestique et coureur, et fit laisser au dit déposant son mémoire de ce qui étoit déjà fait et fourni en lui promettant que deux heures après il lui en porteroit le montant, devant recevoir chez les sieurs Tourton et Baurefer banquiers de l'argent, et le dit Mayer n'ayant satisfait à sa parole le déposant fut s'informer du dit Mayer sous le nom du baron de Vainpercrulx chez les dits sieurs banquiers qui dirent ne le pas connoître, que le dit déposant ayant été ensuite au dit hôtel garni où logeoit le dit Mayer, qu'on lui dit qu'il n'y avoit pas couché et que l'on ne savoit pas où il étoit ; ensuite, le déposant ayant appris que le dit Mayer étoit arrêté, il se rendit en notre hôtel pour demander au dit Mayer qui y étoit alors ce qui lui étoit dû ou sa marchandise ; qui est tout ce qu'il a dit savoir, lecture à lui faite de sa déposition a dit qu'elle contient vérité, y a persisté, a requis salaire, taxé trois livres et a signé avec nous en notre minute. ».

doreur et tenant elle-même l'hôtel garni de Rome, sis rue de la Licorne, de la paroisse de Sainte-Marie-Madeleine en la Cité.

L'information a établi qu'un individu, nommé Mayer, a utilisé le faux nom de Vainpercrulx et, par ce moyen de manœuvres, a obtenu d'un tailleur que celui-ci s'exécute très rapidement dans la confection de vêtements. Le nom fait partie de la mise en scène puisqu'il a servi à masquer la véritable origine sociale de Mayer et à faire disparaître sa domiciliation à l'aide de quelques mensonges. Le nom a été déterminant car il a volontairement induit en erreur le tailleur, conduit à accorder un faux crédit en fonction de cette identité supposée. Tel était exactement le but de l'escroc, qui a obtenu la remise de ce qu'il désirait. L'infraction est parfaitement constituée et, grâce aux déclarations des témoins, analysée dans ses éléments constitutifs, lorsqu'elle revient à la connaissance du procureur du roi. On apprend que le dénommé Mayer n'a pas escroqué uniquement Jean Joseph Du Buquoy, et que d'autres marchands lui ont accordé de faux crédits grâce à l'usage répété de faux noms.

C'est ainsi que, le 16 juin 1761, le procureur Moreau requiert : « Je requiers pour le Roy le dit Jean Charles Frédéric Mayer être déclaré dûment atteint et convaincu de s'être présenté sous différents noms chez plusieurs marchands auxquels il a escroqué les marchandises mentionnées au procès[564]. »

L'affaire est donc évoquée à l'audience du Châtelet de Paris le 26 juin 1761. Les magistrats se retirent en délibéré dans la Chambre du conseil, après avoir entendu le procureur. Ils prennent soin de constater que Jean-Charles Frédéric Mayer, quoiqu'il ait fait, est néanmoins capitaine dans les hussards de Prusse. Et malgré les éléments constitutifs de l'infraction rapportés par l'information, les juges considèrent qu'ils ne sont pas suffisamment renseignés et qu'ils ne disposent surtout pas de parfaites preuves de la commission des infractions. En conséquence de quoi, ils décident qu'il sera plus amplement informé pendant six mois. Le cas est néanmoins jugé suffisamment grave pour que Mayer reste en détention provisoire pendant toute cette période. La sentence du 26 juin 1761 est ainsi rédigée :

> « Le Procureur du Roy, demandeur et accusateur, Jean Charles Frédéric Mayer, ci-devant capitaine dans les hussards de Prusse et actuellement sans état, défendeur et accusé.
>
> Nous disons par délibération de conseil, ouï sur ce le Procureur du Roy, qu'avant faire droit définitivement sur les plaintes en annulation intentées contre le dit Jean Charles Frédéric Mayer, il sera plus amplement informé des faits

---

564 Arch. Nat. Y 10.230, affaire n° 17, jugement à l'extraordinaire : Jean-Charles Frédéric Mayer, sentence du 26 juin 1761.

mentionnés au procès pendant six mois pendant lequel temps le dit Mayer gardera prison »[565].

§ 2 - L'obtention de faux crédit par l'usage de faux nom

Comment analyser l'obtention de faux crédit par l'usage de faux noms ? Sans doute serait-il utile de mieux définir la fonction d'un faux nom. La doctrine contemporaine semble constante sur cette question et la jurisprudence la soutient.

> « Le faux nom désigne le faux nom patronymique, le faux prénom s'il crée un risque de confusion, le faux pseudonyme dans les mêmes conditions. Il n'y a pas usage de faux nom à prendre un pseudonyme, mais il y a cet usage à utiliser le pseudonyme d'autrui pour faire naître la confusion. Porter son nom véritable ne peut être user d'un faux nom même s'il y a un risque de confusion avec un homonyme plus célèbre, mais l'escroquerie peut être constituée par manœuvres frauduleuses si l'intéressé cultive le risque de confusion »[566].

En fait, il faut comprendre l'usage d'un faux nom comme l'utilisation d'une identité, quelle qu'elle soit, différente de la sienne, et qui trompe nécessairement la dupe en faisant croire qu'elle a affaire à une autre personne[567].

Le faux nom, comme la fausse entreprise, constitue alors une forme de manœuvres qui, avec le dol proprement dit, permettent à l'escroc d'obtenir la remise de l'objet. L'art d'obtenir du faux crédit par faux nom représente ainsi, par essence, une des formes achevées de l'escroquerie que la future loi de 1791 n'a eu de cesse de poursuivre et réprimer. Soulignons cependant que la loi des 19-22 juillet 1791, dans son article 35, titre II, section II, ne vise pas les fausses qualités, mais utilise l'expression « ceux qui [...] à l'aide de faux noms [...] auront abusé de la crédulité [...] et escroqué tout ou partie de leur fortune » [568]. Cette manœuvre

---

[565] *Ibid.*

[566] Cass. crim., 5 sept. 1902 : *D.* 1903, 1, p. 103. – 20 nov. 1903 : *D.* 1904, 1, p. 415, cf. Michelle-Laure Rassat, *Jurisclasseur pénal*, 1996, art. « Escroquerie », p. 17.

[567] En droit positif, les principes sont très clairs : « Dans le cadre d'une poursuite pour escroquerie par utilisation de faux nom, il n'existe aucune question préjudicielle lorsque le prévenu soutient, pour sa défense, que le nom employé était le sien. Le juge de l'action étant le juge de l'exception (*C. pr. pén.*, art. 384), le tribunal correctionnel a compétence pour trancher ce moyen de défense et déterminer quel est le vrai nom de la personne poursuivie. En un mot, la question de savoir si la personne poursuivie avait le droit d'user d'un nom ou d'un prénom ne peut ni entraver, ni suspendre l'exercice de l'action publique (Cass. crim. 14 oct. 1853, *Bull. crim.*, n°511). La décision ainsi rendue ne saurait toutefois avoir d'influence sur l'état civil du prévenu (Cass. crim. 2 mai 1936, *Gaz. Pal.* 1936.2.208) », cf. Corinne Mascala, *Répertoire pénal*, Paris, Dalloz, 2001, art. « Escroquerie », n° 34.

[568] Rappelons une nouvelle fois l'art. 35, tit. II, sect. II de la loi des 19-22 juillet 1791 : « Ceux qui, par dol ou à l'aide de faux noms ou de fausses entreprises, ou d'un crédit imaginaire, auront abusé de la crédulité de quelques personnes et escroqué tout ou partie de leur fortune seront poursuivis devant le Tribunal de district, et si l'escroquerie est prouvée, le Tribunal de district, après avoir prononcé la

criminelle donne une compétence pénale à l'infraction et efface l'éventuelle confusion qui pouvait continuer à exister entre dol civil et dol pénal. Elle a pour partie abouti à la rédaction de l'article 405 du *Code pénal* de 1810, qui dispose que :

> « Quiconque, soit en faisant usage de faux noms ou de fausses qualités, soit en employant des manœuvres frauduleuses pour persuader l'existence de fausses entreprises, d'un pouvoir ou d'un crédit imaginaire…[…] ».

La jurisprudence, dans le ressort du Parlement de Paris sous le règne de Louis XV et plus généralement à la fin de l'Ancien Régime, pousse plus avant ses constatations et est sans doute prémonitoire dans l'analyse des futurs éléments constitutifs de l'infraction de l'escroquerie. Il semblerait en effet que, pour les magistrats, faux nom et fausse qualité ne fassent qu'un. N'est-ce pas ce qui ressort de l'information dans l'affaire concernant Jean-Charles Frédéric Mayer ? En effet, le tailleur Jean Joseph Du Buquoy fait confiance et accorde son crédit au baron de Vainpercrulx, parce qu'il envisage son identité comme un tout, mettant un nom sur un visage mais aussi une qualité sociale, celle de baron.

L'utilisation par l'escroc d'un nom d'emprunt qui lui est donc faussement attribué en référence à des personnes connues, constitue, là encore, un usage de faux nom parfaitement dolosif, qui conduit, par l'emprunt de fausse identité, à l'attribution de fausses qualités.

C'est ainsi que le bailliage d'Orléans envisage, le 18 décembre 1773, le cas de François Delalande à qui il est reproché d'être « dûment atteint et convaincu d'avoir été, sous le nom de personnes connues, acheter des marchandises qu'il a emportées sans les payer et dont il a ensuite disposé et notamment chez ladite Jarron où il a acheté trois aulnes en prenant le nom de Joseph Dubois »[569].

Il est ici remarquable que l'usage des noms de personnes connues ouvre le crédit et équivaut à l'utilisation de fausses qualités. Les deux notions se recoupent par conséquent dans l'expression de faux nom et se trouvent ainsi réprimées.

L'escroquerie est alors constituée, que l'on commette un dol pénal, que l'on fasse croire à une fausse entreprise ou que l'on utilise un faux nom dans le but de se faire remettre la fortune de la dupe. Il est évident que la société d'Ancien Régime ne pouvait admettre une utilisation frauduleuse de l'identité d'autrui, dont il fallait préserver et l'honneur et le crédit.

---

restitution, est autorisé à condamner, par voie de police correctionnelle, à une amende qui ne pourra excéder 5.000 livres et à un emprisonnement qui ne pourra excéder deux ans. ».

[569] Arch. Nat. X^{2B} 1050, affaire n° 357 : François Delalande, arrêt du 3 février 1774.

Section 2. Fausses qualités

L'infraction de l'escroquerie est également constituée non seulement en cas d'abus de fausses qualités, mais encore quand leur usage en a été déterminant.

§ 1 - L'abus de fausses qualités

L'abus de fausses qualités est, évidemment, particulièrement mal toléré par la société d'Ancien Régime. D'abord parce qu'il remet en cause la sécurité des signatures et des contrats du système économique, mais aussi parce qu'il porte atteinte à l'honneur et, de façon générale, aux personnes. D'autant que les noblesses « natives » retrouvent, à l'époque de Louis XV, une certaine influence. Est-il nécessaire de citer les Grands du royaume que sont Turenne, Villars, Berwick et Vendôme ?

> « Les chiffres permettent cependant de relativiser, voire de minorer ces phénomènes de remontée administrative ou socio-politique du pur sang bleu, si incontestables soient-ils. S'agissant des 569 parmi les personnages précités, dont la profession du père est plus ou moins connue, 72 viennent de la noblesse de cour, ou d'ancienne race ou d'épée ; 351 proviennent de la robe (principalement officière, très secondairement avocassière, médicale, professorale, notariale, bureaucratique) ; 93 sont originaires, par filiation mâle, mais aussi, de la finance ; 10 sont enfants de ministres ; 22 surgissent du commerce, de l'industrie et du haut artisanat ; 6 sont natifs de « bourgeois » sans autre précision ; 3 de « nobles » (même remarque) ; 2 de diplomates ; 10 sont de père indéterminé. C'est donc bien, à 78 %, la robe et la finance (deux milieux souvent nobles « datifs », autrement dit robins et très mêlés l'un à l'autre), et c'est accessoirement la noblesse « native[570] » ou de gentilité (13 % tout compris), fort peu les classes productives ou commerciales et pas du tout la paysannerie qui régissent ou du moins administrent d'en haut le royaume. »[571].

Il demeure qu'à l'époque, et encore de nos jours, l'usage de fausses qualités dans le fait de prendre un titre honorifique ou de porter sans droit un titre

---

[570] Cette distinction entre noblesse native et dative vient de Charles Loyseau, au début du XVIIe siècle ; cf. E. Le Roy Ladurie, *L'État royal, op. cit.*, p. 334 ; Brigitte Basdevant-Gaudemet, *Aux origines de l'État moderne, Charles Loyseau (1564-1627) théoricien de la puissance publique*, Paris, Economica, 1977, p. 266 ; Charles Loyseau, *Traité des ordres et simples dignités*, Paris, éd. L'Angelier, 1613, chap. 4, p. 27.

[571] Emmanuel Le Roy Ladurie, *L'Ancien Régime. L'absolutisme bien tempéré (1715-1770)*, Paris, Hachette, coll. « Pluriel », 1991, p. 77-78.

de noblesse est constamment et sévèrement réprimé[572]. Nous l'avons vu dans l'affaire Jean-Charles Frédéric Mayer[573]. Si, en 1760, le maître tailleur Du Buquoy a la certitude d'avoir reçu une commande sérieuse, c'est qu'elle émane du baron de Vainpercrulx, qui désirait entrer dans la garde suisse et, pour ce faire, devait se présenter le lendemain au château de Versailles, accompagné d'un domestique et d'un coureur. C'est donc au vu de cette qualité que le tailleur accepte de livrer la marchandise et d'accorder un délai de paiement sur la présentation de sa facture. La qualité du baron de Vainpercrulx rend en effet crédible la visite des banquiers Tourton et Baurefer, qui doivent lui apporter de l'argent, d'autant plus que la banque Tourton est réputée à l'époque[574].

Néanmoins la fausse qualité est assez difficile à définir par une formule précise. R. Garraud affirme que « prendre une fausse qualité, c'est s'attribuer un titre, une fonction, un emploi, une parenté qu'on n'a pas ». Ne peut-on plutôt proposer qu'il s'agit plus largement de toute qualité de nature à inspirer confiance, à donner du crédit, à rassurer sur la solvabilité de celui qui l'invoque ?

Le 17 novembre 1743, la juridiction de première instance de Paris rend une sentence contre Jean Dufour, « dûment atteint et convaincu d'avoir escroqué plusieurs personnes en usant de titres et de qualités qu'il avoit usurpé et de s'être fait passer pour noble »[575]. Cet usage fallacieux de fausses qualités, qui permet à Dufour de commettre des escroqueries, le fait condamner à être banni trois ans. En appel, le Parlement de Paris, par un arrêt en date du 27 mars 1744, confirme cette décision.

Si, en 1771, Jousse n'a pas caractérisé l'escroquerie en elle-même, il a précisément reproché à ceux qui utilisent une fausse qualité comme celle de prince, comte ou baron, voire une quelconque dignité pour tromper les autres, d'être coupables d'une infraction spécifique. Il considère même qu'il convient de la punir suivant les circonstances et, en bon juriste, il essaie de la rapprocher d'une infraction connue, celle de faux.

> « Ceux qui prennent une fausse qualité qu'ils n'ont point, pour tromper les autres, sont aussi coupables de crime de faux, et doivent être punis, suivant les

---

572 *Cass. crim.* 14 oct. 1853, *Bull. crim.*, n° 511 ; 26 juin 1874, *ibid.*, n° 186 ; 31 juill. 1884, *ibid.*, n° 252 ; Bordeaux, 16 mars 1906, DP 1906.5.68 ; Paris, 8 févr. 1954, *Gaz. Pal.* 1954.2.40 ; Cass. crim. 18 juin 1958, *Bull. crim.*, n° 473.

573 Arch. Nat. Y 10.230, affaire n° 17, jugement à l'extraordinaire : Jean-Charles Frédéric Mayer, sentence du 26 juin 1761.

574 Cette banque, créée par J.-C. Tourton et L. Guiguer, se poursuit sous des raisons sociales variées pendant tout le XVIIIe siècle. Elle est plus connue dans les années 1757 à 1768 sous la raison sociale de Thelusson, Necker et compagnie, et, à partir de 1789, sous celle de Greffulhe et Montz. Cf. Lucien Bély, *Dictionnaire de l'Ancien Régime*, Paris, PUF, art. « Banque ».

575 Arch. Nat. X^{2B} 994, affaire n° 185 : Jean Dufour, arrêt du 27 mars 1744.

circonstances ; comme par exemple, si quelqu'un se dit être prince, comte, baron, [...] ou si quelqu'un, étant de basse condition, cache sa naissance pour obtenir une grâce, ou une dignité qui ne s'accorde qu'aux personnes d'un certain rang distingué [...]. »[576].

Jousse suit ainsi les conclusions de la jurisprudence en cette matière. Le 28 octobre 1761, le Châtelet rend une sentence par laquelle Louis de Barbins[577] est « déclaré dûment atteint et convaincu de différentes escroqueries, manœuvres, fourberies et suppositions par lui faites et pratiquées en se présentant sous le nom d'une personne de la première qualité, prenant les titres de marquis, comte ou duc et se décorant des marques des ordres de Sa Majesté ainsi qu'il est mentionné au procès ». Or, après enquête, le procureur général du roi à l'audience souligne que Louis Léopold Casimir César de Barbins a été successivement décrotteur, marmiton, laveur de vaisselle, garçon de cuisine, soldat et que, lors du jugement, il se trouve sans profession. Ce jeune homme de 24 ans incarne bien ce petit peuple de Paris :

> « A toute heure du jour, les petits métiers sillonnent la ville : les voix aigres des crieurs surmontent le tapage des carrefours, dominent la rumeur de Paris. Porteurs d'eau, crieuses de vieux chapeaux, vendeuses de marée, ferrailleurs, c'est à qui chantera sa marchandise sur le mode le plus haut et plus déchirant. Voici le vendeur de tisane : il porte une fontaine en fer blanc sur le dos, il a un bonnet garni de plaques et de plumes de héron : « A la fraîche ! Qui veut boire ? » ; il tend ses gobelets remplis d'eau de mélisse aux promeneurs assoiffés qui se désaltèrent pour trois deniers. Le dimanche, il arpente les beaux quartiers, les Boulevards, les Champs-Elysées, il peut alors gagner sept francs par un beau jour d'été. L'hiver le réduit à la misère. Ici, dans son échoppe mobile, l'écrivain public vous torche une lettre pour cinq sous, et voisine avec le marchand de beignets et le savetier. La marchande de marrons, établie sur le Pont-Neuf avec sa poêle à frire, a appris à ridiculiser les fermiers généraux qui vendent le sel si cher : on dit qu'elle pisse sur ses beignets et ce sel n'est assujetti à aucun droit. Autour d'elle s'active l'armée des décrotteurs. Ils sont là des dizaines, et, pour deux liards, vous décrottent avec art bas et souliers en un tournemain »[578].

Voilà donc que notre marmiton décrotteur se dit comte, duc ou marquis, qui plus est décoré par le roi. C'en est trop pour l'ordre judiciaire, qui condamne Louis de Barbins en première instance à « trois jours de carcan avec écriteaux portant les mots escroc et imposteur insigne ». Cette mention a non seulement pour

---

[576] Jousse, *Traité de la justice criminelle de France*, Paris, 1771, t. IV, p. 367.
[577] Arch. Nat. X^{2B} 1026, affaire n° 348 : Louis de Barbins, arrêt du 5 décembre 1761.
[578] Guy Chaussinand-Nogaret, *La Vie quotidienne des Français sous Louis XV*, Paris, Hachette, coll. « La vie quotidienne... », 1979, p. 211-212.

vocation d'informer le public, mais est volontairement insultante. Le Parlement de Paris, par un arrêt du 5 décembre 1761, confirme intégralement la sentence, et ajoute simplement que l'arrêt doit être publié et affiché, souhaitant qu'une grande publicité soit faite à cette affaire afin que nul n'ait envie de commettre des faits semblables et de se prendre pour un Grand du royaume.

Des Essarts, dans son *Dictionnaire*, relève de même que certains filous prennent des titres pour en imposer plus facilement. Tantôt c'est monsieur le baron, tantôt monsieur le comte...

D'après le *Dictionnaire de l'Académie*, « qualité se dit des titres que prend, que reçoit une personne à cause de sa naissance, de sa charge, de sa dignité, de sa profession ». Telle est aussi la définition du *Littré* : la qualité d'une personne résulte de son état civil, de ses titres honorifiques, de sa profession, et la fausse qualité consiste à s'attribuer un faux état, de faux titres, une fausse profession.

> « J'ai déjà esquissé, [...] plusieurs portraits dans la classe d'hommes qu'on appelle des filous. [...] J'observe que les filous qui travaillent en grand prennent toutes sortes de marques. Un filou de cette espèce montoit depuis longtemps une grande affaire... Ce filou [...] étoit une figure agréable. Il joignoit à un maintien décent, tout ce qui peut inspirer la confiance. Avec des dehors aussi favorables, il s'annonça chez plusieurs marchands comme un homme de conditions. »[579].

L'allure, l'apparence contribuent à faire croire à la qualité. L'habit peut faire un moine, et un jeune amant peut se faire passer pour un frère, si innocent !

En 1733 est ainsi publiée par un libraire de Rouen, sans autorisation, la première édition française de *Manon Lescaut*, écrit par Antoine François Prévost. L'ouvrage est saisi le 5 octobre 1733. Vingt ans plus tard, en 1753, paraît à Amsterdam, en deux volumes, l'édition définitive de l'ouvrage, financée pour partie par Didot.

Personnage de roman ou frère jumeau de l'auteur, le jeune Des Grieux se retrouve sans le sou alors qu'il doit entretenir une maîtresse à laquelle il est si attaché, la belle Manon. Le frère de cette dernière, monsieur Lescaut, propose à Des Grieux d'exploiter les charmes de Manon et de tricher au jeu. S'il pense d'abord à refuser, il se laisse convaincre par l'argent facile et accepte même de contribuer de façon active à la tromperie imaginée par la sœur et le frère Lescaut, sur la personne d'un vieil aristocrate toujours attiré par le beau et jeune sexe.

Pour que le noble vieillard se sente dans l'obligation d'entretenir la séduisante mais pauvre Manon, encore faut-il que son supposé jeune frère dans le besoin éveille sa pitié et le séduise à son tour par sa jeunesse afin d'obtenir quelque argent. L'organisation de la fausse qualité de frère implique un minimum de

---

[579] Des Essarts, *Dictionnaire universel de police*, Paris, 1786-1789, t. IV, p. 18.

concertation. Après l'élaboration du projet, la fine équipe composée de Manon, de son frère Lescaut et de son amant Des Grieux doit passer à l'acte. C'est ce qu'ils font avec succès, du moins pendant un certain temps :

> « Il fut donc réglé que nous nous retrouvions tous à souper avec M. de G...M..., et cela pour deux raisons : l'une, pour nous donner le plaisir d'une scène agréable, en me faisant passer pour un écolier, frère de Manon ; l'autre, pour empêcher ce vieux libertin de s'émanciper trop avec ma maîtresse, par le droit qu'il croirait s'être acquis en payant si libéralement d'avance. [...] L'heure du souper était venue, G. de G...M... ne se fit pas attendre longtemps. [...] Le premier compliment du vieillard fut d'offrir à sa belle un collier, des bracelets et des pendants de perles, qui valaient au moins mille écus. Il lui compta ensuite, en beaux louis d'or, la somme de deux mille quatre cents livres, qui faisaient la moitié de la pension [...]. [Lescaut] vint me prendre par la main, lorsque Manon eut serré l'argent et les bijoux, et me conduisant vers M. de G...M..., il m'ordonna de lui faire la révérence. J'en fis deux ou trois des plus profondes. Excusez, monsieur, lui dit Lescaut, c'est un enfant fort neuf. Il est bien éloigné, comme vous voyez, d'avoir les airs de Paris ; mais nous espérons qu'un peu d'usage le façonnera [...]. Le vieil amant parut prendre plaisir à me voir. Il me donna deux ou trois petits coups sur la joue, en me disant que j'étais un joli garçon, mais qu'il fallait être sur mes gardes à Paris, où les jeunes gens se laissent aller facilement à la débauche. Lescaut l'assura que j'étais naturellement si sage, que je ne parlais que de me faire prêtre, et que tout mon plaisir était affaire de petites chapelles. Je lui trouve de l'air de Manon, reprit le vieillard en me haussant le menton avec la main. Je répondis d'un air niais : Monsieur, c'est que nos deux chairs se touchent de bien proche [...]. Je trouvais l'occasion, en soupant, de lui raconter sa propre histoire et le mauvais sort qui le menaçait. Lescaut et Manon tremblaient pendant mon récit, surtout lorsque je faisais son portrait au naturel ; mais l'amour propre l'empêcha de s'y reconnaître, et je l'achevais si adroitement, qu'il fut le premier à le trouver fort risible. »[580].

Des Grieux est le premier à reconnaître que son usage fort coquin de la fausse qualité de frère, pour se faire entretenir avec sa maîtresse Manon par M. de G...M..., constitue une friponnerie, c'est-à-dire une véritable escroquerie.

> « Quoiqu'à mes propres yeux cette action fut une véritable friponnerie, ce n'était pas la plus injuste que je crusse avoir à me reprocher. J'avais plus de scrupule sur l'argent que j'avais acquis au jeu. Cependant nous profitâmes aussi peu de l'un que de l'autre, et le ciel permit que la plus légère de ces deux injustices fut la plus rigoureusement punie. M. de G... M... ne tarda pas longtemps à s'apercevoir qu'il était dupé. Je ne sais s'il fit, dès le soir même, quelques

---

[580] Abbé Prévost, *op. cit.*, p. 84-85.

démarches pour nous découvrir, mais il eut assez de crédit pour n'en pas faire longtemps d'inutiles, et nous assez d'imprudence pour compter trop sur la grandeur de Paris et sur l'éloignement qu'il y avait de notre quartier au sien. Non seulement il fut informé de notre demeure et de nos affaires présentes, mais il apprit aussi qui j'étais, la vie que j'avais menée à Paris, l'ancienne liaison de Manon [...] la tromperie qu'elle lui avait faite, en un mot, toutes les parties scandaleuses de notre histoire. Il prit là dessus la résolution de nous faire arrêter, et de nous traiter moins comme des criminels que comme de fieffés libertins. Nous étions encore au lit, lorsqu'un exempt de police entra dans notre chambre avec une demi-douzaine de gardes. Ils se saisirent d'abord de notre argent, ou plutôt de celui de M. de G... M... »[581].

Finalement, l'aventure de Des Grieux et de Manon se termine plutôt mal. Les deux amants sont interpellés pour avoir dupé M. de G... M... par l'usage de fausses qualités qui ont largement contribué aux manœuvres frauduleuses. Ils sont poursuivis pénalement et le roman se transforme en chronique judiciaire, les errements de jeunesse en faits divers. L'escroquerie entre ainsi dans la littérature, comme un mode de survie et une illustration d'une mentalité sans valeur morale.

L'esprit de la Régence aurait-il vicié l'ensemble du règne de Louis XV ? Les titres et les honneurs sont en tout cas objet d'amusement et de tromperies. L'époque n'est plus portée au respect. Relisons le *Dictionnaire de police* de l'avocat des Essarts : « L'un, attachant à un mauvais habit une croix de Saint-Louis, qu'il tient cachée, la laisse entrevoir au besoin, s'annonce pour un gentilhomme, pour un vieux militaire sans fortune, et obtient ainsi des secours que chacun croit avoir bien placé »[582]. Et qui ne se laisserait prendre à cette mascarade, puisque les règnes de Louis XIV et Louis XV ont été particulièrement touchés par des campagnes militaires assez meurtrières ? D'un autre côté, comment faire encore confiance à des militaires qui se comportent comme des vauriens ?

« « Ni chiens, ni filles, ni laquais, ni soldats. » C'est l'écriteau qui fleurit à l'entrée de tous les jardins publics. Car le soldat a mauvaise presse, et l'on soupçonne toujours sous l'uniforme le vaurien et le chenapan. Le recrutement, en effet, est organisé de manière à enrôler outre les plus pauvres, tous les déchets de la société, maraudeurs, déclassés, misérables, tous les meurt-de-faim, traîne-savate, batteurs d'estrades et autres laissés pour compte, proie faciles pour l'œil avide des recruteurs. [...] Jusqu'au ministère de Choiseul, et même au-delà malgré la réforme, chaque capitaine, propriétaire de sa compagnie, est responsable de ses effectifs, doit par ses propres moyens trouver ses soldats ; comme un chef d'entreprise, il embauche selon ses besoins, et selon des procédés qui répugnent au bon sens, à la sensibilité des populations, à l'honnêteté aussi du maréchal de Saxe,

---

581 Abbé Prévost, *op. cit.*, p. 85-86.
582 Des Essarts, *op. cit.*, p. 18.

décidément peu tendre pour les pratiques militaires de son temps : « On lève les troupes par engagement… par force quelquefois, le plus souvent par supercherie… Les levées qui se font par supercherie sont odieuses ; on met de l'argent dans la poche d'un homme et on lui dit qu'il est soldat. Celles qui se font par force le sont plus encore ; c'est une désolation publique, dont le bourgeois et l'habitant ne se sauvent qu'à force d'argent » »[583].

Chacun se joue de la société et s'invente des qualités qu'il n'a pas.

> « Celui-ci, par une métamorphose heureuse, d'une limonadière, sa maîtresse, fait une princesse […] : quelques enveloppes à lettres ministérielles lui servent à faire opérer le prestige : la princesse fait de riches emplettes, ne paie que de son nom et disparaît emportant trente et quarante mille livres avec sa principauté »[584].

À l'image d'une société qui se refléterait dans les miroirs des galeries de glace où se tiennent des bals masqués, les identités se brouillent. D'autant que les rencontres, notamment dans la capitale, se font rapidement et se défont de même. Chacun rêve de ce qu'il désirerait devenir, et de ce que pourrait être l'autre.

> « La France de Louis XV – Louis le Bien aimé pour tous ses sujets et même pour ses intimes –, c'est un peu, dans l'imagerie traditionnelle, le royaume de Cythère. Dames galantes, jeunes polissons et vieux barbons, Don Juan d'opérette ou brigands empanachés dont rêvent les jeunes vierges, seigneurs brillants et légers, grands consommateurs de chair fraîche, des Alcibiade comme Richelieu (petit-neveu du grand cardinal), ou petits maîtres élégants, aux cervelles de colibri, Casanova ravageurs de boudoirs, ou amants de légende comme Annette et Lubin, libertins ou languissants, roués ou fidèles, tout le siècle retentit de leurs exploits, de leur rage d'aimer, de leur science de plaire, de ce surcroît de vie qu'offrent le luxe, l'insouciance, de bonnes rentes, une existence oisive faite de mille riens »[585].

Toutes les professions font ainsi l'objet d'abus, puisque sont utilisés des titres et statuts pour convaincre le dupé qu'il peut en confiance s'en remettre à l'escroc, et les fonctions sociales sont susceptibles d'être usurpées. Comme

---

[583] Guy Chaussinand-Nogaret, *La vie quotidienne des Français sous Louis XV*, Paris, Hachette, 1979, p. 216-217.

[584] Des Essarts, *op. cit.*, p. 18.

[585] Guy Chaussinand-Nogaret, *op. cit.*, p. 9, et Nicolas Toussaint des Essarts, *Dictionnaire* ..., p. 18 : « Un arrêt du Parlement de Paris, du 29 janvier 1767, condamne Dumont de Montjolly, écuyer, au carcan pendant trois jours, au fouet et à la marque, et aux galères pendant neuf ans, pour avoir affronté et ruiné plusieurs particuliers par ses escroqueries. Cet affronteur persuadait, à de gens de haute qualité, qu'il était leur parent, supposait des relations qu'il n'avait point, et sous cet appareil pompeux, à l'aide de quelques intrigues, empruntait ce qu'il ne devoit jamais rendre, faisoit ce qu'on appelle des affaires et ruinait des enfants de famille ».

l'explique la doctrine contemporaine, de l'ancienne maréchaussée devenue gendarmerie à l'administration en passant par l'armée, que ce soit un usage de la fausse qualité d'exempt de guet ou d'inspecteur de police voire de commissaire, tout est bon pour duper par de fausses qualités[586].

§ 2 - L'usage des fausses qualités

La noblesse est toujours admirée, qu'elle possède encore ou non de la fortune. Elle représente une catégorie sociale encore préservée, dont l'éducation, les vues plus élevées, et les habitudes d'un certain art de vivre, incitent autrui à la confiance.

Pourtant rien n'est plus aussi simple qu'auparavant. Cette société d'apparat, de commerce, de luxe, voire de luxure, a besoin d'argent, de beaucoup de moyens et de toujours plus de crédit. Là encore, des besoins se font jour et tout se change à la vitesse des mutations économiques.

> « Il y a donc l'emploi. Mais l'argent compte aussi, et compte même de plus en plus. Sont-ils même nobles ceux qui n'ont rien ? La différence entre noblesse riche et noblesse pauvre devient trop grande. Elle fait douter. Cette classe existe-t-elle encore ?
>
> Les plus riches sont les favoris de Cour. À eux les honneurs, les gouvernements, les pensions. Louis François Armand, duc de Richelieu, en est le meilleur exemple. Pair de France en 1721, premier gentilhomme de la Chambre en 1744, ambassadeur à Dresde en 1746, gouverneur de Guyenne et Gascogne en 1755, il reçoit pour ces différentes charges, et par la faveur du roi, des traitements et des pensions très élevés. Il fait aussi des affaires, certaines pas toujours très

---

586 « L'escroc use parfois de la fausse qualité de fonctionnaire de police ou de militaire de la Gendarmerie nationale ; et la loi du 8 déc. 1943 a aggravé les pénalités attachées au vol et à l'escroquerie lorsque ceux-ci ont été commis soit en prenant indûment certains titres (officier de police judiciaire, agent de la force publique, « membre d'un corps civil de l'État ou d'une armée française ou étrangère »), soit en portant indûment uniforme, costume ou insigne « d'une des personnes ci-dessus désignée », soit en « alléguant un faux ordre d'une autorité civile ou militaire française ou étrangère » (*C. pén.*, article 311-4, alinéa 1, 3e). L'usage de la fausse qualité de commissaire ou d'inspecteur de police était fréquent au XIXe siècle (Cass. crim., 10 juill. 1862 : *Bull. crim.*, n°167), au début de ce siècle (dans l'escroquerie au pédéraste surpris en flagrant délit d'outrage public à la pudeur), et durant la seconde guerre mondiale (dans l'escroquerie en flagrant délit de marché noir), les faux policiers proposant de « fermer les yeux » contre rémunération. On le trouve aujourd'hui dans l'escroquerie aux vieillards (chez qui « le commissaire » se rend pour une enquête ou une mise en garde). Le faits de cette nature constituent une escroquerie lorsque la fausse qualité a déterminé une remise (CA Paris, 9e Ch., 30 oct. 1981 : *Juris-Data* n°025550, pour un faux commissaire de police s'étant fait remettre des billets de banque à l'occasion d'une « enquête » sur une affaire de fausse monnaie), mais plus souvent un vol, lorsque la fausse qualité n'a servi qu'à pénétrer dans les lieux, où une soustraction frauduleuse est opérée (rapport d'activité de la police judiciaire de la Préfecture de police, année 1975, p. 80) », Michelle-Laure Rassat, *Jurisclasseur pénal*, art. « Escroquerie », 1996, p. 18.

claires. En 1772, il profite de sa position de gouverneur de Guyenne pour s'intéresser aux grands travaux de Bordeaux et se lancer dans la spéculation immobilière. Une société par actions est montée. Il en devient l'un des principaux actionnaires. Voltaire, qui s'y connaît, l'appelle « le grand tripoteur »[587].

Si certains nobles s'étaient contentés d'une excessive richesse, la problématique sociale ne se serait pas posée. Mais voilà que l'écart économique se creuse avec une petite noblesse dont certains membres tombent dans une pauvreté contraire à leur statut, dans leur esprit, et qui s'oppose désormais à une opulence de bourgeois de plus en plus nombreux.

> « Après ces fortunes de grands seigneurs, viennent les fortunes parlementaires. En province, les membres des cours souveraines se trouvent au sommet de la hiérarchie des fortunes. À Paris, les fortunes parlementaires sont de tailles très variables, depuis les très grandes jusqu'aux plus modestes. Les Laverdy, par exemple, n'ont que 15 000 livres de rente. On dit qu'ils vivent « bourgeoisement ».
>
> La noblesse pauvre est une réalité. La noblesse bretonne – dont beaucoup de membres n'ont pas plus de 1.000 livres par an – est le cas le plus connu. Mais toutes les provinces du royaume ont leurs gentilshommes crottés. Au pays toulousain, tandis que les parlementaires vivent leur opulence dans leurs hôtels et leurs châteaux, les nobles d'antique race, les Latour-Saint-Paulet, les Terson de Palleville, les Brébat de Pordéac, se rencoignent dans leurs gentilhommières, dont les toits crevés laissent passer la pluie. Car c'est la loi de la noblesse. Plus elle dure, plus elle s'appauvrit, à moins qu'elle ne décroche un jour la faveur du prince »[588].

Le portrait est acéré, la touche est précise. Il est celui du siècle, peint par Maurice Quentin de La Tour. Ce dernier a « photographié » ses contemporains durant une grande partie de sa vie, qui couvre les années 1704 à 1788, portant ainsi à son apogée le « portrait de société ». Les masques et les déguisements ne durent qu'un temps, puis se découvre la ressemblance où le visage porte désormais l'empreinte de l'état social de chacun. La qualité, vraie ou fausse, finit par apparaître malgré tous les atours dont chacun se pare.

Le 7 avril 1778, le Châtelet prononce, en première instance, une sentence qui déclare Louis Barbe Desroches et Esther Thirieux « dûment atteints et convaincus d'avoir escroqué divers cabriolets et chevaux à deux loueurs de carrosses et des marchandises de mode en dentelles à des marchands, et ladite Esther Thirieux de s'être fait passer pour une dame de qualité ». L'affaire se trouve

---

[587] Jean de Viguerie, *op. cit.*, 1995, p. 243.
[588] Jean de Viguerie, *op. cit.*, p. 243.

donc aggravée par le fait qu'Esther Thirieux a pris la place d'une « dame de qualité ». Elle est condamnée au carcan et au port d'un écriteau avec la mention « escroque »[589]. Le Parlement de Paris confirme cette décision en appel, par un arrêt du 27 mai 1778.

L'information est menée par Gilles-Pierre Chenu, commissaire audit Châtelet de Paris contre Marc-Antoine Dubois[590], soldat de son état et en détention provisoire durant le cours de cette affaire.

Est entendu Jean-Joseph Ody, 27 ans, suisse au service du vicomte du Barry, chez lequel il demeure rue Louis Le Grand dans la paroisse Saint-Roch. Il explique que le dénommé Dubois est venu plusieurs fois à la porte de l'hôtel, pour lui demander des nouvelles de Madame la comtesse du Barry. Pour justifier sa demande, Dubois s'est présenté au départ comme le cavalier de Jaucourt, puis comme le comte François. Il a finalement prétendu être les deux à la fois et, prétextant que, à cause de sa croix de Malte, on l'appelait quelquefois chevalier. Ody, dans son témoignage, confirme que Dubois portait effectivement une petite croix attachée à un ruban noir à une boutonnière de son habit. C'est à la suite de nombreuses visites que le dénommé Dubois (qui n'était pas connu comme tel, puisqu'il se faisait passer pour un homme de qualité, soit chevalier, soit comte, voire les deux) a fini par demander à Ody de lui prêter un louis, car il devait aller dîner en ville, rue Verte, et son valet de chambre avait oublié de lui mettre de l'argent dans la poche. Cette affirmation était crédible, parce qu'un noble ne se croyait pas obligé de porter de l'argent sur lui et que sa qualité donnait foi à sa parole. Même pauvre, l'aristocrate n'en est pas moins digne et présente des garanties financières minimales. Ody prête donc le louis demandé. Or le même jour, à neuf heures du soir, Dubois lui écrit, cette fois sous le nom du chevalier de Jaucourt, pour lui en réclamer deux autres. Ody n'hésite pas à s'exécuter mais finit par apprendre qu'un individu faisant usage de différents noms et de qualités fausses escroquait différentes victimes. Il vient donc raconter sa mésaventure au commissaire au Châtelet[591].

Moreau soutient que malgré son engagement comme soldat dans un régiment, Marc-Antoine Dubois ne s'est pas moins comporté comme un escroc auprès de différentes personnes de qualité, en se jouant de leurs domestiques. Il a usé de la qualité de seigneur étranger, voire de celle de gentilhomme français allié à des familles illustres, ou encore portait le nom et les titres de nobles afin d'arriver à ses fins. Et pour confirmer la réelle qualité de son statut supposé, il faisait croire qu'il était décoré de la croix de l'ordre de Malte. C'est ainsi, affirme le procureur du roi, que Marc-Antoine Dubois s'est procuré un accueil favorable dans des

---

589 Arch. Nat. X^{2B} 1060, affaire n° 373 : Louis Barbe Desroches, arrêt du 27 mai 1778.

590 Arch. Nat. Y 10.387, affaire n° 32 : Marc-Antoine Dubois, sentence du 14 avril 1778.

591 Arch. Nat. ; Y 10 387, affaire n° 32 : Marc-Antoine Dubois, sentence du 14 avril 1778.

maisons respectables et a pu demander de l'argent en faisant croire qu'on lui portait secours. Le procureur considère donc qu'il est dûment atteint et convaincu de ces faits, et doit être condamné comme « imposteur et escroc s'annonçant homme de qualité ».

> « Je requiers pour le Roy le dit Marc Antoine Dubois être déclaré dûment atteint et convaincu de s'être (quoique engagé soldat dans un régiment) donné en cette ville chez nombre de personnes qualifiées dans leur hôtel et auprès de leurs domestiques, soit pour un seigneur étranger, soit d'autres fois pour un gentilhomme françois allié à des familles illustres ; d'avoir pour soutenir ce personnage pris alternativement différents beaux noms connus ainsi que les titres qui pouvoient leur être analogues et de s'être même quelques fois toujours dans le dessein de réussir plus facilement à en faire accroire, décoré de la Croix de l'Ordre de Malte, à l'aide desquelles impostures il s'est procuré un accueil favorable dans des maisons respectables, où il a commis sous l'apparence de secours qu'il demandoit, les escroqueries mentionnées au procès. Pour réparation, condamné à être attaché au Carcan Place du Palais Royal, et y demeurer depuis midi jusque à deux heures, ayant l'écriteau devant et derrière portant les mots {Imposteur et escroc s'annonçant homme de qualité} »[592].

Le Châtelet se prononce le 14 avril 1778, et, après délibération en chambre du conseil, déclare effectivement Marc-Antoine Dubois dûment atteint et convaincu de s'être annoncé faussement pour homme de qualité, en prenant pour ce faire les noms de différentes personnes qualifiées et d'avoir porté également une croix de Malte. Le Châtelet considère qu'il a aussi écrit, sous ses faux noms et fausses qualités, à plusieurs personnes d'une certaine considération, pour leur escroquer à leur tour différentes sommes d'argent. En conséquence de quoi Marc-Antoine Dubois est condamné à être attaché au carcan place de Grève, et y demeurer depuis midi jusqu'à deux heures en portant un écriteau sur lequel est mentionné le mot « escroc ». Enfin, il est ordonné que cette sentence soit publiée.

Le 28 avril 1778, appel est interjeté de cette sentence du Châtelet, et Marc-Antoine Dubois est rejugé par le Parlement de Paris par arrêt du 26 mai 1778[593]. La cour confirme la sentence de première instance, et donc sa condamnation en tant qu'escroc, convaincue qu'il s'est annoncé faussement pour homme de qualité.

Cet usage d'une fausse qualité est particulièrement répréhensible dans une société où la vérification des données et des références est sans doute moins aisée que de nos jours. Ainsi, comment deviner que Nicolas Sarrazin, poursuivi devant la juridiction du bailliage de Sainte-Ménehould, est, par une sentence de première instance en date du 13 février 1770, déjà« dûment atteint et convaincu d'avoir sous

---

592 *Ibid.*

593 Arch. Nat. X^{2B} 1060, affaire n° 377 : Marc-Antoine Dubois, arrêt du 26 mai 1778.

un faux nom et une fausse qualité emprunté de l'argent audit Collignon et de s'être caché » ? Sarrazin est condamné[594] pour son escroquerie, et le Parlement de Paris, par un arrêt du 9 septembre 1770, confirme en appel cette décision et considère à son tour que l'usage d'un faux nom et d'une fausse qualité, pour obtenir un emprunt, est constitutif d'une escroquerie.

Reste que l'Ancien Régime, pas plus que notre société, ne peut admettre celui qui se pare d'un titre faussement délivré ou qui devait être attribué par une autorité. Ce qui évolue, c'est le public concerné au cours des siècles. Et si aujourd'hui l'escroquerie à l'aide d'un titre de noblesse usurpé est peu fréquente, on se souvient cependant de l'escroquerie organisée par « le pseudo-marquis Dubreuil du Rays qui disait avoir fondé un royaume en Océanie, sur une île de son invention dont il vendait les terres à ses victimes »[595]. Peu importe qu'il s'agisse de noblesse moderne ou ancienne, française ou étrangère[596].

Qu'il s'agisse d'un ruban noir portant une fausse croix de Malte ou du port illégal de la Légion d'honneur, le résultat est le même, puisque l'attribution de fausse qualité permet de forcer la crédulité de la future victime.

> « Nombreux sont les escrocs qui font usage de faux titres honorifiques, soit usurpés, soit de « fantaisie ». Le port illégal du ruban de la Légion d'honneur, ou l'usage d'une carte de visite portant faussement mention de cette distinction, est de nature à inspirer confiance et à déterminer une remise »[597].

Toute la difficulté réside en fait dans la définition exacte de la fausse qualité, puisqu'en réalité plusieurs acceptions sont envisageables. En droit moderne, le législateur n'a pas, paradoxalement, précisé davantage la notion. Par conséquent, de nos jours comme sous l'Ancien Régime, seule l'étude de la jurisprudence permet de se faire une idée de ce que recouvrent « les attributs juridiques essentiels de la personne[598] », à savoir sa naissance, sa charge, sa

---

[594] Arch. Nat. X^{2B} 1044, affaire n° 559 : Nicolas Sarrazin, arrêt du 9 septembre 1770.

[595] Cass. crim., 31 juill. 1884 : *Bull. crim.*, n°252. – Cf. Cass. crim., 11 oct. 1966 : *JCP* 1966, éd. G, II, 14897.

[596] Michelle-Laure Rassat, *Jurisclasseur pénal*, art. « Escroquerie », 1996, p. 18.

[597] *Ibid.*

[598] « La définition de la fausse qualité est plus délicate. Plusieurs conceptions de la qualité sont possibles, le législateur n'ayant pas défini cette notion et les incriminations relatives à l'usurpation d'une fonction publique, d'un titre réglementé, d'une décoration, ne « recouvrant » pas, il s'en faut, la fausse qualité de l'article 405 ou 313.1 nouveau. Seul l'examen de la jurisprudence permet de circonscrire cette notion. On peut, optant pour une interprétation restrictive, considérer que la notion ne recouvre que les attributs juridiques essentiels de la personne (ceux qui servent à la désigner dans les actes, par exemple). C'est faire sienne la définition de Littré qui écrit au mot qualité : « Titre que l'on porte en raison de sa naissance, de sa charge, de sa profession, de sa position, etc. La qualité de citoyen, de juré, d'électeur, d'huissier, d'avoué, etc. » (Le même auteur rappelle que le mot désigne

profession et sa position. Il faut considérer le « titre qui rend habile à exercer quelque droit », comme par exemple la qualité de légataire, qui peut être fallacieusement usitée dans le cadre d'une escroquerie.

Le professeur M. Vitu a donné une interprétation restrictive de la notion d'usage de fausse qualité, en observant que « la juxtaposition [...] du nom et de la qualité indique que le législateur a entendu viser ce qui donne à une personne son rang ou sa condition dans la société, c'est-à-dire ne désigne que son état, ses titres, sa profession, sa nationalité »[599].

Si l'usage de cette fausse qualité semble pouvoir être aussi bien oral qu'écrit, encore faut-il que les juges en caractérisent les éléments ostentatoires. Marc-Antoine Dubois[600] n'a heureusement pas été avare de ses emplois fallacieux de qualités, titres, décorations, alliances, qui ont pu être, comme nous l'avons vu, rappelés systématiquement, aussi bien par la juridiction du Châtelet que par celle du Parlement de Paris.

Pour autant, constatons-nous une ligne de conduite bien arrêtée sur ce qui caractérise la définition de la fausse qualité par ces mêmes juridictions pénales ? Cette question reste entière, autant sous l'Ancien Régime que dans les périodes postérieures, puisque M. Vitu considère encore, en 1981, selon l'opinion couramment admise, y compris par le professeur Bouloc, que « entre ces deux extrêmes, une attitude moyenne comprend sous ce terme (qualité), non seulement les attributs résultant de l'état, du titre ou de la profession, mais aussi les prérogatives nées des rapports juridiques et noués avec les tiers », puisque la jurisprudence n'a pas opté pour l'un ou l'autre de ces extrêmes, et il n'est pas toujours possible de donner aux solutions qu'elle retient une justification rigoureuse, certains auteurs n'hésitant pas à la taxer d'incohérence[601].

Les fausses qualités pourraient ainsi être appréciées dans l'usage fallacieux de droits ou d'influences.

Rappelons l'affaire Camille Saint-Paul, dont la sentence du 26 octobre 1759 avait souligné qu'il s'était dit exempt du guet (et chargé en cette qualité d'un

---

encore le « Titre qui rend habile à exercer quelque droit : la qualité de légataire ... »). C'est également la thèse d'Émile Garçon : « La qualité d'une personne résulte de son état civil, de ses titres honorifiques, de sa profession, et la fausse qualité consiste à s'attribuer un faux état, de faux titres, une fausse profession. On ne peut considérer comme une qualité les rapports juridiques d'une personnes avec un tiers et sa capacité juridique. », Michelle-Laure Rassat, *Jurisclasseur pénal*, art. « Escroquerie », 1996, p. 17.

599 « La juxtaposition, dans l'article 405 (ancien du *Code*) du nom et de la qualité indique que le législateur a entendu viser ce qui donne à une personne son rang ou sa condition dans la société, c'est à dire ne désigne que son état, ses titres, sa profession, sa nationalité », M. Vitu, *Droit pénal spécial*, Paris, Cujas, 1981, n° 2322.

600 Arch. Nat. X^{2B} 1060, affaire n° 377 : Marc-Antoine Dubois, arrêt du 26 mai 1778.

601 V. Guigue, note sous Cass. crim., 7 oct. 1969 : D. 1971, p. 286 – Bouloc : *D. Rép. Pénal et procédure pénale*, V, escroquerie n°106.

ordre du roi) pour arrêter un particulier dans le seul but de lui soutirer de l'argent en échange de la non exécution de l'ordre officiel[602].

Des affaires de la même veine sont rapportées par la doctrine contemporaine. La jurisprudence semble rester constante en la matière[603] : « La fausse qualité de médecin se situe parfois dans le contexte d'une escroquerie « à l'influence » ; se faisant passer pour médecin travaillant dans un hôpital psychiatrique, un individu parvint à escroquer une femme, en prétendant être en mesure de faire transférer son mari de la prison de F… à l'hôpital de V... »[604].

L'attirance des escrocs pour les professions médicales relèverait-elle d'un problème psychologique ? Toujours est-il qu'un arrêt de la Chambre criminelle du 23 octobre 1956[605] montre un individu produisant un document émanant d'un tiers, sur lequel lui était faussement attribuée la qualité de docteur en médecine. L'escroc s'est donc fait appeler docteur, ce qui lui a permis de faire usage de cette fausse qualité en usurpant le titre[606].

Comme le conclut R. Garraud : « L'emploi d'une fausse qualité ou l'usage d'un faux nom, peut, du reste, faire partie d'un ensemble de manœuvres frauduleuses et concourir, à ce titre, à la constitution du délit d'escroquerie. »[607]. La fausse qualité peut donc résulter d'abord de l'usurpation d'un état, c'est-à-dire le fait de se prévaloir d'un lien de parenté ou d'alliance, de la situation de personne mariée, veuve ou célibataire ou d'une certaine nationalité ; ainsi se prévaut d'une fausse qualité celui qui se dit homme marié[608] ou fils du marquis D[609]. La fausse qualité résulte encore de l'usurpation d'un titre, soit titre de noblesse[610], soit titre universitaire[611].

---

[602] Cette décision est rapportée par De Sartine, et le Châtelet décide de mettre sur l'écriteau auquel est condamné Saint-Paul en étant attaché au carcan en la place de Grève qu'il est un « escroc se disant exempt du guet ». Voilà qui constitue un usage de fausse qualité en raison de droits inexistants. Arch. Nat. Y 10 213, affaire n° 14 : Camille Saint-Paul, sentence du 26 octobre 1759.

[603] Michelle-Laure Rassat, *Jurisclasseur pénal*, art. « Escroquerie », 1996, p. 19.

[604] CA Paris, 9e Ch., 18 nov. 1981 : *Juris-Data* n° 025.887.

[605] *Bull. Crim.*, n° 659.

[606] « L'espèce illustre le cumul classique de l'escroquerie et de l'usurpation de titre (*C. pén.*, article 259 devenu article 433-17). La jurisprudence offre également l'exemple d'un soi-disant chirurgien-dentiste, ayant obtenu des prêts d'argent grâce à l'usage de cette fausse qualité (CA Paris, 9e Ch., 13 oct. 1978) », Michelle-Laure Rassat, *op. cit.*, p. 19.

[607] R. Garraud, *Traité théorique et pratique du droit pénal français*, Paris, éd. Larose, 1894, t. V, p. 236.

[608] Crim. 8 juin 1960 : *Bull. crim.*, n. 132.

[609] Crim. 18 juin 1958 : *Bull. crim.*, n. 473.

[610] Crim. 31 juill. 1884 : *Bull. crim.*, n. 252.

[611] Crim. 23 oct. 1956 : *Bull. crim.* n. 659.

La Cour de Cassation, le 2 août 1877[612], a enfin interprété comme usant de fausse qualité de nature à inspirer confiance celui qui, promettant de beaux revenus au moyen d'un travail facile et productif, obtient des remises de fonds. Il en est ainsi de celui qui se présentait comme le seul inventeur, en France et à l'étranger, d'un procédé pour préparer une boisson populaire approuvée par les conseils d'hygiène des principales villes de France. Le soi-disant inventeur demandait des financements à ceux qui étaient intéressés à connaître le secret de fabrication du breuvage, alors que cette recette figurait dans tous les recueils sur les différents types de boissons. Ce faisant, la Cour de cassation a complété la vision de l'usage de fausse qualité du Parlement de Paris du siècle précédent, en constatant que l'ensemble de l'exercice de ces fausses qualités constituait des manœuvres frauduleuses suffisamment caractérisées pour constituer le délit d'escroquerie.

De l'état de noble à celui d'universitaire, d'inventeur, de riche héritier ou d'ancien militaire dans le besoin, l'escroquerie habille les dupeurs de toutes sortes qui veulent capter la fortune d'autrui à leur simple profit. Il s'agit d'obtenir un crédit indu, quel qu'en soit le prétexte, et ce crédit peut être grand.

Dans cette perspective, Thérèse Humbert peut apparaître comme l'un des escrocs les plus géniaux de tous les temps. Gustave Humbert, sénateur, Garde des Sceaux, président de la Cour des Comptes, avait un fils, Frédéric, député de Seine-et-Marne, qui avait épousé Thérèse Daurignac.

> « Thérèse prétendait être la légataire universelle d'un millionnaire américain, Crawford. A qui voulait l'entendre, elle exposait qu'elle se heurtait aux pires difficultés pour entrer en possession de son héritage. Deux neveux de Crawford, Robert et Henri, lui opposaient, disait-elle, un testament daté du même jour que celui dont elle était bénéficiaire. L'oncle avait divisé sa fortune en trois parts égales, un tiers pour chacun de ses neveux et nièce. Les neveux étaient en charge de régler, en dehors de la part revenant à Thérèse, une rente mensuelle de 30.000 francs à celle-ci. On plaida, et le procès, commencé en 1877, dura jusqu'en 1902. »[613].

---

[612] *Bull. crim.*, n. 177.

[613] Yves-Frédéric Jaffré, *Les grandes affaires criminelles du XXe siècle*, in *La Gazette du Palais*, 2 janvier 2000, p. 18-28. Il poursuit Une transaction était intervenue aux termes de laquelle les époux Humbert conservaient l'intégralité de la fortune Crawford jusqu'à la majorité de la sœur de Thérèse, Marie. A sa majorité, Marie devait épouser un des frères Crawford. Mais à sa majorité Marie se refusa au mariage. On discuta alors les bases d'une nouvelle transaction, qui fut signée le 9 décembre 1884, par laquelle les frères Crawford renonçaient à toute réclamation contre l'engagement pris par les Humbert de leur verser à chacun trois millions. Les Crawford se refusèrent à exécuter la transaction. Frédéric et Thérèse Humbert durent s'adresser à nouveau à la Justice. Les Crawford employèrent toutes les astuces de procédure pour entraver la marche du procès : exceptions d'incompétence, défaut, opposition, appel. On en arriva ainsi au 3 janvier 1890, où intervint enfin un arrêt de la Cour de Paris décidant que la transaction du 9 décembre 1884 devait être exécutée. Les frères Crawford ne

Toutes les astuces juridiques sont utilisées pour prolonger les délais qui en deviennent dilatoires.

> « Au moment où l'arrêt allait être exécuté, Henri Crawford prétendit qu'en se désistant de son pourvoi son frère Robert avait traité avec Madame Humbert en dehors de lui et que, comme la transaction de 1884 prescrivait, sous peine de déchéance des droits successoraux, que les parties devaient concourir ensemble au règlement commun, on avait violé la charte des parties, annulant ainsi ses effets. Tout était à recommencer. Henri Crawford assigna les époux Humbert pour les voir déclarés déchus de leurs droits dans la succession »[614].

Cette affaire judiciaire était devenue l'objet des chroniques et la société parisienne faisait des gorges chaudes des chicanes qui, en d'autres circonstances, auraient paru profondément ennuyeuses. « Les différentes phases du procès avaient donné lieu à d'importants débats, et le Tout-Paris, dont faisaient partie Frédéric et Thérèse Humbert, suivait avec passion ce duel judiciaire »[615].

La qualité d'héritière de Thérèse Humbert n'en était que plus connue de ce grand public, et lui offrait par conséquent bien des avantages, dont le couple faisait usage.

> « Installés dans un hôtel particulier de l'avenue de la Grande-Armée, devenu depuis le siège du Touring-Club de France, les époux Humbert recevaient tout ce qui compte dans le monde de la politique, des lettres, de la magistrature, du barreau et des finances. Ils purent ainsi emprunter pour faire face aux frais des procès, et aussi pour continuer à mener leur train de vie, des sommes considérables, les prêteurs étant certains de retrouver leur argent puisque les Humbert étaient assurés de recevoir un fabuleux héritage. Le couple emprunta ainsi une cinquantaine de millions de l'époque »[616].

Ainsi sans aucun effort, si ce n'est l'emploi de bons avocats, Thérèse Humbert et son mari obtinrent tous les crédits qu'ils souhaitaient avec comme simple garantie l'usage d'une qualité qui allait s'avérer fausse, celle d'héritière.

> « La procédure se déroula jusqu'en 1902, et se serait prolongée plusieurs années encore si le Bâtonnier Dubuis, chargé de la défense des intérêts de Thérèse Humbert, n'avait consenti dans son honnêteté à l'ouverture du coffre des époux Humbert avenue de la Grande-Armée, censé contenir la fortune de Crawford

---

se tinrent pas pour battus et se pourvurent en cassation. Mais Robert Crawford se désista de son pourvoi et, à la suite de divers incidents, la Cour de Cassation rejeta le pourvoi le 11 janvier 1892. »

614 *Ibid.*

615 *Ibid.*

616 *Ibid.*

(heureuse époque où une fortune considérable pouvait être déposée en espèces dans un coffre au domicile d'un particulier !). Mais le 9 mai 1902, date prévue pour l'ouverture du coffre, on attendit vainement les Humbert. Ceux-ci avaient disparu, et le coffre était vide »[617].

Soupçonnés d'escroquerie par l'usage de fausse qualité, Thérèse Humbert et son mari se réfugièrent en Espagne. Cette idée-là ne fut pas la meilleure, car ils en furent extradés, et le procès se déroula à Paris du 8 au 22 août 1903, devant la Cour d'Assises de la Seine. Thérèse Humbert et son mari furent condamnés. La jurisprudence était devenue constante : l'usage d'un faux nom ou d'une fausse qualité portant sur un élément inexact mais simple, qui ne peut être susceptible de différentes interprétations, suffit pour constituer l'élément matériel de l'escroquerie.

Section 3. Abus de qualités vraies

L'infraction d'escroquerie apparaît encore qualifiée en cas d'abus de qualités vraies, qui caractérise le dol criminel, par un manquement réel à l'honneur.

§ 1 - Dol civil ou criminel

L'usage de fausses qualités équivaut-il aussi à l'abus d'une qualité vraie, qui peut donner force et crédit au mensonge, afin de réaliser la mise en scène qui est le premier élément de l'escroquerie ? La question n'est pas simple à résoudre. Tout dol, qu'il soit par usage volontaire d'une identité erronée et de spécificité personnelle trompeuse, constitue bien évidemment un des éléments de la tromperie. Mais une personne qui va, par ce qu'elle est, réussir à obtenir une remise, quelles que soient ses paroles et la confiance qu'elle inspire plus ou moins naturellement, agit-elle comme un escroc ? Sommes-nous dans la même substance pénale ? Le dol est-il criminel ou ici simplement civil ?

L'Assemblée constituante, en 1791, et plus tard les rédacteurs du *Code pénal* en 1810, en rédigeant le texte de l'article 405, n'ont pas relevé que l'abus de qualité vraie participait du délit d'escroquerie. Ils en sont restés à une conception très classique de la fausse qualité.

Cependant, les juristes ne disposent pas d'une définition précise de l'usage de fausse qualité. Sous l'Ancien Régime, les praticiens ont-ils perçu jusqu'où il fallait interpréter un usage fallacieux ? Rien n'est moins sûr, et il faut encore s'interroger pour savoir si la fausse qualité ne recouvre pas également l'abus de qualité vraie.

---

[617] *Ibid.*

Pourquoi, là encore, cette interrogation ? Une fois de plus, l'évolution historique et par conséquent la déduction *a posteriori* s'imposent à nous. L'actualité législative contemporaine constitue en effet le point d'aboutissement, dans le temps, de notre raisonnement. Or, en 1992, l'article 313-1 du nouveau *Code Pénal* modifie l'expression traditionnelle de la définition de l'escroquerie. Il dispose en effet :

> « Art. 313-1. - L'escroquerie est le fait, soit par l'usage d'un faux nom ou d'une fausse qualité, soit par l'abus d'une qualité vraie, soit par l'emploi de manœuvres frauduleuses, de tromper une personne physique ou morale et de la déterminer ainsi, à son préjudice ou au préjudice d'un tiers, à remettre des fonds, des valeurs ou un bien quelconque, à fournir un service ou à consentir un acte opérant obligation ou décharge. »[618].

L'abus de qualité vraie est donc officiellement reconnu comme comportement répréhensible, représentant une forme d'escroquerie. L'abus d'une qualité vraie constitue une manœuvre frauduleuse, spécialement lorsque, ayant donné une apparence de sincérité à des allégations mensongères, le prévenu a gagné la confiance des victimes.

Ce raisonnement existe-t-il déjà dans la jurisprudence antérieure à 1992, non seulement en droit moderne, voire en droit intermédiaire, mais surtout sous l'Ancien Régime ? Ne peut-on justement supposer que c'est au XVIIIe siècle qu'apparaît cet élément constitutif, et que contrairement aux autres, il aurait mis simplement plus de temps à être reconnu textuellement ?

C'est une hypothèse que nous ne pouvions pas négliger dans nos recherches, et qu'il fallait envisager sous ses différentes possibilités.

> « Sous l'empire de l'ancien *Code pénal*, le fait d'abuser d'une qualité réellement possédée n'entrait pas dans le domaine d'application de l'article 405. Afin de pallier cette insuffisance législative - l'abus de qualité vraie ne pouvant pas être assimilé à une usurpation de qualité - la jurisprudence considérait que cet abus caractérisait une manœuvre frauduleuse utilisée pour provoquer la remise de la chose »[619].

Carence dans la rédaction des textes anciens, ou difficulté à caractériser un tel comportement consistant à tromper par sa propre qualité, le dilemme est difficile à résoudre, y compris pour R. Garraud :

---

618 L'escroquerie est punie de cinq ans d'emprisonnement et de 2 500 000 F (375.000 €) d'amende.
619 Corinne Mascala, *Répertoire pénal*, Paris, Dalloz, 2001, art. « Escroquerie », n° 68.

« du reste, les allégations mensongères constituent une manœuvre dans le sens de l'article 405, lorsqu'elles émanent d'une personne, dont les paroles, à raison de sa qualité, inspirent la confiance. C'est qu'en effet, bien que l'usage d'une qualité vraie ne puisse pas à lui seul constituer une manœuvre, l'abus qui en est fait pour donner force et crédit au mensonge, réalise cette mise en scène extérieure, élément primaire de l'escroquerie. Ce n'est donc pas une exception, c'est une application de la distinction générale du mensonge et de l'escroquerie »[620].

En d'autres termes, si, en 1810, l'article 405 n'a pas spécialement incriminé l'usage d'une fausse qualité, il n'en résultait pas que l'emploi d'une qualité vraie ne puisse pas, dans certains cas, devenir un élément de manœuvres frauduleuses. L'abus d'une qualité vraie pouvait en effet tourner en manœuvre frauduleuse si cette qualité était de nature à imprimer à des allégations mensongères une gravité et une apparence de réalité, propres à commander la confiance et à égarer la volonté de la personne trompée.

§ 2 - Le manquement à l'honneur

Revenons dans le ressort du Parlement de Paris au XVIIIe siècle.

Le 7 août 1760, est condamné à Paris, en première instance, Noël Germain Barré, avocat de robe courte, parce qu'il a été déclaré « dûment atteint et convaincu d'avoir, sans avoir ni qualité et sans l'assistance d'un huissier, poursuivi, accusé et conduit ès prisons la personne mentionnée au procès » [621]. Barré abuse donc de sa profession d'avocat pour faire mettre un individu en détention sans respecter la procédure et en outrepassant ses droits, puisqu'il obtient une incarcération à la suite de tromperies volontaires accomplies. Noël Germain Barré interjette appel de cette sentence devant le Parlement de Paris, qui statue par un arrêt en date du 27 septembre 1760. C'est la Chambre des Vacations qui connaît l'affaire, et se contente d'admonester Barré à l'audience. La cour ne confirme pas la sentence dans les éléments de sa condamnation principale. D'ailleurs, devant la demande en défense de Barré tendant à faire annuler sa démission de son office, qu'il avait dû accessoirement formaliser à la procédure criminelle, le Parlement le renvoie à mieux se pourvoir. Par conséquent, si les magistrats ne nient pas le caractère répréhensible d'une qualité indiscutable qui est, de façon frauduleuse, mal employée, ils considèrent, en 1760, qu'il faut regarder l'« incident » avec une relative bienveillance.

---

620 René Garraud, *Traité théorique et pratique du droit pénal français*, Paris, éd. Larose, 1894, t. V, p. 246-247.

621 Arch. Nat. X^{2B} 1024, affaire n° 276 : Noël Germain Barré, arrêt du 27 septembre 1760.

Le 15 novembre 1778, le Châtelet se prononce en première instance, cette fois contre une dénommée Delalance, « dûment atteinte et convaincue d'avoir profité de sa qualité et de son nom pour se faire remettre des marchandises sans les payer, puis de les avoir revendues sans s'acquitter de ses dettes »[622]. Ce jugement ne minore pas cette fois l'analyse du comportement de Marie-Françoise-Louise Delalance de Moranville, baronne de Sandoucq, âgée de 40 ans et condamne l'accusée. Mais peut-on traiter comme une simple délinquante la baronne de Sandoucq ? Le Châtelet se contente de la blâmer. Le Parlement de Paris, dans un arrêt du 6 mars 1779, est encore plus subtil dans sa façon de considérer l'abus de qualité vraie. Grâce à son titre, la baronne n'a pas payé les marchandises qu'elle s'est fait remettre et se livre à de la spéculation, puisqu'elle les revend avant de s'acquitter de ses dettes. Le Parlement déclare, parce qu'il n'est pas bien certain que cet abus justifie une condamnation criminelle, que Madame Delalance de Moranville doit être mise hors de cour.

Le 10 janvier 1782, le Châtelet, nous l'avons vu, juge Louis d'Harcourt. Il le condamne en première instance pour avoir profité de son nom afin de se faire remettre, lui aussi, diverses marchandises. Est-ce lié à son jeune âge puisqu'il n'a que 18 ans ? Le Parlement de Paris, le 4 septembre 1782, dans son arrêt n'en a cure[623], compte tenu de l'abus constitué de la vraie qualité.

Commercer, chercher à gagner de l'argent sans utiliser ses titres et qualités pour en profiter doit donc être la règle, mais elle n'est pas simple à appliquer. La société suppose en effet des attributs à la qualité. Le terme construit à partir du mot latin *qualis*, qui signifie « quel », renvoie à la manière d'être, à son éventuelle supériorité, à son excellence dans sa condition sociale, civile et juridique. Dans la société d'Ancien Régime, l'homme est de qualité surtout parce qu'il est d'extraction noble. L'adjectif *noble*, du latin *nobilis*, « illustre », qualifie la grandeur, l'élévation morale, le caractère généreux. Le noble commande le respect par sa majesté, il renvoie à la noblesse, à savoir une classe d'hommes et de femmes qui, par leur naissance ou une concession du souverain, jouissent de certains privilèges ou possèdent des titres qui les distinguent des autres sujets[624].

---

[622] Arch. Nat. X^{2B} 1062, affaire n° 356 : Delalance, arrêt du 6 mars 1779.
[623] Arch. Nat. X^{2B} 1070, affaire n° 638 : Louis d'Harcourt, arrêt du 4 septembre 1782.
[624] Guy Richard, *La Noblesse d'affaires au XVIIIe siècle*, 2e éd., Paris, A. Colin, 1997, p. 133 : « Les sociétés auxquelles les nobles pouvaient participer étaient de deux types : les sociétés de personnes et les sociétés de capitaux. Parmi les différentes catégories d'associations alors en usage ressortant au premier type, nous pouvons laisser de côté la « société générale », qui ne nous intéresse guère ; les associés en étaient presque toujours des marchands solidaires entre eux. Elle portait un nom collectif, formé des noms des associés, et qui était sa raison sociale. Cependant, l'on y peut trouver parfois des nobles intéressés comme par exemple dans la « Manufacture royale de Quincaillerie » de La-Charité-sur-Loire. Autorisée tout d'abord à Vierzon en 1756 sous forme d'une société « générale », ou en « nom collectif », sous le nom de deux de ses associés, Billard et Dumousseaux. En 1767, la société

Prise de risque, voire risque de déchéance ne font donc pas bon ménage avec une qualité sociale quelle qu'elle soit, qui implique honneur, confiance que l'on peut accorder et par conséquent stabilité.

Comment, dès lors, s'enrichir sans apparaître spéculateur, boursicoteur, intrigant ou enfin vulgaire commerçant ? Guy Richard donne la solution juridique adoptée par toutes les personnes concernées, qui ne voulaient pas engager ouvertement leur qualité en risquant d'en abuser, voire de tromper des tiers de façon plus ou moins frauduleuse.

> « Bon nombre de nobles, qui s'en cachaient bien sans doute, avaient adopté ce moyen détourné de participer à une activité lucrative, sans encourir le risque d'être accusés de dérogeance. Ces nobles, cependant, ressortaient presque toujours aux mêmes catégories, grands seigneurs de la cour ou parlementaires, sans oublier toute cette noblesse de fraîche date »[625].

Mais pourquoi tant d'attirance pour le profit, au risque de perdre sa véritable qualité ? Nous l'avons dit, le Système de Law, a offert cette tentation de l'argent facile et rapidement gagné, même s'il pouvait être perdu avec une vitesse encore plus grande. Mais il y a plus : une partie importante de la petite noblesse, voire de la grande, a en effet du mal à gérer son patrimoine et manque d'argent pour faire face à ses échéances, liées à l'entretien des biens immobiliers, mais aussi aux menues dépenses indispensables pour l'apparence de son statut.

> « Un autre grave problème est l'endettement. Et là toute l'ancienne noblesse est concernée, grands seigneurs de la Cour et gentilshommes de province. La noblesse de Cour est endettée à cause de son train de vie luxueux, à cause du jeu et des femmes. Le duc de Richelieu, par exemple, malgré ses énormes revenus, a beaucoup de dettes. Les grands seigneurs des provinces sont endettés, eux, à cause des guerres et des constructions. « Ma fortune », écrit en 1764 le marquis de Beaupreau au ministre de la Guerre, « se trouve entièrement dérangée par le malheur et les grandes dépenses que m'a occasionnés la guerre[626] ». Il pourrait ajouter à cela la négligence. Car il néglige de payer. Certaines de ses dettes sont fort anciennes. En 1748 par exemple, il avait acheté deux pièces de terre afin

---

en difficulté dut faire de nouveaux appels de fonds et admettre dix nouveaux associés, parmi lesquels Bouret de Nogent pour 60 000 livres et la comtesse de Vargemont. Le capital social fut porté à 900.000 livres, divisé en 30 sols de 30 000 livres, faisant fonds. La société devenait ainsi société en commandite. Les sociétés en commandite offraient en effet plus d'avantages. Leur définition était d'ailleurs assez vague et elles n'étaient pas soumises à des règlements fixes qui auraient pu rebuter les nobles. [...] Dans ces sortes de sociétés, les commanditaires, qui fournissent le capital, « sont souvent des nobles ou des personnes qui veulent vivre comme des personnes de qualité » ».

[625] *Ibid.*

[626] Cité par Philippe Béchu, *Noblesse d'épée et tradition militaire au XVIIIe siècle*, p. 527.

d'agrandir son parc de Beaupreau. Trente ans plus tard, ces acquisitions (pour 1700 livres) ne sont toujours pas payées. Pour éponger les plus grosses dettes, et maintenir le train de vie, on vend. En 1766, le marquis de Beaupreau vend pour 430.000 livres de biens. Dans le Toulousain, le marquis de Chambonas doit vendre à son intendant le château de Saint-Félix-de-Caraman, et Auguste de Chalvet, dont la construction du beau château de Merville a sérieusement entamé la fortune, doit vendre l'hôtel toulousain de la rue Mage[627]. On pourrait multiplier les exemples »[628].

Dettes, échéances impayées, obligation de vivre d'expédients tout en donnant l'apparence de la facilité, voilà qui correspond assez bien à la façon de vivre d'un certain nombre de personnes de qualité, qui sont contraintes de faire semblant tout en assumant mal financièrement leur existence. De bonnes raisons existent évidemment à la fin de l'Ancien Régime à cette situation de fait :

> « Les châteaux et les diverses autres résidences coûtent cher ; mais on ne conçoit plus de vivre en un seul lieu. Sitôt qu'un gentilhomme a quelque position, il lui faut un château en campagne, un hôtel en ville et au moins un pied-à-terre à Versailles. Et tout cela de préférence dans l'état neuf. Les vieux donjons et les logis sévères ne conviennent plus. En 1753, le président de Boulainvilliers démolit son château, pour le reconstruire aussitôt au goût du jour. Afin d'agrandir sa demeure de Montfermeil, le président Hocquart dépense 24.000 livres. La grande noblesse toulousaine construit ou reconstruit les châteaux de Merville, Gudanes, Pinsaguel, Daint-Géry, Purpan, et bien d'autres encore. Pourtant elle préfère habiter la ville. La campagne est réservée à la saison estivale. Certains n'y viennent presque jamais. Boutaric d'Azas, seigneur d'Ondes, est réputé pour n'avoir « pas paru dans sa terre un quart d'heure depuis vingt ans ». Jean-Jacques Lefranc de Pompignan, président de la cour des aides de Montauban, et membre de l'Académie française, réside très peu à Pompignan jusqu'en 1759. Il apprend qu'en son absence les valets ont eu « l'audace horrible de festoyer dans le château avec leurs invités, perçant les barriques qui sont dans les caves du château, et buvant les meilleurs vins du seigneur[629] ». Mais les domestiques ne sont sans doute pas les seuls dans ce cas. Régisseurs et fermiers tirent profit de l'absence du maître. Dans *L'Ami des hommes* (1756), le marquis de Mirabeau déplore la désertion et sa conséquence, la mauvaise gestion »[630].

Qu'il est difficile d'être à la fois à Versailles, à Paris, et dans ses terres ! Se montrer et gérer ne sont pas non plus deux exercices compatibles de façon

---

[627] Jean Bastier, *La Féodalité au siècle des lumières dans la région de Toulouse au XVIIIe siècle*, Bibliothèque nationale, 1975, p. 33 et 49.
[628] Jean de Viguerie, *Histoire et dictionnaire du temps des Lumières,* Paris, 1995, p. 244.
[629] Cité par Jean Bastier, *op. cit.*, p. 39.
[630] Jean de Viguerie, *op. cit.*, p. 244-245.

évidente. Enfin, vivre de ses rentes sans que celles-ci prospèrent revient à un exercice difficile, surtout lorsque d'autres font fortune. Mercantilistes et Physiocrates sont à la mode.

La grande idée consiste à reconnaître philosophiquement, et donc économiquement, la puissance de l'argent. En 1776, Adam Smith l'explique sans ambiguïté :

> « La double fonction que remplit l'Argent, et comme instrument de commerce et comme mesure des valeurs, a donné naturellement lieu à cette idée populaire, que l'Argent fait la richesse, ou que la richesse consiste dans l'abondance de l'or et de l'argent. »[631].

Le pouvoir de la nature elle-même est affirmé par la doctrine des économistes qui, à la suite de Quesnay, considèrent l'agriculture comme la source essentielle de la richesse. Il faut donc à la fois faire prospérer ses champs parce qu'ils doivent rapporter et dépenser sans compter à la ville.

> « Mirabeau parle d'or. Mais il faut dire que lui-même n'est pas très souvent sur ses terres, et que lorsqu'il y vient ce n'est pas mieux. Car il est fou d'agronomie. On ne compte pas ses ruineux essais agricoles. La Harpe dira de lui qu'il était assez savant agronome pour dégrader les plus belles terres. Ses ouvrages n'en ont pas moins un grand succès et vont inciter plusieurs gentilshommes dans les années 1770 à revenir à la terre. Car tels sont les genres de vie nobiliaires »[632].

---

[631] Adam Smith poursuit : « L'argent servant d'instrument de commerce, quand nous avons de l'argent, nous pouvons bien plutôt nous procurer toutes les choses dont nous avons besoin, que nous ne pourrions le faire par le moyen de toute autre marchandise. Nous trouvons à tout moment que la grande affaire, c'est d'avoir de l'argent ; quand une fois on en a, les autres achats ne souffrent pas la moindre difficulté. D'un autre côté, l'argent servant de mesure des valeurs, nous évaluons toutes les autres marchandises par la quantité d'argent contre laquelle elles peuvent s'échanger. Nous disons d'un homme riche, qu'il a beaucoup d'argent, et d'un homme pauvre, qu'il n'a pas d'argent. On dit d'un homme économe ou d'un homme qui a grande envie de s'enrichir, qu'il aime l'argent ; et en parlant d'un homme sans soin, libéral ou prodigue, on dit que l'argent ne lui coûte rien. S'enrichir, c'est acquérir de l'argent ; en un mot, dans le langage ordinaire, *Richesse* et *Argent* sont regardés comme absolument synonymes. On raisonne de la même manière à l'égard d'un pays. Un pays riche est celui qui abonde en argent, et le moyen le plus simple d'enrichir le sien, c'est d'y entasser l'or et l'argent. Quelque temps après la découverte de l'Amérique, quand les Espagnols abordaient sur une côte inconnue, leur premier soin était ordinairement de s'informer si on trouvait de l'or et de l'argent dans les environs. Sur la réponse qu'ils recevaient, chaque nouveau règne était ordinairement de s'emparer du trésor du roi précédent, comme la mesure la plus essentielle pour s'assurer la succession au trône », *Recherches sur la nature et les causes de la richesse des nations*, t. II, Paris, Flammarion, GF, 1991, liv. IV, chap. I, p. 31-32.

[632] *Ibid.*

Encore faut-il accepter de se passer des femmes, d'une compagnie mondaine et de toutes les intrigues de la vie parisienne. Ce qui n'est guère facile depuis la mort de Louis XIV. Voici nos personnes de qualité se perdre dans les vices. Les mœurs faciliteraient-elles toutes formes de tromperie, et l'escroc ne serait-il qu'une espèce parmi d'autres de pervertis ?

> « La corruption a gagné du terrain depuis la Régence. La plus grande partie de la noblesse de Cour est définitivement pourrie. Les innombrables galanteries, orgies et débauches de Richelieu sont connues de toute la France. Avec les douze maîtresses qu'il entretient à la fois (dont la courtisane Michelon), le prince de Soubise n'est pas loin de le valoir. Mais la Cour et Paris n'ont plus le monopole de ces grands désordres. Il semble que la contagion de l'immoralité commence à toucher les provinces. Le marquis de Lescure, gentilhomme toulousain, se ruine au jeu, fréquente des gens de mœurs douteuses et finira empoisonné. En 1760, toujours à Toulouse, la police fait une descente nocturne chez la comtesse de Duras-Fontenilles, organisatrice de parties fines. Le cas de Mirabeau « l'ami des hommes » est bien connu. Ce grand moraliste n'est pas plus bon mari ni bon père, qu'il n'est bon agronome. Il abandonne sa femme, la laissant seule en Limousin, et vit publiquement avec Mme de Pailly, sa maîtresse, dans sa propriété de Bignon. Cela ne l'empêche pas de piquer des crises d'orgueil nobiliaire, de persécuter son fils pour ses liaisons et pour ses dettes, de l'accuser d'avoir « déshonoré sa race », et de *le faire enfermer à l'île de Ré. C'est en les reléguant dans des prisons* qu'il fait cesser les plaintes de sa femme et de ses enfants. On a compté que, dans le cours de sa vie, ce grand apôtre de la liberté avait distribué dans sa famille soixante-sept lettres de cachet. Certes Mirabeau n'est pas toute la noblesse, mais celle-ci le révère. Les excès de ce despote et de ce débauché ne diminuent pas l'estime dont il jouit. C'est un signe de la dégradation de l'honneur. C'est un signe des temps »[633].

C'est dans cette ambiance très particulière que le roi Louis XV lui-même pense à offrir de belles parures à ses maîtresses, ce qui n'est pas sans donner des idées à la fois de spéculation et de trahison à des courtisans ou à des sujets fort peu scrupuleux. Est proposé au roi le plus célèbre joyau de France, un collier de diamants constitué de six cent quarante-sept diamants irréprochables pour une valeur totale de plus d'un million et demi de livres. Il est le chef-d'œuvre des joailliers Boehmer et Bassange. Louis XV le commande pour Mme du Barry. Sa maîtresse attitrée, Mme de Pompadour, est en effet décédée en 1764.

Mme du Barry, de son vrai nom Jeanne Bécu, est née en 1743. Elle devient la maîtresse du comte Jean du Barry, et tient salon pour se former l'esprit et les manières. Mais encore célibataire, Mlle Bécu doit songer à s'établir. Or, si son

---

633 Jean de Viguerie, *op. cit.*, p. 245-246.

amant est marié, il a un frère cadet célibataire, Guillaume, qui ne possède pour toute fortune qu'une petite propriété dans le Languedoc, où il s'est retiré après avoir servi à Saint-Domingue comme capitaine. Le Roué fait venir Guillaume à Paris et, le 23 juillet 1768, lui fait signer le contrat de mariage avec Mlle Bécu, et le renvoie dans ses terres. La jeune épousée, après le retour du roi de Fontainebleau, se trouve autorisée à habiter le château de Versailles. Or, Mme du Barry est fort belle, « des yeux bleus, mi-clos, sous des sourcils bruns, une bouche délicieuse, des traits d'une finesse extrême, une chevelure luxuriante d'un blond cendré admirable »[634]. Elle devient rapidement la favorite du Roi.

Mais comment le roi peut-il vouloir combler d'honneurs et de présents une femme dont la qualité peut-être discutée ? Mme du Barry semble d'ailleurs n'avoir fait aucun commentaire lorsque Louis XV, qui désire lui acheter cette parure de 647 diamants et d'une valeur d'un million et demi de livres, recule devant le prix du bijou et renonce à l'acquérir.

La plus belle production d'orfèvrerie du siècle reste donc à conquérir. Toute la question est de savoir à qui elle sera offerte. En tout cas, pas à Mme du Barry, qui, bien que favorite, n'en est pas pour autant assez noble : elle est rejetée par une partie de la haute noblesse[635]. Or le collier n'est digne que d'une reine.

Louis XV décède le 10 mai 1774. Le règne de Louis XVI commence, dans l'ambiance d'une Cour toujours aussi pesante, à laquelle aspire pourtant une partie de la noblesse parisienne et provinciale. C'est ainsi qu'apparaît une certaine Jeanne de Saint-Remi[636], justement issue de ces familles nobles de province et complètement ruinées, montées dans la capitale. Son père était mort à l'hospice des pauvres à Paris. Usant de son charme, de son audace et de talents d'intrigante hors du commun, elle ose se faire appeler Jeanne de Valois, et prétendre ainsi descendre de la famille royale par une branche bâtarde. Elle obtient l'aide de riches protecteurs, dont la marquise de Boulainvilliers, qui lui assure une bonne éducation. À force d'obstination, elle réussit en 1780 à se faire épouser par un jeune officier, le comte Nicolas de La Motte, sans aucune fortune et dont l'origine était douteuse. Qui se ressemble peut s'assembler, et sait abuser de sa qualité vraie au point qu'elle puisse en devenir une fausse.

Par l'intermédiaire de Mme de Boulainvilliers, Jeanne de La Motte est mise en relation avec Louis de Rohan. Celui-ci, âgé de cinquante ans, est un

---

634 Michel Antoine, *op. cit.*, p. 888.

635 « Et cela au moment même où les choiseulistes entraînaient de grands seigneurs à afficher pour Louis XV, sous le vernis de l'étiquette, des sentiments de mépris et d'animosité, affermissant cette collusion entre la magistrature et les princes et pairs constatée depuis 1756 », Michel Antoine, *op. cit.*, p. 888.

636 Sarah Maza, *Vies privées, affaires publiques. Les causes célèbres de la France prérévolutionnaire*, Paris, Fayard, 1997, p. 169.

membre de la vieille et puissante famille de Rohan-Soubise. Il est évêque de Strasbourg, grand aumônier de France et ancien ambassadeur à Vienne. Sa fréquentation ne peut être que des plus intéressantes pour des arrivistes sans scrupules. Louis de Rohan est évidemment riche, mais s'est déjà compromis avec un dénommé Cagliostro, aventurier et escroc notoire. Par ailleurs, Louis de Rohan est animé de grandes ambitions, puisqu'il aspire à de plus hautes fonctions dans le domaine politique ; il est cependant persuadé que la reine Marie-Antoinette s'oppose à lui car il n'a pas plu à la cour autrichienne. Mme de La Motte est suffisamment fine pour tirer parti d'une telle situation. Désireuse d'être utile, elle commence par rendre des services relativement anodins, qu'elle fait néanmoins payer. Elle prétend, compte tenu de sa fausse origine, être en relation avec la reine qui serait sa cousine. Bien entendu, il s'agit d'une qualité usurpée, dont Mme de La Motte espère tirer le meilleur parti. Mis en confiance par une telle affirmation, le cardinal de Rohan sollicite de Mme de La Motte qu'elle veuille bien transmettre en mains propres des missives qu'il écrit spécialement à la reine, pour lui demander d'oublier ce qui a pu se passer en Autriche quelques années auparavant.

Mme de La Motte, voulant donner quelque appui à la qualité fausse qu'elle utilise et pour laquelle elle reçoit rémunération, demande alors à Rétaux de Villette[637], son ancien amant, de lui composer, à l'aide de faux, des réponses élégantes. Ce dernier devient donc le complice objectif des actions indélicates de Mme de La Motte.

Cependant ces relations mensongères répétées, écrites ou verbales, simulant avec la reine une relation fictive, ne pouvaient durer qu'un temps. Jeanne de La Motte craignait légitimement que le cardinal de Rohan, ne voyant pas ses efforts justement récompensés, se lasse. Elle envisage une escroquerie de plus grande envergure, afin de soutirer d'un coup bien plus d'argent d'une aussi grande fortune.

Jeanne de La Motte se souvient de l'existence du plus célèbre joyau de France, ce célèbre collier de diamants que Louis XV destinait à Mme du Barry et qui n'a toujours pas trouvé preneur. N'est-ce pas le moment de le vendre au roi pour qu'il l'offre à son épouse, à savoir Marie-Antoinette ? Mais pour géniale que soit l'idée, sa mise en œuvre est périlleuse.

Cette fois, Jeanne de La Motte n'hésite pas à informer son mari Nicolas de son projet d'utiliser sa véritable qualité ainsi que celle supposée de cousine de la reine pour jouer les intermédiaires dans une affaire digne des plus grandes espérances. Certes, il ne s'agit pas de commettre le vol d'une future banque centrale, mais tout de même d'appréhender par ruse et usage de fausse qualité, un

---

[637] Sarah Maza, *op. cit.*, p. 169.

collier de six cent quarante sept diamants irréprochables, de la tout aussi indiscutable valeur d'un million et demi de livres.

Jeanne et Nicolas de La Motte, n'ayant pas froid aux yeux, s'en vont ainsi à la recherche d'une jeune fille qui pourrait ressembler à la reine Marie-Antoinette. Ils rencontrent enfin, dans les jardins du Palais Royal, Nicole Le Guay, une jeune prostituée ressemblant vaguement à la reine.

S'ensuit une mise en scène digne d'une pièce de Beaumarchais ou d'un roman libertin de l'abbé Prévost. Jeanne de La Motte convainc le cardinal de Rohan de rencontrer la reine dans les jardins de Versailles, par une nuit d'été de 1784. Contre toute attente, le cardinal de Rohan - parce qu'il est lui-même prêt à toutes les intrigues de cour pour asseoir sa carrière politique - accepte cette proposition pour le moins singulière.

Les époux La Motte déguisent donc Nicole Le Guay, qui joue le rôle de la reine en usant, par définition, d'une fausse qualité, et à qui on a appris brièvement à prononcer quelques mots dignes du personnage qu'elle interprète. Pour tenir le cardinal, Jeanne de La Motte est toujours restée à l'affût de tous les potins mondains dont elle espère un jour tirer parti. Et justement il se dit, depuis 1778, que Louis XVI voulait offrir à Marie-Antoinette le fameux collier de diamants, mais que la reine aurait refusé en déclarant que le royaume avait davantage besoin de vaisseaux que de colliers[638].

Aussi, en 1785, Mme de La Motte essaie-t-elle de persuader le cardinal de Rohan que la reine Marie-Antoinette meurt d'envie de posséder ce fameux collier. Elle justifie cette affirmation par l'usage de sa fameuse fausse qualité de cousine de la reine. Mieux qu'une autre, elle serait informée de ses désirs et du fait qu'en permettant à la souveraine d'acquérir pareille parure, le cardinal de Rohan serait bien en vue et assurerait ainsi sa carrière politique.

Mais comment convaincre le cardinal de Rohan ? La qualité et la relation supposée ne sont pas tout. Mme de La Motte n'hésite pas à produire un ordre d'achat de l'onéreux bijou prétendument signé par la reine elle-même. Le collier est donc acquis, et dans la nuit du 1er février 1785, il est livré au cardinal et à la comtesse de La Motte. L'objet précieux étant en leur possession, il est alors facile à Mme de La Motte et à ses complices de faire croire au malheureux cardinal qu'un valet de la reine va venir immédiatement le chercher.

C'est ainsi qu'un homme se présente, à qui est remis le très précieux collier destiné à la reine Marie-Antoinette, et qui, précédemment, avait été promis à Mme du Barry.

Le collier disparaît donc, prétendument pour Versailles, tandis que le cardinal de Rohan s'est engagé à payer les traites de l'acquisition échelonnées sur

---

638 Sarah Maza, *op. cit.*, p. 170.

plusieurs années. Bien évidemment, la reine n'a jamais reçu ce collier, et les diamants ont été vendus au marché noir sur les places de Paris et de Londres[639].

Cependant, en juillet 1785, les joailliers, méfiants ou heureux d'avoir été les fournisseurs de la Couronne, écrivent directement à la reine en évoquant leur livraison du fameux collier. Puis, vantardise ou sens du négoce, le 3 août suivant, l'un des joailliers, le dénommé Boehmer, s'entretient de cette affaire avec la première femme de chambre de la reine, Mme Campan. Il lui relate la vente et la livraison du bijou. Le scandale éclate donc au grand jour et, le 15 août 1785, le cardinal de Rohan en personne est arrêté, à Versailles, au moment où il s'apprêtait à conduire les cérémonies de l'Assomption, revêtu de tous les ornements sacerdotaux. L'enquête se poursuivant, le comtesse Jeanne de La Motte, puis Nicole Le Guay, sont à leur tour interpellées.

Le procureur général du Parlement de Paris, fils d'Omer Joly de Fleury[640], en poste de 1775 à la Révolution, rapporte les faits suivants :

> « L'incertitude où l'on étoit sur les causes de la détention de M. le cardinal de Rohan n'a pas été longue. Hier au soir, voici ce qu'on disoit publiquement, ce que la famille royale se plaisoit elle-même à répandre avec tant d'intérêt qu'elle désiroit sans doute que le rapport en fût fait de cette manière. M. Bohmer, joaillier de la couronne, avait présenté à la Reine, il y a quelques temps, un collier de diamants du plus beau choix, et dont il demandoit 1.600 mille livres. La Reine n'en voulut point. Sur son refus, le joaillier chercha à s'en défaire dans les pays étrangers, lorsque arrive chez lui une dame appelée Madame la comtesse de la Motte, née Valois, et sœur de ce jeune homme qu'on a placé dans la marine après qu'on l'eut reconnu descendant d'un fils naturel d'Henri II. Cette femme dit au joaillier que la Reine s'étoit ravisée, qu'elle prendroit ce collier, qui seroit payé à des époques fixées. Mais elle exigeoit que ce marché se passât dans le plus grand secret, sur une seule lettre que Mme de la Motte présenta, et qu'elle prétendit être de la Reine. M. Bohmer ne crut pas ces assurances suffisantes pour pouvoir livrer son collier. Il en exigea de plus fortes [...] »[641].

Mme de La Motte, en abusant de ses qualités vraies ou supposées, a donc dû présenter une garantie supplémentaire au joaillier Boehmer, compte tenu de

---

639 *Ibid.*

640 Omer Joly de Fleury (1715-1810), second fils de Guillaume François, est avocat général au grand conseil, puis au Parlement de Paris. Il devient président en 1768. Son fils remplace en 1775 son oncle comme procureur général jusqu'à la Révolution. Ces renseignements sont tirés de l'avertissement formant la première partie de *L'inventaire sommaire de la collection Joly de Fleury*, par A. Molinier, Paris, éd. Alphonse Picard, 1881, XXXXVI-122 p.

641 Bibl. Nat., fonds Joly de Fleury, cote 2088 : Procès du collier, 1785-1786-1790, volume 1, feuillets 2-3 : n°LXVIII des *Nouvelles extraordinaires de divers endroits* du 26 août 1785, extrait d'une lettre de Versailles datée du 17 août 1785.

l'importance du marché relatif à la vente du collier. Le meilleur gage est une personne d'une qualité supérieure et incontestable par rapport à celle de Jeanne de Valois : « Alors Mme de la Motte lui promit de lui envoyer, pour finir cette négociation, l'un des hommes le plus considérable de la Cour. C'est ce qu'elle fit en effet puisque M. le cardinal de Rohan se chargea de voir M. Bohmer, le fit venir chez lui et conclut le marché pour la somme de 14 cents mille livres. On livra le collier à Mme de la Motte sur des billets de la Reine, payables à des termes fixes, dont le premier, de 400 mille livres est échu le 1er août »[642].

Joly de Fleury affirme cependant que c'est parce que les échéances n'ont pas été honorées par le cardinal de Rohan que l'affaire est découverte[643]. Ces faits, et notamment l'abus d'une qualité aussi importante dans la société d'Ancien Régime que celle du cardinal de Rohan, conduisent Joly de Fleury à formuler les commentaires suivants : « On fera sur ce sujet les réflexions qu'on voudra, on dira : comment se peut-il faire qu'un homme d'autant d'esprit que le cardinal, qu'un personnage si élevé en dignité, qu'un prélat qui a plus de 1.200 mille livres de rente, ait donné tête baissée dans une spéculation aussi imprudente ? C'est d'autant plus incompréhensible que les promesses sont signées « Marie Antoinette de France » : jamais la Reine n'a signé de cette manière. D'ailleurs on ne s'est même pas donné la peine d'imiter l'écriture de Sa Majesté. On s'est servi pour signer ces billets de la première main qu'on a trouvée »[644].

Joly de Fleury n'assiste pas aux entretiens qui se déroulent entre le roi et le cardinal de Rohan, mais il rapporte la procédure suivie, compte tenu de la qualité de la personne mise en cause.

> « L'interrogatoire de M. le cardinal lorsqu'il fut appelé chez le Roi, doit être curieux. En attendant qu'on puisse se le procurer, il suffira de dire que M. d'Agoult le conduisit mardi dernier à onze heures du soir au château de la Bastille et ce qu'il y a de singulier, c'est que M. le cardinal a voulu faire ce trajet à pied. M. d'Agoult y consentit : on lui a donné un valet de chambre et deux laquais ; il a demandé un secrétaire, on lui a répondu qu'il falloit pour cela une permission du Roi, qu'on la lui demanderoit. Le Roi a nommé M. de Vergennes, M. le maréchal de Castries, et le baron de Breteuil pour lever les scellés. Sa Majesté a porté l'attention jusqu'à recommander à M. de Vergennes tout ce qui seroit étranger à

---

642 *Ibid.*

643 « Le cardinal n'a pas payé à cette époque. Bohmer s'est plaint à une personne de la chambre de la Reine. Il a fourni ses preuves, entre autres une lettre de la propre main du cardinal dans laquelle il dit à Bohmer que le collier a été remis. Une manœuvre aussi extravagante, aussi mal combinée, paroissoit incroyable à la Reine. Elle a été près de dix jours à concerter et à rassembler des preuves, avant que d'en parler au Roi. Ce ne fut que dimanche dernier qu'elle fit connaître tous ces faits à Sa Majesté. Le lendemain, le cardinal fut appelé et ce qui lui arriva au sortir de la conférence a trop éclaté pour être inconnu. », *Ibid.*

644 *Ibid.*

l'objet pour lequel le cardinal est retenu, afin que personne ne puisse avoir connaissance de ses affaires particulières et secrètes. En conséquence, les trois ministres se rendirent à l'hôtel de M. le cardinal mercredi matin. M. de Breteuil fut le chercher et l'amena dans son carrosse accompagné de M. de Launay, gouverneur de la Bastille. Le cardinal assista à l'ouverture des scellés. Il dîna chez lui et ne fut ramené qu'à neuf heures du soir. On assure qu'il a refusé de répondre à M. le baron de Breteuil et à M. de Crosne, commissaires nommés par le Roi pour l'interroger après son entrée à la Bastille. Son Eminence consent que l'affaire soit portée en procédure régulière, mais elle ne veut répondre qu'à ses juges naturels. »[645].

Le cardinal de Rohan a donc refusé de répondre directement aux commissaires nommés par le roi pour l'interroger, à M. le baron de Breteuil et à M. de Crosne. Mais l'infraction qu'il faut bien aujourd'hui qualifier d'escroquerie relève incontestablement d'une procédure criminelle et le prévenu ne peut que consentir à sa mise en cause dans le cadre d'une procédure régulière. Joly de Fleury note encore :

« On demandera sans doute ce qu'est devenue Madame de la Motte, ce qu'est devenu le collier. Madame de la Motte a disparu, il y a dix ou douze jours. Quant au collier, on croit qu'il a été dépecé et envoyé partie en Hollande et partie en Portugal. Ni M. l'abbé Georgel, ni aucun autre abbé ou secrétaire de M. le cardinal n'ont été arrêtés. On a mis seulement les scellés sur les papiers de toutes les personnes qui lui étaient attachées. Le Roi a pu écrire à Vienne et à Ratisbonne, mais il n'y a point eu pour cela de courrier extraordinaire expédié, comme le bruit en a couru »[646].

Nous savons que Mme de La Motte a été finalement interpellée et mise en cause. Mais comment le procureur Joly de Fleury analyse-t-il les rapports entre un très grand du royaume, le cardinal de Rohan, et Jeanne de Valois épouse de La Motte, petite comtesse par alliance, provinciale montée à la Cour pour s'y faire des relations : « Il importe aussi de savoir, pour l'apologie du cardinal, qu'il répond aux ministres, qu'il a été trompé par une intrigante, qu'à la recherche on verra que l'envie seule de plaire à la Reine l'a porté à se mêler de cette négociation et qu'on reconnaîtra qu'elle n'a rien de déshonorant pour lui. Ce qui semble encore plaider en sa faveur, c'est que le Roi et la Reine prennent le plus grand intérêt à un examen

---

645 Bibl. Nat., fonds Joly de Fleury, cote 2088 : Procès du collier, 1785-1786-1790, volume 1, feuillets 2-3 : n°LXVIII des *Nouvelles extraordinaires de divers endroits* du 26 août 1785, extrait d'une lettre de Versailles datée du 17 août 1785.
646 *Ibid.*

approfondi qui ne peut tourner qu'à la justification du prélat, incapable d'une action indigne de sa naissance et de son rang »[647] ?

L'abus de qualité et son usage éventuel constituent donc la pierre angulaire de toute l'affaire du collier de la reine à la fin du XVIIIe siècle. C'est le plus grand scandale qui ternit cette fin de régime. L'enjeu est considérable, car se pose désormais la question de la véritable confiance qu'il est ou non possible d'avoir à l'égard de la noblesse, et plus encore à l'égard de ceux qui détiennent le pouvoir au sein même de la royauté. Si la défiance s'instaure, y compris aux plus hauts sommets de l'État, et alors que les personnes royales et les familles les plus nobles sont mises en cause, les ferments d'une contestation interne sont alors en place, non seulement d'un point de vue politique, mais aussi d'un point de vue économique. Un marchand a en effet été bafoué, trompé, et il ne peut le supporter. Il réclame des comptes à la société.

Certes, ce qui, au départ, n'est pas qualifié d'escroquerie mais de *faux* et de *vol* du collier n'est jamais qu'une affaire criminelle ordinaire que les magistrats du ressort du Parlement de Paris pouvaient trancher. Mais ne faut-il pas aussi accuser le cardinal de Rohan d'affrontement et de crime de lèse majesté ? Est-il l'auteur d'une « escroquerie à la reine » ? N'a-t-il pas également souhaité corrompre Marie-Antoinette en lui donnant un rendez-vous nocturne, en cherchant par tous moyens à l'abaisser en la tentant avec un bijou qui aurait coûté une telle somme au budget de l'État ? Pouvait-il se lier à la comtesse Jeanne de La Motte et se livrer à de viles transactions commerciales au nom de la reine ? N'a-t-il pas également tout simplement abusé de la qualité de la reine elle-même, ce qui est proprement insupportable et constituerait pour le coup la plus grande escroquerie qu'il soit jamais possible de commettre ?

Dans le fonds Joly de Fleury, nous trouvons ainsi une lettre patente de Sa Majesté Louis XVI datée de 1785 :

> « Louis par la grâce de Dieu roi de France et de Navarre, à nos amis et féaux conseillers, gens tenant notre Cour de Parlement à Paris, salut. Ayant été informé que les nommés Bohmer et Bassanges auroient vendu au cardinal de Rohan un collier de brillants que ledit cardinal, à l'insu de la Reine, notre très chère épouse et compagne, leur auroit dit être autorisé par elle à en faire l'acquisition, moyennant le prix de 16 cents mille livres payables à différents termes et leur auroit fait voir à cet effet de prétendues propositions qu'il leur auroit exhibées comme approuvées et signées par la Reine ; que ledit collier ayant été livré par lesdits Bohmer et Bassanges audit cardinal et le premier payement convenu entre eux n'ayant pas été effectué, ils auroient eu recours à la Reine ; nous n'avons pu

[647] *Ibid.*

voir sans une juste indignation que l'on ait osé emprunter un nom auguste et qui nous est cher, [...] et violer avec une témérité aussi inouïe le respect dû à la majesté royale. Nous avons pensé qu'il était de notre justice de mander devant nous ledit cardinal, et sur la déclaration qu'il nous a faite, qu'il avoit été trompé par une femme nommée la Motte de Valois, nous avons jugé qu'il étoit indispensable de nous assurer de sa personne et de celle de ladite dame la Motte de Valois et de prendre les mesures que notre sagesse nous a suggérées pour découvrir tous ceux qui auroient pu être auteurs ou complices [...] »[648].

Le retentissement du scandale est tellement important qu'il est connu jusqu'aux frontières du royaume. Mais, dans une société où l'information est plus lente à être diffusée que de nos jours, il reste quelques heures aux personnes concernées pour réagir et prendre toutes dispositions. « À peine est-elle au courant du scandale que Marie-Antoinette consulte non pas son mari, mais ses plus proches alliés et protégés de la cour, notamment l'homme qu'elle a fait ministre de la Maison du Roi, le baron de Breteuil. Peut-être ce dernier a-t-il eu vent du scandale avant qu'il n'éclate au grand jour et y a-t-il vu l'occasion de prendre sa revanche sur Rohan, qu'il détestait pour l'avoir frustré du poste d'ambassadeur à Vienne. Toujours est-il que Breteuil est convaincu, et en persuade la reine, que la publicité du procès ne saurait faire de tort qu'au cardinal. Désireuse de voir Rohan châtié, Marie-Antoinette obtient du roi qu'il porte l'affaire devant la grand-chambre du Parlement de Paris »[649].

L'affaire du collier de la reine est donc devenue un grand procès criminel, qui place le Parlement de Paris au cœur des relations d'affaires que peuvent entretenir la noblesse et les commerçants. Toute la problématique économique de cette fin de siècle se trouve illustrée à cette occasion, de même que les luttes d'influence et les rapports de force claniques.

Faut-il alors juger le cardinal de Rohan dans les mêmes termes et les mêmes conditions que Mme de La Motte et ses complices ? L'examen de la procédure ne doit ici concerner que celui relatif à l'emploi qui est fait de sa qualité et de son abus. C'est, du reste, en ces termes que le procureur Joly de Fleury se pose la question de l'opportunité des poursuites contre le cardinal de Rohan :

« Est-il expédient, dans l'état où est actuellement la procédure dirigée contre M. le cardinal de Rohan, de décréter dès à présent l'information faite contre lui ou au contraire n'est-il pas plus juste et même plus conforme aux vues que l'on se propose que M. le procureur général [*sic*] rende une plainte contre madame de la Motte, contre son mari, fauteurs, et de procéder à une information contre eux,

---

648 Bibl. Nat., fonds Joly de Fleury, cote 2088 : procès du collier, 1785-1786-1790, vol. I, feuillet 38 : lettre patente.
649 Sarah Maza, *op. cit.*, p. 172.

avant de décréter l'information faite contre le cardinal de Rohan ? [...] Qu'il ne leur a pas été dissimulé (aux joailliers) qu'il y avoit un tiers entre elle (la Reine) et lui, que, s'il a trompé les joailliers, c'est à la relation de ce tiers que lorsqu'il trompoit les joailliers, lui-même étoit trompé, que s'il n'eut pas été trompé, il n'auroit pas dit aux joailliers lors des échéances de premier payement de se retirer par-devers la Reine, d'implorer ses bontés.

On ajoutera que le cardinal n'a été que séduit, qu'il étoit dans le délire, entraîné par une ambition qui l'a égaré, que c'est un esprit exalté, mais qu'il y a grande différence à faire entre un faussaire et un insensé »[650].

L'abus de sa qualité est donc extrêmement difficile à constituer et à soutenir, non seulement pour l'accusation, comme c'est le cas ici, mais aussi pour la juridiction de jugement, puisqu'une telle qualité ne peut elle-même n'avoir été qu'abusée sans que le raisonnement ne tourne au sophisme, tout simplement parce que, dans ce rang et avec le sens de l'honneur qui y est alors supposé, il paraît absurde à la société que l'on puisse déroger à ce point par tromperie et escroquerie. Si la qualité de Jeanne de La Motte est limitée et si son extraction est contestée, ce qui peut la conduire à jouer et à abuser et non à être elle-même dupée, il ne peut en être de même pour le cardinal de Rohan.

Le 31 mai 1786, le Parlement de Paris, dans sa grand-chambre assemblée, rend ainsi un arrêt retentissant, qui acquitte le cardinal de Rohan de tous les chefs de poursuite et condamne les autres acteurs de l'escroquerie. Sont ainsi déchargés de l'accusation le cardinal de Rohan et Cagliostro. Nicole le Guay est mise simplement hors de cour.

> « La Cour, la grand-chambre assemblée faisant droit sur le tout ensemble, sur les conclusions du procureur général du roi, déclare les mots « approuvé » et la signature « Marie Antoinette de France » frauduleusement apposés en marge de l'écrit intitulé « Propositions et conditions de prix et de payement du collier » dont est question au procès, et faussement attribués à la reine : ordonne que lesdits mots « approuvé » et ladite signature « Marie Antoinette de France »seront rayés et biffés dudit écrit et que mention sera faite du présent arrêt sur ledit écrit lequel sera et demeurera déposé au greffe criminel de la cour, dont du tout sera dressé procès verbal par le greffier de la cour[651]. »

Cet arrêt consolide ainsi la structure sociale de l'Ancien Régime qui venait d'être fragilisée par un tel scandale, mais pour combien de temps encore ?

---

[650] Bibl. Nat., fonds Joly de Fleury, cote 2088 : procès du collier, 1785-1786-1790, vol. I, feuillet 66 : mémoire particulier du procureur général.

[651] Bibl. Nat., fonds Joly de Fleury, cote 2089 : procès du collier, 1785-1786-1790, vol. 2, feuillet 114 : arrêt de la cour rendu en la grand-chambre assemblée le 31 mai 1786.

Par ailleurs, ce scandale renforce l'idée qu'il convient de lutter contre tout usage de faux crédit et tout abus de qualité. Il fait apparaître de façon très claire désormais que l'économie et la société ne sauraient davantage tolérer de pareils comportements sans être mises en péril d'une part, et d'autre part sans avoir d'outil répressif opérationnel. Est-ce à dire que l'Assemblée Nationale constituante de 1791 a conçu son texte législatif sur l'escroquerie en mettant en perspective non seulement l'ensemble des affaires qui avaient été jugées dans le ressort du Parlement de Paris, mais aussi les plus grands scandales ? Cela apparaît désormais très probable, voire certain.

Il n'en demeure pas moins que, sous le règne de Louis XV et jusqu'à la fin de l'Ancien Régime, les magistrats parisiens se sont beaucoup interrogés sur la nature de ces usages de faux noms, de fausses qualités et d'abus de qualités vraies, qui ont rendu spécifiques et particulièrement dangereuses les manœuvres de l'escroquerie.

La véritable qualité d'une personne s'applique à tous, et ne dépend pas en réalité d'un rang quelconque. Comment interpréter un éventuel abus et comment se protéger contre celui-ci ? Cette question, devenue essentielle, ne trouvera une reconnaissance légale qu'en 1992. La circulaire du 14 mai 1993[652], « De la direction des affaires criminelles et des grâces », a proposé comme commentaire des nouvelles dispositions législatives que

> « la définition d'escroquerie a tout d'abord fait l'objet d'une réécriture qui tend, sans modifier le contenu de cette incrimination, à mettre en évidence ses éléments constitutifs traditionnels et à consacrer la jurisprudence assimilant l'abus de qualité vraie à la prise d'une fausse qualité (article 313-1). ».

La jurisprudence a, de tous temps, y compris sous l'empire de l'ancien *Code pénal* de 1810, et donc jusqu'en 1992, estimé « qu'il y avait manœuvre frauduleuse à abuser d'une qualité vraie, [et] elle retenait [ainsi] au titre de l'escroquerie les personnes qui abusaient de la confiance ou du prestige inhérents à leur fonction pour faire consentir des remises à leur victime »[653]. Elle souligne ainsi que doit être incriminé le comportement d'une personne « dont la fonction doit inspirer une confiance particulière a menti à ses cocontractants sur l'objectif réel de l'opération qu'elle leur a proposée. La difficulté réside simplement dans la fixation

[652] Crim. 93 9/FI, 14 mai 1993, chap. III, sect. I.

[653] Michelle-Laure Rassat, *Jurisclasseur pénal*, art. « Escroquerie », 1996, p. 21.

jurisprudentielle de la liste des personnes dignes de confiance qui, il est vrai, est de nature à receler un risque de dérive »[654].

Jusqu'où doit aller l'exigence d'un abus ou d'un non abus de sa qualité pour qu'une escroquerie ne soit pas constituée, voire poursuivie comme dans le cadre des faits reprochables au cardinal de Rohan ? Les magistrats ont toujours eu beaucoup de mal à répondre à pareille interrogation, ainsi, du reste, que les législateurs, car la matière est incontestablement délicate à tous points de vue.

> « C'est la raison pour laquelle le nouveau *Code pénal* franchit officiellement le pas, en incriminant, entre l'usage d'un faux nom et d'une fausse qualité et l'emploi de manœuvres frauduleuses, l'abus d'une qualité vraie. Nombre de commentateurs ont soutenu que la loi nouvelle n'y changerait rien par rapport à l'état du droit antérieur. C'est inexact. Retenu comme manœuvre frauduleuse, l'abus d'une qualité vraie devait logiquement revêtir toutes les exigences relatives à celle-ci, même s'il est vrai, qu'en droit positif, la jurisprudence avait tendance à se montrer très peu exigeante à ce propos. Incriminer à titre autonome, l'abus de la qualité vraie constituera désormais et sans doute possible l'escroquerie dès qu'on pourra constater qu'une personne dont la fonction doit inspirer une confiance particulière a menti à ses cocontractants sur l'objectif réel de l'opération qu'elle leur a proposée. La difficulté réside simplement dans la fixation jurisprudentielle de la liste des personnes dignes de confiance qui, il est vrai, est de nature à receler un risque de dérive »[655].

Nuance et subtilité doivent donc être les maîtres mots lorsqu'il s'agit de qualifier une escroquerie par l'emploi de qualités dont on aurait abusé.

---

[654] *Ibid.*, et sur ce point, du même auteur : « La jurisprudence offre [...] les exemples suivants d'abus de la qualité vraie : l'huissier qui profite de sa qualité pour présenter une note d'honoraires frauduleusement excessive (CA Douai, 16 mars 1953 : *D.* 1954, somm., p. 3) – le notaire qui, pour récupérer un découvert, fait prêter à son débiteur en trompant les prêteurs sur l'étendue des garanties hypothécaires qui leur sont consenties (Cass. crim., 25 mai 1936 : *Sem. Jur.* 1936, 1371) – le médecin qui, soignant des victimes d'accidents du travail, présente à une compagnie d'assurance des notes d'honoraires dans lesquels il a intercalé, au milieu de mentions exactes, des énonciations mensongères relatives à des visites ou des soins imaginaires (Cass. crim., 26 mars 1936 : *Gaz. Pal.* 1936, 1, p. 1950). ».

[655] Michelle-Laure Rassat, *op. cit.*, p. 21.

Chapitre 2. Des pouvoirs imaginaires

Les pouvoirs imaginaires constituent également l'infraction de l'escroquerie, à condition de persuader la dupe de ces pouvoirs, donc de les utiliser, voire d'abuser d'une influence.

Section 1. Persuasion d'un faux pouvoir

Pour persuader d'un faux pouvoir, il faut qu'il y ait soit utilisation d'un faux pouvoir, soit l'abus d'une influence.

§ 1 - L'utilisation d'un faux pouvoir

L'objet même des manœuvres frauduleuses est non seulement de faire croire à un crédit imaginaire, mais aussi de persuader de l'existence d'un pouvoir en réalité fallacieux. Il faut d'abord bien distinguer la notion de crédit et celle de l'utilisation d'un faux pouvoir.

> « Les manœuvres frauduleuses comprennent celles qui tendent à persuader l'existence d'un pouvoir ou d'un crédit imaginaire : le pouvoir, c'est l'autorité qu'une personne a ou peut avoir ; le crédit, c'est l'influence dont peut disposer une personne dans certains cas. Persuader à quelqu'un que l'on est investi d'un pouvoir ou d'un crédit, alors que ce pouvoir et ce crédit n'existent pas, c'est persuader à cette personne l'existence d'un pouvoir ou d'un crédit imaginaires. »[656]

Par conséquent, le but de l'escroc est de prétendre à une capacité juridique, c'est-à-dire à un pouvoir qui, comme l'usage d'une fausse qualité, fait naître la confiance, l'intérêt, et permet une remise. Issu du verbe latin *posse*, le mot pouvoir signifie *avoir la faculté, le droit, l'autorisation de faire*. Il signifie *être en état de* et indique la probabilité, il rend possible. De ce fait, tromper par faux pouvoir revient à abuser.

> « C'est également l'abuser par le même moyen, que de s'appuyer sur un pouvoir ou un crédit réel, pour lui faire des promesses que ce pouvoir ou ce crédit ne peuvent réaliser. En un mot, quelle que soit la réalité du titre, de la position sociale, de la fortune, des relations, de la puissance quelconque dont se targue l'agent, il surprend la bonne foi d'autrui s'il lui fait des promesses qu'il sait ne

---

[656] René Garraud, *Traité théorique et pratique du droit pénal français*, Paris, éd. Larose, 1894, t. V, p. 258.

pouvoir tenir. La position, le titre, la fortune n'est pas imaginaire mais il est vrai de dire que le pouvoir ou le crédit a ce caractère »[657].

La doctrine contemporaine[658] tente, elle aussi, de définir ce pouvoir imaginaire qui permet la commission de l'escroquerie :

> « Le pouvoir imaginaire est caractérisé par toute attitude utilisée par l'escroc afin de faire croire à sa victime qu'il pourra lui faire obtenir le résultat désiré. [...] C'est le cas de l'individu qui se fait remettre des sommes d'argent pour les distribuer aux juges, afin d'obtenir la mise en liberté de détenus ou la remise d'amende[659] ; de celui qui se fait remettre des sommes d'argent en vue de faire réformer des conscrits »[660].

L'escroquerie réside ici dans la persuasion d'une victime d'un pouvoir imaginaire, ce qui peut s'interpréter en plusieurs sens.

> « Le premier sens est le sens littéral de celui qui simule une solvabilité mensongère[661]. Ce sont les manœuvres frauduleuses [...] dont use l'escroc afin de persuader sa dupe qu'il jouit d'une situation pécuniaire, d'une solvabilité de nature à inspirer confiance[662]. ».

Cette notion de solvabilité est à l'origine de tout l'usage de pouvoirs plus ou moins imaginaires durant le siècle de Louis XV.

La France, à l'issue de la guerre de Succession d'Espagne, a réussi à sauvegarder l'essentiel de ses possessions aux traités d'Utrecht (1713) et de Rastadt (1714) mais le trésor est vide et le pays affaibli. Voltaire soutient même que le pays a certainement deux milliards de dettes à solder. Il est sans doute difficile d'affirmer autre chose qu'un ordre de grandeur, compte tenu des éléments connus de l'époque. Il a été toutefois attesté que le capital de la dette constituée s'élève à 2,5 milliards de livres, auxquelles s'ajoutent le service de cette dette et un certain nombre d'avances qui avaient déjà été accordées. La dette flottante ajoute alors près de 900 millions à ce passif (137 millions d'anticipations, 185 millions d'arriérés, près de 800 millions de billets d'État)[663].

---

[657] *Ibid.*

[658] Corinne Mascala, *Répertoire pénal*, Paris, Dalloz, 2001, art. « Escroquerie », n° 95.

[659] Cass. crim. 12 juin 1886, *Bull. crim.*, n° 219 ; 24 juin 1889, *Jour. parq.* 1900. II.119.

[660] 11 nov. 1887, *Bull. crim.*, n° 380 ; 8 févr. 1889, S. 1891.2.238.

[661] Cass. crim., 9 mars 1899 : *D.* 1899, I, p. 296. – 15 fév. 1961 : *D.* 1961, p. 276. – 6 fév. 1969 : *JCP* 1969, éd. G. II, 1616, note Guérin. – 21 déc. 1971 : *D.* 1972, p. 465, note JM Rétant.

[662] Michelle-Laure Rassat, *Jurisclasseur pénal*, 1996, art. « Escroquerie », p. 27.

[663] René Grevet, *La France et les Français au XVIIIe siècle (1715-1788), Économie et culture*, Paris, éd. Ophrys, coll. « Documents et histoire », 1993, p. 85-86.

Les ressources de l'État ne permettent pas en elles-mêmes de rembourser cette dette, dont on peut même se demander si elle n'est pas sous-estimée. Toute la difficulté résulte de ce qu'il faut susciter la confiance de la population afin de consolider le budget[664] de l'État. Or, le paradoxe de cette situation consiste en ce que le seul pouvoir réel du politique est de recourir aux moyens financiers traditionnels qui masquent de façon plus ou moins habile la banqueroute réelle en cours. C'est ainsi que le duc de Noailles, de 1715 à 1717, a pu consolider la dette flottante par la refonte des monnaies, l'annulation de certaines créances et la compétence accrue en la matière d'une chambre de justice. Mais rien de tout cela ne fait rentrer suffisamment d'argent dans la caisse de l'État.

À l'époque, l'établissement d'un budget n'était pourtant pas d'une énorme complexité.

> « Pour les dépenses, certains chapitres étaient fixes : le service de la Dette (sous forme de rentes), d'une part, et, de l'autre, les frais de fonctionnement des grands services publics. Ces derniers étaient étalés sur quelques ensembles : Maison du Roi, Guerre, Marine, Affaires étrangères, Pensions, eux-mêmes subdivisés chacun entre plusieurs postes énumérant précisément les diverses parties prenantes, dont toutes avaient à suivre des règles strictes. Il y avait là une routine dépensière dont les antécédents fournissaient la majorité des éléments nécessaires à l'établissement d'un budget particulier sûr. Et pour la Dette, son extension et sa charge étaient faciles à évaluer depuis les Visas de 1716 et 1721 : là encore, les données étaient certaines »[665].

Bien entendu, la partie la plus ardue consiste à prévoir et à proposer de nouvelles recettes. Encore une fois, conceptuellement, leur recouvrement ne semblait pas présenter de véritables difficultés.

> « Du côté des recettes, l'établissement de prévisions solides n'était pas moins aisé. Les baux des fermes, conclu pour plusieurs années, assuraient, pour chacune, des versements d'un montant précis. Le produit de la taille et de la capitation était calculable d'avance. D'autres revenus tels que les dons gratuits des pays d'états et du clergé pouvaient de même être supputés exactement ou faire l'objet d'estimations satisfaisantes. Diverses ressources, enfin, comme le rapport du

---

[664] « Certains historiens - et non des moindres - ont refusé d'appliquer aux pratiques financières de la monarchie d'Ancien Régime le terme de *budget*, applicable seulement dans leur esprit, à une loi de finance discutée et votée par les assemblées représentatives de la nation. C'est là une acception à la fois étriquée et anachronique, car le mot désigne d'abord et avant tout un état de provision balançant recettes et dépenses et, ainsi entendu en son sens obvie, correspond parfaitement aux usages du contrôle général, eux-mêmes attestés depuis au moins le XVe siècle. », Michel Antoine, *Louis XV*, Paris, Fayard, 1989, p. 314.

[665] Michel Antoine, *Louis XV*, Paris, Fayard, 1989, p. 314.

domaine, le bénéfice des monnaies, le profit des parties casuelles, étaient pronostiquées en fonction de leur rendement des derniers exercices »[666].

La visibilité des recettes disponibles est même assez étendue :

« Toutes ces données étaient complétées par les informations envoyées des provinces par les intendants et par les receveurs généraux des finances concernant les rentrées fiscales de l'année écoulée, la qualité des récoltes et, en gros, les facultés des contribuables. L'ensemble de ces renseignements se trouvait concentré à la fin de l'été dans les services du contrôleur général et des intendants des finances et l'on pouvait alors - les directives du Roi et du premier ministre étant connues par ailleurs - passer à la confection du projet de budget de l'année à venir. On y vaquait d'habitude pendant le séjour automnal de la cour et des bureaux à Fontainebleau. Une fois mis au point, le document était statutairement soumis à l'examen du souverain. Sa discussion et son adoption se faisaient en principe par le Conseil royal des Finances »[667].

Mais la réalité est, bien sûr, différente de la simple description de ces institutions et de ces mécanismes. À partir de 1715, la Dette devait exiger environ 60 millions de livres. Le ministère de la Guerre et celui de la Marine nécessitaient chacun respectivement 57,5 et 8 millions de livres. Les dépenses de la Cour, liées à la gestion des maisons royales et princières et au paiement des pensions, requéraient une vingtaine de millions. Pour faire fonctionner les Affaires étrangères, les Ponts et Chaussées et payer les gages et appointements des officiers et du personnel administratif, le budget avait encore besoin d'une trentaine de millions de livres de recettes[668].

---

666 *Ibid.*

667 *Ibid.*

668 « Le budget de 1726 s'élevait ainsi à 182.973.882 livres ; les fermes lui fournissaient 83.600.000 livres, les impositions directes 77.800.000, le reste provenant du clergé, des pays d'états, des monnaies, etc. Ce fut, en gros, le budget de la monarchie jusqu'à la guerre de Succession de Pologne. Celle-ci exigea un certain effort et le budget de 1733 dut être porté à 209 millions ; mais, limitée dans sa durée et ses opérations, elle n'obéra pas gravement les finances royales, malgré la création de 168 millions de ressources extraordinaires. L'émission restreinte de titres de rentes en 1733, 1734 et 1735 ne provoqua pas d'alourdissement de la dette ; les revenus tirés à partir de 1737 de la Lorraine et du Barrois compensèrent certains sacrifices. Dépenses et recettes revinrent à peu près aux chiffres d'avant la guerre, de sorte que le budget se retrouva en équilibre et même - phénomène sans beaucoup de précédents et qu'on ne reverra plus avant la Restauration - se solda en 1739 et 1740 par un excédent des recettes ! Ces quelques années constituent un moment faste dans l'histoire budgétaire de la France : les recettes couvraient les dépenses, les paiements étaient à jour et le contribuable n'était pas vexé inutilement. Le budget arrêté pour 1741 ne put être respecté, la guerre de Succession d'Autriche provoquant des dépassements extraordinaires : les débours de l'année s'élevèrent à près de 257 millions, causant un déficit supérieur à 13 millions. Plus long et beaucoup plus ample que le

Pour qui raisonne abstraitement, la solution la plus simple pour augmenter les recettes et les asseoir de façon plus égalitaire, notamment sur les grandes fortunes, est bien sûr de « réformer la fiscalité ». Pourtant, le temps des innovations fondamentales n'est pas encore venu, et s'il peut s'annoncer éventuellement en matière de fiscalité directe, il n'est certainement pas accompli.

> « La taille restait une ressource traditionnelle, cependant la part relative de cet impôt roturier dans le budget tendait à diminuer. Louis XV et Fleury ont eu constamment le souci de ne faire peser sur les taillables qu'une charge raisonnable. Le brevet de la taille varia très peu : de 45.430.762 livres en 1727, il s'abaissa l'année suivante à 42.430.762 et, de 1729 à 1745, oscilla entre 42.400.628 et 43.418.744 livres, et cela pour une population qui s'accroissait. Quand un supplément fut nécessaire, il porta sur le brevet militaire qui, d'abord assez stable entre 6.000.000 et 6.400.000 livres, augmenta sensiblement en 1734 et 1735 à cause de la guerre »[669].

Pour instaurer la confiance dans les billets, ont lieu, de mai 1718 à mai 1719, des manipulations monétaires très importantes, dans des fluctuations bien supérieures à celles pratiquées sous le règne de Louis XIV ; le louis est ainsi ramené de 86 livres à 35, puis à 34 en juillet, à 33 en septembre, à 32 en décembre et ainsi de suite[670]. L'État se fait banquier, receveur et prêteur aux entrepreneurs. Comme il émet lui-même ses billets de banque en papier-monnaie, il peut alors rembourser sa dette grâce aux bénéfices réalisés et aux impôts dont les produits sont de surcroît gonflés par une expansion économique retrouvée[671].

La balance des paiements est donc assurée par la diffusion des actions de la Compagnie des Indes. Encore faut-il en assurer le placement dans des conditions substantielles auprès de la population. Une solution s'impose : faire de la publicité !

---

précédent, ce nouveau conflit allait aussi peser plus lourdement sur le Trésor. », Michel Antoine, *op. cit.*, p. 316-317.

[669] Michel Antoine, *op. cit.*, p. 317.

[670] Cette politique est une application des mémoires de Law sur l'usage des monnaies et sur les banques, où il démontre les services rendus par les *running cash notes* émis par la Banque d'Angleterre créée en 1694. « Le but est de décourager les détenteurs de métal, et de les inciter de cette manière à échanger leurs pièces contre des billets de banque. Pendant ce temps on garantit la fixité des billets. L'arrêt du Conseil du 22 avril 1719 interdit toute diminution de leur valeur : « Comme la circulation des billets, dit ce texte, est plus utile aux sujets de Sa Majesté que celle des espèces d'or et d'argent et qu'il méritent une protection singulière [...], entend Sa Majesté que les billets stipulés en livres tournois ne puissent être sujets aux diminutions qui pourraient survenir sur les espèces et qu'ils soient toujours payés en leur entrée. », Jean de Viguerie, *Histoire et dictionnaire du temps des Lumières*, Paris, Robert Laffont, « Bouquins », 1995, p. 25.

[671] René Grevet, *La France et les Français au XVIIIe siècle (1715-1788), Economie et culture,* Paris, éd. Ophrys, coll. « Documents et histoire », 1995, p. 86-87.

> « Quant aux actions, une propagande abusive assure leur crédit. La Louisiane n'est encore qu'une terre déserte et inconnue. Mais on parle de rochers de diamants, de collines d'or, de carrières d'émeraudes. Des images font miroiter aux futurs actionnaires les moissons abondantes, le bétail prolifique, les forêts pleines de bois précieux. On utilise aussi les primes. Le 17 juin 1719 par exemple, la Compagnie des Indes émettant 25 millions de nouvelles actions annonce que leur valeur nominale restant fixée à 500 livres, elle seront néanmoins payables à 550 livres, soit avec une prime de 10 %. Les souscripteurs y voient l'indice d'une hausse qui ne peut aller qu'en se prononçant »[672].

L'Écossais John Law est-il un escroc ? Son imagination a-t-elle inventé des pouvoirs économiques et donc juridiques qui n'existaient pas ? Law est présenté par Voltaire comme un aventurier qui n'aurait d'autre métier que d'être « grand joueur et grand calculateur ». Voltaire dénonce Law comme un dandy joueur, voire un tricheur qui a été obligé de s'enfuir en Angleterre, après avoir tué en duel un certain Wilson[673]. Ni le Châtelet, ni le Parlement de Paris n'ont eu à s'en procurer sur ce point. L'exagération des potentialités lui a été fatale, mais maintenues dans de justes dimensions, le nouveau pouvoir économique qu'il crée aurait-il pu être utile ? Edgar Faure distingue le « projet sage », qui s'est appliqué jusqu'en août 1719, et le « projet fou » qui a suivi[674].

§ 2 - L'abus d'une influence

La culture de l'escroc s'est en tout cas propagée, qu'elle ait reposé ou non sur un mythe et sur une spéculation aussi lucrative que risquée. Les escrocs se multiplient.

> « L'autre, plus intrigant, arrive avec grand fracas, dans une ville, y fait quelques connaissances : bientôt il imagine de fabriquer une correspondance entre lui et les plus fortes maisons de commerce ; il a soin de laisser dans sa chambre, comme par négligence, les preuves apparentes de cette correspondance factice : par ce moyen, il acquiert le plus grand crédit, en profite amplement : et laisse à ses créanciers pour sûreté de leur dû, ses lettres de crédit fameuses, dont la vue les avait éblouis »[675].

Simuler contribue à l'apparence du pouvoir, réel ou non. Les escrocs l'ont bien compris.

---

[672] Jean de Viguerie, *op. cit.*, p. 25.
[673] René Grevet, *op. cit.*, p. 86.
[674] Edgar Faure, *La Banqueroute de Law, 17 juillet 1720*, Paris, Gallimard, 1977.
[675] Des Essarts, *op. cit.*

« Celui-ci s'annonce chargé de l'habillement des troupes, soutient cette fourberie, par une figure heureuse, un extérieur aisé et beaucoup d'esprit ; il achète par deux mille livres d'échantillons, faible prélude d'un achat considérable qu'il promet à faire sous peu ; mais le marchand crédule perd avec ses échantillons l'espoir d'habiller l'armée. Un autre, possesseur d'un secret unique, a le talent de changer la substance des métaux ; promettant à la foule crédule un or imaginaire ; il soutire à chaque amateur un or plus réel. Après avoir ruiné ceux à qui il promettoit tant de richesses, il disparaît et devient aussi difficile à découvrir que cette pierre merveilleuse qu'il annonçait avoir trouvée »[676].

La création de richesses représente ainsi une des formes répandues de mise en confiance qui incite le dupé à remettre, selon la bonne formule que « l'on ne prête qu'aux riches ». Persuadons, persuadons, il en restera toujours quelque chose, puisque les victimes finissent par croire à la capacité juridique de l'escroc.

Avant que le Parlement de Paris ne connaisse de l'affaire, le 13 mars 1741, le bailliage de Vitry-le-François s'est ainsi prononcé, le 31 décembre 1740, sur la culpabilité de Laurent Langault et Nicolas Mangin,

« ledit Laurent Langault huissier interdit, se disant faussement porteur d'ordres avoit emmené avec violence la nuit du 15 au 16 juillet 1740 la femme de Claude Patin, vigneron demeurant à Bassues, et l'avoit conduite au cabaret dudit Bassues et ensuite au cabaret de Saint-Lambin où il l'avoit détenue comme prisonnière le reste de la nuit à dessein d'en tirer de l'argent et que ledit Nicolas Mangin avoit assisté ledit Langault et participé comme complice à la détention de ladite femme »[677].

Laurent Langault, en abusant de sa fausse qualité d'huissier, ou plus exactement d'une qualité réelle dont il s'est fait exclure, tend surtout à faire croire qu'il exerce un pouvoir d'huissier, qui l'amène à porter des ordres totalement imaginaires qu'il entend néanmoins exécuter. C'est par l'utilisation de cette manœuvre qu'il entend recouvrer de l'argent par simple remise, sans avoir, espère-t-il, à utiliser la force.

Dans un esprit similaire, Pierre Lefevre, un gagne-denier, est déféré, le 17 septembre 1761, devant le Châtelet, parce qu'il est déclaré « dûment atteint et convaincu des exactions et concussions par lui commises envers une femme venant de la campagne qui apportoit des fruits et légumes à Paris à laquelle il a voulu faire payer des droits comme s'il en eût été chargé quoiqu'il n'en eût aucune commission ni mandat, ensemble des violences par lui exercées envers différentes

---

[676] *Ibid.*
[677] Arch. Nat. X^{2B} 988, affaire n° 214 : Laurent Langault, arrêt du 13 mars 1741.

particulières » [678]. Pierre Lefevre a fait croire qu'il était chargé de faire payer les droits d'entrée dans la ville de Paris et, par la persuasion de ce faux pouvoir, a voulu se faire remettre de l'argent par des fermières qui venaient apporter leurs fruits et leurs légumes sur les marchés urbains.

Appel est interjeté et le Parlement de Paris rend, le 13 octobre 1761, son arrêt en vacations, par lequel il dispose que :

> « Ouï et interrogé en la Cour ledit Pierre Lefèvre sur sa dite cause d'appel et cas à lui imposés tout considéré, la chambre met l'appellation au néant, ordonne que ladite sentence de laquelle a été appelé sortira son plein et entier effet ».

Par conséquent, le Parlement de Paris confirme que Pierre Lefèvre a fait croire à un faux pouvoir et que, ce faisant, il est coupable.

L'espérance du gain est bien sûr le point de départ du rêve, par le crédit espéré, et donc par la puissance et la richesse qui en résultent. Que souhaiter de mieux que doubler la mise, opération qui ne semble plus chimérique à qui se rappelle les spéculations extravagantes du système de Law ?

Le 18 octobre 1765, le bailliage de Châtillon a à se prononcer en première instance sur le cas de Louis Perreau, « dûment atteint et convaincu d'avoir pris de l'argent par ruse audit Martin en lui promettant de lui en faire gagner le double »[679]. Louis Perreau est donc, lui aussi, condamné pour cette escroquerie par persuasion d'un faux pouvoir.

Il y a donc escroquerie à persuader la victime d'un pouvoir imaginaire ou d'un pouvoir qui semble naturel afin d'abuser de son influence. Le droit contemporain conserve la même analyse :

> « Il y a également escroquerie à tenter de persuader la victime d'un crédit ou d'un pouvoir imaginaire[680] dans […] le second sens [qui] est celui d'un pouvoir naturel sur les gens dont peut se targuer celui qui dit être capable d'user de son influence pour faire obtenir un emploi, une décoration, ou tout autre avantage[681].

---

[678] Arch. Nat. X^{2B} 1026, affaire n° 480 : Pierre Lefevre, arrêt du 13 octobre 1761.

[679] Arch. Nat. X^{2B} 1035, affaire n° 529 : Louis Perreau, arrêt du 15 mai 1766.

[680] « […] Les promesses moyennant un prix de faire exempter d'un service public, ou de procurer un emploi […] peuvent-elles tomber sous le coup de l'article 405 ? À une condition […] c'est qu'il y ait eu des promesses fallacieuses, des espérances chimériques, un crédit imaginaire, toutes choses qui sont de l'essence de l'escroquerie. », R. Garraud, *Traité théorique et pratique du droit pénal français*, Paris, Larose, 1894, t. V, p. 258.

[681] Cass. crim., 13 nov. 1885 : *Bull. crim.*, n° 311. – 23 mai 1901 : D. 1902, 1, p. 414 – 3 juillet 1920 : D. 1921, p. 154 – 15 déc. 1943 : D. 1945, p. 131, note Donnedieu de Vabre.

Si ce pouvoir est imaginaire, il y aura escroquerie (s'il est réel, on est en présence de trafic d'influence[682]) »[683].

Le procédé de vente dit « à la boule de neige » constitue un exemple typique de l'exercice d'un pouvoir imaginaire. Ce système consiste à placer des bons auprès de personnes qui doivent à leur tour en placer un certain nombre auprès d'autres consommateurs en faisant croire qu'ils en ont le pouvoir. C'est seulement lorsque les seconds clients ont souscrit les bons que les premiers consommateurs reçoivent la marchandise promise et pourraient éventuellement, à ce moment là, vouloir la céder. La Chambre criminelle a jugé que lorsque l'organisateur est incapable de remplir ses engagements envers tous les participants, il y a escroquerie[684]. Mais nous n'avons trouvé aucune trace d'une pareille organisation dans la jurisprudence issue du ressort du Parlement de Paris sous l'Ancien Régime.

Quelles sont les bornes de la persuasion de l'existence d'une capacité ? Les pouvoirs imaginaires qui participent de la notion de crédit semblent *a priori* illimités. Est-ce à dire que l'escroquerie soit une infraction dont le champ présente une étendue qui n'est pas mesurable ? C'est fort possible.

Section 2. Difficultés à sanctionner le charlatanisme

L'imagination des escrocs n'a d'égale que la crédulité des dupes.

§ 1 - L'imagination au service de l'escroc

L'époque n'est pas encore aux horoscopes personnalisés, résultats de données que l'on entre dans un ordinateur. Mais l'angoisse de l'avenir, du temps qui passe et de ce que l'on va devenir est une constante psychologique suffisamment forte chez l'être humain pour qu'il paraisse aisé d'en exploiter commercialement les besoins qui s'expriment dans ce domaine. Marie La Croize, veuve Touret, l'a bien compris. C'est pour de telles pratiques qu'elle est jugée et condamnée en première instance par la sénéchaussée de Lyon[685], le 31 janvier 1759.

---

682 Ce sera le cas de l'individu qui se fait remettre des sommes d'argent sous le prétexte : de les distribuer aux juges afin d'obtenir la mise en liberté des détenus ou la remise d'amendes (*Cass. crim.*, 12 juin 1886 : *Bull. crim.*, n° 219).

683 Michelle-Laure Rassat, *Jurisclasseur pénal*, 1996, art. « Escroquerie », p. 28.

684 Ch. Crim., 7 mai 1951, S. 1952, I, 21, note Legal.

685 Arch. Nat. X^{2B} 1021, affaire n° 458 : Marie La Croize, veuve Touret, arrêt du 9 mars 1759.

Le Parlement de Paris doit, en appel, reconsidérer l'ensemble des faits et constate que Marie La Croize, veuve Touret, dans un mélange assez subtil de superstitions et de croyances diverses, arrive à persuader ses victimes, par des pratiques qui ressemblent à celles de la religion, qu'elle peut à la fois dire la bonne aventure et porter chance. En récompense de ses prestations, la veuve Touret se fait remettre des sommes par ses différentes « clientes », qui, compte tenu du pouvoir imaginaire dont elle use et abuse et de ses manœuvres tenant du charlatanisme, ont *a posteriori* l'impression d'avoir été volées. C'est ainsi que par l'arrêt en date du 9 mars 1759, le Parlement de Paris, confirmant la sentence de première instance, constate qu'elle

> « auroit été dûment atteinte et convaincue d'avoir volé à la faveur de quelques pratiques superstitieuses et avec abus de quelques pratiques de religion, à Jeanne Burou veuve Thévenou environ seize louis d'or, à Rose Vizemberg femme de Benoît Gaucher 120 livres, à Antoine Genoux 24 louis d'or et à Blaise Perret 42 sous ».

Les *Observations des tribunaux sur le projet de Code criminel à Paris*, publiées en l'an XIII (1804), sont extrêmement sévères sur ce type de comportement :

> « Les gens qui font le métier de deviner, de tirer les cartes, sont des êtres extrêmement dangereux ; des malheurs sont arrivés souvent par suite de ce que ces escrocs ont pronostiqué. La peine n'est point assez forte contre ces gens-là : les traiter comme escrocs est au moins ce qu'ils méritent »[686].

En 1934, la Chambre criminelle de la Cour de cassation n'a pas jugé autrement lorsqu'elle constate qu'un des domaines d'élection du pouvoir imaginaire est l'exploitation de croyances superstitieuses. Ainsi, mages ou cartomanciennes sont poursuivis pénalement sous la qualification d'escroquerie lorsqu'ils persuadent leurs victimes de leur capacité imaginaire à guérir ou à prédire l'avenir[687].

Le 1er février 1769, le Châtelet de Paris doit se prononcer par une sentence rendue contre un dénommé Dubuisson[688], qui a fait l'objet d'une information. Le

---

[686] *Observations des tribunaux criminels sur le projet de Code criminel à Paris*, publié en l'an XIII, Aube, p. 7.

[687] Ch. crim. 28 décembre 1934, D. H. 1935, p. 101 ; Marie-José Metzger, *L'Evolution de la notion de manœuvres frauduleuses dans le délit d'escroquerie et la réforme de l'article 405 du Code pénal*, thèse soutenue devant la Faculté de Droit et des Sciences Economiques de Montpellier I, p. 36.

[688] Arch. Nat. Y 9.754 , affaire n° 40 : Dubuisson (information le 30 janvier 1769, jugement du 1er février 1769).

vendredi 20 janvier 1769, à dix heures du matin, Antoine Joachim Thiot, conseiller du roi, et commissaire au Châtelet, voit comparaître le sieur Louis Damotte, conseiller du roi et inspecteur de police, qui l'informe qu'en exécution des ordres donnés, il a interpellé un dénommé Dubuisson, sans qualité réelle mais se disant marchand d'indiennes.

À l'époque, ce tissu est très en vogue, ce qui explique que l'on évoque habituellement son commerce. La fabrication de produits nouveaux se heurte, comme souvent, à une législation protectrice. « On ne compte pas moins de deux édits et quatre-vingts arrêts, de 1686 à 1748, pour interdire l'importation et la fabrication des toiles de coton peintes dites « indiennes »[689]. C'est la doctrine du mercantilisme. Le but est de protéger les fabricants de laine et soie. Mais en attendant, les ouvriers français qui travaillaient dans les indiennes sont obligés de quitter le royaume et d'aller travailler en Toscane, où ils sont accueillis à bras ouverts »[690].

Ces difficultés juridiques expliquent sans doute que Dubuisson ait du mal à vivre de son activité principale et que le commissaire du roi préfère indiquer qu'il se trouve sans profession véritable. Dubuisson a dû, au demeurant, connaître des difficultés économiques pour devoir rapidement trouver de l'argent.

En effet, « la législation joue aussi dans le sens de la concentration. Par exemple, l'arrêt du Conseil du 30 mars 1700 avait réservé à dix-huit villes seulement l'autorisation de fabriquer des bas au métier. Dans les villes où cette fabrication est désormais interdite, les métiers sont ruinés et disparaissent. Inversement, les centres autorisés, se trouvant libérés de la concurrence, développent leur production de manière considérable[691]. A Caen, par exemple, le nombre des maîtres fabricants passe en peu d'années de dix-huit à cent-vingt »[692].

Toujours est-il qu'il est reproché à Dubuisson de s'être mêlé de tours de cartes. Il faisait croire qu'il était capable de découvrir les auteurs de vols. Bien entendu, Dubuisson choisissait avec soin ses victimes qui, par définition, avaient déjà été volées, et il réclamait pour son service une récompense en espèces sonnantes et trébuchantes, qui lui permettait de vivre.

L'inspecteur de police Damotte affirme que Dubuisson

---

[689] Serge Chassagne, *Oberkampf. Un entrepreneur capitaliste au siècle des Lumières*, Paris, Aubier-Montaigne, 1980, p. 11.

[690] Jean de Viguerie, *op. cit.*, p. 81.

[691] À ce propos, Jean de Viguerie, *op. cit.*, p. 81, explique : « Parmi les secteurs connaissant une expansion comparable, signalons les étamines du Mans, où l'on dénombre quatre cents métiers en 1712 et le double en 1740, et les glaces de Saint-Gobain, dont les ventes commencent à monter depuis 1725. Les capitaux protestants tiennent dans cette dernière affaire une place de plus en plus importante. La compagnie formée en 1702 - c'est la cinquième depuis la fondation de Saint-Gobain - attribue 51 % des parts à des banquiers protestants franco-genevois ».

[692] *Ibid.*

« se disant marchand d'indienne sans qualité sur ce qu'il a appris et lui a été rapporté qu'il se mêloit de tours de carte tendant à faire découvrir les auteurs de vol et prenoit de l'argent pour ce, et notamment du nommé Jean Thiebault cocher au service de Monsieur l'ambassadeur d'Angleterre ce jourd'huy matin, à qui il a pris six livres pour lui indiquer ce qu'étoit devenue sa montre d'or qu'il a perdue et de plusieurs autres personnes, pourquoi il nous l'a amené par devant nous à l'effet de constater sa capture que de lui faire des questions sur les louis susdits et a le dit Damotte signé en cet endroit de la minute des présentes »[693].

La police doit donc enquêter sur un bien drôle de détective, puisque Dubuisson, en vertu de pouvoirs totalement imaginaires, fait croire qu'il est capable de retrouver avec des cartes, par exemple, un voleur de montres. Le cocher de monsieur l'Ambassadeur d'Angleterre en sait quelque chose, pour avoir payé fort cher une information inutile, puisqu'il est loin d'avoir retrouvé son bien. En revanche, la manœuvre qui tient de pratiques de charlatan offre à Dubuisson l'occasion d'empocher rapidement six livres.

Thiot, commissaire du roi au Châtelet, décide alors d'interroger lui-même Dubuisson pour connaître sa version des faits.

« En conséquence nous avons donné acte au dit sieur Damotte de ses décisions ci-dessus et nous avons fait comparaître le dit particulier à nous amené lequel nous a dit se nommer Jean Baptiste Dubuisson âgé de quarante deux ans marchand d'indienne sans qualité et demeurant rue de Mâcon paroisse Saint-André-des-Arts maison du sieur Roussel avocat au Grand Conseil où il loge au troisième qu'il est vrai qu'il fait des tours de carte pour toutes les personnes qui ont perdu des effets dans la vue de découvrir ceux qui les ont [...] »[694].

Dubuisson se défend maladroitement, cherchant encore à convaincre le commissaire du roi.

« [...] Il peut bien indiquer par les choses dont il fait usage les personnes qui n'ont point les effets mais ne peut indiquer les voleurs parce qu'ils seroient dans le cas de dénier ce qu'il auroit avancé et que conséquemment il s'exposeroit ; que lorsqu'il tire les cartes et que le huit et le neuf de pique se trouvent ensemble c'est vol et lorsque le huit de cœur est à côté cette dernière carte signifie effets volés mais n'indique point les dits effets ; que lorsqu'il casse un œuf il ne se sert que du blanc qu'il met dans de l'eau, et qu'il se fait alors une végétation mais n'a voulu dire ce que cela signifie ; qu'il est vrai qu'il a dit au cocher de Monsieur l'ambassadeur d'Angleterre que sa montre étoit perdue, que c'étoit de pauvres

---

[693] Arch. Nat. Y 9.754 , affaire n° 40 : Dubuisson (information le 30 janvier 1769, jugement du 1er février 1769).
[694] *Ibid.*

gens qui l'avoient trouvée, c'étoit une femme plus brune que blonde et qu'il avoit vu toutes ces choses dans les cartes qu'il avoit tirées et a déclaré ne vouloir signer de cet interpellé suivant l'ordonnance ainsi qu'il est dit en cet endroit de la minute des présentes »[695].

Se jouer de la crédulité publique est une chose, se vanter d'une science qui n'en est pas une devant le Châtelet, lors d'une enquête judiciaire en est une autre. En effet, le commissaire Thiot dresse immédiatement procès-verbal des déclarations de Dubuisson, et considère que celles-ci caractérisent une escroquerie. Il conclut :

« En conséquence desquels rapports et aveux du dit Dubuisson nous l'avons laissé en la possession du dit Sieur Damotte qui s'en est chargé pour le conduire en vertu des ordres dont il est porteur en prison du Grand Châtelet de cette ville et a le dit Sieur Damotte signé en fin de la minute des présentes demeurées à nous commissaire susdit »[696].

Cette affaire Dubuisson, dont nous n'avons malheureusement pas retrouvé la sentence dans le fonds du Châtelet, alors que l'arrêt rendu par le Parlement est accessible, n'est pas sans rappeler l'incroyable exploitation de la naïveté de certains par des charlatans. Guyot cite ainsi un arrêt du Parlement de Paris, du 19 août 1776, qui condamne Pierre Chambaut

« à être attaché au carcan pendant trois jours de marché, sur la place publique de la ville de Pithiviers, pour avoir abusé de la simplicité du nommé Etienne Jarnicot, meunier à Nanceray, en lui promettant une poule noire qui lui pondroit de l'argent tous les jours, et lui avoir, par ce moyen, escroqué à plusieurs reprises, une somme de 480 livres »[697].

Nous n'avons pas retrouvé cet arrêt du Parlement de Paris, qui a néanmoins dû faire scandale à l'époque, puisque des Essarts en parle également.

« Un second arrêt du 17 mai 1776, rendu sur l'appel d'une sentence du 12 septembre 1775, « condamne le nommé Chambaut, à être attaché au carcan sur la place de Pithiviers, pendant trois jours, avec un écriteau portant ces mots affronteur par fausse magie. » La sentence l'avoit déclaré atteint et convaincu d'avoir escroqué sept cent vingt livres à Jarnicot, sous prétexte de lui vendre une

---

695 *Ibid.*

696 Arch. Nat. Y 9.754 , affaire n° 40 : Dubuisson (information le 30 janvier 1769, jugement du 1er février 1769).

697 Guyot, *Répertoire universel et raisonné de jurisprudence civile, criminelle, canonique et bénéficiale*, Paris, 1785, t. VII, p. 680.

poule noire qui devoit lui pondre de l'argent et de l'avoir réduit à la dernière misère ; [...]. Il ne faut pas être surpris que Jarnicot, quoique ruiné par cet affronteur, n'ait pas obtenu la restitution de la somme que celui-ci lui avait escroquée : Jarnicot avait donné volontairement ; s'il s'était déjà laissé affronter par un autre ; on l'avait averti de ce défier de celui-ci ; enfin, ce qui tranche toute question, est que le motif qui lui avait fait donner son argent était condamnable. Sans toutes ces considérations, Chambaut aurait été certainement condamné à le lui restituer : en effet, l'affront publié fait aux affronteurs serait un trop faible châtiment, si on ne les forçait à la restitution ; insensibles à la honte, ce n'est qu'en leur arrachant le prix de leur escroquerie qu'on les punit véritablement, et c'est le seul moyen de les faire découvrir par ceux qui ont été dupes »[698].

Mais comment Jarnicot a-t-il pu se faire escroquer sept cent vingt livres en croyant acheter une poule noire capable de pondre de l'argent ? Le mensonge est tellement gros qu'il tient du boniment. Une personne sensée y accorderait-elle quelque crédit ? Apparemment ; la tentation de l'enrichissement reste très forte et l'espoir de gagner toujours plus induit la plus grande crédulité.

§ 2 - Charlatanisme ou escroquerie ?

Peut-on alors soutenir que la morale n'est pas plus du côté de la victime que de l'auteur ? C'est une des difficultés de l'escroquerie[699].

Mentionnons d'autres jurisprudences rendues par les différents parlements au XVIIIe siècle. Des Essarts rappelle une décision rendue par celui de Normandie, sous la forme d'un arrêt en date du 14 octobre 1782, qui

> « condamne quatre affronteurs [...] à faire amende honorable avec écriteau portant ces mots : « prétendus sorciers, escrocs et fabricateurs d'actes pour duper le public sous prétexte de faire trouver des trésors. Ces impudents personnages montroient aux paysans crédules une prétendue bulle du pape, datée du 25 mai 1780, écrite en lettres rouges, et portant que chez le nommé Péccate, au village de la Huslière, il y avait un poinçon d'or et quantité d'espèces ; chacun alors avoit porté son argent pour courir après de chimériques richesses. » [700].

L'argent n'a pas d'odeur et chacun a l'air de croire à la source miraculeuse. Au point que des Essarts évoque cet « étrange aveuglement, qui prouve jusqu'à quel point peut aller la crédulité et la faiblesse de l'esprit humain »[701].

---

698 Des Essarts, *op. cit.*

699 Notons que les références de Guyot et Des Essarts diffèrent par les dates et lieu de commission de l'infraction. Ils ont certainement rapporté ces faits sans relire l'arrêt !

700 Des Essarts, *op. cit.*

701 *Ibid.*

L'escroc réussit parce qu'il trouve des dupes parfaites, prêtes à croire au-delà de l'imaginable. C'est ainsi que la religion, au sens le plus galvaudé du terme, a certainement été un des domaines de prédilection les plus sûrs des escrocs. Rapportons une nouvelle fois ce que nous en dit des Essarts :

> « La religion a toujours été la marque la plus sûre des affronteurs publics. Nous en trouvons un exemple tout récent arrivé en Prusse. Un nommé Rosenfalt, jadis garde-chasse, ayant quitté avec son métier la femme avec qui il était las de vivre, avec une barbe longue et hérissée, un extérieur négligé, se montre au peuple, prêche la réforme, se déchaîne contre les prêtres et les magistrats, se donne pour un nouveau messie, annonce avoir en sa possession le Livre de vie, mais ne pouvoit l'ouvrir à moins qu'on ne lui amène une vierge […] »[702].

Voici l'escroc, transformé en « psychologue », usant de tous les fantasmes pour divertir sa vie et détourner les gens du droit chemin. Ce qui pourrait paraître du domaine de l'anormalité – notons que de nos jours certaines sectes usent encore de ces pratiques avec grand succès –, attire contre toute attente dans ce siècle des Lumières. Des Essarts semble le seul à juger un père et une mère bien imbéciles d'amener leur enfant à Rosenfalt.

> « […] Des parents imbéciles et enthousiastes lui amènent leur fille qu'il viole en leur présence. Cette scène est ensuivie de plusieurs autres semblables »[703].

La jeune fille devient une misérable victime, car ce n'est guère un livre ou la sagesse de l'humanité que l'on gagne par de tels marchés. Il faut néanmoins un certain temps « jusqu'à ce qu'enfin découvert, il [soit] condamné par le juge.... »[704].

Il est certainement, là encore, très difficile d'apprécier et de juger de pareils faits. C'est ainsi que des Essarts indique que

> « le tribunal d'appel avait un peu critiqué les dispositions de ce jugement, mais le souverain, par un ordre du Cabinet, en date du 12 janvier 1782, a confirmé la sentence du premier juge et l'a fait exécuter avec l'éclat que demandaient les circonstances ».

L'auteur ne peut s'empêcher d'indiquer que, dans sa pratique judiciaire, il a rencontré beaucoup d'escrocs, qu'il nomme encore « affronteurs », et les a vus

---

[702] *Ibid.*
[703] *Ibid.*
[704] *Ibid.* Il est condamné « à être fouetté et renfermé pour la vie dans la forteresse de Spandau ».

« prétendre au miracle et par ce moyen, recevoir des présents ou aumônes considérables de leurs stupides sectateurs. Quelques uns, à l'adresse de tromper du vulgaire ignorant, ont joint celle de tromper l'œil vigilant de la justice ; mais s'ils ont été en petit nombre, la plupart ont été mis dans l'impossibilité de faire des dupes ».

Ainsi, le 17 octobre 1781, le Châtelet rend-il une sentence de première instance par laquelle il considère Jacques Paribol « dûment atteint et convaincu de s'être fait payer pour de prétendus talents de mage »[705]. Comme un marabout immigré perpétuant dans les pays occidentaux ces pratiques d'Afrique noire qui peuvent constituer de véritables escroqueries, Jacques Paribol est condamné. Le Parlement de Paris, par un arrêt du 6 mars 1782, aggrave substantiellement la sanction, tout en confirmant la culpabilité.

Même motivation pour un arrêt rendu par le Parlement de Paris en date du 8 octobre 1776, rapporté par des Essarts, où un dénommé François dit Thiel, dit Minette, est

« atteint et convaincu d'avoir été constamment, depuis plusieurs années, affronteur public ; d'avoir connu le pays s'annonçant faussement pour chirurgien, pour avoir des secrets capables de guérir toutes les maladies, pour être sorcier, prédire l'avenir et faire trouver des trésors cachés, d'avoir été trouvé porteur de livres de prétendue magie, notamment d'avoir employé toutes sortes de ruses et de moyens illicites, même superstitieux et attentatoires à la religion »[706].

Chirurgien ou sorcier méconnu peut-être, le dénommé Thiel est en tout cas un vrai escroc. Il abuse ainsi de la crédulité du nommé Dumont, en lui escroquant des sommes considérables, et en lui faisant vendre « tout son bien sous la fausse promesse de lui faire trouver des trésors ». Il va encore trouver un sieur Desnoyels, lui-même chirurgien, et lui escroque treize louis sous le fallacieux prétexte de « lui faire avoir une charge auprès du roi, dont il se disait médecin ». Comme quoi l'on peut être chirurgien et crédule, intéressé ou sensible aux flatteries de ce bas monde.

L'exercice illégal de la médecine et de la chirurgie est coupable, mais n'est-on pas ici en présence d'une escroquerie pure et simple ? Les procédés employés n'ont soit aucun rapport avec la médecine, ou bien abusent de l'état de médecin, ou bien ne sont que les exercices de pouvoirs imaginaires. Il faut donc bien mesurer ce qui participe à l'infraction. Le docteur Knock était-il un médecin habile ou un escroc diagnostiquant des maladies imaginaires[707] ?

---

[705] Arch. Nat. X^{2B} 1069, affaire n° 707 : Jacques Paribol, arrêt du 6 mars 1782.

[706] Arrêt non retrouvé, cité par Des Essarts, *op. cit.*

[707] Jules Romains, *Knock*, 1923.

« De nombreuses manœuvres d'escroqueries se rattachent à l'exercice de l'art de guérir. Il faut, à ce point de vue, se placer en face de deux situations : celle où les procédés employés sont le fait d'un individu pratiquant légalement la médecine ou la chirurgie ; celle où ils sont l'œuvre d'un empirique. Dans le premier cas, il nous paraît impossible de faire rentrer, dans le cadre de l'escroquerie, les promesses, annonces, prospectus, procédés quelconques, au moyen desquels l'agent attire des malades et en obtient des honoraires. L'appréciation de la déloyauté des procédés employés par les médecins et chirurgiens, pour grossir leur clientèle et remplir leurs caisses, ne saurait appartenir aux tribunaux de répression. Elle supposerait, en effet, résolue une question scientifique qui échappe à leurs compétences, celle de savoir quelle est la valeur du remède proposé ou appliqué par l'homme de l'art. Dans le second cas, au contraire, le fait, sans être par lui-même une escroquerie, peut devenir le point de départ d'une escroquerie. Ce n'est pas que la réclame, par voie d'annonce ou de circulaire constatant qu'on possède des recettes infaillibles, avec indications, à l'appui, de nombreuses cures, plus ou moins merveilleuses, plus ou moins authentiques, obtenues par ces moyens, soient, par elles-mêmes, délictueuses. Il faut quelque chose de plus que le mensonge ; il faut établir qu'il a été pratiqué des manœuvres frauduleuses pour persuader, soit l'existence d'un pouvoir imaginaire, soit l'espérance d'un succès chimérique [...]. Cette distinction est particulièrement faite par la jurisprudence vis à vis des magnétiseurs, somnambules, guérisseurs de toutes catégories, qui abusent, dans des conditions plus ou moins frauduleuses, de la crédulité populaire »[708].

L'attirance vers tout ce qui peut guérir ou faire espérer est, à travers les âges, particulièrement constante et importante. Est-ce à dire que cela assure le succès à tous ceux qui aujourd'hui prendraient le marché d'une forme plus ou moins abusive de sophrologie, de psychologie douce et non réglementée ? L'être humain serait-il prêt à être dupé car le simple espoir fait du bien ?

Pourtant la médecine n'est pas seule en ligne de mire des escrocs. L'armée a aussi ses protagonistes. Des Essarts raconte combien des

« affronteurs d'un autre genre trouvent dans les campagnes des moissons abondantes : de ce nombre étoit un journalier qui avait le secret d'exempter du sort ceux qui tiroient à la milice, au moyen d'un talisman qu'il leur faisoit porter en allant au tirage ; et qu'il avait soin de leur faire payer d'avance »[709].

Évidemment, il valait mieux recevoir le paiement avant les résultats du tirage au sort, car « son talisman néanmoins n'étoit pas infaillible pour tous ; mais

---

[708] *Cass.*, 18 août 1843 (S. 43.1.911) ; 27 novembre 1873 (D. 74.5.232) ; 24 août 1855 (D. 55.5.193) ; 12 décembre 1861 (S. 62.1.321), cf. R. Garraud, *Traité théorique et pratique du droit pénal français*, Paris, Larose, 1894, t. V, p. 261.

[709] Des Essarts, *op. cit.*

si, sur cent billets, il y en avait cinq de noirs, il y en avoit toujours quatre-vingt quinze tireurs de sauvés par la vertu du talisman vainqueur »[710].

Peut-il alors y avoir escroquerie si le tirage au sort est favorable à ceux qui croient aux pouvoirs magiques du talisman et échappent ainsi au service militaire ? Il serait certainement douloureux, pour la population concernée par ces manœuvres, d'apprendre que le pourcentage était celui prévu par le système mis en place par l'armée elle-même, et qu'il n'y a donc aucun bénéfice à la manœuvre. La foi ne sauve même pas dans ces conditions. Pourtant, des Essarts note que

> « les habitants de la campagne, qui voient toujours du merveilleux où il n'y a rien que de très naturel, étoient enchantés de posséder cet homme admirable et ne croyaient pas payer assez un secret aussi heureux que le sien ; mais ce merveilleux secret ne put garantir son propriétaire des poursuites de la justice. Un arrêt du parlement de Paris rendu en 1780 le condamne à être mis au carcan un jour de marché, avec écriteau portant escroc public »[711].

Toujours est-il que l'espérance de succès, même chimérique, est assurément une des grandes sources qui alimentent le torrent de l'escroquerie[712].

La dernière forme – mais est-ce encore une forme ? – de l'escroquerie est

> « celle consistant à susciter chez la victime soit la crainte d'un accident soit l'espérance d'un événement chimérique dont l'escroc dit pouvoir éviter la survenance ou favoriser l'accomplissement. Entrent dans cette catégorie toutes les escroqueries par lesquelles on obtient des fonds destinés à financer de prétendues chasses au trésor ou à l'héritage, par exemple »[713].

Et l'aspect le plus important pour constituer l'infraction d'escroquerie est l'appréciation, au moment des manœuvres, du « caractère chimérique du succès ou de l'événement forgé dans l'esprit de la dupe par l'escroc »[714].

Encore faut-il distinguer la fausse espérance, ou plus exactement la chimère[715], d'un avantage espéré qui ne s'est pas réalisé et ne peut pas faire l'objet d'une escroquerie.

---

[710] *Ibid.*

[711] *Ibid.*

[712] Cf. Yves Mayaud, *Le Mensonge en droit pénal*, Lyon, éd. L'Hermès, 1977, p. 188 : « Les exemples d'escroquerie au pouvoir et au crédit imaginaire sont innombrables ; déjà la doctrine classique renonce à les citer, préférant les regrouper autour de modes plus généraux et qualifiés : telle l'escroquerie aux papiers fictifs, aux promesses de faveur ou d'emploi, à l'art divinatoire, à l'art de guérir ».

[713] Michelle-Laure Rassat, *Jurisclasseur pénal*, art. « Escroquerie », 1996, p. 28.

[714] Cass. crim., 7 juil. 1927 : *Bull., crim.*, n° 168.

« Le seul fait d'avoir réalisé des opérations de bourse malheureuses ne suffit pas à constituer le délit d'escroquerie à la charge de ceux qui ont sollicité et utilisé les ordres, si le client a agi en connaissance des risques qu'il courait et a été exactement informé des opérations faites pour son compte[716]. De même, le fait d'avoir sollicité des escroqueries pour un « livre d'or de l'Europe » n'est pas une escroquerie dès lors qu'au départ il y avait bien intention de publier »[717].

Seul le juge du fond est capable d'apprécier le caractère chimérique d'un succès ou d'un événement, car il s'agit toujours d'une question de fait[718]. Mais le

---

715 « Un autre courant d'espoirs chimériques est rencontré dans les escroqueries : au prêt « avantageux » [...] pour les escrocs qui empochent des « frais de constitution de dossier » ou des « commissions », en sachant pertinemment ne pouvoir rendre les services promis (Cass. crim., 5 janv. 1938 : *Bull. crim.*, n° 1).
[...] Une autre escroquerie reposant sur un espoir chimérique, est celle consommée par l'individu qui dépouille un vieillard en l'assurant, à l'aide de manœuvres frauduleuses, que son entretien sera assuré jusqu'à la fin de ses jours (*Cass. crim.*, 1er fév. 1902 : *DP* 1903, V, p. 380), où il sera logé dans une maison de retraite (*Cass. crim.*, 7 mai 1974 : *Bull. crim.*, n° 160 ; *JCP* 1976, éd. G., II, 18.285, note Fourgoux). Plus odieuse encore est l'escroquerie commise par l'individu qui, à l'occasion d'un rapt de mineur, propose aux parents de rendre l'enfant contre remise d'une rançon alors qu'il est totalement étranger à l'événement.
[...] Il peut s'agir de la crainte : - d'une catastrophe imaginée par une cartomancienne, qui propose ensuite (contre rémunération) une « intervention magique » afin de conjurer le danger (*Cass. crim.*, 6 mars 1957 : *Bull. crim.*, n° 231) – d'une maladie imaginaire, qu'un docteur en médecine (à la manière du docteur Knock) a fait naître chez son client afin de soigner à grands frais – d'une surenchère, que l'escroc fait naître chez l'adjudicateur d'un fonds, auquel il se présente comme éventuel acquéreur, afin de se faire remettre une somme pour ne pas surenchérir, alors qu'il n'a jamais eu l'intention – ni la possibilité – d'acheter la possibilité (*Cass. crim.*, 6 mars 1952 : *Gaz. Pal.*, 1952, 1, p. 331) – de se trouver en infraction, à raison des allégations mensongères du représentant d'une marque d'extincteurs, s'étant présenté comme « représentant d'un service officiel », déterminant ainsi les dupes à acheter ses appareils (*Cass. crim.*, 9 juil. 1982 : *Juris-Data* n° 002061).
Il peut s'agir enfin de la crainte d'un procès (*Cass. crim.*, 13 sept. 1851 : *DP* 1851, 5, p. 230. – 2 mars 1894 : S. 1895, 1, p. 429. – 6 mars 1952 : *Gaz. Pal.* 1952, p. 331). », Michelle-Laure Rassat, *op. cit.*, p. 28-29.

716 Tribunal corr. Seine, 20 déc. 1943 : *Gaz. Pal.*, 1943, 2, p. 285.

717 Michelle-Laure Rassat, *op. cit.*, p. 28.

718 « Le caractère chimérique du succès ou de l'événement est une question de fait de la compétence du juge du fond (Cass. crim., 9 juin 1970 : *JCP* 1970, éd. G. IV, 203 ; *Bull. crim.*, n° 189. – 16 avr. 1975 : *Bull. crim.*, n°95). Il peut s'agir de l'espérance chez un créancier qu'il va être payé (exemple classique, la carambouille). [...] Il s'agit souvent de l'espérance chez l'acquéreur d'une chose ou d'un procédé permettant de réaliser des bénéfices importants. L'hypothèse classique est celle des escrocs qui – depuis la recherche de la pierre philosophale – proposent des procédés ou des machines grâce auxquels – assurent-ils- on peut fabriquer de l'or ou découvrir des métaux précieux (CA Paris, 16 mars 1933 : *Gaz. Trib.*, 23 mai 1933) (On peut imaginer une variante dans le domaine de la recherche des gisements pétroliers). Autre hypothèse courante, celle des vendeurs d'objets ou procédés « miraculeux » permettant : de gagner à coup sûr au tiercé ou au Loto – de vaincre ses « ennemis visibles et invisibles » - de séduire, sans coup férir, les personnes du sexe opposé, grâce au « parfum d'amour », Michelle-Laure Rassat, *op. cit.*, p. 28.

problème est loin d'être simple à gérer pour les juridictions, que cela soit au XVIIIe siècle ou de nos jours. La véritable science est en effet, par définition, limitée par l'état des connaissances qui peuvent être vraies ou fausses, ou tout simplement insuffisantes pour contredire une croyance ou pour confirmer sa véracité[719].

Prenons le cas de l'escroquerie à la superstition. Constitue-t-elle en elle-même une manœuvre de l'escroquerie ? L'espérance n'est-elle pas bien davantage qu'un simple *placebo* ? Ne peut-on par exemple observer qu'à l'hôpital, les personnes qui croient en la vie guérissent plus facilement alors que décèdent celles qui n'aspirent qu'à la mort ? Si la foi soulève des montagnes, l'escroc ne peut-il pas, d'une certaine façon, apparaître comme un formidable guérisseur ? La psychanalyse a, démontré depuis Freud, qu'il fallait payer pour croire à son analyse. Si 99 % des praticiens usent de ce principe avec une très grande honnêteté, qu'en est-il de ceux qui font de l'art médical un commerce lucratif où le boniment permet d'accroître encore davantage sa fortune ?

Par de telles attitudes ou mises en scène pour provoquer désirs, rêves et espérances, dont il peut en tirer d'énormes profits, l'escroc a sans doute toujours de très beaux jours devant lui.

Encore faut-il prouver la mauvaise foi, c'est-à-dire l'intention dolosive du charlatan devenu escroc[720]. Ce sont peut-être des procédés commerciaux qui sont autant d'indices graves et concordants prouvant le caractère crapuleux de la manœuvre. L'esprit de lucre ne génère-t-il pas l'escroquerie lorsqu'il domine l'acte lui-même en occultant sa propre réalité[721] ?

---

[719] « Les objections à la poursuite du chef d'escroquerie sont nombreuses, la plus précieuse est celle qui se fonde sur l'insuffisance des connaissances humaines : on n'aurait pas la preuve de l'inanité des phénomènes de magnétisme, de divination, et on ne devrait donc pas taxer d'imaginaire un pouvoir que ne peut « contrôler » la science contemporaine. Ainsi, rien ne permettrait de dire que l'occultisme d'aujourd'hui ne sera pas la science de demain (V. la décision rendue par le tribunal correctionnel de Toulouse au sujet du « professeur C..., *Le Monde*, 25 oct. 1951, jugement cassé par *Cass. crim.*, 26 déc. 1956 : *D.* 1957, 149. – V. aussi la plaidoirie de Maurice Garçon, *Le Monde*, 22 janv. 1952, qui n'empêcha pas la 13e chambre correctionnelle de Paris de condamner son client à un an de prison.) L'argument relève du scientisme plus que de l'esprit scientifique, et le Ministère public a le devoir d'empêcher que, sous le couvert d'une prétendue science, des individus réalisent d'énormes profits, en présentant de simples hypothèses comme des certitudes, abusant ainsi de la crédulité de naïfs souvent « matraqués » par une obsédante publicité. », Michelle-Laure Rassat, *op. cit.*, p. 29.

[720] « On objecte aussi la bonne foi de celui qui croit sincèrement révéler l'avenir ou guérir à l'aide de passes, et il est assuré que la mauvaise foi – indispensable en l'occurrence – ne saurait se présumer », Michelle-Laure Rassat *op. cit.*, p 29.

[721] « Ainsi les procédés commerciaux mis en œuvre par nombre de devins (emploi de formules standard, délégation systématique à des employés, etc.) proclament leur mauvaise foi. [...] Le juge retiendra en particulier : l'esprit de lucre qui trahit souvent des préoccupations tout autres que philanthropiques ou scientifiques (V. T. pol. La Fère-en-Tardenois, 26 mai 1945) – les procédés commerciaux mis en œuvre qui démontrent, par exemple, que le prétendu savant ne pouvait procéder

Pour autant, l'imaginaire, lorsqu'il rejoint le chimérique, ne peut-il jamais exister ? Ce qui n'existe que dans l'esprit peut être virtuel mais, d'une certaine façon, exact. L'imagination signifie création et ne participe pas d'un faux crédit. Il faut donc que la mauvaise foi transforme le rêve en cauchemar par l'usage d'un événement improbable. C'est le propre de la chimère - du grec *chimaira*, « chèvre » et aussi « créature imaginaire » -, terme employé pour désigner un projet séduisant mais irréaliste. L'escroquerie est donc finalement une utopie juridique, que les magistrats transforment en réalité pénale.

à un quelconque examen des cas personnels qui lui étaient soumis (T. corr. Nice, 25 mai 1946 : *Gaz. Pal.* 1946, 2, p. 208.) », Michelle-Laure Rassat, *op. cit.*, p. 33.

Chapitre 3. De la manipulation de la crédulité

La tromperie qui caractérise l'escroquerie est aussi constituée par la manipulation de la crédulité. Celle-ci est particulièrement mise à mal dans le jeu et dans l'amour.

Section 1. L'amour du jeu

Le jeu est l'occasion de nombreuses tricheries ; l'escroquerie est-elle alors constituée ? Le siècle de Louis XV abonde de jurisprudences sur cette question.

Il n'est plus belle époque que celle de la fin de l'Ancien Régime pour qui aime les intrigues de l'amour et du jeu. La passion est la même, et elle dévore. Dans les deux cas, la manipulation de la crédulité, qu'elle soit marivaudage ou friponnerie, semble un plaisir. Telle en est la représentation dans *Le Baiser à la dérobée* de Fragonard[722] : d'un côté de la porte, les bras d'un galant qui attire une jeune fille dans un salon où se joue une partie de cartes, de l'autre côté, meubles et tentures élégantes rehaussent la beauté d'un visage, d'une robe. La puissance de suggestion de l'artiste se mesure à la diagonale de l'écharpe et du bras qui unit ces drôles de joueurs.

Mais y a-t-il tricherie ? Le jeu de cartes crée nécessairement l'espoir du gain de la partie. Quand peut-il devenir une manœuvre de l'escroquerie ?

> « Ce qui est faux ou imaginaire est nécessairement chimérique. [...] En pareille hypothèse, la tricherie constitue une manœuvre frauduleuse, dès lors qu'elle a eu pour effet de diminuer les chances normales de gain et d'amener ainsi une perte au jeu »[723].

§ 1 - L'escroquerie par le jeu

Le jeu est donc dangereux, car puisqu'il repose, par essence, sur l'envie de gagner, il est en lui-même la source, c'est-à-dire la circonstance, qui favorise la manipulation frauduleuse. Mais tout un monde sépare les plaisirs de la Cour et ceux du peuple.

Pourtant, il est une frivolité que la royauté considère comme un potentiel trouble à l'ordre public. L'*Ordonnance* de 1731 dispose par conséquent : « Les jeux ne sont pas autorisés même dans les faubourgs de Paris ; les quilles sont

---

[722] Cette huile sur toile de Fragonard est conservée au Musée de l'Ermitage à Saint-Pétersbourg.

[723] Corinne Mascala, *Répertoire pénal*, Paris, Dalloz, 2001, art. « Escroquerie », n° 103. Cf. Cass. crim. 7 juin 1913, *Bull. crim.*, n° 272.

interdites dans les rues »[724]. Il en est de même pour les jeux de hasard qui sont principalement : les dés, la bassette, le hoka, la pharaon, la tope, la quinte, le passe-dix, le quinquenaux, le quinze et le petit-paquet…

Ainsi, l'exécution des règlements s'avère particulièrement rigoureuse à l'encontre des marchands et colporteurs qui donnent « à jouer dans foires, marchés, villes, bourgs et villages du ressort du Parlement de Paris »[725].

Le contraste entre la volonté politique et la pratique quotidienne demeure cependant très important. Lorsque les traités de police et de morale s'interrogent sur la nature des jeux et leur caractère licite, ils montrent que la société valorise certaines activités ludiques. Ainsi le sport a-t-il bénéficié d'une incontestable reconnaissance. Les jeux d'exercice ont toujours été acceptés par les autorités civiles et ecclésiastiques. Il semblerait qu'au XVIIIe siècle, les magistrats de police « proscrivent toujours les jeux de hasard mais tolèrent les jeux où il entre de l'art et de l'esprit »[726]. L'exploitation au profit de tel ou tel joueur de la répartition aléatoire du hasard ou du semi-hasard n'est pas, en revanche, sans poser problème. D'autant que celui-ci peut être aidé par les filouteries de joueurs professionnels. La police doit donc s'efforcer de protéger les familles, les jeunes et les gens simples, de toutes ces formes de corruption qui sont liées au vice du jeu, de surcroît truqué par la tricherie. Aussi tente-t-elle de surveiller les assemblées ou académies clandestines. Mais comment lutter lorsque la plus grande tolérance et le plus mauvais exemple viennent de la Cour elle-même, qui n'a jamais autant joué[727] ?

Le XVIIIe siècle voit la consécration des cartes à jouer, qui deviennent le premier des divertissements. Des traités sont même écrits et regroupent en catégories différentes variantes comme

> « le piquet et ses enfants, jeu du gillet, du coucou, de la brusquembille, la triomphe, déjà citée par Rabelais, et ses cousins, la mouche, l'homme d'Auvergne, le vingt-quatre, l'hombre et ses frères, hombre à trois, quadrille, quintille, le hoc qui se partage en hoc de Lyon et hoc de Mazarin, sans oublier une foule de jeux aux noms savoureux comme l'impériale, le commerce, le lansquenet, la guimbarde, la beste, le culbas, la sizette, le romestecq, la guinguette, le poquet, ma commère accommodez-moi…»[728].

Les sujets de Sa Majesté s'amusent, mais en oublient-ils pour autant d'être honnêtes ? Qu'est-ce qu'une escroquerie au jeu ? Là plus qu'ailleurs, ne fait-on pas

---

[724] Cf. Anne-Marie Raveau, *La police des jeux à Paris au XVIIIe siècle*, mémoire pour le DES d'Histoire du Droit, Paris, 1965.
[725] Arrêt du Parlement de Paris du 8 février 1706, cf. Anne-Marie Raveau, *op. cit.*
[726] Lucien Bély, *Dictionnaire de l'Ancien Régime*, Paris, PUF, art. « Jeux ».
[727] *Ibid.*
[728] Lucien Bély, *op. cit.*, art. « Jeux de cartes ».

appel à l'espérance d'un crédit imaginaire et, par définition, à des manœuvres tactiques et stratégiques ?

Le bailliage de Mâcon rend, le 17 novembre 1738, une sentence de première instance par laquelle il déclare « lesdits Barat, de La Praye, Berthelet et Geoffroy, dûment atteints et convaincus d'avoir escroqué aux cartes ledit Magloire et lui avoir volé sa montre en argent et sa tabatière en argent... »[729]. Le jeu était donc truqué et Magloire se trouve totalement dupé en pariant sur sa montre et sa tabatière en argent, car il n'a, en réalité et depuis le départ, strictement aucune chance de gagner. L'aléa a disparu. Encore faut-il prouver la tricherie devant les juges et comme, par définition, elle ne doit pas se voir pour ne pas être découverte, le jugement de tels faits est loin d'être simple. C'est ainsi qu'en première instance, sont nettement mis hors de cour De La Praye et Geoffroy, et que le bailliage demande à être plus amplement informé pour les cas de Barat et Berthelet.

En appel, par un arrêt du 27 avril 1739, le Parlement de Paris adopte une position beaucoup plus tranchée. Il considère que Barat n'est pas coupable et le met hors de cour. Il juge au contraire que les dénommés Berthelet, De La Praye et Geoffroy ont commis une escroquerie au jeu. En conséquence de quoi ils sont condamnés. Le Parlement de Paris sanctionne donc cette façon de s'accaparer le bien d'autrui en manipulant la crédulité de celui qui par amour du jeu succombe à ce délassement.

Le 25 avril 1743, le Châtelet de Paris doit se prononcer en première instance sur le cas de Jacques Borry et Le Noir, « dûment atteints et convaincus d'avoir escroqué plusieurs personnes au jeu »[730]. Mais qu'est-ce que l'escroquerie, lorsque les victimes acceptent le risque ? Le Châtelet n'arrive pas à conclure cette affaire. Le Parlement de Paris, dans un arrêt du 20 août 1743, n'est pas plus convaincu de la culpabilité pénale et confirme la sentence du Châtelet.

Toujours dans le ressort du Parlement de Paris, examinons maintenant la sentence rendue en première instance par le bailliage de Troyes, le 16 octobre 1747. Augustin Caussin et son complice Gervais y sont déclarés « dûment atteints et convaincus d'avoir escroqué plusieurs personnes au jeu et d'avoir ainsi gagné plusieurs objets en argent qu'ils ont vendu ensuite »[731]. Les gains sont tellement importants, et la manœuvre si incontestablement frauduleuse, que la juridiction n'hésite pas à condamner l'auteur principal, le dénommé Caussin, d'autant que c'est lui qui revendait tous les objets en argent qu'il avait réussi à escroquer. Caussin était aidé dans son jeu par un simple complice, Gervais, qui a bien peu profité de la manipulation. En appel, le Parlement de Paris se prononce le 12

[729] Arch. Nat. X^{2B} 984, affaires n° 137, 144, 175 et 202 : Barat, Berthelet, De La Praye, Geoffroy, arrêt du 27 avril 1739.
[730] Arch. Nat. X^{2B} 993, affaire n° 153 : Jacques Borry et Le Noir, arrêt du 20 août 1743.
[731] Arch. Nat. X^{2B} 1002, affaire n° 162 : Augustin Caussin et Gervais, arrêt du 12 janvier 1748.

janvier 1748 et, dans son arrêt, confirme la sentence rendue contre Augustin Caussin.

Le 24 septembre 1752, la cour de justice de Dourdan connaît en première instance le cas d'Anne Bordeaux, « dûment atteinte et convaincue d'avoir escroqué au jeu ledit Grandchamps »[732]. La juridiction condamne pour ces faits Anne Bordeaux à être admonestée. En appel, le Parlement de Paris, par un arrêt en date du 31 janvier 1753, confirme cette sentence, mais oblige, de surcroît, la condamnée à verser trois livres d'aumône envers les pauvres.

Pourquoi telle juridiction condamne-t-elle, pourquoi telle autre met-elle hors de cour, et enfin pourquoi le Parlement de Paris tend-il à aggraver les peines ? Sans doute la réponse à ces questions se trouve-t-elle dans l'explication que nous donne R. Garraud plus d'un siècle plus tard, en 1894.

> « Faire naître l'espérance d'un succès, c'est donner l'espérance d'un événement heureux quelconque. Cette espérance devient celle d'un succès chimérique, lorsque l'événement annoncé ne doit pas se réaliser. Faire craindre un accident, c'est faire craindre à une personne que tel événement malheureux se réalise. Faire naître l'espérance ou la crainte de tout autre événement chimérique, c'est bercer les illusions d'une personne en lui faisant croire que tel fait heureux arrivera, tandis qu'il ne doit pas se réaliser, ou en lui faisant croire qu'un événement malheureux se présentera, tandis qu'il n'en est rien ; c'est lui faire croire qu'un droit, une obligation, une situation existe pour elle, tandis qu'il n'en est rien ; en un mot, c'est tirer parti de sa cupidité, de son ambition, de ses passions, par de vaines illusions ou de vaines promesses. Il s'agit donc du procédé d'escroquerie le plus simple et le plus fréquent, celui qui, neuf fois sur dix, sera visé par la prévention. [...] Le jeu, loyalement pratiqué, n'est pas un délit. Mais la tricherie au jeu peut tomber sous l'application [de l'escroquerie] [...] »[733].

Dans quel cadre ne respecte-t-on pas les règles, les conventions du jeu au point de tromper ?

L'avocat au Parlement Michel Pierre Guyot est avant tout un praticien, il est même conseiller du roi et commissaire au Châtelet de Paris. C'est en son hôtel et devant lui que comparaissent, le dimanche 27 mai 1759[734], à huit heures du soir, Jean-François Marchand, marchand de vin de son état, demeurant rue du Four à l'Étoile d'or, et Nicolas Soulié, musicien demeurant rue de la Grande Truanderie, paroisse Saint-Eustache au Cheval blanc, ainsi que Jacques Borelly, marchand

---

[732] Arch. Nat. X^{2B} 1012, affaire n° 300 : Anne Bordeaux, arrêt du 31 janvier 1753.

[733] R. Garraud, *Traité théorique et pratique de droit pénal français*, Paris, éd. Larose, 1894, t. V, p. 260.

[734] Arch. Nat. Y 10.224, affaire n° 15 : Constantin Varoxa, sentence du Châtelet du 30 décembre 1760, jugement à l'extraordinaire.

laitier demeurant également à ladite rue de la Grande truanderie. Ils ne se présentent pas spontanément, mais sont amenés par le sieur de La Villegaudin, lui aussi conseiller du roi, et inspecteur de police de son état. En effet, le policier veut faire constater à l'avocat Guyot que les comparants ont des plaintes concordantes à déposer devant lui. Ces hommes expliquent en effet par déposition qu'un dénommé Varoxa,

> « se disant turc de nation, demeurant rue et cour du Cherche-Midi a distribué dans le public et notamment aux comparants différents billets d'une loterie qu'il a fait à douze sols le billet, et dans laquelle sont compris différents lots au nombre de quatre vingt dix, qui sont composés de pendule, montre d'argent et autres effets détaillés dans un état qu'ils nous ont à l'instant représenté ; que ce jourd'huy de relevée, cette loterie a été tirée en présence des comparants et de différents autres particuliers intéressés en icelle dans le jardin de J. F. Marchand, l'un des comparants, par l'événement duquel tirage, il est sorti de la roue les quatre vingt dix numéros qui ont été appelés comme emportant les lots annoncés dans le dit état, qu'ils ont été fort étonnés de voir qu'aucun de ceux qui étoient présents quoi qu'en grand nombre, et ayant une très grande quantité de billets, n'avoient eu aucuns lots [...] »[735].

Les plaignants sont donc d'accord pour indiquer qu'ils voulaient jouer dans le cadre d'une loterie, qu'ils en acceptaient l'aléa ainsi que le prix de chaque billet, douze sols, à la condition d'avoir quelque chance de gagner les lots. Ces prix paraissaient d'autant plus tentants qu'ils étaient nombreux (quatre-vingt-dix) - ce qui statistiquement augmente la chance de gagner sur le nombre de joueurs - et d'une valeur certaine, puisqu'il s'agissait de montres d'argent et de pendules entre autres, dont la valeur intrinsèque était nettement supérieure au prix du billet de douze sols. L'intérêt des joueurs dans cette loterie, si celle-ci avait été honnête, était donc évident, parce qu'ils pouvaient espérer recevoir plus que leur mise, et ce avec de réelles chances de gagner.

Or l'incohérence statistique des résultats du tirage met la puce à l'oreille de nos joueurs, qui soupçonnent immédiatement une tricherie de la part de Varoxa. Guyot note en effet dans son procès-verbal « qu'ils ont sur le champ soupçonné que cette loterie étoit infidèle »[736].

Mais voilà que nos joueurs passent eux-mêmes du soupçon à la vérification, et qu'ils font preuve d'initiatives tout à fait édifiantes. L'amour du jeu les a, un temps, rendus crédules, mais s'il s'avère qu'ils ont été manipulés, ils ont bien l'intention de démontrer l'existence d'une escroquerie. C'est pourquoi ils

---

[735] *Ibid.*
[736] *Ibid.*.

expliquent au conseiller du roi Guyot qu'ils ont cherché à savoir s'ils étaient victimes de cette infraction pénale.

> « [...] Pour s'en assurer, ils se sont emparés de la roue pour vérifier si les billets restant dans la roue formoient avec les quatre vingt dix qui en étoient sortis, la totalité des trois mille dont elle devoit être composée, qu'ils ont reconnu en les comptant qu'il ne restoit dans la roue que seize cent numéros, que le deuxième millier ne comprenoit que six cent et quelques numéros, au lieu de mil, et qu'il n'y avoit que quatre, depuis quatorze cent jusqu'à quinze »[737].

Le raisonnement de nos victimes est subtil, ce qui démontre d'ailleurs qu'ils pensaient avoir de très réelles chances de gagner, puisque, *a contrario*, ils poussent le calcul jusqu'à considérer que la loterie devait être composée de trois mille billets. Ils devaient donc vérifier que l'ensemble de ces billets se trouvait bien dans la roue. En soustrayant des trois mille les quatre-vingt-dix billets, ceux qui en étaient sortis, puisqu'ils correspondaient aux numéros qui auraient dû gagner, il aurait dû en rester deux mille neuf cent dix. Quelle n'a pas été leur surprise de constater, en les comptant, que ce n'était pas le cas à cause de la manœuvre frauduleuse de Varoxa, qui fait qu'aucun numéro gagnant n'était sorti de la roue. C'est pourquoi ils affirment devant l'avocat Guyot :

> « [...] et comme la suppression du surplus des dits billets est un vol manifeste de la part du dit Varoxa, que d'ailleurs elle a été tirée sans aucune permission, ils ont crû devoir se saisir de la roue qui a servi pour tirer la loterie, dans laquelle ils ont remis les numéros qui en sont sortis lors du tirage, laquelle, ainsi que les dits numéros, ils nous représentent, ensemble vingt neuf billets de ladite loterie qu'ils ont payé ou retiré de différents particuliers qui les avoient pris, dont et de quoi ils nous font la présente déclaration, de laquelle ils nous ont requis acte pour servir et valoir à Monsieur le Procureur du Roy ce que de raison, et ont signé en notre minute »[738].

Le lendemain matin, Michel Pierre Guyot, à onze heures, entend à nouveau Jean-François Marchand, qui tient à apporter certaines précisions. Varoxa aurait envoyé à son domicile une femme qui aurait jeté dans la cheminée de la salle une grande quantité de numéros roulés, pour s'échapper ensuite. Ces faits se seraient passés alors qu'il n'était pas encore rentré de sa première visite au Châtelet.

---

[737] Arch. Nat. Y 10.224, affaire n° 15 : Constantin Varoxa, sentence du Châtelet du 30 décembre 1760, jugement à l'extraordinaire.
[738] *Ibid.*

« L'an mil sept cent cinquante neuf, le lundi vingt huit mai onze heures du matin, en notre hôtel et par-devant nous Michel Pierre Guyot, avocat au parlement, conseiller du Roy, commissaire au Châtelet de Paris, est comparu sieur Jean François Marchand, marchand de vin à Paris demeurant rue du Four à l'enseigne de l'étoile d'or, lequel nous a dit et déclaré que pendant qu'il étoit hier à nous faire sa déclaration contre le nommé Varoxa, au sujet de la loterie qu'il a tirée chez lui, le dit Varoxa a envoyé chez le comparant une particulière qui a jeté dans la cheminée de sa salle quantité de numéros roulés, et s'est ensuite évadée [...] »[739].

Par chance, notre marchand de vin, à la fin du mois de mai, n'avait pas besoin de faire du feu. Par conséquent, aucune braise n'avait détruit les fameux billets qui auraient dû soit compromettre la validité de a première plainte, soit en annuler les effets. C'est pourquoi Jean-François Marchand explique au conseiller Guyot, qui note ces faits scrupuleusement sur le procès-verbal de la seconde plainte :

« [...] que le comparant de retour chez lui, ayant appris ce fait, a ramassé les dits numéros au nombre de treize cent et tant, qui lui ont paru être ceux qui manquoient lors du tirage de ladite loterie, nous représentant ces dits numéros tous cachetés et roulés pour servir de pièces de conviction »[740].

À la suite de cette instruction conduite à l'extraordinaire, le procureur du roi, demandeur et accusateur à la procédure, prend son réquisitoire contre Constantin Varoxa, marchand forain, défendeur et accusé au Châtelet :

« Vu les accusations faites au commissaire Guyot les vingt sept et vingt huit mai de l'année dernière par les nommés Marchand, marchand de vin, Nicolas Soulié, musicien, et autres particuliers au sujet d'une loterie faite sans permission par le nommé Varoxa et de la fraude par lui pratiquée lors du tirage d'icelle ; ordonnance du trente un du même mois portant qu'il sera informé des faits y contenus ; information faite par le dit commissaire le onze juin suivant ; ordonnance du quatorze du même mois portant qu'elle sera continuée et cependant le nommé Varoxa pris au corps ; interrogatoire subi le vingt deux juillet de la précédente année par le dit Constantin Varoxa ; ordonnance du vingt neuf portant qu'il sera vu et visité par les médecins et chirurgiens du Châtelet pour connoître s'il a été repris de justice et les témoins récolés et confrontés ; rapport des médecins et chirurgiens du Châtelet de la visite du dit accusé ; récolements et confrontations du quatorze août suivant ; le tout à moi communiqué et examiné.

Je requiers pour le Roy le dit Constantin Varoxa être déclaré dûment atteint et convaincu d'infidélités et escroqueries par lui commises envers le public dans le

[739] *Ibid*

[740] *Ibid.*

tirage d'une loterie de bijoux qu'il avoit établie, et dont il a répandu des billets dans le public sans y être autorisé ainsi qu'il est mentionné au procès »[741].

Guyot, futur auteur du *Répertoire universel et raisonné de juriprudence...* de 1785, a donc su conduire son enquête tambour battant, puisque Moreau, le Procureur du roi, n'émet aucune réserve dans son réquisitoire. Il considère que les escroqueries sont bien établies à l'encontre de Constantin Varoxa dans ce tirage de loterie qu'il qualifie d'infidèle, c'est-à-dire non conforme aux règles du jeu. Il était, de surcroît, non autorisé par les autorités. Aussi Moreau est-il particulièrement rigoureux, lorsqu'il conclut :

> « Pour réparation condamné à être attaché au carcan en la Place de Grève, et y demeurer depuis midi jusqu'à deux heures ayant l'écriteau devant et derrière portant les mots « Auteur d'une loterie non autorisée Escroc et infidèle » [...]»[742].

Il tient donc à faire connaître dans le grand public sa qualification des faits, qui se veut particulièrement infamante.

La sentence du Châtelet n'a malheureusement pas été conservée, car, rappelons-le, le fonds est particulièrement lacunaire. Il est vraisemblable que le procureur du roi a été suivi dans ses réquisitions, et que l'infraction d'escroquerie au jeu par loterie de bijoux a été considérée comme constituée.

Il est également important de souligner que le ministère public n'a guère apprécié dans cette affaire que Varoxa n'ait pas demandé l'autorisation de tenir une loterie. Notons pour mémoire que l'article 410 du *Code pénal* de 1810 a puni dans les mêmes conditions ceux qui ont établi ou tenu des loteries non autorisées par la loi. Il en était de même pour ceux qui tenaient des maisons de jeu de hasard. Revenant sur ce texte, certains auteurs, dont Marcel Rousselet et Maurice Patin, se montrèrent critiques :

> « Il servait surtout pratiquement à assurer le privilège de la loterie alors autorisée par le Gouvernement. La loi du 21 mai 1836 a supprimé la loterie royale et en même temps elle a prohibé toutes les loteries, sous les peines de l'article 410 du *Code pénal* »[743].

Aujourd'hui, le succès des casinos et des salles de jeu est tel qu'il alimente aussi certaines principautés ou résidences de villégiature de mannes inespérées.

---

[741] Arch. Nat. Y 10.224, affaire n° 15 : Constantin Varoxa, sentence du Châtelet du 30 décembre 1760, jugement à l'extraordinaire.

[742] *Ibid.*

[743] Marcel Rousselet et Maurice Patin, *Droit pénal spécial*, 7e éd., Paris, Sirey, 1958, p. 613, art. « Loteries », n° 893.

L'enjeu reste le même. L'État ou les collectivités territoriales doivent-elles jouir d'un monopole en la matière ? La police des jeux peut-elle être véritablement efficace ? La passion qui rend aveugle ne favorise-t-elle pas toujours l'art de duper ?

Déjà sous le règne de Louis XIV, Jean de La Bruyère avait manifesté son hostilité au jeu en faisant prévaloir une morale toute janséniste :

> « Mille gens se ruinent au jeu, et vous disent froidement qu'ils ne sauraient se passer de jouer ; quelle excuse ! Y a-t-il une passion, quelque violente ou honteuse qu'elle soit qui ne pût tenir ce même langage ? Serait-on reçu à dire qu'on ne peut se passer de voler, d'assassiner, de se précipiter ? Un jeu effroyable, sans retenue, sans bornes, où l'on est transporté du désir de gain, désespéré de la perte, consumé par l'avarice, où l'on expose sur une carte ou à la fortune du dé la sienne propre, celle de sa femme et de ses enfants, est-ce une chose qui soit permise ou dont l'on doive se passer ? Ne faut-il pas quelquefois se faire une plus grande violence, lorsque poussé par le jeu jusques à une déroute universelle, il faut même que l'on se passe d'habits et de nourriture, et de les fournir à sa famille ?
>
> Je ne permets à personne d'être fripon ; mais je permets à un fripon de jouer un grand jeu ; je le défends à un honnête homme. C'est une trop grande puérilité que de s'exposer à une grande perte »[744].

Jean de La Bruyère ne peut s'empêcher de manier le paradoxe : que les fripons jouent, et que les gens honnêtes s'en abstiennent ! L'aléa et le gain facile participent du monde psychologique de l'escroc, tandis que l'honnêteté et la prudence constituent celui de l'homme de bien. Nul doute que, dans ces conditions, tout jeu serait une escroquerie. Mais ne se retrouveraient pris que des fripons, et non pas d'innocentes victimes aveuglées par la passion.

Ces victimes sont-elles cependant aussi crédules que l'on veut bien le penser, et leur manipulation ne résulte-t-elle pas de leur avidité ?

Le bailliage d'Orléans rend, le 18 août 1762, une sentence[745], à la requête du substitut du procureur général du roi, à la suite de l'enquête diligentée par le lieutenant criminel, contre Louis Durfort, Robert Le Loutre, François Clairet, Pierre Grigné, René Fromentin, René Pellé et Antoine Bourdoiseau, défendeurs et accusés, prisonniers ès prisons de la conciergerie du palais à Paris. Ils sont déclarés « dûment atteints et convaincus d'avoir attiré des passants dans différents cabarets et auberges qui sont sur la route de Paris à Orléans, de les avoir fait jouer à différents jeux et d'avoir escroqué leur argent »[746].

---

[744] La Bruyère, *Les Caractères ou les mœurs de ce siècle*, t. VI « Des biens de fortune », n° 75, Bruxelles, 1843.
[745] Arch. Nat. X^{2B} 1028, affaire n° 304 : Estienne Bourdoiseau et *alii*, arrêt du 7 septembre 1762.
[746] *Ibid.*

La ruse est ici intéressante, puisqu'elle se double d'un véritable guet-apens mental constitué de la pression qui est faite sur les futures victimes par les dupeurs, et qui prend la forme d'une incitation par l'attirance à les faire jouer dans divers cabarets et auberges. Prises dans ce piège passionnel du jeu, elles succombent sous les coups des différentes tricheries.

C'est pourquoi le bailliage d'Orléans condamne Louis Durfort, Robert Le Loutre, François Clairet et Pierre Grigné

> « à être, par l'exécuteur de la haute justice, attachés à un carcan qui seroit pour cet effet planté en la place principale de ladite ville d'Orléans au premier jour de marché pour y demeurer pendant le temps et espace de trois heures ayant devant et derrière eux chacun un écriteaux portant ces mots « filou au jeu », condamnés en outre à six livres d'amende chacun au profit de S.A.S. le duc d'Orléans. »[747].

Appel est interjeté de cette décision, et le Parlement de Paris se prononce dans un arrêt en date du 7 septembre 1762, par lequel il « met l'appellation et sentence de laquelle a été appelé au néant »[748].

En ce qui concerne l'accusation portée contre René Fromentin par le procureur du roi, le Parlement « met les parties hors de cour, en conséquence ordonne que les prisons lui seront ouvertes »[749].

§ 2 - Une jurisprudence abondante

Les infractions d'escroquerie au jeu émaillent le siècle de Louis XV. Nous voici le 15 janvier 1765, toujours dans le ressort du Parlement de Paris[750]. La cour de justice d'Orléans, en première instance, rend une sentence par laquelle elle considère Claude Girard, Christophe Le Duc et François Neveu comme « dûment atteints et convaincus d'avoir escroqué aux cartes ledit Gariaut et ainsi de lui avoir pris une tabatière et des boucles de soulier en argent »[751].

Le Parlement de Paris, dans un arrêt du 20 juin 1765, confirme la culpabilité de Girard et Neveu.

Reprenons le tour des juridictions de la circonscription du Parlement de Paris, et examinons la sentence rendue le 7 janvier 1771 en première instance par le bailliage de Lyon où Jean-Baptiste Chaudet est déclaré « dûment atteint et convaincu d'avoir entraîné ledit Legras dans une auberge, de lui avoir proposé de

---

[747] Arch. Nat. X^{2B} 1028, affaire n° 304 : Estienne Bourdoiseau et *alii*, arrêt du 7 septembre 1762.
[748] *Ibid.*
[749] *Ibid.*
[750] Arch. Nat. X^{2B} 1033, affaire n° 426 : Claude Girard, Christophe Le Duc, François Neveu, arrêt du 20 juin 1765.
[751] *Ibid.*

jouer aux cartes après l'avoir fait boire plus que de raison, et de lui avoir ainsi dérobé la somme de 14 livres, une tabatière en cuivre et d'autres effets lui appartenant »[752].

Néanmoins, la juridiction lyonnaise n'est pas convaincue par les arguments du procureur du roi, et demande à être plus amplement informée. Le Parlement de Paris, dans son arrêt du 23 avril 1771, se range à cette sage décision.

Le 16 juillet 1772, le bailliage de Montdidier rend une sentence par laquelle il considère François-Philippe Delasalle[753],

> « dûment atteint et convaincu d'avoir filouté, escroqué au jeu de cartes et emporté par force et violences les habits et effets mentionnés au procès appartenant aux nommés Chevreau et Caboche dans le cabaret de Beauvoir le 5 octobre 1771, et d'avoir filouté au jeu de cartes les particuliers dénommés au procès dans le cabaret le 15 dudit mois d'octobre ».

Il faut ici distinguer le jeu de cartes filouté qui est donc totalement truqué et ne peut que duper les malheureux Chevreau et Caboche, et le fait d'avoir ainsi gagné un certain nombre d'effets que François-Philippe Delasalle, devant la résistance des victimes, emporte avec force et violence. La ruse n'est donc pas toujours exclusive de la brutalité et la manipulation de la crédulité des victimes ne signifie pas que celles-ci s'abstiennent de vives réactions.

En conséquence de quoi, la juridiction de première instance condamne François-Philippe Delasalle[754].

Le Parlement de Paris, dans son arrêt en date du 3 septembre 1772, est plus dubitatif quant à la preuve du trucage des cartes, et demande tout simplement à être plus amplement informé.

Nous voici dans le bailliage de Montereau, le 8 mai 1773, quand cette juridiction de première instance rend sa sentence contre Etienne Bouret et Philippe-Antoine Chapelain, déclarés « dûment atteints et convaincus d'avoir filouté au jeu au nommé Levieux sa montre et sa tabatière d'argent »[755]. Le Parlement de Paris, dans son arrêt en date du 26 juillet 1773, condamne à son tour les deux accusés au carcan pendant une journée, avec port d'un écriteau mentionnant qu'ils sont « escrocs au jeu ».

Quels que soient la ville, ses faubourgs ou la campagne alentour, l'ambiance que fait régner le jeu dans la rue, au XVIIIe siècle, est douteuse.

---

[752] Arch. Nat. X^{2B} 1045, affaire n° 330 : Jean-Baptiste Chaudet, arrêt du 23 avril 1771.

[753] Arch. Nat. X^{2B} 1047, affaire n° 360 : François-Philippe Delasalle, arrêt du 3 septembre 1772.

[754] *Ibid.*

[755] Arch. Nat. X^{2B} 1049, affaires n° 306 et 325 : Estienne Bouret et Philippe-Antoine Chapelain, arrêt du 26 juillet 1773.

« Quoi qu'il en soit des maisons où l'on joue et où ne peuvent venir que les bourgeois, le petit peuple joue à la balle, aux quilles, au dé, aux cartes, au biribi et à toutes sortes d'autres choses encore. Les disputes sont promptes et les facéties au jeu tournent parfois mal »[756].

Louis-Sébastien Mercier assure que les filous et escrocs sont polis, souvent aimables, et se joignent naturellement aux passe-temps favoris de leurs contemporains pour mieux les duper : « L'un se mêle avec des joueurs, amorce l'un d'entre eux par des pertes volontaires, et après l'avoir alléché, le ruine par des fraudes hardies et méditées »[757].

Que ne dit-il la vérité ! Et comment débusquer un escroc en ce chanoine de l'église collégiale de Notre-Dame d'Aigueperce qui, malgré son habit, n'en a pas moins l'occasion de tromper des particuliers par ses ruses au jeu ? Or la juridiction de première instance de Riom juge, le 21 avril 1774, le chanoine Jacques de La Cour, « dûment atteint et convaincu d'avoir lié société avec Jacques James et autres escrocs et filous au jeu pour induire par ruses ou par sollicitations en différents lieux des particuliers à des parties de jeu »[758].

Ses procédés n'ont rien d'innocent. Le chanoine de La Cour s'annonce sous des noms et des qualités supposés et fait appel à quelques complices pour enivrer ceux qu'il entend duper. Il obtient par ses sollicitations des gains au jeu qui ne sont pas mineurs, puisqu'il s'agit non seulement de sommes d'argent, mais encore de lettres de change ou de billets, voire de tasses en argent. Il réclame aussi les valeurs que les victimes peuvent avoir sur elles. La morale n'est guère sauve dans cette affaire d'autant que les jeux sont non seulement truqués, mais qu'ils s'accompagnent de scènes d'ivresse. Autant dire que Riom n'apprécie guère les agissements de ce De La Cour qui a fait le tour de la région en commettant ses méfaits aussi bien à Marinquet qu'à Bonnet-Pomerol ou à Thiers. C'est pourquoi, en premier ressort, l'accusé est déclaré

> « dûment atteint et convaincu d'avoir lié société avec Jacques James et autres escrocs et filous au jeu pour induire par ruses ou par sollicitations en différents lieux des particuliers à des parties de jeu et leur escroquer leur argent, lettres de change ou billets, de s'être annoncé sous des noms et des qualités supposés, d'avoir au mois d'août 1764 avec autres ses complices escroqué en la ville de Marinquet à Bonnet Pommerol, du lieu de Gérat, une lettre de change de la somme de 20 000 livres et une tasse d'argent en abusant de l'état d'ivresse auquel ils l'avoient réduit, ladite lettre de change, mentionnée en l'acte de département consenti par ledit De La Cour et autres le 3 avril 1765 devant Boudu notaire en

---

[756] Arlette Farge, *Vivre dans la rue à Paris au XVIIIe siècle*, Paris, Gallimard, 1992, p. 78.
[757] Louis-Sébastien Mercier, *Tableau de Paris,* t. I, ch. XXXI « Escrocs polis, filoux ».
[758] Arch. Nat. X^{2B} 1051, affaire n° 354 : Jacques de La Cour, arrêt du 18 juillet 1774.

ladite ville, d'avoir le 27 novembre en la ville de Thiers, en l'auberge de Michel Dion, conjointement avec autres ses complices, escroqué à Antoine Dupuy plusieurs billets à ordre et une tasse d'argent, sous prétexte de perte au jeu « Dinde, l'homme d'Auvergne », lesquels billets lui et ses complices feignoient le lendemain de jeter au feu au moyen du payement fait par ledit Dupuy de la somme de dix Louis, nonobstant lequel payement il y a eu action subséquente formée audit juge contre ledit Dupuy à la requête de Jacques James, l'un des complices dudit De La Cour, comme aussi d'avoir quelques années avant, assisté de deux de ses complices, tenter d'entraîner à des parties de jeu des jeunes gens rassemblés en l'auberge de Pierre Constanciat, à Leroux, à dessein de leur escroquer leur argent et pour parvenir à leur but d'avoir affecté de reprendre sur la table des espèces d'or et d'argent ».

Jacques De La Cour est condamné en première instance au carcan durant trois jours, avec le port d'un écriteau qui ne laisse plus aucun doute sur sa véritable nature, puisqu'il y est indiqué qu'il est un « escroc et filou au jeu »[759].

Que raconte Jacques De La Cour au Parlement, pour convaincre ses juges de son innocence ? Il s'exprime assez bien en tout cas pour instiller le doute dans leur esprit. Par un arrêt en date du 18 juillet 1774, le Parlement de Paris demande finalement à être plus amplement informé sur le cas de ce chanoine qui a décidément plus d'un tour dans son sac.

Le Châtelet connaît, par sa sentence de première instance du 27 août 1774, les infractions reprochées à Jean-André Delgies, Jean-Baptiste Legris, Philippe Laval, Jacques Meirans, Antoine Guérin, Joseph Renaud, Blaise Le Comte, Louis Vénaux, Joseph Fayeux, François Bérard, Joseph Martin, Pierre Rainal, Jean-François Lescaut, Laurent-François Juibert, Jean-Esprit Desmarret et Jean-François Paternotre. Ils sont

« convaincus d'une multitude de filouteries et d'escroqueries par eux pratiquées dans Paris, ses environs et même en province, envers différents marchands et autres particuliers auxquels ils ont par la plus inique mauvaise foi trouvé les moyens d'enlever des marchandises pour des sommes considérables ou de l'argent comptant soit au jeu avec des cartes préparées, soit par des tours d'adresse et de subtilité, soit enfin par des paris en apparence avantageux à ceux qui s'y livroient [...] »[760].

---

759 Arch. Nat. X^{2B} 1051, affaire n° 354 : Jacques de La Cour, arrêt du 18 juillet 1774.

760 Arch. Nat. X^{2B} 1051, affaire n°364 : Jean-André Delgies, arrêt du 13 décembre 1774 ; ainsi que Jean-Baptiste Legris (affaire n° 483), Philippe Laval (affaire n° 466), Jacques Meirans (affaire n° 508), Antoine Guérin (affaire n° 438), Joseph Renaud, Blaise le Comte (affaire n° 475), Louis Vénaux, Joseph Fayeux (affaire n° 396), François Bérard, Joseph Martin, Pierre Rainal, Jean-François Lescaut, Laurent-François Juibert, Jean-Esprit Desmarret (affaire n° 370), Jean François Paternotre.

Le jeu truqué, sous toutes ses formes, constitue le moyen par excellence d'empêcher la future victime de se rendre compte de la réalité de la manœuvre. Tandis qu'elle espère, les dés sont pipés. Le Châtelet remarque cependant que la ruse n'implique pas la violence, et inversement. De toutes façons, les accusés peuvent gagner beaucoup d'argent.

> « [...] mais dont le succès leur assuroit davantage de crédit sur leur dupes dans aucunes desquelles occasions ils ont été véhémentement suspects d'avoir eu recours à la violence ou aux voies de fait. D'autres, dûment atteints et convaincus d'avoir par des propos et des démarches concertés avec les susnommés - Legris, Meirand et Laval - et autres leurs complices secondé et favorisé lesdites escroqueries et filouteries, même d'y avoir participé et d'en avoir tiré du profit, ainsi qu'il est mentionné au procès. »

En conséquence de quoi le Châtelet considère qu'aucun fait ne peut être reproché à Delgies et à Le Comte, et les met hors de cour. Le Parlement de Paris se prononce en appel le 13 décembre 1774 sur l'ensemble de ces faits, et confirme les décisions rendues en première instance contre Legris, Laval, Le Comte, Guérin et Fayeux. En revanche, la sentence est réformée en ce qui concerne Delgies, puisque ce dernier doit faire l'objet d'un plus amplement informé. Enfin, l'arrêt de la cour est particulièrement sévère pour Desmarret.

Guyot, dans son *Répertoire universel et raisonné*, commente cette affaire de la façon suivante :

> « Par un autre arrêt du Parlement du 13 décembre 1774, Jacques Meirans, Jean-Baptiste Legris, Philippe Laval, dit Bonhomme, et Jean-Esprit Desmarret, dit Saint-Martin, ont été condamnés à être attachés au carcan en place de Grève, ayant chacun des écriteaux, l'un devant et l'autre derrière, portant ces mots, « Cocangeur, Escroc public et fripon au jeu », et aux galères, savoir pour neuf ans, le second et le troisième pour cinq ans, et le quatrième pour trois ans, à cause des filouteries et escroqueries par eux pratiquées à Paris, et dans le voisinage, même en province, soit au jeu avec des cartes préparées, soit par des tours d'adresse et de subtilité, soit enfin par des jeux envers différents marchands et particuliers... »[761].

L'attrait du jeu reste constant à la fin du siècle de Louis XV, puisque la sénéchaussée du Mans a, dans une sentence du 21 janvier 1777, déclaré Julien Le Camus « dûment atteint et convaincu d'avoir il y a un an à la foire de la Saint-Nicolas dernière filouté la somme de 6 livres à un particulier inconnu de la paroisse de Courcival en jouant avec lui à un jeu composé de trois cartes... et d'avoir filouté

---

[761] Guyot, *Répertoire universel et raisonné de jurisprudence civile, criminelle, canonique et bénéficiale*, t. VII, Paris, 1785, p. 680.

en novembre dernier la somme de 180 livres à un fermier en jouant avec lui à un jeu composé de trois cartes...»[762]. Le Camus n'est que blâmé pour sa conduite inconvenante et illégale, par la juridiction du Mans. Le Parlement de Paris est beaucoup plus sévère, puisqu'il décide d'exposer le condamné au carcan.

Nous voici le 11 décembre 1777, lorsque le Châtelet condamne en première instance Pierre Coursier, Jean-Jacques Marye et René Giraud,

> « dûment atteints et convaincus d'avoir escroqué à un voyageur avec lequel ils avoient lié connaissance en route et qu'ils ont fait jouer dans un cabaret de Nanterre trois louis et une montre d'argent, contre lesquels trois louis et montre ils ont mis au jeu une bourse dans laquelle étoit un étui de bois lequel avoit la forme d'un rouleau de louis... »[763].

Les salles de jeu n'offrent pas toujours les dorures d'élégants salons pourtant également à la mode. Elles n'en présentent pas moins le même intérêt, en y attirant les foules qui ne voient plus la réalité du décor pour n'en rester qu'à l'enjeu. La Bruyère avait déjà dépeint au XVIIe siècle la particulière attention qui existait dans ces salles de jeu :

> « Une tenue d'États, où les chambres assemblées pour une affaire très capitale, n'offrent point aux yeux rien de si grave et de si sérieux qu'une table de gens qui jouent un grand jeu ; une triste sévérité règne sur leur visage ; implacables l'un pour l'autre et irréconciliables ennemis pendant que la séance dure, ils ne se reconnaissent plus ni liaison, ni alliance, ni naissance, ni distinction. Le hasard seul, aveugle et farouche divinité, préside au cercle, et y décide souverainement. Ils l'honorent tous par un silence profond, et par une attention dont ils sont partout ailleurs fort incapables : toutes les passions comme suspendues cèdent à une seule ; le courtisan alors n'est ni doux, ni flatteur, ni complaisant, ni même dévot. L'on ne reconnaît plus en ceux que le jeu et le gain ont illustrés la moindre trace de leur première condition. Ils perdent de vue leurs égaux, et atteignent les plus grands seigneurs. Il est vrai que la fortune du dé ou du lansquenet les remet souvent où elle les a pris. »[764].

Un cabaret de Nanterre où se croisent un marchand quincaillier, un dégraisseur et un fabricant de bas au métier - car telles sont les professions respectives de Marye, Giraud et Coursier -, n'est donc pas une salle de jeu plus mauvaise qu'une autre. Le Châtelet de Paris entend y mettre bon ordre, en

---

762 Arch. Nat. X^{2B} 1056, affaire n° 471 : Julien Le Camus, arrêt du 24 mars 1777.

763 Arch. Nat. X^{2B} 1059, affaire n° 340 : Pierre Coursier, Jean-Jacques Marye, René Giraud, arrêt du 12 février 1778.

764 La Bruyère, *Les Caractères ou les mœurs de ce siècle*, t. VI « Des biens de fortune », n° 75, Bruxelles, 1843, p. 118.

condamnant le 11 décembre 1777 les trois accusés au carcan, avec le port d'un écriteau où il est mentionné « escroc au jeu »[765]. En appel, le Parlement de Paris, par son arrêt du 12 février 1778, aggrave la peine.

Didier Baillot est jugé en première instance le 16 octobre 1779 par la juridiction de Chaumont-en-Bassigny, « dûment atteint et convaincu d'avoir volé et escroqué ledit Pierlot au jeu »[766]. Il interjette appel de cette décision. Bien lui en prend, car le Parlement ne semble pas convaincu par les preuves de son escroquerie au jeu et, en conséquence, demande à être plus amplement informé.

Pierre Deniau[767] est condamné en première instance par la juridiction du Mans dans sa sentence du 3 mars 1781, « dûment atteint et convaincu d'avoir escroqué ledit Pierre au jeu ». C'est ainsi qu'il doit subir à deux heures de carcan avec obligation de porter un écriteau « escroc au jeu ». Le Parlement, par un arrêt du 11 septembre 1781, confirme cette sentence.

Versailles a également à connaître des escroqueries au jeu, dont le prix est particulièrement somptueux, puisque la juridiction de première instance, dans sa sentence du 25 mars 1784, reconnaît René Farouette « dûment atteint et convaincu d'avoir escroqué au jeu ledit de Crévoisier et de lui avoir ainsi volé une tabatière de vermeil et un anneau d'or… ». Pour ces faits, il est condamné à deux heures de carcan avec écriteau « escroc au jeu ». Le Parlement de Paris, par son arrêt du 7 octobre 1784, confirme cette sentence[768].

Le Châtelet doit juger, autant que faire se peut, ce type d'escroqueries, puisque Jean-François Bernard, en audience du 14 juin 1784, est déclaré « dûment atteint et convaincu d'avoir escroqué au jeu plusieurs individus »[769]. Cette qualification rapide n'emporte cependant pas la décision, puisque la juridiction de première instance demande à être plus amplement informée. Ainsi en est-il également du Parlement de Paris, qui, par un arrêt du 25 février 1785, confirme cette sentence.

Enfin, le 16 novembre 1788, la juridiction de première instance de Beauvais déclare Charles Maguyer « dûment atteint et convaincu d'avoir escroqué au jeu de cartes ledit Aubry…et de lui avoir volé ses boucles de soulier en argent… »[770]. Tout se joue, y compris les boucles de ses propres souliers ! Mais les juges n'ont nullement envie de sourire, puisqu'ils condamnent l'auteur de cette escroquerie au jeu. La sentence est confirmée en appel par un arrêt du 20 février 1789. Nous voici à la veille de la Révolution Française.

---

765 Arch. Nat. X^{2B} 1059, affaire n° 340 : Pierre Coursier et *alii*, arrêt du 5 mai 1780.
766 Arch. Nat. X^{2B} 1065, affaire n° 594 : Didier Baillot, arrêt du 5 mai 1780.
767 Arch. Nat. X^{2B} 1068, affaire n° 629 : Pierre Deniau, arrêt du 11 septembre 1781.
768 Arch. Nat. X^{2B} 1075, affaire n° 648 : René Farouette, arrêt du 7 octobre 1784.
769 Arch. Nat. X^{2B} 1076, affaire n° 599 : Jean-François Bernard, arrêt du 25 février 1785.
770 Arch. Nat. X^{2B} 1085, affaire n° 697 : Charles Maguyer, arrêt du 20 février 1789.

Mais que punit-on dans l'escroquerie au jeu ? Est-ce une violation des règles ou une véritable duperie ? Le débat est resté très longtemps ouvert, au point que R. Garraud, dans son *Traité théorique et pratique du droit pénal français*, analyse les différentes hypothèses :

> « Deux systèmes ont été successivement suivis. On a prétendu, tout d'abord, que la tricherie au jeu constituait une filouterie ou une tentative de filouterie, ou bien qu'elle n'était pas punissable, suivant l'une ou l'autre des deux situations que voici : ou bien les parties ont joué sur parole, et alors, pas de délit, car il n'y a pas, de la part du gagnant, de soustraction frauduleuse et il ne peut pas y en avoir. Le perdant est lié par une promesse qu'il peut tenir ou ne pas tenir à son choix : on connaît, en effet, le mot de Portalis : « En France, les lois ont quelquefois puni le jeu comme un délit, elles ne l'ont jamais protégé comme un contrat. » Ou bien les enjeux étaient sur la table ou déposés en mains tierces, et, dans ce cas, le gagnant qui les a obtenus par fraude commet une filouterie, s'il réussit ; une tentative de filouterie, s'il échoue »[771].

Cependant, cette première solution n'a pas été retenue et R. Garraud indique que « cette opinion a été, avec raison, abandonnée ». Pour lui, l'analyse des éléments constitutifs de l'infraction dans ce type d'affaire doit être tranchée :

> « La soustraction, qui constitue le vol, est exclusive de la remise volontaire, même obtenue par la fraude : c'est la qualification d'escroquerie qui convient à un fait de cette nature. Or, si les procédés de jeu sont altérés ou arrangés, s'il n'y a de volonté de jouer que d'un côté et que, de l'autre, il n'y a que la volonté de tromper, il n'y a plus de jeu, plus de convention de jeu, et tous ces actes, qui y ressemblent, ne sont que de vaines apparences, des fantômes évoqués par la fraude, en un mot des manœuvres pour faire naître l'espérance chimérique d'un succès »[772].

Mais faire croire à ce qui n'existe pas, n'est-ce pas le propre du jeu ? Pas tout à fait. Le droit et, par-delà, la morale, répriment dans le jeu, comme dans la société, le comportement de tricherie. Cette appréciation n'est pas nouvelle dans son esprit. Restons dans la représentation, pour décrire cette peinture de Georges de La Tour, datée de 1635, où est représenté *Le Tricheur à l'as de carreau*, aujourd'hui exposée au musée du Louvre. Autour d'un jeune homme sont

---

[771] R. Garraud, *Traité théorique et pratique du droit pénal français*, Paris, éd. Larose, 1894, t. V, p. 260.

[772] « La tricherie au jeu constitue donc bien une escroquerie – Cass., 16 décembre 1882 (S. 83.1.91) ; 11 janvier et 8 mars 1884 (*Bull. crim.*, n° 8 et 74) [...] Cass., 9 juillet 1859 (S. 59.1.772) ; 16 mars 1860 (S. 60.1.919) ; 31 janvier 1868 (S. 68.1.350) ; voir aussi Paris, 20 avril 1881 (S. 82.2.52) ; Bordeaux, 22 août 1883 (S. 84.2.284) ; Orléans, 12 décembre 1885 (S. 86.2.236) », cf. R. Garraud, *Traité théorique et pratique du droit pénal français*, Paris, éd. Larose, 1894, t. V, p. 260.

personnifiées les trois tentations majeures nommées par la morale du XVIIe siècle, la courtisane, le vin et le jeu. Le commentaire de l'époque est assez méchant, puisqu'il y voit une leçon où triomphent les habiles et les blasés.

Comme l'écrit Michelle-Laure Rassat, « est également chimérique la possibilité de gagner dont sont frustrés ceux qui jouent pour de l'argent avec des tricheurs. Il s'agit de jeux de cartes[773] ou de dés, par exemple »[774]. En fait, ce principe de base est valable pour tous les concours, procédés, compétitions, promotions qui font naître des espoirs par des moyens fallacieux[775]. Citons encore l'exemple des ventes « miraculeuses », où existerait l'opportunité de gagner plusieurs millions en quelques semaines[776]. La publicité, le commerce peuvent être touchés par ce type de comportements. Finalement, la tromperie au jeu est partout, des courses de chevaux aux compétitions plus ou moins loyales et sportives des produits mis sur le marché. On devine alors l'essor d'une pareille infraction, qui ne peut que suivre l'expansion des échanges, et l'attrait que représente toujours le rêve pour chacun.

Section 2. L'amour crédule

La crédulité en amour peut être aussi source d'éléments constitutifs d'escroquerie, lorsqu'on est dupé par les charmes d'autrui ou que l'on est trompé dans sa compassion.

§ 1 - Jouer de ses charmes

Guy Chaussinand-Nogaret affirme que l'adultère est, contre toute attente, l'exception durant le siècle de Louis XV.

> « Mais parle-t-on des foyers unis ? L'idéal de toute jeune fille, sous Louis XV, est de trouver un amant dans un mari et de le garder, tendre et fidèle : le rêve de toute femme. Et si, trompée, déçue, on se décide à prendre un amant, après bien

---

[773] Cass. crim., 16 déc. 1882 : *Bull. crim.*, n° 281, au sujet de la tricherie « à la poussette », le joueur à la roulette augmentant subrepticement son enjeu lorsque la chance le favorise.

[774] Michelle-Laure Rassat, *Jurisclasseur pénal*, art. « escroquerie », 1996, p. 28.

[775] « Les concours mirifiques, plus ou moins fictifs, annoncés à grand renfort de publicité, ne manquent pas de faire naître chez nombre de participants naïfs (en particulier les personnes âgées) des espérances chimériques. Sans qu'il soit possible, le plus souvent, d'y découvrir les éléments d'une escroquerie, le procédé constitue un mode de promotion commerciale fort contestable dans lequel on recherchera les éléments du délit de publicité mensongère. », Michelle-Laure Rassat, *op. cit.*, p. 28.

[776] « Ainsi les procédés commerciaux mis en œuvre par nombre de devins (emploi de formules standard, délégation systématique à des employés, etc.) proclament leur mauvaise foi, et il en est de même de la publicité obsédante des vendeurs de procédés « miraculeux » de nature à permettre de « gagner x millions en quelques semaines », soit au tiercé soit à la loterie. », Michelle-Laure Rassat, *op. cit.*, p. 33.

des combats et parce que le siècle est indulgent aux faiblesses du cœur, c'est parce qu'on aime, en dehors de tout système et sans frivolité. Ce siècle léger a fait de l'amour un sentiment grave et peut-être jamais n'y mit-on autant de pudeur et de délicatesse »[777].

Mais ce jeu de l'amour tient-il du hasard ? Pas toujours, il faut bien le reconnaître au regard de la jurisprudence, qui est décevante pour les sentimentaux.

Ils se croyaient aimés, et ils n'ont été que séduits, emportés par les promesses au point de remettre leur fortune. Ainsi agit la redoutable Jeanne Baliache, qu'a jugée en première instance le bailliage de Chartres par une sentence du 8 mars 1727. Elle est « dûment atteinte et convaincue d'avoir séduit plusieurs individus et de leur avoir sous de fausses promesses escroqué de l'argent »[778]. Ils ne pensaient pas avoir à payer pour ses charmes, et ont donc été trompés. Une pareille escroquerie à l'amour trop crédule n'est pas du goût des premiers magistrats, qui condamnent Jeanne Baliache. Le Parlement de Paris, qui a sans doute d'autres perspectives, plus parisiennes, quant à la tolérance aux mœurs, se contente, par un arrêt en date du 17 juillet 1727, de blâmer cette jolie dame, tout de même âgée de 40 ans et qui doit bien les porter.

Les femmes semblent savoir s'y prendre au XVIIIe siècle, car on ne peut tout de même pas supposer que les hommes étaient à l'époque plus crédules qu'aujourd'hui. Françoise Gingenne est ainsi jugée par le bailliage de Lyon dans une sentence en première instance en date du 16 décembre 1771. Elle est « dûment atteinte et convaincue d'avoir séduit ledit Duval pour pouvoir plus facilement lui voler de l'argent et s'introduire dans sa maison... »[779]. Pour commettre son infraction, Françoise Gingenne s'est donc contentée de fracturer le cœur dudit Duval au lieu de perpétrer une quelconque effraction. Les magistrats semblent être moins sensibles à son caractère, mais plus impressionnés par son intention, et la condamnent. Cette fois, le Parlement de Paris, en appel, par un arrêt du 19 juin 1772, ne transige pas avec le charme et la conscience, et confirme la sentence.

Le siècle est vite traversé par ces affaires de cœur. Ainsi en est-il de Pélagie Leroy, condamnée par le Châtelet, le 12 septembre 1781, comme « dûment atteinte et convaincue d'avoir séduit ledit Grimars et profité de ses largesses »[780]. Parce qu'elle souhaitait être entretenue par pur intérêt, sans qu'aucun amour n'existât dans la relation alors qu'elle le faisait croire au malheureux Grimars, le Châtelet croit bon de l'admonester. Le Parlement de Paris considère que la justice doit d'abord préserver l'équilibre d'une décision, et qu'après tout Grimars a dû lui

---

[777] Guy Chaussinand-Nogaret, *La Vie quotidienne des Français sous Louis XV*, Paris, 1979, p. 138.

[778] Arch. Nat. X^{2B} 961, affaire n° 136 : Jeanne Baliache, arrêt du 17 juillet 1727.

[779] Arch. Nat. X^{2B} 1046, affaire n° 425 : Françoise Gingenne, arrêt du 19 juin 1772.

[780] Arch. Nat. X^{2B} 1069, affaire n° 684 : Pélagie Leroy, arrêt du 15 février 1782.

aussi profiter de quelques largesses de Pélagie Leroy. Alors, préférant ne pas trop errer dans les méandres de cette histoire à la recherche d'une escroquerie bien consentie, il se contente de mettre hors de cour la dame Leroy par un arrêt du 15 février 1782.

Moins délicieux est ce procès intenté contre Marie Petit. Est-elle dans la plénitude de son art, du haut de ses trente-trois ans ? Toujours est-il que la juridiction de première instance de Blois, par une sentence du 29 mars 1785, considère que Marie Petit est « dûment atteinte et convaincue d'avoir fait commerce de ses charmes et d'avoir séduit plusieurs vieillards pour leur voler leurs biens… »[781]. L'affaire est cette fois bien trop sérieuse pour prêter à sourire. Il est facile de se moquer ainsi des sentiments et de l'attachement ! Il convient plutôt à la justice de protéger une population dont la faiblesse peut être si facilement abusée. C'est pourquoi Marie Petit est condamnée à Blois. Elle interjette appel de cette décision, et le Parlement de Paris rend son arrêt le 2 juillet 1785, par lequel il la condamne plus sévèrement. Autant dire que les charmes de Marie Petit risquent de rapidement s'épuiser, ce qui évitera la réitération de l'infraction.

Il va sans dire que les hommes ne sont pas plus honnêtes en amour que les femmes. Louis XV meurt, vive le roi Louis XVI ! Le fonds Joly de Fleury nous révèle une affaire plaidée en 1775, jugée le 11 mai 1775 par sentence au Châtelet de Paris et le 24 juillet 1776 par le Parlement de Paris, concernant Philiberte Fity, épouse délaissée par son mari Jean-François Monin, bourgeois à Paris. Elle est contrainte à se défendre elle-même judiciairement, car elle est interpellée sur ordre du Procureur Général.

> « À nos seigneurs de Parlement en la Tournelle criminelle, supplie humblement Philiberte Fity, épouse délaissée de Jean-François Monin, bourgeois de Paris autorisé attendue l'absence du dit Monin à la poursuite de ses droits et actions, par sentence du Châtelet de Paris du 11 mai 1775.
>
> Disant qu'il n'y a pas d'exemple des persécutions que l'on fait éprouver à la Suppliante, aucun citoyen n'en seroit à l'abri, si la Cour et le Ministère public tout à la fois, ne se hâtoit de réprimer les abus énormes, que de vils délateurs ne réussissent que trop souvent à faire accréditer, soit par surprise ou autrement.
>
> Telle est la cruelle position de la suppliante, mère de trois enfants délaissés ainsi qu'elle depuis longtemps par leur père. Placée à peine dans un établissement honnête en cette capitale, on est venu l'enlever avec le plus grand scandale et la traîner au Fort l'Evêque en vertu d'un décret de prise de corps à la requête *du substitut de monsieur le Procureur général au Châtelet.* »[782].

---

[781] Arch. Nat. X^{2B} 1077, affaire n° 711 : Marie Petit, arrêt du 2 juillet 1785.
[782] Bibl. Nat., fonds Joly de Fleury : cote 1902, vol. 6, feuillets 136 à 168.

Quelle est donc cette affaire par laquelle une mère de trois enfants est ainsi arrêtée et détenue sur ordre du procureur général au Châtelet ?

Philiberte Fity est-elle auteur ou victime ? N'a-t-elle finalement été que l'instrument d'une escroquerie particulièrement astucieuse et organisée, qui s'est jouée de son isolement affectif et de sa crédulité ?

> « Cette monstrueuse procédure extraordinaire a été faite sur une fausse et injuste déclaration, que le véritable accusateur, sous le rideau, a eu assez de crédit à faire faire ou plutôt qu'il a arraché à deux ouvriers qui n'en ont pas senti les conséquences. Au surplus, il ne s'est jamais vu que deux simples ouvriers puissent être crûment admis à rendre plainte et à la dénoncer simplement à la vigilance du Ministère public.
>
> Il y a plus ; cette dénonciation sous le nom de ces deux ouvriers, n'a pas pour objet leur paiement, car d'après l'interrogatoire subi par la suppliante, elle a vu que leur déclarations formoient l'ensemble de la méchanceté, de la calomnie et d'une accusation en prétendues suppositions au nom de la suppliante, il y a bien des années, pour mieux tromper les marchands et fournisseurs [...] »[783].

Les mensonges ont ceci de particulier qu'il est très difficile de s'y retrouver et de démêler ainsi le vrai du faux ou, en d'autres termes, les apparences de la réalité. Il faut donc dépasser l'image qui est renvoyée pour regarder la véritable objet du litige. C'est exactement ce qu'indique l'avocat général Joly de Fleury :

> « Mais voici l'exacte vérité : Mareux, notre véritable accusateur, veut et entend déposséder la suppliante de son hôtel garni, s'en emparer, sans distinction ni exception, pour son compte, il annonce publiquement être le maître de la liberté de sa prisonnière, ou de la faire punir ignominieusement »[784].

Et le procureur général de nous raconter ce qui participe non pas du faux procès, mais de la vraie procédure :

> « Les deux ouvriers que l'on s'est choisis pour délateurs, paroissent aussi avoir été entendus comme témoins, ainsi que les deux vrais accusateurs et gens à eux affiliés ; l'énormité du complot a été portée bien plus loin, aussitôt la détention de la suppliante, sa sœur a quitté sa demeure, rue Sainte-Anne, pour prendre le gouvernail de son hôtel garni : des amis communs sont accourus pour l'aider dans son administration ; Mareux et consorts se sont permis de rendre plainte par addition contre la sœur de la suppliante et ses amis ; Mareux s'est vanté que si on

---

[783] *Ibid.*
[784] *Ibid.*

avait suivi les conclusions, les nouveaux accusés auroient été décrétés de prise de corps, et dès l'instant emprisonnés »[785].

Le procureur général rappelle ainsi les véritables faits de cette procédure très significative de la manipulation de la crédulité et de l'affect :

« La suppliante a eu la malheur de connoitre, il y a environ dix huit mois, Toussaint Jean Thomas Mareux, marchand miroitier à Paris ; cette fatale connaissance lui est venue à l'occasion d'une glace dont elle se trouvoit alors avoir besoin dans son appartement rue Ile Saint Louis. Mareux vint la poser lui-même, en donnant pour motif de vouloir faire ignorer à sa femme cette petite fourniture pour ne pas l'inquiéter ; Mareux profita de la circonstance, pour questionner la suppliante et lui marquer sa surprise de son domicile dans un coin de Paris, si isolé, paraissant avoir de l'intelligence, et de bonnes connaissances. Mareux ajouta que si la suppliante vouloit le regarder comme son véritable ami »[786].

Qu'apporte l'ami à cette femme isolée, mère de trois enfants, à une époque où la solidarité sociale repose encore sur les individus et non pas sur des mécanismes de redistribution ?

« Il lui procuroit les moyens de former un établissement durable et solide, sans faire de gros fonds, en prenant un hôtel garni, d'autant mieux qu'il connaissoit un tapissier nommé Houet, qui lui devoit considérablement, à ne savoir comment s'en faire payer, craignant qu'il ne fit une seconde banqueroute ; que lui Mareux seroit enchanté de trouver cette occasion de lui faire fournir les meubles nécessaires pour assurer son paiement entre les mains de la suppliante »[787].

Pourtant Philiberte Fity ne se laisse pas tourner la tête dès la première rencontre. C'est une femme sérieuse, qui croit simplement à la gentillesse, voire à l'affection.

« Mareux montra à la suppliante beaucoup d'assiduité pendant le cours desquelles à son instigation avec lui et sous ses yeux elle s'empressa de prendre à loyer un hôtel lors vacant, place du Carroussel ; pour passer le bail ; il ne s'agissoit que de donner une caution ; Mareux y pourvut, le bail fut passé sous le cautionnement de Houet, tapissier, moyennant huit mille cinq cent livres pour la première année et neuf mille livres pour les huit restantes, à commencer la jouissance du dit hôtel seulement au premier juillet dernier »[788].

---

[785] Bibl. Nat., fonds Joly de Fleury : cote 1902, vol. 6, feuillets 136 à 168.
[786] *Ibid.*
[787] *Ibid.*
[788] *Ibid.*

Mais Mareux est un homme généreux qui fait participer toutes ses relations à l'aubaine.

> « Houet se chargea de tout l'ameublement qui seroit nécessaire ; Mareux prit sur lui non seulement tout ce qui étoit analogue à son métier, il ajouta avoir un frère ébéniste, chez lequel il prendroit ce dont la suppliante auroit besoin, en par lui répondre pour son frère à la manufacture des glaces où il avait perdu tout crédit. Il fut même convenu espressement et de bonne foi que Mareux et Houet après le complément de leur fourniture, après vérification règlement de leur mémoire, ils donneroient à la suppliante huit années et demies pour les payer par neuvième, si n'émoit la suppliante à raison de six pour cent, par chacun an, de trois en trois mois »[789].

Chaque corps de métier se fait alors représenter et passe convention.

> « Mathieu Jolibois, menuisier, fut adressé à la suppliante, par le sieur Le Blanc, Valet de chambre du prince de Salm ; elle l'agréa ; il fut convenu avec lui de cinq ans de délai pour le payer, en de petits billets de trois en trois mois...
>
> À l'égard d'Antoine Mazurier, serrurier, il se présenta à la suppliante comme finissant de faire son travail dans l'hôtel ; il se fit recommander par Maître Le Graux, huissier-priseur, qui venoit de passer bail à la suppliante comme fondé de procuration du propriétaire. Elle fit avec ce serrurier la même convention qu'avec le menuisier pour son paiement, à la différence qu'elle a fourni à Mazurier tout le fer pour ses ouvrages, à ne lui en devoir que les façons »[790].

Exécutent-ils leur contrat et demandent-ils le paiement de leurs travaux ? Il apparaît que seuls Jolibois et Mazurier « aient remis tout récemment à la suppliante leurs mémoires, ils doivent se trouver dans son secrétaire, non vérifiés ni réglés ».

Mais les règlements s'opèrent d'une autre façon. Philiberte Fity acquiert elle-même certaines fournitures.

> « Houet ayant de sa part, trop pris sur lui pour l'ameublement, la suppliante, qui avoua la plus grand intérêt à la chose, acheta au sieur Devarenne pour près de 7000 livres d'étoffes. La quittance de ces étoffes est entre les mains de Houet dont il n'a employé que la majeure partie ; il lui est resté de la moire jaune 20 à 25 aunes au moins ; il a reçu en deniers comptant 26 louis et 11 aunes de taffetas vert à 8 livres, dont il avoua pressant besoin ; de façon que Houet n'a réellement fourni que les lits, couchés, bois pour les fauteuils et les tentures en papier ; ayant commencé à garnir de tous les meubles appartenant à la suppliante et ayant toujours éludé de meubler un appartement au second de 25 louis de loyer par mois,

---

789 *Ibid.*

790 Bibl. Nat., fonds Joly de Fleury : cote 1902, vol. 6, feuillets 136 à 168.

dont la suppliante est en perte depuis son établissement. Houet ne lui a pas même encore fourni son mémoire »[791].

Comment Philiberte Fity peut-elle se laisser ainsi manipuler et suivre aveuglément les conseils de Mareux ? Joly de Fleury l'explique :

> « Pendant tout le cours de son ameublement non achevé, Mareux avoua avoir su captiver toute la confiance de la suppliante, sous de faux dehors d'attachement et d'honnêteté au point de disposer en maître absolu de faire avec les ouvriers et autres tous les arrangements qui lui auroient convenus ; il a même à la suppliante une ancienne quittance de 8.000 livres comptant, 2.400 livres en deux lettres de change sur le sieur Mignon de Grejy, et le surplus pour complément de 8.000 livres de billets de la suppliante ; cependant, Devarenne a en ses mains les meubles, l'argent et les effets »[792].

Il faut dire que si la bonne mère de famille comprend peut-être qu'elle peut un jour gagner de l'argent avec cet hôtel, il en va bien de même pour Mareux.

> « Mareux connaissoit aussi bien que la suppliante tout le bénéfice net du produit de l'hôtel garni, quoique non entièrement meublé, le vil intérêt l'a en apparence séduit à vouloir en profiter seul, à tel prix que ce fut, il a su cacher à la suppliante son odieux projet [...] »[793].

Voici que l'escroquerie commence à prendre corps. Mareux apparaît comme un homme d'affaires certes peu scrupuleux, mais au fait des outils juridiques. Il exige ainsi

> « des assurances sur les fournitures qu'il avoua faites ; la suppliante s'est empressée de les lui donner : le 21 février dernier, Mareux lui apporta son mémoire, et désira qu'elle lui fit devant notaire ; un bail à loyer ; ce bail lui a été passé le même jour ; Mareux fixa la jouissance, à compter du premier janvier dernier, pour huit ans et demi : il est dit que la Suppliante, femme Monin, se reconnoît être en possession des effets de l'année dernière, dont elle se chargeoit envers Mareux, pour les lui remettre et délivrer enfin et à l'expiration du bail qui est fait, en outre moyennant 1404 livres, 10, et trois quarts de loyer pour et par chacune des huit années et demi, payable aux autre quartiers, dont le premier seroit au premier avril, le second le premier juillet et ainsi exactement… »[794].

---

791 *Ibid.*
792 *Ibid.*
793 *Ibid.*
794 Bibl. Nat., fonds Joly de Fleury : cote 1902, vol. 6, feuillets 136 à 168.

Il faut bien faire semblant de donner des compensations à la dame Fity :

> « Le même jour, Mareux fit une contre-lettre à la Suppliante, par laquelle il lui donne la faculté et la liberté de lui acheter et promet de lui vendre ceux de ses meubles et effets qu'elle voudra acquérir, et ce pour le prix duquel ils étoient portés en son état ; au dit cas, la location d'iceux cesseroit d'avoir lieu, et le bail ne subsisteroit que pour ceux non achetés »[795].

Mais Mareux a-t-il l'intention d'honorer sa parole ? Ne tente-t-il pas, par de subtiles manœuvres, de jouer de la crédulité affectueuse de Philiberte à son égard ?

> « Dans les premiers jours de mars dernier, Mareux étant venu chez la Suppliante, il lui présenta son besoin pressant de 40 louis, la Suppliante, pleine de confiance, et bonne foi en Mareux lui fit une délégation de 40 louis sur Monsieur Hélis, l'un de ses locataires qui paya Mareux, celui-ci avoit promis de rendre ses fonds à la Suppliante au premier avril, par la raison qu'elle vouloit payer son troisième terme de loyer »[796].

Cependant, Mareux risque de décevoir l'amitié de Philiberte :

> « Mareux n'ayant point été exact à sa parole, la Suppliante se rendit chez lui le mercredi Saint 3 avril ; Mareux lui dit qu'il la verroit le lendemain matin et qu'ils iroient ensemble chez Monsieur Legraux pour payer son terme : Mareux ne manqua à sa parole que pour les quarante louis. Il vint effectivement chez la Suppliante pour la voir arrêter et constituer prisonnière, au même instant, Mareux et ses trois confédérés ont fait faire chez la Suppliante la plus ample saisie et revendication. Par ce procès-verbal, ils ont reconnu que tous les meubles et effets étoient en nature, sans parler de tous ceux appartenant à la Suppliante »[797].

Comment cela est-il possible ? Par quelles manœuvres sordides Mareux, qui jouait d'amitié et de confiance, a-t-il pu faire déposer de fausses plaintes contre cette mère de famille après lui avoir soutiré toute sa fortune ? Joly de Fleury l'explique :

> « Il paroît que le 25 mars dernier, Mareux avoua avoir impulsé le Serrurier et le Menuisier à rendre plainte contre la Suppliante, en lui imputant différents chefs d'accusation absolument étrangers à leur objet, qui néanmoins rempliroient tout l'odieux de celui de Mareux.

---

[795] *Ibid.*
[796] *Ibid.*
[797] *Ibid.*

Seroit-il possible que les témoins entendus dans la première information, fussent Mareux, Houet, Jolibois et Mazurier et que sur de telles dépositions, on ait obtenu un décret de prise de corps contre la Suppliante ! de pareils témoins auroient dû plutôt être décrétés. Leur punition ne sera toujours que différée : ce sont eux qui ont requis la saisie-revendication, l'apposition de scellés auxquels il a été procédé à leur requête et en leur présence, aux jour et heure de la capture de la Suppliante ; ce sont eux qui à l'instant même ont fait une addition de plainte en enchérissant sur la première, en faisant entendre tels témoins qu'il a plu à Mareux d'indiquer ; enfin, à la faveur de ces délations trop tardives, de cette iniquité des iniquités, Mareux ose se plaindre publiquement d'avoir manqué son coup, parce qu'on n'a pas suivi les conclusions, la sœur de la Suppliante, les sieurs Girardin et Le Blanc n'ayant été décrétés que d'ajournement personnels. Mareux porte même l'illusion de se croire le Maître de l'Hôtel garni de la Suppliante ; il donne ses ordres matin et soir au gardien établi, il se permet une fouille générale et arbitraire dans les appartements et armoires. Cependant, Maître Legraux lui a réfuté affirmativement et en personne de lui faire espérer à aucun bail de sa part du dit hôtel »[798].

Que dit Philiberte Fity devant tout ce drame odieux et cette trahison ? Que comprend-elle ? N'est-elle pas noyée dans toute cette procédure judiciaire ?

« La Suppliante a le 6 avril 1776, subi interrogatoire ; on a joint au fond sa demande en liberté provisoire, sa demande afin de permission d'informer et la saisie-revendication chez Mareux et Houet. Le 10, Mareux a obtenu sentence qui a ordonné la levée des scellés. Le sieur Girardin qui avoit été établi gardien, s'est défilé après le plus ample recollement ; Mareux en a fait rétablir un autre qui n'agit dans l'hôtel que par lui. C'est dans cet état exact de choses, que la Suppliante s'est pourvue en la Cour contre toute cette procédure extraordinaire et que sur la demande afin de liberté, elle a été renvoyée à l'audience. Reste maintenant à la Suppliante à établir la justice de son appel et de ses demandes »[799].

Si Philiberte Fity a été prise au piège construit pièce par pièce par Mareux, il en va de même pour les premiers juges. C'est ce que fait valoir dans son réquisitoire, pour moyens, le procureur général Joly de Fleury.

« La religion des premiers juges a été entièrement surprise : le Substitut de monsieur le Procureur Général au Châtelet a trop excité sa vigilance, en rendant plainte contre la Suppliante sur la déclaration de Jolibois et Mazurier ; ces deux particuliers ont été eux-mêmes surpris par Mareux ; ne l'auroient-ils pas été s'il ne leur étoit dû que leur salaire et fourniture. Il n'avoit que l'action purement civile

---

[798] Bibl. Nat., fonds Joly de Fleury : cote 1902, vol. 6, feuillets 136 à 168.
[799] *Ibid.*

contre la Suppliante pour opérer leur paiement ; ils n'ont fait aucune poursuite et diligence à cet égard ; ils avoient donc encore moins de droit d'accuser en Justice à l'extraordinaire la Suppliante de friponnerie et d'escroquerie, d'être entendus comme témoins avec Mareux et Houet, dans la prétendue information sur laquelle il est intervenu le décret de prise de corps. Tels que soient encore les autres témoins, que Mareux ait pu fournir sur les additions d'informations ces témoins doivent être rejetés de leurs dépositions ; Il n'y a pas eu plainte de leur part. Si la Suppliante leur a acheté des marchandises sous le nom de Tréville et Vaudeuil seulement, elle les a payé en argent et en ses billets, billets qu'elle a toujours reconnus, elle a elle-même traité avec eux par des actes en bonne forme qu'elle s'empressa d'exécuter. C'est donc chose consommée contre laquelle on ne pourra plus revenir.

Si la Suppliante a pris un autre nom que celui de la femme Monin, c'est par la raison que son mari l'a délaissée, ainsi que trois enfants, et qu'elle avoit tout à craindre de sa part.

Mais ici elle a fait, en mai 1775, un bail à loyer sous son vrai nom de femme Monin ; Mareux, Houet, Jolibois et Mazurier ont traité avec elle en pleine connaissance ; elle ne les a point friponnés, ni escroqués »[800].

Qu'en est-il de Mareux et consorts ? Ont-ils escroqué Fity ? Le procureur général semble le suggérer.

« Au contraire Mareux et Houet ont argent et effets à la Suppliante ; qui n'est tenue envers eux que de remplir leurs conventions respectives dans le cour de huit années et demi, pour toutes les fournitures qui ont été faites, ou de leur payer le loyer à raison de six pour cent par année, du montant des dites fournitures, d'après le règlement de leurs mémoires, non encore représentés à la Suppliante. Il en est ainsi de Jolibois et de Mazurier, leurs mémoires ne sont pas réglés ; il y a compte à faire avec Mazurier ; la Suppliante ne doit les payer que dans le délai de cinq années et en des simples billets »[801].

Le mécanisme financier est donc infernal. Philiberte Fity doit payer alors qu'elle a tout perdu. Voici ce que conclut Joly de Fleury :

« Il reste donc ici pour bien prouver, premièrement que Mareux est le principal auteur de la honte et de l'ignominie de la détention de la Suppliante : c'est une citoyenne qui a un domicile et un établissement ; c'est une mère délaissée depuis des années par son mari, avec trois enfants ; elle a payé autant qu'il a été en son pouvoir ; elle est en état de justifier de près de 50 000 livres de quittances ; elle ne doit rien des loyers de son hôtel, que le terme courant. Pour l'effet d'une sage économie et de son nouveau établissement, elle se voyait à la

---

[800] *Ibid.*

[801] Bibl. Nat., fonds Joly de Fleury : cote 1902, vol. 6, feuillets 136 à 168.

veille de faire honneur à tous ses engagements, de donner à ses enfants les ressources heureuses et attachées à une bonne éducation ! Quel n'est pas son malheur d'avoir connu le sieur Mareux. Quel reproche n'a-t-il pas à se faire sur la conduite envers elle ! et comment Mareux et ses consorts n'auroient-ils jamais indemnisé la Suppliante de tous les mots soufferts et à souffrir à l'atrocité de leur injuste accusation ?

En un mot, tout est ici marqué au coin de la plus affreuse iniquité, de la vengeance la plus noire et du plus vil intérêt.

Se considérer, Monseigneur, il vous plaise, en venant par les parties plaider la cause d'entre elles, sur l'appel interjeté par la Suppliante des plaintes, permission d'informer, information, décret de prise de corps, contre elle décerné par le lieutenant Criminel du Châtelet de Paris, ensemble de l'emprisonnement fait sur la personne de la Suppliante es prisons Royales du Fort-l'évêque, le 4 avril dernier, et de tout ce qui a précédé et suivi, ordonner qu'elles viendront pareillement plaider sur la présente Requête […] »[802].

Joly de Fleury requiert donc de décharger Philiberte Fity de toutes les poursuites contre elle et, au contraire, de prendre acte de la plainte qu'elle dépose à son tour contre Mareux, Houet, Mazurier, Jolibois et tous les autres.

« Ce faisant, mettre l'appellation et ce au néant, émandant, évoquant le principal et y faisant droit, décharger la suppliante purement et simplement des accusations contre elle intentées ; donner acte à la suppliante de la plainte par elle rendue devant le commissaire Sereaux, joindre au procès, expédition de laquelle sera mise par la suppliante sous les yeux de la Cour, laquelle plainte elle réitère en la Cour contre les nommés Mareux, Houet, Mazurier, Jolibois et tous autres qu'il appartiendra ; lui permettre de faire informer des faits y contenus par devant tel de messieurs qu'il plaira à la Cour de commettre ou par devant tel juge qu'il lui plaira nommer, autres que ceux dont est appel, lequel Juge fera son instruction jusque à sentences définitives, par recollement et confrontation si besoin est, sauf l'appel en la Cour ; comme aussi, ordonner que la Suppliante sera mise en liberté, à la laisser sortir des prisons où elle est détenue, tous greffiers, concierges et geôliers contraints, même par Corps, à la première sommation qui leur sera faite, nonobstant tous écrous de recommandations faits ou à faire ; quoi faisant, bien et valablement quittes et décharges envers et contre tous ; faire main-levée pure et simple de la Suppliante de toute saisie-revendication, opposition et levée de scellées, faites dans son hôtel garni, sur les meubles, armoires et effets le garnissant ; ordonner que tout gardien établi sera tenu, même par corps, de se retirer à la première sommation qui lui sera faite de l'arrêt à intervenir ; quoi faisant, décharger, recollement préalablement fait avec le dit gardien en présence des dits Mareux, saisissants, revendications et Consorts ou eux dûment appelés, comme ayant le tout provoqué à leur requête, des dits meubles effets, sans être

[802] *Ibid.*

approuvé par la Suppliante, et sous toutes les protestations de fait et de droit ; comme aussi ordonner que tous greffiers Criminels du Châtelet seront pareillement tenus, même par corps, à la première sommation, de rendre et restituer à la Suppliante et sur la simple décharge, les effets et papiers qui ont pu être apportés au greffe, recollement préalablement fait du tout sur les procès-verbaux qui ont pu en être dressés ; comme aussi ordonner que le Substitut de monsieur le Procureur Général au Châtelet sera tenu, à la première sommation, d'indiquer et nommer à la Suppliante ses Accusateurs pour ensuite les assigner en la Cour en ses dommages et intérêts tels que de droit, sans préjudice de tous les droits et actions de la Suppliante : Et vous ferez bien signer femme Monin. Et monsieur l'Avocat Général et monsieur le Procureur »[803].

Philiberte Fity, épouse délaissée Monin, a par conséquent été déchargée de tout chef de poursuite. Plainte a été déposée contre les auteurs de l'escroquerie dont l'initiateur, le dénommé Mareux. Il avait réussi à faire croire à son amie Philiberte qu'elle tiendrait hôtel garni. Elle y a investi sa fortune et, en réalité, a tout remis plus ou moins volontairement audit Mareux et à ses complices. Elle a, de surcroît, failli être perdue judiciairement, ce qui évidemment aurait permis à Mareux de ne jamais honorer sa contre-lettre et d'être propriétaire du tout, avec comme unique mérite de s'être joué d'une amitié trop crédule.

§ 2 - Escroquer la charité

Jouer sur les sentiments d'autrui peut conduire à tout, notamment à faire pitié. Marie-Anne Toussaint a été jugée en première instance au Châtelet par une sentence du 21 juin 1762, par laquelle « elle auroit été déclarée dûment atteinte et convaincue de s'être introduite dans différentes maisons et d'y avoir à titre de commisération sous prétexte d'un événement malheureux qu'elle a faussement prétendu lui être arrivé, commis les différentes escroqueries mentionnées au procès… ». Pour ces faits, elle est condamnée en première instance au carcan, avec un écriteau très explicite, puisqu'il y est indiqué « particulière coupable d'escroquerie »[804]. En appel, le Parlement confirme sa culpabilité mais se contente de l'admonester.

Marie Fontaine préfère user de la sympathie, dont elle abuse. Les dames du Mans la reçoivent avec chaleur et confiance. Elle dupera leur crédulité. C'est pourquoi elle est « dûment atteinte et convaincue d'avoir escroqué avec ses marchandises plusieurs dames du Mans… » par une sentence du bailliage du Mans en date du 17 juin 1766. Le Parlement de Paris, en appel, rend un arrêt le 22

---

[803] Bibl. Nat., fonds Joly de Fleury : cote 1902, vol. 6, feuillets 136 à 168.
[804] Arch. Nat. X^{2B} 1028, affaire n° 574 : Marie-Anne Toussaint, arrêt du 26 juillet 1762.

octobre 1766, par lequel il confirme cette culpabilité d'avoir escroqué les dames chez qui elle se rendait. Il confirme la sentence de première instance[805].

Jacques Couturier est jugé par la juridiction de première instance de Chaumont, qui rend sa sentence le 14 août 1786, par laquelle il est déclaré « dûment atteint et convaincu de s'être introduit dans plusieurs maisons et de s'être faussement plaint de ses malheurs pour qu'on lui remette de l'argent... ». Se jouer de la charité publique et concurrencer de façon déloyale des personnes qui seraient bien plus à plaindre est particulièrement mal perçu à la fin de l'Ancien Régime. Le Parlement de Paris aggrave en appel la condamnation[806].

Ce type d'escroquerie à la charité n'est, bien entendu, pas nouveau, même si ses formes juridiques sont toujours changeantes.

> « La forme la plus traditionnelle, artisanale en quelque sorte, est celle du mendiant simulant une infirmité. Sous le régime de l'ancien *Code*, cette attitude échappait cependant à la qualification d'escroquerie parce que celui-ci faisait de l'infirmité simulée une circonstance aggravante d'une infraction de mendicité. La suppression de cette dernière infraction par le nouveau *Code* rend l'infirmité simulée au domaine de l'escroquerie lorsque celle-ci est constituée. A l'état pur la simulation n'est qu'un mensonge matériel - dissimulation d'un membre ou simulation d'une cécité -, mais elle pourrait devenir rapidement une escroquerie par mise en scène - station sur un grabat, vêtu de loques, accompagné d'animaux, etc.- ou l'intervention d'un tiers. La forme la plus contemporaine d'escroquerie à la charité est aussi plus industrielle. Elle consiste à demander des fonds en quêtant au bénéfice de faux handicapés physiques ou sociaux ou en vendant des produits censés fabriqués par eux. Mensonge initial, là encore, elle devient très rapidement escroquerie en raison notamment du nombre et du volume des moyens mis en œuvre qui constituent alors une mise en scène. »[807].

Les manœuvres frauduleuses ont donc rendu le dol général tellement spécifique que l'escroquerie est incontestablement apparue comme constituée, dans la jurisprudence du Châtelet et dans celle de toutes les juridictions du ressort du Parlement de Paris, dès le règne de Louis XV et à la fin de l'Ancien Régime. Elle devient donc une véritable infraction pénale, caractérisée par une volonté spécifique de tromper, qui prend tout son sens dans la véritable extorsion de consentement qu'elle induit.

---

[805] Arch. Nat. X^{2B} 1036, affaire n° 402 : Marie Fontaine, arrêt du 22 octobre 1766.

[806] Arch. Nat. X^{2B} 1081, affaire n° 627 bis : Jacques Couturier, arrêt du 9 janvier 1787.

[807] Cass. crim., 25 mars 1958 : *Bull. crim.*, n° 304. – 10 juillet 1968 : *Bull. crim.*, n° 219. – 4 nov. 1969 : D. 1970, p. 169 – 10 oct. 1977, *Bull. crim.*, n° 298, cf. Michelle-Laure Rassat, *Jurisclasseur pénal*, art. « Escroquerie », 1996, p. 30 et *Droit pénal spécial. Infractions des et contre les particuliers*, Dalloz, Paris, 1997, p. 123.

Si la doctrine n'a pas su conceptualiser spécifiquement cette nouvelle infraction, il n'en demeure pas moins que le fait de commettre un dol, pouvant aller jusqu'à l'instauration de fausses entreprises, constitue un des éléments essentiels de la nouvelle infraction. L'intention n'est plus de soustraire, mais de se faire remettre, quitte à jouer d'un faux crédit ou d'espérances imaginaires. En d'autres termes, l'intention consiste à tromper la victime, et c'est ce qui définit l'escroquerie. La relation entre l'auteur et la victime est donc essentielle pour comprendre ce type de délinquance, qui est celle d'une intelligence dénaturée et de la ruse coupable de l'auteur qui sont fonction de la naïveté de la victime. Le friponnerie, la filouterie, dessinent le contour psychologique d'un escroc, vif d'esprit, prêt à tout et débordant d'imagination. Il sait jouer de tous les titres, de toutes les personnalités, de tous les costumes. La mise en scène n'a pas de mystère pour lui. C'est un excellent acteur. Il aime tromper. Moins en marge que les voleurs ou les bandits, il observe et vit au contraire au contact de ses victimes, dont il attend patiemment qu'elles succombent à ses astuces et à l'usage de ses charmes. L'escroc est un « animal social ». Il est séducteur, stratège, politique et économiste. N'est-il pas finalement ce qu'est la société ?

Les scandales qui ont marqué la fin de l'Ancien Régime, par l'usage de faux noms, ainsi que de fausses qualités, ont certainement fragilisé le respect dû à ceux qui devaient montrer l'exemple. La signature n'offre plus autant de garanties. Comment faire confiance lorsque la qualité que l'on invoque peut être contestée ? Lorsque les échanges se multiplient et s'ouvrent dans une économie prospère qui se globalise, peut-on encore assurer la sécurité juridique sans poursuivre pénalement ceux qui cherchent par tous moyens à jouer des faiblesses ?

Le vol n'était plus suffisant pour qualifier une infraction qui apparaît à l'examen des faits dans toute sa consistance. Il fallait pourtant poursuivre, réprimer, dénoncer aux justiciables l'existence de ces escroqueries et, à cette fin, envisager une nouvelle infraction pénale.

SECONDE PARTIE

L'ESCROQUERIE : DU PASSAGE À L'ACTE À LA RÉPRESSION

L'infraction est juridiquement consommée lors du passage à l'acte qui la fait pleinement exister. Quand cette étape constitutive se produit-elle pour l'escroquerie ? Est-ce lors des manœuvres pour se procurer illicitement et de façon la plus simple possible l'objet, ou est-ce au moment de la remise de l'objet ?

Ces questions sont essentielles pour juger d'une escroquerie portée à maturité. Alors seulement, en raison de sa nature spécifique et de son originalité, il est possible d'envisager une répression particulière.

A quel stade sanctionner et comment ? Comment réprimer la remise provoquée ?

Nous avons, dans notre première partie, déterminé les éléments constitutifs des manœuvres, et donc de l'intention. Mais n'est-ce pas seulement l'élément matériel de celles-ci qui détermine le passage à l'acte, ouvre la voie à la poursuite et donc à la répression ? L'escroquerie n'apparaîtrait, au grand jour, que lors de ce passage à l'acte qui seul peut permettre de déclencher la poursuite. C'est ce que nous allons voir dans cette seconde partie.

TITRE I : UNE REMISE PROVOQUÉE

S'interroger sur l'interprétation d'une remise lorsqu'elle résulte de manœuvres frauduleuses devient une nécessité juridique. Si la remise effectuée porte indubitablement préjudice à la fortune d'autrui, le caractère dolosif de l'appropriation est, en revanche, laissé à l'appréciation des juges.

Chapitre 1. La remise : résultat des manœuvres frauduleuses

Quelles sont ces étapes qui révèlent l'existence de manœuvres frauduleuses ? Car si la remise obtenue de l'objet semble volontaire, il faut prouver l'existence d'un rapport immédiat entre des manœuvres, comme une mise en scène, et une remise matérialisée. Enfin, il convient de s'assurer que cette remise n'est pas le résultat de simples mensonges.

Section 1. Une remise volontaire

Le rôle de la victime n'est-il pas paradoxal ? En effet, la remise paraît volontaire et rend alors la dupe complice de l'escroc. Elle lui a en effet donné ce qu'il ne voulait pas soustraire. L'un comme l'autre ont, d'une certaine façon, succombé à la tentation. Leurs arguments s'inscrivent dans l'air du temps de ce XVIIIe siècle où l'économie naissante, faite de production et d'échanges, préfigure la société de consommation. L'escroc invente sans vergogne toutes sortes de manœuvres, attiré qu'il est par la circulation des personnes et des biens, tandis que la victime, prise dans un cycle d'usage et d'acquisition, cède finalement.

Une telle imbrication crée l'économie globale et intensifie les relations de cette sorte.

> « Ces liaisons, ces chaînes, ces trafics, ces transports essentiels, comment n'attireraient-ils pas les regards [...] ? Ces spectacles [...] fascinent comme ils ont fasciné les contemporains. Même les premiers économistes, qu'étudient-ils, en fait, si ce n'est l'offre et la demande sur le marché ? »[1].

Bien entendu, dans le même temps, la société n'a jamais eu autant intérêt à protéger ce marché. Son développement ne repose en effet que sur une nécessaire

---

[1] Fernand Braudel, , *La Dynamique du capitalisme*, Paris, 1985, Flammarion, coll. « Champs », p. 47.

transparence et sur la confiance. L'administration royale elle-même ne peut qu'en être très soucieuse.

> « Les villes sourcilleuses, leur politique économique, qu'est-elle, sinon la surveillance de leurs marchés, de leur approvisionnement, de leurs prix ? Et le Prince, dès qu'une politique économique se dessine dans ses actes, n'est-ce pas à propos du marché national, du pavillon national qu'il faut défendre, de l'industrie nationale liée au marché intérieur et au marché extérieur, et qu'il importe de promouvoir ? C'est dans cette zone étroite et sensible du marché qu'il est possible et logique d'agir. Elle répercute les mesures prises, comme la pratique le montre tous les jours. Si bien qu'on a fini par croire, à tort ou à raison, que les échanges ont, en eux-mêmes, un rôle décisif, équilibrant, qu'ils égalisent par la concurrence les dénivellations, ajustent l'offre et la demande, que le marché est un dieu caché et bénévole, « la main invisible » d'Adam Smith, le marché autorégulateur du XIXe siècle, la clef de voûte de l'économie, si l'on s'en tient au laissez faire, laissez passer »[2].

Seul doit exister le marché « réel » : il faut donc traquer le marché parallèle, les fraudes, les vols et toutes les atteintes au droit des affaires, comme les manœuvres dolosives qui n'ont pour but que la remise volontaire et frauduleuse des biens. En échappant en effet au grand marché, de telles pratiques en détruisent non seulement l'équilibre naturel, mais également la fiabilité et surtout la solidité.

§ 1 – Une atteinte aux biens

Or l'escroquerie est par essence un délit contre les biens. Elle n'est certainement pas un délit contre les personnes, malgré toutes les manipulations opérées sur les victimes. C'est là toute la spécificité de cette infraction, mais également sa complexité. Les manœuvres ont pour but de tromper la volonté de la dupe et de l'atteindre dans sa vulnérabilité, mais leur mobile ne consiste qu'à obtenir des biens.

> « L'escroquerie est un délit contre les biens, non contre les personnes. Il est donc certain, tout d'abord, que des manœuvres frauduleuses ne peuvent être incriminées sous cette qualification que si elles visent le patrimoine d'autrui »[3].

Cependant, l'interprétation du passage à l'acte dans une infraction telle que l'escroquerie, ne souffrirait-elle pas de ce que l'on pourrait appeler le « complexe

---

[2] Fernand Braudel, , *op. cit.*, p. 47-48.
[3] R. Garraud, *Traité théorique et pratique du droit pénal français*, Paris, éd. Larose, 1894, t. V, p. 264.

du Chat Botté[4] », où le préjudice n'est pas seulement matériel mais aussi psychologique ?

Rappelons que Charles Perrault a imaginé le destin du plus jeune des enfants d'un meunier, pauvre comme Job, et qui ne lui donna que son chat. Ce dernier, plein d'ingéniosité, invente de faux nom et titre pour son maître, et le faisant passer pour le marquis de Carabas, entreprend de séduire la fille du roi, en permettant à celle-ci de rencontrer et de tomber amoureuse de ce prétendu marquis.

Si l'on devine la princesse ravie de son futur meunier de mari, Charles Perrault, à la veille de ce XVIIIe siècle, ne nous raconte guère la réaction du roi lorsqu'il découvre la supercherie d'un gendre aussi pauvre. Le roi a donc remis volontairement à un indigent ses plus importantes richesses. Le souverain aurait eu tout lieu de se sentir victime d'un intrigant. Pour autant, l'escroquerie commise par le Chat botté n'avait-elle pour objet que de duper la famille royale ou bien d'autres fins ? Est-ce ou non l'élément essentiel de l'infraction commise ? Le mythe a longtemps prévalu sur la raison et fait triompher l'amour sur l'intérêt politique. Mais peut-on aussi légitimement penser que le préjudice causé à la personne du roi participe de la constitution du délit d'escroquerie ?

Les juristes français semblent cependant avoir dépassé cet aspect du mal occasionné à la victime :

> « Le préjudice causé à la personne ne saurait être un élément du délit. Ainsi, l'individu qui parvient, au moyen de manœuvres frauduleuses, à se faire épouser par une fille riche, alors même que le mobile de ses agissements serait la cupidité, ne pourrait pas être poursuivi pour escroquerie. Certaines législations donnent à ce fait le caractère d'un délit spécial[5]. La nôtre a respecté le vieil adage : « En mariage, trompe qui peut » »[6].

L'escroquerie se définit donc intrinsèquement comme une atteinte aux biens, et elle n'est que cela. Et si toutes les manœuvres ne mènent qu'au passage à l'acte, celui-ci est très particulier, puisqu'il consiste à provoquer la remise qui, elle, est volontaire. « Il faut donc que la remise ou la délivrance portent sur une chose, une *res*, dans le sens précis du mot »[7].

Pour qui cherche à définir cette « chose », l'enquête est rapide. Que cherche l'escroc ? En priorité à s'enrichir ! Il veut d'abord se voir remettre volontairement de l'argent, en pièces sonnantes et trébuchantes de préférence.

---

[4] Charles Perrault, *Contes*, Lausanne, éd. Rencontre, 1968, p. 131-136. Le *Chat botté* est daté de 1697.

[5] *Code pénal* allemand, par exemple : chapitre 170.

[6] R. Garraud, *Traité théorique et pratique de droit pénal français*, Paris, éd. Larose, 1894, t. V, p. 264.

[7] R. Garraud, *op. cit.*, t. V, p. 267.

Ainsi Jeanne Baliache[8] qui séduit et tient sous son charme par de fausses promesses, réussit-elle surtout à escroquer de l'argent. Louis Bonneau[9], de son côté, se fait aussi remettre une fortune parce que ses victimes le prennent pour un marchand. Seule la recherche d'un bénéfice financier le motive réellement dans son action.

Quand Laurent Langault et Nicolas Mangin[10] sont condamnés, ils ont certes agi avec ruse et violence contre la femme du vigneron Claude Patin, mais ils n'ont eu comme seul dessein que d'en tirer de l'argent.

Florent Imbert[11] est plus direct : il spolie ses maîtres de plusiers objets en argent, de pièces d'or et d'une somme de cent trente-quatre livres.

Louis Perreau[12] se fait remettre de l'argent parce que sa victime espère doubler sa mise. Ici, l'intérêt bien compris des deux parties se situe sur le plan de la spéculation. Malheureusement pour la victime, elle a cru Perreau qui lui a promis un gain double alors que l'escroc a préféré garder la mise à son simple profit.

Georges Gérardin[13] aime l'argent et se le procure puisqu'on le lui remet.

Se faire remettre de l'argent volontairement pour des courses fictives au profit des maisons où l'on travaille est tout un art qu'Anne Varlet[14] maîtrise incontestablement.

Enfin, Jacques Couturier parvient à faire pleurer les foules pour gagner quelque argent, ce qui le rend « dûment atteint et convaincu de s'être introduit dans plusieurs maisons et de s'être faussement plaint de ses malheurs pour qu'on lui remette de l'argent... »[15].

Tout ce qui peut contribuer à spolier autrui, à accaparer et à accroître son capital est bon. La tricherie au jeu peut même apparaître comme un moindre mal, car après tout, la future victime est prête, d'une certaine façon, à perdre son bien, puisqu'elle accepte de le parier.

Augustin Caussin[16] est un tricheur et n'aime le jeu que parce qu'il est sûr d'y gagner. Cette certitude du gain est son plaisir. Il escroque ses partenaires en gagnant frauduleusement des objets en argent.

Lorsque Constantin Varoxa, comme nous l'avons vu[17], « se disant turc de nation, demeurant rue et cour du Cherche midi, a distribué dans le public et

---

[8] Arch. Nat. X^{2B} 961, affaire n° 136 : Jeanne Baliache, arrêt du 17 juillet 1727.
[9] Arch. Nat. X^{2B} 980, affaire n° 152 : Louis Bonneau, arrêt du 8 avril 1737.
[10] Arch. Nat. X^{2B} 988, affaire n° 214 : Laurent Langault, Nicolas Mangin, arrêt du 13 mars 1741. Voir *supra*.
[11] Arch. Nat. X^{2B} 1029, affaire n° 452 : Florent Imbert, arrêt du 20 mai 1763.
[12] Arch. Nat. X^{2B} 1035, affaire n° 529 : Louis Perreau, arrêt du 15 mai 1766.
[13] Arch. Nat. X^{2B} 1040, affaire n° 421 : Georges Gérardin, arrêt du 2 septembre 1768.
[14] Arch. Nat. X^{2B} 1070, affaire n° 739 : Anne Varlet, arrêt du 18 septembre 1782.
[15] Arch. Nat. X^{2B} 1081, affaire n° 627 bis : Jacques Couturier, arrêt du 9 janvier 1787.
[16] Arch. Nat. X^{2B} 1002, affaire n° 162 : Augustin Caussin, arrêt du 12 janvier 1748.

notamment aux comparants différents billets d'une loterie qu'il a fait à douze sols le billet[18] », compte tenu du nombre de ses clients, il doit avoir dégagé un bon chiffre d'affaires à la fin de ses journées, surtout en s'arrangeant pour qu'il n'y ait aucun lot à gagner.

Autre monde, autre lieu, Etienne Bourdoiseau[19], ainsi que Louis Durfort, Robert Le Loutre, François Clairet, Pierre Grigné, René Fromentin et René Pellé, fréquentent différents cabarets et auberges où ils attirent leurs futures victimes pour les faire jouer, quitte à les faire boire. Ainsi ne gagnent-ils de l'argent que par leurs tricheries *stricto sensu*.

Claude Girard[20] préfère, lui, ruser avec les cartes. Comme il triche, il gagne et obtient ainsi les objets les plus divers, comme une tabatière et des boucles de souliers en argent.

Legras est entraîné dans une auberge par Jean-Baptiste Chaudet, qui le fait boire au-delà de toute raison. Et lorsque ce dernier lui propose de jouer aux cartes, la future victime n'est plus en état de se méfier. Elle se fait alors escroquer « la somme de quatorze livres, une tabatière en cuivre et d'autres effets lui appartenant »[21].

Etienne Bouret possède lui-aussi un sens du profit bien compris. Il a « filouté au jeu au nommé Levieux sa montre et sa tabatière d'argent »[22].

Quant à Julien Le Camus[23], il profite de la foire de la Saint-Nicolas pour filouter six livres à un particulier, alors que le mois précédent, il a déjà extorqué à un fermier, en jouant avec un jeu truqué, la somme de 180 livres.

Jean-Jacques Marye, René Giraud et Pierre Coursier se jouent, quant-à-eux de la candeur d'un voyageur pour l'emmener jouer dans un cabaret de Nanterre « trois louis et une montre d'argent, contre lesquels trois louis et montre ils ont mis au jeu une bourse dans laquelle étoit un étui de bois lequel avoit la forme d'un rouleau de louis »[24].

Le 25 mars 1784, René Farouette escroque au jeu un certain de Crévoisier ; il est condamné pour « lui avoir ainsi volé une tabatière de vermeil et un anneau d'or »[25].

---

[17] Voir partie I, titre III, chapitre 3, section 1, § 1-2.
[18] Arch. Nat. Y 10.224, affaire n° 15 : Constantin Varoxa, sentence du 30 décembre 1760, jugement à l'extraordinaire.
[19] Arch. Nat. X^{2B} 1028, affaire n° 304 : Etienne Bourdoiseau, arrêt du 7 septembre 1762.
[20] Arch. Nat. X^{2B} 1033, affaire n° 426 : Claude Girard, arrêt du 20 juin 1765.
[21] Arch. Nat. X^{2B} 1045, affaire n° 330 : Jean-Baptiste Chaudet, arrêt du 23 avril 1771.
[22] Arch. Nat. X^{2B} 1049, affaire n° 306 : Etienne Bouret, arrêt du 26 juillet 1773.
[23] Arch. Nat. X^{2B} 1056, affaire n° 471 : Julien Le Camus, arrêt du 24 mars 1777.
[24] Arch. Nat. X^{2B} 1059, affaire n° 340 : Pierre Coursier, arrêt du 12 février 1778. Voir partie I, titre III, chapitre 3, section 1, § 2.
[25] Arch. Nat. X^{2B} 1075, affaire n° 648 : René Farouette, arrêt du 7 octobre 1784.

C'est encore des boucles de soulier en argent que Charles Maguyer[26] gagne malhonnêtement au jeu contre Aubry.

La remise volontaire de biens est en revanche plus subtile, lorsqu'elle est directement la contrepartie d'un besoin, voire d'un espoir, celui de connaître son avenir et de l'espérer meilleur.

Marie La Croize, veuve Touret, a-t-elle lu elle-même dans une boule de cristal qu'elle serait riche ? Il faut le croire, car elle ne dit certainement pas la bonne aventure gratuitement. Rappelons qu'elle a été « dûment atteinte et convaincue d'avoir volé à la faveur de quelques pratiques superstitieuses et avec abus de quelques pratiques de religion, à Jeanne Burou, veuve Thévenou, environ seize louis d'or, à Rose Vizemberg, femme de Benoît Gaucher, 120 livres, à Antoine Genoux 24 louis d'or, et à Blaise Perret 42 sous »[27].

Les belles voitures ont toujours exercé un attrait non seulement sur les jeunes gens, mais aussi de façon générale.

Jean Nicolas Jouin de Sauseuil et François-Charles Rossignol, respectivement généalogiste et élève au collège d'Harcourt, sont ainsi condamnés parce qu'ils ont réussi à se faire remettre ce qui serait appelé aujourd'hui des voitures de luxe[28].

Clément Chavanis abuse-t-il de la confiance ou escroque-t-il « un cabriolet et un cheval qui lui avoient été confiés à titre de location »[29] ?

Louis Barbe Desroches et Esther Thirieux sont, quant à eux, jugés en première instance au Châtelet le 7 avril 1778, car ils sont « dûment atteints et convaincus d'avoir escroqué divers cabriolets et chevaux à deux loueurs de carrosses et des marchandises de mode en dentelles à des marchands [...] »[30].

Tout peut faire l'objet d'une remise volontaire, des voitures aux pièces de vêtement, et le but de l'escroc apparaît fort diversifié.

Du linge fin est quelquefois remis volontairement : Pierre Brunel, Barbe-Agnès Charles et Sébastien Collin obtiennent ainsi « une culotte en drap de Silésie »[31].

François Bonnard, Etienne Golin, Jean Renout, Hervé Dole, Antoine Micholier et Joseph Grimaud sont « suffisamment atteints et convaincus d'avoir le

---

[26] Arch. Nat. X^{2B} 1085, affaire n° 697 : Charles Maguyer, arrêt du 20 février 1789.

[27] Arch. Nat. X^{2B} 1021, affaire n° 458 : Marie La Croize, veuve Touret, arrêt du 9 mars 1759. Voir partie I, titre III, chapitre 2, section 1, § 2.

[28] Arch. Nat. Y 10.225, affaire n° 12 : Jean Jouin de Sauseuil, sentence du 20 janvier 1761. Voir partie I, titre I, chapitre 3, section 1, § 2.

[29] Arch. Nat. X^{2B} 1048, affaire n° 329 : Clément Chavanis, arrêt du 16 février 1773.

[30] Arch. Nat. X^{2B} 1060, affaire n° 373 : Louis Barbe Desroches et Esther Thirieux, arrêt du 27 mai 1778. Voir *supra*.

[31] Arch. Nat. X^2B 1053, affaires n° 312, 327 et 336 : Pierre Brunel, Barbe-Agnès Charles et Sébastien Collin, arrêts du 18 octobre 1775 et du 23 septembre 1775.

6 novembre dernier engagé par ruse Laurent Haby et Jean Raulet à faire des gageures pour leur escroquer leur argent, boucles de souliers et montres d'argent »[32].

Le 22 juillet 1778, Jean-Pierre Boucly est poursuivi parce qu'il est « dûment atteint et convaincu d'avoir, le jeudi 21 mai dernier, vers les neuf heures du matin, demandé et loué chez Charles Noé, marchand de fil, une quantité de marchandises de fil sous le nom emprunté de Jean Pierre Paux »[33].

Se procurer par escroquerie une croix pectorale est plus original encore, d'autant qu'elle est remise par un chanoine de Notre-Dame à Jean-Louis Lafond[34], et l'on ne sait si l'un ou l'autre espère le salut du pécheur.

§ 2 - Toute remise

Si les objets présentent une variété importante, la doctrine n'a pourtant pas varié dans son approche de la remise. Caractérisant en l'espèce l'escroquerie comme résultat tangible de manœuvres frauduleuses, elle n'en conteste pas l'aspect extrêmement varié. En d'autres termes, toute remise, si elle est volontaire, est admissible dans l'appréhension du passage à l'acte. Telle est encore l'interprétation des auteurs contemporains. Corinne Mascala, qui reprend sur ce point intégralement les développements des premières éditions rédigées par le professeur Bernard Bouloc, souligne que « cette catégorie visée par le *Code pénal* ne soulève pas de difficulté particulière[35] ».

Il faut et il suffit en effet que la remise soit volontaire. Pourvu qu'elle soit volontaire, la remise peut porter sur des biens de nature fort différente.

Par conséquent, si l'argent, ou l'objet, quel qu'il soit, n'est pas soustrait mais reçu directement et volontairement de son possesseur, l'élément matériel, fondamental dans la constitution d'une infraction, est présent.

Pourquoi ne pas posséder ce que l'autre détient et pourrait, quelle que soit la manœuvre, finalement remettre, d'autant que le développement de la circulation des marchandises devient quasi-exponentiel ?

L'argent permet tout. Il est évident que tout le monde souhaite en posséder davantage. Mais qu'il est plaisant aussi, durant le règne de Louis XV, de voyager, de parcourir ces kilomètres de nouvelles routes, de bénéficier de linge d'une finesse extrême, de fil précieux ou encore de tabatières ou de boucles de soulier travaillées comme des objets d'art.

E. Le Roy Ladurie nous expose que l'on passe d'une économie de pénurie, où le bien ne circule pas et où l'on ne peut guère espérer l'acquérir, à une conquête

---

[32] Arch. Nat. X^{2B} 1060, affaire n° 297 : François Bonnard, arrêt du 7 juillet 1778.
[33] Arch. Nat. X^{2B} 1061, affaire n° 301 : Jean-Pierre Boucly, arrêt du 26 octobre 1778.
[34] Arch. Nat. X^{2B} 1070, affaire n° 677 : Jean-Louis Lafond, arrêt du 23 août 1782.
[35] Corinne Mascala, *Répertoire pénal*, Paris, Dalloz, 2001, art. « escroquerie », n° 151.

marchande, agressive et créatrice de nouveaux désirs, y compris superficiels. Car après tout, escroquer pour une tabatière, est-ce bien utile ?

Or, osons le dire, la France est alors riche et provoque des désirs futiles. Elle le devait à Colbert, et maintenant à Orry, mais aussi à tous ses commerçants, qui ont su conquérir de nouveaux marchés. La marchandise est variée, elle devient abondante, et l'argent permet ainsi de tout acquérir, même si l'administration veille.

La production industrielle française, dans le même temps, si elle fait l'objet de critiques par les critères de qualité applicables, n'en est pas moins une des premières du monde. On comprend qu'il soit un plaisir de vouloir se donner les moyens, quels qu'ils soient, d'en acquérir les fruits[36].

> « De sérieuses enquêtes *in situ* préludaient ainsi à des contrôles stricts auxquels se livrait l'Inspection des manufactures. Les résultats furent d'autant meilleurs que le trend économique était favorable, et l'esprit d'entreprise suffisamment développé. Au fil d'une croissance manufacturière rapide, pour tout le XVIIIe siècle (hausse d'un peu plus de 1 % par an du produit industriel en France, contre 1,17 % en Angleterre), la période qui va de 1715 à 1743 (« Régence » et « Fleury ») fait, en son particulier, honorable figure : doublement et triplement de la fabrication des tissus de laine, respectivement à Amiens entre 1715 et 1750, comme à Beauvais entre 1724 et 1755 ; accroissement de la production lainière pour toute la France, de 0,84 % par an, entre 1726 et 1751, soit le taux le plus fort enregistré entre 1708 et 1778 ; triplement de la production de cotonnades à Rouen entre 1732 et 1749 ; doublement des ventes de glaces de Saint-Gobain[37] entre 1725 et 1739, et de l'activité de la soierie lyonnaise[38] entre 1720 et 1760. Enfin, généralisation d'un essor rapide de l'industrie française après 1730, au moment même où quelque peu stagne (momentanément) l'industrie britannique »[39].

---

[36] « Quant à la politique industrielle d'Orry, elle suscitera *post festum* de vives critiques. Henri Carré, par exemple, au nom d'un libéralisme irréfléchi, n'aura pas assez de mots pour se moquer des manies réglementaires du contrôleur général des finances « fixant par le menu tous les détails de la fabrication, interdisant aux dégraisseurs des draps français d'employer la craie et le blanc d'Espagne », etc. Dérapages habituels de l'école lavissienne, quels que soient par ailleurs les immenses mérites de ses maîtres. En fait Orry, comme l'a rappelé Michel Antoine, visait à la mise au point de produits de qualités, susceptibles de déboucher sur une exportation soutenue. », Emmanuel Le Roy Ladurie, *op. cit.*, p. 123-124.

[37] Claude Pris, *La Manufacture des glaces de Saint-Gobain, 1665-1830, une grande entreprise sous l'Ancien Régime*, Lille, Atelier des thèses de l'Université de Lille-III, 1975, vol. II, p. 804. Cf. aussi Jean-Pierre Daviet, *Une multinationale à la française Saint-Gobain, 1665-1989, op. cit.*, p. 36 (même tendance, mais chiffres un peu inférieurs).

[38] *Histoire de Lyon et du Lyonnais*, dirigée par André Latreille, *op. cit.*, p. 236.

[39] Emmanuel Le Roy Ladurie, *op. cit.*, p. 124.

L'objectif est donc, pour l'escroc, de jouir des richesses de l'économie par la remise volontairement de l'objet espéré. Toute la problématique de l'escroquerie consiste alors à se demander si la remise est véritablement volontaire. Ne faut-il pas en effet distinguer, là encore, l'apparence de la réalité ? La victime participe-t-elle volontairement à sa propre ruine, ce qui rendrait l'infraction d'escroquerie très particulière dans son essence ?

Section 2. Existence d'un rapport immédiat entre manœuvres et remise (mise en scène et matérialité)

La volonté, du latin *voluntas*, correspond à l'expression de la faculté de se déterminer à certains actes et de les accomplir. Elle est donc l'expression de son intention, de son propre désir, et la manifestation de ceux-ci. Pour mieux appréhender juridiquement, voire philosophiquement, cette volonté, encore faut-il définir l'*involontaire*, qui renvoie à des contraintes extérieures ou à des déterminations nécessaires. La volonté *a contrario* apparaît comme un principe d'activité, un mouvement qui porte à accomplir une action, et qui, par-delà l'inclinaison ou le penchant, suppose toujours la mise en œuvre d'une intelligence capable de poser un objectif précis et d'élaborer les moyens propres à l'obtenir. Quelle est alors la réelle expression de cette liberté autonome, de cette volonté pour la victime d'une escroquerie ? Cette victime remet-elle, dans ce sens, volontairement ?

§ 1 - Une remise provoquée

Toute la question de l'escroquerie est ici posée, si la remise n'est que le résultat de diverses manœuvres frauduleuses. Comment peut-elle être à la fois volontaire et provoquée ? Cette contradiction dans l'approche d'un passage à l'acte aussi complexe, et dans l'analyse du comportement de la victime, mérite bien évidemment des observations.

Lorsque Nicolas Bernay, dans l'affaire Trinquelaire que nous avons déjà commencé à examiner[40], raconte que son travail consiste à vendre du vin à la courtille dans le cabaret du Coq, et que c'est ainsi qu'il gagne sa vie et qu'il génère le chiffre d'affaires du débit de boissons, est-il vraisemblable qu'il renonce volontairement au résultat de ses ventes ? Certainement pas, et il en est de même pour les autres membres de sa famille. Pourtant, « au bout de quinze jours la femme Hugueneau le prévint qu'il ne trouveroit pas le compte de son argent provenant de la vente de son vin parce que le nommé Trinquelaire et sa femme qui

[40] Voir partie I, titre II, chapitre 3, section 2, § 1.

logeoient dans la maison avoient pris un billet de loterie de la mercerie qui coutoit cent écus, qu'ils avoient intéressé ladite Fessard pour moitié moyennant cinquante écus qu'elle avait tirés du comptoir mais que son argent lui rapporteroit bon intérêt »[41].

Les tenanciers sont-ils véritablement volontaires pour accepter que les amis du couple Trinquelaire prennent pension chez eux ? Ne se trompent-ils pas sur leur véritable intérêt ? Ils sont plutôt l'objet d'un jeu funeste, qui justement a pour but de leur faire remettre, soi-disant volontairement, la boisson, les victuailles, toutes les sortes de consommations qu'un cabaret peut fournir. Le débit de boissons se transforme en source miraculeuse, puisque le vin y est servi gratuitement, et est accompagné de mets.

Les Trinquelaire et leurs amis se sont donc faits entretenir, en se faisant remettre des biens matériels qui leur assurent le gîte et le couvert, ainsi que tissus, meubles et autres avantages en nature, parce que leurs bienfaiteurs acceptent un processus qui s'avère truqué. Comment dès lors peut-il y avoir eu une véritable acceptation ?

§ 2 - La remise : résultat des manœuvres frauduleuses de l'escroc

Ne peut-on considérer que cette remise provoquée constitue précisément le passage à l'acte de l'escroquerie ? L'absence de remise réellement volontaire résulterait dans ce cas de l'existence d'un rapport immédiat et direct entre les manœuvres et les remises.

Jeanne Madeleine Drouet, qui demeure chez la veuve Fessard, n'explique-t-elle pas que tous espéraient, et Briet en premier, progresser socialement et obtenir au-delà de toute espérance le poste tant convoité de directeur général de la Compagnie des Indes ?

Or, environ un siècle plus tard, le 5 mai 1820, la Cour de cassation juge à son tour que, pour qu'il y ait escroquerie, on ne peut admettre que la remise soit volontaire. Elle signifie ainsi que la remise doit avoir été déterminée par la manœuvre employée. Il existerait donc une certaine relation de cause à effet entre la manœuvre et la remise de la chose escroquée[42]. La Cour de cassation est même allée plus loin. Dans cet arrêt de principe Poirier, elle affirme que la relation de cause à effet entre la manœuvre et la remise est non seulement nécessaire, mais déterminante pour la constitution de l'escroquerie. À défaut, le délit cesse.

N'est-ce pas le cas dans l'affaire Trinquelaire, où n'existe en réalité aucune remise volontaire, mais bien plutôt des remises consécutives aux manœuvres employées ? Affirmer que la remise serait volontaire, alors qu'elle n'est que

---

[41] Arch. Nat. Y 10.225, affaire n° 38 : Trinquelaire, sentence du 16 janvier 1761, jugement à l'extraordinaire.

[42] Cass., 5 mai 1820, Poirier (B. 72, S. P. chr : D. vol, 725).

provoquée, serait dévoyer la nature même de l'activité des dupes et nier le passage à l'acte dolosif des escrocs.

Or, tout ce qui est affirmé, écrit, mis en scène dans l'affaire Trinquelaire est non seulement faux, mais participe aussi de maneuvres élaborées et frauduleuses, qui n'ont pour objectif que de se faire remettre des biens ou des prestations. Tout est bon pour se faire donner quelques louis ou remettre quelques magnifiques produits de l'industrie et de l'artisanat. La contribution est considérable, et les remises d'une richesse particulière. Citons entre autres bijoux, montres, boîtes en or et en argent, galons, étoffes, damas, liqueurs et Champagne, vin de Bourgogne, et évidemment des louis d'or.

Cette remise n'est finalement volontaire que parce que les escrocs en ont bénéficié dans une perspective tronquée. C'est ainsi que Dorigny perçoit tout le malentendu provoqué par les manœuvres sur les remises :

> « Mais il ne suffit pas de dire que les termes manœuvres frauduleuses visent uniquement des agissements inquiétants pour l'ordre public, il faut encore les définir, et se demander si elles correspondent bien à la pensée de leur auteur. Est-il vrai, [...] que tous les actes, si innocents, si puérils qu'ils soient, vont pouvoir être considérés comme des manœuvres ? »[43].

A contrario, peut-on considérer une volonté comme libre alors qu'elle est manœuvrée, c'est-à-dire qu'elle est littéralement prise en mains ? Conformément à l'étymologie rappelée par le *Dictionnaire de l'Académie*, le *manu operare* fait en effet de la remise le résultat de l'œuvre des mains de l'escroc. N'appelle-t-on pas en effet « manœuvre » celui qui aide un maçon, en maniant les instruments et les matériaux pour participer à une construction. La volonté est donc manipulée. Ainsi le fripon obtient-il par ruse et par fourberie la remise en excluant totalement la spontanéité, ou même en annihilant la liberté de la dupe.

Bien plus tard, en commentant l'article 405 du *Code pénal*, R. Garraud constate que la remise est le résultat de la première condition du délit. L'emploi de certains moyens frauduleux conditionne des remises : « il n'est pas nécessaire [...] que la remise des fonds ou autre objet spécifié ait été cumulativement déterminée par l'emploi de ces trois moyens réunis, il suffit que cette remise ait eu pour cause l'emploi d'un seul des moyens prévus par l'article 405, c'est à dire l'emploi soit d'un faux nom, soit d'une fausse qualité, soit des manœuvres frauduleuses indiquées »[44].

---

[43] Paul Dorigny, *Etude de la loi et de la jurisprudence sur le délit constructif d'escroquerie*, Paris, Librairie Nouvelle de Droit et de Jurisprudence, 1899, p. 33.

[44] R. Garraud, *Traité théorique et ratique du droit pénal français*, Paris, éd. Larose, 1894, t. V, p. 235.

Mais ne peut-on affirmer de façon plus générale que la remise est fonction du résultat des moyens frauduleux ? Que l'existence d'un rapport immédiat et direct entre les manœuvres et la remise constitue la condition *sine qua non* de la réalisation de l'infraction d'escroquerie ? La remise, parce qu'elle est le résultat matériel du passage à l'acte, rend les manœuvres frauduleuses élément à part entière du délit :

> « Pour que l'usage du faux nom ou de la fausse qualité soit punissable, il est nécessaire que cet usage ait été la cause déterminante de la remise des biens escroqués. Entre l'acte d'usage et la remise des objets doit donc se trouver un lien de cause à effet »[45].

Encore faut-il bien entendu que ces manœuvres aient été déterminantes dans l'acte lui-même de remise, bref, que ce lien de causalité soit indubitable et en d'autres termes évident.

> « Si des actes positifs doivent être accomplis par l'escroc pour qu'il y ait manœuvres au sens de l'article 313-1 du *Code pénal*, il faut encore que ces manœuvres aient été déterminantes de la remise. Il est, en effet, exigé que les manœuvres soient la cause de la remise de la chose par la victime »[46].

Pour examiner cette remise comme un résultat des manœuvres frauduleuses, partons cette fois directement de l'objet même de la remise. Admirons ainsi la chaise en forme de sabot garnie en velours d'Utrecht jaune[47]. Sur le plan pénal, le but de tout le raisonnement de l'escroc consiste à obtenir de la dupe la remise de cette chaise, de la façon la plus directe possible. Le rapport doit être immédiat, et constituer la conséquence de ce qui est souhaité par l'escroc.

Germain Alexis Pépin remet donc la luxueuse chaise avec la monture à un particulier dont il ne connaît même pas le véritable nom, puisque ce dernier se fait nommer le chevalier de Faucilly et déclare une fausse adresse, qui correspond en réalité à une maison close.

Ce n'est qu'après avoir par lui-même recherché qui pouvait être ce fameux chevalier de Faucilly, et avoir mis tout en œuvre pour le retrouver, que le maître

---

[45] Cass. crim. 10 déc. 1869, *DP* 1870.1.441 ; 23 déc. 1887, *Bull. crim.*, n° 445 ; 13 mai 1898, *DP* 1899.1.206 ; 13 mai 1904, *Bull. crim.*, n° 222 ; 22 janv. 1914, *DP* 1914.1.256, S. 1916.1.128 ; 22 nov. 1917, *Bull. crim.*, n° 242 ; T. corr. Grasse, 1er sept. 1948, S. 1948.2.141, Corinne Mascala, *Répertoire pénal*, Paris, Dalloz, 2001, art. « escroquerie », n° 23.

[46] Bernard Bouloc, cité par Corinne Mascala, *Répertoire pénal*, Paris, Dalloz, 2001, art. « escroquerie », n° 80.

[47] Arch. Nat., Y 10.225, affaire n° 12 : Jean Jouin de Sauseuil, sentence du 20 janvier 1761, jugement à l'extraordinaire.

carrossier découvre, grâce à la maîtresse de « maison », que « le dit particulier étoit aussy connu sous différents noms, et qu'elle croyoit que son vrai nom étoit Johain de Sauseuil, et qu'il demeuroit Isle Saint-Louis près le Pont Rouge, où le comparant alla sur le champ, et apprit que le dit particulier y étoit connu sous le nom de Sauseuil »[48].

L'usage d'un faux nom, d'une fausse qualité supposée et d'un mensonge ont donc permis à Jean Jouin de Sauseuil de manœuvrer le maître carrossier dans l'unique but qu'il lui remette la chaise et le cheval, d'une façon que l'on nomme spontanée, parce qu'elle s'oppose à la soustraction, qui caractérise plus spécifiquement le vol. Le rapport entre cette manœuvre et la remise est ainsi direct et immédiat. Il constitue le lien entre la provocation et la remise. Il matérialise le passage à l'acte et différencie la simple intention de la commission de l'infraction en elle-même.

Peu importe alors si « contrairement au faux nom et en principe à la fausse qualité, les manœuvres frauduleuses ne sont pas définies dans leur nature »[49]. En effet, « il est bien certain que ne peut être ni détaillée, ni prévue à l'avance la destination des erreurs provoquées par l'escroc dans l'esprit de la victime, ce qui explique les termes vagues et informels de la formule légale : elle n'est donc que le résultat d'une impossibilité de fait à prévenir les moyens de l'escroquerie, tout en se voulant d'inspiration légaliste par les nuances de sa rédaction »[50]. Aucun texte ne peut donc totalement définir ce qui, dans le processus psychologique de la manœuvre, induit dans l'esprit de la dupe son geste, mais il est certain que la volonté est alors manipulée pour obtenir la remise, par un effet quasi mécaniste.

Cependant, le rapport entre les manœuvres et la remise peut parfois relever, ni plus ni moins, d'une véritable mise en scène. Si la vie est un théâtre, l'escroc est un acteur-né. Quel plus beau trophée que celui obtenu par un rôle de composition tenu à la perfection ! Jeune premier de ce siècle, en tout cas sûr de lui, Jean-Charles-Frédéric Mayer[51] tente un coup de maître, dans le rôle du baron de Vainpercrulx. Il s'en prend à un de ces artisans qui prospèrent dans le Paris de l'époque et animent l'économie de la cité.

Or l'usage du faux nom et du faux titre, les premiers ballots de soie remis, le fallacieux prétexte, les promesses prononcées, mais surtout la demande renouvelée et augmentée chaque jour démontrent un art consommé de l'intrigue et de la construction intellectuelle d'un scénario pour que la dupe travaille gratuitement dans un vain espoir.

---

[48] *Ibid.*
[49] Yves Mayaud, *Le Mensonge en droit pénal*, Lyon, éd. L'Hermès, 1977, p. 264.
[50] *Ibid.*
[51] Voir partie I, titre III, chapitre 1, section 1, § 1.

Jean-Charles-Frédéric Mayer est d'ailleurs poursuivi par le Procureur du roi pour avoir répété cette mise en scène à plusieurs reprises, puisqu'il est « dûment atteint et convaincu de s'être présenté sous différents noms chez plusieurs marchands auxquels il a escroqué les marchandises mentionnées au procès »[52].

> « Il y a escroquerie à appuyer le mensonge par une manipulation, une machination ou une mise en scène destinée à tromper la victime sur l'exactitude de la situation. »[53].

La mise en scène s'appuie sur de petits ou de grands détails. L'escroc a le choix dans sa production. Il peut certes inventer un palais, voire une très belle résidence, comme c'est le cas pour le dénommé Herfilz : « il s'étoit annoncé comme baron étranger, avoit loué un appartement magnifique et à l'aide d'un équipage superbe et d'un grand train de maison, il faisoit un trafic de bijoux, dans lequel comme on l'imagine bien, tout était gain pour lui »[54]. Mais le décor peut être plus épuré, avec simplement quelques touches de luxe, un hôtel garni, des déplacements successifs sur plusieurs jours, de la soie, des vêtements différents commandés et enfin l'annonce d'un domestique et d'un coureur.

> « La mise en scène peut résider dans un « décor », créé par l'escroc, qui confère une crédibilité particulière à ses mensonges. Ainsi en est-il : des bureaux aménagés et du personnel pléthorique par lesquels le carambouilleur persuade ses dupes de l'existence d'une entreprise fictive[55] afin de les déterminer à des remises de fournitures »[56].

L'exhibition et l'usage de quelques accessoires donnent du poids à ce que l'escroc peut raconter, que cela soit dans la présentation de tissus précieux ou de quelque ustensile très particulier qui laisse supposer une profession ou une spécialité[57].

---

[52] *Ibid.*

[53] Michelle-Laure Rassat, *Jurisclasseur pénal*, 1996, art. « escroquerie », p. 24-25.

[54] Des Essarts, *op. cit.*, t. I., p. 183 *sq*.

[55] Cass. crim., 11 juin 1953 : *Bull. crim.* n° 203.

[56] Michelle-Laure Rassat, *Jurisclasseur pénal*, 1996, art. « escroquerie », p. 24-25.

[57] « [...] de l'exhibition et « l'usage » par un charlatan (ou par un médecin) d'un pseudo matériel scientifique, soit factice, soit absolument inopérant, pour traiter la maladie du patient – des oripeaux, crocodiles empaillés, éclairs au magnésium, bruitages, etc., dont s'entourent les devins, cartomanciennes, etc. pour révéler l'avenir ou communiquer avec l'au-delà (Cass. crim., 4 mars 1938, *JCP* 1938, éd. G. II, 769) – des précautions spectaculaires prises, soit par le vendeur dans l'escroquerie dite de la « vente au radium », soit par le médecin qui fait semblant de traiter un malade (V. Simonin, *Année médecine légale,* 1937, p. 1072) », Michelle-Laure Rassat, *op. cit.*, p. 24-25.

La force créatrice de l'escroc trouve à s'exprimer pleinement. Par-delà les siècles, les progrès techniques et les évolutions des mentalités, il semblerait que l'imagination de l'escroc reste constante, et tout devient source de mise en scène. Sous différentes formes et à chaque fois, les séquences proposées donnent à penser qu'existe la continuité et donc la réalité.

> « Il y a également mise en scène : dans le fait pour des animateurs d'une société fictive de production de films d'inviter les personnes désireuses de faire carrière dans le cinéma à tourner des « bouts d'essais » devant une caméra démunie de pellicule, amenant ainsi les dupes à leur remettre certaines sommes pour « frais de constitution de dossier » - dans le fait pour l'agent de déchirer ostensiblement un chèque en présence de la dupe et d'un tiers, en faisant croire qu'il s'agit d'un tout autre chèque (dont le prévenu et la victime étaient convenus de la destruction) remettant ensuite le chèque prétendument détruit à l'encaissement[58] »[59].

Mais comment définir cette mise en scène qui trompe l'esprit critique de la dupe ? La doctrine est très descriptive.

> « Simuler, c'est « faire paraître comme réel ce qui ne l'est point [60], et les manœuvres frauduleuses par simulation d'un événement sont fréquentes. L'arrêt de la Chambre criminelle du 28 mai 1954[61] illustre le procédé : une femme, faisait chaque semaine des achats importants dans une graineterie-pâtisserie, déclarait au préposé qu'elle allait payer à la caisse, qu'elle s'y rendait effectivement et y acquittait le prix d'une pâtisserie. [...] La mise en scène est parfois constituée par une exhibition trompeuse. Ainsi en est-il dans l'escroquerie dite du vol à l'américaine, qui consiste à exhiber un portefeuille ou une serviette ou un paquet dont l'escroc persuade sa dupe qu'il contient des valeurs[62], grâce à quoi il parvient à se faire remettre des fonds » [63].

Le faux baron de Vainpercrulx réclame ainsi le mémoire de frais au pauvre maître-tailleur Jean-Joseph Du Bucquoy. Il lui explique même qu'il est attendu par les banquiers les plus célèbres du règne de Louis XV, à savoir Touston et Baurefer. Ainsi il laisse penser qu'il va recevoir de l'argent, et sans qu'il ait même besoin d'en énoncer le montant, chacun comprend que cela ne peut être qu'une somme importante. Cette fortune suggérée rend presque ridicule le montant des travaux de

---

[58] Cass. crim., 20 mai 1981, Pierre.
[59] Michelle-Laure Rassat, *op. cit.*, p. 24-25.
[60] Littré.
[61] *Bull. crim.*, n° 200.
[62] Cass. crim., 22 mai 1913 : *Bull. crim.* n° 240.
[63] Michelle-Laure Rassat, *op. cit.*, p. 24-25.

couture commandés et effectués. La mise en scène est ici tout en nuances, sans aucune exagération ; c'est du grand art et d'une belle signature. Qui supposerait que derrière le baron se cache Jean-Charles-Frédéric Mayer, coutumier du fait ? Voilà de quoi ravir les magistrats du ressort du Parlement de Paris.

Bien entendu, la mise en scène peut exiger plus d'un protagoniste, qui recourt alors à d'autres acteurs, voire à des complices.

C'est une véritable troupe qui est nécessaire pour pratiquer des escroqueries au jeu dans le Tout-Paris. Voici seize comédiens : Jean-Baptiste Legris, Philippe Laval, Jacques Meirans, Antoine Guérin, Joseph Renaud, Blaise le Comte, Louis Vénaux, Joseph Fayeux, François Bérard, Jean-André Delgies, Joseph Martin, Pierre Rainal, Jean-François Lescaut, Laurent-François Juibert, Jean-Esprit Desmarret et Jean François Paternotte[64].

La mise en scène peut ainsi résulter de l'organisation d'une tricherie au jeu, ou de démarches qui provoquent la remise spontanée de diverses marchandises ou biens. Là encore, Michelle-Laure Rassat note la constance de ces pratiques « les escroqueries par tricherie au jeu reposent parfois sur des « exhibitions-substitutions » ; ainsi en est-il : du bonneteau, dit jeu des trois cartes[65], de la tricherie par substitution de cartes, au poker[66] par exemple »[67].

L'art des cartes peut conduire à des astuces et à des mises en scène très complexes, qui poussent à la remise, y compris par le biais de l'irrationnalité. Rappelons le cas de Jean-Baptiste Dubuisson[68].

Est-ce cependant ici un simple mensonge qui détermine la remise de l'argent par ses clients ? Sont-ce plutôt ses jeux de cartes et ses tours qui le font apparaître à la fois comme un diseur de bonne aventure, un oracle, voire un médium ?

Le but des manœuvres consiste alors à renforcer la puissance de persuasion qui arrache la remise, prétenduement volontaire. Le commentaire d'Hervé Pelletier, Conseiller à la Cour de Cassation, et de Jean Perfetti, Avocat général honoraire à la

---

[64] Arch. Nat. X^{2B} 1051, affaires n° 364, 370, 396, 438, 466, 475, 508 : Jean-Baptiste Legris, Philippe Laval, Jacques Meirans, Antoine Guérin, Joseph Renaud, Blaise le Comte, Louis Vénaux, Joseph Fayeux, François Bérard, Jean-André Delgies, Joseph Martin, Pierre Rainal, Jean-François Lescaut, Laurent-François Juibert, Jean-Esprit Desmarret, Jean François Paternotre, arrêt du 13 décembre 1774. Voir partie I, titre III, chapitre 3, section 1, § 2.

[65] Cass. crim., 28 juil. 1958 : *Bull. crim.*, n° 583. – 3 nov. 1964 : JCP 1964, éd. G., IV, 157. – 24 juil. 1958 : *Bull. crim.*, n° 236. – 26 nov. 1975 : *Bull. crim.*, n° 260. – V. Roussin : *Le bonneteau : Rev pol. Nat.* n° 117, mars 1982, page 36s.

[66] Cass. crim., 4 juin 1891.

[67] Michelle-Laure Rassat, *Jurisclasseur pénal*, 1996, art. « escroquerie », p. 24-25.

[68] Arch. Nat. Y 9.754, affaire n° 40 : Jean-Baptiste Dubuisson, jugement à l'ordinaire, information le 30 janvier 1769, jugement porté le 1er février. Voir partie I, titre III, chapitre 2, section 2, § 1.

Cour de Cassation, précise, à la dernière qualification donnée par la loi à l'escroquerie :

> « Les manœuvres frauduleuses sont non seulement tout élément extérieur indépendant du mensonge qui en augmente la puissance de persuasion[69] mais encore toute machination montée par l'escroc, destinée à dissimuler le mensonge et à tromper la vigilance de la victime[70], même si leur extériorité par rapport au mensonge n'est pas toujours évidente. »[71].

Les manœuvres sont donc une force extérieure qui agit directement sur le rapport entre l'escroc et la dupe, c'est-à-dire sur la volonté de la victime, afin d'en obtenir une remise déterminée. Jean-Baptiste Dubuisson cherchait dans quelques monnaies un revenu et, parce qu'il n'était qu'un marchand d'indiennes sans véritable emploi, il a fait croire qu'il jouissait du talent de détective et de voyant.

La mise en scène doit être d'autant plus visible qu'elle sert à impressionner. C'est exactement le cas de Jean-Joseph Ody, un Suisse au service de M. le vicomte du Barry, rue Louis Le Grand, paroisse Saint-Roch. Il a subi les manœuvres de Marc-Antoine Dubois[72], que nous avons déjà évoqué. C'est ainsi que la victime dépose au Châtelet :

> « Il a connu ledit Dubois pour être venu plusieurs fois à sa porte demander des nouvelles de Madame la comtesse du Barry, se disant tantôt le chevalier de Jaucourt, tantôt le comte François, prétendant être les deux et qu'à cause de sa croix de Malte on l'appeloit quelquefois chevalier, qu'il portoit effectivement une petite croix attachée à un ruban noir étant à une boutonnière de son habit ; qu'un jour après avoir parlé avec le déposant, il lui demanda un louis à emprunter disant qu'il alloit dîner en ville rue verte et que son valet de chambre avoit oublié de lui mettre de l'argent dans sa poche, qu'il le lui prêta, que le même jour à neuf heures du soir, il lui écrivit sous le nom de chevalier de Jaucourt pour lui en demander deux autres, que le dit déposant lui prêta de même, étant dans la bonne foi, mais a appris depuis que le dit particulier n'est qu'un escroc aïant pris différents noms sous lesquels il a fait différentes escroqueries ».

---

[69] Ainsi l'intervention d'un tiers corroborant les affirmations du délinquant : *Crim.* 16 fév. 1888 : *Bull. crim.*, n. 66.

[70] Ainsi la production de documents truqués : *Crim.* 15 avril 1937 : S. 1938, A, 358.

[71] *Code Pénal* Litec, art. 313-1, note 11 « but des manœuvres ».

[72] Arch. Nat. Y 10.387, affaire n° 32 : Marc-Antoine Dubois, sentence du 14 avril 1778, jugement à l'extraordinaire et X^{2B} 1060, affaire n° 377 : arrêt du 26 mai 1778. Voir partie I, titre III, chapitre 1, section 2, § 2.

Voici comment pour quelques louis, le Suisse s'est vu offrir une superbe prestation théâtrale, sauf qu'il n'avait pas conscience d'être au spectacle et s'est donc fait duper.

Le jeu en vaut-il la chandelle ? Tant d'efforts sont déployés pour une remise bien maigre. Elle est pourtant celle désirée par l'escroc, et c'est ce qui compte. Le rapport est tellement intime entre les maneuvres et la remise qu'il n'y a pas de proportions réelles à rechercher entre les moyens et la fin. Il s'agit plus d'une relation personnelle entre ce que souhaite l'escroc et ce qu'il déploie comme manœuvres pour l'obtenir. C'est une des particularités de l'escroquerie, où la ruse est quelquefois plus grande que le butin et l'imagination plus importante que la facture, voire que le profit. L'escroquerie participe de l'art du jeu social. Serait-elle davantage qu'une simple infraction pénale ?

L'habileté intellectuelle se traduit par des ouvertures, des coups, des attaques et des défenses, échecs ou poker, parties de bridge où deviner le jeu de l'autre est un gage de réussite. Michelle-Laure Rassat évoque des variantes, celles d'outre-Atlantique ou de la vieille Europe.

> « Dans l'escroquerie dite au truc de confiance – variante de l'américaine – un tel paquet est remis à un voisin du « destinataire des valeurs », l'escroc obtenant ainsi un « gage » comme remise d'un objet sans valeur (un escroc lyonnais obtenait, de la sorte, un « prix très élevé d'un kilo de pommes de terre »). Une autre exhibition classique trompeuse est celle de l'escroquerie dite au vol au rendez-vous : à l'occasion d'un achat, l'escroc exhibe un gros billet auquel il substitue adroitement une petite coupure, se faisant remettre la monnaie sur le gros billet[73].
>
> [...] Si le fardage relève de la loi de 1905 sur les fraudes et falsifications, le trucage qui consiste, par exemple, à vendre au prix de la truffe des cagettes contenant des boulets de charbon sous une couche de truffes, constitue, à l'évidence, une escroquerie. Une escroquerie du même genre était rencontrée sous l'Occupation, à l'occasion du trafic d'or : l'escroc vendait à la dupe des « rouleaux de louis d'or, constitués en fait de rondelles de métal sans valeur, fardés de quelques louis destinés à déjouer un contrôle superficiel » - le seul concevable dans les conditions de clandestinité de l'opération »[74].

Le mensonge frauduleux constitue par conséquent l'essence de l'escroquerie et la cause directe de la remise. Mais il doit être actif. La Cour de cassation[75] affirme même aujourd'hui que « les divers moyens frauduleux visés par la loi sont des actes positifs et il ne saurait y avoir d'escroquerie lorsque l'agent

---

[73] Cass. crim., 2 mai 1933 : *Gaz. Pal.*, 1933, 2, p. 447.
[74] Michelle-Laure Rassat, *Jurisclasseur pénal*, 1996, art. « escroquerie », p. 24-25.
[75] Crim. 22 janv. 1914 : S. 1916, 1, 256.

s'est contenté de garder le silence sur un fait qui, s'il avait été connu de la victime, l'aurait déterminée à ne point lui remettre la chose »[76].

La remise est donc provoquée par la parole et le geste. C'est pourquoi l'escroquerie est un *fait*[77] qui a une consistance et une force.

Section 3. Des simples mensonges qui ne justifient pas la remise

Mais qui ne ment pas dans le commerce ? Qui n'a pas intérêt à vanter sa marchandise, la plus belle de toute la place ? Qui ne prétend pas avoir une pièce unique que la concurrence ne pourra proposer ? Le monde des artisans, des marchands, des fournisseurs, grouille et se multiplie. Il brûle les étapes, pour être plus flexible et entreprenant. Qui ne soutient pas qu'il dispose du crédit nécessaire pour acquérir, alors même que sa fortune n'est pas totalement faite ? Qui ne désire pas plus qu'il n'a ? De tous temps n'a-t-on pas souhaité posséder, même lorsque le prix à payer est sans rapport avec sa condition ? Comment avoir confiance en des marchands ambulants, ou installés depuis peu, ou qui proposent des biens venus d'ailleurs ? Dans ce monde instable doivent être fixés de nouveaux repères.

§ 1 - Confiance et escroqueries

L'économie de la fin de l'Ancien Régime se restructure. Chacun échange avec l'autre. Les remises se croisent. Tout est fait pour les provoquer, car elles accélèrent la circulation des biens. Confiance et vitesse sont alors les deux conditions de fonctionnement du système. Or, il ne peut perdurer que si l'on en exclut l'escroquerie et ainsi le mensonge frauduleux. Mais quel est véritablement ce mensonge ?

Le mot a une étymologie latine. Il est rattaché au verbe *mentiri*, qui correspond à un mauvais emploi de la *mens*, c'est-à-dire de l'intelligence. Le mensonge consiste à donner pour vrai ce qu'on sait être faux, ou à nier ce qu'on sait être vrai. On peut tromper par de fausses apparences, ou prononcer une parole pour dénaturer ou cacher la vérité. Le mensonge peut être encore davantage. Il peut résulter d'une véritable reconstruction imaginaire de la réalité, en vue d'un profit. Il faut donc le distinguer de l'erreur, car, contrairement à elle, il est intrinsèquement un acte dont l'intention est de tromper en falsifiant la vérité. Le but est intéressé. Et

---

[76] *Code Pénal* Litec, art. 313-1, note 1 « actes positifs ».

[77] Cette définition est reprise par le nouvel article 313-1 du *Code pénal* : « L'escroquerie est le fait, soit par l'usage d'un faux nom ou d'une fausse qualité, soit par l'abus d'une qualité vraie, soit par l'emploi de manœuvres frauduleuses, de tromper une personne physique ou morale et de la déterminer ainsi, à son préjudice ou au préjudice d'un tiers, à remettre des fonds, des valeurs ou un bien quelconque, à fournir un service ou à consentir un acte opérant obligation ou décharge. ».

dans le cas de l'escroquerie, l'objectif unique est la remise. Le mensonge est indissociable de la conscience qu'en a le menteur car la falsification lui est, par définition, connue. C'est pourquoi Kant, en 1797, lorsqu'il écrivit *Sur un prétendu droit de mentir par humanité*[78], considéra que le mensonge constitue la faute morale par excellence, car la sincérité est en elle-même la condition du respect d'autrui. La remise par mensonge entame donc la confiance du marchand comme du client. Rendrait-elle le commerce impossible ?

De fait, Pierre Lefèvre[79], gagne-deniers, empêche, par ses mensonges actifs, la libre circulation des marchandises et des personnes. Les fruits et légumes n'entrent plus sur le marché de Paris facilement, puisqu'il veut faire payer des droits aux marchandes. Se contente-t-il de mentir ou sont-ce uniquement les exactions qui lui procurent des revenus indus ? L'examen des faits démontre que les paysannes ont tout lieu de croire que Pierre Lefèvre est mandaté pour percevoir les droits qu'il réclame. La remise est justifiée par l'ensemble de la mise en scène. L'affaire démontre que les mensonges peuvent justifier l'apport.

Mais de simples mensonges justifient-ils toujours la remise ? La question n'offre pas de réponse claire, puisque comme le rappelle Michelle-Laure Rassat, « il est évident qu'au départ de toute opération d'escroquerie, l'escroc ment »[80]. Elle ajoute néanmoins, en référence au droit contemporain :

> « Il faut cependant insister sur le fait qu'un mensonge banal est insuffisant à réaliser l'infraction parce qu'une personne avisée et sensée ne doit pas se laisser tromper par de simples affirmations sans vérifier leur véracité[81]. Un simple mensonge ne peut constituer l'escroquerie que dans le cas où il porte sur le nom ou la qualité de l'agent ou constitue un abus de qualité vraie. Tout autre mensonge est insuffisant »[82].

Le mensonge, pour devenir un élément de l'escroquerie, doit donc en être un de ses principes actifs. *A contrario*, de simples mensonges ne sont pas suffisants pour constituer une escroquerie s'ils ne sont accompagnés d'aucun fait extérieur, c'est-à-dire d'aucun acte matériel, d'aucune mise en scène véritable, d'aucune

---

[78] 1797, publié chez GF-Flammarion.

[79] Arch. Nat. X^{2B} 1026, affaire n° 480 : Pierre Lefèvre, arrêt du 13 octobre 1761. Voir partie I, titre III, chapitre 2, section 1, § 2.

[80] Michelle-Laure Rassat, *Jurisclasseur pénal*, 1996, art. « escroquerie », p. 14.

[81] CA Paris, 16 janv. 1960 : *JCP* 1960, ed. G., II, 11473. – TGI Metz, 27 mai 1982 : D. 1983, *JP* 422, note D. Meyer ; *Gaz. Pal.* 1983, 1, p. 79, note Fourgoux.

[82] Cass. crim., 7 mars 1817 : *Bull. crim.*, n°18. – 20 juil. 1960 : D. 1961. *JP* 191, note Chavanne, - 7 oct. 1969 : *Bull. crim.*, n° 242, *Rev. Sc. Crim.*, 1970, p. 398, obs. Bouzat.

intervention de tiers ayant pour but de donner force et crédit aux allégations mensongères[83].

Si Pierre-Michel Billot, jugé au Châtelet puis au Parlement de Paris, s'était contenté de promettre le paiement de toutes les marchandises qu'il acquérait, il n'aurait pas pu être condamné pour escroquerie[84]. Mais parce qu'il veut vraiment obtenir la livraison de ce qu'il ne peut honorer, il accompagne son simple mensonge de déclarations de fausses adresses, où ses marchandises doivent être déposées. Ces adresses présentent toutes plusieurs issues, ce qui lui permet de disposer, par une porte dérobée, de la remise au détriment de ses fournisseurs. Les simples mensonges n'auraient pas suffi à une remise définitive des biens. Les marchands, constatant l'absence de paiement, auraient récupéré leur marchandise. C'est exactement ce que Pierre-Michel Billot a voulu éviter, doublant ses mensonges d'une opération d'accaparement des biens.

R. Garraud affirme donc en ce sens : « tant que les allégations mensongères ne sont pas accompagnées d'une mise en scène, il y a dol civil, il n'y a pas dol criminel »[85]. Il ajoute :

> « À ce point précis, commencent les manœuvres frauduleuses, constitutives de l'escroquerie : en effet, l'agent ne s'est pas contenté d'une affirmation mensongère, il l'a corroborée par une mise en scène. […] Mais ce dernier procédé d'escroquerie est l'enfance de l'art »[86].

Dans le cas précis de l'affaire Pierre-Michel Billot, mais aussi plus généralement, on peut affirmer que l'agent ne s'est pas contenté d'une allégation mensongère, mais qu'il l'a concrétisée par une action organisée et frauduleuse.

Les simples mensonges ne suffisent par conséquent pas à constituer l'escroquerie. Les fausses allégations, aussi habiles et captieuses soient-elles, alors même qu'elles ont pour but et pour résultat de persuader l'existence d'un crédit imaginaire et d'une entreprise chimérique afin d'obtenir une remise de fonds, ne tombent pas sous le coup de la répression si elles ne sont pas matérialisées. Ce point est en réalité constant en doctrine et en jurisprudence, et les arrêts le formulent de façon suivante : « Les simples mensonges, même réitérés et produits

---

[83] Cass. crim., 9 nov. 1951 : *JCP* 1952, ed. G., IV, 1. – 16 oct. 1957 : *JCP* 1957, ed. G., IV, 166 ; *Bull. crim.*, n°636 – 11 fév. 1976 : D. 1976, p. 295, rap. Dauvergne. – 6 oct. 1980 : *Juris-Data* n°080095. Cf. toutefois M.P. Lucas de Leyssac, *L'escroquerie par simple mensonge* ? D. 1981, chron. P. 17.

[84] Arch. Nat. X^{2B} 1048, affaire n° 291 : Pierre-Michel Billot, arrêt du 28 avril 1773. Voir partie I, titre II, chapitre 3, section 1, § 1.

[85] R. Garraud, *Traité théorique et pratique de droit pénal français*, Paris, éd. Larose, 1894, t. V, p. 254.

[86] *Ibid.*

par écrit, ne peuvent constituer les manœuvres frauduleuses caractéristiques de l'escroquerie, s'il ne s'y joint aucun fait extérieur ou acte matériel, aucune mise en scène ou intervention d'un tiers destinée à lui donner force et crédit[87] ».

Michelle-Laure Rassat, commentant les dispositions législatives modernes, affirme qu'elles ne sanctionnent pas

> « ...toutes les tromperies et tous les mensonges au moyens desquels on surprend la bonne foi d'autrui ; ainsi est-il constant qu'un silence, aussi coupable soit-il, ne constitue pas des manœuvres frauduleuses, de même une abstention aussi spoliatrice du bien d'autrui puisse-t-elle être. Est également constant le principe selon lequel les allégations mensongères ne constituent pas – en principe – le dol frauduleux de l'article 405 alors qu'elles peuvent être constitutives d'un dol civil lorsqu'il ne s'agit pas des simples exagérations tolérées par l'usage sous le nom de *dolus bonus* »[88].

Cette position est cependant à nuancer pour le siècle de Louis XV, alors que la jurisprudence dans le ressort du Palement de Paris fait apparaître la notion d'escroquerie, mais qu'aucun texte légal ne la réprime *stricto sensu*.

Prenons l'exemple cité par des Essarts dans son *Dictionnaire universel de police*. Il est celui d'un homme qui « s'annonce pour l'homme de confiance de l'horloger d'un grand seigneur, qui leur demande de sa part une pendule qu'il faut régler et raccommoder. On lui donne avec confiance la pendule qui devient la proie d'un escroc »[89].

La remise est effectuée, à y regarder de plus près, à la suite de la simple formulation d'un mensonge. Il a suffi à cet autre de s'annoncer comme « l'homme de confiance de l'horloger d'un grand seigneur » pour qu'aussitôt une pendule lui soit remise, pour réglage et réparation. Mais il s'agit là d'une simple promesse qu'aucun élément matériel ne vient corroborer. Pourtant ce fait, ayant engendré la remise, est considéré comme constituant une escroquerie. Est-ce à dire qu'à la fin de l'Ancien Régime, prétendre à une qualité représente bien plus qu'un simple mensonge ? Cette garantie de représentation serait en elle-même un élément quasi matériel. Le monde des affaires a besoin d'être sécurisé sur la qualité pour se développer. Pour autant, reconnaissons que si le mensonge est ici déterminant, il est rarement accompagné d'autres artifices.

---

[87] 14 septembre 1850 (B. 310. D.50.5.210), 10 septembre 1880, Maréchal (B. 180, S.81.1.336, P. 81.1.800, D. 81.1.144). *A fortiori*, l'article 405 n'incrimine-t-il pas les réticences, les fraudes qui consistent, de la part d'un contractant, à dissimuler la vérité à l'autre partie, à omettre de lui révéler des faits, qu'il aurait tirés de quelque erreur.

[88] Michelle-Laure Rassat, *Jurisclasseur pénal*, 1996, art. « escroquerie », p. 14.

[89] Des Essarts, *op. cit.*, p. 541.

Citons encore le cas de François Delalande[90], qui emprunte l'identité de Joseph Dubois[91].

Le mensonge consistant en l'usage de fausse identité est accentué par un élément réel qui consiste à prendre le nom d'une personne connue. L'opération a d'ailleurs été répétée. Doit-on alors comprendre que lorsque l'on utilise, à la fin du règne de Louis XV, la renommée d'une personne connue du grand public, l'usage que l'on fait de sa réputation et de son honneur s'ajoutent au simple mensonge consistant à ne pas donner son véritable nom ? Il faut le croire, puisque c'est sur cette simple manœuvre frauduleuse qui donne corps au mensonge que François Delalande est condamné.

§ 2 - Mensonges ou manœuvres

Pour qu'il y ait escroquerie, il ne faut donc pas seulement qu'il y ait mensonge, « il faut d'abord des manœuvres »[92].

R. Garraud commente ainsi, en 1894, le *Code pénal* napoléonien :

> « La loi veut marquer par cette expression, qu'elle ne prétend pas punir le simple mensonge, des paroles trompeuses, artificieuses, les réticences. Le mensonge n'est pas un délit, parce qu'on ne doit pas croire facilement à la parole d'autrui, et qu'on ne peut s'imputer qu'à soi-même le dommage qu'on a éprouvé par sa crédulité. Ce que la loi punit, c'est un fait extérieur, une combinaison, une machination, préparée à l'avance, en un mot une mise en scène qui a pour but de donner crédit au mensonge et qui est destinée à tromper les tiers. Cette nécessité d'une mise en scène n'est pas la formule d'une législation empirique, mais l'essence même de l'escroquerie. Elle complète, en effet, l'élément subjectif du délit, parce qu'elle est le signe d'une plus grande astuce et d'une plus grande habileté du coupable. Elle complète aussi l'élément objectif, parce que les apparences extérieures, préparées dans le but de donner crédit au mensonge, rendent plus excusable la crédulité de la victime à qui on ne peut reprocher d'avoir cédé à de simples affirmations du premier venu »[93].

R. Garraud ajoute que la notion de manœuvres frauduleuses exclut par conséquent « les paroles artificieuses, les allégations mensongères, les promesses, isolées de tout fait extérieur »[94].

---

[90] Voir partie I, titre II, chapitre 3, section 1, § 2, voir aussi partie I, titre III, chapitre 1, section 1, § 2.

[91] Arch. Nat. X^{2B} 1050, affaire n° 357 : François Delalande, arrêt du 3 février 1774.

[92] R. Garraud, *op. cit.*, t. V, p. 244.

[93] R. Garraud, *op. cit.*, t. V, p. 244.

[94] *Ibid.* Il précise plus loin : « C'est, par ce motif, que la jurisprudence a considéré, comme ne tombant pas sous le coup de l'article 405 : - le fait d'un individu qui, sous de simples prétextes mensongers, a obtenu des emprunts et fait des achats (Cass, 1er juillet 1842 – *Bull. crim.*, n° 170 ; 14

Si pourtant, à la fin du règne de Louis XV, l'usage d'une fausse qualité, qui corrobore un mensonge et permet la remise, constitue une escroquerie, R. Garraud cite une abondante jurisprudence au XIXe siècle qui conclut dans le sens exactement opposé. Ainsi ne peuvent constituer des infractions pénales les mensonges comme ceux proférés par « un domestique qui, loué par un cultivateur pour la saison des récoltes, obtient, à titre d'arrhes, la remise d'une certaine somme d'argent et ne reparaît plus »[95]. Ou encore « la seule présentation, même dolosive, par un marchand ou son commis, d'une facture exagérée, ne renfermerait pas la manœuvre frauduleuse constitutive du délit d'escroquerie »[96]. Il affirme également :

> « L'individu, non médecin, qui, sans prendre un faux nom ou une fausse qualité, s'est fait remettre de l'argent par un malade, en échange de promesses de guérison qu'il était hors d'état de tenir, ne peut être déclaré coupable d'escroquerie, si son affirmation mensongère n'a été accompagnée d'aucun fait qui puisse être considéré comme une manœuvre frauduleuse[97] ; pas plus que l'individu qui se fait remettre quatre pièces de cinq francs contre une pièce neuve de cinq centimes, en se bornant à affirmer que la pièce par lui échangée a une valeur de vingt francs »[98].

R. Garraud déclare qu'il pourrait multiplier les exemples à l'infini. Cette jurisprudence l'amène à la constatation suivante :

> « De nombreux cas de dol, ayant pour but et pour résultat d'escroquer tout ou partie de la fortune d'autrui, ne tombent pas sous le coup de la loi, lorsqu'ils se réduisent à de simples mensonges[99] qui ne portent d'ailleurs ni sur le nom ni sur la qualité du prévenu »[100].

---

septembre 1850 – *Bull. crim*, n°310 ; - 20 mars 1852, *Bull. crim.*, n° 104 ; 11 juillet 1861- S. 62.1.48). ».

[95] *Ibid.*

[96] Cass, 9 avril 1875 – D. 75.1.45, R. Garraud, *op. cit.*, t. V, p. 244.

[97] Cass, 21 juin 1855 – D. 55.1.304.

[98] Cass, 19 février 1880 – D. 80.1.205., *Conf. Cass.*, 23 août 1872, D.72.1.340 ; 17 janvier 1870- D. 78.1.144.

[99] A ce propos, on peut citer Michelle-Laure Rassat, qui exclut des manœuvres certains mensonges, y compris par omission : « Un arrêt de la Chambre criminelle dans ce sens est relatif à un individu qui, ayant faussement prétendu à un débiteur avoir égaré sa traite (alors qu'il l'avait endossée au bénéfice d'un tiers), était parvenu de la sorte à se faire remettre un chèque du même montant. La Cour suprême n'a pu que réitérer le principe qui assure l'impunité à celui qui n'a que menti « en l'absence de tout élément extérieur » confortant son mensonge (5 mars 1984, Bénéfice-Lafumas). Peu importe que les victimes soient particulièrement vulnérables, telles que les personnes âgées (étant entendu que les manœuvres frauduleuses, constituées par exemple par la collusion des courtiers en vin, soi-disant libres et multipliant les interventions mensongères combinées auprès de vieillards tombent sous le

Mais l'élément légal n'existant pas sous l'Ancien Régime - et pour cause -, dans la constitution d'une infraction, nous sommes tentés d'adopter une position plus prudente que R. Garraud. Nous pensons que les praticiens du droit du XVIIIe siècle avaient une vision très précise du mensonge, et qu'ils distinguaient la simple affirmation sans engagement d'aucune sorte de la mise en cause d'autrui, de sa qualité, de l'apport d'un détail, d'un déguisement, bref, tout ce faisceau d'indices qui donnent corps à un mensonge purement conceptuel et finissent par l'incarner et par le transformer ! Le mensonge devient alors manœuvre. Car le mensonge, au XVIIIe siècle, offre un registre sans doute plus sensible, et donc plus nuancé, qu'au XIXe siècle. Nous rejoignons *in fine* les conclusions de R. Garraud, mais en leur donnant la perspective de la fin de l'Ancien Régime, où

> « [Tout] mensonge, qui a pour but de s'approprier tout ou partie de la fortune d'autrui, devient une manœuvre s'il est accompagné d'un acte extérieur quelconque, destiné à l'appuyer et à lui donner force et crédit. Ce qui constitue, par conséquent, l'escroquerie, c'est la tromperie au moyen d'une certaine mise en scène, c'est la manœuvre, c'est à dire, l'existence de faits artificieux combinés pour donner au mensonge l'apparence de la vérité »[101].

Cependant l'appréciation jurisprudentielle reste beaucoup plus difficile que la théorisation.

> « Si la jurisprudence est restée ferme sur le principe, elle se montre de moins en moins exigeante sur son application. On peut affirmer, en s'appuyant sur l'ensemble de ses arrêts, que tout acte, de nature à fortifier le mensonge, à le rendre, pour ainsi dire, visible et palpable, est une manœuvre au sens de la loi. Du reste, les allégations mensongères constituent une manœuvre [...], lorsqu'elles émanent d'une personne, dont les paroles, à raison de sa qualité, inspirent la confiance. C'est qu'en effet, bien que l'usage d'une qualité vraie ne puisse pas à lui seul constituer une manœuvre, l'abus qui en est fait pour donner force et crédit au mensonge, réalise cette mise en scène extérieure, élément primaire de l'escroquerie. Ce n'est donc pas une exception, c'est une application de la distinction générale du mensonge et de l'escroquerie »[102].

Paradoxalement, R. Garraud découvre ce que nous avons pu montrer par le commentaire de l'arrêt Delalande : à savoir qu'il convient encore de s'interroger

---

coup des sanctions de l'escroquerie : Cass. crim., 26 juil. 1965 : *JCP* 1965, ed. G. IV, 126 : *Bull. crim.*, n° 188). », Michelle-Laure Rassat, *op. cit.*, p. 14.

100 R. Garraud, *op. cit.*, t. V, p. 244.

101 *Ibid.*

102 *Ibid.*

sur ce que recouvre la notion même de mensonge. Il constate aussi que l'usage abusif d'une qualité vraie peut constituer une manœuvre et dépasser le mensonge.

> « Pour donner force et crédit à ses mensonges, l'escroc tente parfois de placer la dupe dans un cadre approprié et de nature à lui donner confiance. Il s'agit donc, par une mise en scène appropriée, c'est-à-dire par des actes extérieurs, de tromper la méfiance de la dupe »[103].

Par conséquent, un simple mensonge dans un contexte particulier peut constituer une manœuvre. Ceci explique sans doute que lorsqu'un faux acquéreur se présente chez des marchands pour, soi-disant, acheter des biens, ses vendeurs ont tout lieu de le croire et de le livrer, puisque, par définition, une boutique se prête à ce genre de transaction. Ainsi est-il facile de monter une escroquerie commerciale, nous l'avons vu dans la jurisprudence du ressort du Parlement de Paris.

Bien évidemment, il y a aussi manœuvre frauduleuse lorsque l'agent a eu recours, pour appuyer ses mensonges, à l'intervention d'un tiers. En pratique, la jurisprudence peut réprimer ainsi tous les faits lorsque ceux-ci sont le produit de plusieurs coauteurs ou complices[104].

Seuls les simples mensonges qui ne justifient pas la remise ne peuvent donc constituer en eux-mêmes des éléments de l'escroquerie. En revanche, la *modus operandi* de la manœuvre a bien été d'une parfaite efficacité juridique, lorsque la remise a été opérée, ce qui consomme le délit par le passage à l'acte.

> « La jurisprudence de la Chambre criminelle est dépourvue d'ambiguïté : le délit est consommé et le préjudice est constitué dès que la remise a été opérée »[105].

---

[103] Bernard Bouloc, cité par Corinne Mascala, *Répertoire pénal*, Paris, Dalloz, 2001, art. « escroquerie », n° 137.

[104] Cass., 9 janvier 1863, Salles (B.12, S.63.1.325, P.63.980). Il importerait peu que le tiers qui a confirmé le mensonge de l'escroc fût lui-même de bonne foi. L'intervention cependant du tiers ne peut constituer une manœuvre frauduleuse que si, par ses agissements, ses actes et ses paroles, il confirme et rend vraisemblables les allégations mensongères, en les appuyant de son autorité personnelle.

[105] « […] et déterminée par l'usage de l'un des moyens frauduleux spécifiés dans le texte : Cass. crim., 3 août 1950 : D. 1950, p. 667. – 16 déc. 1965 : *Bull. crim.*, n° 279. – 10 déc. 1970 : *JCP* n° 72, éd. G., II, 17277, note Gassin. – 20 juin 1983 : *Bull. crim.*, n° 189. – les actes ultérieurs étant juridiquement indifférents. », Michelle-Laure Rassat, *op. cit.*, p. 36.

Chapitre 2. Une remise portant préjudice à la fortune d'autrui

Pour que l'infraction d'escroquerie soit poursuivie, il faut encore que la remise porte préjudice à tout ou partie de la fortune d'autrui, ou même que celle-ci puisse être mise en cause de façon aléatoire, ou par principe, c'est-à-dire sans réel préjudice.

Section 1. La fortune d'autrui

Comment définir la matérialité de la remise ? Il suffit qu'elle porte sur la fortune d'autrui, et donc *in fine* sur l'économie tout entière.

§ 1 - la remise de la fortune

Les manœuvres frauduleuses ne constituent une escroquerie que parce qu'elles provoquent fallacieusement une remise. Le passage à l'acte réside alors dans ce moment, matériellement repérable, où la dupe remet son bien. En quoi consiste-t-il ? Il ne peut correspondre *a minima* qu'à un préjudice causé à une victime. Comme le souligne Émile Garçon, il faut « qu'il puisse en résulter un lien de droit de nature à causer un préjudice à autrui »[106].

Il faut par conséquent que tout ou partie des biens d'autrui soient transférés volontairement à l'escroc, d'une façon ou d'une autre. La curiosité juridique du passage à l'acte de cette infraction consiste dans ce fait, en la livraison, manifestation de l'intention coupable et des ruses utilisées.

Mais qu'est-ce que la fortune d'autrui ? Que vise le dupeur ? Comment l'acte se matérialise-t-il et quel est le préjudice ?

Le mot *fortune* vient du latin *fortuna*, « qui est relatif aux biens, à la richesse, qui sont à acquérir ». *Fortuna* dérive de *fors*, qui signifie « sort jeté, hasard, fortune ». Il s'agit de l'ensemble des biens et des richesses qui appartiennent à un individu ou à une collectivité. Cette notion est différente de la valeur, dont l'étymon latin *valor* signifie « être bien portant », puis « valoir ». Les interrogations sur la société ont conduit Aristote, et beaucoup plus tard Marx, à analyser les mécanismes de la division du travail, et à montrer que l'échange des produits suppose la possibilité de les comparer : pour être équitable, un échange doit porter sur des objets de même valeur, c'est-à-dire des équivalents. Donc l'équivalent monnaie permet de fixer le prix, c'est-à-dire la valeur des choses. Mais cette valeur ne dépend pas seulement de l'importance du besoin satisfait par la marchandise : il faut aussi, entre autres, distinguer la valeur d'usage qui se mesure

---

[106] Émile Garçon, *Code pénal annoté*, n° 99.

à l'utilité du produit pour le consommateur, et la valeur d'échange qui prend en compte à la fois le critère de l'utilité, et le travail nécessaire à la production.

Autant dire que la fortune ne désigne pas automatiquement des biens de très grande valeur. Il faut et il suffit que ceux-ci appartiennent à la dupe, qui croit les remettre volontairement à l'escroc et se fait en réalité spolier.

L'escroc, comme le voleur, n'a pas, en effet, une vision très rigoureuse de la légitimité du droit à la propriété. En revanche, il en maîtrise suffisamment les données pour en jouer. Il ne respecte donc pas l'esprit du droit, mais connaît la règle. Partage-t-il, à la fin de l'Ancien Régime, les idées de ce temps qui circulent, comme celles du *Discours sur l'inégalité* de Jean-Jacques Rousseau ?

> « Le premier qui ayant enclos un terrain s'avisa de dire : Ceci est à moi, et trouva des gens assez simples pour le croire, fut le premier fondateur de la société civile. Que de crimes, de guerres, de meurtres, que de misères et d'horreurs n'eût point épargné au genre humain celui qui, arrachant les pieux ou comblant le fossé, eût crié à ses semblables : « Gardez-vous d'écouter cet imposteur ; vous êtes perdus si vous oubliez que les fruits sont à tous, et que la terre n'est à personne ! »[107]

Or la propriété, quelle qu'en soit la critique, étant plus que jamais affirmée et protégée par le droit positif, l'escroc cherche à s'emparer fallacieusement du bien d'autrui.

Mais, comme le rappelle R. Garraud, « encore est-il nécessaire que cette chose compte dans le patrimoine, qu'elle ait une valeur autre, pour celui qui s'en dessaisit, que la valeur morale[108]. [...] Le délit, consiste, en effet, à escroquer la fortune d'autrui [...], l'obtenir, par les manœuvres frauduleuses, une valeur réelle, c'est à dire une valeur pécuniaire »[109].

R. Garraud précise qu'il est vain de vouloir dresser la liste des objets que souhaite obtenir frauduleusement l'escroc[110].

---

[107] Jean-Jacques Rousseau, *Discours sur l'origine et les fondements de l'inégalité parmi les hommes*, Paris, Gallimard, coll. « Folio Essais », 1993, 2e partie, p. 94.

[108] « Ce serait étendre, à notre avis, le délit d'escroquerie au-delà de ses frontières naturelles, que de prétendre, ainsi que l'a fait un arrêt de la Cour de Metz – Metz, 22 mai 1867 (D. 67.2.91), qu'une lettre missive, confiée à la poste, quoique ne renfermant aucune valeur, et n'opérant ni obligation ni décharge, est au nombre des objets mobiliers que comprend le mot « meubles » de l'article 405, ou d'appliquer ces termes, comme l'ont fait d'autres arrêts, à des bulletins de vote, que l'inculpé se serait fait remettre par des manœuvres frauduleuses – Voy. Rennes, 8 décembre 1881 (D. 82.2.152) ; Cass., 14 décembre 1878 (D. 79.1.94) ; 23 février 1888 (*Bull. crim.*, n° 77) », R. Garraud, *Traité théorique et pratique du droit pénal français*, Paris, éd. Larose, 1894, t. V, p. 267.

[109] R. Garraud, *op. cit.*, p. 267.

[110] Sur ce point, Bernard Bouloc cité par Corinne Mascala, *Répertoire pénal*, Paris, Dalloz, 2001, art. « escroquerie », n° 150, note que « l'article 313-1 du *Code pénal* [de 1992] réprime l'emploi de

« L'énumération des objets, dont l'escroc veut obtenir la possession par ses manœuvres frauduleuses, a un caractère simplement démonstratif ; l'escroquerie est constituée, en effet, par la remise ou délivrance de toute chose, mobilière ou immobilière, corporelle ou incorporelle, pouvant avoir pour résultat de porter une atteinte quelconque à la fortune d'autrui »[111].

R. Garraud affirme même que « rien ne saurait justifier la limitation de l'escroquerie aux effets exclusivement mobiliers »[112].

Michelle-Laure Rassat a une interprétation exactement opposée à celle de René Garraud, en ce qui concerne la fortune qui est l'enjeu de l'escroquerie :

« Garraud excepté, il était unanimement admis qu'une escroquerie ne pouvait porter sur un immeuble et qu'il fallait interpréter le mot « fonds » de l'article 405 comme visant les espèces. Cela n'était pas évident sur la seule base du texte alors que le mot fonds aurait très bien pu être interprété dans le sens de « foncier » qui est souvent le sien dans les textes de l'époque, d'autant plus que l'article 408

---

moyens frauduleux destinés à se faire remettre des fonds, des valeurs ou un bien quelconque. Cette catégorie d'objets est très large, surtout en considération de la formule « un bien quelconque » qui permet à le jurisprudence de donner au texte le champ d'application le plus large possible ». Elle précise plus loin : « Il s'agit de toutes les remises qui portent sur une somme d'argent en espèces, en chèques ou sous forme d'ordre de virement (Cass. crim. 25 janv. 1967, *Bull. crim.* n° 39 ; 14 mars 1967, *ibid.*, n° 102) ; sur des choses mobilières susceptibles d'appropriation, peu important la valeur vénale des objets (bulletins de vote : Cass. crim. 14 mai 1878, *Bull. crim.* n° 69 ; épreuves d'imprimerie : 23 févr. 1888, *Bull. crim.* n° 77 ; billets à prix réduit : Trib. corr. Saint-Gaudens, 10 nov. 1955, *Rev. sc. crim.* 1956.327, obs. Bouzas), mais aussi des bijoux, tableaux, meubles meublants, statues, cession de droit au bail (Trib. corr. Seine, 1er mars 1967, *JCP* 1967.IV.183)... Cette formulation très large des objets remis correspond à la finalité de l'incrimination qui est de protéger le patrimoine d'autrui. Il suffit donc qu'un objet mobilier faisant partie du patrimoine de la victime soit remis par celle-ci à l'escroc, cette remise étant déterminée par les moyens frauduleux utilisés. », *op. cit.*, n° 151.

111 R. Garraud, *op. cit.*, t. V, p. 265.

112 « [...] La donation, la vente, le bail d'un immeuble, obtenus par des manœuvres frauduleuses, peuvent constituer une escroquerie. La loi ne parle, il est vrai, que de meubles. Mais rien ne saurait justifier la limitation de l'escroquerie aux effets exclusivement mobiliers. On ne peut voler que des meubles, parce que la soustraction suppose le déplacement. Mais on peut escroquer un immeuble, parce que l'escroquerie est autre chose que l'appropriation du bien d'autrui par des manœuvres frauduleuses. Même les auteurs, qui contestent l'application de l'article 405 à cette catégorie de choses, admettent que l'escroquerie peut, indirectement, avoir pour objet des immeubles, si le prévenu a cherché, par exemple, à se faire remettre, par ses manœuvres, soit les sommes d'argent qui en forment le prix, soit le titre qui en représente la propriété. De même, il a été jugé que le propriétaire qui, à l'aide de baux simulés, d'allégations mensongères et de manœuvres frauduleuses, parvient à faire croire qu'un immeuble est de valeur supérieure à sa valeur réelle, et à se faire payer ou prêter un prix double de cette valeur, peut être poursuivi comme escroc – Cass., 12 et 17 novembre 1864 (*Bull. crim.*, n° 285 et 288). », R. Garraud.,*Traité théorique et pratique du droit pénal français*, Paris, éd. Larose, 1894, t. V, p. 265.

parlait, lui, pour l'abus de confiance, et pour ce qu'on prétendait être visé par « les fonds » de l'escroquerie, de « deniers ». La formule aurait été, en outre, plus équilibrée alliant les immeubles (fonds), les meubles et les titres de créance (obligations, dispositions, billets, promesses, quittances ou décharges). Mais la solution contraire de l'exclusion des immeubles s'est imposée en raison de l'histoire [...] et de la considération dominante des liens de l'escroquerie avec le vol et l'abus de confiance dont il était certain qu'il ne concernait que des meubles[113]. Pour la même raison, le mot meubles a été considéré comme ne concernant que des meubles corporels »[114].

Il est un fait que nous n'avons trouvé, dans toute la jurisprudence du ressort du Parlement de Paris de la fin de l'Ancien Régime, et plus particulièrement dans celle rendue sous le règne de Louis XV, aucun cas d'escroquerie qui aurait abouti à la remise d'un immeuble stricto sensu. Comme le conclut Bernard Bouloc : « En définitive, seuls les immeubles restent en dehors du domaine d'application de l'escroquerie »[115].

Mais plus généralement, pour René Garraud et pour l'ensemble de la doctrine, la condition du délit d'escroquerie, « c'est l'obtention d'un gain illicite, au préjudice d'autrui, par des manœuvres frauduleuses »[116]. Le but consiste « à se faire remettre ou délivrer des fonds, des meubles ou des obligations, dispositions, billets, promesses, quittances ou décharges »[117] ; afin d'« escroqu[er] ou tent[er] d'escroquer la totalité ou partie de la fortune d'autrui »[118].

En d'autres termes, R. Garraud affirme que les manœuvres frauduleuses représentent, dans le développement d'une infraction d'escroquerie, de simples actes préparatoires. La remise et la délivrance des fonds sont, eux, des actes d'exécution.

Le cas le plus simple à observer, pour illustrer ces démonstrations, est celui d'une remise d'argent : c'est justement ce qui est reproché à Jeanne Baliache[119], qui séduit et promet pour escroquer de l'argent, c'est-à-dire en obtenir la remise spontanée, acte d'exécution qui n'est que la conséquence de toutes les manœuvres déployées.

---

113 Cass. crim., 15 juin 1992 : *Bull. crim.*, n° 235 ; *Dr. Pénal* 1992, Comm. 281, note Véron cassant une condamnation pour des faits ayant abouti à une remise d'immeubles construits.

114 Michelle-Laure Rassat, *Jurisclasseur pénal*, 1996, art. « escroquerie », p. 11.

115 Bernard Bouloc, cité par Corinne Mascala, *Répertoire pénal*, Paris, Dalloz, 2001, art. « escroquerie », n° 152 qui cite Cass. crim. 15 juin 1992, *Bull. crim.* n° 235 ; 27 mars 1995, *ibid.*, n° 124.

116 R.Garraud, *op. cit.*, t. V, p. 263.

117 *Ibid.*

118 *Ibid.*

119 Arch. Nat. X^{2B} 961, affaire n° 136 : Jeanne Baliache, arrêt du 17 juillet 1727. Voir partie I, titre I, chapitre 2, section 2, § 2, et voir aussi partie I, titre III, chapitre 3, section 2, § 1.

Louis Bonneau[120] se présente comme marchand, utilise de fausses identités et reçoit, lui aussi, le prix des marchandises que les dupes pensent lui acheter.

Barat, De La Praye, Berthelet et Geoffroy, sont, quant à eux, « dûment atteints et convaincus d'avoir escroqué aux cartes ledit Magloire et lui avoir volé sa montre en argent et sa tabatière en argent... »[121].

Cependant la jurisprudence a-t-elle interprété largement ou non les mots d'obligations, dispositions, billets, promesses, quittances et décharges ? A-t-il été jugé que la généralité même du concept permettait une atteinte lors de la souscription d'actes publics ou privés obtenus à l'aide de moyens frauduleux ?

La doctrine contemporaine a en tout cas communément admis cette interprétation :

> « Quant aux « obligations, dispositions, billets, promesses, quittances ou décharges », cette formule a toujours été comprise comme relative à l'obtention du titre juridique au sens corporel du terme, c'est à dire au sens d'instrumentum qui permettra, ensuite, par sa mise à exécution, de nuire au patrimoine d'autrui[122]. Ces termes désignent, selon la jurisprudence, tous les actes créant un lien de droit ou à l'aide desquels on peut porter préjudice à la fortune d'autrui[123], soit en exigeant quelque chose qui n'est pas dû, soit en ne payant pas quelque chose qui est dû »[124].

Émile Garçon précise :

---

[120] Arch. Nat. X^{2B} 980, affaire n° 152 : Louis Bonneau, arrêt du 8 avril 1737. Voir partie I, titre I, chapitre 2, section 1, § 1, et voir aussi partie I, titre III, chapitre 3, section 1, § 1.

[121] Arch. Nat. X^{2B} 984, affaires n° 137, 144, 175 et 202 : Barat, De La Praye, Berthelet, Geoffroy, arrêt du 27 avril 1739. Voir partie I, titre II, chapitre 3, section 2, § 1, et voir aussi partie I, titre III, chapitre 1, section 1, § 1.

[122] Cass. crim., 27 mars et 7 avril 1857 : *Bull. crim.*, n°129 et 144 – 13 août 1886 : D. 1887, 1, page 363. – 19 février 1887 : *Bull. crim.*, n°67 – 11 nov. 1897 : *Bull. crim.*, n°339 – 7 août 1919 : *Bull. crim.*, n° 199. – 14 mars et 25 oct. 1967 : *Bull. crim.*, n° 102 et 269. – pour l'obtention de jugement [...] c'est à dire éventuellement concerner un immeuble « obtention d'un acte de transfert de propriété ou de constitution d'un droit réel, Cass. crim., 19 fév. 1887 : *Bull. Cass. crim.*, n° 67.

[123] Michelle-Laure Rassat précise à ce propos : « La modification du *Code pénal* amène enfin à se poser une question à propos d'escroquerie de créances. Dans le régime du *Code pénal* de 1810 où seule une chose corporelle était susceptible d'escroquerie, on estimait que l'escroquerie réalisée par la souscription d'un acte juridique était consommée par la remise du titre, *instrumentum*. La question devient aujourd'hui très incertaine. On peut soutenir que l'escroquerie d'un meuble corporel n'étant pas exclue, la remise de l'*instrumentum* continue d'être la remise d'un bien. Mais on peut aussi faire remarquer que l'escroc n'agit pas pour obtenir le document, mais pour se faire délivrer ce qu'il représente. A partir du moment où l'escroquerie d'un bien incorporel est possible, il serait plus logique de considérer que celle-ci porte sur le droit de créance et donc que le jour de la remise est plutôt celui de la mise en exécution du titre juridique puisqu'il semble que ce soit la substance même du contrat ou du jugement qui est escroqué. », *op. cit.*, p. 32.

[124] Michelle-Laure Rassat, *Jurisclasseur pénal*, 1996, art. « escroquerie », p. 11.

« Il n'est même pas nécessaire que l'acte contenant l'obligation ou décharge soit remis directement entre les mains de l'auteur du délit ; il suffit que cet acte existe et qu'il puisse en résulter un lien de droit de nature à causer un préjudice à autrui, ce préjudice fût-il simplement conditionnel et éventuel »[125].

Il convient en tout cas que l'utilisation des titres, qu'ils soient obligations, dispositions, billets, promesses, quittances ou décharges, n'entraîne pas de préjudice pour autrui[126].

Le 10 mars 1741, le prévôt de Sens, puis le 19 septembre 1742 le Parlement de Paris, se prononcent en ce sens lorsqu'ils ont à juger Edme Delomas[127]. Ce dernier, boucher, a interjeté appel parce qu'en première instance

« il avoit été déclaré dûment atteint et convaincu de fausseté [...] et vol d'une somme de quatre cents livres résultant des lettres par lui portées à la Dame Lenoir faites sous le nom du nommé Garnier, fermier de ladite dame du 10 juillet 1740 et du contrat de vente par lui fait à ladite dame sous le nom supposé de Charles Pruiseau, ledit contrat passé devant Barcurrot de Boullard le 11 dudit mois de juillet 1740. En conséquence duquel il a induement pris et volé à ladite dame Lenoir ladite somme de 400 livres et cent livres de pots de vin. »[128].

Delomas a donc fabriqué des lettres se rapportant à un contrat de vente fictif, qui lui ont permis de se procurer un crédit indu auprès de la dame Lenoir, dont il reçoit la somme de quatre cents livres. C'est au moment de la remise de cette somme d'argent que se produit le passage à l'acte et que l'infraction est commise.

---

[125] Émile Garçon, *Code pénal annoté*, n° 99.

[126] L'actualité de ces procédés frauduleux semble être restée constante, puisque Bernard Bouloc indique encore que « constitue une manœuvre frauduleuse caractérisant le délit d'escroquerie l'échange entre deux individus d'une série de chèques sans provision qui, se créditant apparemment les uns les autres, à la date calculée de leurs remises réciproques, permettent à l'un des émetteurs d'obtenir de sa banque des sommes indues (Cass. crim. 9 oct. 1974, *Bull. crim.*, n° 285). Constitue une escroquerie au préjudice d'une banque la machination mise en œuvre par deux individus et consistant, pour celui d'entre eux qui est client de cette banque, à recevoir de son complice un chèque tiré par celui-ci et qu'il sait être sans provision, à le remettre à la banque pour qu'il soit encaissé et le montant porté à son compte, à mettre à profit le fait que la banque crédite aussitôt les comptes de ses clients des chèques remis, pour retirer immédiatement en espèces le montant du chèque et remettre cette somme à son complice qui, de son côté, n'assure pas, par la suite, la provision du chèque (Cass. crim. 26 mars 1974, D. 1974, somm. 58, *Bull. crim.*, n° 129). », Bernard Bouloc, cité par Corinne Mascala, *Répertoire pénal*, Paris, Dalloz, 2001, art. « escroquerie », n° 131.

[127] Arch. Nat. X^{2B} 991, affaire n° 180 : Edme Delomas, arrêt du 19 septembre 1742. Voir partie I, titre III, chapitre 1, section 1, § 1.

[128] *Ibid.*

Peu importe d'ailleurs l'origine des valeurs que l'auteur des agissements frauduleux a voulu s'approprier.

« Un arrêt de la Cour de cassation (chambre criminelle) en date du 2 juillet 1942[129] décide qu'il y a lieu de retenir le délit d'escroquerie contre l'administrateur délégué qui a accepté, sous le couvert de la société et en dehors de ses pouvoirs statutaires, des traites qu'il savait fictives, tirées par un tiers et mises par ce dernier en circulation, alors que par ailleurs cet administrateur, sachant que la société n'était pas engagée par son acceptation irrégulière, n'en a pas moins apposé sur les effets le cachet et le timbre de cette firme et que ces manœuvres, accomplies en plein accord frauduleux avec le tireur, en persuadant à l'escompteur des effets l'existence d'un crédit imaginaire, l'ont déterminé à la remise des fonds à ce tireur »[130].

Des intermédiaires peuvent donc se charger d'obtenir des remises, même si elles ne leur sont pas directement destinées, ou s'ils n'en attendent que des avantages indirects. Toute la difficulté est dans l'analyse et l'interprétation des rôles de chacun.

Lorsque Marie-Jeanne Hugueneau[131] dite Fessard, achète pour moitié un billet de loterie, c'est parce qu'elle a l'espérance de recevoir des gesn du beau monde et de se voir mariée au valet de chambre chirurgien de M. le duc de La Rochefoucauld, un certain Du Cadet du Framboisier. Elle n'hésite plus à faire couler le vin à flots aux frais de la maison, et à en offrir les meilleures victuailles. La famille Briet était d'autant plus encline à faire don de toutes les fournitures nécessaires à l'entretien d'une noble compagnie, que « le marquis des Parts et le sieur Laville promettoient à Briet de lui faire avoir la place de directeur général de la Compagnie des Indes »[132].

L'intérêt à agir peut ainsi n'être qu'indirect et complexe à interpréter dans l'analyse du passage à l'acte. En d'autres termes, il est difficile de tirer de l'acte d'exécution l'existence des actes de préparation. Mais n'est-ce pas ce qui est recherché ? Pénétrer sans être vu, passer inaperçu et ramasser la mise ? L'escroc participe-t-il alors de la corruption de mouvements innovants, spéculatifs, créateurs de monnaie et de la fraude sur les moyens de paiement à terme, qui prennent leur essor sous l'Ancien Régime ?

---

[129] *R.S.* 1943, p. 193.

[130] H. Launais, Yves de La Villeguerin et Louis Accarias, *Droit pénal financier. Traité pratique*, Paris, Dalloz, 1947, t. I, sect. II, p. 397.

[131] Arch. Nat. Y 10.225, affaire n° 38 : Trinquelaire, sentence du 16 janvier 1761, jugement à l'extraordinaire.

[132] *Ibid.*

§ 2 - L'atteinte à la nouvelle économie

Le siècle de Louis XV est celui qui découvre la modernité économique. Le commerce et l'entreprise se développent et ont besoin de capitaux sous toutes les formes possibles et imaginables. Les conditions historiques l'expliquent, l'économie se porte bien et nécessite des liquidités sous forme de financements de toutes sortes. En effet, de nombreux entrepreneurs se découvrent une vocation de chefs d'entreprise, et constituent déjà des sociétés, soit anonymes, soit en nom collectif, ou bien en commandite.

> « La compagnie d'Anzin, par exemple, fondée en 1757, est une société anonyme formée entre dix-sept personnes pour l'exploitation du charbon de Fresnes. La Manufacture royale de quincaillerie de La-Charité-sur-Loire est une société de trente parts constituée en 1766 avec le capital important de 900 000 livres. Cependant, les capitaux ne sont pas toujours faciles à trouver. L'argent ne manque pas en France, mais beaucoup de rentiers préfèrent encore les offices aux parts d'entreprises. Or les sommes nécessaires sont très importantes et souvent difficiles à réunir. En 1744, Babaud de La Chaussade ne trouve à emprunter qu'auprès de la Compagnie des Indes. Un mouvement de concentration se dessine. Les plus grandes entreprises gagnent de proche en proche, multipliant leurs implantations et absorbant les petits concurrents. On voit se constituer ainsi des ensembles de forges et de hauts-fourneaux. Dans l'Est, le groupe Depret possède un haut-fourneau et treize forges en Hainaut, et plusieurs autres établissements en Lorraine et Champagne. En Alsace, en 1747, Dietrich possède trois manufactures métalliques dont il est le créateur : Niderbronn, Jaegerthal et Rauschendwasser »[133].

Ainsi naît un nouveau monde industriel, dans une perspective d'une certaine façon similaire à la mondialisation de l'économie à partir de la fin du XXe siècle. Ces entrepreneurs doivent désormais produire en grande quantité[134] et au meilleur prix possible. Ils doivent faire appel non seulement à une nombreuse main d'œuvre[135], mais aussi, et c'est à la base de tout le système, à du capital.

---

[133] Jean de Viguerie, *op. cit.*, p. 237.

[134] Jean de Viguerie donne les exemples suivants, constatant que la production industrielle augmente : « À Anzin, par exemple, on extrait en 1774 210.000 tonnes de charbon, contre 100.000 en 1756. En Forez, on passe de 45.000 tonnes à 55.000, en cinq années seulement (1770-1775). Pour le fer et l'acier, l'augmentation n'est pas chiffrée, mais on a des chiffres assez impressionnants pour la production d'armement pendant la guerre de Sept Ans. On sait par exemple que le marquis de Montalembert, maître de forges en Angoumois, a livré 1233 canons à la marine dans les années 1755-1760. Un autre secteur particulièrement productif est la fabrication de toiles peintes. [...]. Depuis 1770, l'augmentation est de 6.000 à 7.000 pièces par an. L'indiennerie n'est plus un produit de luxe. », *op. cit.*, p. 237.

[135] En effet, comme le note Jean de Viguerie : « L'effectif moyen de la main d'œuvre nécessaire au fonctionnement d'une forge étant de trois ou quatre cents personnes, et chaque nouveau site industriel

Comme l'explique Georges Duby, la conjoncture est favorable, non seulement au marché, mais aussi au développement du crédit.

« Les traités d'Utrecht et de Rastatt, qui terminent la guerre de Succession d'Espagne, ont mis un terme aux grandes ambitions françaises, qu'ils pénalisent durement. Matériellement pourtant, le solde est moins catastrophique qu'il n'y paraît. Désastreuse pour la marine royale, la guerre a encouragé l'entreprise privée, la « course », qui ouvre au négoce de nouveaux horizons et de nouveaux profits. Désormais, le commerce français étend ses champs d'action, accroît le nombre de ses navires, modernise ses méthodes, protégé de la vindicte des concurrents anglais par l'entente qu'inaugure Dubois, l'astucieux ministre de la Régence, que continue le cardinal Fleury, et qui pendant vingt ans règle les rapports entre Londres et Versailles.

Le système de Law, expédient d'État pour porter remède à la crise financière, apparaît tout autant comme le coup d'envoi à Paris d'un essor sans précédent du monde de la finance française et internationale, que comme une intervention nécessité par l'archaïsme des structures financières et la crise endémique du trésor royal. Avec l'essor de la Finance, c'est une nouvelle société qui apparaît, une mentalité qui change »[136].

C'est sans doute là que se situe une des causes principales de l'apparition de nouvelles ruses financières. Elle tient à la multiplication des occasions offertes à l'action frauduleuse. Se trouve favorisé, par définition, le passage à l'acte complexe, puisqu'il s'intègre dans des processus juridico-financiers eux-mêmes assez compliqués. Et puisqu'il convient de préserver la validité de ces opérations, il faut évidemment tenter de mettre au plus vite un terme à tout ce qui peut les fragiliser. Les lettres de change, les placements boursiers, les billets sont en effet autant d'instruments juridiques très pratiques à utiliser pour leurs possesseurs légitimes. Mais ils sont tout aussi faciles à vicier et à détourner pour les escrocs en mal de fortune.

Simon Dumaine[137] est ainsi jugé une première fois le 23 juillet 1760 par le Châtelet, puis en appel par le Parlement de Paris le 16 avril 1761, parce qu'il a

---

étant composé de plusieurs forges et hauts-fourneaux, on atteint des chiffres dépassant le millier d'ouvriers employés sur le même lieu de travail. Le même phénomène se produit dans les mines. Tubeuf, concessionnaire des mines d'Alès, salarie deux mille cinq cents ouvriers, travaillant douze heures par jour pour des salaires variant de 20 à 22 sols. Comme en Angleterre, on emploie aussi des femmes et des enfants que l'on paye 10 sous par jour. C'est déjà l'exploitation des faibles. », *op. cit.*, p. 237.

[136] Georges Duby (dir.), *Histoire de la France*, Paris, Larousse, p. 306.

[137] Voir partie I, titre II, chapitre 1, section 1, § 5.

falsifié une lettre de change, et a ainsi matériellement escroqué les modes de paiement[138].

Or, sous l'Ancien Régime, sont pratiqués en France quatre types d'opérations bancaires[139] : d'abord le change, soit l'échange de grosses pièces contre de petites et de monnaies étrangères contre des monnaies locales au moyen d'une balance et grâce à la connaissance du cours du change fixé par les places financières. La banque est évidemment le lieu par excellence du dépôt d'argent sur un compte et de sa gestion, éventuellement pratiquée par un jeu d'écriture. Existent ensuite différentes formes de prêts : sur gages, avec les rentes privées ou publiques, viagères ou perpétuelles, ou encore par emprunts ordinaires ou par lots. Enfin se développent de façon exponentielle la création et le trafic de lettres de change, documents qui permettent à une personne de toucher une créance dans une monnaie, différente du lieu où elle l'a obtenue, ou dans un laps de temps à un terme plus ou moins lointain. Ces lettres de change circulent au moyen de l'endossement, par lequel le bénéficiaire enjoint de payer à un tiers par une mention portée au dos depuis le XVIIe siècle. Elles se transmettent aussi par le biais de l'escompte, qui permet de ne pas attendre l'échéance, le bénéficiaire vendant sa lettre à un banquier qui prélève un agio sur le montant initial, et ce depuis le XVIIIe siècle. Ces lettres de change permettent alors le financement tantôt des transactions commerciales, tantôt des espèces qui sont alors transférées par écrit, tantôt des spéculations sur les changes.

Or n'importe quel riche particulier peut prêter de l'argent. Un notaire est certes capable d'officialiser l'acte qui prend par exemple la forme d'une cédule, d'une obligation, d'une rente perpétuelle ou viagère généralement gagées sur des biens qui seront saisis si le débiteur ne peut acquitter sa dette. Les notaires ont également la possibilité de recevoir des dépôts qu'ils font fructifier, si leur client leur en donne l'ordre. Ils sont, enfin, éventuellement chargés du dépôt des fonds publics.

Cette liberté laissée aux particuliers pour financer eux-mêmes leurs opérations s'explique :

> « Quoique la profession soit libre et ouverte et qu'elle échappe à toute réglementation et à toute organisation, les maisons de banque sont peu nombreuses : moins de deux cents à Lyon, première place bancaire européenne au XVIe siècle ; une centaine à Paris au début du XVIIIe siècle ; entre cinq cents et mille à la fin de l'Ancien Régime, si on leur adjoint celles qui sont installées dans les grands ports du royaume (Rouen, Nantes, Bordeaux, Marseille). La plupart sont

---

[138] Arch. Nat. X^{2B} 1025, affaire n° 383 : Simon Dumaine, arrêt du 16 avril 1761.

[139] Cf. Lucien Bély, *Dictionnaire de l'Ancien Régime*, Paris, PUF, 1996, art. « Banque ».

des firmes étrangères[140]. [...] La firme créée par J.-C. Tourton et L. Guiguer se poursuit sous des raisons sociales variées pendant tout le XVIIIe siècle (Thelusson, Necker et compagnie de 1757 à 1768 ; Greffulhe et Montz à partir de 1789). Chaque groupe conserve des relations suivies avec les membres de sa famille dispersés dans toute l'Europe, ce qui facilité l'émission et la circulation des lettres de change et la connaissance des affaires. Aucun d'eux n'est spécialisé dans les seules activités bancaires : le commerce international de produits divers (souvent à l'origine de la banque) s'y ajoute généralement. Aucun d'eux n'est étroitement orienté vers tel ou tel type d'opérations bancaires même si au XVIIIe siècle apparaissent des banques d'affaires soutenant de grosses sociétés industrielles ou commerciales par des ouvertures de crédit, des découverts, des avances sur titres ou des participations (ainsi Baudard et Mégret de Serilly pour la sidérurgie du Creusot). De sorte que tous les secteurs économiques d'envergure bénéficient de leur soutien : le cognac, la soie de Lyon, les savons de Marseille, l'affrètement des navires puisque des armateurs y souscrivent des assurances maritimes et même les finances publiques qui au XVIe siècle ont emprunté, à Lyon, d'abord à des banquiers isolés, puis au groupe du Grand Parti, et au XVIIIe siècle, sont passées par l'intermédiaire des banques suisses pour placer les billets des loteries royales et les rentes viagères destinées à financer la guerre d'Amérique »[141].

Pourtant le change, la rédaction et la circulation des lettres de change ne sont normalement pratiqués que par les banquiers, pour une clientèle qui devrait être réduite à des marchands d'ampleur nationale ou internationale, à de riches voyageurs, à des receveurs particuliers ou généraux des finances, à des fermiers, à des hommes d'affaires de propriétaires aisés, et enfin à des princes ou des souverains.

---

[140] « Au XVIe siècle, à Lyon, les banquiers viennent surtout de l'Italie du Nord (Lucques, Florence, Gênes). Mais, dès le début du XVIIe siècle, les Latins s'effacent derrière les Allemands (B. Hervarth) et surtout les Suisses (les Solicoffre de Saint-Gall ; les Spon de Zurich) qui gagnent ensuite Paris où ils triomphent d'un bout à l'autre du XVIIIe siècle, comme l'a montré H. Lüthy, ces établissements sont des sociétés en nom collectif ou en commandite montées autour d'un noyau familial, à durée limitée, mais se renouvelant généralement en fin d'exercice : les Capponi fondent treize compagnies entre 1512 et 1599. », Lucien Bély, *op. cit.*, art. « Banque ».

[141] Lucien Bély, *Dictionnaire de l'Ancien Régime*, Paris, PUF, 1996, art. « Banque ». Il poursuit ainsi : « Malgré de nombreux projets et deux tentatives, au XVIIIe siècle, la France, toutefois, ne bénéficie pas de grands établissements publics de crédit à l'instar de ceux qui existent dans le même temps à Venise, Gênes et Amsterdam, ni d'une banque centrale émettant des billets de banque comme le fait la Banque d'Angleterre. Ni la banque générale (1716) puis royale (1718) de Law - il est vraie incluse dans un système fragile visant à éponger la dette de l'État, à supprimer le recours aux financiers, à pallier l'absence de crédit et à assurer la prospérité et qui finit par s'écrouler en 1720 - ni la Caisse d'Escompte de Panchaud (1776) n'atteignent cet objectif. En ce domaine, la France est originale : l'approvisionnement du Trésor reste encore largement aux mains de financiers organisés en puissantes entreprises privées distinctes des banques, ratissant les épargnes des nantis pour les mettre exclusivement au service du monarque. ».

Dans ces conditions historiques et économiques, on comprend mieux la sévérité de la jurisprudence de l'Ancien Régime à l'égard de ceux qui dérogent à ces mécanismes d'organisation de l'économie. Et c'est pourquoi le Châtelet déclare par une sentence, rendue en première instance, le 27 juillet 1760 que Jean-Baptiste Pellerin est « déclaré dûment atteint et convaincu d'avoir à l'aide de lettres ou ordres par lui fabriqués et faussement signés du nom de personnes de la connoissance de plusieurs marchands de différentes professions chez lesquels il s'est introduit, escroqué chez un des marchands les marchandises mentionnées au procès... »[142].

De la même façon, Antoine Cornier et Pierre Delamarre sont sans hésitation aucune poursuivis et condamnés, parce qu'il sont « dûment atteints et convaincus d'avoir fait plusieurs billets de connivence au profit desdits Cavalque et autres, avec de fausses énonciations de domicile et de qualité et d'avoir endossé plusieurs billets faits par des personnes qu'ils connoissoient n'être point marchands et être insolvables...»[143].

Jean-Pierre André est également poursuivi, avec beaucoup de sévérité, à la fois devant la juridiction du Châtelet le 4 mai 1770, et ensuite devant la cour du Parlement de Paris le 26 mars 1773, parce qu'il est « dûment atteint et convaincu de différentes escroqueries par lui faites de marchandises à lui livrées par des marchands pour parvenir à l'une desquelles il a fait une fausse lettre de change »[144].

L'intervention des notaires n'est en effet plus suffisante pour garantir la validité des lettres de change lorsque l'on a affaire à des escrocs. Le préjudice causé à la fortune d'autrui est ici d'autant plus insupportable que la seule prévention véritable consiste à condamner les coupables.

Jacques de La Cour est, comme nous l'avons vu[145], jugé en première instance le 21 avril 1774 à Riom, et le 18 juillet 1774 par le Parlement de Paris, parce qu'il a, en août 1764, escroqué une lettre de change de la somme de vingt mille livres[146].

Pourtant, il est plus que nécessaire d'éviter que des lettres de change ne deviennent l'instrument qui à la fois constitue et permet la remise de la fortune d'autrui. En effet, depuis que le papier s'est substitué à la monnaie d'or et d'argent, ce type de remise frauduleuse se trouve facilité. Or le papier est un instrument de commerce bien moins coûteux que l'or et l'argent. Comme le précise Adam Smith, « la circulation s'établit ainsi sur une nouvelle roue qui coûte bien moins à la fois à

---

[142] Arch. Nat. X^{2B} 1028, affaire n° 527 : Jean-Baptiste Pellerin, arrêt du 13 août 1762.
[143] Arch. Nat. X^{2B} 1047, affaires n° 337 et 358 : Antoine Cornier et Pierre Delamarre, arrêt du 22 ctobre 1772.
[144] Arch. Nat. X^{2B} 1048, affaire n° 264 : Jean-Pierre André, arrêt du 26 mars 1773.
[145] Voir partie I, titre III, chapitre 3, section 1, § 2.
[146] Arch. Nat. X^{2B} 1051, affaire n° 354 : Jacques de La Cour, arrêt du 18 juillet 1774.

fabriquer et à entretenir que l'ancienne »[147]. Il précise également qu'il « y a plusieurs sortes de papier monnaie ; mais les billets circulants des banques et des banquiers sont l'espèce qui est la mieux connue et qui paraît la plus propre à remplir ce but »[148].

Depuis la banqueroute de Law et la sinistre réputation financière de la Régence, Adam Smith, comme d'autres, se rend bien compte qu'il faut rétablir la confiance. Or, transformer ses économies en un simple morceau de papier n'est pas du tout aisé, surtout après de désastreuses expériences. Le sérieux des banquiers doit être l'un des premiers critères de bonne santé du marché.

> « Lorsque les gens d'un pays ont assez de confiance dans la fortune, la probité et la sagesse d'un banquier pour le croire toujours en état d'acquitter comptant et à vue ses billets et engagements, en quelque quantité qu'il puisse s'en présenter à la fois, alors ces billets finissent par avoir le même cours que la monnaie d'or et d'argent, en raison de la certitude qu'on a d'en faire de l'argent à tout moment »[149].

Mais rien n'est plus important que la lettre de change pour assurer la prospérité des banquiers ainsi que l'accélération et l'intensification des transactions commerciales.

> « C'est principalement en escomptant des lettres de change, c'est-à-dire en avançant sur elles de l'argent avant leur échéance, que la plupart des banques et banquiers mettent leurs billets en émission ; et alors ils font, sur la somme qu'ils avancent, la déduction de l'intérêt légal jusqu'à l'échéance de la lettre de change. Le payement de la lettre, quand elle vient à échoir, fait rentrer à la banque le montant de ce qu'elle a avancé, avec le profit net de l'intérêt. Le banquier, qui n'avance ni or ni argent au négociant dont il escompte la lettre de change, mais qui lui avance seulement ses billets, a l'avantage de pouvoir étendre ses affaires d'escompte de tout le montant de la valeur des billets qu'il sait, par expérience, avoir communément dans la circulation ; ce qui le met à même de faire le bénéfice net de l'intérêt sur une somme d'autant plus forte »[150].

Comment assurer la confiance et permettre à la fortune, non seulement de ne pas diminuer, mais au contraire de se consolider ?

---

[147] Adam Smith,*Recherches sur la nature et les causes de la richesse des nations*, Paris, Flammarion, GF, 1991, t. I, liv. II, chap. II, p. 374.
[148] Adam Smith, *op. cit.*, t. I, liv. II, chap. II, p. 375.
[149] *Ibid.*
[150] Adam Smith, *op. cit.*, t. I, liv. II, chap. II, p. 381.

En effet, de nombreuses dérives sont possibles avec ce type de moyens de paiement. Adam Smith, pour assurer la richesse des nations, signale les risques contre lesquels il convient de se prémunir.

> « Quand les négociants accrédités d'un pays, en partie par la facilité d'escompter leurs lettres de change, en partie par celle des comptes courants, peuvent se dispenser de l'obligation de garder par devers eux aucune partie de leur capital sans emploi et en argent comptant pour faire face aux demandes du moment, raisonnablement ils ne doivent pas attendre de secours plus étendu de la part des banques et des banquiers, qui, lorsqu'ils ont été une fois jusque-là, ne sauraient aller plus loin sans compromettre leur propre intérêt et leur propre sûreté »[151].

Si les banques doivent être prudentes, les particuliers sont obligés de l'être encore davantage :

> « Une banque ne peut pas, sans aller contre ses propres intérêts, avancer à un négociant la totalité ni même la plus grande partie du capital circulant avec lequel il fait son commerce, parce que, encore que ce capital rentre et sorte continuellement de ses mains sous forme d'argent, cependant il y a un trop grand intervalle entre l'époque de la totalité des rentrées et celle de la totalité des sorties, et dès lors le montant de ses remboursements ne pourrait balancer le montant des avances qui lui seraient faites dans un espace de temps assez rapproché pour s'accommoder à ce qu'exige l'intérêt de la banque ; bien moins encore une banque pourrait-elle suffire à lui avancer quelque partie considérable de son capital fixe ; par exemple, du capital qu'un maître de forges emploie à la construction de sa forge, de son fourneau, de ses ateliers et magasins, logements de ses ouvriers, etc., du capital qu'un entrepreneur de mines emploie à construire des ouvrages pour soutenir les terres, à élever des machines pour épuiser les eaux, à faire ouvrir des routes et des communications pour les charrois, etc. ; du capital qu'un cultivateur emploie à défricher, dessécher, enclore, fumer, marner et labourer des terres incultes ; à bâtir des fermes avec toutes leurs dépendances, étables, granges, etc. Les rentrées d'un capital fixe sont presque toujours beaucoup plus lentes que celles d'un capital circulant ; et des dépenses de ce genre, en les supposant même dirigées avec toute l'intelligence et la sagesse possibles, ne rentrent guère à l'entrepreneur avant un intervalle de plusieurs années, terme infiniment trop éloigné pour convenir aux arrangements d'une banque »[152].

---

[151] Adam Smith, *Recherches sur la nature et les causes de la richesse des nations*, Paris, Flammarion, GF, 1991, t. I, liv. II, chap. II, p. 391-392.
[152] *Ibid.*

Cependant il faut bien trouver de l'argent pour monter une entreprise quelle qu'elle soit. Il convient donc à la fois de se procurer cet argent et maintenir sa confiance afin de pouvoir assurer son développement et les aléas de son activité. Cette question est primordiale pour cette nouvelle économie naissante. Adam Smith en dénonce bien les difficultés, mais il souligne, en même temps, les besoins.

Le quotidien des Français sous Louis XV est à la fois plein d'espoirs et de difficultés.

> « Devenir marchand, ouvrir boutique, ce n'est pas à tout coup la fortune assurée ; mais c'est l'indépendance, c'est échapper à la pénible vie rurale ou à l'atelier ; c'est le rêve de tout apprenti et des gagne-deniers, de tous ceux qui veulent grimper et saisir leur chance. Pour s'engager dans cette carrière semée d'embûches mais fleurie d'espérances, il faut remplir une première condition qui dissuade d'abord bien des candidats : posséder un capital, même peu considérable, mais indispensable à l'acquisition d'un premier fonds »[153].

Le libéralisme a au moins un mérite, il laisse la porte ouverte à la prise de risques individuels, et permet ce qui pourrait sembler impossible. Cette conception du rôle que l'on peut jouer sur le marché est totalement présente à la fin de l'Ancien Régime.

> « Pour qui ne possède rien, pour qui n'est pas déjà fils de marchand, les chances sont minces, mais enfin, bien des marchands ont commencé sans le sou. Pour avoir un jour sa boutique, la forcené qui a le commerce dans le sang, n'est-il pas prêt à tous les sacrifices ? Mais il faudra du temps, beaucoup de temps à celui qui part de zéro. Courage : l'obstination, le coup de chance, une spéculation réussie et ce peut être le départ d'une prodigieuse ascension. Mais, néophytes, ne comptez pas trop sur le bon vent, car vous êtes une proie merveilleuse pour les habiles, pour tous les trafiquants de vent, de bitume du Maroc et autres opérations mirifiques qui vous dépouillent de vos quatre sous et vous laissent le cul nu, amer et désabusé, victime expiatoire de la naïveté. Prudence donc, et n'essayez pas d'aller trop vite »[154].

L'avertissement est donc lancé contre les agissements de la délinquance financière, et la seule action efficace pour exclure les plus dangereux est incontestablement la répression judiciaire.

Le procureur du roi Moreau requiert ainsi devant le Châtelet, contre Jacques Grandvarlet et Antoine-Christian Klée, parce qu'il les croit

---

[153] Guy Chaussinand-Nogaret, *La Vie quotidienne des Français sous Louis XV*, Paris, Hachette, coll. « La vie quotidienne », 1979, p. 188-189.

[154] Gyu Chaussinand-Nogaret, *op. cit.*, p. 188-189.

« dûment atteints et convaincus des escroqueries de sommes d'argent considérables faites à différents particuliers, savoir de la part du dit Grandvarlet, à l'aide de lettres, mandats et billets qu'il a écrits lui-même faussement signés des noms de personnes connues, et ledit Klée en se faisant faussement passer pour homme de qualité possédant beaucoup de biens fonds mais embarrassé de débiteurs pour lesquels il avoit besoin de secours, au moyen de quoi, ils ont de concert fait plusieurs dupes »[155].

Le Châtelet suit le procureur dans ses réquisitions, puisqu'après en avoir délibéré en chambre du conseil, il dit

« que lesdits Antoine-Christian Klée et Jacques Grandvarlet sont déclarés dûment atteints et convaincus, savoir le dit Klée d'avoir escroqué différentes sommes à plusieurs particuliers en se faisant passer faussement pour homme de qualité, prenant les titres de baron de Klée, chevalier de Fistemberg et annonçant qu'il alloit rentrer dans des biens fonds considérables et reconnoitroit généreusement les services à lui rendus, et le dit Grandvarlet d'avoir dans le dessein de venir au secours du prétendu baron de Klée et de s'attirer ses bienfaits, escroqué différentes sommes à l'aide de faux billets et mandats souscrits de noms de personnes connues, lesquels billets et mandats ledit Grandvarlet a écrits et signés lui-même des noms desdites personnes »[156].

Marie Burau est condamnée en première instance par la juridiction de Tours, le 16 mars 1780, et en appel, par un arrêt du Parlement de Paris du 21 octobre 1780, parce qu'elle est « dûment atteinte et convaincue d'avoir falsifié des lettres de change »[157].

Se prémunir contre les voleurs et les escrocs en tout genre est donc fondamental, car désormais le financement exclusif par emprunt est, de façon courante, accepté, en tout cas par les théoriciens de l'économie. Or le crédit ne peut reposer que sur la confiance et sur l'appréciation que l'on fait de la qualité, dans tous les sens du terme, des personnes qui se lancent dans le commerce. Adam Smith rappelle que « des commerçants et des entrepreneurs peuvent bien sans doute très légitimement faire aller une partie considérable de leurs affaires et entreprises avec des fonds d'emprunts »[158].

---

[155] Arch. Nat. ; Y 10.372, affaire n° 31 : Jacques Grandvarlet, sentence du 15 janvier 1777, jugement à l'extraordinaire ; et X^{2B} 1057, affaire n° 435 : Jacques Grandvarlet, arrêt du 10 juin 1777.

[156] *Ibid.*

[157] Arch. Nat. X^{2B} 1066, affaire n° 613 : Marie Burau et Pierre Lasty, arrêt du 21 octobre 1780.

[158] Adam Smith, *Recherches sur la nature et les causes de la richesse des nations*, Paris, Flammarion, GF, 1991, t. I, liv. II, chap. II, p. 392.

Mais il met aussi en garde contre le risque de bulle financière, de spéculation excessive[159] et d'escroqueries :

> « Il est vrai qu'une banque qui prête son argent sans qu'on ait à faire aucune dépense de papier timbré ni d'honoraires de notaire pour l'obligation et l'hypothèque, et qui reçoit son remboursement avec ces facilités que donnent les compagnies de banque écossaises, serait sans contredit un créancier fort commode pour de pareils faiseurs de spéculations et d'entreprises ; mais à coup sûr ces faiseurs de spéculations et d'entreprises seraient, pour une pareille banque, les débiteurs les plus incommodes »[160].

Si l'économie de ce monde moderne est florissante, elle n'en est pas moins, paradoxalement, toujours fragile. L'outil juridico-financier mis en place, s'il est un facteur de développement, est aussi celui de la fragilité.

En effet, « si à l'échéance de la lettre l'accepteur ne la paye pas à l'instant de la présentation, il est dès lors en état de banqueroute. La lettre est protestée et revient sur le tireur, qui doit l'acquitter sur le champ, ou bien il est aussi pareillement réputé en banqueroute »[161]. De la même façon,

> « si avant de venir entre les mains de la personne qui la présente à l'accepteur pour être payée, elle a passé dans les mains d'autres personnes qui en aient successivement avancé la valeur les unes aux autres en argent ou en marchandises et qui, pour témoigner que chacune d'elles, à son tour, a reçu cette valeur, aient toutes à leur tour endossé la lettre, c'est-à-dire écrit leurs noms au dos, chaque endosseur devient, à son tour, garant du montant de la lettre envers le porteur et, faute de payement, est aussi, dès ce moment, réputé en banqueroute »[162].

La confiance et le risque, la réussite et la banqueroute, sont à chaque fois les deux faces d'un même Janus économique.

---

159 Adam Smith note ainsi : « Cependant, dans ce cas, il serait de toute justice que leur propre capital fût suffisant pour servir d'assurance, si je puis parler ainsi, au capital de leurs créanciers, ou pour que ces créanciers ne courussent presque aucune chance probable d'essuyer la moindre perte, quand même l'événement de l'entreprise se trouverait extrêmement au-dessous de l'attente des spéculateurs. Encore, même avec cette précaution, de l'argent qu'on emprunte et qu'on n'espère pas pouvoir rendre avant un terme de plusieurs années, ne devrait pas être emprunté à une banque, mais emprunté par obligation sur hypothèque aux individus qui se proposent de vivre du revenu de leur argent sans se donner l'embarras d'employer eux-mêmes le capital, et qui pour cela seront disposés à prêter ce capital à des gens bien solvables, pour un terme de plusieurs années. », *op. cit.*, t. I, liv. II, chap. II, p. 392.

160 *Ibid.*.

161 Adam Smith, *op. cit.*, t. I, liv. II, chap. II, p. 394.

162 *Ibid.*

> « Quoiqu'il se puisse faire que le tireur, l'accepteur et les endosseurs de la lettre de change soient tous d'un crédit douteux, cependant la brièveté du terme de l'échéance donne toujours quelque confiance au porteur. Quand même il serait vraisemblable que toutes ces personnes finiront par faire banqueroute, ce serait grand hasard si dans un temps si court elles allaient toutes faillir. Le logement menace ruine, dit en soi-même un voyageur fatigué, et vraisemblablement il ne durera pas longtemps ; mais il y aurait bien du malheur si on ne pouvait pas risquer d'y passer une nuit »[163].

Et la fraude au système, la tentation de l'escroquerie restent toujours présentes, au point d'en décrire l'un des mécanismes pour que les gouvernements se décident à s'en prémunir pénalement.

> « Quand deux particuliers qui ont ainsi à tirer réciproquement des lettres de change successives l'un sur l'autre les font escompter toujours chez le même banquier, il découvre nécessairement bientôt leur manège, et s'aperçoit clairement qu'ils trafiquent avec les fonds qu'il leur avance, et non avec aucun capital qui soit à eux propre. Mais cette découverte n'est pas tout à fait si aisée à faire quand ils font escompter leurs lettres de change tantôt chez un banquier, tantôt chez un autre, et quand ce ne sont pas les deux mêmes personnes qui tirent constamment et successivement l'une sur l'autre, mais que leur manœuvre roule un grand cercle de faiseurs de projets, qui trouvent réciproquement leur compte à s'aider les uns les autres dans cette méthode de faire de l'argent, et qui s'arrangent entre eux en conséquence pour qu'il soit aussi difficile que possible de distinguer une lettre de change sérieuse ; de reconnaître celle qui est tirée par un vrai créancier sur un vrai débiteur, d'avec celle dont il n'y a véritablement de créancier réel que la banque qui l'a escomptée, et de débiteur réel que le faiseur de projets, qui se sert de l'argent. Lors même qu'un banquier venait à découvrir ce manège, il pouvait se faire quelquefois qu'il le découvrît trop tard, et qu'il s'aperçût que, s'étant déjà avancé si loin avec ces gens à projets en escomptant leurs lettres de change, il les réduirait infailliblement à la nécessité »[164].

La remise volontaire des banquiers est alors tronquée et atteint non seulement leur fortune, mais celle plus générale du pays. Cette attention désormais portée aux risques délictuels qui participent de l'économie de marché est le signe que plus les intervenants économiques se diversifient et croisent leurs intérêts[165]

---

[163] *Ibid.*

[164] Adam Smith, *op. cit.*, t. I, liv. II, chap. II, p. 397.

[165] Le fait social est suffisamment important et reconnu pour que l'*Encyclopédie* propose des articles sur le commerce et les lettres de change. Les recherches historiques américaines s'en font l'écho. « Publishing was a brutal business in the eighteenth century. After ten years of hard knocks on the literary market place, the Neuchâtelois decided that « ce métier-ci donne plus de bile que d'autres ». Their bile rose because of the need to cope with the tricks of their trade. As the history of the

dans des processus sophistiqués, plus les limites des dérives juridiques et leurs effets reculent.

Section 2. La remise sans préjudice ou de l'atteinte aux biens aléatoire

Dans cette société nouvelle, où abus et excès se mêlent à l'invention, à l'industrie, au plaisir et au désir de maîtriser enfin l'avenir, certaines escroqueries peuvent presque apparaître comme faciles, voire « naturelles ». Mais peut-on prétendre qu'il y a encore escroquerie lorsque la remise, qui crée le passage à l'acte, ne crée aucun préjudice réel ? Que dire des atteintes aléatoires aux biens ? Lorsque certains services et prestations offerts au public ne cachent pas à celui qui y souscrit qu'il peut perdre sa mise, parle-t-on encore d'escroquerie ?

§ 1 - Une remise sans préjudice réel

Ces questions sont particulièrement sensibles dans un système économique où tout est prise de risques et espoirs de réussite. La philosophie de la fin de l'Ancien Régime n'est-elle pas celle du libéralisme, qui suppose que chacun peut s'il le veut ? Colbert mort, le système doit-il toujours reposer sur le corporatisme ? Jusqu'où alors pousser la réglementation, et la répression de comportements rusés, mais qui n'entraînent que peu, voire aucune conséquence réelle pour un individu consentant ?

Bien évidemment, le problème peut être abordé d'une autre façon. Après tout, si la remise constitue le temps du passage à l'acte, elle n'est que le résultat d'un processus dolosif, et le corps social doit décider une fois pour toutes si le concept d'acceptation peut être validé. Si l'on formule l'hypothèse du vice du consentement, seule la remise constitue l'infraction, même en l'absence de préjudice, et elle n'est pas synonyme de préjudice. En d'autres termes, peu importe si la victime du dol pénal subit une diminution réelle de sa fortune, puisque la possibilité de l'appauvrissement suffirait ; il n'y aurait pas non plus lieu de se

---

Encyclopédie shows, the most prominent publishers of the Enlightenment operated by bribery and extortion, by falsifying accounts and stealing subscription lists, by spying on each other and manipulating Machiavellian alliances that gave full play to treachery and intrigue. The struggle to sell *Encyclopédies* in the 1770s and 1780s had a baroque flavor, which may have derived from the « booty capitalism » of the sixteenth and seventeenth centuries. But there was also a modern element in the commercial history of the *Encyclopédie* - more modern, in fact, than the style of business described in its articles on trade. To open the *Encyclopédie* at COMMERCE, NÉGOCE, or LETTRE DE CHANGE is to enter the archaic world of Savary's *Parfait négociant*. But to read the correspondence of the *Encyclopédie* publishers is to find oneself in the *Comédie humaine*. », Robert Darnton, *The Business of enlightenment. A Publishing history of the Encyclopédie, 1775-1800*, Harvard University Press, 1979, p. 531.

préoccuper de l'usage, qui peut ne pas mener à un appauvrissement, de ce qui a été obtenu frauduleusement[166].

Lorsque Jeanne Burou, veuve Thévenot , Rose Vizemberg, femme de Benoît Gaucher, Antoine Genoux et Blaise Perret, décident de consulter Marie La Croize veuve Touret[167], ils savent en grande partie à quoi s'en tenir. Ils sont d'accord, au départ, pour verser quelques livres ou quelques sous afin de se faire prédire un futur bien aléatoire qui ne repose que sur une foi relative. La sénéchaussée de Lyon, dans une sentence de première instance en date du 31 janvier 1759, qui se trouve confirmée en appel par le Parlement de Paris par un arrêt du 9 mars 1759, n'a aucun doute quant à la qualification des faits, car elle considère que la remise de l'argent justifie la poursuite de Marie La Croize veuve Touret.

Michelle-Laure Rassat a la même interprétation de l'importance de l'acte de remise dans l'escroquerie : une remise peut porter atteinte, même sans véritable préjudice, à la fortune d'autrui, et quel que soit l'usage qui peut être fait des valeurs. Elle propose un exemple, qui s'accorde tout à fait au cas de la veuve Touret.

> « Il est juridiquement indifférent que l'auteur des manœuvres possède contre la victime une créance sérieuse et certaine dont il a entendu « se payer lui-même »[168]. Même si les manœuvres ont pour but de procurer à leur auteur un enrichissement qui est juste, en raison d'un droit qu'il possède contre la victime, le fait pour réaliser ce droit d'user de manière frauduleuse le constitue de mauvaise foi »[169].

L'auteur des manœuvres, la veuve Touret, dans notre cas d'espèces, a certainement le sentiment très réel de disposer d'un droit de créance sur ses clients, puisqu'elle leur a fourni une prestation, contestable sans doute, mais qui a le mérite d'exister. Sa créance est-elle sérieuse ? Elle apparaît douteuse, mais la veuve Touret ne peut-elle pas soutenir que le fait de se faire payer ne constitue pas une remise illégitime. Les praticiens du droit et les théoriciens en décident autrement, puisqu'ils considèrent avant tout sa mauvaise foi, qui est à l'origine de la remise de l'argent.

---

[166] T. corr. Seine, 16 fév. 1917 : *Gaz. Trib.* 21 avril 1917.
[167] Arch. Nat. X^{2B} 1021, affaire n° 458 : Marie La Croize, veuve Touret, arrêt du 9 mars 1759. Voir partie I, titre III, chapitre 2, section 1, § 2, et voir aussi partie II, titre 1, chapitre 1, section 1, §.
[168] Cf. aussi Cass. crim., 8 juil. 1948 : *JCP* 1948, éd. G. IV, 125 ; *Rev. Sc. Crim.* 1948, p. 774 ; *Bull. crim.*, n° 281.
[169] Michelle-Laure Rassat, *Jurisclasseur pénal*, 1996, art. « escroquerie », p. 33.

Que dire alors du nommé Dubuisson[170] ? Est-il devin ? Quelles sont ces qualités qui lui permettent de retrouver une montre en or et d'autres objets perdus par leur propriétaire ? Lorsque ceux-ci s'adressent à Jean-Baptiste Dubuisson, ne sont-ils pas là encore d'accord pour donner quelque argent afin qu'il se livre à des pratiques qui, en elles-mêmes, ne peuvent en aucun cas offrir de garantie de résultat ? Jean-Baptiste Dubuisson laisse croire qu'il agit en toute bonne foi. Cependant, lorsque le cocher de Monsieur l'ambassadeur d'Angleterre fait appel à ses services, n'a-t-il pas les moyens financiers, intellectuels et relationnels, de requérir plutôt les services de la police ou d'un enquêteur privé ? S'il fait appel à Dubuisson, il choisit de le faire, en toute liberté et sans doute, dans une certaine connaissance de cause. Lorsque Dubuisson se fait remettre de l'argent à la suite de ses manœuvres, ou plutôt de ses tours de magie, il a, là encore, une certaine créance sur ses clients, dont il faut, bien sûr, apprécier la validité.

Nous ne connaissons pas la suite donnée à cette affaire, on l'a dit, car le fonds du Châtelet est malheureusement lacunaire et ni la sentence elle-même, ni l'annonce d'un éventuel appel ne nous sont connus. Par ailleurs, nous n'avons, sur ces faits, pas retrouvé d'arrêt rendu par le Parlement de Paris. Mais il nous est possible de conclure que ce sont les manœuvres frauduleuses qui caractérisent l'escroquerie en entraînant la remise, et non la remise elle-même, plus ou moins viciée, ou plus ou moins justifiée. Ceci entraîne différentes conséquences juridiques que Michelle-Laure Rassat ne manque pas de citer au vu de la jurisprudence actuelle :

> « Celui qui, croyant qu'un tiers a volé une somme d'argent, le détermine à l'aide de manœuvres frauduleuses, à lui remettre le montant de la somme prétendûment volée commet le délit d'escroquerie ; en admettant la réalité du vol, l'agent ne saurait se faire justice à lui-même »[171].

Elle va même plus loin, en affirmant que « la « légitimité » du but n'excuse pas la malhonnêteté des procédés »[172] et cite l'exemple d'un agent qui a « usé de manœuvres pour se faire « restituer » une soulte indûment perçue par la victime à l'occasion d'une opération de marché noir »[173].

Ce n'est que parce qu'elle est provoquée que la remise constitue l'élément unique qui matérialise l'escroquerie. Seule la remise fait apparaître l'infraction.

---

[170] Arch. Nat. Y 9.754, affaire n° 40 : Jean-Baptiste Dubuisson, information le 30 janvier 1769, jugement porté le 1er février. Jugement à l'ordinaire, sans appel ni sentence connus.

[171] Michelle-Laure Rassat, *Jurisclasseur pénal*, 1996, art. « escroquerie », p. 33 ; mais aussi Cass. crim., 10 janv. 1947 : *Gaz. Pal.* 1947, 1, p. 44 ; *Rev. Sc. Crim.* 1947, p. 233 et 1948, p. 301 ; *Bull. crim.*, n° 25.

[172] Michelle-Laure Rassat, *op. cit.*, p. 33.

[173] Cass. crim., 15 déce. 1943 : D. 1945, p. 131, note Donnedieu de Vabre.

Mais si la remise s'effectue sur un patrimoine donné, il importe peu qu'elle ait ou non causé un préjudice matériel véritable. La fraude sur le bien suffit en effet, en droit, à en entacher la remise.

§ 2 - L'atteinte aléatoire aux biens

Qu'en est-il de l'atteinte aléatoire aux biens ? La roue de la fortune n'est-elle pas un jeu auquel les participants acceptent, *ab initio*, de perdre ? La société de la fin de l'Ancien Régime regorge de ces lieux où paris et amusements forment l'occupation favorite, avec une prise de boisson souvent abusive.

Les cabarets, cafés et restaurants deviennent, sous le règne de Louis XV, des endroits extrêmement fréquentés. De nombreuses jurisprudences prennent place dans ces lieux.

> « Les cabarets étaient des lieux où l'on buvait du vin. Cabaretiers et taverniers faisaient partie des marchands de vin. Pourtant, à la fin du XVIe siècle, selon un ambassadeur vénitien, il y avait à Paris des cabaretiers qui donnaient à manger chez eux, pour tous les prix. A côté d'eux, il y avait d'autres corps de métiers qui se chargeaient de fournir de la nourriture et une distinction s'établissait : le rôtisseur préparait la viande ; le pâtissier les pâtés, les tourtes, les entrées, les desserts ; le cuisinier ou traiteur les gelées, les sauces, les ragoûts »[174].

Tout évolue au siècle des Lumières, et les métiers sont souvent regroupés pour offrir des repas et agréments des plus raffinés. Le « restaurant » désigne à cette époque un bouillon de viande, puis des plats comme des volailles au gros sel. Au fur et à mesure, les établissements où l'on peut déguster de pareils mets se meublent de petites tables, et les portions deviennent individuelles. Des échanges plus personnels et des rapports plus intimes, peuvent désormais se mettre en place[175].

---

[174] Lucien Bély, *op. cit.* , art. « Cabarets, cafés, restaurants ».

[175] « Les traiteurs avaient le monopole des ragoûts et des plats cuisinés : ils proposaient parfois une table d'hôte. Le mot « restaurant » désignait alors un bouillon de viande fortifiant, encore dans le *Cuisinier roïal et bourgeois* de François Massialot (1691). En 1765, un certain Boulanger proposa un choix de « restaurants » : des volailles au gros sel, des œufs frais, du bouillon. Ce restaurant était situé rue des Poulies, près du Louvre. Cet établissement entraîna une action en justice des traiteurs. En réalité c'était sans doute une imitation de la taverne londonienne, où même les seigneurs allaient manger. Il y avait désormais des petites tables ; les portions étaient individuelles, le choix était proposé sur une feuille de papier, et à la fin il fallait régler la « carte payante » ou addition. Bientôt des restaurants eurent une grande réputation, ainsi Clause à Strasbourg qui servait du foie gras. Antoine Beauvilliers, officier du comte de Provence, installa la Grande taverne de Londres, rue de Richelieu, puis au Palais-Royal. Des critères s'imposaient alors : il fallait un salon élégant, des garçons bien mis, un caveau soigné, une cuisine supérieure. », Lucien Bély, *op. cit.*, art. « Cabarets, cafés, restaurants ».

Le monde des ambassades et son personnel lancent la mode[176], font reculer les préjugés et ouvrent de nouveaux espaces de plaisir et de jeu.

> « Bientôt la consommation de tabac fut associée à celle de café. Outre ces échoppes, il y avait des marchands ambulants de café. Puis un commis de Pascal, Francesco Procopio Coltelli, était devenu « distillateur-limonadier » et il quitta la foire Saint-Germain pour gagner la rue de Tournon, puis, en 1686, la rue des Fossés-Saint-Germain. Là il imagina le café Procope qui était à la fois près du Pont-Neuf et du carrefour de Buci. Il sut en faire un lieu à la mode, offrant du café avec des fruits confits, des liqueurs - rossoly, rosée du soleil, ou populo, eau de cédrat, liqueur du parfait amour, sorbec - ou des glaces et en créant un décor élégant avec une tapisserie, des miroirs et des lustres. L'installation en face du café de la Comédie-Française attira la clientèle des auteurs, des comédiens et des spectateurs. Le Café devient même une comédie en 1694. Lieu où l'on parle littérature ou politique, le café est aussitôt la cible de la surveillance policière. On compta de sept à huit cents boutiques à Paris au XVIIIe siècle »[177].

Les inspecteurs de police y traînent sans doute dans l'espoir d'y arrêter le voleur et l'escroc, et ce avec un certain succès puisque les passages à l'acte délictuels ont tout l'air d'y être fréquents.

C'est comme cela que Louis Durfort, Robert Le Loutre, François Clairet, Pierre Grigné, René Fromentin, René Pellé et Antoine Bourdoiseau sont déclarés « dûment atteints et convaincus d'avoir attiré des passants dans différents cabarets et auberges qui sont sur la route de Paris à Orléans, de les avoir fait jouer à différents jeux et d'avoir escroqué leur argent ». Ils sont aussi qualifiés de « filous au jeu » par les juridictions, mais le Parlement de Paris a visiblement du mal à comprendre les subtilités des agissements de tripots des cabarets et des auberges[178]. Il considère ne pas avoir de véritable preuve pour poursuivre pour escroquerie.

L'escroquerie au jeu n'est, par conséquent, facile ni à prouver, ni à constituer. Chaque « déferrement « » est problématique. Ces messieurs de la police doivent s'armer de patience. S'il leur arrive de sortir de belles affaires, toutes n'aboutissent pas à un jugement de condamnation. Jean-Baptiste Chaudet est ainsi poursuivi pour avoir entraîné Legras dans une auberge[179]. Cette invitation est

---

[176] « Le café ayant été mis à la mode par l'ambassadeur turc, reçu à la cour de Louis XIV en 1669, des boutiques s'ouvrirent où l'on vendait uniquement la nouvelle boisson. L'un des premiers fut un Arménien, connu sous le nom de Pascal, qui s'installa en 1672 à la foire Saint-Germain, puis au quai de l'École ; enfin il gagna l'Angleterre - où les coffee-houses connurent vite un grand succès. Un autre Arménien, Maliban, créa une maison de café à son tour, rue de Buci puis rue Férou. », *ibid.*

[177] Lucien Bély, *op. cit.*, art. « Cabarets, cafés, restaurants ».

[178] Arch. Nat. X^{2B} 1028, affaire n° 304 : Estienne Bourdoiseau, arrêt du 7 septembre 1762.

[179] Arch. Nat. X^{2B} 1045, affaire n° 330 : Jean-Baptiste Chaudet, arrêt du 23 avril 1771. Voir aussi partie I, titre III, chapitre 3, section 1, § 2.

éminemment intéressée. Après avoir fait boire sa future victime plus que de raison, Chaudet lui propose de jouer aux cartes. La police voudrait conclure que par de telles manœuvres, l'accusé a pu dérober la somme de quatorze livres, une tabatière en cuivre et quelques autres effets. Malheureusement pour la victime, les juridictions ne sont pas convaincues de la culpabilité de la dupe, car elles considèrent que les preuves manquent quant à la constitution de l'infraction. Elles vont ainsi décider qu'il y a lieu à être plus amplement informé. Telle est la sentence du bailliage de Lyon le 7 janvier 1771, confirmée en appel, par le Parlement de Paris, par un arrêt du 23 avril 1771.

Le bailliage de Montdidier a à se prononcer par une sentence, le 16 juillet 1772, sur le cas de François-Philippe Delasalle[180]. Ce dernier est soupçonné d'avoir escroqué par filouterie à un jeu de carte, ce qui lui a permis, entre autres, d'obtenir des effets de deux premières victimes, les dénommés Chevreau et Caboche, le 5 octobre 1771. Le cadre était propice à ce type d'action, puisqu'il s'agit du cabaret de Beauvoir. Delasalle en est incontestablement un délinquant d'habitude, puisque le 15 octobre suivant, il recommence, dans le même cabaret, à filouter, toujours au jeu de cartes, différents particuliers. Le bailliage de Montdidier se montre intraitable et suit l'accusation. Comme François-Philippe Delasalle n'est pas du pays, il est condamné comme un filou et escroc vagabond. Le Parlement de Paris est beaucoup plus prudent en appel, dans son arrêt du 3 septembre 1772. Il demande à nouveau à être plus amplement informé de cette affaire, dont il soutient ne pas avoir la preuve absolue de l'existence d'une véritable escroquerie au jeu.

Nous voici le 21 avril 1774, devant le tribunal de Riom. Nous retrouvons Jacques de La Cour[181]. Lui aussi abuse de l'état d'ivresse de ses victimes, oubliant sans doute sa qualité de chanoine de l'église collégiale de Note-Dame d'Aigueperce. Le 27 novembre de l'année précédente, il s'est rendu à Thiers en compagnie de complices en l'auberge de Michel Dion. Sa future victime, Antoine Dupuy, étant bien prise d'alcool, Jacques de La Cour s'enflamme pour la faire jouer à « Dinde, l'homme d'Auvergne » en pariant « plusieurs billets à ordre et une tasse d'argent ».

Rien d'étonnant à cela, car le XVIIIe siècle connaît une véritable consécration des cartes à jouer[182]. De nombreux traités circulent pour présenter les

---

[180] Arch. Nat. X^{2B} 1047, affaire n° 360 : François-Philippe Delasalle, arrêt du 3 septembre 1772. Voir aussi partie I, titre III, chapitre 3, section 1, § 2.

[181] Arch. Nat. X^{2B} 1051, affaire n° 354 : Jacques de La Cour, arrêt du 18 juillet 1774. Voir aussi partie I, titre III, chapitre 3, section 1, § 2.

[182] « Le XVIIe et surtout le XVIIIe siècle voient la consécration des cartes à jouer qui occupent désormais une place prépondérante dans les divertissements. Au XVIIIe siècle, les traités de jeux se consacrent en majeure partie aux jeux de cartes, une trentaine environ, qui se regroupent en quelques grandes familles offrant plusieurs variantes: le piquet et ses enfants, jeu du gillet, du coucou, de la brusquembille, la triomphe, déjà citée par Rabelais, et ses cousins, la mouche, l'homme d'Auvergne,

différentes techniques de jeu. Plus d'une trentaine sont recensées, aux noms fantaisistes, comme le piquet et ses enfants, le gillet, le coucou, la brusquembille, la triomphe, la mouche, le vingt-quatre, l'homme et ses frères, l'hombre à trois, le quadrille, le quintille, le hoc, ou l'homme d'Auvergne.

Pourquoi Antoine Dupuy se serait-il méfié d'une proposition d'amusement aussi banale dans un cabaret ? Il a tort car le but est bien de le duper. Lorsque le lendemain matin, il se trouve dégrisé, de La Cour et ses complices font semblant de jeter au feu les billets à ordre escroqués, contre son paiement de la somme de dix louis. Mais ne manquant d'aucune audace, nonobstant ce gain, un des complices de Jacques de La Cour, Jacques James, entame une procédure judiciaire, pour obtenir le paiement de certains de ces titres. Il invoque une raison qui lui paraît juste : tous les accusés sont des habitués des salles de jeu et des escroqueries. Il en va de même pour la dupe, puisque Dupuy est déjà connu pour avoir, plusieurs années auparavant, en compagnie de deux de ses complices, tenté d'entraîner à des parties de jeu des jeunes gens rassemblés en l'auberge de Pierre Constanciat, à Leroux, dans le but de leur escroquer leur argent. Pour parvenir à leurs fins, ils avaient même fait semblant de ramasser sur la table l'argent et l'or s'y trouvant.

Mais Dupuy est ici une victime. Le 21 avril 1774, la sentence de première instance condamne l'ensemble des seuls accusés comme escrocs et filous au jeu. Le Parlement de Paris adopte à nouveau une position beaucoup plus prudente sur l'interprétation des faits et surtout des preuves, et décide, par un arrêt du 18 juillet 1774, qu'il lui appartient d'être encore plus amplement informé.

Au Châtelet, le 11 décembre 1774, est rendue une sentence, comme nous l'avons vu, contre Pierre Coursier, Jean-Jacques Marye et René Giraud. Ayant engagé la conversation avec un inconnu dans un cabaret de Nanterre, ils le font parier en lui faisant poser sur la table trois louis et une montre d'argent, tandis qu'eux-mêmes ne mettent en jeu qu'une bourse « dans laquelle étoit un étui de bois lequel avoit la forme d'un rouleau de louis »[183]. La partie en devient fort inéquitable. Bref, le voyageur perd sa fortune et sa montre. La manœuvre est tellement voyante que même si, bien évidemment, la victime acceptait au départ, par le principe même du jeu, de perdre sa mise, il n'en demeure pas moins que la remise ne s'est effectuée que par une provocation astucieuse dont elle n'est que l'aboutissement. Le Châtelet n'a aucune hésitation et condamne sévèrement ces

---

le vingt-quatre, l'hombre et ses frères, hombre à trois, quadrille, quintille, le hoc qui se partage en hoc de Lyon et hoc de Mazarin, sans oublier une foule de jeux aux noms savoureux comme l'impériale, le commerce, le lansquenet, la guimbarde, la beste, le culbas, la sizette, le romestecq, la guinguette, le poquet, ma commère accomodez-moi. [...] », Lucien Bély, *Dictionnaire de l'Ancien Régime*, Paris, PUF, 1996, art. « Jeux de cartes ».

183 Arch. Nat. X^{2B} 1059, affaire n° 340 : Pierre Coursier, arrêt du 12 février 1778. Voir aussi partie I, titre III, chapitre 3, section 1, § 2.

escrocs au jeu. Cette fois, le Parlement de Paris s'aligne, par son arrêt en date du 12 février 1778, sur la jurisprudence de première instance.

Il faut dire que contrôler les mœurs et les pratiques de jeu dans les établissements ouverts au public devient un enjeu de taille. La société de la fin de l'Ancien Régime se livre avec passion aux jeux de hasard. Jamais les aléas n'ont connu autant de succès. Evidemment, les traités de police et de morale s'interrogent sur la nature de ces jeux, sur leurs effets et la licéité de ces pratiques[184].

Autant le sport est déjà privilégié par les autorités civiles et ecclésiastiques, autant les jeux de chance et de commerce font beaucoup moins l'unanimité, tandis que les jeux de hasard sont définitivement condamnés. Pour autant les magistrats de police sont plus nuancés, et semblent accepter que l'on joue. Comment d'ailleurs empêcher ce qui participe d'une mode ? Il convient de protéger les jeunes et les simples d'esprit. Il faut aussi surveiller d'un peu plus près les jeux d'argent pratiqués dans les débits de boisson ou les académies clandestines. Enfin, il faut surveiller les joueurs professionnels qui peuvent systématiquement procéder à des filouteries.

Mais la tâche de la police est loin d'être simple. Car bien loin des cabarets, on joue aussi dans les familles et à la Cour. Pour pimenter le plaisir, les paris d'argent sont doublés et les spéculations sont ouvertes. Normalement, les tenanciers de maisons où se pratiquent les jeux devraient être poursuivis. Nulle mention de cette action ne figure dans les jurisprudences que nous avons pu examiner. Mais il est certain en revanche que les jeux et les escroqueries se commettent n'importe où, le lieu important peu car seul compte le gain, même illégalement acquis.

Le 25 avril 1743, Jacques Borry et Thérèse Le Noir sont jugés, comme nous l'avons déjà noté, en première instance par une sentence du Châtelet, et le 20 août 1743 par un arrêt du Parlement de Paris. Ils n'en sont certainement pas à leur coup d'essai, selon la police[185]. Cependant, les magistrats considèrent que la preuve de la constitution de l'escroquerie n'est pas rapportée.

Le bailliage de Troyes prononce, le 16 octobre 1747, une sentence par laquelle il reconnaît Augustin Caussin[186] et Gervais coupables d'escroqueries au jeu, qui leur ont permis d'obtenir plusieurs objets en argent. Le Parlement de Paris n'a cette fois aucun état d'âme, et considère que les éléments matériels et intentionnels sont suffisamment réunis pour que l'infraction soit constituée.

---

[184] Lucien Bély, *op. cit.*, art. « Jeux de cartes ».

[185] Arch. Nat. X^{2B} 993, affaire n° 153 : Jacques Borry et Thérèse Le Noir, arrêt du 20 août 1743. Voir aussi partie I, titre III, chapitre 3, section 1, § 1.

[186] Arch. Nat. X^{2B} 1002, affaire n° 162 : Augustin Caussin, arrêt du 12 janvier 1748. Voir aussi partie I, titre III, chapitre 3, section 1, § 1.

Anne Bordeaux[187] est condamnée par la cour de justice de Dourdan, par une sentence du 24 septembre 1752, pour avoir escroqué au jeu Charles Grandchamps. Cette escroquerie est considérée comme légère, aussi bien par la juridiction de première instance que par le Parlement de Paris, qui, dans un arrêt du 31 janvier 1753, confirme pourtant cette analyse des faits.

Soulignons à nouveau la grande idée de l'escroc Constantin Varoxa[188]. Le Châtelet a instruit cette affaire avant de rendre sa sentence le 30 décembre 1760. Pour gagner sa vie, Varoxa organise une loterie et vend ses billets au prix de douze sols dans le public. La foule est attirée, comment résister en effet à ce qu'il est possible de gagner ? Varoxa ne propose-t-il pas quatre-vingt-dix lots, dont des pendules et des montres d'argent, entre autres ? Par malchance, aucun titulaire de billet de la loterie ne gagne, alors que le tirage s'effectue en public, d'une roue. Celle-ci ne doit pas tourner dans le bon sens, car tous les spectateurs remarquent que sont bien sortis de cette roue les quatre-vingt-dix numéros qui devaient permettre d'emporter les lots. Or aucun titulaire de billet ne possède l'un de ces numéros. Statistiquement, le phénomène est étrange. Comme ils sont fort nombreux à avoir assisté au tirage, ils se révoltent et s'emparent de la roue. Ils y saisissent les billets restants, qui forment avec les quatre-vingt-dix tirés, les trois mille dont elle devait être composée. Leur surprise est modérée en constatant que manquent dans la roue les numéros dont ils étaient titulaires, de sorte qu'ils n'avaient aucune chance de gagner du fait de la ruse de Varoxa.

Le dépôt des pièces à conviction ainsi saisies par les plaignants devant la juridiction du Châtelet a tout pour impressionner les enquêteurs et les magistrats. Le procureur remarque d'ailleurs que Varoxa n'était pas autorisé à organiser une loterie publique. Il le renvoie devant la juridiction du Châtelet pour ses infidélités et escroqueries commises envers le public dans le tirage d'une loterie de bijoux.

Claude Girard[189], Le Duc et Neveu sont, quant à eux, poursuivis devant la cour de justice d'Orléans, qui les juge par une sentence du 15 janvier 1765. Il leur est reproché d'avoir escroqué aux cartes un dénommé Gariaut, et de s'être fait ainsi remettre (même si, encore une fois, on peut se demander si l'éventuel préjudice n'était pas par avance accepté par la victime), une tabatière et des boucles de souliers en argent. La juridiction d'Orléans n'apprécie guère les faits, et considère qu'ils constituent une véritable escroquerie au jeu. Le Parlement de Paris, dans son arrêt du 20 juin 1765, a la même analyse de la qualification, mais se montre plus

---

[187] Arch. Nat. X^{2B} 1012, affaire n° 300 : Anne Bordeaux, arrêt du 31 janvier 1753. Voir aussi partie I, titre III, chapitre 3, section 1, § 1.

[188] Arch. Nat. Y 10 224, affaire n° 15 : Constantin Varoxa, sentence du 30 décembre 1760, jugement à l'extraordinaire. Voir aussi partie I, titre III, chapitre 3, section 1, § 1.

[189] Arch. Nat. X^{2B} 1033, affaire n° 426 : Claude Girard, arrêt du 20 juin 1765. Voir aussi partie I, titre III, chapitre 3, section 1, § 2.

exigeant en matière de preuve. C'est ainsi que le dénommé Leduc est mis hors de cour.

Le règne de Louis XV avance et, dans tout le royaume, on tente de poursuivre les jeux d'argent malhonnêtes. Louis Perreau[190] est ainsi poursuivi par le bailliage de Châtillon, car il promet à Martin de lui faire gagner le double de sa mise. Le Parlement de Paris tente également de limiter de telles pratiques, lorsqu'il connaît de cette affaire en appel.

Voilà que d'autres particuliers, et même des marchands, se font encore abuser, même s'ils acceptent de jouer des sommes considérables et admettent donc, du moins en théorie, de les perdre. Peut-on, là encore, appeler préjudice ce qui n'est que prise de risque volontaire ? L'organisation de cette escroquerie au jeu, où les victimes sont plus que consentantes dans l'acceptation de l'aléa, est impressionnante. Sont ainsi poursuivis le 27 août 1794 devant le Châtelet Jean-Baptiste Legris, Philippe Laval, Jacques Meirans, Antoine Guérin, Joseph Renaud, Blaise le Comte, Louis Vénaux, Joseph Fayeux, François Bérard, Jean-André Delgies, Joseph Martin, Pierre Rainal, Jean-François Lescaut, Laurent-François Juibert, Jean-Esprit Desmarret et Jean François Paternotte[191], qui s'amusent à duper des commerçants, non seulement par des parties de cartes truquées, mais aussi par de fraux tours d'adresse. Le Parlement de Paris, le 13 décembre 1774, confirme l'analyse élaborée par le Châtelet, en considérant que les faits d'escroquerie sont constitués[192].

C'est au tour de la sénéchaussée du Mans de blâmer un dénommé Julien Le Camus[193], comme nous l'avons vu, par une sentence rendue le 21 janvier 1777, parce qu'un an auparavant, à la foire de la Saint-Nicolas, il a joué avec un inconnu à un jeu composé de trois cartes et lui a filouté six livres, et parce qu'en novembre 1776, il a encore joué avec un fermier au même jeu et a de nouveau filouté une somme de 180 livres. Le Parlement de Paris, par un arrêt du 24 mars 1777, confirme avec sévérité l'existence de la commission d'escroquerie.

La juridiction de Chaumont-en-Bassigny soupçonne Didier Baillot d'avoir volé et escroqué Pierlot au jeu. Le Parlement de Paris, dans un arrêt du 5 mai 1780,

---

190 Arch. Nat. X^{2B} 1035, affaire n° 529 : Louis Perreau, arrêt du 15 mai 1766. Voir aussi partie I, titre III, chapitre 2, section 1, § 2.

191 Arch. Nat. X^{2B} *1051*, affaires n° 364, 370, 396, 438, 466, 475, 508 : Jean-Baptiste Legris, Philippe Laval, Jacques Meirans, Antoine Guérin, Joseph Renaud, Blaise le Comte, Louis Vénaux, Joseph Fayeux, François Bérard, Jean-André Delgies, Joseph Martin, Pierre Rainal, Jean-François Lescaut, Laurent-François Juibert, Jean-Esprit Desmarret, Jean François Paternotre, arrêt du 13 décembre 1774. Voir aussi partie I, titre III, chapitre 3, section 1, § 2.

192 Pour le détail des peines, voir *infra*.

193 Arch. Nat. X^{2B} 1056, affaire n° 471 : Julien Le Camus, arrêt du 24 mars 1777. Voir aussi partie I, titre III, chapitre 3, section 1, § 2.

est beaucoup plus prudent dans sa décision, et demande à être plus amplement informé[194].

Peut-on soutenir pour autant que l'aléa n'induit pas un préjudice réel ? Ici en tout cas, qui joue gagne, lorsqu'il est escroc. Mais il peut perdre, en cas de poursuites judiciaires. C'est ainsi que René Farouette semble en mauvaise posture devant la juridiction de Versailles, qui considère en première instance, le 25 mars 1784, qu'il a escroqué au jeu une tabatière de vermeil et un anneau d'or du dénommé Crévoisier. L'escroc interjette appel de la décision de première instance, malheureusement pour lui, le Parlement de Paris, par un arrêt du 7 octobre 1784, confirme la sentence[195].

Ce n'est pas parce que l'escroc a une grande habitude de ces jeux truqués et que ses victimes sont multiples qu'il échappe toujours à l'action publique. Jean-François Bernard[196] a ainsi la malchance d'être interpellé et présenté devant le Châtelet, qui statue par une sentence du 14 juin 1784, pour des faits d'escroquerie au jeu. Mais l'astuce est complexe, et le Châtelet n'est pas convaincu par l'information qu'il a à connaître. Il considère que les preuves ne sont pas suffisamment rapportées et, en conséquence, prononce une décision de plus amplement informé. Le 25 février 1785, le Parlement de Paris, par arrêt, confirme la sentence. Jean-François Bernard en est quitte pour avoir eu plus de peur que de mal.

Voici de nouveau Charles Maguyer, jugé en première instance à Beauvais. La juridiction statue le 16 novembre 1788, parce qu'il a escroqué aux cartes Aubry, ce qui lui a permis de lui voler ses boucles de souliers en argent. En appel, le Parlement de Paris, dans un arrêt du 20 février 1789, considère à son tour que les éléments de l'escroquerie sont constitués. N'est-ce pas alors Charles Maguyer qui, aux cartes, a joué son destin ?

Quelles conséquences peut-on tirer de l'analyse de toute cette jurisprudence ? D'abord que les juridictions sont extrêmement sensibles à l'aspect frauduleux des faits. Lorsque la remise se produit, qu'elle ait ou non occasionné un préjudice réel importe finalement peu. Ce qui compte, c'est que la remise n'aurait pas eu lieu, si le consentement n'avait pas été vicié par l'escroquerie. Peut-on pourtant affirmer qu'il peut y avoir escroquerie sans aucun préjudice ? Nous n'irons pas jusque là, car il faut, à notre sens, distinguer la valeur réelle de la remise, de celle qui était acceptée d'être perdue par le jeu d'un aléa. Le véritable

---

[194] Arch. Nat. X^{2B} 1065, affaire n° 594 : Didier Baillot, arrêt du 5 mai 1780. Voir aussi partie I, titre III, chapitre 3, section 1, § 2.

[195] Arch. Nat. X^{2B} 1075, affaire n° 648 : René Farouette, arrêt du 7 octobre 1784. Voir aussi partie I, titre III, chapitre 3, section 1, § 2.

[196] Arch. Nat. X^{2B} 1076, affaire n° 599 : Jean-François Bernard, arrêt du 25 février 1785. Voir aussi partie I, titre III, chapitre 3, section 1, § 2.

dommage est donc lié au mode opératoire de l'infraction, et peut être constitué par le préjudice moral, entre autres.

Émile Garçon affirme que « de la règle qu'il n'y a pas escroquerie sans préjudice, on conclura, d'abord, que le délit cesse lorsque les manœuvres frauduleuses et la remise ne pouvaient causer aucun dommage à la dupe[197] ». Il en conclut qu'il faudrait alors « arroser l'arroseur », c'est-à-dire celui qui a voulu poursuivre.

> « Il en serait ainsi, par exemple, si la chose devait lui être restituée immédiatement. Cette prétendue escroquerie ne serait plus alors qu'une plaisanterie et un jeu. Cette observation est importante surtout au point de vue de l'intention »[198].

L'escroquerie au jeu sans préjudice ne serait ainsi qu'un passe-temps ludique.

Michelle-Laure Rassat est beaucoup plus nuancée. Elle tente d'abord de définir ce qu'est le préjudice dans le cadre d'une remise effectuée par escroquerie.

> « Dans l'ordre matériel, le préjudice est, d'abord, une notion indépendante de celle de profit réalisé par l'agent. On peut condamner comme complice de l'escroquerie le tiré d'un effet de complaisance[199] alors qu'il ne retire évidemment des faits aucun avantage »[200].

On s'aperçoit ici combien la notion est complexe et peut laisser perplexe, puisque le préjudice peut ne générer aucun profit.

Michelle-Laure Rassat ajoute que l'on peut condamner pour escroquerie « alors qu'on ne savait pas ce que le produit de l'infraction était devenu »[201].

Mais tous ces débats juridiques ne signifient-ils pas, en fait, tout simplement que si l'escroquerie constitue une infraction contre les biens impliquant nécessairement une remise, le préjudice est moins lié à la valeur réelle de cette dernière qu'à l'atteinte que provoque ce type de comportement ? En d'autres termes, le préjudice serait indépendant de la perte matérielle subie par la victime même s'il peut l'inclure. Depuis, dans la jurisprudence moderne, il a été jugé que même s'il avait payé le prix exact de ce qu'il s'était fait remettre, et que la dupe ne

---

[197] Émile Garçon, *Code pénal annoté*, n° 109.
[198] *Ibid.*
[199] Cass. crim., 2 juill. 1942 : *JCP* 1943, éd. G. II, 2133, note Bastian ; *Rev. Sc. Crim.* 1945, p. 290, obs. Donnedieu de Vabre.
[200] Michelle-Laure Rassat, *Jurisclasseur pénal*, 1996, art. « escroquerie », p. 32.
[201] *Ibid.*, et Cass. crim., 7 nov. 1941 : *DC* 1942, p. 9, rap. Nast.

subissait aucune perte, il n'en demeurait pas moins qu'elle subissait un préjudice moral bien réel[202].

Par conséquent, que la remise ait été faite sans préjudice matériel ou qu'elle soit une atteinte aux biens dont la perte éventuelle participait d'un aléa accepté par la victime, ce qui n'est pas acceptable pour la justice et se trouve condamné, c'est que cette remise se soit produite sans être véritablement acceptée. Il est possible d'affirmer « que la victime n'aurait pas remis si elle avait été éclairée sur la situation exacte »[203].

La remise doit donc s'interpréter suivant la liberté ou non qui s'est exprimée par celui qui s'est dessaisi[204]. Comme le conclut Bernard Bouloc, deux critères caractérisent la remise qui constitue l'escroquerie : il faut et il suffit que celle-ci ait été le résultat de moyens frauduleux, et qu'elle n'ait pas été librement consentie par la victime. Ainsi faut-il que « les remises de fonds (aient) été le résultat des moyens frauduleux employés par le prévenu, et qu'elles (n'aient) pas été librement consenties par celui que (l'escroc) a trompé »[205].

Autant dire que la remise n'est que le but de l'escroc.

---

[202] Cass. crim., 25 avr. 1896 : *Bull. crim.*, n° 139. – 17 mars 1944 : *Bull. crim.*, n° 112.- 29 déc. 1949 : *JCP* 1950, éd. G. II, 5582, note A.C.

[203] Michelle-Laure Rassat, *Jurisclasseur pénal*, 1996, art. « escroquerie », p. 32, et Cass. crim., 30 oct. 1936 : *DC* 1936, p. 590.

[204] Cass. crim., 15 déc. 1943 : *D.* 1945, p. 131, note Donnedieu de Vabre.

[205] Cass. crim., 18 nov. 1969 : *D.* 1970, p. 437 , note Bouloc. – 19 déc. 1979 : *Bull. crim.*, n° 369.

Chapitre 3. Appréciation par les juges du fond d'une appropriation dolosive

Mais, ce n'est, en fait, qu'à l'appropriation dolosive que l'acte de poursuite et la saisine des juges peuvent enfin avoir lieu. Seul le passage à l'acte permet l'appréciation de la part de dol. Or celui-ci ne peut exister qu'au moment même de la remise, et non pas lors d'un simple désir virtuel de duper.

Section 1. Vérification que les manœuvres ont déterminé la remise : le temps de l'infraction

Pour constituer l'infraction d'escroquerie, le travail du juge consiste à analyser l'intention du délinquant, à partir de la remise matérielle à la dupe. C'est le passage à l'acte qui permet la reconstitution des faits.

§ 1 - La remise matérialise l'intention de l'escroc

Le travail du magistrat est sans doute facilité lorsqu'il s'agit d'appréhender des infractions aussi peu complexes que celle de meurtre[206]. La difficulté apparaît bien plus grande pour une infraction aussi compliquée que celle d'escroquerie. Que recherche véritablement l'agent ? Qu'accepte d'offrir la dupe ? La remise est-elle le seul moment qui matérialise l'infraction, ou constitue-t-elle également le temps unique du passage à l'acte ? Les réponses ne sont pas simples.

Nous en voulons pour preuve la difficulté à caractériser la tentative d'escroquerie. En 1791, l'Assemblée Nationale constituante n'avait pas incriminé cette tentative. Il faut attendre le *Code pénal* de 1810 pour que l'article 405[207] punisse expressément ceux « *qui auraient escroqué ou tenté d'escroquer la totalité ou partie de la fortune d'autrui* ». Encore faut-il relativiser le poids d'une telle formule, puisque la jurisprudence a souvent considéré qu'elle devait interpréter très strictement ce nouveau texte. En d'autres termes, la remise provoquée doit-elle avoir lieu dans son intégralité pour que l'infraction soit consommée ?

---

[206] « Pour les infractions peu complexes, comme le meurtre, les événements parlent souvent d'eux-mêmes : douze coups de couteau ou six balles de revolver prouvent la mauvaise foi sans que le ministère public ait besoin de consacrer un long développement à la description de l'état d'esprit de l'accusé. C'est pourquoi les meurtriers les plus habiles s'efforcent de camoufler leur crime en lui donnant les apparences d'un accident, derrière lesquelles l'accusation doit retrouver le calcul. », Jacques-Henri Robert, *Droit pénal général*, Paris, PUF, coll. « Thémis droit privé », 1988, 4e éd., p. 321.

[207] Rappelons pour mémoire que l'art. 313-3 du *Code pénal* de 1992 dispose que « la tentative des infractions prévues par la présente section est punie des mêmes peines ».

Cette difficulté pour saisir la caractérisation du moment même de l'infraction amène d'ailleurs le législateur, en 1863, à corriger le texte de l'article 405 en y ajoutant les mots « ou aura tenté de se faire remettre ou délivrer ».

Qu'en est-il dans le ressort du Parlement de Paris à la fin de l'Ancien Régime ?

Jacques de La Cour[208] et ses complices, dont Jacques James, comparaissent pour la première fois devant la juridiction de jugement de Riom, qui va rendre sa sentence le 21 avril 1774. Il leur est reproché d'avoir notamment escroqué un dénommé Dupuy, mais de leur côté ils accusent ledit Dupuy d'avoir lui-même, quelques années auparavant, en compagnie de deux complices, tenté d'escroquer à des parties de jeu des jeunes gens rassemblés en l'auberge de Pierre Constanciat à Leroux. Dupuy et ses compagnons auraient ainsi, à l'époque, fait semblant, pour parvenir à leur but, de reprendre sur la table les espèces d'or et d'argent qui s'y trouvaient déposées.

La juridiction de première instance doit donc apprécier une première tentative d'escroquerie, qui serait d'une certaine façon la cause de la vengeance accomplie bien des années plus tard et qu'elle doit juger au principal. Il est intéressant de noter que la sentence rapporte scrupuleusement ces faits, ou plus exactement cette accusation, et ne cherche pas à se dérober à ce dont elle n'apparaît pas directement saisie. Au contraire, elle accumule les faits, en les combinant pour reconstituer le puzzle de la vérité.

Une tentative qui n'a pas abouti, *stricto sensu,* à une remise, constitue-t-elle déjà l'infraction d'escroquerie ? Peut-elle être poursuivie ou au contraire seule la remise doit-elle être prise en compte par le magistrat ?

Les juges de première instance ne considèrent pas que l'éventuelle tentative passée excuse la présente remise par escroquerie et n'analysent pas davantage cette éventuelle action. Les magistrats du Parlement de Paris, qui statuent sur cette affaire le 18 juillet 1774, sont beaucoup plus dubitatifs. Jacques James bénéficie-t-il d'une excuse de provocation par l'éventuelle tentative passée de Dupuy ? Prouve-t-on véritablement cette tentative ? Le Parlement répond qu'il veut être plus amplement informé sur cette affaire qui lui paraît encore bien confuse, et dont l'instruction ne semble pas avoir été menée jusqu'à son terme.

Apprécier si la tentative participe de l'infraction d'escroquerie revient en réalité à s'interroger sur la nature juridique de l'acte de remise.

---

[208] Arch. Nat. X^{2B} 1051, affaire n° 354 : Jacques de La Cour, arrêt du 18 juillet 1774. Voir aussi partie I, titre III, chapitre 3, section 1, § 2.

« La délivrance ou la remise de ces objets était un des faits élémentaires, une des conditions constitutives du délit d'escroquerie, qui ne le consommait pas, mais qui le caractérisait essentiellement »[209].

Il fallait donc rester dans la même logique pour apprécier la tentative et déterminer, ce faisant, le moment du passage à l'acte. R. Garraud précise donc :

« Cette condition devait donc se rencontrer dans la tentative d'escroquerie, comme dans le délit consommé »[210].

Il en déduit qu'en 1810, la loi ne punissait pas la simple tentative d'escroquerie, lorsqu'elle n'avait pas été suivie de la remise des fonds et des valeurs[211].

A contrario, selon R. Garraud, la tentative d'escroquerie était punissable lorsqu'elle avait manqué simplement son effet, « c'est à dire lorsque, malgré la remise des objets, l'agent n'était pas parvenu à réaliser les profits qu'il espérait, et à escroquer ainsi tout ou partie de la fortune d'autrui »[212].

La remise doit donc s'interpréter en fonction de l'intention de l'auteur de l'infraction, et du résultat obtenu. Or, si la remise ne créait pas matériellement le préjudice espéré par l'escroc, l'infraction n'existerait pas et il faudrait s'interroger réellement sur l'existence éventuelle d'une tentative d'une telle commission. Celle-ci cependant ne peut être prise en considération que lorsque le passage à l'acte s'est matérialisé, même s'il n'a pas entraîné le transfert de fortune escompté.

En d'autres termes, le législateur, comme le juge, se montre très prudent. Il préfère toujours posséder un élément matériel dans son jeu pour pouvoir qualifier.

R. Garraud s'explique, un peu plus loin, en se demandant précisément quels sont les éléments constitutifs de l'escroquerie. Son examen le conduit à affirmer que le système pénal analyse le délit en trois éléments :

« 1. Les moyens employés, consistant, soit dans l'usage d'un faux nom ou d'une fausse qualité, soit dans l'emploi des manœuvres frauduleuses spécifiées par la loi ; 2. La remise ou la délivrance des fonds ou de titres obtenus à l'aide d'un de ces moyens ; 3. Le détournement des fonds ou l'usage des titres au préjudice du propriétaire »[213].

---

209 R. Garraud, *op. cit.*, p. 263.
210 *Ibid.*
211 « Il en résultait que l'article 405 ne punissait pas la simple tentative d'escroquerie, c'est à dire les manœuvres frauduleuses, employées dans le but d'escroquer, mais qui n'avaient pas été suivies de la remise des fonds et valeurs. », R. Garraud, *op. cit.*, t. V, p. 263.
212 *Ibid.*
213 R.Garraud, *op. cit.*, p. 271.

À partir de cette constatation, il déduit que le délit n'est consommé que par le concours de ces trois éléments, qui correspondent à la réunion des moyens utilisés, de l'exécution du processus et de l'appréciation du résultat. Il en conclut que la tentative d'escroquerie peut exister car, soutient-il, sont confondues dans le terme de tentative deux notions juridiques très distinctes :

> « La tentative peut donc prendre, dans ce système, les deux formes implicitement distinguées par l'article 2 du *Code pénal* [de 1810] : la forme de la tentative simple ou délit tenté, la forme de la tentative achevée, ou délit manqué »[214].

Le raisonnement de R. Garraud est subtil. De deux choses l'une : ou bien la tentative consiste en des manœuvres frauduleuses, employées bien entendu dans le but d'escroquer, mais qui n'ont pas été suivies de la remise de fonds ou de valeurs. Il s'agit alors d'une tentative qualifiée de *simple*, et R. Garraud ne voit pas pourquoi elle serait en elle-même poursuivie.

Ou bien l'escroc n'aura manqué son but que par un échec à réaliser les profits qu'il espérait alors même que la remise a eu lieu, et dès lors, il s'agit d'une tentative *achevée*, qu'il convient absolument de réprimer.

> « C'est faute d'avoir fait cette distinction, entre les deux formes de la tentative, que la jurisprudence, jusqu'en 1863, a donné, dans notre matière, l'exemple des incertitudes et des fluctuations les plus regrettables. Le *Code pénal* de 1810, en effet, ne paraissait prévoir et punir, dans son texte primitif, que la seconde forme de la tentative »[215].

En d'autres termes, ne devrait être poursuivie et sanctionnée que la tentative d'escroquerie *achevée*, c'est-à-dire celle qui a abouti à une remise mais qui n'est pas celle qui porte atteinte à la fortune et encore moins celle qui correspond à l'intention frauduleuse de l'escroc. Rappelons que Bernard Bouloc explique qu'en droit pénal, « l'intention criminelle, qu'on appelle aussi le dol criminel, est [...] la volonté tendue à dessein vers un but interdit par la loi pénale[216] ».

Comment la jurisprudence du Parlement de Paris à la fin de l'Ancien Régime a-t-elle analysé ces sortes de tentatives matérialisées néanmoins par une remise ? A-t-elle toujours perçu ce qui relevait de la tentative ou de la commission pure et simple de l'escroquerie elle-même ?

---

[214] *Ibid.*
[215] *Ibid.*
[216] Bernard Bouloc in *Droit pénal général*, Stefani, Levasseur, Bouloc, Précis Dalloz, 11éd., 1984, p. 241.

Cette question peut se poser dans le cas de François Bonnard et de ses coauteurs, jugés en première instance par une sentence du bailliage de Mâcon[217] du 19 mars 1778. Il leur est reproché d'avoir provoqué par ruse Laurent Haby et Jean Raulet à « faire des gageures », c'est-à-dire à parier. Les agents ont soutiré de ces deux hommes promesse de payer telle chose s'ils perdaient leurs paris. Les auteurs des paris ont d'ailleurs finalement obtenu la remise de l'argent, des boucles de souliers et des montres, également en argent, des deux perdants. Pour autant, l'escroquerie en elle-même est-elle consommée sur l'intégralité des paris ? Le fait d'entraîner Haby et Raulet à parier est-il suffisant pour constituer l'infraction en elle-même ? Qu'est-ce qui caractérise ici l'escroquerie ? Le fait de les entraîner à parier ne constitue-t-il pas de simples manœuvres préparatoires à la remise elle-même ?

Ne peut-on aussi soutenir que ces manœuvres ne sont en fait tout simplement que des tentatives, plus ou moins réussies, de voir les parieurs perdre leurs biens ? En d'autres termes, les gageures ne peuvent constituer des tentatives *achevées* que lorsqu'elles entraînent, à terme, la consommation de l'infraction, c'est-à-dire lorsque les auteurs obtiennent *in fine* par escroquerie la richesse des dupes. Si ces mêmes auteurs n'avaient reçu par exemple qu'une victoire sans remise, ne seraient alors constituées que des tentatives manquées.

Ici, les auteurs finissent par voir l'infraction se consommer dans sa totalité. À force de gageures, les dupes perdent et se font escroquer. Mais qu'est-ce qui caractérise l'infraction ? N'est-ce pas tant la gageure ou la fraude qui entache ces paris et qui finit par aboutir à ce que veulent les escrocs, c'est-à-dire à une escroquerie pleine et entière, que la remise frauduleuse proprement dite ?

Les auteurs, en tout cas, sont poursuivis et condamnés pour les paris qui ont abouti à la remise de l'argent, des boucles de souliers et des montres.

R. Garraud procède à une analyse semblable de l'escroquerie et de sa tentative dans le droit pénal du XIXe siècle, lorsqu'il indique que, pour qu'il y ait délit, il faut à la fois l'emploi de manœuvres frauduleuses et la remise ou délivrance des fonds, des meubles ou tout autre objet, mais aussi que par ces moyens il y ait eu escroquerie ou tentative d'escroquerie de la totalité ou partie de la fortune d'autrui.

> « La question ainsi posée : le *Code pénal* punissait-il la tentative d'escroquerie ? se présentait dans des conditions de nature à rendre toute réponse équivoque. Il était, en effet, bien certain que le *Code pénal* punissait l'escroquerie manquée (escroqué ou tenté d'escroquer) ; mais punissait-il l'escroquerie simplement manquée ? En d'autres termes, était-il nécessaire, pour constituer la

[217] Arch. Nat. X^{2B} 1060, affaire n° 297 : François Bonnard, Etienne Golin, Jean Renout, Hervé Dole, Antoine Micholier, Joseph Grimaud, arrêt du 7 juillet 1778.

tentative du délit d'escroquerie, que la chose convoitée eut été remise ou délivrée (délit manqué), ou suffisait-il que des manœuvres frauduleuses eussent été employées pour en obtenir la délivrance (délit tenté) ? »[218].

Le Parlement de Paris à la fin de l'Ancien Régime, ainsi que l'ensemble des juridictions de son ressort, répondent à cette question par leur jurisprudence. Il n'est pas fait mention de simples tentatives d'escroquerie, si ce n'est dans les agissements de Dupuy[219], accusé par Jacques James, le complice de Jacques de La Cour. Cette tentative d'escroquerie, dont on ne connaît d'ailleurs pas le résultat tangible, puisque rien ne prouve qu'elle ait entraîné une remise matérielle, ce qui la définirait comme un délit *tenté* suivant la distinction conceptuelle de R. Garraud, ne semble pas avoir été poursuivie en tant que telle. Elle n'est mentionnée que dans un contexte qui pourrait plus ou moins minorer la responsabilité pénale de Jacques James.

En revanche, dans l'affaire François Bonnard et consorts, les paris, c'est-à-dire les manœuvres, ont entraîné des conséquences juridiques très différentes. Certaines de ces gageures n'ont en effet pas manqué leur effet, puisqu'il n'y a pas eu de gain, c'est-à-dire de remise de bien, malgré la tentative. Il n'y a donc eu ni consommation d'escroquerie en tant que telle, ni délit simplement manqué. Ont été, en réalité, commises des tentatives plus ou moins réussies d'escroquerie. Pour les paris qui ont abouti à la consommation de l'acte, c'est-à-dire à la remise de ce qu'espéraient les escrocs - qui avaient bien l'intention d'obtenir cette partie de la fortune de Haby et Raulet -, les tentatives ont été suivies d'effet et ont permis la constitution de l'escroquerie.

Cette finesse d'analyse, avec ses difficultés, se retrouve par la suite dans la jurisprudence de la Cour de cassation, qui évolue dans sa perception de ce que peut être une tentative d'escroquerie et du moment même de commission de l'infraction proprement dite. R. Garraud le montre en expliquant que la Cour de cassation a varié sur la question. En 1827, la Chambre criminelle a jugé dans un premier arrêt que « la remise des fonds ou obligations, représentative de leur valeur, est, en pareil cas, la consommation même du délit »[220].

Tous ceux qui escroquent ou tentent d'escroquer la totalité ou partie de la fortune d'autrui, par l'emploi des moyens que constituent les manœuvres frauduleuses, et l'usage de faux noms ou de fausses qualités, doivent donc être punis. Il en résulte pour la Chambre criminelle « qu'il suffit que l'emploi de l'un

---

[218] R. Garraud, *op. cit.*, p. 271.

[219] Arch. Nat. X^{2B} 1051, affaire n° 354 : Jacques de La Cour, arrêt du 18 juillet 1774. Voir aussi partie I, titre III, chapitre 3, section 1, § 2.

[220] Arrêt du 24 février 1827, S. coll. Nouv., t. VIII, 1.535.

des dits moyens soit constaté en fait pour qu'il y ait tentative de commettre le délit »[221].

La Chambre criminelle de la Cour de Cassation considère donc que « déclarer la non-existence de la tentative, restée sans exécution, c'est exiger la consommation même du délit, puisque la tentative, accompagnée de l'exécution, est le délit consommé »[222].

Mais dans un arrêt du 29 mars 1828, la Cour de cassation, toutes Chambres réunies, adopte une position contraire[223], qui est suivie par la Chambre criminelle[224].

R. Garraud commente alors le nouvel arrêt de principe, rendu le 20 janvier 1846 par la Cour de cassation toutes chambres réunies[225] :

> « Il s'agissait d'une société de joueurs, de Grecs, qui exploitaient la crédulité de jeunes gens et qui, à l'aide de cartes biseautées, ruinaient des fils de famille. Des sommes considérables avaient été perdues et réglées, mais n'avaient point été payées. Ce n'était donc pas la simple tentative, puisqu'il y avait eu règlement et, par conséquent, obligation, mais bien l'escroquerie manquée. Sur les conclusions de M. Dupin, et sans que la distinction eut été précisée, les sections réunies admirent « que la cause présentait tous les caractères de la tentative d'escroquerie, telle qu'elle est définie par l'article 405 du *Code pénal* combiné avec les articles 2 et 3 du même *Code*, lesquels sont l'expression du droit commun et la loi en la matière »[226].

Et n'est-ce pas le même cas invoqué par Jacques James[227] ? Dupuy et ses deux complices n'ont-ils pas tout fait pour obtenir de jeunes gens réunis en l'auberge de Pierre Constanciat, à Leroux, de l'argent, en les entraînant dans des parties de jeu truquées ? Ne sommes-nous pas typiquement dans le cas d'une tentative manquée ?

En 1863, la loi pénale a distingué ces deux degrés de tentative, puisqu'elle a enfin défini ce qu'est la tentative simple.

Dans ce cas de figure, lorsque le délit est commencé, parce que l'escroc a fait usage d'un faux nom ou d'une fausse qualité, ou encore a employé des

---

221 Cité par R. Garraud, *op. cit.*, t. V, p. 271.

222 *Ibid.*

223 D. 29.1.44 ; S. coll. Nouv., t. IX, 1.194.

224 Arrêts du 23 janvier 1827, 6 septembre 1839, 4 mars 1842, 20 juin 1845 (voy. S. 45.1.401).

225 Cass., 20 janvier 1846 (*Bull. crim.*, n° 24).

226 R. Garraud, *op. cit.*, t. V, p. 271. Il ajoute : « Les Chambres réunies appliquèrent les mêmes principes dans leur arrêt du 30 mars 1847 (S. 47.1.316) ; la Chambre criminelle, dans son arrêt du 20 mai 1858 (S. 58.1.486) ; puis, cette Chambre les abandonna dans l'arrêt du 11 octobre 1860 (*Bull. crim.*, n° 223). La loi du 13 mai 1863 vint mettre un terme à ces incertitudes. ».

227 Arch. Nat. X^{2B} 1051, affaire n° 354 : Jacques de La Cour, arrêt du 18 juillet 1774.

manœuvres frauduleuses pour persuader l'existence de fausses entreprises, d'un pouvoir ou d'un crédit imaginaire, ou pour faire naître l'espérance ou la crainte d'un succès, d'un accident ou de tout autre événement chimérique, et a tenté de se faire remettre un objet, la tentative simple est constituée. R. Garraud explicite cette position juridique parce que, selon lui, « les manœuvres frauduleuses deviennent ainsi, non plus l'acte préparatoire, mais le commencement d'exécution du délit – ainsi, la tentative du délit d'escroquerie serait nettement caractérisée »[228].

Mais R. Garraud considère que « ce système [lui] paraît dangereux »[229]. Il s'explique :

> « Nous admettons bien que, dans une conception rationnelle de l'escroquerie, l'emploi de manœuvres frauduleuses, non suivies de la délivrance des fonds, constitue la tentative d'escroquerie ; mais nous croyons que cette tentative devrait rester impunie « il est déjà si difficile, dans un grand nombre de cas, dit Rossi, de distinguer l'escroquerie de cette adresse, de cette ruse qui, fort blâmable en elle-même, ne donne pas lieu cependant à une poursuite criminelle. Appeler des hommes à prononcer sur de simples tentatives d'escroquerie, ce serait faire de la justice humaine un jeu, une arène de métaphysique ». Aux observations de Rossi, nous ajouterons celles du Président Barris, qui ne sont pas moins fondées : « les vols, les larcins, les filouteries, dit ce magistrat, se réduisent toujours à des faits simples, matériels, faciles à saisir, et dans lesquels, par conséquent, la tentative se manifeste aussi d'une manière très simple et très facile à déterminer dans la moralité comme dans la matérialité de l'acte. Il en est autrement de l'escroquerie. C'est un délit de ruse et de fourberie, il est subtil, il échappe à l'œil, et, le plus souvent, ce n'est que par la consommation qu'il peut être déterminé »[230].

§ 2 - La tentative et le commencement d'exécution

Comment distinguer alors la tentative punissable du commencement d'exécution ? Que représentent les manœuvres frauduleuses dans un passage à l'acte ? Sont-elles une tentative simple ou manquée, ou constituent-elles une véritable infraction commencée ?

Pour Michelle-Laure Rassat[231], les manœuvres ne forment jamais à elles seules que des actes préparatoires de l'escroquerie. Le commencement de l'exécution apparaît après. Dans le déroulement de l'activité délictueuse, l'escroc commence son passage à l'acte lorsqu'il demande à la victime de lui remettre l'objet convoité.

La loi du 13 mai 1863, débattue au Parlement, est d'ailleurs expliquée de la façon suivante par son rapporteur :

---

[228] R. Garraud, *op. cit.*, t. V, p. 271, et arrêt de la Cour de Paris du 3 janvier 1888 (D. 88.2.154).
[229] *Ibid.*
[230] *Ibid.*
[231] Michelle-Laure Rassat, *Jurisclasseur pénal*, 1996, art. « escroquerie », p. 36.

« C'est la tentative de se faire remettre des valeurs qui est sanctionnée, et le seuil du commencement de l'exécution n'est donc franchi qu'au moment de la sollicitation de remise »[232].

La Cour de Cassation adopte cette même conception objective du passage à l'acte, c'est-à-dire du commencement d'exécution de l'infraction d'escroquerie, distinguant cette étape décisive de la tentative, qu'elle soit simple ou manquée. Elle estime en effet que le stade du commencement de l'exécution n'est franchi que lorsque l'escroc se trouve à l'instant où il va provoquer la remise immédiate, c'est-à-dire lorsqu'il « demande » l'objet de sa convoitise[233].

Cette caractérisation du passage à l'acte dans l'escroquerie est essentielle pour distinguer cette infraction de celle d'abus de confiance. Dans cette dernière infraction, la remise est tout à fait légitime, et ne participe en aucune façon de manœuvres. Au contraire, elle définit le contrat préalable, certes nécessaire à l'existence de l'infraction, mais qui n'est en lui-même entaché d'aucun vice. Seul le détournement de l'objet définit à la fois le passage à l'acte et l'abus de confiance.

En ce qui concerne l'escroquerie, la remise de l'objet correspond à l'intention même de l'escroc qui veut l'obtenir. Toutes les manœuvres frauduleuses, tous les usages de faux noms et de fausses qualités ne tendent qu'à obtenir cette remise, qui est le moment du passage à l'acte. La tentative est donc très différente pour l'une ou pour l'autre des infractions. Il est en effet possible de tenter de détourner un bien régulièrement remis. Il est toujours plus difficile de tenter d'obtenir directement ce que l'on souhaite, car il est possible de manquer une tentative !

Lorsque Louis-Barbe Desroches[234] est jugé par le Châtelet en une sentence du 7 avril 1778, sans doute passionné de « belles voitures », il a réussi à se faire remettre frauduleusement « divers cabriolets et chevaux ». En aucun cas la remise n'a été régulière. Il a convaincu les loueurs de carrosses qu'il œuvrait avec une soi-disante dame de qualité, en réalité sa complice Esther Thirieux, qui a elle-même réussi à se faire remettre des marchandises de mode en dentelles par des

---

[232] Cf. Michelle-Laure Rassat, *op. cit.*, p. 36.

[233] Arrêt de la Cour de Paris du 12 juin 1946 (S. 1947, 2, p. 129, note Bouzat ; *Gaz. Pal.* 1946, 2, p. 126 ; DH 1946, p. 405 ; *Rev. Sc. Crim.*, 1946, p. 445 ; sur appel T. corr. Seine, 12 déc. 1945 : *Rev. Sc. Crim.* 1946, p. 239 ; *Gaz. Pal.* 1946, 1, p. 38). En l'espèce, la jurisprudence analyse les faits suivants : « les faux monnayeurs qui écoulaient leur marchandise dans une station de métro à des complices avaient été arrêté à ce moment et poursuivis du chef d'escroquerie. La Cour a estimé que le stade du commencement de l'exécution de l'escroquerie n'avait pas été franchi, rien ne prouvant que le revendeur aurait lui-même fait usage des faux billets ».

[234] Arch. Nat. X^{2B} 1060, affaire n° 373 : Louis-Barbe Desroches, Esther Thirieux, arrêt du 27 mai 1778. Voir aussi partie I, titre III, chapitre 1, section 2, § 2.

marchands, sous le même et fallacieux prétexte d'un statut social usurpé, leurs mensonges et usages de fausse qualité viciant tout à fait les remises effectuées.

Voilà par conséquent une tentative réussie qui aboutit à la consommation de l'infraction d'escroquerie. L'analyse du passage à l'acte est alors essentielle pour caractériser l'infraction qui se distingue, par exemple, de celle d'abus de confiance. Les juges du fond ont, en l'espèce, tout à fait pu juger du caractère dolosif de l'appropriation en elle-même. Et c'est ainsi que les différents éléments constitutifs de l'escroquerie se sont clairement différenciés.

Peu importe, en revanche, la forme et la manière que prend finalement cette remise, tentée ou réussie. Certes, elle ne doit pas correspondre à une propriété immobilière. Mais qu'en est-il du bien ? Corporel, il l'est par définition. Mais il peut tout aussi bien correspondre à une prestation de service ou à l'attribution d'un droit abstrait. Du concret le plus tangible jusqu'à l'incorporel le plus virtuel, la remise se manifeste à travers toutes les transformations du bien. Nous l'avons vu, la jurisprudence fourmille d'exemples à la limite de l'imaginable. Ce faisant, cette remise révèle, sur le plan juridique, des évolutions de l'escroquerie et permet à ce nouvel outil répressif de s'adapter aux mutations techniques.

Section 2. L'examen des faits au regard de la compétence, de la procédure et de la prescription

Pour poursuivre et juger une escroquerie constituée, les magistrats sont-ils saisis de la simple remise dolosive, et comment font-ils pour l'analyser et pour la juger ?

§ 1 - L'examen des faits

S'il appartient aux juges du fond d'apprécier l'existence ou non d'une appropriation dolosive, comment tranchent-ils cette question ? En ont-ils une intime intuition qui les conduit à se forger une conviction ? Font-ils reposer leur raisonnement sur une vision *a priori* de ce que doit être une escroquerie ? Ont-ils à leur disposition un concept intellectuel qu'ils posent en hypothèse de travail ?

À la fin de l'Ancien Régime, l'acte de jugement n'est pas simple, car il ne peut s'appuyer sur un élément légal. Nous l'avons vu, la première loi sur l'escroquerie date de 1791. Dans le ressort du Parlement de Paris, à partir du règne de Louis XV, les magistrats recherchent les éléments matériels et intentionnels qui pourraient constituer une infraction de cet ordre. Mais comment peuvent-ils se déclarer compétents ? Dans quelles conditions vont-ils procéder aux vérifications nécessaires pour établir que les manœuvres ont déterminé la remise ?

Tout le problème est celui de la méthode de jugement, lorsque la majeure du syllogisme, c'est-à-dire le texte général, n'existe pas encore. Kant, dans la

Critique de la raison pure, publiée pour la première fois en 1781, affirme que « personne ne peut tirer d'ailleurs que de l'expérience une intuition correspondant au concept de la réalité »[235]. En d'autre termes, il admet qu'il est possible d'avoir par exemple de la forme conique une intuition « sans nulle assistance empirique, simplement d'après le concept »[236]. Cependant il formule immédiatement une restriction à cette capacité de connaissance, en précisant que « la couleur de ce cône devra être donnée davantage dans telle ou telle expérience »[237].

Les magistrats du ressort du Parlement de Paris à la fin de l'Ancien Régime ont-ils eu l'intuition géniale de l'objet de l'escroquerie ? C'est possible, et c'est sans doute ce qui les a rendus compétents pour rendre leurs sentences et arrêts d'une façon originale et créatrice. Mais, pour appréhender plus précisément la réalité, ils ont dû se heurter aux affaires qui leur étaient soumises, et c'est certainement ce qui leur a permis de donner de la couleur à la matière de l'infraction, et d'en mieux dégager les véritables contours. En somme, c'est la jurisprudence elle-même qui a apporté aux magistrats, procureurs et juges, leur véritable connaissance de la réalité de l'escroquerie, en statuant sur les remises frauduleuses.

Comment se prononcent-ils ?

Ils doivent d'abord instruire l'affaire de façon plus ou moins poussée. La véritable information est un acte, en l'espèce au moins un procès-verbal, comme nous l'explique l'avocat Jean-Antoine Soulatges en 1762, « fait par un juge ou commissaire, député à cet effet, et rédigé par écrit, par son greffier, contenant en détail des dépositions des témoins ouïs sur le crime ou délit dont est question, pour en découvrir l'auteur par la preuve qui en résulte »[238].

Plus important encore, « il faut que le juge qui y procède, soit exempt de toute pression soit d'affection ou de partialité, pour les personnes offensées, soit de haine ou d'animosité contre les accusés »[239].

Cette impartialité est garantie par la présence du corps des greffiers, qui depuis l'*Ordonnance* de novembre 1661, ont pour mission d'attester la plus parfaite véridicité des paroles et actes durant la procédure judiciaire. D'ailleurs, d'après les dispositions de l'article 21 de cette ordonnance, « il est défendu aux juges, commissaires et officiers de se servir pour écrire […] d'autres personnes que les greffiers de leur juridiction, lesquels délivreront les expéditions des actes et

---

[235] Emmanuel Kant, *Critique de la raison pure*, Paris, Gallimard, coll. « Folio essais », 1990, p. 605.
[236] *Ibid.*
[237] *Ibid.*
[238] Jean-Antoine Soulatges, *Traité des crimes*, Toulouse, éd. A. Birosse, 1762, t. II, chap. V, p. 65.
[239] Jean-Antoine Soulatges, *op. cit.*, t. II, chap. V, p. 66.

procès-verbaux qui seront rapportés après que les droits du greffe auront été acquittés »[240].

Il faut encore distinguer, dans la procédure pénale d'Ancien Régime, deux sortes de procès criminels : « les uns sont au Grand Criminel, et les autres au Petit Criminel »[241]. Se livrant à un commentaire sur les différentes voies possibles, le criminaliste et avocat Soulatges précise que :

> « Les accusations qui sont au Grand Criminel sont des accusations des crimes graves, qui peuvent mériter des peines afflictives ou infamantes, comme sont la mort, la question, l'amende honorable, les galères, le bannissement, le fouet, la flétrissure, le blâme et généralement toutes les peines qui notent d'infamie ; ceux-là sont instruits « extraordinairement », c'est à dire par récollement et confrontation des témoins et accusés. »[242].

En revanche, les procès qui relèvent du Petit Criminel reposent sur des accusations formées pour des délits ou des crimes légers, qui ne peuvent produire que des dommages et intérêts pour la victime, et toutes sortes de condamnations pécuniaires, notamment envers le roi. Ces affaires sont alors instruites « à l'ordinaire », « c'est à dire sans récolement ni confrontation et sont jugé[e]s seulement sur les charges et informations qui constatent le délit, soit à l'audience, ou sur procès par écrit »[243].

Or il est intéressant de noter ici que notre étude de la jurisprudence des sentences de première instance dans le ressort du Parlement de Paris et des arrêts de celui-ci montre qu'en matière d'escroquerie, les deux procédures sont utilisées et que, dans ce type d'affaires, il existe des jugements aussi bien à l'ordinaire qu'à l'extraordinaire. Cette observation est un élément de réflexion important. En effet, elle enseigne que si les magistrats ont sans doute l'intuition conceptuelle, ils n'approchent que pragmatiquement la réalité de la charge. Et cela les conduit à un certain tâtonnement judiciaire. Normalement, du moins en théorie, les charges existantes, ou rapidement découvertes, permettent de décider si une infraction doit être jugée au Grand ou un au Petit Criminel. Les conséquences ne sont pas anodines.

> « [...] Si par les informations, le crime se trouve grave, les juges décrètent les accusés, de prise de corps, quand ce seroit même contre un domicilié ; au lieu

---

[240] Jean-Antoine Soulatges, *op. cit.*, t. II, chap. V, p. 73.
[241] Jean-Antoine Soulatges, *op. cit.*, t. II, chap. I, p. 3.
[242] *Ibid.*
[243] Jean-Antoine Soulatges, *op. cit.*, t. II, chap. I, p. 4.

que lorsque le crime est léger, ils ne décrètent que d'un soit ouï, ou d'un ajournement personnel suivant la nature du délit et la qualité des accusés. »[244].

On peut, bien entendu, en déduire qu'existent aussi bien de petites que de grandes escroqueries. Mais ne peut-on également se demander si la notion même d'escroquerie n'est pas encore suffisamment discutée pour que l'on ne sache pas encore si elle participe du Petit ou du Grand Criminel ? C'est là sans doute la différence évidente entre un concept juridique et son application.

Dans la pratique, les conséquences du choix procédural effectué sont très lourdes pour les prévenus de faits d'escroquerie[245]. L'information préalable d'une affaire, depuis l'*Ordonnance* de 1670, est de plus en plus secrète. Et l'enquête apparaît bien comme la phase la plus importante du procès, puisqu'elle « comporte non seulement l'audition des témoins par le juge (qui leur demande de confirmer les déclarations faites au stade de l'information : c'est ce que l'on appellera plus tard le récolement), mais plus largement l'examen complet des charges pesant sur le prévenu et son interrogatoire, éventuellement assorti de la question »[246]. Mais le juge ne se trouve compétent que parce qu'il est saisi soit de plaintes, soit de dénonciations, soit d'accusations. La plainte reçoit alors une définition précise : « Une déclaration publique, qu'on fait à un juge de quelque offense ou injure qu'on a reçue, faite verbalement, par parole injurieuse, soit par écrit, par libelle diffamatoire, soit par excès, violence, ou outrage, meurtre, blessure, ou de quelque manière que ce soit, qui touche à sa personne, aux biens, ou à l'honneur de celle qui se plaint, afin d'en faire informer et d'en poursuivre la réparation par les peines de droit. »[247].

La plainte peut également, à la suite d'une dénonciation, se transformer en un acte d'accusation. Elle permet en tout cas la mise en mouvement de l'action publique. D'ailleurs on observe deux sortes de plaintes, qui saisissent les juges du fond : « Celle qui est faite par le Procureur du Roi ou fiscal, lorsqu'il n'y a point de partie civile, pour les crimes qui intéressent le public, et celle qui est faite par la partie civile à laquelle le Procureur du Roi ou fiscal, est toujours joint, et la différence qu'il y a entre ces deux espèces de plaintes, consiste en ce que celle que le Procureur du Roi ou fiscal porte contre les coupables du crime, est toujours forcée de sa part, *ratione offici*, comme vengeur public, dans les crimes graves et qu'il peut conclure à la punition corporelle des accusés ; au lieu que celle qui est

---

[244] Jean-Antoine Soulatges, *op. cit.*, t. II, chap. I, p. 4.

[245] Comme l'explique Jean-Marie Carbasse, la procédure extraordinaire permet, en théorie, de soumettre le prévenu à la torture ; en pratique, celle-ci n'est jamais usitée dans des cas d'escroquerie, in *Histoire du droit pénal et de la justice criminelle*, Paris, PUF, coll. « Droit pénal », 2000.

[246] Jean-Marie Carbasse, *op. cit.*, p. 174.

[247] Jean-Antoine Soulatges, *op. cit.*, t. II, chap. I, p. 1.

portée par la partie civile, est volontaire, qu'elle peut même s'en désister dans les vingt-quatre heures (...) et qu'elle ne peut pas conclure à la peine du crime mais seulement à des dommages et intérêts »[248].

La procédure se poursuit devant le juge par la prise de décrets. Le décret, en matière criminelle, est, comme nous l'explique Soulatges, une décision, c'est-à-dire la sentence du juge qui ordonne « que l'accusé est décrété pour être ouï et interrogé sur les faits résultant de la plainte et information faites contre lui. Le décret est en matière criminelle ce qu'est l'assignation en matière civile »[249]. En matière criminelle, sont attestées trois sortes de décrets : le décret d'assignation pour être ouï, le décret d'ajournement personnel, et le décret de prise de corps.

L'art du jugement repose aussi sur celui de l'interrogatoire de l'accusé. Le titre 14 de l'*Ordonnance* de 1670 prescrit les formalités qui doivent être observées pour procéder à de tels actes, lorsque l'accusé est prisonnier : « Les prisonniers pour crime doivent être interrogés incessamment et au plus tard dans les vingt-quatre heures après leur emprisonnement, à peine de tous dépens, dommages et intérêts contre le juge qui doit faire l'interrogatoire. [...] Le juge est tenu de vaquer en personne à l'interrogatoire »[250].

Suivent normalement des récollements et des confrontations avec des témoins. La défense[251] explique que le récollement est une procédure par laquelle le juge fait faire, par son greffier, lecture aux témoins qui ont déjà déposé dans l'information de leur déposition. Ces témoins sont assignés afin de s'assurer de leur présence, et en exécution d'un jugement qui ordonne le récollement. Le but est de savoir si ces témoins persistent dans leurs déclarations ou s'ils veulent les changer « en ajoutant ou en diminuant ».

Comme d'habitude, le vocabulaire juridique employé est extrêmement précis, puisqu'il faut distinguer le récollement pratiqué par le juge, qui entend personnellement les témoins de l'information, d'un simple *monitoire*, nommé encore *répétition*, qui ne relève que les témoignages et révélations reçus par un curé.

Les juges sont sans doute, après la mise en application de cette procédure pénale, suffisamment informés des faits, et peuvent ainsi rendre des sentences et arrêts motivés. Cependant, si leurs compétences sur le fond ne sont pas normalement mises en doute, il n'en va pas de même pour dénoncer le temps que prend la justice à rendre ses décisions. À la fin de l'Ancien Régime, « la lenteur de la procédure est d'autant plus affreuse, que l'on connaît l'état des prisons, l'air malsain qu'on y respire, et le ravage des épidémies qui entassent également les

---

[248] Jean-Antoine Soulatges, *op. cit.*, t. II, chap. I, p. 2.
[249] Jean-Antoine Soulatges, *op. cit.*, t. II, chap. 7, p. 142.
[250] Jean-Antoine Soulatges, *op. cit.*, t. II, chap. 10, p. 290.
[251] Jean-Antoine Soulatges, *op. cit.*, t. II, chap. 12, p. 303.

cadavres des innocents et des coupables ; séjour affreux, qui, pour nous servir de l'expression d'un de nos orateurs, est l'image en tous sens de l'enfer, où l'on ne trouve qu'une clarté funèbre, et des tombeaux pour habitations [...]. La meilleure législation criminelle est donc celle qui n'emploie de la lenteur des formes que ce qui est nécessaire pour donner aux magistrats chargés de poursuivre les délits, le temps de découvrir le coupable, et à l'accusé celui d'établir sa défense »[252].

Remarquons cependant, pour mémoire, que le temps d'une procédure criminelle sous l'Ancien Régime était bien moins lent que de nos jours, de façon générale, et même en matière d'escroquerie.

§ 2 - La procédure du jugement de l'escroquerie

Pour autant, la lenteur peut alterner avec des accélérations dans l'exercice de voies et de recours. Bref, l'imbroglio procédural peut être suffisamment complexe pour enfermer un défendeur dans un piège qui se révèle alors redoutable. L'époque se prête déjà au jeu judiciaire, dont on use et abuse pour arriver à ses fins. Se croisent alors procédures pénales et procédures civiles puis, à nouveau, procédures pénales, dans un rythme souvent à trois temps où sans doute ne prennent plaisir que les professionnels du droit.

Reportons-nous à une affaire citée dans le fonds du procureur Joly de Fleury[253].

Un négociant de Lyon venu habiter bourgeoisement à Paris, Anthelme Chartren, porte à la connaissance de l'avocat général une vilaine affaire dont il se prétend la victime. Il explique qu'il a eu le malheur de confier plusieurs effets de commerce à une dénommée Théry, qui devait lui procurer de l'argent. Or cette femme a abusé de la facilité où elle se trouvait à détenir ces titres et de l'ignorance de Chartren pour les négocier à son profit exclusif en touchant trois montants de 840 livres, qu'elle a passés à l'ordre d'un sieur Corniquet et de sa femme. Chartren est donc dupé par une remise frauduleuse d'effets de commerce.

Or Corniquet est marchand-mercier associé et, fort de ces billets à ordre, il a, en conséquence, poursuivi Anthelme Chartren en paiement, alors même qu'il ne pouvait pas ignorer qu'Anthelme Chartren n'en avait en réalité jamais bénéficié. Devant la juridiction commerciale, Corniquet obtient des sentences de condamnation dont il demande de surcroît l'exécution provisoire. C'est une véritable escroquerie au jugement qui vient d'être commise, soutient Anthelme Chartren. Rien ne permettait à Corniquet et à son épouse d'intenter cette procédure en recouvrement. Convaincu d'être la victime de cette escroquerie, Chartren

---

[252] *Observations des tribunaux d'appel sur le projet de Code criminel tomes I à XIII séant à Agen*, p. 5.

[253] Bibl. Nat., fonds Joly de Fleury : cote 1929, volume 32.

dépose plainte, mais ce n'est pas pour autant qu'il parvient à obtenir immédiatement justice. On perçoit ici toute la subtilité et la difficulté du moment de la remise qui cristallise l'infraction et ouvre droit à poursuite. C'est tout le problème entre le droit et son exercice, ou en d'autres termes, entre l'introduction d'une procédure et son aboutissement.

La procédure commerciale a abouti, la procédure pénale a été engagée, mais l'affaire se complique encore.

En effet, Anthelme Chartren affirme ne pas avoir eu confiance dans son action pénale. Comme plusieurs créanciers se réveillent et entament des poursuites, « exposé par son trop d'imprudence et de facilité à des poursuites rigoureuses de la part de plusieurs créanciers et désirant se mettre à couvert de la contrainte par corps – le Suppliant crut devoir recourir au bénéfice de la session [...] »[254].

C'est à son tour d'obtenir requête du lieutenant civil du Châtelet, le 5 octobre 1778 et prenant effet dès le 7 du même mois, afin d'avoir la permission de faire assigner tous les créanciers pour valider les lettres de cession, et « se voir faire par provision défense ainsi 14 huissiers le garder du commerce de faire aucune poursuite ni exercer aucune contrainte par corps contre lui »[255].

Anthelme Chartren reconnaît-il pour autant la validité des effets ? Il tombe en tout cas sous le joug des procédures civiles contradictoires qui, si elles le libèrent des contraintes par corps, le soumettent à l'obligation des assignations et des notifications. La procédure semble s'enliser, se prolonge.

C'est alors que le 8 juillet 1779, trois hommes, dont l'un, dénommé Faustin, se dit garde du commerce, viennent enlever Chartren à son domicile pour le conduire en prison, à la requête de Corniquet et de sa femme. Chartren se plaint auprès de Joly de Fleury de l'irrégularité et de l'inconséquence d'une telle démarche. Il indique aussi avoir souffert de voie de fait et de violence, ainsi que d'humiliation et de scandale.

Finalement Chartren arrive à la conciergerie du Palais où il est écroué, et il apprend que c'est à la requête de Corniquet et de sa femme. Mais, la procédure atteint son paroxysme, Chartren constate qu'il est désormais également poursuivi à l'extraordinaire, justement à la requête de Monsieur le procureur général, en raison de sa prétendue rébellion. Depuis, Chartren est détenu. Somme toute, cela dure depuis huit mois, alors même qu'il s'est porté par voie d'appel devant le Parlement pour faire déclarer la nullité de son emprisonnement et de toute la procédure faite autour de celui-ci.

Désormais il demande que Corniquet et sa femme soient condamnés à des dommages et intérêts, et que son honneur et sa réputation soient restaurés. Il

---

[254] *Ibid.*

[255] Bibl. Nat., fonds Joly de Fleury : cote 1929, volume 32.

affirme que, pour une prétendue rébellion, la procédure extraordinaire qu'il subit devant la Grande Chambre du Parlement de Paris, est

> « à la fois une injustice criante et une surprise faite au magistrat [...] qu'il est donc possible de la sanctionner [...]. Des allégations aussi mensongères [...] ne peuvent jamais affaiblir des actes revêtus de toutes les formes légales et auxquels la loi dit [...] qu'ils ne sont point attaqués par l'inscription de faux, les demandes et la défense du Suppliant contre les prétentions et les moyens de son adversaire sont donc fondées à tous égards [...]. Il ose espérer d'attendre de vos lumières de la plus noble intégrité, Monseigneur, que vous briserez bientôt les fers, et lui rendre une liberté dont il est privé depuis plus de huit mois par la mauvaise foi – la plus insigne de la prévarication »[256].

Qui a raison ? Qui a tort ? Corniquet et les autres créanciers poursuivent-ils valablement un négociant de Lyon devenu bourgeois à Paris, mais qui n'honore pas ses engagements ? Ou au contraire Anthelme Chartren est-il de bonne foi quand il dit avoir été escroqué par la dame Théry, qui lui a extorqué fallacieusement des remises de lettres de change, puisqu'elle savait qu'elle allait en faire mauvais usage ? Fallait-il ensuite que Chartren soit incarcéré et fasse l'objet d'une procédure au Grand Criminel pour rébellion ? La procédure qui semble emprunter les formes d'un labyrinthe permet alors à l'escroquerie de renvoyer perpétuellement à d'autres escroqueries, dans un jeu de miroirs où il est difficile de retrouver la vérité.

Le temps de la procédure et son opportunité ont donc une importance certaine.

Reste que, lorsque l'on évoque la lenteur des procédures au Petit ou au Grand Criminel dans le ressort du Parlement de Paris sous l'Ancien Régime, on ne peut aujourd'hui que rester perplexe, en la comparant à la situation particulièrement encombrée des juridictions et de leur rôle, en France, au début du XXIe siècle.

Prenons le cas de l'affaire concernant Claude Doussot. Il est accusé en compagnie d'un dénommé Edmond Gauthier, devant le Châtelet « d'avoir escroqué plusieurs marchands en leur achetant des marchandises et en les payant de faux bijoux ». Par une sentence de première instance rendue le 10 septembre 1776, ils sont condamnés et interjettent appel : l'arrêt du Parlement de Paris statuant sur cette affaire est prononcé le 12 octobre 1776[257]. Un mois et six jours séparent donc les deux décisions judiciaires de première instance et de second degré. En droit contemporain, il ne serait plus question de délai dans la procédure, mais quasiment

---

256 *Ibid.*

257 Arch. Nat., X^{2B} 1055, affaire n° 376 : Claude Doussot, arrêt du 12 octobre 1776. Voir partie I, titre II, chapitre 3, section 1, § 2 ; voir aussi partie I, titre II, chapitre 3, section 2, § 2.

de comparution immédiate. La justice d'Ancien Régime apparaît presque expéditive, dans ses délais s'entend, car rien ne le laisse supposer sur le fond, compte tenu de la qualité des décisions rendues.

Mais il n'est pas toujours facile d'interpeller et de mettre à exécution un décret, un interrogatoire, et de rendre présent un accusé à son jugement. Les affaires sont cependant traitées en fonction des preuves et des charges, et non de l'arrestation de tel ou tel auteur. Le jugement ne se forme pas toujours après audition de la défense car l'accusé est parfois absent. La juridiction de jugement peut demeurer dans une phase d'information en demandant à être plus amplement informée, tandis que les accusés font l'objet de décisions soit de bannissement provisoire, soit de décret de prise de corps en attente d'exécution.

Voici une information à l'extraordinaire effectuée au Châtelet de Paris. Le procureur Moreau cisèle son réquisitoire. Il constate d'abord que le 12 avril 1754, Louis Cornet, marchand fabricant d'étoffes, vient se plaindre auprès du commissaire de Rochebrune, se disant victime d'une escroquerie au jeu commise par deux individus. Une première ordonnance est rendue le 17 avril, indiquant l'ouverture d'une information confiée au commissaire le 28 du même mois. Une nouvelle ordonnance est reprise le 10 mai, pour autoriser la poursuite de l'information, d'autant que l'on recherche :

> « deux quidams dont un haut de cinq pieds six pouces portant des cheveux courts et crépus, vêtu d'un justaucorps de drap bleu à boutons d'argent et d'une veste jaune, ayant un couteau de chasse, ayant un ceinturon garni en argent, portant un chapeau bordé d'un bord d'argent à feston, se disant nommer Guérin, et l'autre portant perruque noire et épée, maigre de visage, qui a dit se nommer Henry et être Américain »[258].

Le 4 juillet 1755 est écroué dans les prisons du Grand Châtelet par le sieur Bouton, huissier à cheval au Châtelet, le dénommé Jean-Baptiste Haret. Au moment de l'écrou, il doit déposer au greffe sa montre d'or. Il fait ensuite l'objet d'interrogatoires les 8 et 14 juillet de la même année, et est visité par les médecin et chirurgien, qui cherchent à savoir s'il est repris de justice, puisque finalement le casier se porte souvent sur l'épaule. Malheureusement pour lui, Jean-Baptiste Haret a la malencontreuse idée de déposer une demande de mise en liberté. Pour motiver convenablement son réquisitoire, le procureur décide alors de joindre des extraits des arrêts précédents rendus contre Haret par le Parlement de Paris, les 16 mai et 4 septembre 1748. Finalement Haret est encore récolé et confronté à ses accusateurs, les 28 août et 24 septembre. Malgré le fait qu'il a déjà été condamné, le procureur n'a pas la certitude qu'il se trouve en face d'une des deux personnes recherchées. Il

---

[258] Arch. Nat., Y 10.181, affaire n° 37 : Jean-Baptiste Haret, 1756, jugement à l'extraordinaire.

requiert donc pour le roi, avant de prendre de quelconques conclusions définitives, d'être « plus amplement informé des faits mentionnés au procès pendant trois mois et cependant n'empêche le dit Jean-Baptiste Haret être élargi et mis hors de prison et lui être enjoint de vider la ville et faubourgs de Paris dans vingt-quatre heures, défenses à lui être faites de s'y retirer ni à la suite de la cour sous les peines portées par les déclarations du Roi »[259].

Pour autant, si le procureur Moreau n'a pas la certitude que Haret soit le prétendu Guérin, cela ne l'empêche pas de rechercher l'étranger qui l'accompagnait, et c'est pourquoi il « déclare le décret de prise de corps décerné contre un quidam portant perruque noire et épée, maigre de visage, de couleur mulâtre, qui a dit s'appeler Henry et être américain, être exécuté et le procès à lui fait et parfait suivant la rigueur des ordonnances »[260]. Ce réquisitoire est rendu le 3 février 1756. Il permet une bonne gestion des poursuites et de la justice.

Le bailliage de Sens statue le 4 septembre 1762 contre trois accusés. Le premier, Guillaume Chambonnet, « est déclaré dûment atteint et convaincu du vol de 21 louis d'or fait aux nommés Jean Fournier et Etienne Laurent, Savoyards, conjointement avec un *quidam* contumax chez le nommé Mauroux, cabaretier à Grou pendant la nuit du 14 au 15 juillet 1761 »[261]. En première instance, les faits sont considérés comme constitués. La deuxième accusée, Jeanne La Poule, n'est pas vraiment concernée par la prévention. C'est ce que concluent les magistrats du bailliage de Sens, qui demandent à être plus amplement informés de ses agissements. Quant au troisième, il est tout simplement en fuite, et les magistrats sont obligés de se prononcer « contre un *quidam* contumax ».

Le Parlement de Paris revoit cette affaire en appel par un arrêt en date du 4 décembre 1762, et confirme la culpabilité de Guillaume Chambonnet, mais la juridiction de second degré veut aussi faire la publicité du comportement inadmissible de ce dernier, et le condamne au carcan « avec écriteaux portant mention des mots « escroc au jeu ». En ce qui concerne Jeanne La Poule, la sentence de première instance est confirmée, en conséquence de quoi elle est mise en liberté et les écrous sont rayés et biffés. Quant au troisième, il reste désespérément en fuite et demeure considéré comme contumax.

Ces décisions démontrent, s'il le fallait, combien les magistrats apprécient les faits et adaptent leur jugement aux personnes qui leur sont déférées. Quels que soient les *a priori* possibles de magistrats au moment de leur délibéré, puis du prononcé de leurs sentences et arrêts, ils décident en pratique en fonction de ce qui existe dans le dossier, et ne forgent donc leur conviction qu'au regard des preuves.

---

[259] Arch. Nat., Y 10.181, affaire n° 37 : Jean-Baptiste Haret, 1756, jugement à l'extraordinaire.
[260] *Ibid.*
[261] Arch. Nat., X^{2B} 1028, affaire n° 323 : Guillaume Chambonnet, arrêt du 4 décembre 1762.

Reprenons l'affaire de Claude Doussot et Edmond Gauthier, au stade de son information au Châtelet. Le procureur Moreau requiert « la contumace être déclarée bien et valablement instruite contre un *quidam* qu'on a dit se nommer Pierrot »[262].

Le 10 septembre 1776, en présence du procureur du roi, demandeur et accusateur à la procédure, de Claude Doussot, marchand mercier, et Edmond Gauthier, marchand de bijouterie, tous deux défendeurs et accusés, et en l'absence d'un « *quidam* qu'on a dit se nommer Pierrot, accusé, absent et contumax », le Châtelet décide par sentence :

> « que ledit *quidam* et les dits Claude Doussot et Edmond Gautier sont déclarés dûment atteints et convaincus d'avoir escroqué différents marchands en achetant chez eux des marchandises et leur offrant en nantissement des montres et autres bijoux qu'ils enfermoient en présence des marchands dans une boëte de fer blanc, qu'ils ficeloient et cachetoient, et à laquelle ils substituoient lors de la remise une autre boîte de fer blanc de même forme ficelée et cachetée de même, et remplie de cendres et de tessons »[263].

La poursuite et la sentence se sont donc appliquées sur les trois accusés, qu'il soient présents ou absent, car en l'espèce, le Châtelet a considéré que les faits étaient constitués pour l'ensemble de l'équipe d'escrocs. L'appréciation a encore une fois été totalement factuelle, et a porté sur le passage à l'acte et les manœuvres frauduleuses de ce cas d'espèce.

Remarquons que dans toute la jurisprudence étudiée, les faits sont poursuivis. Les procédures n'apparaissent donc jamais prescrites. Cette notion trouve-t-elle application dans la jurisprudence du Parlement de Paris à la fin de l'Ancien Régime? C'est d'autant plus difficile à dire que, nous l'avons vu, les délais de poursuites et de procédures sont très rapides. Il n'en demeure pas moins que certaines personnes sont recherchées, et qu'éventuellement, une prescription pourrait être encourue. Mais nous n'avons rien trouvé de tout cela dans les fonds du Châtelet, ou plus généralement dans ceux du Parlement de Paris.

En droit moderne, la Cour de cassation a jugé que « l'ensemble des manœuvres et des remises forme un tout indivisible ; la prescription ne commence alors à courir qu'un jour de la dernière remise ou de la dernière tentative de remise »[264]. Pour autant, la prescription est de trois ans à compter de l'acte de consommation de l'escroquerie, cette infraction étant considérée comme

---

[262] Arch. Nat., Y 10.369, affaire n° 30 : Claude Doussot, sentence du 10 septembre 1776, jugement à l'extraordinaire.

[263] *Ibid.*

[264] Cass. crim. 20 juin 1994, *Rev. sc. crim.* 103, obs. Ottenhof; 26 sept. 1995, *Bull. crim.*, n° 288, escroquerie aux prestations sociales, les remises ayant été effectuées pendant vingt-trois ans.

« instantanée ». Ne sont donc pas prises en compte actuellement les manœuvres préparatoires de la commission.

> « La prescription en matière d'escroquerie ne court que du jour où le délit est consommé par la remise des fonds, meubles, obligations, ou billets frauduleusement obtenus à l'aide des moyens prévus par l'article 405 du *Code pénal.* »[265].

Mais les magistrats de la fin de l'Ancien régime ne sont-ils pas plutôt imprégnés et férus de droit romain ? Or, au début de la République romaine, par exemple, (509-31 avant J.-C.), le droit « n'a pas entrepris de faire tomber sous le coup d'une prescription répressive générale le vaste domaine du faux et du dol »[266]. Il n'est, sans doute, que peu vraisemblable que les juristes du XVIIIe siècle soient encore influencés par cette règle.

Toujours est-il que les procureurs et les juges, sous les règnes de Louis XV et de Louis XVI jusqu'en 1791, ont pu se déclarer toujours compétents, sans avoir à se prononcer sur d'éventuelles prescriptions d'actions publiques.

Reste à déterminer quelle est la juridiction compétente géographiquement. Prenons un seul exemple. Nous l'avons suffisamment analysé pour désormais n'en retenir que les lieux de commission des faits. Jacques de La Cour et ses complices sont poursuivis, et condamnés pour avoir « escroqué en la ville de Marinquet à Bonnet Pommerol, du lieu de Gérat »[267]. Ils ont également escroqué Antoine Dupuy, « en la ville de Thiers, en l'auberge de Michel Dion ». Tous ces faits ont donc été commis dans le ressort de la juridiction de première instance de Riom. C'est ainsi que ses magistrats se sont déclarés compétents pour statuer sur l'ensemble de ces escroqueries. Constatons, non sans humour, que le roi a préféré laisser Dieu à l'écart de cette affaire, puisque le procureur a poursuivi Jacques de La Cour devant la juridiction répressive de Riom, et non devant une juridiction ecclésiastique. Le greffier a simplement mentionné comme profession que l'accusé est « chanoine de l'église collégiale de Notre-Dame d'Aigueperce »[268].

Les critères de compétence sont donc extrêmement clairs, dès l'époque de Louis XV : ils permettent aux magistrats d'œuvrer sereinement sur le fond du droit sans avoir trop d'états d'âme dans un domaine plus procédural. Cela leur permet

---

[265] Cass. crim., 7 janv. 1944 : S. 1944, 1, p. 112. [...] La date des manœuvres est juridiquement indifférente (Cass. crim., 10 août 1936 : *Gaz. Pal.* 1936, 2, p. 731), sauf dans l'hypothèse à tentative, où le délai de prescription court du jour des dernières manœuvres (Cass. crim., 7 janv. 1944 : *DA* 1944, p. 47), Michelle-Laure Rassat, *Jurisclasseur pénal*, 1996, art. « escroquerie », p. 38.

[266] « Loi des XII Tables », citée par Theodor Mommsen, *Droit pénal romain*, Paris, 1907, t. II, sect. V, « faux et dol », § 1, p. 668.

[267] Arch. Nat., X^{2B} 1051, affaire n° 354 : Jacques de La Cour, arrêt du 18 juillet 1774.

[268] *Ibid.*

aussi de bien gérer leur ressort, et il n'est pas rare de voir ainsi des mesures de bannissement provisoire prises par exemple, comme dans l'affaire Jean-Baptiste Haret[269], afin d'écarter un accusé de sa juridiction, prévôté et vicomté, ville et faubourgs compris. Chaque juge a donc pour souci de faire régner l'ordre public dans son ressort. Rappelons que celui du Parlement de Paris couvre pratiquement le tiers du royaume de France, et qu'il ne doit pas être facile de survivre à cette époque loin de chez soi, sans solidarité et sans travail.

Et puisque ces magistrats du ressort du Parlement de Paris sont si procéduriers et fins connaisseurs des techniques juridiques, et passent autant de temps à analyser les faits, on imagine mal que leur appréciation de l'appropriation dolosive qui porte atteinte à la fortune d'autrui et caractérise à la fois la remise provoquée et le passage à l'acte, ne soit pas le résultat d'un très subtil diagnostic. Il leur a permis de qualifier les faits sans élément légal, mais en ne considérant que les éléments intentionnels qu'ils déduisent de l'élément matériel. Ce qui leur a visiblement suffi pour constituer pratiquement la nouvelle infraction d'escroquerie, en s'affranchissant des concepts hérités du droit romain. Si l'intuition conceptuelle de l'escroquerie peut alors résulter du *dolus malus*, il est désormais incontestable que l'infraction moderne de l'escroquerie naît de la réalité délictueuse de la fin de l'Ancien Régime, qui part de la Régence pour aboutir à l'actualité encore plus troublée de l'Assemblée Nationale Constituante.

---

[269] Arch. Nat. Y 10.181, affaire n° 37 : Jean-Baptiste Haret, 1756, jugement à l'extraordinaire.

TITRE II. LA SANCTION DU PASSAGE À L'ACTE

Comment sanctionner l'escroquerie qui par sa matérialité a pris corps, et peut donc être poursuivie ?

Une infraction, pour être constituée et punie, nécessite d'abord d'être prouvée. Les juridictions doivent ensuite pouvoir apprécier l'exacte culpabilité des auteurs d'un passage à l'acte, et enfin les conséquences de celui-ci pour les victimes.

Chapitre 1. La preuve du passage à l'acte

Deux types de preuves sont utilisés : les écrits et les témoignages. Quels en sont les effets juridiques ?

Section 1. Écrit et faux

Que veut-on interdire, et plus tard que voudra-t-on réprimer ? L'élément matériel ne ressort-il que de la remise ? Et n'est-ce pas plus généralement le passage à l'acte frauduleux qui est par excellence ce qu'il convient de bannir d'une société en le constituant en infraction ?

§ 1 - L'écrit frauduleux et l'escroquerie

Jousse traite de la justice criminelle de France en 1771, mais il ne conceptualise pas la notion d'escroquerie. En revanche, il identifie celle de faux. Or la relation entre le faux, l'écrit frauduleux et l'escroquerie est extrêmement ténue. Les juristes analysent en effet ce qu'ils observent, et établissent une correspondance entre la matérialité de la manœuvre et le passage à l'acte. C'est ainsi qu'ils en viennent à distinguer le mensonge de l'infraction, et que l'écrit frauduleux peut constituer une escroquerie.

Un peu plus d'un siècle après Jousse, R. Garraud explique :

> « On peut affirmer, en s'appuyant sur l'ensemble de ses arrêts, que tout acte, de nature à fortifier le mensonge, à le rendre, pour ainsi dire, visible et palpable, est une manœuvre au sens de la loi »[270].

---

[270] R. Garraud, *op. cit.*, t. V, p. 246.

La méthode des praticiens du droit consiste à aborder la matière brute des faits avant de les qualifier par des décisions jurisprudentielles. Ils s'appuient sur ce qui paraît tangible.

Ainsi en est-il du faux. Or celui-ci entre pour une grande part dans ce qui pourrait être, initialement, une espèce de définition de la notion d'escroquerie.

Prenons pour acte de naissance de sa définition légale la loi de l'Assemblée Nationale Constituante des 19-22 juillet 1791 sur la police municipale et correctionnelle, dont l'article 35 du titre II dispose que :

> « Ceux qui, par vol, ou à l'aide de faux noms ou de fausses entreprises, ou d'un crédit imaginaire, ou d'espérances et de craintes chimériques, auraient abusé de la crédulité de quelques personnes et escroqué la totalité ou partie de leur fortune, seront poursuivis devant les tribunaux de district [...] ».

Que cela soit par le faux nom ou par exemple par un crédit fallacieux, des escroqueries sont constituées qui peuvent être réprimées. Qu'affirme Jousse ? Qu'il faut poursuivre les suppositions de personnes et de noms.

> « Celui qui prend le nom d'une autre personne et qui se dit faussement être celui dont il prend le nom est punissable de la peine de faux »[271].

Jousse détaille les éléments constitutifs du faux en général. Nous devons revenir aux éléments qu'il présente.

> « On appelle faux, toute action faite pour détruire, altérer, ou obscurcir la vérité au préjudice de quelqu'un et dans le dessein de tromper. Le crime se commet de trois manières : premièrement par écriture, deuxièmement par parole, troisièmement par faits »[272].

Le faux est-il alors une infraction distincte, ou participe-t-il d'une manœuvre frauduleuse beaucoup plus importante qui favorise la remise et constituerait l'escroquerie ? C'est un des éléments du débat contemporain. Il est évident qu'il n'apparaît pas du tout en ces termes à la fin de l'Ancien Régime.

Mais pour mieux apprécier ce qui se passe, notamment sous le règne de Louis XV, dans le ressort du Parlement de Paris, il convient exceptionnellement de

---

[271] Jousse, *Traité de la justice criminelle de France*, Paris, 1771, t. IV, p. 364. Il donne pour exemple l'arrêt du Parlement de Toulouse du 12 septembre 1560, où « le nommé Arnaud Duthil, pour s'être dit faussement être le nommé Martin Guerre et avoir en cette qualité usé d'imposture, fausseté, adultère, rapt et autres cas, fut condamné à faire amende honorable nu en chemise, et ensuite à être pendu et son corps jeté au feu ».

[272] Jousse, *op. cit.*, t. IV, p. 341.

se rapporter aux interprétations actuelles qui permettent de distinguer le domaine de compétence du faux de celui de l'escroquerie.

De nos jours peuvent en effet coexister le crime de faux et le délit d'escroquerie. C'est ce que l'on appelle le *concours réel d'infractions*. Il est commis « lorsque l'escroc a fabriqué un faux document, dans la perspective de l'utiliser comme moyen frauduleux afin de déterminer la victime à remettre la chose convoitée. Il commet donc deux infractions - le faux et l'escroquerie »[273].

L'infraction de faux a un but : celui de protéger l'écrit ou le témoignage. L'escroquerie en elle-même est une atteinte à la propriété d'autrui. Si l'une des infractions, à savoir le faux, peut servir à la commission de la deuxième, à savoir l'escroquerie, il apparaît que ces deux atteintes à la société ne sont pas de même nature, et ont donc des fondements différents. En droit moderne, elles ont pu être jugées cumulativement, tout en n'étant sanctionnées que par une seule peine[274]. La Cour de cassation considère ainsi que la production d'un faux document qui permet la réalisation d'une escroquerie constitue deux infractions distinctes en concours réel[275].

Cette interprétation était déjà celle du Châtelet le 23 décembre 1722, lorsqu'il juge

> « un acte en forme de transaction par-devant Lhéritier-Lejeune, notaire à Arpajon, le 29 août 1722, comme fondé procuration de ladite Hyppolite-Julie-Geneviève-Huberte de Fontenu et fait faire en même temps audit Jean Ageron trois billets payables de vingt mille livres qu'il lui a fait antidater du 25 du même mois, même d'avoir exposé dans le commerce lesdits trois billets pour les négocier ; et ladite Hyppolite-Julie-Geneviève-Huberte de Fontenu d'avoir de concert avec ledit Mathieu Lassus fait enlever ledit Jean-François-Tobie Ageron et d'avoir artificiellement et par mauvaises voies fait faire audit Jean Ageron et retenu indûment le billet de deux cent mille livres du neuf juillet 1720, dont il n'a point fourni de valeur »[276].

Entrant en voie de condamnation, le Châtelet ordonne notamment que

> « La transaction passée devant Lhéritier-Lejeune, notaire à Arpajon le 29 août 1722, des trois billets montant à 20 000 livres faussement datés du 25 août audit an 1722, et le billet de deux cent mille livres du 9 juillet 1720 sont et demeureront nuls, que mention sera faite de ladite sentence sur la minute de ladite

---

[273] Bernard Bouloc, repris par Corinne Mascala, *Répertoire pénal*, Paris, Dalloz, 2001, art. « escroquerie », n° 17.

[274] En application du principe de non-cumul des peines (*Code pén.*, art. 132-3), il ne peut être prononcé qu'une seule peine de la même nature dans la limite du maximum légal le plus élevé.

[275] Merle et Vitu, n° 489 ; P. Serlooten, « Les qualifications multiples », *Rev. sc. crim.* 1973. 45 ; Lesclous, « Le cumul réel d'infractions », *Rev. sc. crim.* 1993. 717.

[276] Arch. Nat. X^{2B} 949, affaires n° 17, 33, 38, 68 et 78 : arrêt du 18 février 1723.

transaction, que les trois billets étant au greffe ensemble le billet de deux cent mille livres seront rendus audit Jean Ageron, à le faire les greffiers criminels et autres dépositaires contraints quoi faisant ils en demeureront bien et valablement quittes et déchargés ; et ladite Hyppolite de Fontenu condamnée envers ledit Jean Ageron aux dépens par lui faits à la cession dudit billet de deux cent mille livres et à l'autre tiers des épices et coûts de la susdite sentence »[277].

Le Parlement de Paris en appel a confirmé cette sentence, tout en ne qualifiant pas précisément les faits reprochés. Ces faux n'ont été commis qu'en raison des manœuvres d'enlèvement d'Ageron organisées par Lassus et de Fontenu, qui ont permis ensuite de lui extorquer les signatures, les billets et autres documents. Sommes-nous alors en présence d'une extorsion de fonds commise par enlèvement et séquestration ? Ou plutôt de faux obtenus par manœuvres et violence, qui, dans leur usage, peuvent alors constituer distinctement des escroqueries ? Jugée en 1723, l'affaire distingue deux pans juridiques : d'une part l'enlèvement, d'autre part les faux et leur usage commis par les dupeurs. Existe alors un concours d'infractions. Mais l'escroquerie n'est pas encore parfaitement établie.

L'interprétation pose les mêmes problèmes et trouve des solutions identiques pour la prévôté royale de Sens, puis le Parlement de Paris, lorsqu'ils connaissent du cas d'Edme Delomas[278], le boucher de Mobiorne. Celui-ci est « convaincu de fausseté », ce qui en soi constitue une infraction. Il a en effet apporté à une dame Lenoir des lettres tout à fait inexactes, portant la signature de son fermier, un dénommé Charles Garnier. Il a aussi passé un faux contrat de vente avec cette dame, en empruntant un nom tout à fait imaginaire, celui de Charles Pruiseau, alors que ce contrat était passé devant le notaire Barcurrot de Boullard.

Comment ces actes s'analysent-ils ? Si nous nous référons au *Traité de justice criminelle* de Jousse, le faux se commet de différentes façons. Reprenons avec lui la liste exhaustive qu'il en dresse.

> « Le faux se commet par parole. [...] Le faux se commet par faits : premièrement lorsqu'on suppose une personne pour une autre ; deuxièmement en prenant un faux nom, une fausse qualité ou de faux titres ; troisièmement, en vendant à faux poids et à fausses mesures ; quatrièmement, en vendant une même chose à diverses personnes, ce qui s'appelle stellionat ; cinquièmement, en fabriquant ou exposant de la fausse monnaie, ou en altérant la bonne ; sixièmement, en fabriquant de fausses clés ; septièmement en recelant une grossesse, en supposant un accouchement qui n'a pas eu lieu ; huitièmement, en

---

277 *Ibid.*

278 Arch. Nat. X^{2B} 991, affaire n° 180 : Edme Delomas, arrêt du 19 septembre 1742. Voir partie I, titre III, chapitre 1, section 1, § 1.

supposant un mariage qui n'existe point et par infinité d'autres manières que la malice de l'homme est capable d'inventer. Le faux se fait en deux manières : [...] d'une manière positive [...] d'une manière négative »[279].

Le faux est donc bien plus qu'un simple document écrit. Il correspond à un mensonge qui prend une forme apparente aux yeux de tous, et qui entraîne dans l'erreur ceux qui y croient. Bien entendu, le faux peut être aussi un écrit, c'est sans doute le cas de figure le plus aisé à relever pour prouver un passage à l'acte délictueux. Edme Delomas[280] est ainsi l'auteur ou le signataire de deux types d'actes, qui sont des faux : à savoir des lettres et un contrat de vente.

C'est précisément comme preuve que Jousse, dans son *Traité de Justice criminelle*, analyse le faux par écrit. Pour lui, les preuves sont de trois sortes : elles proviennent d'abord de l'aveu même de l'accusé ; ensuite des dépositions des témoins et du rapport oral, et même écrit, qui peut être déposé par un expert ; enfin la troisième preuve résulte de l'examen des écrits et des signatures.

> « [Cette preuve écrite] qu'on appelle preuve littérale, et qui, à proprement parler, est renfermée dans les deux autres : savoir, dans la première, quand l'acte qui renferme le délit, est reconnu par l'accusé pour être écrit de sa main, et dans la seconde, quand il dénie sa signature, et que sur cette dénégation, il est prouvé par le rapport des témoins qui l'ont vu signer, ou par celui d'experts qui en font la comparaison avec d'autres actes, que cet écrit est de la main de l'accusé »[281].

L'enquête a ainsi permis de déterminer que les lettres qui étaient prétendument signées par le fermier Garnier étaient en fait l'œuvre d'Edme Delomas. Par ce faux, grâce à un usage frauduleux par essence constitutif d'une manœuvre, Delomas obtient de façon totalement injustifiée la somme de 400 livres. Il réussit de même à bénéficier d'un contrat de vente, au profit de son nom supposé

---

279 Jousse, *Traité de la justice criminelle de France*, Paris, 1771, t. IV, p. 342-343.

280 Arch. Nat. X^{2B} 991, affaire n° 180 : Edme Delomas, arrêt du 19 septembre 1742, voir *supra*.

281 Jousse, *Nouveau commentaire sur l'ordonnance criminelle du mois d'août 1670,* Paris, 1772, t. I, liv. IV. Jousse présente ces preuves : « Ces preuves sont de trois sortes. [...] La première qui résulte de la confession de l'accusé ; la seconde qui est fondée sur la déposition des témoins, ou sur le rapport des experts, qu'on appelle preuve testimoniale ou preuve par expert. Et la troisième, qui résulte de l'examen des écrits et signatures, qu'on appelle preuve littérale, et qui, à proprement parler, est renfermée dans les deux autres : savoir, dans la première, quand l'acte qui renferme le délit, est reconnu par l'accusé pour être écrit de sa main, et dans la seconde, quand il dénie sa signature, et que sur cette dénégation, il est prouvé par le rapport des témoins qui l'ont vu signer, ou par celui d'experts qui en font la comparaison avec d'autres actes, que cet écrit est de la main de l'accusé. [...] Outre ces trois genres de preuves, il y en a une autre particulière qu'on appelle preuve conjusturale qui consiste à conclure par des agissements l'existence ou la vérité d'un fait, en conséquence de la liaison immédiate ou prochaine qu'il y a avec d'autres faits connus. C'est une espèce d'analyse morale que les juges emploient. ».

de Charles Pruiseau, portant sur cent livres de pots de vins. S'il avait réussi à bien utiliser ces faux, Delomas aurait gagné une fortune. C'est en revanche à cause de ces éléments matériels de faux qu'il est poursuivi judiciairement, parce que la preuve de sa culpabilité est alors relativement facile à apporter, et qu'il n'y a même pas à rechercher à qualifier l'usage de ces faux de manœuvres.

Le Parlement de Paris a finalement qualifié ces faits de « faux » et de « vol », même si ces deux éléments additionnés constitueront dans l'avenir l'infraction moderne d'escroquerie. Le concours réel d'infractions est par conséquent relevé et poursuivi. Et si l'inventaire 450 a expressément classé cette décision comme participant de la catégorie de l'escroquerie, il est, ne l'oublions pas, bien largement postérieur à 1742.

On peut se demander si les magistrats ont ici qualifié ces faits d'escroquerie, puisqu'ils ne l'ont pas écrit expressément. Ne se sont-ils pas contentés de la même interprétation que celle formulée par Jousse, qui consiste à rechercher la preuve du passage à l'acte, et de l'appeler telle qu'elle se présente ? C'est ainsi qu'il y a eu faux et vol.

De plus, les magistrats ne peuvent tolérer l'existence même d'un faux passé devant notaire, et c'est pourquoi le Parlement de Paris ordonne immédiatement sa destruction par son arrêt :

> « [le Parlement] ordonne que l'acte passé devant Barcurrot, notaire royal le 11 juillet mil sept cent quarante, sera lacéré et jeté au feu par l'exécuteur de la haute justice, à l'effet de quoi ledit acte sera rapporté au greffe du bailliage de Sens pour faire mettre le présent arrêt à exécution »[282].

La doctrine, mais également les praticiens du droit, se sont abondamment prononcés sur les faux. Lieutenant-Général-Criminel, Conseiller civil au bailliage et au présidial d'Autun, François Serpillon écrit ainsi un *Commentaire sur l'Ordonnance du mois de juillet 1737*, qui se veut être un *Code du faux*[283], où il affirme :

> « Le faux principal est ordinairement intenté au sujet de quelques écritures privées, que l'on argue de faux, et de la fabrication desquelles on accuse celui qui en est le porteur, ou que l'on en croit l'auteur, ou au sujet d'écritures ou signatures dans des actes authentiques, que l'on prétend avoir fabriqués »[284].

---

[282] Arch. Nat. X^{2B} 991, affaire n° 180 : Edme Delomas, arrêt du 19 septembre 1742.
[283] François Serpillon, *Code du faux ou commentaire sur l'Ordonnance du mois de juillet 1737, avec des notes sur chaque article, une instruction pour les Experts en matière de faux ; plusieurs questions de droit concernant le crime de faux ; et un recueil des Edits, Arrêts et Règlements concernant les peines contre les faussaires*, Lyon, librairie Gabriel Regnault, 1774.
[284] François Serpillon, *op. cit.*, p. 5.

C'est encore la falsification qui est retenue comme élément principal dans l'affaire où est poursuivi Simon Dumaine[285] qui a produit une lettre de change d'une valeur originelle de mille livres, dont il change lui-même la valeur en faisant un quatre du chiffre un.

> « Il avoit depuis converti lui-même en une lettre de change de quatre mille livres en faisant un 4 du chiffre 1 qui commence le nombre 1000 et en ajoutant le mot « quatre » à la fin d'une ligne dans une place qu'il avoit ménagée exprès pour cadrer avec le mot mille commençant la ligne suivante »[286].

Cependant, le Châtelet de Paris en 1760, comme le Parlement en 1761, ont cette fois-ci une approche quasiment visionnaire de la qualification. Ne condamnent-ils pas en effet

> « ledit Dumaine à être appliqué au caveau pendant trois jours consécutifs, puis à un poteau qui pour cet effet sera planté par l'exécuteur de haute justice en la place de Grève, en la place de la Croix du Trahoir et vis à vis de la porte de la Bourse et là demeurer chaque jour attaché par le col depuis midi jusque deux heures ayant écriteaux devant et derrière portant ces mots « escroc et falsificateur de lettres de change »[287].

Le faux et l'escroquerie se trouvent poursuivis de façon certes concurrente, mais également concomitante.

§ 2 - Le faux dans l'escroquerie

Le faux participe-t-il quelquefois de la constitution du délit principal d'escroquerie ?

Le problème est complexe. Faut-il d'abord distinguer le faux avec ou sans écrit ? Notons pour commencer que le principe posé par la loi du 7 frimaire an II était de considérer uniquement comme coupables d'escroquerie ceux qui avaient pris un faux nom verbalement et sans signature. Le *Code pénal*, en 1810, a d'une certaine façon ratifié ce texte, puisque les infractions spécifiques de faux supposent

---

[285] Arch. Nat. X^{2B} 1025, affaire n° 383 : Simon Dumaine, arrêt du 16 avril 1761. Voir partie I, titre II, chapitre 1, section 1, § 5.
[286] *Ibid.*
[287] Arch. Nat. X^{2B} 1025, affaire n° 383 : Simon Dumaine, arrêt du 16 avril 1761. Voir partie I, titre II, chapitre 1, section 1, § 5.

toujours un écrit, contrairement à l'escroquerie[288]. En d'autres termes, « pour qu'il y ait faux, il est évident qu'il faut un écrit »[289].

Pour autant, ces faux doivent-ils être pris là encore *stricto sensu,* ou appréciés dans une analyse plus dynamique du passage à l'acte ? C'est la question posée au présidial d'Amiens, puis au Parlement de Paris, quand Antoine Cornier et Pierre Delamarre[290] se voient reprocher la fabrication de plusieurs billets de connivence au profit d'un dénommé Cavalque et d'autres, billets qui comportent de fausses énonciations de domicile et de qualité, et qui vont être endossés par des personnes qu'ils savent ne pas être marchands et encore moins solvables.

L'altération de la vérité, traduite dans une écriture, garde alors toujours sa nature de faux, mais peut également devenir un acte préparatoire à l'infraction principale. C'est parce que les faux billets existent qu'ils ont pu être utilisés par Antoine Cornier et Pierre Delamarre. Que doit-on comprendre alors par écriture ? « Par écriture, on entend ici, en matière de faux, le tracé de caractères lisibles sur une matière permanente. »[291]

N'est-ce pas là l'interprétation qui est faite dès le XIXe siècle par la jurisprudence[292] ?

Mais si la fausse qualité ou le faux nom sont pris au moyen d'un écrit, comment, encore une fois, distinguer l'escroquerie du faux ?

Le Châtelet et le Parlement ont maille à partir pour démêler les fils de cette intrigue juridique dans l'affaire Jean-Baptiste Pellerin[293]. Ce dernier fabrique des fausses lettres ou des billets à ordre apocryphes du nom de personnes que connaissent plusieurs marchands de différentes professions, chez lesquels il se présente. Jusque là, il s'agit de faux. C'est d'ailleurs factuellement ce qui est relevé par les juridictions, qui parlent de « lettres ou ordres par lui fabriqués et faussement signés du nom de personnes de la connaissance [...] »[294]. Mais ces faux sont utilisés pour recevoir des marchandises. Les juridictions de jugement ne s'y trompent pas, et qualifient alors immédiatement ces faits d'escroquerie : « ledit Jean-Baptiste Pellerin dit Villeneuve est déclaré dûment atteint et convaincu

---

[288] *Code pénal*, art. 145, 146,147.

[289] Bonnier, *Traité des preuves*, t. I, p. 533 ; cité par Dalloz, *supplément au Répert.*, v° *Faux*, n° 119.

[290] Arch. Nat. X[2B] 1047, affaires n° 337 et 358 : Antoine Cornier et Pierre Delamarre, arrêt du 22 octobre 1772.

[291] Rauter, *Droit criminel*, t. I, n° 235, p. 459 ; cité par Dalloz, *eod. loc.* Dalloz fait remarquer que R. Garraud admet la même opinion.

[292] « La jurisprudence est aussi dans ce sens. Ainsi, la Cour d'appel de Paris a jugé, par un arrêt du 3 mars 1854 (D. P. 55. 2. 30), que l'altération frauduleuse par un boulanger des marques de la taille et de la contre-taille, constatant les quantités de pain par lui livrées, constitue de sa part, non un faux, mais une filouterie. », cf. Joseph Sevray, *De l'Escroquerie*, thèse de doctorat, Caen, 1896, p. 30.

[293] Arch. Nat. X[2B] 1028, affaire n° 527 : Jean-Baptiste Pellerin, arrêt du 13 août 1762.

[294] *Ibid.*

d'avoir [...] escroqué chez un des marchands les marchandises mentionnées au procès »[295].

L'utilisation d'une fausse qualité par l'agent (usurpation qui prend la forme d'un écrit, mais qui sert directement à un passage à l'acte consistant à se faire remettre frauduleusement des biens comme des marchandises), constitue donc par excellence une escroquerie. Peu importe dès lors, si ce n'est pour la preuve, qu'il y ait un écrit ou non.

A. Chauveau et F. Hélie ont justifié cette appréciation du faux[296] dans certains cas comme élément participatif de l'escroquerie, en indiquant :

> « Si cette fausse qualité, usurpée dans un acte quelconque, n'est destinée qu'à tromper un tiers sur la véritable position de l'agent, elle ne constitue qu'une manœuvre frauduleuse constitutive de l'escroquerie ; mais, si cette qualité donne ouverture à un droit, si l'acte où elle est prise est destiné à la constater, s'il est fait usage de cet acte pour l'exercice même du droit, cette altération de la vérité n'est plus une simple escroquerie, elle devient un véritable faux »[297].

Quelle sera l'interprétation du Châtelet sur cette question, lorsqu'il rend sa sentence le 15 janvier 1777, dans l'affaire Jacques Grandvarlet et Antoine-Christian Klée[298] ? Pour prononcer sa décision, la juridiction s'appuie sur les réquisitions du procureur du roi Moreau, qui considère les deux accusés comme atteints et convaincus d'escroqueries de sommes d'argent considérables, qui ont pu être réalisées parce que Grandvarlet a utilisé des « lettres, mandats et billets qu'il a écrits lui-même faussement signés des noms de personnes connues »[299], et parce que Klée s'est également fait « faussement passer pour homme de qualité possédant beaucoup de biens fonds mais embarrassé de débiteurs pour lesquels il avoit besoin de secours »[300].

C'est dans ces conditions que le 15 janvier 1777, après délibération du conseil, le Châtelet condamne pour escroquerie Christian Klée et Jacques

---

[295] *Ibid.*

[296] Dalloz l'affirme également in *Supplément au Répertoire*, v° *Faux*, n° 139. On pourra également voir le cas jugé par la Cour de cassation le 21 avril 1808 (*D. Rép. alph.*, v° *Faux*, n° 281).

[297] Adolphe Chauveau, et Faustin Hélie, *Théorie du Code pénal*, Paris, 1843, t. II, n° 2196. Ils ajoutent : « Ainsi, l'individu qui prend par écrit la fausse qualité de fonctionnaire, d'avocat, de médecin, pour jouir d'un crédit usurpé, n'est coupable que d'une manœuvre frauduleuse ; mais s'il prend, par exemple, sur une feuille de route, et devant des intendants militaires, la fausse qualité d'officier, afin de toucher les émoluments et les frais de route attachés à ce grade, cette usurpation doit être considérée comme un faux criminel. ».

[298] Arch. Nat. Y 10.372, affaire n° 31 : Jacques Grandvarlet et Antoine-Christian Klée, sentence du 15 janvier 1777, jugement à l'extraordinaire.

[299] *Ibid.*

[300] *Ibid.*

Grandvarlet, comme nous l'avons vu[301]. Le Parlement de Paris, par son arrêt du 10 juin 1777, confirme cette interprétation, puisqu'il considère que Grandvarlet est coupable « d'avoir escroqué différents forains à l'aide de faux billets à mandat souscrits au nom de personnes connues, lesquels faux billets à mandat il a écrits lui-même »[302].

Quelle est alors la nature de cette usurpation d'un faux nom ou d'une fausse qualité par écrit ? Sommes-nous dans des actes de faux, ou plutôt dans l'emploi d'un moyen frauduleux qui caractérise l'escroquerie ?

Indiquons, comme Jousse, que par déduction d'un fait, on peut arriver à l'établissement d'une autre vérité. Pourquoi alors ne pas se dire que d'un faux, il est possible d'établir une escroquerie ? Tout est dans l'interprétation de la preuve et de la déduction que l'on en fait. « Il y en a une autre [preuve] particulière qu'on appelle preuve conjusturale qui consiste à conclure par des agissements l'existence ou la vérité d'un fait, en conséquence de la liaison immédiate ou prochaine qu'il y a avec d'autres faits connus. C'est une espèce d'analyse morale que les juges emploient »[303]. En réalité, il est certain que le débat est ouvert : « Le crime réel, en effet, consiste dans le vol, l'escroquerie, la tromperie en un mot, que le faux est destiné à accomplir. La fabrication n'est donc, à proprement parler, qu'un acte préparatoire de ce vol ou de cette escroquerie »[304].

Pour A. Chauveau et F. Hélie, l'acte préparatoire à l'escroquerie ne doit être puni que parce qu'il est déjà un commencement d'exécution du crime. Et cette poursuite pénale est nécessaire, à cause de « la facilité avec laquelle le faussaire peut à tout moment faire usage de la pièce fausse, et [du] péril dont cet acte préparatoire menace incessamment la société »[305]. C'est pourquoi, comme l'acte préparatoire consistant en la fabrication d'un faux a le caractère d'un crime principal, « la tentative de ce crime doit être incriminée lorsqu'elle réunit des éléments constitutifs »[306].

Il faut donc réussir à distinguer le crime de faux de la préparation d'une manœuvre de l'infraction d'escroquerie. Ces deux analyses peuvent, en fonction de l'infraction motrice du processus, simple faux ou escroquerie, prendre place dans la qualification judiciaire qui sera finalement retenue.

Joseph Sevray affirme que « le principe est qu'il y a faux dès que [...] au fait matériel de la contrefaçon se joignent une intention frauduleuse et un préjudice

---

[301] Arch. Nat. Y 10.372, affaire n° 31 : Jacques Grandvarlet et Antoine-Christian Klée, sentence du 15 janvier 1777, jugement à l'extraordinaire. Voir aussi partie II, titre I, chapitre 2, section 1, § 2.

[302] Arch. Nat. X[2B] 1057, affaire n° 435 : Jacques Grandvarlet, arrêt du 10 juin 1777.

[303] Jousse, *Nouveau commentaire*..., Paris, 1772, t. I, liv. IV.

[304] Adolphe Chauveau et Faustin Hélie, *Théorie du Code pénal*, Paris, 1843, t. II, p. 404.

[305] *Ibid.*

[306] *Ibid.*

possible »[307]. C'est ainsi qu'au XIXe siècle la Cour de cassation a encore jugé « qu'il y avait crime de faux dans la fabrication de lettres missives fausses, alors même que lesdites lettres sont signées d'un nom purement idéal »[308].

Mais bien entendu l'interprétation inverse peut être retenue, compte tenu de l'option laissée à l'action publique dans la qualification. C'est ainsi que A. Chauveau, F.Hélie[309] et R. Garraud[310], estiment que lorsqu'un individu signe un écrit d'un nom imaginaire, quelle que soit sa forme, un billet, une lettre, ou une lettre de change, la création réelle d'une obligation n'a pas lieu[311]. L'analyse qui devrait alors primer est celle d'une manœuvre préparatoire à l'escroquerie et non pas celle du faux. C'est celle que nous rencontrons principalement dans la jurisprudence du ressort du Parlement de Paris à la fin de l'Ancien Régime.

Le Châtelet juge ainsi en première instance Jean-Pierre André[312] le 4 mai 1770, et constate qu'il a fabriqué une fausse lettre de change, qu'il a ensuite utilisée pour se faire livrer par des marchands un certain nombre de biens. Le Châtelet considère alors qu'André est « dûment atteint et convaincu de différentes escroqueries »[313].

Le même Châtelet est appelé à se prononcer le 26 janvier 1776 sur le cas de Denis Boudot[314], qui a, « à l'aide de billets et mandats faux ou faussement signés, escroqué divers marchands »[315]. Le Parlement de Paris, en appel, par son arrêt du 11 mars 1776, confirme cette interprétation.

Reste à prouver ce que l'on juge, et ce n'est pas toujours simple. Ainsi que le fait très justement remarquer Jousse[316], il convient de démontrer ce qui est commis par *dol* ou par la *faute de quelqu'un*. De surcroît, « il faut non seulement que le délit soit constaté, mais il faut encore constater la qualité du délit avec toutes

---

[307] Joseph Sevray, *De l'Escroquerie*, thèse de doctorat, Caen, 1896, p. 32. Il précise : « Les rédacteurs de l'art. 405 n'ont point voulu modifier la portée des textes prévoyant le crime de faux. C'est le sentiment de la jurisprudence : « La Cour de cassation, dit Dalloz, a souvent affirmé que le faux en écriture conservait son individualité propre et son caractère criminel, encore qu'il n'ait été que le moyen d'arriver à commettre une escroquerie. » (Cassation, 27 sept. 1816, D., Rép., v° *Faux*, n° 114-4. - 16 fév. 1827, *D., Rép.*, v° *Faux*, n° 114-4. - 14 août 1879, D. Supp. au Rép., n° 124, note 1) ».

[308] Cass. 16 juillet 1813, *D., Rép.*, v° *Faux*, n° 199. - 13 juin 1846, *D. P.* 46, 2, 295.

[309] Adolphe Chauveau et Faustin Hélie, *Théorie du Code pénal*, Paris, 1843, t. II, n° 649.

[310] R. Garraud, *Traité théorique et pratique du droit pénal français*, Paris, éd. Larose, 1894, t. III, n° 143.

[311] Joseph Sevray, *De l'Escroquerie*, thèse de doctorat, Caen, 1896, p. 33.

[312] Arch. Nat. X^{2B} 1048, affaire n° 264 : Jean-Pierre André, arrêt du 26 mars 1773. Voir partie I, titre II, chapitre 3, section 1, § 2.

[313] *Ibid.*

[314] Arch. Nat. X^{2B} 1054, affaire n° 303 : Denis Boudot, arrêt du 11 mars 1776.

[315] *Ibid.*

[316] Jousse, *Traité de la justice criminelle de France*, Paris, 1771, t. II, p. 5, « 3e règle ».

ses circonstances »[317]. Enfin, « dans les délits qui peuvent avoir plusieurs causes différentes, il ne suffit pas de constater le corps du délit, mais il faut encore en établir la cause »[318].

Or les moyens de preuve reposent principalement sur des points matériels, et plus encore sur l'écrit. Comme l'observent André Laingui et Arlette Lebigre[319], les moyens de preuve se retrouvent dans toutes les législations ; citons pour commencer l'écrit, ou *preuve littérale*. Elle permet souvent de convaincre totalement le juge. Elle est alors la preuve pleine, ou manifeste[320]. Mais elle peut également constituer une preuve semi-pleine, un commencement de preuve par écrit qui peut participer d'un faisceau d'indices[321]. De toute façon, les juges prennent bien évidemment en considération les circonstances réelles, lorsqu'elles constituent une infraction distincte comme le faux, et qui est liée à la nature de la chose objet du délit[322].

C'est ainsi que Pierre Hue et ses camarades coauteurs[323] sont condamnés le 19 août 1760 par le Parlement de Paris, parce que l'information a démontré que Joseph Bréamant, dit la Lime, a fabriqué une lettre faussement souscrite du nom d'un officier de la police, et que Pierre-Joseph-Manuel Rieber, dit Cadet Villeneuve, a été présent durant cette fabrication. L'usage de ce document, ainsi que celui d'une fausse qualité, ont permis de commettre non seulement des violences, mais surtout une escroquerie.

---

317 Jousse, *op. cit.*, Paris, 1771, t. II, p. 5, « 4e règle ».
318 Jousse, *op. cit.*, Paris, 1771, t. II, p. 5, « 5e règle ».
319 André Laingui et Arlette Lebigre, *Histoire du Droit pénal, II, La procédure criminelle,* Paris, Cujas, coll. « Synthèse », 1979, p. 111.
320 André Laingui et Arlette Lebigre, *op. cit.*, p. 113.
321 André Laingui et Arlette Lebigre, *op. cit.*, p. 113 : « La preuve pleine ou manifeste suffisait à convaincre le juge. En particulier, une seule preuve pleine autorisait le juge à prononcer une condamnation capitale. » ; p. 114 : « La preuve pleine pouvait résulter : d'un écrit non contesté ou d'un titre authentique ; du témoignage ; de présomptions : longtemps, le point avait été discuté ; de l'aveu : les anciens auteurs se demandaient si la seule confession judiciaire de l'accusé constituait une pleine preuve. » ; p. 115 : « A la différence de la preuve complète, le preuve semi-pleine ne permet pas au juge de prononcer une condamnation capitale contre l'accusé. L'utilité de cette preuve est double : elle autorise le prononcé d'un jugement de question (de là le nom d'indices *ad torturam* donné aux modes de preuves de cette catégorie), ou d'un jugement de plus amplement informé, ou même la condamnation à une peine inférieure à celle qui vise l'incrimination. La preuve semi-pleine résulte soit de témoignages insuffisants à constituer une pleine preuve, témoignages isolés par exemple, soit d'indices graves. La preuve imparfaite est constituée par les indices légers. ».
322 André Laingui et Arlette Lebigre, *op. cit.*, p. 134 : « Les juges prennent en considération des circonstances réelles comme : « la nature de la chose objet du délit », comme le faux. ».
323 Arch. Nat. X^{2B} 1024, affaire n° 448 : Pierre Hue, arrêt du 19 août 1760. Voir partie I, titre I, chapitre 2, section 2, § 2.

René de Gouesse du Barda[324] est condamné en première instance par le Châtelet, le 23 mars 1762, et la sentence est confirmée par le Parlement de Paris en appel, le 7 mai 1762, parce que les juridictions ont été convaincues par les preuves présentées. Il a été ainsi établi que Barda avait « contrefait dans un certificat la signature d'un des fermiers généraux de Sa Majesté »[325], mais surtout qu'il avait usé de ce certificat pour faire croire qu'il était employé dans ces fermes, ce qui est constitutif de manœuvres frauduleuses. C'est ainsi que l'escroquerie s'est trouvée prouvée.

Encore faut-il, lorsqu'on instruit et juge les procédures criminelles, comme le remarque Jousse en 1772, faire vérifier par expert les actes et leur signature. Il explique ainsi :

> « Quelquefois la peine du crime dépend d'actes écrits ou signés de la main de l'accusé, qu'il refuse de reconnaître : il faut en ce cas les faire vérifier et procéder par expert à la reconnaissance de ces actes (art. 8 de l'*Ordonnance* de 1670) »[326].

Dans un monde où l'écrit prend de plus en plus d'importance, où les moyens de paiement se virtualisent, du billet de banque à la lettre de change, où les idées et les contrats s'impriment, on imagine aisément combien la garantie d'un acte authentique, ou du moins passé devant témoin, d'une signature identifiable ou d'une pièce fiable, sont indispensables. L'écrit sert alors à la fois d'engagement et de matérialisation de la confiance, et de moyen de preuve en cas de contentieux. Si la commission d'un faux reste rédhibitoire, celle d'une escroquerie est tout autant condamnée, et surtout poursuivie dans la moindre de ses manœuvres, et particulièrement dans les écrits fallacieux qui lui donnent naissance.

En fait, l'imprimé devient si commun à la fin de l'Ancien Régime qu'il peut certes protéger, mais doit aussi l'être. La vulgarisation du procédé rejoint celle des médias informatisés du XXIe siècle.

---

324 Arch. Nat. X^{2B} 1027, affaire n° 351 : René de Gouesse du Barda, arrêt du 7 mai 1762. Voir partie I, titre II, chapitre 3, section 2, § 2.

325 *Ibid.*

326 Jousse, *Nouveau commentaire...*, Paris, 1772, t. I, tit. 3.

Rétif de La Bretonne raconte dans *Monsieur Nicolas*[327], publié pour la première fois de 1794 à 1797, comment ce dernier entre modestement à l'Imprimerie Royale, pour y mener ensuite une existence des plus médiocres, ce qui ne l'empêche pas de participer au mouvement général de l'impression. Tout s'imprime, tout s'écrit dans le monde politique des affaires, et tout pourrait ainsi faire l'objet de manipulations. L'écrit est déjà ainsi, à la fin de l'Ancien Régime, le support privilégié des preuves.

Section 2. Preuves testimoniales

La preuve du passage à l'acte peut évidemment s'effectuer aussi par tout témoignage. Le plus probant ne reste-t-il pas l'aveu, encore appelé « la reine des preuves » ? Brissot de Warville, élaborant sa propre théorie des lois criminelles, relève dans les « preuves judiciaires et distinguées » : « la confession de l'accusé, la preuve testimoniale, la preuve littérale, la preuve par expert, les indices et présomptions »[328].

Deux sources orales sont donc clairement différenciées. La première provient du témoignage, dont l'étymon latin *testimonium* indique que l'on rapporte ce que l'on sait. Paroles ou actions sont révélées. La deuxième prend tout son sens dans le verbe « avouer », qui provient du latin *advocare*, qui veut dire « recourir à » et qui permet de reconnaître ce que l'on a dit ou fait.

Pourquoi le juge désireux de connaître la vérité accorde-t-il tant de valeur au témoignage et à l'aveu ?

§ 1 - Le témoignage et l'aveu

Dans *La Volonté de savoir*, Michel Foucault explique :

---

[327] Rétif de La Bretonne, *Monsieur Nicolas*, Paris, Gallimard, « Pléiade », 1989, p. 908 : « Il faut dire ici, qu'après mon entrée à l'Imprimerie royale, Boudard m'avait proposé de quitter notre pension chez Mme Lallemand, trop éloignée de notre laboratoire, et de nous établir dans la rue des Poulies, à l'hôtel du Saint-Esprit, avec un horloger nouvellement arrivé d'Auxerre appelé Chambon, qui, par le genre de ses occupations, devait être sédentaire tandis que nous étions à notre travail ; ce qui nous donnait la facilité de préparer notre nourriture, le pot-au-feu de deux jours l'un, et un rôti au four le soir, les charges furent partagées : Boudard allait à la boucherie ; je portais le rôti au four, et j'allais avertir de nous le rapporter ; j'achetais en outre les racines, les légumes, le charbon, le bois ; Chambon mettait le pot-au-feu, le soignait ; nous lavions notre vaisselle tous les huit jours, le dimanche après dîner. Cet accord subsista dans toute sa perfection jusqu'à ce que deux femmes fussent venues occuper un cabinet à côté de notre chambre. Nous dépensions pour notre nourriture trois livres par semaine, et nous mettions en bourse douze livres, Boudard et moi, les ouvriers n'ayant alors que cinquante sous par jour à l'Imprimerie royale ; les cinquante autres, des cents sous alloués par le gouvernement, restaient au directeur, ce qui nous faisait en outre travailler pour son compte. ».

[328] J.-P. Brissot de Warville, *Théorie des lois criminelles*, Paris, 1781, t. II, chap. III, p. 85.

« Depuis le Moyen Âge au moins, les sociétés occidentales ont placé l'aveu parmi les rituels majeurs dont on attend la production de vérité : réglementation du sacrement de pénitence par le Concile de Latran, en 1215, développement des techniques de confession qui s'en est suivi, recul dans la justice criminelle des procédures accusatoires, disparition des épreuves de culpabilité (serments, duels, jugements de Dieu) et développement des méthodes d'interrogation et d'enquête, part de plus en plus grande prise par l'administration royale dans la poursuite des infractions et ceci aux dépens des procédés de transaction privée, mise en place des tribunaux d'inquisition, tout cela a contribué à donner à l'aveu un rôle central dans l'ordre des pouvoirs civils et religieux »[329].

Mais à la fin de l'Ancien Régime, alors que depuis Descartes, les philosophes ont su apporter à la pensée la rationalité et la distinction des institutions civiles de toute transcendance divine, notamment durant ce siècle des Lumières, pourquoi accorde-t-on toujours à l'aveu autant de valeur dans la procédure pénale française ?

« L'évolution du mot « aveu » et de la fonction juridique qu'il a désignée est en elle-même caractéristique : de l'« aveu », garantie de statut, d'identité et de valeur accordée à quelqu'un par un autre, on est passé à l'« aveu », reconnaissance par quelqu'un de ses propres actions ou pensées. L'individu s'est longtemps authentifié par la référence des autres et la manifestation de son lien à autrui (famille, allégeance, protection) ; puis on l'a authentifié par le discours de vérité qu'il était capable ou obligé de tenir sur lui-même. L'aveu de la vérité s'est inscrit au cœur des procédures d'individualisation par le pouvoir »[330].

Or l'aveu a un sens lorsqu'il s'agit de prouver la commission d'une escroquerie parce que les pièces écrites font parfois défaut, comme le rappellent les auteurs du XIXe siècle. Ainsi Louis David, dans son *Etude théorique et pratique sur le délit d'escroquerie* affirme-t-il que « la preuve des faits constitutifs du délit d'escroquerie peut se faire par témoin »[331]. Il appuie son affirmation sur la pratique judiciaire en cours depuis les textes législatifs établissant l'escroquerie[332].

---

[329] Michel Foucault, *La Volonté de savoir*, Paris, Gallimard, 1976, p. 78 et *sq*.

[330] Michel Foucault, *La Volonté de savoir*, Paris, Gallimard, 1976, p. 78 et *sq*.

[331] Louis David, *Étude théorique et pratique sur le délit d'escroquerie*, Paris, Librairie Nouvelle de Droit et de Jurisprudence, 1883, p. 158.

[332] « Il a été jugé que les manœuvres constitutives de l'escroquerie peuvent être prouvées par témoin, bien que la transaction que ces manœuvres avaient déterminée, ait été passée par acte authentique (Cour Cass., 23 novembre 1838). [...] Le tribunal correctionnel doit constater, dans le jugement, les faits desquels il induit le délit d'escroquerie. Il doit détailler, à peine de nullité, les faits dont l'instruction a produit la conviction. C'est, en effet, dans l'examen de ces faits que la Cour de cassation peut vérifier les éléments de l'incrimination légale. », Louis David, *op. cit.*, p. 158.

R. Garraud va dans le même sens : « La preuve des faits constitutifs de l'escroquerie peut toujours avoir lieu par témoins »[333]. Le moins que l'on puisse dire, c'est que nous sommes là dans l'expression d'une pensée unanime et unique, qui n'offre aucune variation, même dans son expression.

André Laingui et Arlette Lebigre proposent un commentaire très précis de la procédure criminelle sous l'Ancien Régime, qui permet de comprendre l'importance, reconnue notamment par l'*Ordonnance* d'août 1670, des interrogatoires et des témoignages. L'instruction préparatoire est d'abord distinguée de l'information. La première étape, à savoir l'instruction préparatoire, comprend successivement « les procès-verbaux des juges et les rapports des médecins et chirurgiens, l'information, les monitoires, le décret, l'interrogatoire »[334].

Dans un deuxième temps, l'information se définit comme « l'acte qui renferme la déposition des témoins, équivalent de l'enquête en matière civile »[335]. Plusieurs règles prévalent pour s'assurer de la validité du témoignage.

> « Les témoins doivent d'abord être idoines, c'est-à-dire insusceptibles de reproches (*omni exceptiones majores*). Les causes de reproche étaient multiples : l'affection, la crainte, la parenté et même, sauf à ne pas exagérer l'affirmation, l'état de misère ou de mendicité »[336].

Cependant, l'information n'est initialement qu'une procédure préparatoire, qui permet de préparer les preuves, de recueillir les charges et les éléments en faveur de la défense[337]. C'est alors seulement qu'intervient le récolement qui établit les preuves de manière définitive[338] et s'assure de l'authenticité des témoignages.

L'accusé, avant d'être interrogé, doit prêter serment de dire la vérité[339]. Puis le juge ordonne le règlement à l'extraordinaire, après avoir examiné la

---

[333] R. Garraud, *Traité théorique et pratique du droit pénal français*, Paris, éd. Larose, 1894, t. V, p. 277. Il ajoute : « On sait, en effet, que les règles qui excluent la preuve par témoin, dans certaines situations déterminées (*Code civil* article 1341 et 1348), ne sont applicables, ni au cas où il y a eu dol ou fraude, ni à celui où il a été impossible au créancier de se procurer une preuve littérale de l'obligation. ».

[334] André Laingui et Arlette Lebigre, *Histoire du Droit pénal, II, La procédure criminelle*, Paris, Cujas, coll. « Synthèse », 1979, p. 91.

[335] *Ibid.*

[336] André Laingui et Arlette Lebigre, *op. cit.*, p. 111.

[337] *Ordonnance criminelle d'août 1670, enregistrée par le Parlement de Paris le 26 août 1670, donnée à Saint-Germain-en-Laye*, titre VI, art. 10 : « La déposition de chacun témoin sera rédigée à charge ou à décharge ».

[338] André Laingui et Arlette Lebigre, *op. cit.*, p. 91.

[339] *Ordonnance criminelle d'août 1670*, titre XIV, art. 7.

procédure, l'accusation est alors instruite par voie de récolements et de confrontations[340].

Or le récolement fige d'une certaine façon les témoignages et les valide, puisque le récolement est « la réitération (toujours secrète) devant le juge des dépositions des témoins : le juge demandait à chacun des témoins s'il persistait dans la déposition dont lecture lui était faite ou s'il voulait y apporter des modifications ou additions »[341].

André Laingui et Arlette Lebigre soulignent combien le récolement perfectionne la preuve testimoniale, puisqu'il consisterait pour le témoin à mettre la dernière main à la déposition qu'il a faite[342]. Le témoignage obtenu devient alors le fondement du procès, et il n'est pas obligatoire de le recueillir à nouveau durant l'audience.

Accusés et témoins peuvent encore être confrontés, ce qui participe à l'art de l'instruction, qui consiste, par le mécanisme du contradictoire, à opposer les thèses des uns et des autres pour faire éclater la vérité.

Enfin, l'article 1er du titre XXIV de l'*Ordonnance* de 1670 dispose :

> « après que le récolement et la confrontation auront été parachevés, nos procureurs ou ceux des seigneurs prendront communication du procès, pour y donner leurs conclusions définitives ; ce qu'il sont tenus de faire incessamment ».

L'ensemble des sentences et arrêts relatifs à des faits d'escroquerie que nous avons dépouillés, dans le ressort du Parlement de Paris à partir du règne de Louis XV et jusqu'à la fin de l'Ancien Régime, illustrent parfaitement l'application au quotidien de ces mécanismes de procédure criminelle. Se trouve donc renforcée, notamment par la phase de récolement, la validité du témoignage en justice.

Qu'en est-il de l'aveu, compte tenu de la nature de cette infraction d'affaires et de l'évolution de la justice à partir de la Régence ?

Le 14 janvier 1761, le Châtelet de Paris prononce la culpabilité de Jean Frémont, convaincu que ce dernier a altéré et falsifié des liards en les frottant avec du vif argent, « au point de les faire passer pour des pièces de dix-huit deniers »[343]. Jean Frémont arrive à les écouler dans le public à cette valeur.

L'instruction au Châtelet s'est faite par la procédure extraordinaire. Le Parlement demande à être plus amplement informé[344], et l'accusé n'a donc été

---

340 André Laingui et Arlette Lebigre, *op. cit.*, p. 97.

341 André Laingui et Arlette Lebigre, *op. cit.*, p. 98.

342 *Ibid.*

343 Arch. Nat. Y 10.225, affaire n° 13 : Jean Frémont, sentence du 14 janvier 1761, jugement à l'extraordinaire. Voir partie I, titre II, chapitre 2, section 2, § 2.

344 Arch. Nat. Y 10.225, affaire n° 13 : Jean Frémont, sentence du 14 janvier 1761, jugement à l'extraordinaire ; extrait du registre du Parlement, arrêt du 22 janvier 1761.

soumis à aucune question. Les faits avoués librement n'offraient de toute façon aucune prise à la critique. Seul en effet l'aveu obtenu par la torture « devait-il être réitéré après que l'accusé avait été délié et réconforté, pour valoir comme preuve »[345].

Cependant l'aveu sous la torture n'est pas usité pour l'escroquerie, et c'est pourquoi nous n'en avons trouvé aucun cas d'espèce dans notre étude[346]. Aucune jurisprudence relative à l'escroquerie ne fait référence à ces questions. On peut donc conclure que la force des témoignages et des aveux qui ont été recueillis dans la jurisprudence dans le ressort du Parlement de Paris à la fin de l'Ancien Régime, concernant l'escroquerie, repose d'abord sur la liberté avec laquelle ils ont été faits et sur leur réitération sans équivoque dans le cadre du récolement.

§ 2 - La valeur du témoignage

---

[345] André Laingui et Arlette Lebigre, *op. cit.*, p. 112.

[346] En procédure, il est nécessaire de distinguer la question préparatoire de la question préalable. André Laingui et Arlette Lebigre, *op. cit.*, p. 117, soulignent les conditions requises pour ordonner la question préparatoire. « Elles sont définies, au nombre de trois, par l'article 1er du titre XIX de l'*Ordonnance criminelle*, reprenant les dispositions établies antérieurement tant par la doctrine que par la législation : 1) *le crime qui a fait l'objet de l'accusation doit mériter la peine de mort naturelle* ; 2) le crime doit être constant, c'est-à-dire, écrit Pothier, qu'il faut « qu'il soit pleinement justifié qu'il a été commis par quelqu'un » ; 3) il faut qu'il y ait une preuve considérable contre l'accusé. Cette preuve était laissée à l'arbitrage du juge qui l'appréciait selon les données universellement reçues du système des preuves légales. En particulier, elle résultait de la confession extrajudiciaire de l'accusé prouvée par deux témoins, ou de la déposition d'un seul témoin appuyée d'un indice, surtout si l'accusé était de mauvaise réputation, ou de tous indices qualifiés de violents, « du nombre de ceux qui ont une liaison prochaine et un rapport immédiat avec le fait principal [...] : par exemple, en matière de vol, si l'accusé est trouvé saisi des effets volés, ou s'il est vu emportant la chose dérobée du côté du lieu où elle a été prise [...], si l'accusé a été pris proche de l'endroit où le cadavre a été trouvé, ayant l'épée à la main et s'enfuyant... ». Les auteurs précisent d'ailleurs, p. 117, n. 40, qu'au « Titre XIX, art. 1, de l'*Ordonnance* de 1670 : « s'il y a preuve considérable contre l'accusé d'un crime qui mérite peine de mort et qui soit constant, tous juges pourront ordonner qu'il soit appliqué à la question, au cas que la preuve ne soit pas suffisante ».

Jousse, dans son *Traité de la justice criminelle de France*, précise le régime de ces questions. Pour ce qui concerne la question préparatoire qui participe de la procédure d'information, si le juge doit rechercher l'auteur du crime, il lui faut encore marquer la différence entre « celle qui s'ordonne sans réserve de preuve, si l'accusé n'avoue rien à la question, les indices et les preuves qui étoient contre lui, sont purgés, il ne peut plus être condamné à aucune peine [... et] la question avec réserve de preuve [où] les indices ne sont point purgés »(Jousse, *op. cit.*, t. II, p. 476).
Pour ce qui concerne la question préalable, « elle a été établie contre les accusés condamnés à mort, pour les obliger à révéler leurs complices. Cette question ne peut jamais sauver la vie à l'accusé, quelque chose qu'il déclare et avoue, il faut toujours qu'il subisse son supplice...cette question ne peut s'ordonner que contre les accusés à mort » (Jousse, *op. cit.* t. II, section III, p. 485. Il précise notamment : « La différence entre la question ordinaire et la question extraordinaire est que cette dernière est beaucoup plus rude et se donne en doublant le nombre de pots d'eau, pour la question qui se donne à l'eau »).

Reste à déterminer la validité d'un témoignage. La question reste toujours d'actualité, car elle fait référence à la structure même de la pensée humaine et de son expression. En matière financière, comme dans d'autres domaines, les témoins ont une vision toujours très personnelle des faits. Comment le témoignage se construit-il dans ces conditions ?

Tout dépend de ce que perçoit le témoin et de ce que le magistrat comprend de ce témoignage sur lequel il fonde sa décision judiciaire. Cette double perception, qui définit l'entendement des parties au procès, en y incluant les juges, pose de façon plus générale le problème d'une connaissance objective et de sa perception. Kant a tenté de l'analyser. Il a ainsi essayé de ne pas seulement définir négativement l'entendement, qui est au départ « un pouvoir de connaître non sensible ». Il expose :

> « Or, nous ne pouvons, indépendamment de la sensibilité, avoir part à aucune intuition. L'entendement n'est donc pas un pouvoir d'intuition. Mais en dehors de l'intuition, il n'y a pas d'autre façon de connaître que par concepts. Donc la connaissance de tout entendement, du moins de l'entendement humain, est une connaissance par concepts, non intuitive, mais discursive. Toutes les intuitions, comme sensibles, reposent sur des affections, les concepts donc sur des fonctions. Or, j'entends par fonction l'unité de l'action qui ordonne des représentations diverses sous une représentation commune. Les concepts se fondent donc sur la spontanéité de la pensée, comme les intuitions sensibles sur la réceptivité des impressions »[347].

Il est évident que chacun élabore alors ses propres concepts, en fonction de son intuition et de ses fonctions, et qu'il est alors très difficile de juger pour autrui d'une situation, ce que fait finalement le témoin qui observe. Et qu'il est également tout aussi complexe de recevoir cette information et d'en apprécier la sincérité et l'objectivité. Kant insiste sur ce point en décryptant ce mécanisme intellectuel :

> « Or, l'entendement ne peut faire aucun autre usage de ces concepts que de juger par leur moyen. Comme aucune représentation ne se rapporte immédiatement à un objet, si ce n'est l'intuition, un concept n'est jamais rapporté immédiatement à un objet mais à quelque autre représentation de celui-ci (qu'elle soit une intuition ou déjà même un concept). Le jugement est donc la connaissance médiate d'un objet, par suite la représentation d'une représentation de celui-ci »[348].

On voit bien la difficulté d'un procès, quel qu'il soit, *a fortiori* s'il porte sur l'escroquerie, puisque le fondement même du processus judiciaire repose en

---

[347] Emmanuel Kant, *Critique de la raison pure*, Paris, Gallimard, coll. « Folio essais », 1990, p. 131.
[348] *Ibid.*

grande partie sur les témoignages recueillis qui seuls peuvent démontrer la tromperie sur le plan psychologique.

Jean-Antoine Soulatges explique ainsi en 1762 que les dépositions des témoins sont le fondement du procès criminel. Il faut donc en préserver la spécificité, et empêcher que l'intuition ou l'entendement purs ne soient perturbés par quelque influence extérieure, par exemple d'autres témoignages. C'est ainsi qu'il convient d'en interdire la diffusion, afin de garantir l'impartialité, ou du moins l'originalité. Au demeurant, qui n'a pas intérêt à faire pression sur un témoin ?

> « Les dépositions des témoins étant le fondement du procès criminel, puisque c'est dessus que les juges doivent condamner ou absoudre l'accusé, l'ordonnance défend au greffier d'en donner communication, non seulement aux accusés, mais encore aux parties civiles, l'expérience ayant appris qu'il étoit aussi dangereux de les communiquer aux uns qu'aux autres, instruites de ce que les témoins ont déposé et ne trouvent pas leurs dépositions assez fortes pour la preuve des faits contenus dans leur plainte, pourroient les corrompre et leur faire changer leur déposition au recollement sur les circonstances les plus essentielles du fait, pour l'aggraver et que les accusés étant ainsi instruits de ce que les témoins ont dit , pourroient concerter leurs réponses dans leurs interrogatoires »[349]

La conséquence procédurale des risques inhérents aux preuves testimoniales réside alors dans une communication extrêmement restreinte de la procédure, selon des dispositions de l'*Ordonnance* d'août 1670.

> « Voilà pourquoi l'ordonnance ne permet la communication de la procédure, qu'au Procureur du Roi ou à ceux des seigneurs ; parce que ceux-ci devant donner leurs conclusions pour la punition des crimes, doivent nécessairement avoir connaissance des preuves sur lesquelles ils doivent conclure à la peine qu'ils méritent ; mais en aucun cas, les accusés ni les parties civiles ne peuvent en prendre connaissance »[350].

C'est dans ces conditions que Jeanne-Madeleine Drouet, âgée de 23 ans, témoigne, et qu'elle contribue à établir l'existence de fausses promesses tenues par la famille Trinquelaire dans son ensemble et par un prétendu marquis des Pars, en particulier. Elle affirme ainsi que son futur enfant allait recevoir un titre, et que le jour de Noël, elle a personnellement entendu Des Pars dire à Briet qu'il allait lui

---

[349] Jean-Antoine Soulatges, *Traité des crimes*, Toulouse, Antoine Birosse libraire, 1762, t. II, p. 93.
[350] Jean-Antoine Soulatges, *Traité des crimes*, Toulouse, Antoine Birosse libraire, 1762, t. II, p. 93.

fournir une place de directeur général de la Compagnie des Indes[351]. Ce témoignage prend d'autant plus de valeur que Jeanne-Madeleine Drouet ne parle pas sous influence des autres protagonistes, dont elle ignore les déclarations.

Cependant, la déposition de la victime, à savoir Jacques-Louis Briet, témoin de ces faits, a elle aussi de l'importance. Il explique que le prétendu duc de la Rochefoucauld devait être envoyé en ambassade et remplacé par le soi-disant marquis des Pars au poste de premier intendant des finances de Monseigneur le duc d'Orléans. La place de directeur général de la Compagnie des Indes, devenant libre, lui avait été promise[352].

Les accusations portées ne sont pas minces. Mais quelles qu'elles soient, pour plus de prudence, le chancelier Henri-François d'Aguesseau précise de toujours faire reposer une preuve sur au minimum deux témoignages concordants. « La seconde erreur de la maxime [consiste à] garder la qualité de la preuve, au lieu que la première tombe sur la matière du crime. Il est certain dans les véritables règles, que le concours de deux témoins uniformes dans les circonstances essentielles est absolument nécessaire pour l'intégrité de la preuve testimoniale »[353].

Comme dans l'affaire Trinquelaire, l'information a justement pour objet de recueillir, puis de récoler l'ensemble des témoignages et ainsi de s'assurer, par une relecture globale, de leur sens.

Cependant, les magistrats interprètent ces preuves testimoniales et l'opération n'est pas sans risque. C'est ainsi que Jousse dénonce cette pratique judiciaire et intellectuelle, qui consiste à tirer un élément d'un autre :

> « c'est une espèce d'analyse morale que les juges emploient, lorsqu'ils sont dans l'impossibilité de constater le fait par des dépositions de témoins du fait principal, et qu'ils ont la preuve d'autres faits qui conduisent à la connaissance de ce fait principal par la liaison qu'ils ont avec lui »[354].

---

351 Arch. Nat. Y 10.225, affaire n° 38 : Trinquelaire, sentence du 16 janvier 1761, jugement à l'extraordinaire, Extrait de la déposition de Jeanne Madeleine Drouet, 23 ans, demeurant chez la veuve Fessard. Voir partie I, titre II, chapitre 3, section 2, § 1-2.

352 Arch. Nat. Y 10.225, affaire n° 38 : Trinquelaire, sentence du 16 janvier 1761, jugement à l'extraordinaire, Extrait de la déposition de Jacques-Louis Briet : « Quelques jours après la Trinquelaire dit au déposant que ce marquis [des Pars] alloit être premier intendant des finances de Monseigneur le duc d'Orléans à la place de M. le duc de La Rochefoucauld qui étoit envoyé en ambassade, que ce marquis avoit été si satisfait de lui déposant qu'il alloit se défaire en sa faveur de sa place de directeur général de la Compagnie des Indes [...]. ».

353 Henri-François d'Aguesseau, *Œuvres, contenant les lettres sur les matières criminelles et sur les matières civiles,* Paris, Les Libraires associés, 1759, t. VIII, p. 148, lettre n° CVIII du 29 avril 1742.

354 Jousse, *Nouveau commentaire sur l'ordonnance criminelle du mois d'août 1670,* Paris, 1772, p. 33.

Or ces présomptions sont perceptibles dans le raisonnement des procureurs et des juges. Elles peuvent être justifiées. De plusieurs témoignages qui accusent de façon similaire Jean-Charles-Frédéric Mayer de se faire livrer des marchandises puis de faire croire au déposant qu'il présente utilement son mémoire de frais, le procureur Moreau tire les conséquences légales suivantes : Mayer s'est « présenté sous différents noms chez plusieurs marchands auxquels il a escroqué les marchandises »[355] en promettant notamment sous différentes formes mais avec des résultats identiques, que

> « deux heures après il lui en porteroit le montant, devant recevoir chez les sieurs Tourton et Baurefer banquiers de l'argent, et le dit Mayer n'ayant satisfait à sa parole le déposant fut s'informer du dit Mayer sous le nom du baron de Vainpercrulx chez les dits sieurs banquiers qui dirent ne le pas connoître, que le dit déposant ayant été ensuite au dit hôtel garni où logeoit le dit Mayer, qu'on lui dit qu'il n'y avoit pas couché et que l'on ne savoit pas où il étoit ensuite »[356].

Rappelons enfin comment témoigne, devant Gilles-Pierre Chenu, Commissaire au Châtelet de Paris et chargé de l'information ouverte contre Marc-Antoine Dubois[357], sur la requête du procureur du roi, Jean-Joseph Ody, « suisse au service de M. le vicomte du Barry chez lequel il demeure rue de Louis le Grand paroisse Saint-Roch »[358]. Il déclare son âge, à savoir vingt-sept ans. Il a été assigné à comparaître par «exploit d'Antoine Bonnaire huissier à verge au dit Châtelet en date du jour d'hier »[359]. Il lui est demandé de prêter serment « de dire vérité »[360]. Il déclare en outre « n'être ni parent, allié, serviteur ni domestique des parties »[361]. Enfin, après sa déposition, il lui est encore donné lecture de ses propres procès-verbaux.

Autant dire que la preuve du passage à l'acte ne peut donc être rapportée par tous moyens, et que la preuve testimoniale, recueillie avec soin, récolée, obéit à des règles strictes qui, au demeurant, restent pour la plupart toujours en vigueur.

L'escroquerie ne se prouve donc pas seulement par les écrits, mais bien évidemment, compte tenu des manœuvres, également par témoignage. C'est

---

[355] Arch. Nat. Y 10.230, affaire n° 17 : Jean-Charles-Frédéric Mayer, sentence du 26 juin 1761, jugement à l'extraordinaire. Voir partie I, titre III, chapitre 1, section 1, § 1 ; voir aussi partie I, titre III, chapitre 1, section 2, § 1.

[356] *Ibid.*

[357] Arch. Nat. Y 10.387, affaire n° 32 : Marc-Antoine Dubois, sentence du 14 avril 1778, jugement à l'extraordinaire. Voir partie I, titre III, chapitre 1, section 2, § 2.

[358] *Ibid.*

[359] *Ibid.*

[360] *Ibid.*

[361] *Ibid.*

seulement ainsi que sont prouvés l'usage des faux noms ou des fausses entreprises, ou encore des faux crédits, l'utilisation d'espérances ou de craintes chimériques, utilisées pour abuser la crédulité de la dupe[362].

Chapitre 2. L'appréciation de la culpabilité des auteurs lors du passage à l'acte

Juger l'escroquerie, c'est aussi s'attacher à la personnalité des auteurs et à leur spécificité.

Section 1. Les circonstances liées à la personnalité des auteurs

Cependant, pour pouvoir sanctionner valablement le passage à l'acte, s'il convient de disposer des preuves les plus indiscutables possibles, encore faut-il savoir évaluer la juste culpabilité des auteurs d'escroqueries. Or s'attacher à la personnalité des escrocs n'est pas tâche facile car elle est souvent trouble, voire totalement fictive. Voilà pourquoi l'article 35 du titre II de la loi du 19-22 juillet 1791 a immédiatement incriminé ceux qui « à l'aide de faux noms » « auraient abusé de la crédulité de quelques personnes et escroqué la totalité ou partie de leur fortune ». Le *Code pénal* de 1810 reprend par son article 405 cette disposition en l'élargissant, puisqu'il vise non seulement ceux qui font usage de faux noms, mais aussi ceux qui font usage de fausses qualités. Enfin, le nouveau *Code pénal* de 1992, par son article 313.1, incrimine désormais également l'abus de qualité vraie.

Participe donc des éléments constitutifs de l'infraction le fait, pour l'escroc, de tromper autrui sur l'identité même de sa personne et sur sa qualité.

§ 1 - La fausse qualité de l'escroc

On peut aussi se demander si certains abus en cette matière n'ont pas été déterminants dans l'appréciation de la culpabilité, comme si la circonstance de commission de l'infraction en était en elle-même accentuée.

---

[362] Sur ce point, voir la loi des 19-22 juillet 1791, titre II, art. 35, qui dispose que : « Ceux qui, par vol, ou à l'aide de faux noms ou de fausses entreprises, ou d'un crédit imaginaire, ou d'espérances et de craintes chimériques, auraient abusé de la crédulité de quelques personnes et escroqué la totalité ou partie de leur fortune, seront poursuivis devant les tribunaux de district ; et, si l'escroquerie est prouvée, le tribunal de district, après avoir prononcé les restitutions et dommages et intérêts, est autorisé à condamner, par voie de police correctionnelle, à une amende qui ne pourra excéder cinq mille livres, et à un emprisonnement qui ne pourra excéder deux ans. [...] En cas de récidive, la peine sera double. [...] Tous les jugements de condamnation à la suite des délits mentionnés au présent article, seront imprimés et affichés. ».

Certes, le mécanisme des circonstances atténuantes est inconnu sous l'ancien droit, car inutile en raison du pouvoir arbitraire du juge[363]. Mais il faut évidemment bien en comprendre le sens.

> « Ce constat n'avait alors rien de péjoratif ; c'est en effet seulement dans les polémiques du XVIIIe siècle que le mot « arbitraire » a pris le sens défavorable qui lui est aujourd'hui attaché, et qui en fait un synonyme de caprice, de fantaisie, et donc d'injustice. Jusque-là, l'arbitraire était au contraire l'un des principes de base de la justice pénale, unanimement accepté : c'était le droit qu'avaient les magistrats d'« arbitrer » les peines, c'est-à-dire de choisir dans chaque affaire la sanction la plus adaptée « aux exigences du cas »[364].

Au juge de rechercher dans quelles conditions ses éléments se sont déroulés et d'en apprécier la gravité. Sous l'Ancien Régime, le juge est pleinement un arbitre, dans le sens où il juge de la culpabilité pour mieux choisir la juste peine sans autre élément. L'évaluation est sa fonction principale. Autant dire qu'il a un rôle considérable, puisque c'est lui qui, *in concreto*, comme le souligne André Laingui[365], analyse non seulement la responsabilité, mais aussi le degré de culpabilité qui s'y rattache. N'existe alors pas de peine sans culpabilité justement mesurée.

Les causes d'aggravation, de diminution ou d'atténuation des peines sont ainsi à la fois étudiées et caractérisées par le juge. Apparaissent alors des circonstances aggravantes et atténuantes, objectives ou réelles, concernant la matérialité de l'acte et aussi des circonstances aggravantes et atténuantes, subjectives ou personnelles, attachées à la personnalité de l'auteur principal ou des complices[366].

---

[363] Sous la Révolution française, il était également absent en raison du système des peines fixes. Il n'avait donc été étroitement prévu que par le *Code* de 1810, puis généralisé par la loi du 28 avril 1832 aux matières criminelles, correctionnelles et de police. Désormais le juge prononce des peines et fixe leur régime « en fonction des circonstances de l'infraction et de la personnalité de son auteur ». C'est l'article 132.24 du *Code pénal*, et ainsi peut se réaliser l'individualisation judiciaire de la peine.

[364] Jean-Marie Carbasse, *Histoire du droit pénal et de la justice criminelle*, Paris, PUF, coll. « Droit pénal », 2000, p. 202. Il explique : « Au début du XVIIe siècle, Jean Imbert écrivait dans sa *Pratique judiciaire* : « Aujourd'hui les peines sont arbitraires en ce royaume. » […] Ce droit s'exerçait dans un cadre précis, délimité d'abord par la raison et l'équité, ensuite par les coutumes et les « usages des cours », enfin et à des degrés variables selon les juridictions, par la législation royale ».

[365] André Laingui, *La Responsabilité pénale dans l'ancien droit, XVIe-XVIIIe siècles*, Paris, 1970.

[366] Existent également des circonstances aggravantes mixtes. Avant le *Code* de 1992, la plupart des peines comportaient un maximum et un minimum, limites entre lesquelles le juge pouvait se mouvoir librement. Le *Code* de 1992 a supprimé le mécanisme des circonstances atténuantes, en effet, seul le maximum de la peine est fixé, au-dessous duquel le juge peut descendre librement, sauf les limites en matière criminelle. Au-delà même de cette limite du maximum, il arrive que la peine soit aggravée par la loi, par le jeu des circonstances aggravantes. Enfin le maximum normal est parfois atténué par

Sans doute faut-il que le juge s'assure également de la qualité des preuves. Comme celles-ci peuvent être pleines ou semi-pleines, on peut se demander si quelquefois les juridictions, en raison du trouble à l'ordre public, n'ont pas eu tendance à condamner sur de simples présomptions. C'est sans doute ce qui justifie parfois la différence d'appréciation entre les sentences rendues en première instance et les arrêts du Parlement de Paris rendus sous le règne de Louis XV. Lorsque la *probatio plena* n'était pas faite, devait-on condamner à la peine ordinaire du crime ? La juridiction de jugement ne devait-elle pas se contenter d'une peine « mitigée », la *poena mitigata,* c'est-à-dire une sanction adoucie ? En somme, l'insuffisance de la preuve pouvait être compensée par la mitigation de la peine[367].

C'est alors l'ensemble de ce processus d'appréciation qui permet de juger les auteurs du passage à l'acte. Yvonne Bongert relève l'existence de cette « entorse au système de preuves légales » que soutient pourtant avec véhémence « d'Aguesseau qui n'admet en aucune façon l'intime conviction ». Le *pro modo probationum* consiste en effet à condamner « un accusé en proportion de la preuve »[368]. Mais les juges du premier degré qui se prononcent habituellement avec rigueur peuvent-ils en faire ici un utile usage ?

Le bailliage de Provins, dans sa sentence du 15 novembre 1736, juge particulièrement caractérisée et grave la culpabilité de Louis Bonneau[369] qui a usé de plusieurs identités pour escroquer. Observons que le Parlement de Paris, le 8 avril 1737, n'a pas du tout la même appréciation, ni de la preuve des faits, ni de leur gravité, ni par conséquent de la condamnation et de la sanction à infliger à Louis Bonneau. Il se contente de peines symboliques et pécuniaires.

Le 17 novembre 1743, le bailliage de l'Hôtel de ville juge Jean Dufour coupable « d'avoir escroqué plusieurs personnes en usant de titres et de qualités qu'il avoit usurpés et de s'être fait passer pour noble »[370]. Cette fois, le Parlement, le 27 mars 1744, confirme en appel la sentence.

---

la loi, en raison des causes légales de diminution de peine ; la peine est même parfois supprimée par la loi en raison d'exemption de peine, ou enfin par le juge, par exemple par une dispense de peine.

[367] Jean-Marie Carbasse, *Histoire du droit pénal et de la justice criminelle*, Paris, PUF, coll. « Droit pénal », 2000, p. 173.

[368] Yvonne Bongert, « Le *Pro modo probationum* : intime conviction avant la lettre », *Revue historique de droit français et étranger*, 78 (2000), p. 13-39.

[369] Arch. Nat. X^{2B} 980, affaire n° 152 : Louis Bonneau, arrêt du 8 avril 1737. Il est notamment condamné à une peine de bannissement de neuf ans. Voir partie I, titre II, chapitre 3, section 2, § 1 ; voir aussi partie I, titre III, chapitre 1, section 1, § 1.

[370] Arch. Nat. X^{2B} 994, affaire n° 185 : Jean Dufour, arrêt du 27 mars 1744. En appel, Jean Dufour est donc banni pour trois ans. Voir partie I, titre III, chapitre 1, section 2, § 1.

Nicolas Sarrazin[371] est jugé en première instance par le bailliage de Sainte-Ménehould le 13 février 1770, et condamné pour « avoir sous un faux nom et une fausse qualité emprunté de l'argent audit Collignon ». La sentence est confirmée en appel par le Parlement de Paris, le 9 septembre 1770.

Le présidial d'Amiens, le 27 juin 1772, rend une sentence selon laquelle il est convaincu qu'Antoine Cornier et Pierre Delamarre[372] ont usé de fausses qualités et ont déclaré de faux domiciles, ce qui leur a permis de fabriquer de faux « billets de connivence » et aussi « d'avoir endossé plusieurs billets faits par des personnes qu'ils connoissoient n'être point marchands et être insolvables ». Le Parlement de Paris, s'il modère la peine, considère néanmoins que les accusés sont coupables des faits reprochés[373].

Condamner l'usage de titres et de fausses qualités, consistant soit à arguer d'une fonction que l'on n'a pas, soit à se faire passer pour noble, repose sur l'idée que corrompre la valeur et la condition sociale d'une personne est particulièrement grave. L'atteinte à l'honneur est une circonstance dont les magistrats ne peuvent faire abstraction. Toute la société repose sur ce socle sans lequel nul engagement, nulle transaction ne peuvent avoir lieu. Qui est qui ? Qui fait quoi ? Ces questions dépassent les simples éléments constitutifs de l'infraction, pour mettre en cause les situations sociales.

Peut-on mettre en cause les fonctions d'autorité ? Comment admettre que Camille Saint-Paul se dise exempt du guet pour régler ses problèmes personnels ? Il n'hésite pas, comme nous l'avons vu, à se rendre dans la boutique du père de sa victime, un marchand orfèvre dénommé Feuillet. Là, déclinant une prétendue qualité d'exempt du guet, il dit que :

> « […] son fils l'avoit troublé dans ses fonctions du jour d'hier au soir et que pour raison de ce, il étoit chargé d'un ordre du Roy à l'effet de l'arrêter et le constituer prisonnier»[374].

De Sartine signe la sentence rendue par le Châtelet. Les magistrats sont convaincus que Camille Saint-Paul s'est supposé exempt de guet, et a fait croire à cette qualité qui lui permettait d'arrêter un particulier sur ordre du roi. Il a réussi

---

[371] Arch. Nat. X^{2B} 1.044, affaire n° 559 : Nicolas Sarrazin, arrêt du 9 septembre 1770. Voir partie I, titre III, chapitre 1, section 2, § 2.

[372] Arch. Nat. X^{2B} 1.047, affaires n° 337 et 358 : Antoine Cornier et Pierre Delamarre, arrêt du 22 octobre 1772.

[373] En première instance, Cornier et Delamarre sont condamnés à être bannis six ans du ressort du bailliage d'Amiens. Le Parlement met l'appel au néant : Cornier et Delamarre sont admonestés et doivent donner chacun trois livres d'aumônes pour les prisonniers.

[374] Arch. Nat. Y 10.213, affaire n° 14 : Camille Saint-Paul, sentence du 26 octobre 1759, jugement à l'extraordinaire. Voir partie I, titre I, chapitre 3, section 2, § 2 ; voir aussi partie I, titre III, chapitre 1, section 2, § 2.

finalement à tirer de l'argent sous prétexte de ne pas mettre cet ordre à exécution[375]. Les juges n'hésitent pas dans leur appréciation : ils déclarent Camille Saint-Paul coupable.

Les magistrats du Parlement de Paris ne trouvent pas dans les preuves la même conviction, et décident simplement d'être plus amplement informés dans leur arrêt du 31 janvier 1761[376].

L'art de passer pour ce que l'on n'est pas est plus répandu qu'on ne le croit au XVIIIe siècle. Sans doute parce qu'il est quelquefois difficile d'être ce que l'on est ou de prouver quoi que ce soit. L'apparence trompe souvent, même sans y mettre trop de malignité. Est-on plus franc en Angleterre qu'en France sur la question ? Peut-on ainsi dire outre-Manche que l'on n'a pas d'argent ou pas de pouvoir, et *a contrario* peut-on se vanter de faire fortune et de se lancer dans l'aventure de la puissance sociale ? En France, est-il plus aisé de se faire passer pour ce que l'on n'est pas, en singeant les classes sociales supérieures ? Est-ce surtout plus nécessaire, sous prétexte que le marchand, par exemple, ne serait pas reconnu véritablement, tandis que le noble, même extrêmement pauvre, participerait toujours de l'élite de la nation ?

Voltaire constate sans hésitation, en 1734, dans ses *Lettres anglaises,* dites *Lettres philosophiques* :

> « Tout cela donne un juste orgueil à un marchand anglais et fait qu'il ose se comparer, non sans quelque raison, à un citoyen romain. Aussi le cadet d'un pair du royaume ne dédaigne point le négoce. Milord Townshend, ministre d'État, a un frère qui se contente d'être marchand dans la Cité. Dans le temps que milord Oxford gouvernait l'Angleterre, son cadet était facteur à Alep, d'où il ne voulut pas revenir et où il est mort.
>
> Cette coutume, qui pourtant commence trop à se passer, paraît monstrueuse à des Allemands entêtés de leurs quartiers ; ils ne sauraient concevoir que le fils d'un pair d'Angleterre ne soit qu'un riche et puissant bourgeois, au lieu qu'en Allemagne tout est prince ; on a vu jusqu'à trente altesses du même nom n'ayant pour tout bien que des armoiries et de l'orgueil.
>
> En France est marquis qui veut ; et quiconque arrive à Paris du fond d'une province avec de l'argent à dépenser, et un nom en -ac ou en -ille, peut dire : « Un homme comme moi, un homme de ma qualité », et mépriser souverainement un négociant. Le négociant entend lui-même parler si souvent avec mépris de sa profession, qu'il est assez sot pour en rougir ; je ne sais pourtant lequel est le plus utile à un État, ou un seigneur bien poudré qui sait précisément à quelle heure le roi se lève, à quelle heure il se couche, et qui se donne des airs de grandeur en

[375] « À cette nouvelle, ledit sieur Feuillet père s'étoit trouvé intimidé, a proposé au dit Saint-Paul d'arranger la chose ». Les juges du Châtelet condamnent donc Camille Saint-Paul au bannissent au principal pour cinq années de la ville, prévôté et vicomté de Paris.

[376] Arch. Nat. X^{2B} 1025, affaire n° 557 : Camille Saint-Paul, arrêt du 31 janvier 1761.

jouant le rôle d'esclave dans l'antichambre d'un ministre, ou un négociant qui enrichit son pays, donne de son cabinet des ordres à Surate et au Caire, et contribue au bonheur du monde »[377].

Voltaire dépeint avec acuité ce siècle qu'il connaît visiblement bien. Pierre Chenon, Conseiller du roi, Commissaire au Châtelet, partage certainement ce point de vue lorsqu'il mène l'enquête contre les Trinquelaire et leurs complices. Après tout, ces messieurs et ces dames, pour commettre leur escroquerie, n'hésitent pas à se faire nommer pour l'un, duc de La Rochefoucauld, pour l'autre, marquis des Pars, pour la troisième, duchesse de Montvallier, tout en laissant croire qu'ils connaissent de façon intime un nommé Du Cadet du Framboisier, valet de chambre chirurgien de M. le duc de La Rochefoucauld, et aussi un comte de Mirevaux. Ils affirment également être attachés à Monseigneur le duc d'Orléans. Il faut alors qu'une des victimes se rende au Palais Royal pour s'entendre dire « que ces gens étoient des fripons et qu'on n'y connoissoit point ces gens-là »[378].

Mais la société française ne peut pas fonctionner valablement si les fausses qualités, leur abus, l'atteinte à l'honorabilité mettent en cause la qualité même des personnes, et donc leur honneur et leur capacité d'engagement. Ce qui est ici apprécié par les magistrats pour juger de la culpabilité des auteurs, c'est l'atteinte portée à la personne.

Le Châtelet, suivant en cela les réquisitions du procureur du roi, est convaincu de l'utilité de prononcer la culpabilité d'Antoine-Christian Klée, qui se permet d'escroquer en usant du titre de baron, de chevalier de Furstenberg et en affirmant qu'il va bientôt rentrer dans des fonds considérables. Le Châtelet décide également de sanctionner Jacques Grandvarlet, parce que ce dernier est venu au secours du soi-disant baron[379].

Le Châtelet condamne, le 14 avril 1778, Marc-Antoine Dubois, parce qu'il a, lui aussi, trompé la société en s'annonçant faussement comme homme de qualité ; il n'a pas hésité à prendre les noms de différentes personnes qualifiées,

> « se disant tantôt le chevalier de Jaucourt, tantôt le comte François, prétendant être les deux et qu'à cause de sa croix de Malte on l'appeloit quelquefois chevalier, qu'il portoit effectivement une petite croix attachée à un ruban noir étant à une boutonnière de son habit »[380].

---

[377] Voltaire, *Lettres philosophiques*, Lettre X.

[378] Arch. Nat. Y 10.225, affaire n° 38 : Trinquelaire, sentence du 16 janvier 1761, jugement à l'extraordinaire.

[379] Arch. Nat. Y 10.372, affaire n° 31 : Jacques Grandvarlet, sentence du 15 janvier 1777, jugement à l'extraordinaire.

[380] Arch. Nat. Y 10.387, affaire n° 32 : Marc-Antoine Dubois, sentence du 14 avril 1778, jugement à l'extraordinaire. Arch. Nat. X^{2B} 1060, affaire n° 377 : Marc-Antoine Dubois, arrêt du 26 mai 1778.

En d'autres termes, l'atteinte à l'honneur est une circonstance dont les magistrats ne peuvent faire abstraction. C'est pratiquement l'élément constitutif majeur d'une manœuvre qui caractérise le dol pénal. Elle identifie l'escroquerie, et par conséquent son auteur. Il apparaît alors évident que les magistrats, lorsqu'ils sanctionnent le passage à l'acte de l'escroc, tentent d'abord et avant tout de limiter l'usage de faux noms et de fausses qualités. C'est cet usage qui est la signature du véritable escroc et entache les actes juridiques d'un Ancien Régime qui aspire à construire une économie moderne et fiable.

§ 2 - La dérogeance

Cependant la situation sociale reste paradoxale, car s'il n'est pas bien vu pour un membre du Tiers-État de se faire passer pour noble, il n'est pas mieux perçu, lorsqu'on est noble, d'être pris pour un bourgeois.

En 1765, Michel-Jean Sedaine dépeint cette société de faux-semblants dans *Le Philosophe sans le savoir*. Lorsqu'un riche négociant décide de marier sa fille Sophie, par les actes notariés dressés, la famille découvre que son origine est noble, alors même que son activité est purement mercantile[381].

Vanderk père n'est pas un escroc, bien entendu. Pourtant il n'ose pas non plus user de sa véritable qualité de gentilhomme, parce qu'il commerce. A-t-il peur de déchoir ? Alors même qu'il fait fortune, son fils ne lui reproche-t-il pas d'avoir

---

381 « M. Vanderk Fils : Mon père, on vient de lire le contrat de mariage de ma sœur : nous l'avons tous signé. Quel nom avez-vous donc pris ? et quel nom m'avez-vous fait prendre ?
M. Vanderk Père : Le vôtre.
M. Vanderk Fils : Le mien ! et celui que je porte ?...
M. Vanderk Père : Ce n'est qu'un surnom.
M. Vanderk Fils : Vous êtes titré de chevalier, d'ancien baron de Salvières, de Clavières, de... etc.
M. Vanderk Père : Je le suis.
M. Vanderk Fils : Vous êtes donc gentilhomme ?
M. Vanderk Père : Oui.
M. Vanderk Fils : Oui ?
M. Vanderk Père : Vous doutez de ce que je dis ?
M. Vanderk Fils : Non, mon père ; mais est-il possible ?
M. Vanderk Père : Il n'est pas possible que je sois gentilhomme !
M. Vanderk Fils : Je ne dis pas cela. Est-il possible, fussiez-vous le plus pauvre des nobles, que vous ayez pris un état ?...
M. Vanderk Père : Mon fils, lorsqu'un homme entre dans le monde, il est le jouet des circonstances.
M. Vanderk Fils : En est-il d'assez fortes pour vous faire descendre du rang le plus distingué au rang...
M. Vanderk Père : Achevez : au rang le plus bas ?
M. Vanderk Fils : Je ne voulais pas dire cela.
M. Vanderk Père : Ecoutez : le compte le plus rigide qu'un père doive à son fils est celui de l'honneur qu'il a reçu de ses ancêtres. » in Jean-Michel Sedaine, *Le Philosophe sans le savoir*, 1765, Acte II, scène 4.

pris le rang le plus bas alors qu'il aurait pu légitimement arguer d'un rang supérieur ? Discussion étonnante qui révèle l'état d'esprit d'une époque en pleine mutation. Ce qui est certain, c'est que l'image renvoyée dans le miroir social n'est pas la bonne. Chacun tente, en fonction de son intérêt, de se faire passer pour ce qu'il n'est pas... ce qui permet peut-être d'être ce que l'on est. En attendant, comment savoir avec certitude à qui l'on a affaire ? Finalement, Vanderk père, pour justifier ses astuces, est contraint de raconter sa vie, et d'expliquer comment, à la suite d'un duel, il a dû s'expatrier et, pour survivre, s'associer aux affaires d'un riche négociant hollandais qui l'avait pris en affection et qui lui a ensuite transmis son nom et son commerce. Voilà de quoi révolutionner la société de la fin de l'Ancien Régime. Personne ne s'y trompe.

Il faut dire que l'argent occupe une place désormais centrale, et peut mettre en péril les nobles sans fortune. « L'argent compte aussi, et compte même de plus en plus. Sont-ils même nobles ceux qui n'ont rien ? La différence entre noblesse riche et noblesse pauvre devient trop grande. Elle fait douter. Cette classe existe-t-elle encore ? »[382].

Bien sûr, il y a les favoris de la Cour, qui font partie des nobles les plus riches et s'accordent tous les honneurs. Ils disposent donc du pouvoir et des pensions. Louis-François-Armand duc de Richelieu en est un bel exemple : il est pair de France en 1721, premier gentilhomme de la Chambre en 1744, ambassadeur à Dresde en 1746, gouverneur de Guyenne et Gascogne en 1755.

> « Il reçoit pour ces différentes charges, et par la faveur du roi, des traitements et des pensions très élevés. Il fait aussi des affaires, certaines pas toujours très claires. En 1772, il profite de sa position de gouverneur de Guyenne pour s'intéresser aux grands travaux de Bordeaux et se lancer dans la spéculation immobilière. Une société par actions est montée. Il en devient l'un des principaux actionnaires. Voltaire, qui s'y connaît, l'appelle « le grand tripoteur »[383].

Louis-François-Armand duc de Richelieu est-il pour autant un escroc ? Nous n'en avons trouvé aucune preuve, ni dans le fonds du Châtelet, ni plus généralement dans celui du Parlement de Paris. Les magistrats n'ont pas eu à se prononcer sur son éventuelle culpabilité. Laissons donc à Voltaire son appréciation personnelle sur ce grand du royaume.

Cependant la noblesse pauvre est aussi une dure réalité[384]. Se répand alors au XVIIIe siècle la thèse de l'abbé Coyer[385], qui constate l'appauvrissement relatif,

---

382 Jean de Viguerie, *Histoire et dictionnaire du temps des Lumières*, Paris, Robert Laffont, coll. « Bouquins », 1995, p. 243.

383 *Ibid.*

384 « La noblesse bretonne - dont beaucoup de membres n'ont pas plus de 1000 livres par an - est le cas le plus connu. Mais toutes les provinces du royaume ont leurs gentilshommes crottés. Au pays

mais constant, de la noblesse, et cherche des solutions à cette fâcheuse évolution. S'il existe en effet une pauvreté, elle est tout de même rarement misérable[386].

Ne faut-il pas alors « permettre à la noblesse indigente de retrouver « prestige et fortune par le commerce, pour s'acquitter ensuite de ses fonctions traditionnelles, qu'elle est la plus apte à remplir par tradition » et pour cela abolir « cette loi singulière et gothique de dérogeance »[387] ? Coyer suggère ainsi qu'il n'est plus utile de confiner la noblesse uniquement dans ses attributions militaires, car « il y a assez de nobles pour satisfaire aux deux ».

Coyer incite ainsi la noblesse à s'engager dans le commerce dans l'intérêt économique de tous. Adepte du mercantilisme, influencé par les Anglais et les physiocrates, il découvre avec d'autres les mérites du libéralisme et s'y convertit. Il soutient que le commerce pourrait perfectionner, par la multiplicité des intervenants, la culture des terres, le développement des troupeaux, et augmenterait le nombre d'emplois. Il apporterait de nouvelles matières premières aux manufactures, accentuerait la production, ce qui enrichirait la population. L'abbé Coyer est également intéressé par l'exemple anglais, qu'il qualifie de « probant » et conclut : « Qu'on abolisse donc toute dérogeance, même pour le commerce de détail qui n'est pas plus vil que le commerce de gros »[388].

Voilà que l'abbé Coyer rejoint le clan de Voltaire, qui affirme que :

---

toulousain, tandis que les parlementaires vivent leur opulence dans leurs hôtels et leurs châteaux, les nobles d'antique race, les Latour-Saint-Paulet, les Terson de Palleville, les Brébat de Pordéac, se rencoignent dans leurs gentilhommières, dont les toits crevés laissent passer la pluie. Car c'est la loi de la noblesse. Plus elle dure, plus elle s'appauvrit, à moins qu'elle ne décroche un jour la faveur du prince », *Ibid.*

385 Abbé Coyer, *La Noblesse commerçante*, Paris, 1756. L'abbé Coyer publie en 1756 sa brochure de 215 pages, intitulée *La Noblesse commerçante*. Elle se veut une réponse aux *Réflexions* posthumes du marquis de Lassay, ouvrage écrit après la chute du système de Law, mais paru seulement en 1754, qui défendait « le point de vue traditionnel suivant lequel la noblesse doit se dévouer tout entière et exclusivement au service des armes ». Il est vrai qu'en cette période de conflits armés, une grande partie de la noblesse est employée à la guerre, qui nécessitait un personnel d'encadrement cultivé et disponible, notamment dans la marine. L'abbé Coyer le reconnaît.

386 « [L'aisance] commençait à 500 livres pour un roturier, à 1000, 2000 ou 3000 livres pour un noble, jouissant en outre d'avantages fiscaux énormes. Beaucoup de nobles donc se sentaient « pauvres » sans que le tiers les tînt pour tels. Il faut dire que le train de vie n'était pas le même et tous les auteurs admettaient que la noblesse ne pouvait se soutenir qu'à partir d'un certain niveau de fortune, vérité dont étaient conscientes les Chambres des comptes qui, avant d'enregistrer les lettres de noblesse, s'enquéraient toujours de savoir si le nouvel anobli aurait les moyens de soutenir « honorablement » sa noblesse », cité in Guy Richard, *La Noblesse d'affaires au XVIIIe siècle*, 2e édition, Paris, Armand Colin, 1997, p. 19.

387 Guy Richard, *op. cit.*, p. 34.

388 Abbé Coyer, *La Noblesse commerçante*, Paris, 1756, cf. Guy Richard, *op. cit.*, p. 36.

« Le commerce, qui a enrichi les citoyens en Angleterre, a contribué à les rendre libres, et cette liberté a étendu le commerce à son tour ; de là s'est formée la grandeur de l'État. C'est le commerce qui a établi peu à peu les forces navales par qui les Anglais sont les maîtres des mers. Ils ont à présent près de deux cents vaisseaux de guerre. La postérité apprendra peut-être avec surprise qu'une petite île, qui n'a de soi-même qu'un peu de plomb, de l'étain, de la terre à foulon et de la laine grossière, est devenue par son commerce assez puissante pour envoyer, en 1723, trois flottes à la fois en trois extrémités du monde, l'une devant Gibraltar conquise et conservée par ses armes, l'autre à Portobello, pour ôter au roi d'Espagne la jouissance des trésors des Indes, et la troisième dans la mer Baltique, pour empêcher les puissances du Nord de se battre »[389].

Mais les grands esprits du XVIIIe siècle sont loin d'être aussi enthousiastes à l'idée d'une noblesse marchande. En 1748, Montesquieu écrit dans *L'Esprit des lois* : « Des gens frappés de ce qui se pratique dans quelques États pensent qu'en France, il faudrait qu'il y ait des lois qui encourageassent la noblesse à faire le commerce. Ce serait le moyen de détruire la noblesse, sans aucune utilité pour le commerce »[390]. Plus enclin à la grandeur politique de l'État et à un sens de l'honneur traditionnel, Montesquieu affirme en conséquence qu'il « est contre l'esprit du commerce que la noblesse le fasse dans une monarchie »[391] ; et qu'il « est contre l'esprit de la monarchie que les nobles y fassent le commerce »[392]. Il constate ainsi que « la pratique de ce pays est très sage : les négociants n'y sont pas nobles, mais ils peuvent le devenir… ils n'ont pas de moyen plus sûr de sortir de leur profession que de la bien faire ou de la faire avec bonheur, chose qui est ordinairement attachée à la suffisance »[393].

Les affaires judiciaires révèlent que la dérogeance se traduit souvent dans les faits par la malhonnêteté de ces nobles devenus marchands. Qu'un noble abuse de sa qualité pour faire fructifier illégalement sa fortune, voilà ce qui ne peut pas être toléré. Et c'est sans doute pourquoi les nobles avaient jusqu'alors toujours été écartés du commerce, considéré comme un jeu spéculatif, usuraire, et souvent aux confins de l'acceptable d'un point de vue éthique.

Et n'est-ce pas ce qui est reproché à Louis-Léopold-Casimir-César de Barbins ? Usurpant une identité, il se fait passer pour noble. « Prenant les titres de

---

389 Voltaire, *Lettres philosophiques*, Lettre X, coll. « La Pléiade », Gallimard, 1961, p. 27.
390 Montesquieu, *De l'Esprit des lois,* GF, 1979, tome 2, p. 22-23.
391 Montesquieu, *op. cit.*
392 Montesquieu, *op. cit.*
393 Montesquieu, *op. cit.*

marquis, comte ou duc et se décorant des marques des ordres de sa Majesté »[394], ne déroge-t-il pas en exerçant les fonctions de décrotteur, de marmiton, de laveur de vaisselle, de garçon de cuisine ? Les juges du Châtelet ne s'y trompent pas, le 28 octobre 1761 : noble ou pas, de Barbins est un escroc. Il est donc condamné à trois jours de carcan avec écriteaux portant les mots « escroc et imposteur insigne ». Cette sentence est confirmée en appel par le Parlement le 5 décembre 1761.

Même interrogation sur la personnalité de René de Gouesse du Barda[395]. Son éventuelle qualité est sujette à caution en raison de son activité délictueuse. Il a en effet fait croire qu'il était employé dans les fermes, en contrefaisant et en produisant un certificat portant la signature d'un des fermiers généraux de sa Majesté[396]. L'usage d'un faux, en l'espèce, aggrave l'escroquerie. Il argue d'une fonction qu'il n'a pas en abusant de son nom.

Jacques de la Cour[397] est un curieux personnage, dont nous avons déjà évoqué les astuces. Noble et chanoine de l'église collégiale de Notre-Dame d'Aigueperce, il boit, triche et se comporte en tous points comme un parfait escroc.

Marie-Françoise-Louise Delalance de Moranville, baronne de Sandoucq, est jugée par le Châtelet, par une sentence du 15 novembre 1778, et déclarée « dûment atteinte et convaincue d'avoir profité de sa qualité et de son nom pour se faire remettre des marchandises sans les payer, puis de les avoir revendues sans s'acquitter de ses dettes »[398]. L'abus de sa véritable qualité l'assimile à un escroc. Mais sa noblesse souligne plutôt la circonstance de sa dérogeance.

---

[394] Arch. Nat. X^{2B} 1026, affaire n° 348 : Louis de Barbins, arrêt du 5 décembre 1761. Voir partie I, titre III, chapitre 1, section 2, § 1.

[395] Arch. Nat. X^{2B} 1027, affaire n° 351 : René de Gouesse du Barda, arrêt du 7 mai 1762. Voir partie I, titre II, chapitre 3, section 2, § 2 ; voir aussi partie II, titre II, chapitre 1, section 1, § 2.

[396] Les fermiers généraux, les financiers, les banquiers, les négociants et les grands marchands, sans constituer une véritable catégorie sociale, n'en forment pas moins une strate de la société. Jean de Viguerie rappelle que « ses membres ont en commun les grandes richesses, le prestige et la vie noble. Rares y sont les nobles de longue date. Plusieurs sont des anoblis. La plupart seront anoblis. Par exemple, chez les fermiers généraux de 1774, 64% sont des nobles (d'assez fraîche date pour la majorité d'entre eux), 18 % sont des secrétaires du roi, 18 % des roturiers. Prenons pour autre exemple les 200 familles des armateurs nantais : 22 sont nobles, et, sur les 22, 5 seulement d'ancienne noblesse. Les 17 autres sont des anoblis récents, comme les Montaudouin, faits nobles en 1732 », Yves Durand, *Les Fermiers généraux...*, PUF, 1971, et Jean Meyer, *L'Armement nantais dans la deuxième moitié du XVIIIe siècle*, Paris, SEVPEN, 1969, cf. Jean de Viguerie, *Histoire et dictionnaire du temps des Lumières*, Paris, Robert Laffont, coll. « Bouquins », 1995, p. 243.

[397] Arch. Nat. X^{2B} 1051, affaire n° 354 : Jacques de La Cour, arrêt du 18 juillet 1774. Voir partie I, titre III, chapitre 3, section 1, § 2 ; voir aussi partie II, titre I, chapitre 2, section 2, § 2 et chapitre 3, section 2, § 2.

[398] Arch. Nat. X^{2B} 1062, affaire n° 356 : Marie-Françoise-Louise Delalance de Moranville, arrêt du 6 mars 1779. Voir partie I, titre III, chapitre 3, section 1, § 2.

Louis d'Harcourt est dans la même situation. Son appartenance à une très grande famille aggrave même sa culpabilité[399].

Pour vaincre l'ensemble des préjugés de la fin de l'Ancien Régime sur la relation qu'entretient la noblesse avec le commerce, les tribunaux adoptent donc une jurisprudence des plus claires : lutter contre la corruption. D'autant que ces mêmes nobles usaient de plus en plus fréquemment de prête-noms, qui leur permettaient, avec la complaisance de leurs serviteurs, de se livrer aux affaires sous de fausses identités.

C'est alors qu'éclate l'une des grosses affaires qui entache la fin de l'Ancien Régime : le cardinal Louis-René-Edouard de Rohan[400] suspecté de faux et de complicité de vol du collier destiné à la Reine, pour ne pas dire d'escroquerie ! En s'entremettant avec Mme de la Motte, il espérait, comme nous l'avons vu, s'attirer, par ses manœuvres, les faveurs royales.

Absent et contumace, Marc-Antoine-Nicolas de La Motte de la Pénissière, est également accusé devant la même juridiction.

Le cardinal de Rohan aurait acheté ce collier en brillants aux joailliers de la Couronne Boehmer et Bassenge, en prétendant être autorisé par la Reine, alors qu'il procédait à l'acquisition à son insu,

> « moyennant le prix de seize cent mille livres payables en différents termes, et leur auroit fait voir à cet effet de prétendues propositions qu'il leur auroit exhibées comme approuvées et signées par la Reine ; que ledit collier ayant été livré par lesdits Boehmer et Bassenge audit Cardinal, et le premier paiement convenu entre eux n'ayant pas été effectué, ils auroient eu recours à la Reine »[401].

Or le cardinal de Rohan ne pouvait se méprendre sur la valeur de la pièce dont il se portait acquéreur, puisque les joailliers lui avaient précisé qu'il s'agissait d'une collection unique et rare et qu'ils entendaient, si la vente n'avait pas lieu, envoyer cette parure en Espagne.

Le Cardinal avait répondu

> « qu'il rendroit compte de la conversation qu'il venoit d'avoir avec eux, et qu'il se chargeroit peut-être de l'acquisition, que ce n'étoit point pour lui, qu'il étoit persuadé qu'ils accepteroient avec plaisir les arrangements de l'acquéreur, mais qu'il ignoroit s'il lui seroit permis de le nommer : que deux jours après le

---

[399] Arch. Nat.X^{2B} 1070, affaire n° 638 : Louis d'Harcourt, arrêt du 4 septembre 1782. Voir partie I, titre I, chapitre 3, section 3, § 2 ; voir aussi Voir aussi partie I, titre III, chapitre 3, section 1, § 2.

[400] « Cardinal de la Sainte Eglise Romaine, Evêque et Prince de Strasbourg, Landgrave d'Alsace, Prince-État d'Empire, Grand Aumônier de France, Proviseur de Sorbonne, et Commandeur de l'Ordre du Saint-Esprit ».

[401] *Ibid.*

Cardinal seroit revenu chez eux leur annoncer que de nouvelles instructions l'autorisoient à traiter avec eux sous la recommandation expresse du plus grand secret ; que lesdits Joailliers lui ayant promis le secret, le Cardinal leur auroit communiqué des propositions tant pour le prix que pour les échéances de paiement, au-dessous desquelles propositions ils auroient mis leur acceptation le 29 Janvier 1785 : que le 1er Février suivant, le Cardinal leur auroit mandé de venir chez lui et d'apporter l'objet en question ; qu'ils s'y seroient rendus et lui auroient porté le collier »[402].

Le témoignage des joailliers est alors essentiel, puisqu'ils affirment que c'est lors de cette visite, effectuée chez le cardinal de Rohan, qu'il leur avait annoncé pour la première fois que

> « c'étoit la Reine qui faisoit l'acquisition, en leur montrant les propositions qu'ils avoient acceptées, chacune desdites propositions émargées du mot approuvé, et à la marge de leur acceptation, les mots approuvés, Marie-Antoinette de France : que le Cardinal leur auroit assuré que le collier seroit livré dans la journée ; qu'il leur auroit dit en même temps que la Reine ne pouvoit donner de délégation, mais qu'il espéroit qu'il leur seroit tenu compte des intérêts »[403].

Or, le même 1er février 1785, Boehmer et Bassenge affirment avoir reçu dans la soirée

> « une lettre du Cardinal, écrite de sa main et signée de lui, par laquelle il leur auroit mandé que la Reine lui avoit fait connoître que ses intentions étoient que les intérêts de ce qui seroit dû après le premier paiement, leur fussent payés successivement avec les capitaux jusqu'au parfait acquittement. Que dans le même mois de Février, le Cardinal auroit montré à un particulier l'écrit à mi-marge, où étoient d'un côté les conditions du marché et les époques des paiements, et de l'autre l'acceptation des conditions prétendues approuvées et signées par la Reine »[404].

Mais les infractions commises ne sont-elles que de simples vol et faux ? Ne serait-ce pas là une incroyable escroquerie, dans laquelle n'hésite pas à s'impliquer un grand du royaume de France, en usant de sa vraie qualité pour, par des manœuvres, utiliser la fausse signature de la Reine ?

Le procureur général Joly de Fleury qui se pose ces mêmes questions, manifeste de réelles réticences à conclure péremptoirement à la constitution d'un tel délit, compte tenu du rang du cardinal :

---

[402] *Ibid.*
[403] *Ibid.*
[404] *Ibid.*

> « Personne n'accorde estime ni intérêts à M. le cardinal de Rohan, mais l'on plaint sa famille, l'on ne veut pas le croire coupable d'un faux, d'une escroquerie infâme, on aime mieux croire qu'il est un insensé, égaré par son ambition et victime de la séduction d'une femme perdue d'honneur avec laquelle il ne rougissoit pas de vivre (…). Il demeurera constant que ce n'étoit point pour la Reine que le collier étoit acheté. L'objet véritable n'étoit point comme on l'avait annoncé aux joailliers de remettre le collier à la Reine, mais bien de le vendre dans un pays étranger »[405].

Pourtant, par un arrêt de la Cour du Parlement de Paris, la Grand'Chambre assemblée, en date du 15 décembre 1785, l'information a été non seulement poursuivie, mais a été également passé l'ordre d'appréhender tous les acteurs de cette affaire pour un interrogatoire par le conseiller-rapporteur. Les faits sont tellement grossiers, les manœuvres tellement évidentes, que le grand public se demande comment une telle escroquerie aurait pu passer inaperçue.

Toujours est-il que le cardinal de Rohan tente de se défendre judiciairement. Le Roi est proche du procureur général Joly de Fleury. Aussi le cardinal essaie-t-il de remettre son destin entre les mains de ses juges naturels, à savoir ceux des juridictions ecclésiastiques. Un des privilèges nobiliaires[406] consiste à bénéficier d'un privilège de compétence : en première instance, les nobles n'étaient justiciables que des baillis et des sénéchaux ; en matière criminelle, que du Parlement, Grand Chambre et Tournelle assemblées. En aucun cas, ils ne pouvaient être cités devant le prévôt des marchands ou le tribunal consulaire. Mais il est vrai que le cardinal pouvait relever aussi bien d'une juridiction civile que d'une juridiction ecclésiastique.

La chronique des événements judiciaires nous est encore rapportée par le fonds Joly de Fleury. Rohan ne conteste pas la compétence d'une juridiction, mais demande à être entendu par ses juges naturels.

> « Son Éminence consent que l'affaire soit portée en procédure régulière, mais elle ne veut répondre qu'à ses juges naturels. »[407].

---

[405] Bibl. Nat., fonds Joly de Fleury : cote 2.088, Affaire du Collier, volume 1, feuillet 66, « Mémoire particulier du procureur général ».

[406] « Ces privilèges étaient de deux sortes, honorifiques et utiles : le droit de siéger aux états provinciaux et généraux, le droit de porter l'épée, de timbrer ses armoiries, de prendre la qualification d'écuyer et toutes sortes de prérogatives honorifiques, étaient les droits qui pouvaient flatter le plus l'amour-propre des simples gentilshommes et aussi des plus grands seigneurs. Il ne faut pas oublier non plus que seuls les nobles avaient le droit de chasse, privilège auquel ils étaient ardemment attachés », Guy Richard, *op. cit.*, p. 16-17.

[407] Bibl. Nat., fonds Joly de Fleury : cote 2.088, Affaire du Collier, 1785-1786-1790, volume 1, feuillets 2-3 : numéro LXVIII des *Nouvelles extraordinaires de divers endroits* du 26 août 1785, extrait d'une lettre de Versailles datée du 17 août.

Que dit-il aux commissaires qui viennent l'interroger ? Le fonds Joly de Fleury le résume :

« Il importe aussi de savoir, pour l'apologie du cardinal, qu'il répond aux ministres, qu'il a été trompé par une intrigante, qu'à la recherche on verra que l'envie seule de plaire à la Reine l'a porté à se mêler de cette négociation et qu'on reconnoistra qu'elle n'a rien de déshonorant pour lui. Ce qui semble encore plaider en sa faveur, c'est que le Roi et la Reine prennent le plus grand intérêt à un examen approfondi qui ne peut tourner qu'à la justification du prélat, incapable d'une action indigne de sa naissance et de son rang »[408].

Le cas du cardinal de Rohan peut-il alors échapper à la juridiction du Parlement de Paris ? Sans doute pas. En effet, le cardinal lui-même explique qu'il a voulu plaire à la Reine pour assurer sa carrière. La question est bien séculière et nullement de caractère spirituel. Au demeurant, si le cardinal de Rohan a été indélicat et d'un point de vue juridique, s'est peut-être conduit comme un escroc, les principaux auteurs de l'infraction ont disparu.

C'est dans ce contexte politique et de droit commun que la Grand'Chambre assemblée du Parlement de Paris rend un arrêt le 17 février 1786, par lequel le cardinal de Rohan est débouté de sa revendication et de sa demande de renvoi devant le juge ecclésiastique compétent. Sont également recherchés et interpellés, dans la mesure du possible, tous les protagonistes de l'affaire.

Le Procureur général du Roi requiert que les témoins ouïs dans l'information, et qui peuvent encore être entendus, soient d'une part récolés dans leurs dépositions, et d'autre part,

« si besoin étoit, confrontés à Louis-René-Édouard de Rohan, Cardinal ; à Jeanne de Valois de Saint-Remy de Luz, épouse de Marc-Antoine-Nicolas de la Motte, à Marie-Nicole le Guay, dite d'Oliva ou Dessigny, et à Alexandre de Cagliostro, et que par-devant ledit Conseiller, ledit Cardinal de Rohan, ladite femme de la Motte, ladite fille le Guay et ledit de Cagliostro seroient récolés sur leurs interrogatoires et, si besoin étoit, confrontés les uns aux autres ; pour lesdits récolements et confrontations faits, communiqués au Procureur Général du Roi, être par lui requis et par la Cour ordonné ce qu'il appartiendroit »[409].

---

[408] Bibl. Nat., fonds Joly de Fleury : cote 2.088, Affaire du Collier, 1785-1786-1790, volume 1, feuillets 2-3 : numéro LXVIII des *Nouvelles extraordinaires de divers endroits* du 26 août 1785, extrait d'une lettre de Versailles datée du 17 août.

[409] Arch. Nat. X^{2B} 1417 : affaire du Collier de la Reine au Parlement criminel de Paris, arrêt du 31 mai 1786, et Bibl. Nat., fonds Joly de Fleury : Affaire du Collier, cote 2089, 1785-1786-1790, volume 2, feuillet 6 : « Mes conclusions, 17 février 1786 » : « Je requiers pour le Roi être ordonné que les témoins ouïs dans les informations et ceux qui pourront encore être entendus de nouveau seront recollés dans leurs dépositions et si besoin est, confrontés à Louis-René-Edouard de Rohan, cardinal, à Jeanne Valois de Saint-Rémy de Luze, épouse de Marc Antoine Nicolas de la Motte, à Marie Nicole

Par un arrêt en date du 10 avril 1786, la même Cour a également ordonné

> « que l'écriture des mots approuvé et des mots Marie-Antoinette de France, qui sont sur le marché du collier, seroit vérifiée, si besoin étoit, sur des pièces de comparaison, et sur un corps d'écriture que ledit Rétaux de Villette seroit tenu de faire, s'il y échéoit, dans la forme, et ainsi qu'il étoit prescrit par l'Ordonnance, par-devant le Conseiller-Rapporteur, par Harger et Blin, Jurés-Experts Écrivains que la Cour a nommés d'office »[410].

Puis le cardinal de Rohan produit au procès trois actes authentiques, le 20 avril 1786, qui attestent que ce dernier « n'est parti de Saverne pour revenir à Paris, que le 4 Janvier 1785 »[411]. Il est également donné acte au cardinal du fait qu'il ait produit au procès « l'Écrit de conventions dressé de sa main, émargé des fausses approbations et signature dont est question »[412]. Comme le cardinal l'a remis pour prouver sa bonne foi, la question se pose de savoir s'il est réellement coupable ou victime lui-même des agissements des époux La Motte.

Le procureur général Joly de Fleury fait le point dans une note personnelle intitulée « Résumé de moi définitivement arrêté »[413] :

> « [...] Il est démontré que le cardinal, à l'insu de la Reine, et sans s'être assuré par lui-même des intentions du roi et de la reine a entamé et suivi une négociation et a consommé avec lesdits Joailliers le marché pour le collier de brillants dont est question ; Que ce collier lui a été remis sur la foi de la vérité que les mots « approuvé » et la signature étoient émanés de la reine ; Qu'il a continué d'entretenir lesdits Joailliers par des assertions fausses (...) dans la confiance du marché du collier et que c'étoit pour la reine qu'il en faisoit acquisition ; Et que

---

Le Jay, dite d'Oliva ou d'Essigny et à Alexandre Cagliostro par-devant tel conseiller qu'il plaira à la cour de commettre et que par-devant ledit conseiller, ledit cardinal de Rohan, ladite femme de la Motte, ladite fille Le Jay et ledit Cagliostro seront recollés dans leurs interrogatoires et si besoin confrontés les uns aux autres : pour lesdits recollements et confrontations faits et à moi communiqués être par moi requis et par la cour ordonné ce qu'il appartiendra ; requiers les réserves et protestations dudit de Rohan contenues dans l'interrogatoire par lui subi devant le conseiller rapporteur le 11 janvier 1786 et réitérée dans sa première requête présentée en la cour être déclarées nulles comme attentatoires aux droits du Roi et de sa justice souveraine sur toutes les personnes ecclésiastiques de son royaume de quelque qualité qu'ils soient et de quelque dignité qu'ils soient revêtus. Ce faisant ledit de Rohan débouté de sa demande en renvoi contenue dans sa seconde requête et la dite réquisition déclarée nulle, le surplus de la première requête de ladite Jeanne Valois de Saint-Rémy de Luze et dudit Alexandre Cagliostro jointes pareillement au procès. ».

410 Arch. Nat. X^{2B} 1417 : affaire du Collier de la Reine au Parlement criminel de Paris, arrêt du 31 mai 1786.

411 *Ibid.*

412 *Ibid.*

413 Bibl. Nat., fonds Joly de Fleury : Affaire du Collier, cote 2.089, 1785-1786-1790, volume 2, feuillets 30 et *sq.* : « Résumé de moi définitivement arrêté ».

même après, de son propre aveu, avoir constaté par des pièces de comparaisons que les « approuvé » et la signature étoient fausses, il a paru une suite d'abus du nom de la reine faits audits joailliers un payement de 30 mille livres dont il s'est fait donner quittance au nom de la reine »[414].

Cependant, Joly de Fleury ne peut s'empêcher de souligner le comportement inadmissible du cardinal de Rohan, avec tous les éléments matériels constitutifs d'infractions qu'il vient de relever :

« On ne peut ne voir sans une juste indignation qu'un des premiers officiers du roy également distingué par sa naissance et (…) par ses dignités ait osé emprunter un nom aussi auguste que celui de la reine et porte la témérité jusqu'à violer à la fois le respect dû à la majesté royale et aux personnes sacrées du roi et de la reine (…) »[415],

Il analyse néanmoins de façon arbitraire cette éventuelle culpabilité au regard de la personnalité de son auteur. Cette seule circonstance, au lieu d'aggraver logiquement pareille commission, en est considérée, contre toute attente, comme atténuante, compte tenu justement de sa qualité.

« Par le résumé de tout ce qui existe et est prouvé sur le faux et sur l'escroquerie, il est impossible de l'impliquer comme complice »[416]

On peut bien sûr s'interroger sur la motivation d'une pareille conclusion. La position sociale du mis en cause est-elle trop importante ? L'éventuel auteur de l'infraction se serait-il vraiment abaissé à la commettre ? Peut-il vraiment avoir été l'instigateur ou n'a-t-il été lui-même qu'un prête-nom manipulé ? Ne peut-il, dans le fond, n'avoir été qu'abusé ? En effet, personne ne comprendrait qu'il trahisse à ce point la couronne, ce qui en soi pourrait fragiliser l'institution même, ce qui n'est pas encore envisageable.

Le procureur général du Roi prend alors des réquisitions afin que le cardinal de Rohan soit purement et simplement déchargé de l'accusation contre lui intentée, et par conséquent relaxé des prisons,

« et que les écrous faits de sa personne seroient rayés et biffés de tous registres où ils auront été enregistrés, à quoi faire tous Greffiers et Dépositaires desdits Registres seroient contraints, même par corps »[417].

---

[414] *Ibid.*

[415] *Ibid.*

[416] Bibl. Nat., fonds Joly de Fleury : Affaire du Collier, cote 2.089, 1785-1786-1790, volume 2, feuillet 96 : « Conclusions du procureur général ».

Il apparaît d'ailleurs que la dame de La Motte a continué, pendant le cours de l'année 1785, et jusqu'au mois d'août de ladite année, de solliciter et de recevoir du Cardinal de Rohan une aide financière de quelques louis. À la fin de juillet 1785, « la dame de la Motte lui a apporté une somme de 30.000 livres de la part de la Reine, pour payer les intérêts aux sieurs Boehmer et Bassenge »[418].

Pour preuve de l'innocence du cardinal de Rohan, il est encore établi que ce soudain apport d'argent de la part de la dame de La Motte ne pouvait provenir que d'une puissance financière certaine, puisque

> « jusqu'au mois d'Août 1784, les sieur et dame de la Motte vivoient dans un tel état d'indigence, qu'ils envoyoient souvent leurs meubles au Mont-de-Piété, ou les faisoient enlever de leur maison, et les mettoient en dépôt pour les soustraire aux saisies de leurs créanciers. Qu'en Juin, Juillet et Août 1785, lesdits sieur et dame de la Motte ont fait transporter en leur maison de Bar-sur-Aube un mobilier très considérable, acheté chez différents marchands à Paris ; qu'ils se sont donné de très nombreux domestiques, un grand nombre de chevaux, et qu'à Bar-sur-Aube et aux environs, ils ont été vus meublés fastueusement ; portés dans des voitures à six chevaux, et chargés de diamants l'un et l'autre »[419].

La démonstration est parfaite. Le cardinal de Rohan a été manoeuvré et instrumentalisé. Tout lui a fait croire que Mme de La Motte disait vrai, et agissait au nom de la Reine. Il s'est donc comporté en cardinal et fidèle serviteur et non en impie corrompu. Un grand du royaume n'a pu déroger à ce point, il ne peut être complice de tels faits. Voilà exactement la constatation qu'attend la royauté et c'est ce qu'établira l'arrêt du Parlement de Paris, en date du 31 mai 1786. Il commence par déclarer faux ce qui ne peut pas avoir été écrit, c'est-à-dire la signature de Marie-Antoinette[420].

Enfin tous ceux qui ne tenaient pas un rôle bien défini dans cette chronique judiciaire et dont la culpabilité n'est pas prouvée se trouvent déclarés soit hors de cour et de procès, soit déchargés des plaintes et accusations :

> « *Sur la plainte et accusation intentées à la requête du procureur général* du roi contre Marie Nicole Le Jay dite d'Oliva ou Dessigny, parties hors de cour et de procès.

---

417 Arch. Nat. X^{2B} 1417 : affaire du Collier de la Reine au Parlement criminel de Paris, arrêt du 31 mai 1786.

418 *Ibid.*

419 *Ibid.*

420 Bibl. Nat., fonds Joly de Fleury : Affaire du Collier, cote 2.089, volume 2, feuillet 114 : « Arrêt de la cour rendu en la grand-chambre assemblée le 31 mai 1786 », et Arch. Nat. X^{2B} 1417 : affaire du Collier de la Reine au Parlement criminel de Paris, arrêt du 31 mai 1786.

Décharge Alexandre de Cagliostro et Louis René Edouard de Rohan des plaintes et accusations contre eux intentées à la requête du procureur général du roi »[421].

La dérogeance, qu'elle soit directe ou par personne interposée, ne peut être acceptée. Aussi se trouve-t-elle soit sévèrement réprimée, soit *a priori* exclue, parce qu'intellectuellement impossible en cette fin d'Ancien Régime. N'oublions pas que la société d'ordres est une pyramide de droits particuliers. Selon l'expression de Pierre Chaunu, « le privilège, c'est le droit du groupe »[422].

Que signifie une telle notion ? Qu'on ne peut, en quelque sorte, accroître les prérogatives d'un ordre « sans affecter le droit des autres »[423]. Ou encore que « dispenser le noble marchand de la dérogeance, c'est atteindre la noblesse mais plus sûrement encore le tiers état »[424].

Cependant, nous l'avons vu, cette organisation sociale s'affine et se diversifie sans pour autant se contredire. Quel chemin parcouru depuis les *Cinq livres du droit des offices* de Charles Loyseau de 1610, le *Droit public* de Jean Domat de 1697 et ce siècle de Louis XV, avec son chancelier d'Aguesseau, et de Louis XVI ! Chaque ordre se divise désormais en plusieurs degrés, et il faut distinguer les préséances des ordres et celles des personnes.

> « On doit tenir compte du rang des personnes dans chaque ordre. Ainsi, quelqu'un placé au premier rang du cinquième ordre des finances est au-dessus des derniers officiers de justice, mais est précédé par les premiers officiers de justice. »[425]

De la conception de cette pyramide découle l'échelle des valeurs utilisée par les magistrats pour apprécier la culpabilité. Les faits ne peuvent être qualifiés que de très graves quand un d'Harcourt commerce et commet des escroqueries. Les faits ne peuvent pas seulement être considérés en eux-mêmes, lorsque les juges sont obligés de se prononcer sur une éventuelle culpabilité du cardinal de Rohan.

Les magistrats peuvent-ils tolérer que la noblesse devienne commerçante, s'unisse avec des bourgeois pour prospérer ou progresser dans la carrière ? Est-il bien vu que de riches commerçants deviennent nobles tout en continuant leur

---

421 Bibl. Nat., fonds Joly de Fleury : Affaire du Collier, cote 2.089, volume 2, feuillet 114 : « Arrêt de la cour rendu en la grand-chambre assemblée le 31 mai 1786 », et Arch. Nat. X^{2B} 1417 : affaire du Collier de la Reine au Parlement criminel de Paris, arrêt du 31 mai 1786.

422 Pierre Chaunu, préface à la première édition de l'ouvrage de Guy Richard, *La Noblesse d'affaires au XVIIIe siècle*, 2e édition, Paris, Armand Colin, 1997, p. 9.

423 *Ibid.*

424 *Ibid.*

425 *Ibid.* Ces analyses sont également développées par Yves Durand, *Les Fermiers généraux au XVIIIe siècle*, Paris, PUF, 1971.

activité ? Que l'industrie brasse les hommes et brouille les limites, et l'organisation politique pourrait s'en trouver modifiée !

La question juridique n'est jamais clairement posée. Mais si les abus, les faux pas, les erreurs et même les infractions au droit sont poursuivis et condamnés, c'est sans doute qu'ils peuvent être commis de plus en plus fréquemment en raison de ces zones de communication, qui, sans être devenues banales, existent néanmoins entre chacun des deux ordres. Cette passerelle qui s'élargit entre haute noblesse et grands commerçants, donne naissance, en dehors de tout cadre juridique et presque par endogamie, à « un groupe d'existence, où la classe dirigeante du XIXe siècle conquérant est déjà en promesse »[426].

Le grand mouvement est donc lancé. Quand la noblesse d'affaires est encore parfois féodale dans ses motivations, elle est bourgeoise par ses préoccupations. « En se convertissant au capitalisme industriel, l'aristocratie terrienne assurait sa pérennité et gardait dans la société en gestation la première place qui était la sienne dans le cadre de l'Ancien Régime »[427]. Mais à partir de 1750 se développent des techniques nouvelles, avec les machines à filer, à tisser, les presses, les machines à vapeur et la première machine-outil. Le crédit est en plein essor. Si, en 1789, le mélange social n'est pas achevé et « la « noblesse d'affaires » n'est pas encore une classe »[428], la formation d'une élite à la fois noble et commerçante reste la préoccupation de ceux qui souhaitent consolider les résultats économiques de la fin du XVIIIe siècle. C'est elle qui permettra l'industrialisation et le progrès, qui financera toutes les mutations politiques et sociales, qui maintiendra la puissance et la prospérité.

Sans transparence valable du marché, sans capacité à honorer les signatures, et donc les obligations, ne peut exister une économie en expansion. Aucune mutation, aucune évolution et même aucune révolution ne peut prospérer sans cette consolidation. Or, le siècle de Louis XV et de Louis XVI a su mettre en place un système d'échanges et le sécuriser. Il a su gagner la confiance et préserver l'honneur. Sans ces extraordinaires qualités de l'économie française de l'Ancien Régime, la société du XIXe siècle n'aurait pu disposer de solides fondations.

La lutte contre l'escroquerie a ainsi participé d'un mouvement bien plus large et bien plus fondamental. Et c'est pourquoi la sanction du passage à l'acte a été fonction de la personnalité de ses auteurs.

---

[426] Pierre Chaunu, préface à la première édition de l'ouvrage de Guy Richard, *La Noblesse d'affaires au XVIIIe siècle*, 2e édition, Paris, Armand Colin, 1997, p. 9.
[427] Guy Richard, *op. cit.*, p. 14.
[428] *Ibid.*

Section 2. La subjectivité des peines : les circonstances liées aux spécificités des auteurs

La peine ne doit-elle pas toujours être subjective ? Peut-il exister une justice pénale de qualité si les circonstances liées aux spécificités personnelles des auteurs d'escroqueries ne sont pas prises en compte ?

L'histoire du Droit prouve, en tout cas, que le système judiciaire, en se perfectionnant, a cherché à mieux cerner le délinquant afin d'adapter la punition à sa capacité et à son intention lors du passage à l'acte.

> « On peut supposer, à Rome comme ailleurs, une phase historique primitive de responsabilité purement objective où la commission du fait suffit à impliquer mécaniquement la sanction. [...] Dans les XII Tables, le principe d'une répression subjective l'emporte [...]. Ensuite, à l'époque classique, l'analyse de la volonté coupable s'approfondit et s'affine. On voit apparaître les notions de dol (*dolus*) et de fraude (*fraus*) »[429].

L'esprit de la justice médiévale reprend à son compte le droit romain classique et considère qu'en matière criminelle, l'intention de l'auteur d'une infraction doit être privilégiée. Une telle approche permet l'appréciation de la faute et du résultat matériel du passage à l'acte : *« in maleficis voluntas spectatur, non eventus »*[430]. Le système judiciaire des hommes est d'autant plus enclin à prendre en compte cette conception de l'infraction qu'elle s'inscrit dans la pensée non seulement des théologiens, mais également des canonistes. Ne considèrent-ils pas, de façon unanime, à la suite de saint Augustin, que le péché est un acte volontaire ?

Mais quels sont alors les éléments objectifs qui caractérisent la spécificité de chacun des auteurs d'infractions et qui permettent d'individualiser la peine ? Que doit prendre en compte le juge ? Qui est responsable - et donc peut-être coupable - des faits qu'il a commis ?

---

[429] Jean-Marie Carbasse, *Histoire du droit pénal et de la justice criminelle*, coll. « Droit fondamental », PUF, 2000, p. 44.

[430] En matière de crime, il faut considérer non les résultats matériels de l'acte, mais l'intention de son auteur (*Dig.*, 48, 8, 1, 3).

Ces questions sont, dans cette société d'Ancien Régime, d'une acuité d'autant plus grande que les rôles sociaux n'ont pas encore pris les significations qu'ils ont dans la société contemporaine.

Le jeune peut-il avoir la même culpabilité que le vieillard ? Le manant a-t-il en effet la même capacité juridique et doit-il supporter la même sanction que le noble ?

§ 1 - Une délinquance mature

L'âge a-t-il sous l'Ancien Régime la même signification qu'au XXIe siècle ? Lorsqu'une infraction comme l'escroquerie se commet, son auteur se distingue-t-il par sa maturité, son sexe, voire sa lucidité ?

La minorité pénale, même si elle n'est pas définie *stricto sensu* sous l'Ancien Régime, est assimilé au statut de l'*infans*, celui qui ne peut pas encore prononcer les paroles nécessaires à l'accomplissement d'un acte juridique. Depuis le droit romain, l'enfance proprement dite s'achève à sept ans. Avant cet âge, les auteurs sont considérés comme incapables d'une quelconque malice, parce qu'ils sont « imbéciles et innocents ». Le droit de l'Ancien Régime établit ensuite une distinction entre les impubères, qui sont encore proches de l'enfance - soit pour les garçons la période de temps qui s'écoule entre sept et quatorze ans, et pour les filles celle entre sept et douze ans -, et les jeunes adultes de moins de vingt-cinq ans, qui ne se voient pas toujours reconnaître une responsabilité pénale pleine et entière.

En l'absence d'élément légal pour fixer de façon claire et nette les différents âges de la minorité et de la majorité pénales, les criminalistes n'ont pas toujours pu définir avec précision les lignes de partage qui devaient inspirer la jurisprudence. « La doctrine s'est donné beaucoup de mal pour définir la *proximitias infantiae* et la *proximitas pubertatis* ; pour la première, la glose fixait la limite à neuf ans et demi pour les filles, et dix ans et demi pour les garçons »[431].

Les juges devaient donc apprécier souverainement la personnalité des auteurs pour décider si une personne était plus ou moins responsable. Mais comment le juge de première instance, qui est un juge de rigueur, peut-il alors considérer les circonstances liées à telle ou telle spécificité ? La réponse n'est pas simple. Seule l'étude de la jurisprudence peut nous donner une véritable orientation sur la sévérité, ou au contraire la mansuétude des magistrats dans le prononcé de leur condamnation suivant par exemple l'âge des auteurs d'escroqueries. Encore que l'on se doute bien que les auteurs d'escroqueries ne sont pas des enfants.

Il faut d'abord noter que sur les 477 auteurs d'escroquerie jugés en appel devant la Cour du Parlement de Paris et recensés durant la période 1700-1790, 96

---

[431] Jean-Marie Carbasse, *Histoire du droit pénal et de la justice criminelle*, coll. « Droit fondamental », PUF, 2000, p. 227.

auteurs ont 25 ans, âge de la majorité civile ou moins, soit 20,13 % des auteurs. L'analyse peut aller plus loin : un seul auteur d'escroquerie a 15 ans[432], deux en ont 16[433], quatre en ont 17[434], six en ont 18[435] et huit en ont 19[436]. Ce sont donc 21 auteurs d'escroqueries qui ont seulement moins de 20 ans, dont 20 entre 1740 et 1790, soit 4,82 % des auteurs pour ces cinquante ans où nous avons pu dépouiller un nombre d'affaires suffisamment significatif pour être probant. Autant dire que ce délit n'est pas généralement l'œuvre de la prime jeunesse.

Rappelons que le Châtelet, dans un jugement à l'extraordinaire, se prononce sur une escroquerie commise par complicité par un jeune garçon d'environ douze ans, François-Charles Rossignol[437]. Ce garçon aide à des manœuvres qui lui permettent, en compagnie de Jean-Nicolas Jouin de Sauseuil, de se voir remettre une superbe chaise garnie de velours d'Utrecht, avec des toiles et des rideaux. Comment, à cet âge, résister à l'envie de posséder et d'être transporté par une si belle voiture ? Il se prend au jeu et participe à plusieurs faits de même nature. L'enquête permet de découvrir que le jeune garçon est tout de même étudiant au collège d'Harcourt. A-t-il déjà besoin de se faire admirer de ses camarades ? Ou la vie au quartier latin rend-elle précoces certains jeunes aux plaisirs de la vie ? Ces jeunes gens étaient accompagnés d'une femme, Madeleine Fleury, qui n'est pas mêlée aux escroqueries proprement dites et que le Châtelet

---

[432] Arch. Nat. X^{2A} 1083, affaire n° 717 : Abel-Alexandre Poissonneur, arrêt du 13 février 1788.
[433] Arch. Nat. X^{2B} 996, affaire n° 134 : Marie Bacedouin, arrêt du 23 mars 1745.
Arch. Nat. X^{2B} 1019, affaire n° 570 : Jean-Baptiste Thibault, arrêt du 1er mars 1758.
[434] Arch. Nat. X^{2B} 1026, affaire n° 314 : François Busseuil, arrêt du 14 juillet 1761.
Arch. Nat. X^{2B} 1026, affaire n° 400 : Charles Flateau, arrêt du 14 juillet 1761.
Arch. Nat. X^{2B} 1054, affaire n° 303 : Denis Boudot, arrêt du 11 mars 1776.
Arch. Nat. X^{2B} 1083, affaire n° 687 : Joseph Lefrançois, arrêt du 13 février 1788.
[435] Arch. Nat. X^{2B} 948, affaire n° 112 : Pierre Petitot, arrêt du 11 décembre 1722.
Arch. Nat. X^{2B} 1025, affaire n° 577 : Marie Trinquelaire, arrêt du 27 janvier 1761.
Arch. Nat. X^{2B} 1026, affaire n° 316 : Marie Busseuil, arrêt du 14 juillet 1761.
Arch. Nat. X^{2B} 1045, affaire n° 270 : François Bacot, arrêt du 25 janvier 1771.
Arch. Nat. X^{2B} 1060, affaire n° 377 : Marc-Antoine Dubois, arrêt du 26 mai 1778.
Arch. Nat. X^{2B} 1070, affaire n° 638 : Louis d'Harcourt, arrêt du 4 septembre 1782.
[436] Arch. Nat. X^{2B} 997, affaire n° 178 : Jacques-Joseph de La Villemeugny, arrêt du 18 décembre 1745.
Arch. Nat. X^{2B} 1016, affaire n° 269 : Jean-Jacques Auvray, arrêt du 12 mai 1756.
Arch. Nat. X^{2B} 1041, affaire n° 366 : Pierre Desbordes, arrêt du 9 janvier 1769.
Arch. Nat. X^{2B} 1064, affaire n° 454 : Paul Jorrand, arrêt du 8 octobre 1779.
Arch. Nat. X^{2B} 1064, affaire n° 575 : Mathurin Touré, arrêt du 17 septembre 1779.
Arch. Nat. X^{2A} 1081, affaire n° 722 : Catherine Prévot, arrêt du 30 janvier 1787.
Arch. Nat. X^{2A} 1083, affaire n° 672 : Marie-Edmée Jacquet, arrêt du 18 mars 1788.
Arch. Nat. X^{2A} 1084, affaire n° 714 : Jean-Louis Picquant, arrêt du 24 octobre 1788.
[437] Arch. Nat. Y 10.225, affaire n° 12 : Jean-Nicolas Jouin de Sauseuil, sentence du 20 janvier 1761, jugement à l'extraordinaire. Voir partie I, titre I, chapitre 3, section 1, § 2 ; voir aussi partie II, titre I, chapitre 1, section 1, § 1.

met hors de cour de ces chefs d'accusation. En revanche, il ne peut que constater la débauche à laquelle elle se livre, en détournant de son droit chemin notamment un jeune garçon impubère. C'est pourquoi la juridiction de première instance déclare qu' « attendu sa débauche, [...] elle sera conduite en la maison de force de l'hôpital général de la Salpêtrière pour y demeurer détenue et renfermée par forme de correction pendant trois mois »[438].

Notons que le Châtelet, en se prononçant le 20 janvier 1761, se prononce en fonction de l'âge, et minore en l'espèce la responsabilité du jeune Rossignol. Il s'en explique dans ses motivations, en déclarant « dûment atteint et convaincu savoir ledit Jouin de Sauseuil des différentes escroqueries mentionnées au procès et d'avoir abusé de l'inexpérience dudit Rossignol pour l'inciter à se prêter aux dites escroqueries »[439]. Alors que l'auteur principal est lourdement sanctionné[440], le jeune Rossignol est quant à lui simplement condamné

> « à être mandé à la Chambre pour y être admonesté en présence des juges, défense à lui faite de récidiver sous peine de punition exemplaire, et sera ensuite remis à ses parents auxquels il est enjoint de veiller plus attentivement sur sa conduite, condamné en outre en trois livres d'aumône applicables aux prisonniers du Grand Châtelet »[441].

En 1722, le Châtelet puis le Parlement de Paris condamnent pour escroquerie Pierre Petitot, âgé de 18 ans, à être battu de verges et banni cinq ans de la ville, prévôté et vicomté de Paris[442].

En 1761, le bailliage de Tours, puis le Parlement de Paris se prononcent sur une affaire de vol et de filouterie où les plus jeunes auteurs potentiels, François Busseuil[443] et Charles Flateau[444], ont 17 ans. Flateau est laboureur et, aussi bien en première instance qu'en appel, les juridictions décident de le mettre hors de cour. François Busseuil est condamné par le bailliage à être banni pendant neuf années.

---

[438] *Ibid.*

[439] Arch. Nat. Y 10.225, affaire n° 12 : Jean-Nicolas Jouin de Sauseuil, sentence du 20 janvier 1761, jugement à l'extraordinaire.

[440] « à être attaché au carcan en la place de Grève et y demeurer depuis midi jusqu'à deux heures avec écriteau devant et derrière portant ce mot {escroc}, ce fait banni pour neuf ans de la ville, prévôté et vicomté de Paris, à lui enjoint de garder son ban sous les peines portées par la déclaration du Roy qui sont les galères s'il est pris ou rencontré dans l'étendue de la dite ville, prévôté et vicomté de Paris, ou à la suite de la Cour ne gardant pas son ban, condamné en outre en trois livres d'amende envers le Roi à prendre sur ses biens », Arch. Nat. Y 10.225, affaire n° 12 : Jean-Nicolas Jouin de Sauseuil, sentence du 20 janvier 1761, jugement à l'extraordinaire.

[441] *Ibid.*

[442] Arch. Nat. X^{2B} 948, affaire n° 112 : Pierre Petitot, arrêt du 11 décembre 1722.

[443] Arch. Nat. X^{2B} 1.026, affaire n° 314 : François Busseuil, arrêt du 14 juillet 1761.

[444] Arch. Nat. X^{2B} 1.026, affaire n° 400 : Charles Flateau, arrêt du 14 juillet 1761.

Faute de preuves suffisantes, le Parlement préfère rendre une décision de plus amplement informé. Les décisions sont identiques pour son frère Jean Busseuil[445], 20 ans, marchand de vin, et sa sœur Marie Busseuil[446], âgée de 18 ans. La maturité, mais aussi l'affirmation d'une responsabilité plus marquée, apparaissent alors comme un facteur d'aggravation des peines. Le père de ces jeunes gens, Antoine Busseuil, est en effet, durant le même procès, condamné en première instance à servir sur les galères du roi pendant cinq années, après avoir eu l'épaule droite flétrie par les lettres GAL. La sentence est confirmée en appel. Il doit en outre verser douze livres d'amende ordinaire.

En 1782, Louis d'Harcourt[447] n'est âgé que de dix-huit ans quand il est déclaré coupable d'avoir profité de son nom pour commettre des escroqueries. Le Châtelet, dans sa sentence du 10 janvier, le condamne au principal à cinq ans de galères. Le Parlement de Paris considère que son âge est bien suffisant pour avoir eu conscience de la dérogeance, et considère qu'il ne peut tolérer pareil comportement d'un coupable qu'il assimile à un jeune adulte. C'est pourquoi il le condamne en dernier ressort à neuf ans de galères.

Il est donc patent que les juges apprécient souverainement l'âge comme une des circonstances de commission de l'infraction.

> « Ici encore les juges appréciaient souverainement les circonstances : lorsque quelques indices les persuadaient de la perversité particulière d'un jeune délinquant, ils n'hésitaient pas à le condamner aussi sévèrement qu'un adulte. »[448]

En d'autres termes, les magistrats se livraient à une analyse extrêmement fine de chaque affaire, et tentaient d'appréhender la « capacité dolosive des mineurs pubères et même des impubères »[449], tentant cependant d'en atténuer la sanction naturelle, compte tenu de la minorité.

Yvonne Bongert le souligne : « Notre ancien droit, suivant en cela les leçons du droit romain et du droit canonique, [...] s'est [...] employé à graduer la responsabilité du mineur en fonction de son âge »[450]. Elle précise :

---

445 Arch. Nat. X^{2B} 1.026, affaire n° 315 : Jean Busseuil, arrêt du 14 juillet 1761.

446 Arch. Nat. X^{2B} 1.026, affaire n° 316 : Marie Busseuil, arrêt du 14 juillet 1761.

447 Arch. Nat. X^{2B} 1070, affaire n° 638 : Louis d'Harcourt, arrêt du 4 septembre 1782.

448 Jean-Marie Carbasse, *Histoire du droit pénal et de la justice criminelle*, coll. « Droit fondamental », PUF, 2000, p. 227.

449 *Ibid.*

450 Y. Bongert, « Délinquance juvénile et responsabilité pénale du mineur au XVIIIe siècle », *Crimes et criminalité en France sous l'Ancien Régime XVIIe – XVIIIe siècles*, Cahier des Annales 33, Armand Colin, 1971, p. 68.

« Notre ancien droit connaissait une notion extensive de la minorité pénale, celle-ci ne prenant fin qu'à l'âge de 25 ans. Cependant, toujours à la suite du droit romain il distinguait trois catégories de mineurs : les *infantes*, ou ceux qui n'avaient pas encore atteint l'âge de sept ans, les impubères, ou ceux qui avaient respectivement moins de douze ans ou de quatorze ans, selon qu'il s'agissait de filles ou de garçons, enfin les mineurs de vingt-cinq ans. On pourrait croire à première vue une telle conception de la minorité pénale favorable, plus favorable même à la jeunesse délinquante que celle de notre droit moderne, mais la durée de la minorité n'est pas tout : encore faut-il tenir compte du régime applicable à ces mineurs. Or, ce régime variait avec la catégorie considérée. L'*infans*, semble-t-il, bénéficiait, comme aujourd'hui le mineur de treize ans, d'une présomption absolue de responsabilité [...]. L'impubère, lui, paraît avoir appartenu à une catégorie hybride, et somme toute assez factice, au moins si l'on s'en tient à l'opinion traditionnelle. Les glosateurs et, après eux, la plupart des criminalistes des époques suivantes divisaient en effet les impubères en deux sous-groupes : celui des *proximi infantiae* et celui des *proximi pubertatis*, la ligne de partage entre les uns et les autres étant fixée à neuf ans et demi pour les filles et dix ans et demi pour les garçons. Au-dessous de cet âge, les impubères auraient été traités comme des *infantes*, c'est-à-dire considérés comme irresponsables, tandis qu'au-dessus, ils auraient tout au plus été susceptibles de bénéficier d'une sorte d'excuse atténuante de minorité. [...] A vrai dire, depuis le XVIe siècle, les auteurs étaient très partagés en ce qui concernait la situation du mineur de vingt-cinq ans sur le plan pénal. On estimait généralement que les mineurs devaient être punis avec moins de sévérité que les majeurs »[451].

Cependant, comme le souligne Muyart de Vouglans, existent « des crimes tellement atroces de leur nature qu'aucune circonstance ne peut les excuser, comme dans ceux de lèse-majesté, d'assassinat et d'autres, qui supposent nécessairement du dol et de la réflexion dans celui qui les commet »[452]. Certaines infractions d'escroquerie, nous l'avons vu, même commises par des jeunes, sont sévèrement réprimées.

Que dire de la vieillesse ? Peut-on juridiquement l'assimiler à l'adolescence, voire à l'enfance ? Toute généralisation en cette matière nous semble abusive. Certes, certaines personnes perdent la raison à un âge que l'on pourrait qualifier de variable. D'autres n'ont jamais été solides psychologiquement. Quelques uns, enfin, atteignent la sagesse des anciens, l'âge le plus vénérable et le plus respectable. Moralement et philosophiquement, il nous paraît difficile de définir cette période de la vie.

---

451 Y. Bongert, *op. cit.*, p. 71-73.
452 Muyart de Vouglans, *Lois criminelles de la France*, 1780, p. 27.

Qu'observons-nous dans la jurisprudence du Parlement de Paris du siècle de Louis XV, quant à la responsabilité des auteurs âgés de l'escroquerie ?

Avant, là encore, d'étudier les caractéristiques de cette population et la façon dont les juridictions l'ont jugée, il convient de préciser que dès le début du règne de Louis XV a eu lieu une expansion démographique hors du commun[453], ce qui induit non seulement une diminution de la mortalité infantile, mais également un allongement de la vie.Comment expliquer un tel accroissement, après un siècle de stagnation ? Principalement par la baisse de la mortalité : le siècle de Louis XV, aussi batailleur fût-il, a mis fin aux grandes guerres du règne précédent et les grandes famines ont disparu. «On est dans un climat nouveau de confiance et de paix »[454].

Et tout le monde en profite. L'appât du gain ne semble que très modérément diminuer avec la sagesse de l'âge. Il semblerait même que pour certains, cela soit le contraire. En effet, sur les 477 auteurs d'escroqueries recensés pour la période 1700-1790 dans les juridictions du Parlement de Paris, 87 sont âgés de 45 ans ou plus, soit 18,24 % des auteurs : ils sont au nombre de 70 entre 1740 et 1790, soit 16,87 %. Sur l'ensemble de la période, nous trouvons 34 prévenus qui ont entre 45 et 49 ans, 39 ont entre 50 et 59 ans et 11 ont entre 60 et 69 ans[455]. Mais

---

[453] « On serait passé de vingt-deux millions six cent mille habitants en 1710, à vingt-trois millions huit cent mille en 1730 et à vingt-quatre millions en 1740 », in Jacques Dupâquier, « Les caractères originaux de l'histoire démographique française au XVIIIe siècle », *Revue d'histoire moderne et contemporaine*, avril-juin 1976. Jean de Viguerie reprend cette analyse et remarque que « toutes les études récentes faites sur des villes confirment l'augmentation. La population de Caen, par exemple, augmente de cinq mille habitants de 1725 à 1752. Le cas de Marseille, qui a perdu lors de la peste de 1720 un tiers environ de sa population, doit évidemment être mis à part. En ce qui concerne les régions, celle du Midi toulousain se situerait très nettement au-dessous de la moyenne », *Histoire et dictionnaire du temps des Lumières*, Paris, Robert Laffont, coll. « Bouquins », 1995, p. 76-77.

[454] Jean de Viguerie, *op. cit.*, p. 77. Il précise : « Les mortalités de « crise », comme disent les démographes, ne disparaissent pas complètement pour autant. On a observé dans plusieurs régions celle des années 1738-1743. Par exemple, dans la ville de Meulan, on compte cent un décès pour l'année 1738, c'est-à-dire le double du chiffre moyen des années précédentes. Pourquoi cette aggravation subite ? Ce n'est pas l'effet d'une mauvaise récolte. Alors est-ce la dureté de l'hiver ? Ou bien une contagion ? A l'exception de la peste de Marseille (qui a d'ailleurs touché aussi une partie de la Provence et du Haut-Languedoc jusqu'au Tarn), il n'y a plus de grandes épidémies. Mais nous avons encore affaire à des populations très vulnérables et à des maladies contagieuses dévastatrices. En août 1723, par exemple, la petite vérole est partout dans Paris, et tue plus de trois mille enfants. La présence de la mort est sans doute moins obsédante que sous le précédent règne, mais elle est toujours inquiétante ».

[455] Arch. Nat. X^{2B} 1.003, affaire n° 146 : Jacques Berthelot, arrêt du 20 septembre 1748.
Arch. Nat. X^{2B} 1.020, affaire n° 406 : André Froment, arrêt du 25 octobre 1758.
Arch. Nat. X^{2B} 1.025, affaire n° 405 : Jean Frémont, arrêt du 22 janvier 1761.
Arch. Nat. X^{2B} 1.027, affaire n° 405 : Jean Frémont, arrêt du 3 février 1762.
Arch. Nat. X^{2B} 1.027, affaire n° 487 : Pierre-Antoine Lemoine, arrêt du 7 mai 1762.
Arch. Nat. X^{2B} 1.038, affaire n° 445 : Joseph Hesse, arrêt du 23 octobre 1767.

l'esprit reste vert très longtemps, car on trouve encore des auteurs d'escroqueries âgés respectivement de 72 ans[456], 80 ans[457] et 85 ans[458].

Catherine Villefort[459] participe du vol et de la filouterie familiale, organisés par Antoine Busseuil père. Elle est la veuve de Claude Busseuil : elle fait donc partie du clan et ne dédaigne pas participer à cette infraction. Elle est âgée de 72 ans, mais loin de détourner les jeunes de ce mauvais projet, elle peut, par sa présence, les avoir encouragés. Le bailliage de Tours, dans sa sentence en date du 11 avril 1761, la condamne donc à être battue de verges et à être bannie durant cinq années. Le Parlement de Paris aggrave la sanction, tenant compte certainement du mauvais exemple qu'elle a donné au reste de la famille. Par son arrêt en date du 14 juillet 1761, il ordonne que la lettre V lui flétrisse l'épaule droite, et qu'elle soit enfermée durant cinq années.

Circonstance aggravante dans l'affaire précédente, la vieillesse n'est pas toujours considérée comme telle. Si Jacques Gaultier[460] a 80 ans, ce n'est pas en raison de son âge qu'il est disculpé par le Parlement de Paris, mais en raison de l'absence de preuves, puisque la décision judiciaire est identique pour son co-auteur Antoine Charlain[461], qui n'est âgé que de 50 ans : tous deux sont mis hors de cour.

Alexandre-André Haudoire[462] est un écuyer de 85 ans. C'est l'escroc le plus âgé de toute la jurisprudence du ressort du Parlement de Paris pendant le siècle de Louis XV. Il agit de concert avec un dénommé Henri Stratement[463], huissier audiencier qui n'est âgé que de 27 ans. Ce n'est pourtant pas le jeune homme qui est l'instigateur de l'infraction, mais bien Haudoire. À tel point qu'en première instance, le Châtelet décide de condamner bien plus sévèrement Alexandre-André Haudoire que Stratement : le vieillard est banni pour une durée de trois ans, tandis que l'huissier est simplement admonesté. Le Parlement de Paris est moins sévère, considérant sans doute qu'il peut être attentatoire à la vie de bannir une personne âgée de 85 ans en l'éloignant de son univers familier. C'est ainsi que l'arrêt en

---

Arch. Nat. X^{2B} 1.043, affaire n° 512 : Jean-Baptiste Meynier, arrêt du 29 mai 1770.
Arch. Nat. X^{2B} 1.070, affaire n° 614 : Antoine Castel, arrêt du 5 octobre 1782.
Arch. Nat. X^{2B} 1.070, affaire n° 677 : Jean-Louis Lafond, arrêt du 23 août 1782.
Arch. Nat. X^{2B} 1.074, affaire n° 634 : Nicolas Deme, arrêt du 7 mai 1784.
Arch. Nat. X^{2A} 1.089, affaire n° 654 : Auguste Forestier, arrêt du 8 juillet 1790.

[456] Arch. Nat. X^{2B} 1.026, affaire n° 587 : Catherine Villefort, arrêt du 14 juillet 1761.

[457] Arch. Nat. X^{2B} 946, affaire n° 57 : Jacques Gaultier, arrêt du 14 août 1721.

[458] Arch. Nat. X^{2B} 1.024, affaire n° 443 : Alexandre-André Haudoire, arrêt du 13 septembre 1760.

[459] Arch. Nat. X^{2B} 1026, affaire n° 587 : Catherine Villefort, arrêt du 14 juillet 1761. Voir partie I, titre II, chapitre 3, section 2, § 2.

[460] Arch. Nat. X^{2B} 946, affaire n° 57 : Jacques Gaultier, arrêt du 14 août 1721.

[461] Arch. Nat. X^{2B} 946, affaire n° 27 : Antoine Charlain, arrêt du 14 août 1721.

[462] Arch. Nat. X^{2B} 1.024, affaire n° 443 : Alexandre-André Haudoire, arrêt du 13 septembre 1760.

[463] Arch. Nat. X^{2B} 1.024, affaire n° 566 : Henri Stratement, arrêt du 13 septembre 1760.

appel, en date du 13 septembre 1760, commue la peine d'Haudoire en admonestation et ordonne le paiement de trois livres d'amende, assimilant les sanctions pour les deux auteurs.

C'est en 1702 que nous repérons une première affaire où est jugé un homme de 47 ans soupçonné d'escroquerie. Est-on vieux à cet âge ? Contre toute idée reçue, la réponse est à nuancer, car il convient de distinguer l'espérance de vie moyenne et la maturité. François Duclos[464], écuyer du feu maréchal de Luxembourg, est en bonne compagnie, puisqu'il retrouve son comparse François Lainé[465] âgé de 42 ans, sieur de Villaine, garde du corps de feu monsieur le duc d'Orléans, ainsi que les dénommés Henri Valbin, enseigne dans la compagnie du lieutenant criminel de robe courte, Rochon et Duplessis. Pourtant l'équipée tourne mal. Seuls sont interpellés Duclos et Lainé, qui sont déclarés au Châtelet, par une sentence en date du 6 avril 1702,

> « dûment atteints et convaincus d'avoir de leur autorité [...] sous un faux prétexte d'un ordre du Roi enlevé par force ladite Charlotte Dartois, dite La Nonne, et de l'avoir par menaces [...] illicites engagée de faire une obligation de neuf mille livres sans en avoir touché la valeur, et faire signer par elle un contrat de rente sur l'Hôtel de ville, dont le principal était de quatre mille livres, qu'ils ont touchées et partagées au préjudice de ladite Dartois qui n'y a rien reçu »[466].

La juridiction du Châtelet juge que les deux coupables sont dans la pleine force de l'âge, et les condamne à « être conduits et attachés à la chaîne pour y servir ledit seigneur Roi comme forçats en ses galères, le temps et l'espace de cinq ans »[467]. Le Parlement de Paris, dans son arrêt en date du 8 mai 1702, confirme cette décision.

Le 23 décembre 1722, le Châtelet rend une sentence assez complexe, nous l'avons déjà vu, où le dénommé Mathieu Lassus est dît dûment atteint et convaincu « d'avoir eu part au complot d'enlèvement dudit Jean-François-Tobie Ageron. Il agit de concert avec Hyppolite-Julie-Geneviève-Huberte de Fontenu, ce qui leur permet « d'avoir artificieusement et par mauvaises voies fait faire audit Jean Ageron et retenu indûment le billet de deux cent mille livres du neuf juillet 1720 dont elle n'a point fourni de valeurs »[468]. Lassus est âgé de 45 ans : il ne peut donc pas ne pas savoir ce qu'il fait, d'autant qu'il est avocat au Parlement. Précautionneux à l'extrême, avant de tenter l'aventure d'une telle infraction, il

---

[464] Arch. Nat. X^{2B} 906, affaire n° 43 : François Duclos, arrêt du 8 mai 1702.
[465] Arch. Nat. X^{2B} 906, affaire n° 75 : François Lainé, arrêt du 8 mai 1702.
[466] Arch. Nat. X^{2B} 906, affaires n° 43 et 75 : François Duclos et François Lainé, arrêt du 8 mai 1702.
[467] *Ibid.*
[468] Arch. Nat. X^{2B} 949, affaire n° 78 : Mathieu Lassus, arrêt du 18 février 1723. Voir partie II, titre II, chapitre 1, section 1, § 1.

s'entoure des conseils, fort peu judicieux en l'espèce, de Louis de Goudin de Boizeron[469], un baron de 55 ans, mais également de ceux de Joseph de Sabran[470], écuyer, âgé de 55 ans et de Jean-Louis Bourguet[471], marchand-banquier de Marseille, âgé de 50 ans. Le Châtelet décide de mettre hors de cour Bourguet, Goudin et Sabran, parce que la preuve de leur participation n'est pas rapportée. Mais ce « comité de sages » a été efficace, puisque Lassus et de Fontenu ont formé une redoutable association de malfaiteurs. Pour servir d'hommes de main de ce qui, dans un premier temps, est simplement un enlèvement, puis une séquestration, ils ont demandé au duc de Foye, à Laverdure, à Depresle, à Legrand, à Lecomte, à Petit et à Vauvillières « d'accoster et enlever sans ordre ni pouvoir [...] Ageron » Il leur est reproché « de l'avoir conduit à Longjumeau et à Arpajon, et de l'y avoir tenu en chambre privée dans des auberges trois jours et trois nuits, même fait mettre les fers aux pieds à Longjumeau [...] et enchaîné ledit Jean Ageron »[472]. Ils sont donc condamnés par le Châtelet pour enlèvement avec violence. Le duc de Foye est envoyé aux galères à vie « tout et chacun ses biens confisqués au roi ou à qui il appartiendra, sur iceux préalablement pris la somme de deux cents livres d'amende au cas que la confiscation n'ait point de lieu au profit dudit seigneur roi, laquelle condamnation sera escrite dans un tableau, attachée à un poteau qui pour cet effet sera planté en la place de Grève »[473]. Les autres comparses sont bannis pour cinq ans. Si les faits d'enlèvement précèdent les faux, leur usage et l'éventuelle escroquerie, et en constituent la condition *sine qua non*, il n'en demeure pas moins qu'ils ont été analysés comme deux affaires distinctes, qui finalement sont jointes pour qu'elles passent à la même audience et qu'elles soient jugées par une même décision.

La moyenne d'âge de ces drôles d'escrocs est élevée et les peines assez lourdes. En première instance, le Châtelet condamne en effet Mathieu Lassus et ladite Hyppolite de Fontenu à « être bannis pour neuf ans au-delà de la ville, prévôté et vicomté de Paris ». Il est en outre « enjoint à eux de garder leur ban sur les peines portées par la déclaration du Roi [...] des galères et à l'égard de ladite Hyppolite de Fontenu, d'être enfermée en la maison de force de l'hôpital général, au cas qu'ils soient pris et rencontrés dans l'étendue de ladite ville, prévôté et vicomté de Paris pendant ledit temps ne gardant pas leur ban »[474]. Ils sont aussi « condamnés chacun en vingt livres d'amende ».

---

[469] Arch. Nat. X^{2B} 949, affaire n° 33 : Louis de Goudin, arrêt du 18 février 1723.
[470] Arch. Nat. X^{2B} 949, affaire n° 38 : Joseph de Sabran, arrêt du 18 février 1723.
[471] Arch. Nat. X^{2B} 949, affaire n° 17 : Jean-Louis Bourguet, arrêt du 18 février 1723.
[472] *Ibid.*
[473] Arch. Nat. X^{2B} 949, affaire n° 17 : Jean-Louis Bourguet, arrêt du 18 février 1723.
[474] *Ibid.*

Le Parlement de Paris, dans son arrêt en date du 18 février 1723, aggrave la peine prononcée en première instance, puisqu'il « condamne ledit Mathieu Lassus (âgé de 47 ans) d'être amené et conduit es galères du roi pour être en icelles détenu et servir ledit seigneur roi comme forçat pendant cinq ans »[475]. En revanche, il confirme la sentence du Châtelet dans la condamnation envers Hyppolite-Julie-Geneviève-Huberte de Fontenu, sauf pour la peine d'amende qui est augmentée à une valeur de cinquante livres. En outre, il condamne « ladite de Fontenu en tous les dépens même en ceux réservés faits par ledit Ageron pour raison du billet de deux cent mille livres et en l'autre tiers des épices et coûts de la sentence »[476]. Le Parlement confirme enfin la sentence du Châtelet qui « sortira effet à l'égard desdits Louis de Goudin de Boizeron, Joseph de Sabran et Jean-Louis Bourguet »[477], ce dernier ayant néanmoins à payer douze livres d'amende envers le roi.

L'âge est donc une notion relative qui oscille entre maturité, sagesse et vieillesse. En règle générale, la responsabilité pénale est pleine et entière. Seule la personne très âgée peut, de ce seul fait, bénéficier d'une atténuation. Elle est bien compréhensible : les peines n'étant pas seulement infamantes, mais aussi afflictives. Jean-Marie Carbasse s'intéresse à la sénilité, cet état limite qui rapproche les vieillards des insensés « en évaluant dans chaque cas le degré de leur discernement et donc de leur responsabilité »[478] : lorsqu'un vieillard « jouit de toutes ses facultés, il n'a aucun droit, du seul fait de son âge, à un traitement de faveur »[479]. C'est exactement ce cas de figure qui se présente à l'analyse des affaires d'escroquerie. La ruse n'est généralement pas compatible avec la sénilité. Les manœuvres nécessitent une vivacité d'esprit qui caractérise à la fois l'intention coupable et également une certaine capacité. La sanction doit donc être dissociée de la culpabilité. Les escrocs peuvent par conséquent être tout à fait responsables et se voir infliger une peine relative parce que son importance doit être appréciée individuellement. Le droit pénal apparaît alors sous une forme des plus évoluées, puisqu'il s'applique non seulement aux cas d'espèce, mais tient compte de la personnalité de l'auteur.

L'examen de cette jurisprudence conduit ainsi à dégager deux phénomènes juridiques. Premièrement : quand le grand âge amoindrit la résistance physique mais que la conscience est toujours présente, les juges diminuent la peine et se

---

[475] Arch. Nat. X^{2B} 949, affaire n° 78 : Mathieu Lassus, arrêt du 18 février 1723.
[476] *Ibid.*
[477] *Ibid.*
[478] Jean-Marie Carbasse, *Histoire du droit pénal et de la justice criminelle*, coll. « Droit fondamental », PUF, 2000, p. 228.
[479] *Ibid.*

contentent par exemple, au lieu de bannir, d'une admonestation, pour ne pas mettre en péril la santé du condamné. Deuxièmement : lorsque les auteurs sont sains de corps et d'esprit, que l'âge est celui d'une maturité, même assez avancée, les magistrats ne conçoivent pas qu'il y ait lieu de le tenir pour une circonstance atténuante.

Mais quel est finalement l'âge moyen de l'escroc ? Sur l'ensemble du XVIIIe siècle, et plus particulièrement de 1700 à 1790, il est de 36,43 ans[480]. Ce constat peut être affiné, puisque durant la première moitié du siècle, c'est à dire entre 1700 et 1749, l'âge moyen des escrocs est de 38,08 ans, alors que de 1750 à 1790, période où nous disposons du plus grand nombre de sources, il n'est plus que de 34,38 ans. Est-ce à dire que l'adulte prend de plus en plus de risques pour gagner plus, et qu'il commet des délits de plus en plus jeune ?

§ 2 - Une délinquance d'esprit

Mais l'escroc n'agit-il pas sous influence ? Les femmes sont-elles de bon conseil pour l'homme en matière d'escroquerie ? Et, contrairement aux infractions violentes dont elles sont rarement les auteurs, ne trouvent-elles pas en cette matière financière un domaine de prédilection ?

L'étude statistique de la jurisprudence du Parlement de Paris durant le siècle de Louis XV ne laisse aucun doute. L'escroc y est souvent une femme. En effet, sur 477 personnes accusées d'escroquerie et jugées pour ces faits entre 1700 et 1790, 75 sont de sexe féminin, soit 15,72 % des auteurs. Le doute n'est pas possible : les femmes ont envahi les prétoires. Bien sûr, les fonds sont lacunaires et nous devons relativiser la remarque qu'aucune femme n'est jugée pour des faits d'escroquerie entre 1700 et 1719, et que de 1720 à 1729 seules trois femmes comparaissent devant une juridiction pénale pour ces faits. De 1730 à 1739, à nouveau, aucune femme n'est poursuivie de ce chef de prévention. Autant dire que sur près des quarante premières années du XVIIIe siècle, seulement 3 femmes sur les 95 jugées pour escroquerie le sont avant 1740. Que cela signifie-t-il ? Est-ce à dire que la gent féminine n'accède pas au monde des affaires par elle-même avant la seconde moitié du XVIIIe siècle ? C'est possible, mais il ne s'agit là que d'une hypothèse, encore une fois à relativiser compte-tenu du manque de sources pour la première moitié du siècle. Une deuxième interprétation est possible : si elles se font moins prendre, c'est sans doute qu'elles agissent plus en éminences grises et qu'elles laissent comme souvent le rôle actif aux hommes. C'est encore vraisemblable. Mais plus probablement, la nécessité de participer à l'expansion de

---

[480] Par décennies, l'âge moyen des auteurs est le suivant : 1700-1709 : 38,3 ans ; 1710-1719 : 36,62 ans ; 1720-1729 : 42,67 ans ; 1730-1739 : 37,5 ans ; 1740-1749 : 35,3 ans ; 1750-1759 : 34,3 ans ; 1760-1769 : 35,4 ans ; 1770-1779 : 33,12 ans ; 1780-1790 : 34,7 ans.

la nouvelle économie induit par elle-même le risque de commettre une escroquerie. Et la femme n'échappe guère plus que l'homme à ce destin économique.

Pourtant cette conception juridique de la responsabilité du sexe dit faible n'est pas admise *a priori*. L'époque n'est pas portée à considérer la femme comme l'égale de l'homme. Plus généralement, les criminalistes et les praticiens admettent que le sexe féminin constitue une cause d'atténuation de la responsabilité, puisque la prétendue fragilité des femmes, la fameuse *imbecillitas sexus*, leur serait d'excuse en cas de commission de délit. « Il faut punir la femme moins sévèrement que l'homme, car celui-ci a plus de discernement pour reconnaître le mal, et plus de fermeté pour lui résister, mais il ne faut tout de même pas accorder à la femme la même impunité qu'aux animaux, car elle n'est pas totalement privée de raison ! »[481].

Qu'observe-t-on en pratique ?

La femme a une autonomie de pensée et d'action, ce qui nous paraît une évidence, mais cette indépendance peut aussi malheureusement se manifester pour de mauvaises actions.

Ainsi Jeanne Le Sage, femme de Pierre Hamelin, n'embrasse-t-elle ni la carrière ni l'éthique de son mari, brigadier dans les gardes qui assure le maintien de l'ordre public. Marchande mercière, désireuse de faire fructifier son activité commerciale, elle doit vendre en grandes quantités et à prix fort diverses dentelles acquises à moindre coût. Mais ses moyens sont originaux. Le 18 mai 1747, le Châtelet rend une sentence, statuant sur les activités de cette dame. Jeanne Le Sage est « déclarée dûment atteinte et convaincue de vols de dentelles faits sur des billets faux et sous des noms supposés qu'elle a faussement signés »[482]. Or, les juges de première instance ne considèrent pas que Jeanne Le Sage soit faible et sans défense. La sévérité de sa condamnation montre bien, au contraire, que la ruse malhonnête d'une commerçante intéressée est inadmissible. C'est pourquoi ils la condamnent à

> « être battue et fustigée nue de verges par l'exécuteur de la haute justice dans les lieux et carrefours accoutumés et en iceux flétrie d'un fer chaud en forme de la lettre V sur l'épaule droite, ce fait bannie pour neuf ans de la ville prévôté et vicomté de Paris, à elle enjoint de garder son ban sous les peines portées par la Déclaration du roi qui sont d'être enfermée en la maison de force de l'hôpital général en cas qu'elle soit prise et rencontrée dans l'étendue de ladite ville, prévôté

---

481 Réflexion de Tiraqueau citée in Jean-Marie Carbasse, *op. cit.*, p. 228.

482 Arch. Nat. X^{2B} 1.001, affaire n° 223 : Jeanne Le Sage, arrêt du 13 juillet 1747. Voir partie I, titre I, chapitre 3, section 1, § 1.

et vicomté de Paris ou à la suite de la cour, la condamne en trois livres d'amende envers le roi à prendre sur ses biens »[483].

Cette condamnation appelle trois observations. Premièrement, le Châtelet entend faire une large publicité de ce comportement délictueux et des sanctions encourues, afin de dénoncer le mauvais exemple. Deuxièmement, le fait d'être une femme n'empêche pas d'être flétrie au fer chaud et d'être bannie pour neuf ans - une durée très importante - non seulement de la capitale, mais également de son foyer et de ses relations familiales. Troisièmement, Jeanne Le Sage a l'âge de la maturité, mais ses quarante-six ans ne conduisent la juridiction à aucune particulière compréhension des faits que cette personne a pu commettre, sans doute par pur appât du gain et également pour assurer les charges conjugales. Comment Jeanne Le Sage peut-elle survivre loin de ses proches et sans la moindre possibilité de revenir en cas de besoin, puisqu'alors elle risque d'être enfermée en la maison de force de l'hôpital général ?

Le Parlement de Paris, par l'arrêt en date du 13 juillet 1747, garde la même rigueur quant à l'appréciation des faits, et confirme la sentence. Un homme aurait-il été, pour une prévention identique, condamné aux galères ? C'est très probable. Mais la gravité de la sanction, si elle n'est pas strictement similaire, n'en est pas moins égale compte tenu du sexe de la condamnée.

Louise Prieur[484] a, au contraire, la chance de tout partager avec son époux, Hilaire Taillet[485]. Ils forment même, avec quelques camarades, une formidable association. Et s'il n'est pas prouvé qu'ils aient beaucoup de moyens, ils ont en tout cas des idées, certes malfaisantes, mais néanmoins pleines d'astuce. Voyons plutôt.

Le bailliage de Bellesme rend une sentence le 12 juillet 1747 contre Louise Prieur, son mari Hilaire Taillet et quelques complices. Ils veulent eux aussi se procurer des marchandises, et pour ce faire se répartissent les rôles. Taillet est ainsi déclaré :

> « dûment atteint et convaincu d'avoir mendié avec faux artifices [...] par lui fabriqués et contrefaits, d'avoir aussi fabriqué et contrefait plusieurs lettres aux noms du Sieur Defevrier et du Sieur Germain [...] et avoir volé plusieurs marchandises et participé au vol de marchandises [...], avoir participé au vol de 2 socs et autres ustensiles [...] d'avoir fabriqué un faux certificat au nom de Lefleur, sergent à Lamesnire près Mortagne pour affirmer que lesdits socs et ustensiles de chevaux avaient été achetés »[486].

---

[483] *Ibid.*
[484] Arch. Nat. X^{2B} 1.001, affaire n° 244 : Louise Prieur, arrêt du 3 août 1747.
[485] Arch. Nat. X^{2B} 1.001, affaire n° 254 : Hilaire Taillet, arrêt du 3 août 1747.
[486] *Ibid.*

Le mari procède donc par manœuvres frauduleuses pour se faire remettre les biens qu'il convoite.

Louise Prieur est plus directe. D'ailleurs ne commet-elle pas des vols plutôt que des escroqueries ? Ainsi, cherchant elle aussi à se procurer des marchandises, est-elle « dûment atteinte et convaincue d'avoir volé des fonds de pipes au nommé Losier, [...] d'avoir été trouvée volant du linge au nommé Olivier, aubergiste »[487]. Membre d'une bande d'escrocs, elle se contente pourtant de soustraire ce qu'elle désire - et c'est bien comme voleuse que finalement Louise Prieur est condamnée en première instance à

> « être battue et fustigée de verges dans tous les carrefours et places publiques de Bellesme aussi un jour de Jeudi, le marché tenant, après quoi reconduite dans la place publique de ladite ville pour y être marquée par l'exécuteur des sentences criminelles et flétrie d'un fer chaud aussi sur l'épaule dextre en forme de la lettre V, ensuite bannie à perpétuité des provinces de Perche, Maine et Normandie, à elle enjoint de garder son ban sous les peines portées par les ordonnances et déclaration du roi, a déclaré ses biens acquis et confisqués au profit du roi »[488].

Le Parlement de Paris prend-il en considération la nature distincte des faits et leurs diverses qualifications ? Il convient en tout cas de noter qu'il condamne différemment le mari et la femme. Louise Prieur voit sa peine adoucie en appel, le 3 août 1747, puisqu'elle n'est plus, au principal, que « bannie pour le temps et espace de trois ans de l'étendue et ressort de la ville et bailliage de Bellesme et de cette ville, prévôté et vicomté de Paris, lui enjoint de garder son ban sous les peines portées par la déclaration du roi »[489]. Elle perd en revanche définitivement son mari. Taillet avait été condamné en première instance à « servir de forçat dans les galères du roi le temps de 6 ans, ses biens déclarés acquis et confisqués au profit du roi »[490] ; le Parlement aggrave la sanction avec beaucoup de sévérité, puisqu'il décide par son arrêt en date du 3 août 1747 que Taillet sera

> « conduit es galères du roi pour en icelles être détenu et servir ledit seigneur roi comme forçat à perpétuité, icelui préalablement flétri d'un fer chaud en forme des trois lettres GAL sur l'épaule dextre, déclare tout et un chacun les biens dudit Taillet situés en pays de confiscation acquis et confisqués au roi ou à qui il appartiendra, sur iceux et ceux non sujets à confiscation préalablement pris la somme de deux cent livres d'amende envers ledit seigneur roi »[491].

---

[487] Arch. Nat. X^{2B} 1.001, affaire n° 244 : Louise Prieur, arrêt du 3 août 1747.
[488] *Ibid.*
[489] *Ibid.*
[490] Arch. Nat. X^{2B} 1.001, affaire n° 254 : Hilaire Taillet, arrêt du 3 août 1747.
[491] *Ibid.*

Marie La Croize, veuve Touret, s'est jouée de la naïveté de ses congénères. Elle s'en prend aux épouses et veuves, profitant de leur foi et de leur désir de connaître des jours plus heureux pour leur prédire un avenir radieux et, par ces manœuvres, leur soutirer quelque argent. La sénéchaussée de Lyon la condamne le 31 janvier 1759 comme « voleuse et diseuse de bonnes sentences », et l'expose ainsi pendant trois jours au carcan en la place publique, avec un écriteau portant cette mention. Elle est encore « battue et fustigée de verges, flétrie d'un V sur l'épaule droite, puis bannie à perpétuité du ressort de la sénéchaussée de Lyon, après avoir versé dix livres d'amendes au Roi »[492]. Le Parlement de Paris confirme cette sentence le 9 mars 1759, en décidant qu'elle « auroit été dûment atteinte et convaincue d'avoir volé à la faveur de quelques pratiques superstitieuses et avec abus de quelques pratiques de religion, à Jeanne Burou veuve Thévenou environ seize louis d'or, à Rose Vizemberg femme de Benoît Gaucher 120 livres, à Antoine Genoux 24 louis d'or et à Blaise Perret 42 sous ». Il aggrave cette sanction en bannissant à perpétuité Marie La Croize de l'ensemble du ressort de la ville, prévôté et vicomté de Paris, et en augmentant le montant de l'amende pour le porter à douze livres. Les juridictions n'apprécient donc pas que l'on badine avec les prédictions.

Françoise Fontaine, femme de Jean Gaudin, aime travailler en bonne compagnie, où les femmes ont une place majeure : on y trouve entre autres Françoise et Renée Clopier, Geneviève et Julienne Bouteiller. Il faut dire qu'elle est revendeuse de toilettes. À quarante-huit ans, elle n'hésite pas à rechercher, en plus de son maçon d'époux, l'amitié de Mathurin Barbier. Elle se livre donc à des activités suspectes sur lesquelles se penche le lieutenant criminel de la sénéchaussée du Maine, qui obtient son emprisonnement à la conciergerie du palais. L'information, en période de vacations, est faite au mieux mais n'est pas parfaite. Le récolement des témoignages n'est pas systématiquement effectué[493]. Il n'en demeure pas moins que le présidial du Mans, dans sa sentence en date du 31 décembre 1763, constate sa culpabilité.

> « Et au respect de ladite Françoise Fontaine, femme Jean Gaudin, elle a été dûment atteinte et convaincue d'avoir pendant les années 1756, 1757, par surprises, mensonges travaillés et noms supposés, tiré de différents particuliers et marchand de la ville de Fresnay des marchandises de différentes espèces, telles

---

[492] Arch. Nat. X^{2B} 1.021, affaire n° 458 : Marie La Croize, veuve Touret, arrêt du 9 mars 1759. Voir partie I, titre III, chapitre 2, section 1, § 2 ; voir aussi partie II, titre I, chapitre 1, section 1, § 1 et chapitre 2, section 2, § 1.

[493] En effet, « il a été donné acte au substitut du procureur général du roi audit siège de sa déclaration de se passer de recollement et de la confession de Joseph Martin, un des témoins entendus audit procès ».

que poupées de lin et de crin, paquets de fil de même qualité, biscuits, pains de sucre et de savon, qu'elle avait appliqué à son profit, comme aussi d'avoir, pendant les années 1759 et 1760, par supercheries, fraudes, noms supposés, mémoires et lettres faussement fabriqués qu'elle avait dictés elle-même, tirés des marchandises de toutes espèces des femmes et fille Beaury, Guèvretin et sa femme, et pour réparation, ladite femme Gaudin a été condamnée d'être battue et fustigée de verges sur ses épaules nues par l'exécuteur de la haute justice dans tous les lieux et carrefours accoutumés de la ville du Mans, d'être ensuite attachée, un jour de marché, pendant deux heures au carcan ayant un écriteau devant et derrière portant pour inscription ces mots : Femme condamnée pour filouterie, lettres anonymes et mémoires qu'elle a fait faussement fabriquer et dicter sous des noms empruntés, pour ensuite être marquée par ledit exécuteur sur l'épaule dextre d'un fer chaud ayant pour empreinte la lettre V, et être bannie à perpétuité du pays et comté du Maine et anciens ressorts, et condamnée en vingt sous d'amende au profit de Sa Majesté ; et a été ordonné que ladite sentence serait imprimée, lue, publiée et affichée partout où besoin serait. »[494]

Le Parlement de Paris, en appel, rend un premier arrêt de procédure en date du 16 février 1764,

> « par lequel il a été ordonné que dans quinzaine, au jour de la signification, à midi, lesdits Mathurin Barbier, Françoise et Renée Clopier, Julienne et Geneviève Bouteiller seraient tenus être présents aux pieds de la cour pour le jugement dudit procès, sinon et ledit temps passé, seraient pris au corps et amenés prisonniers es prisons de la conciergerie du palais, et où ils ne pourraient être appréhendés au corps, après perquisition faite de leurs personnes, seraient assignés par une seule proclamation, leurs biens saisis et annotés et à iceux commissaires établis, jusqu'à ce qu'ils aient obéi suivant l'ordonnance »[495].

Sont alors soumis aux magistrats « les certificats des médecins et chirurgiens du Mans [...] qui constatent que lesdites Françoise et Renée Clopier, Geneviève et Julienne Bouteiller sont trop infirmes pour obéir audit arrêt du 16 février 1764 »[496]. Finalement, la juridiction de première instance décide qu'il n'y a pas lieu de poursuivre pénalement ces personnes, mais qu'il convient de leur demander de rembourser leurs victimes pécuniairement. Elles font aussi l'objet d'une interdiction commerciale sous peine de poursuites à l'extraordinaire.

---

494 Arch. Nat. X^{2B} 1.036, affaire n° 402 : Françoise Fontaine, arrêt du 22 octobre 1766. Voir partie I, titre III, chapitre 3, section 2, § 2.
495 *Ibid.*
496 *Ibid.*

« Et au surplus a été fait défense auxdits Mathurin Barbier, Marie Anne Brosse sa femme, Françoise et Renée Clopier, Julienne et Geneviève Bouteiller, de faire à l'avenir aucun commerce de marchandises neuves et en pièces, sous quelque prétexte que ce soit, à peine d'être poursuivis extraordinairement. »[497].

L'arrêt du Parlement de Paris en date du 22 octobre 1766 note que

« la chambre faisant droit sur l'appel interjeté par ladite Françoise Fontaine, femme Gaudin de ladite sentence, met l'appellation au néant, ordonne que ladite sentence sortira son plein et entier effet, condamne ladite Françoise Fontaine, femme Gaudin, en l'amende ; ordonne que ladite sentence sortira pareillement son plein et entier effet à l'égard desdits Mathurin Barbier, Françoise et Renée Clopier, Geneviève et Julienne Bouteiller, comme aussi ordonne que le présent arrêt sera imprimé et affiché partout ou besoin sera, notamment en la ville du Mans et en celle de Fresnay, et pour faire mettre le présent arrêt à exécution, envoie ladite Françoise Fontaine, femme Gaudin, prisonnière par devant le lieutenant criminel dudit bailliage du Mans »[498].

Les magistrats du Parlement de Paris, pas plus que ceux du bailliage du Mans, n'ont, faut-il le croire, été sensibles aux boniments de Françoise Fontaine, épouse Gaudin.

Pour abuser d'une personne de qualité, Esther-Marie de Rosemberg agit non seulement par astuce, mais aussi grâce à des intermédiaires. Fille ouvrière en linge et dentelles âgée de vingt-six ans, elle se lie avec Jean-Nicolas-Augustin Lelièvre, secrétaire personnel de François de La Bourdonnaye Desprès, écuyer et officier de la louveterie du roi. Elle est ainsi officiellement introduite auprès de La Bourdonnaye. Il lui est reproché, durant le procès de première instance au Châtelet, « d'avoir employé les moyens d'obsession, vexations et mauvais traitements qu'elle aurait pratiqué par des vues d'intérêts envers ledit de La Bourdonnaye son maître »[499]. Lelièvre est également mis en cause, puisque la prévention retient qu'il a « employé les mêmes voies d'obsession, vexations et mauvais traitements envers ledit de La Bourdonnaye chez lequel il demeurait en qualité de secrétaire ». Mais cette persécution à laquelle ils se sont livrés ne leur est pas inutile, puisque Lelièvre et Rosemberg sont encore « hautement suspects d'avoir détourné de chez ledit de La Bourdonnaye ses effets et hardes même ledit Lelièvre d'en avoir porté sur son corps »[500].

---

[497] *Ibid.*
[498] *Ibid.*
[499] Arch. Nat. X^{2B} 1.036, affaire n° 556 : Esther Rosemberg, arrêt du 29 août 1766.
[500] *Ibid.*

La sentence intervient le 13 août 1766, les accusés étant détenus en la prison de la conciergerie du palais. En droit, les faits semblent constituer un abus de confiance et non une escroquerie. Mais le Châtelet décide que les accusés sont coupables, sans véritablement trancher le problème de la qualification, et, considérant que cet homme et cette femme s'entendent, les condamne de façon exactement identique[501]. Lelièvre et Rosemberg sont tous deux, au principal, bannis pour neuf ans de la ville, prévôté et vicomté de Paris. Espère-t-on qu'ils se séparent ? Ou devine-t-on qu'ils poursuivront leur activité dans d'autres lieux ? Les voilà, en tous cas, interdits de la capitale du royaume de France.

Le Parlement de Paris connaît l'affaire, car sa cour fait droit sur l'appel interjeté par Esther-Marie de Rosemberg et Jean-Nicolas-Augustin Lelièvre. Le 29 août 1766, il rend son arrêt. S'il met la sentence au néant, c'est pour mieux condamner Rosemberg « à être attachée au carcan dans la place de Grève et y demeurer depuis midi jusqu'à deux heures, ayant écriteau devant et derrière portant ces mots : « escroc et libertine », et ledit Lelièvre à assister à ladite exécution »[502]. Il décide donc, contre toute attente, qu'a été commise une escroquerie. Est-il, pour autant, moins sensible aux sentiments réciproques qu'éprouvent les deux amants ? Il n'hésite pas en tout cas à jouer sur la corde sensible de l'amour, obligeant Lelièvre à assister à l'affront public infligé à Rosemberg. Le Parlement décide ensuite que le couple sera physiquement séparé pendant une durée de neuf ans. Il ordonne en effet que

> « ladite de Rosemberg [sera] menée et conduite en la maison de force de l'hôpital général de la Salpêtrière pour y être détenue et renfermée le temps et espace de neuf ans, et bannit ledit Lelièvre pour pareil temps de neuf années de la ville, prévôté et vicomté de Paris, lui enjoint de garder son ban, sous les peines portées par les déclarations du roi, fait défense à ladite de Rosemberg de se retirer en aucun cas même après le temps de sa condamnation expiré dans cette ville de Paris, faubourgs et banlieue d'icelle, ni à la suite de la cour, sous les peines portées par lesdites déclarations »[503].

La finesse de la décision est extrême : la durée de la peine reste identique, mais la cour utilise la possibilité d'enfermer la femme à la Salpêtrière, et d'éloigner l'homme de Paris pour détruire l'union de ces deux amants malfaisants.

L'aspect financier du procès et les sommes dues à l'État ne sont pas oubliés : le Parlement « condamne en outre lesdits Lelièvre et Rosemberg chacun en trois livres d'amende envers le roi à prendre sur leurs biens et solidairement en

---

501 *Ibid.*
502 *Ibid.*
503 Arch. Nat. X^{2B} 1.036, affaire n° 556 : Esther Rosemberg, arrêt du 29 août 1766.

tous les dépens tant des causes principales que d'appel et demandes envers ledit de La Bourdonnaye »[504].

Nous rejoindrons la conception générale de la jurisprudence française, qui n'a jamais considéré en fait que la femme devait, par principe, bénéficier d'une atténuation de la responsabilité : elle peut être gravement sanctionnée pénalement, au même titre que l'homme. Certaines peines semblent cependant exclues, pour des raisons liées à la décence et surtout à la morphologie. Le « respect dû au sexe », *propter reverentiam sexus*, permet simplement d'éviter des spectacles comme des condamnations à la roue. La femme n'est jamais condamnée aux galères, car elle est considérée comme trop faible pour servir le roi à ce titre. Elle n'est enfin jamais bannie perpétuellement du royaume. En revanche, elle connaît les charmes de la réclusion dans une maison de force[505]. Mais il n'est pas évident qu'il soit moins cruel d'être enfermé, par exemple pendant neuf ans, à l'hôpital général de la Salpêtrière que d'être bannie pendant la même période de la ville, vicomté et prévôté de Paris.

Reste à déterminer si les auteurs d'escroqueries peuvent être déments, et donc considérés comme irresponsables ? La ruse, l'intelligence, la complexité du raisonnement suivi pour construire une infraction de cette nature, ne semblent pas *a priori* être compatibles avec un acte de folie. Tout au contraire, la jurisprudence nous a montré comment l'auteur élabore son projet, développe ses manœuvres avant d'obtenir la remise tant convoitée de l'objet. La duperie requiert à la fois constance et maturation. Autant dire qu'elle ne peut pas être pulsionnelle et encore moins sans fondement.

Pour autant, l'escroquerie est-elle toujours rationnelle ? Ne peut-on soutenir que le fait même d'être pris la main dans le sac, de se retrouver jugé par une juridiction, démontre que « l'affaire » n'était ni si bonne, ni sans aucun risque. Si nous n'avons trouvé aucun cas de démence au sens classique du terme, dans la jurisprudence du Châtelet et du Parlement de Paris sous le règne de Louis XV, il peut en être tout autrement pour des états proches de cette démence. Le mot provient du latin *dementia*, qui désigne l'ensemble des troubles mentaux graves. Il est entendu dans le sens de « folie » et d' « aliénation ». Il désigne psychologiquement une déchéance progressive et irréversible des activités mentales, ce qui rend difficile l'appréciation et le jugement de ses propres actions, et notamment peut faciliter des passages à l'acte délictuels.

---

[504] *Ibid.*

[505] Muyart de Vouglans, *Les Lois criminelles*, p. 73 et Jousse, *Traité de la justice criminelle*, t. I, p. 41. Le refus de bannir les femmes hors du royaume serait dû au souci qu'elles n'aillent pas enfanter à l'étranger.

Cette circonstance disculperait, totalement ou pour partie, l'auteur de l'escroquerie de sa responsabilité, car elle rendrait l'intention de commettre l'infraction entachée d'une totale, sévère ou légère atténuation. Michel Foucault semble suggérer que la question de l'irresponsabilité a été rajoutée après l'Ancien Régime, par les réformes napoléoniennes du droit intermédiaire[506].

En réalité, le droit de l'Ancien Régime avait élaboré toute une jurisprudence sur les notions d'irresponsabilité et d'atténuation de responsabilité. André Laingui et Arlette Lebigre ont démontré que la question de la responsabilité pénale dans l'ancien droit était essentielle[507]. Il faut dire que le droit romain considérait déjà le fou furieux – *furiosus* – comme un dément irresponsable, parce que les actes ne peuvent pas lui être imputables compte tenu de son absence de conscience. Ainsi les criminalistes ont-ils traditionnellement admis l'existence de cette cause d'irresponsabilité. Ils considéraient même que l'auteur d'infraction était suffisamment puni par sa propre maladie. Des juristes comme Muyart de Vouglans étaient ainsi favorables à l'exemption de peine. D'autres décidaient au quotidien, dans leur charge de magistrats, que le fou devait être enfermé à l'hôpital général, pour mettre la société à l'abri de ses méfaits. Ce statut le rendait apparemment semblable à celui des femmes ou des enfants condamnés, mais en réalité, si le fou était enfermé, c'était qu'il était considéré non seulement comme irresponsable, mais surtout comme dangereux.

Sur l'ensemble des 477 auteurs supposés d'escroquerie sur la période étudiée de 1700 à 1790, dans la juridiction du Parlement de Paris, il est tout d'abord essentiel de noter qu'aucune procédure ne fait référence expressément à une exclusion totale de responsabilité. Aucun accusé n'est donc déclaré exempt en raison de cette circonstance. La conscience de l'escroc est au contraire bien trop vive et affûtée.

---

[506] « Depuis que le Moyen Age avait construit, non sans difficulté et lenteur, la grande procédure de l'enquête, juger c'était établir la vérité d'un crime, c'était déterminer son auteur, c'était lui appliquer une sanction légale. Connaissance de l'infraction, connaissance du responsable, connaissance de la loi, trois conditions qui permettaient de fonder en vérité un jugement. Or voilà qu'au cours du jugement pénal se trouve inscrite maintenant une tout autre question de vérité. Non plus simplement : « Le fait est-il établi et est-il délictueux ? ». Mais aussi : « Qu'est-ce donc que ce fait, qu'est-ce que cette violence ou ce meurtre ? A quel niveau ou dans quel champ de réalité l'inscrire ? Fantasme, réaction psychotique, épisode délirant, perversité ? ». Non plus simplement : « Qui en est l'auteur ? ». Mais : « Comment assigner le processus causal qui l'a produit ? Où en est, dans l'auteur lui-même, l'origine ? Instinct, inconscient, milieu, hérédité ? ». », Michel Foucault, *Surveiller et punir*, coll. « Tel », Gallimard, p. 24. On replacera également l'irresponsabilité du dément dans le contexte général décrit par Michel Foucault, *Folie et déraison, Histoire de la folie à l'âge classique*, Paris, Gallimard, 1961.

[507] André Laingui, *La responsabilité pénale dans l'ancien droit*, XVIe-XVIIIe siècle, Paris, 1970.

Tout au plus est-il indiqué, dans l'arrêt de condamnation rendu par le Parlement de Paris le 19 août 1760[508], que les auteurs d'infractions sont « soldat faussaire violent et escroc » ou simplement « soldat violent et escroc ». La violence est physique et, ainsi caractérisée, démontre la dangerosité mentale de ces auteurs. C'est pourquoi la cour confirme la sentence de première instance du 26 juillet 1760 au Châtelet, par laquelle les escrocs se voient condamnés au carcan « qui seroit planté à cet effet sur la place de Grève », puis sont « flétris d'un fer chaud en forme des lettres GAL sur l'épaule droite, ce fait conduits à la chaîne pour y être attachés et servir le roi comme forçats dans ses galères »[509], l'un pour neuf ans, les trois autres pour cinq ans. La cour condamne en outre

> « lesdits La Lime, Rieber, Terrifiant et Hue dit Bien-Aimé en l'amende ordinaire de douze livres, ordonne en outre que le présent arrêt sera imprimé, publié et affiché dans les lieux et carrefours accoutumés de cette ville et banlieue de Paris et partout où besoin sera »[510].

Beaucoup plus intéressante est l'atténuation de responsabilité relevée par le procureur général Joly de Fleury, dans le mémoire particulier qu'il rédige à l'occasion du procès concernant la procédure d'escroquerie du collier de la Reine[511]. Il tente, nous l'avons vu, d'apprécier la culpabilité du cardinal de Rohan. Vaste problème, car il s'agit d'une affaire d'État, et que l'accusé est un grand du royaume. Si ce dernier est jugé par le Parlement de Paris, est-il pour autant pleinement responsable, et donc entièrement coupable de ses agissements ? Rien n'est moins sûr. Le procureur général Joly de Fleury précise même :

> « On ajoutera que le cardinal n'a été que séduit, qu'il étoit dans le délire, entraîné par une ambition qui l'a égaré, que c'est un esprit exalté, mais qu'il y a grande différence à faire entre un faussaire et un insensé »[512].

Voilà que le mot est lancé : celui d'« insensé », c'est-à-dire de dément. N'est-ce pas la solution au problème juridique : poursuivi, le cardinal de Rohan peut l'être compte tenu de ses agissements ; mais condamné, n'est-ce pas le corps entier de la noblesse qui sera alors entaché de malversations et de crime de lèse-majesté ? Ne vaudrait-il pas mieux exempter le cardinal de Rohan de toute peine, car serait caractérisé un état de démence suffisant ? Le procureur Joly de Fleury s'engouffre avec un enthousiasme qui se révèle par le style dans cette brèche

---

508 Arch. Nat. X^{2B} 1.024, affaire n° 448 : Pierre Hue, arrêt du 19 août 1760.
509 *Ibid.*
510 *Ibid.*
511 Bibl. Nat., fonds Joly de Fleury : cote 2.088, Affaire du Collier, volume 1, feuillet 66, « Mémoire particulier du procureur général ».
512 *Ibid.*

offerte par la procédure pénale. Brillant juriste, il excelle incontestablement dans la subtilité du raisonnement, et les conséquences légales à tirer d'une qualification. Le voici qui soutient, on l'a vu, que « personne n'accorde estime ni intérêts à M. le cardinal de Rohan, mais l'on plaint sa famille, l'on ne veut pas le croire coupable d'un faux, d'une escroquerie infâme, on aime mieux croire qu'il est un insensé, égaré par son ambition et victime de la séduction d'une femme perdue d'honneur avec laquelle il ne rougissoit pas de vivre »[513].

L'auteur le plus connu et sans doute le plus puissant de « l'escroquerie du siècle », par la magie d'une folie bien opportune à laquelle le procureur veut croire, échappe par cette circonstance à toute condamnation. La cour décharge ainsi « Louis-René-Edouard de Rohan des plaintes et accusations contre [lui] intentées à la requête du procureur général du roi »[514], en s'inspirant du mémoire de Joly de Fleury. On peut bien sûr discuter si cette folie n'est pas raison d'État et si la décision de ne pas condamner relève plus de la politique pénale que d'une décision judiciaire totalement indépendante. Quels que soient les siècles, les affaires financières célèbres conservent un mystère que le simple commentateur juridique ne pourra jamais percer. Il est cependant édifiant de souligner que la seule démence relevée par les juridictions de la fin de l'Ancien Régime, en matière d'escroquerie, concerne un grand commis de l'État, dont la pathologie est peut-être tout simplement celle du carriérisme, maladie somme toute assez répandue à travers l'histoire de l'humanité.

Apprécier la culpabilité des auteurs d'escroquerie lors de leur passage à l'acte conduit à s'intéresser aux circonstances d'une telle délinquance. Les juridictions de première instance, dont le Châtelet durant tout le siècle du règne de Louis XV, et le Parlement de Paris, s'attacheront aux distinctions, aux différences qui leur permettent en toute rigueur d'individualiser les condamnations et les peines. Mais chacun de ces arbitrages permet aussi à ces juridictions, comme autant de petites touches, de percevoir à travers les cas ce que peut être un escroc.

Dans le même temps, le chancelier d'Aguesseau s'essaie à une politique royale en matière de droit et de police du royaume. S'il ne peut facilement modifier les coutumes, il tente de mieux assurer l'ordre public. Sous Louis XIV, les codes avaient traité de la procédure pénale, avec la grande ordonnance de 1670, et du commerce. Les ordonnances de Louis XV, rédigées par d'Aguesseau et ses collaborateurs, n'abordent pas encore directement l'escroquerie, mais elles s'attachent à régir des pans entiers du droit civil et du droit des affaires, pour mieux

---

513 *Ibid.*

514 Bibl. Nat. ; fonds Joly de Fleury : Affaire du Collier, cote 2.089, volume 2, feuillet 114 : « Arrêt de la cour rendu en la grand-chambre assemblée le 31 mai 1786 », et Arch. Nat. X^{2B} 1.417 : affaire du Collier de la Reine au Parlement criminel de Paris, arrêt du 31 mai 1786.

les circonscrire. Ainsi en est-il de l'ordonnance de 1731 sur les donations, de celle de 1735 sur les testaments, et de celle de 1747 sur les substitutions. Le vol et la filouterie ne sont pas abordés : le sort des escrocs est donc laissé aux magistrats.

Un siècle plus tard, en 1833, A.-M. Guerry de Champneuf publie son *Essai sur la statistique morale de la France.* Il y analyse, à partir du nombre de condamnés et des chefs de prévention, les crimes commis entre 1825 et 1830, et fait entrer la statistique au ministère de la justice. Mais il ne fait que suivre les premières études effectuées à la veille de la Révolution par le baron de Montyon, qui s'attaquait au même objectif et justifiait son travail de pionnier en ces termes : « Le calcul est le terme d'estime le plus précis et le moins fautif et il est possible de soumettre au calcul même la moralité »[515].

Montyon précise dans ses *Observations sur la moralité en France*[516] que la criminalité des femmes ne représente en général qu'un quart jusqu'à un septième de celle des hommes. En matière d'escroquerie, l'échelle de Montyon est respectée, puisque la proportion des femmes est d'environ un sixième de tous les auteurs recensés dans la jurisprudence du Parlement de Paris de 1700 à 1790. En revanche, s'il affirme que « l'âge le plus fécond au crime est depuis 25 ans jusqu'à 35 ans »[517], il est évident qu'il considère la criminalité violente et non pas la délinquance de ruse, qui est typiquement celle de l'escroquerie.

L'immoralité apparaît donc pour l'escroc à la maturité, que l'on soit homme ou femme.

---

[515] Cf. Jean Lecuir, « Criminalité et moralité : Montyon, statisticien du Parlement de Paris. », *Revue d'histoire moderne et contemporaine,* Université de Paris-X, 1999, p. 446.
[516] Fonds Montyon, bibliothèque de l'Assistance publique, carton n° 15.
[517] *Ibid.*

Chapitre 3. L'appréciation du passage à l'acte au regard des victimes

Sanctionner la commission de l'escroquerie nécessite de considérer d'une part quelle est la vulnérabilité des victimes, et d'autre part d'apprécier la gravité des faits en les replaçant dans le contexte socio-économique.

Section 1. La vulnérabilité des victimes

Une victime assassinée ou violée offre immédiatement au spectateur son image sanglante. Sa fragilité devant l'assaillant n'est plus à démontrer, car il est quasi impossible de se prémunir totalement contre une agression, même par de nombreuses mesures de sécurité. Une victime d'escroquerie est par définition d'une autre substance, plus subtile. Comment « visualiser » la duperie et les conséquences des événements néfastes ? Comment les victimes peuvent-elles se prémunir contre les agissements frauduleux d'autrui ?

§ 1 - La victime de l'escroquerie

La dupe ne consent-elle pas à son propre destin ? Comme elle a été en relation avec le coupable, ne peut-on penser que le consentement à la transaction du dupeur pourrait presque faire disparaître l'infraction ? André Laingui et Arlette Lebigre soutiennent ainsi que « les jurisconsultes admettaient comme fait justificatif le consentement de la victime en fait de vol »[518].

Il est vrai que la victime de l'escroc présente une particularité : « elle est souvent aussi peu sympathique que l'escroc pour deux raisons inverses »[519]. Michelle-Laure Rassat reconnaît d'abord les « victimes-coupables » qui se font escroquer dans des opérations douteuses moralement, dont elles espéraient néanmoins tirer un substantiel profit.

---

[518] André Laingui et Arlette Lebigre, *Histoire du Droit pénal, I, Le droit pénal,* Paris, Cujas, coll. « Synthèse », 1979, p. 110.

[519] Michelle-Laure Rassat, art. « Escroquerie », *Jurisclasseur*, 1996, p. 10.

« Le type en est l'affaire Thérèse Humbert, où une femme réussit pendant plusieurs décennies à mener grand train aux frais de prêteurs qui espéraient récupérer leurs avances au centuple sur une succession américaine que Thérèse Humbert s'était inventée »[520].

A-t-on pitié de ces banquiers ?

La deuxième catégorie est constituée de pitoyables victimes qui ne suscitent pas l'indulgence compte tenu de leur exceptionnelle bêtise.

« L'exemple caractéristique [...] est le grand mathématicien Michel Chasles qui se targuait d'aimer les autographes, et qui a acheté à prix d'or à un escroc de génie des lettres ou documents, dont certains, écrits en vieux français, étaient censés avoir été échangés par Lazare et saint Pierre, Judas et Marie-Madeleine, ou encore César et Cléopâtre, sans oublier des écrits divers de Vercingétorix, Attila et Charles Martel ! »[521].

Donc, que cela soit lors de la préparation du passage à l'acte ou lors de la remise en elle-même, la dupe a été consentante, en raison des manœuvres dont elle est sans doute la victime, mais qui l'ont d'abord séduite pour toutes les raisons invoquées. Sa capacité à résister à l'escroc est alors fonction de sa duplicité et de sa vulnérabilité. Mais comment se protéger de cette éventuelle vulnérabilité ?

Le sens du terme est révélateur car il est issu du verbe « blesser », *vulnerare*. Il désigne celui qui, blessé par un mal physique ou matériel, est facilement atteint car il se défend mal. Le dégât occasionné par l'escroquerie entraîne vraisemblablement des conséquences psychologiques. L'escroquerie créerait un préjudice à la fois réel et sérieux.

« La personnalité de la victime est, presque au même titre que la personnalité du délinquant, un des éléments permettant l'individualisation de la sanction pénale. Cela suffit de conférer au problème envisagé une importance considérable »[522].

Mais puisque la vulnérabilité n'est pas égale pour tous, le droit, dans son évolution, en a tenu compte, dans des registres différents. En effet, le nouveau *Code Pénal* de 1992, par son article 313-2, aggrave la pénalité de l'escroquerie dans son alinéa 4, lorsqu'elle est commise « au préjudice d'une personne dont la

---

[520] *Ibid.* et Cass. crim., 5 nov. 1903 : *D.* 1904, I, p. 25.

[521] Bouchardon, *Le collectionneur ingénu : R.I. crim. pol. Tech.* 1956, n°4 p. 29, cf. Michelle-Laure Rassat, art. « Escroquerie », *Jurisclasseur*, 1996, p. 10.

[522] Jean Moirel, « L'influence de la personnalité de la victime sur la répression exercée à l'encontre de l'agent », *Revue internationale de droit pénal*, 30, 1959, p. 183.

particulière vulnérabilité, due à son âge, à une maladie, à une infirmité, à une déficience physique ou psychique ou à un état de grossesse, est apparente ou connue de son auteur »[523].

La vulnérabilité est également visée par l'article 313-4 du nouveau *Code pénal* :

> « L'abus frauduleux de l'état d'ignorance ou de la situation de faiblesse, soit d'un mineur, soit d'une personne dont la particulière vulnérabilité, due à son âge, à une maladie, à une infirmité, à une déficience physique ou psychique ou à un état de grossesse, est apparente ou connue de son auteur, pour obliger ce mineur ou cette personne à un acte ou à une abstention qui lui sont gravement préjudiciables, est punie de trois ans d'emprisonnement et de 2 500 000 francs d'amende ».

L'extrême vulnérabilité doit donc être protégée des malfaisants. Mais que dire de cette victime qui par delà son consentement accepte son état, par naïveté, sans faire preuve d'un sens critique « normal », voire d'une prudence adaptée ? La réponse n'est-elle pas moins évidente ou en tous cas plus ambiguë que dans les hypothèses restrictives envisagées par le droit contemporain[524].

La malhonnêteté des escrocs peut enfin engendrer une chaîne d'infractions qui induit des victimes collatérales, qui sont d'autant plus vulnérables qu'elles n'ont aucun moyen de prévoir l'acte délinquant. Il en est ainsi pour certaines grandes affaires criminelles, tout droit sorties des manœuvres frauduleuses des dupeurs. Citons pour exemple le cas de Madame Caillaux.

Son mari, ministre des Finances, avait un défaut majeur, il adorait écrire. Il racontait sa vie non seulement à sa femme, mais également à sa maîtresse, et mêlait dans ses correspondances les affaires de cœur aux affaires de gouvernement. Or Monsieur Caillaux fréquentait un financier véreux, un dénommé Rochette, qui avait commis de nombreuses escroqueries. Poursuivi devant les juridictions pénales, ce dernier avait sollicité de Monsieur Caillaux qu'il intervienne afin de faire remettre sa comparution devant les tribunaux. Caillaux n'avait alors pas hésité à intervenir personnellement auprès du Garde des Sceaux, Monis, pour que celui-ci requière du procureur général le renvoi d'une de ses audiences. Mais la presse l'a appris. En effet, le directeur du *Figaro*, un journaliste appelé Calmette, se met à menacer de publier certaines de ces correspondances qu'il a réussi à se procurer, et risque ainsi non seulement de provoquer un coup d'éclat politique, mais aussi de ruiner la carrière de Caillaux. Si l'épouse légitime a admis toutes les incartades, elle n'est pas prête en revanche à voir s'étioler la réussite de son union. Ainsi les

---

[523] Les peines sont portées à sept ans d'emprisonnement et à 750 000 € d'amende lorsque l'escroquerie est réalisée, notamment en raison de cette circonstance. Cf. également Corinne Mascala, *Répertoire pénal*, Dalloz, novembre 2001, art. « escroquerie », n° 216.

[524] Seule l'étude qui va suivre de la jurisprudence dans le ressort du Parlement de Paris de 1700 à 1790 apportera une réponse.

escroqueries ont-elles entraîné un assassinat, puisque le 16 mars 1914, Madame Caillaux a essayé chez un armurier un browning qu'elle a acheté. Ainsi armée, elle s'est rendue au siège du *Figaro* et a demandé à s'entretenir avec Calmette.

> « Lorsque la fiche d'audience fut remise à Calmette, ce dernier se trouvait en compagnie du romancier Paul Bourget. Ce dernier s'inquiéta :
> « Vous allez la recevoir ? »
> « Je ne peux pas ne pas recevoir une femme. »
> « Vous devez sans doute vous douter de l'objet de ma visite », dit Madame Caillaux lorsque Calmette la pria quelques instants plus tard de s'asseoir. Calmette répondit que non.
> Madame Caillaux abaissa dans son manchon le cran d'arrêt de son pistolet et abattit le journaliste de six balles à bout portant.
> Quand les policiers arrivèrent :
> « Ne me touchez pas, je suis une Dame ! »[525].

Elle fut renvoyée devant la Cour d'Assises pour un assassinat qui n'était que collatéral aux escroqueries commises.

Cependant, une protection juridique contre des formes de vulnérabilité variable existantes chez chaque être humain peut-elle être véritablement fiable, puisque l'escroc recherche par définition le maillon faible ? Le talon d'Achille psychologique n'est-il pas l'endroit qu'il affectionne le plus pour porter son coup fatal à la victime ?

En 1784, Guyot cite un certain nombre d'affaires qui illustrent cette atteinte directe portée à des victimes sans défense. S'agit-il là encore d'escroqueries ou plutôt de vols commis avec ruse qui entraînent une tentative d'assassinat ? L'auteur est assez peu disert sur la question, sauf qu'il affirme qu'il s'agit d'abord d'une escroquerie, mais il constate en revanche qu'il est facile de forcer la porte et de se servir sur un habitant, qui d'une certaine façon met l'ensemble de ses biens à disposition.

> « Témoin l'arrêt du Parlement de Paris du 2 décembre 1779, qui condamne Jean-Claude Berger, Claude Chaffaigne, dit Labuffière, et Jean Messlin, dit Baptiste, […] pour s'être introduits, sous prétexte d'une ancienne connaissance, chez une femme d'un âge avancé […] et après l'avoir prévenue en leur faveur par de faux propos, avoir abusé d'un dîner qu'elle leur a donné chez elle […] pendant lequel ils ont pris la précaution d'écarter d'elle toute assistance pour lui faire prendre dans du café, que l'un d'eux a été chercher, une liqueur narcotique,

---

[525] Yves-Frédéric Jaffré, *Les grandes affaires criminelles du XXe siècle*, in *La Gazette du Palais*, 2 janvier 2000, p. 18, diffusé sur Internet in *Le Doctrinal n° 79*, sept. 2000.

assoupissante et pernicieuse, au point non seulement d'avoir procuré à cette femme un sommeil léthargique, accompagné de convulsions, ensuite de délires, mais même d'avoir mis sa vie en danger [...] et le dit Messlin, dit Baptiste, pour avoir accompagné les deux quidams, sous prétexte d'avoir un écu de trois livres qu'il ramassa [...] sommeil dont il a profité, de complicité avec les deux quidams, pour voler la boîte, la montre et son argent, après l'avoir fait montrer sa montre et son argent, après l'avoir fait monter de force dans un fiacre »[526].

Que dire encore des immunités familiales, qui rendent impossible la poursuite des infractions d'escroquerie, alors même qu'elles sont facilement commises entre parents[527] ?

Que penser des modes de vie, des périodes de carnaval, tolérés par la société et qui génèrent des passages à l'acte plus ou moins violents et souvent rusés ?

Le bailliage et siège présidial de Meaux connaît en première instance d'une série d'affaires pour lesquelles il rend une première sentence le 9 mai 1741 et une seconde le 5 janvier 1745. Henri Froquet, dit La Force Buillet, accompagné de ses camarades Jean Denis dit Francourt, Jean Denis dit Denis son fils, Jean Laume dit La Fleur, Marie Pallissot, Marie-Nicole Robert et Marguerite Baudouin, sont poursuivis pour le même motif qu'une deuxième bande à laquelle participent Etienne Mery dit Melon, Jean Chauquiet dit Des Camps, Jean-Baptiste Marsanes dit Marolles et Laurent Le Clève dit Clève contumax.

Ils sont atteints et convaincus,

> « savoir ledit Jean Denis dit Francourt, d'avoir le lundi gras 17 février dernier après midi, tiré au village de Marilly sur des poules et les avoir emportées [...] à main armée et avec armes à feu en compagnie desdits Jean Laume dit La Fleur, Jean Charpentier dit Desproues et Laurent Le Clève dit Le Clève dans plusieurs maisons du même lieu et sous prétexte d'une quête pour leurs beignets de carnaval fait contribuer de l'argent à plusieurs particuliers, d'avoir exigé du charron dudit village une somme de douze livres sous prétexte de le dégager d'un prétendu engagement d'avec le service qu'il avait envers un de ses camarades soldats pour avoir de l'argent dudit charron [...] ce fut le 9 du même mois de février jour des Cendres après midi dans la ferme du Sieur Rache [...] de s'être rendu nuitamment dans sa maison par terreur et menaces, d'avoir exigé de lui à boire et à manger et d'avoir encore extorqué de lui 24 livres sous le prétexte que le chien de basse-cour dudit Rache lui avait mordu un jarret ; ledit Jean Denis dit Denis son fils, ledit Jean

---

[526] Guyot, *Répertoire universel*, 1784, t. VII.

[527] L'article 380 devenu 311.12 du nouveau *Code pénal* dépouille de tout caractère pénal les « soustractions » commises entre époux, ascendants et descendants, de l'escroquerie constante, l'immunité familiale s'applique à l'escroquerie et à l'abus de confiance (Cass. crim., 4 janv. 1930 : *Gaz. Pal.* 1930, 1, p. 167).

Denis dit Denis, d'avoir tiré plusieurs poules audit village de Marilly, de s'être rendu armé d'un fusil dans la ferme du Sieur Rache avec ses camarades d'avoir menacé hautement et en diverses reprises de tuer le maître, la maîtresse les domestiques et les chevaux de cette ferme, d'avoir [menacé] un jour la servante, dit qu'il fallait la tuer car il venait de faire [tuer] le chien de la basse-cour d'un coup de fusil, d'avoir pris au collet le cabaretier dudit lieu pour l'obliger de donner du vin en rentrant le soir du même jour dans son cabaret, ledit Jean Laume dit La Fleur d'avoir fait avec trois de ses camarades [...] d'avoir proposé et fermé [...] de l'argent dudit charron dudit lieu en lui soutenant qu'il était engagé au service du roi »[528].

Au milieu de ces vols et extorsions de fonds, quelques escroqueries pimentent la débauche. Faire semblant de quêter pour des beignets permet de se faire remettre frauduleusement quelque argent. Faire croire que l'on peut se dégager d'un engagement conduit à récupérer une somme conséquente. Mais comment ne pas se laisser prendre ? L'atmosphère est tellement festive et l'usage bien ancré.

La juridiction de première instance ne s'y trompe pourtant pas, et

> « condamne ledit Henri Froquet dit La Force Buillet aux galères, condamne lesdits Jean Denis dit Francourt, Jean Denis dit Denis, Jean Laume dit La Fleur, Jean Charpentier dit Desproues, et Laurent Le Clève dit Le Clève d'être menés et conduits aux galères du roi pour y servir comme forçats l'espace de trois années, préalablement flétris des trois lettres GAL ; lesdits Jean-Baptiste Marsanes dit Marolles et Etienne Mery dit Melon d'être bannis pendant trois ans de la ville et bailliage de Meaux à eux enjoints de garder leur ban sous les peines portées par les ordonnances en outre à dix livres d'amende envers le roi ; ladite Marie Pallissot d'être bannie et fustigée nue de verges par l'exécuteur des sentences criminelles dudit bailliage dans les carrefours et lieux accoutumés de ladite ville, ensuite flétrie sur l'épaule dextre d'un fer chaud en forme de fleur de lys [...] bannie pour 9 ans de ladite ville et bailliage de Meaux, préalablement enjointe de garder son ban sur les peines portées par les ordonnances en outre en dix livres d'amende envers le roi ; a déclaré lesdites Marguerite Baudouin et Marie Nicole Robert déchargées de l'accusation, en conséquence relaxées et mises hors de prisons à ce faire le greffier contraint quoi faisant déchargé... Lesdits Jean Charpentier dit Desproues et Laurent Le Clève dit Le Clève absents et fugitifs [...]»[529].

Le Parlement de Paris rend à son tour un arrêt le 23 mars 1745, et condamne un certain nombre de ces escrocs chenapans :

---

[528] Arch. Nat. X^{2B} 996, affaires n° 134 et n° 196 : Marguerite Baudouin et Henri Froquet, arrêt du 23 mars 1745.
[529] *Ibid.*

« ladite Cour reçoit le procureur général du roi appelant a minima de la sentence à l'égard desdits Marie Nicole Robert et Marguerite Baudouin faisant droit sur ledit appel ensemble sur celui interjeté par lesdits Froquet, Jean Denis père et Jean Denis Fils, Jean Laume et Marie Pallissot met lesdits appels et sentence de laquelle a été appelé au néant, mandant pour les cas résultants du procès, condamne ledit Henri Froquet d'être mené et conduit es galères du roi pour en icelles être détenu et servir ledit seigneur roi comme forçat à perpétuité, préalablement flétri d'un fer chaud en forme des lettres GAL sur l'épaule dextre, déclare tout et chacun ses biens situés en pays de confiscation acquis et confisqués au roi ou à qui il appartiendra, sur iceux et autres non sujets à confiscation préalablement pris la somme de cent livres d'amende au cas que la confiscation n'ait pas lieu au profit dudit seigneur roi ; condamne lesdits Jean Denis père, Jean Denis fils et Jean Laume d'être menés et conduits es galères du roi pour en icelles être détenus et servir ledit seigneur roi comme forçats le temps et espace de trois ans, iceux préalablement flétris d'un fer chaud en forme des trois lettres GAL sur l'épaule dextre, condamne ladite Maris Pallissot d'être bannie et fustigée nue de verges par l'exécuteur de la haute justice dans les carrefours et lieux accoutumés de la ville de Meaux et en l'un d'iceux flétrie d'une fer chaud en forme d'une fleur de lys sur l'épaule dextre, ce fait bannie pour le temps et espace de neuf ans de l'étendue et ressorts de la ville et bailliage de Meaux et de cette ville prévôté et vicomté de Paris lui enjoint de garder son ban sous les peines portées par les déclarations du roi, la condamne en trois livres d'amende envers ledit seigneur roi »[530].

En fait, la victime n'est-elle pas d'abord victime de sa propre passion et de son désordre personnel ? Jacques Borry escroque ainsi « plusieurs personnes au jeu »[531] alors qu'elles sont volontaires à prendre le risque de perdre. Le Parlement n'est pourtant pas convaincu d'une telle interprétation. Dans ce contexte, Augustin Caussin n'a aucune difficulté pour « escroquer plusieurs personnes au jeu et avoir ainsi gagné plusieurs objets en argent »[532]. Anne Bordeaux ne peut résister à la jouissance d' « escroquer au jeu ledit Charles Grandchamps »[533].

Ils ont cru pouvoir gagner et sont furieux d'avoir été trompés. C'est pourquoi à huit heures du soir, le dimanche 27 mai 1759, Jean-François Marchand,

---

[530] Arch. Nat. X^{2B} 996, affaires n° 134 et n° 196 : Marguerite Baudouin et Henri Froquet, arrêt du 23 mars 1745.

[531] Arch. Nat. X^{2B} 993, affaire n° 153 : Jacques Borry, arrêt du 20 août 1743. Voir partie I, titre III, chapitre 3, section 1, § 1 ; voir aussi partie II, titre I, chapitre 2, section 2, § 2.

[532] Arch. Nat. X^{2B} 1.002, affaire n° 162 : Augustin Caussin, arrêt du 12 janvier 1748. Voir partie I, titre III, chapitre 3, section 1, § 1 ; voir aussi partie II, titre I, chapitre 1, section 1, § 1 et chapitre 2, section 2, § 2.

[533] Arch. Nat. X^{2B} 1.012, affaire n° 300 : Anne Bordeaux, arrêt du 31 janvier 1753. Voir partie I, titre III, chapitre 3, section 1, § 1 ; voir aussi partie II, titre I, chapitre 2, section 2, § 2.

marchand de vin, Nicolas Soulié, musicien, et Jacques Borelly, marchand laitier, déposent plainte contre Constantin Varoxa, marchand forain. Le 30 décembre 1760, le Châtelet condamne ce dernier pour « des infidélités et escroqueries par lui commises envers le public dans le tirage d'une loterie de bijoux qu'il avait établie et dont il avait répandu des billets dans le public sans y être autorisé ainsi qu'il est mentionné au procès »[534]. Il est condamné à être

> « attaché au carcan en la place de Grève, y demeurer depuis midi jusqu'à deux heures, ayant écriteau devant et derrière portant ces mots : auteur d'une loterie non autorisée et escroc dans le tirage, ce fait, banni pour cinq ans de la ville, prévôté et vicomté de Paris, à lui enjoint de garder son ban sous les peines portées par la déclaration du roi qui sont les galères, le condamne en outre en trois livres d'amende envers le roi à prendre sur ses biens »[535].

Le Parlement de Paris rend son arrêt le 9 janvier 1761 :

> « La cour, faisant droit sur l'appel a mis et met l'appellation au néant, ordonne que la sentence de laquelle a été appelé sortira son plein et entier effet, condamne ledit Constantin Varoxa en l'amende ordinaire de douze livres, ordonne en outre que le présent arrêt sera imprimé, publié dans tous les lieux et carrefours accoutumés de la ville, faubourgs et banlieue de Paris et partout ou besoin sera. Et pour faire mettre le présent arrêt à exécution renvoie ledit Constantin Varoxa prisonnier par devant ledit lieutenant du Châtelet »[536].

Cette sanction peut satisfaire les victimes qui, loin désormais de la justice privée, s'en sont rapportées au Châtelet, puis au Parlement. Elles en attendent une pénalité en échange du préjudice qu'elles pensent avoir subi. Yvonne Bongert l'explique fort bien :

> « Le mot rétribution, pris dans le sens le plus général, signifie le salaire d'un travail ou d'une action quelconque. Dans le langage du droit pénal, ils s'entend de l'une des fins attribuées à la peine : la sanction d'une faute passée, par opposition à la prévention d'un mal éventuel, opposition résumée par la célèbre formule de Sénèque selon laquelle on punit *quia pecatum est*, dans le premier cas, *ne peccetur* dans le second. Sans être exclusive, cette fin de la peine avait la prééminence dans l'ancien droit[537] ; même aujourd'hui, en dépit de nombreuses discussions

---

[534] Arch. Nat. X^{2B} 1025, affaire n° 580 : Constantin Varoxa, arrêt du 9 janvier 1761.
[535] *Ibid.*
[536] *Ibid.*
[537] Cf. Yvonne Bongert, « Le juste et l'utile dans la doctrine pénale de l'Ancien Régime », *Archives de philosophie du droit*, t. XXVII, 1982, p. 291-347.

doctrinales et hésitations jurisprudentielles, le droit français n'a pas répudié la notion de peine rétributive »[538].

Le 18 août 1762, le bailliage d'Orléans a maille à partir avec une bande d'escrocs qui attirent « des passants dans différents cabarets et auberges qui sont sur la route de Paris à Orléans »[539] pour les faire jouer à différents jeux et escroquer leur argent. La sentence n'admet pas que des inconnus soient ainsi pris au piège. C'est pourquoi

> « Lesdits Louis Durfort, Robert Le Loutre, François Clairet et Pierre Grigné sont condamnés à être, par l'exécuteur de la haute justice, attachés à un carcan qui seroit pour cet effet planté en la place principale de ladite ville d'Orléans au premier jour de marché pour y demeurer pendant le temps et espace de trois heures ayant devant et derrière eux chacun un écriteaux portant ces mots « filou au jeu », condamnés en outre à six livres d'amende chacun au profit de S.A.S. le duc d'Orléans »[540].

En appel, le 7 septembre 1762, le Parlement de Paris

> « met l'appellation et sentence de laquelle a été appelé au néant et mandant pour les cas résultants du procès après que lesdits Louis Durfort, Robert Le Loutre, François Clairet, Pierre Grigné, René Pellé amenés à la chambre y ont été admonestés, les condamne d'aumôner chacun la somme de douze livres au profit des pauvres prisonniers de la conciergerie du palais, sur l'accusation intentée contre René Fromentin, met les parties hors de cour, en conséquence ordonne que les prisons lui seront ouvertes, renvoie ledit Antoine Bourdoiseau de l'accusation contre lui intentée, ordonne que les écrous seront rayés et biffés des registres des prisons d'Orléans et de la conciergerie du palais à ce faire tous greffiers et geôliers contraints par corps et quoi faisant déchargés »[541].

Gariaut est mécontent. Il vient de se faire escroquer aux cartes une tabatière et des boucles de souliers en argent. Il s'en plaint. Claude Girard[542] est

---

[538] Yvonne Bongert, « Rétribution et réparation dans l'ancien droit français », *Mémoires de la Société pour l'Histoire du Droit et des Institutions des anciens pays bourguignons, comtois et romans, Études d'histoire du droit médiéval en souvenir de Josette Metman*, éditions universitaires de Dijon, 45e fascicule, 1988, p. 59.

[539] Arch. Nat. X^{2B} 1.028, affaire n° 304 : Estienne Bourdoiseau, arrêt du 7 septembre 1762. Voir partie I, titre III, chapitre 3, section 1, § 1 ; voir aussi partie II, titre I, chapitre 1, section 1, § 1 et chapitre 2, section 2, § 2.

[540] *Ibid.*

[541] *Ibid.*

[542] Arch. Nat. X^{2B} 1.033, affaire n° 426 : Claude Girard, arrêt du 20 juin 1765. Voir partie I, titre III, chapitre 3, section 1, § 2 ; voir aussi partie II, titre I, chapitre 1, section 1, § 1 et chapitre 2, section 2, § 2.

alors, en première instance, condamné par la cour de justice d'Orléans. En appel, le Parlement de Paris, dans son arrêt du 20 juin 1765, le condamne à deux heures de carcan et à trois ans de galères au principal.

Devant le bailliage de Lyon, le 7 janvier 1771, Jean-Baptiste Chaudet[543] est, quant à lui, poursuivi pour « avoir entraîné ledit Legras dans une auberge, de lui avoir proposé de jouer aux cartes après l'avoir fait boire plus que de raison, et de lui avoir ainsi dérobé la somme de quatorze livres et une tabatière en cuivre entre autres »[544]. En première instance comme en appel devant le Parlement de Paris, il est prononcé un plus amplement informé contre Chaudet. Encore une fois, Legras n'est-il pas davantage victime de lui-même que de Chaudet, aimant boire plus que de raison, et se prêtant alors à n'importe quel jeu.

Les nommés Chevreau et Caboche ne résistent pas à l'envie de jouer aux cartes au cabaret de Beauvoir. Ils ne sont pas les seuls : d'autres particuliers les suivent quelques jours plus tard, soit le 15 octobre 1771. Mal leur en prend, car François-Philippe Delasalle[545] filoute les parties et emporte différents habits et effets. Le bailliage de Montdidier, le 16 juillet 1772, rend sa sentence de première instance, et condamne Delasalle à « être battu et fustigé de verges [...] dans les carrefours et lieux accoutumés [avec un] écriteau devant et derrière portant les mots filou et escroc sur les routes »[546]. Il est encore « flétri d'un fer chaud formant la lettre V sur l'épaule dextre »[547]. Il est enfin banni du bailliage, du gouvernement et de la prévôté dudit Montdidier. En appel, le Parlement de Paris, le 3 septembre 1772, rend un arrêt de plus amplement informé, comme dans l'affaire précédemment citée.

Un nommé Levieux se fait filouter sa montre et sa tabatière en argent. Bref, il remet ce qu'il porte sur lui, parce qu'il a perdu à un jeu truqué, mais n'accepte pas cette escroquerie. Sur son témoignage, le bailliage de Montereau rend, le 8 mai 1773, une sentence en première instance et condamne Etienne Bouret[548] au carcan, aux verges, à la marque au fer chaud en forme de la lettre V, et au bannissement pour une durée de 10 ans. En appel, le Parlement de Paris atténue la peine : par un arrêt du 26 juillet 1773, en ne bannissant plus qu'à une durée de trois années le

543 Arch. Nat. X^{2B} 1.045, affaire n° 330 : Jean-Baptiste Chaudet, arrêt du 23 avril 1771. Voir partie I, titre III, chapitre 3, section 1, § 2 ; voir aussi partie II, titre I, chapitre 1, section 1, § 1 et chapitre 2, section 2, § 2.

544 *Ibid.*

545 Arch. Nat. X^{2B} 1.047, affaire n° 360 : Jean-Philippe Delasalle, arrêt du 3 septembre 1772. Voir partie I, titre III, chapitre 3, section 1, § 2 ; voir aussi partie II, titre I, chapitre 2, section 2, § 2.

546 *Ibid.*

547 *Ibid.*

548 Arch. Nat. X^{2B} 1.049, affaire n° 306 : Etienne Bouret, arrêt du 26 juillet 1773. Voir partie I, titre II, chapitre 3, section 1, § 1 ; voir aussi partie I, titre III, chapitre 3, section 1, § 2 ; ainsi que partie II, partie II, titre I, chapitre 1, section 1, § 1.

dénommé Bouret. Mais celui-ci doit porter un écriteau préalablement avec mention « escroc au jeu ».

Jacques de la Cour obtient, entre autres, par des partenaires de beuveries ou de parties de jeux que ces derniers ne savent pas truqués, des moyens de paiements comme des billets à ordre et une lettre de change[549]. En première instance, il est condamné à Riom, le 21 avril 1774, au carcan pendant trois jours avec écriteau portant la mention « escroc et filou au jeu »[550]. Les lettres GAL doivent flétrir son épaule droite avant qu'il ne soit envoyé servir les galères du roi pendant cinq ans. En appel, le Parlement de Paris demande à être plus amplement informé[551].

Pierre Coursier[552] et ses camarades ont escroqué un voyageur dans un cabaret de Nanterre[553]. Sévèrement condamnés en première instance par le Châtelet le 11 décembre 1777, ils doivent porter un carcan avec port d'écriteau « escroc au jeu », sont bannis pour neuf ans et doivent payer chacun trois livres d'amende. La peine en appel est encore plus sévère, puisque le Parlement de Paris les condamne, par un arrêt du 12 février 1778, non plus à un bannissement, mais à servir sur les galères du roi pendant trois ans, avec épaule droite flétrie portant les lettres GAL.

Pourquoi une telle sévérité ? Seule la qualité de voyageur de la victime nous semble ici le justifier, la sécurité des personnes devant être assurée lors de leurs transports, dans la mesure où la société de la fin de l'Ancien Régime connaît, grâce à l'amélioration des voies de communication, un développement spectaculaire des déplacements pour les besoins de l'économie. « La construction des routes, sous patronage officiel, se poursuit continûment jusqu'à la Révolution. [...] En 1782, la France dispose, après moins d'un demi-siècle du système Orry (et *post*-Orry) de 30.000 kilomètres de nouvelles routes carrossables où les véhicules peuvent filer à bon rythme, et se croiser »[554].

---

[549] Comme dans un futur lointain, correspondant à notre période contemporaine, il aurait reçu le droit d'utiliser des chèques ou des cartes de crédit appartenant à ses victimes.

[550] Arch.Nat. X^{2B} 1.051, affaire n° 354 Jacques de la Cour, arrêt du 18 juillet 1774.

[551] *Ibid.*

[552] Arch. Nat. X^{2B} 1.059, affaire n° 340 : Pierre Coursier, arrêt du 12 février 1778. Voir partie I, titre III, chapitre 3, section 1, § 2 ; voir aussi partie II, titre I, chapitre 1, section 1, § 1 et chapitre 2, section 2, § 2.

[553] *Ibid.*

[554] Emmanuel Le Roy Ladurie, *L'Ancien Régime. L'absolutisme bien tempéré (1715-1770)*, Paris, Hachette, coll. « Pluriel », 1991, p. 115. Il poursuit, p. 116-117 : « L'importance économique (et autre) des routes qu'au XVIIIe siècle on construit à loisir, s'avère capitale. Elles désenclavent les régions, elle exorcisent les famines (celles-ci ne reviendront en France que sous la Révolution, en 1795, du fait des bouleversements introduits dans les circuits commerciaux et dans l'agriculture par les troubles en cours). Les grands chemins facilitent aussi la diffusion des nouvelles ; ils permettront à la Grande Peur, au printemps 1789, de se répandre avec promptitude, comme ne faisaient point les paniques auparavant, qui se contentaient d'être régionales et non pas nationales ».

D'autres joueurs sont poursuivis et condamnés, comme François Bonnard[555] et ses camarades, qui ont fait parier malhonnêtement Laurent Haby et Jean Raulet. Le bailliage de Mâcon, en première instance, les condamne le 19 mars 1778 au principal à un bannissement de neuf années et à dix livres d'amende. En appel, le Parlement de Paris, par un arrêt du 7 juillet 1778, réforme la sentence et ne les condamne qu'à un bannissement réduit à trois années, précédé du port du carcan avec un écriteau « escroc au jeu ». Épargner de nouvelles victimes par la valeur de l'exemple de la sanction est évidemment le but recherché.

Le 16 octobre 1779, la juridiction de première instance de Chaumont en Bassigny condamne Didier Baillot pour avoir « volé et escroqué ledit Pierre Lot au jeu »[556]. Les juges ne badinent pas avec les jeux, et ordonnent que Baillot soit « battu de verges, et envoyé aux galères pour six années ». Le Parlement de Paris, par un arrêt en date du 5 mai 1780, n'est pas convaincu par la démonstration. Pierre Lot se plaint d'avoir perdu, mais qui prouve qu'il ait été victime d'une escroquerie ?

Un autre Pierre s'adonne au jeu dangereux de tenter sa chance avec l'escroc Pierre Deniau[557]. Il en est la dupe. La juridiction de première instance du Mans, par une sentence du 3 mars 1781, condamne Pierre Deniau en conséquence à deux heures de carcan avec écriteau « escroc au jeu ». Le Parlement de Paris, le 11 septembre 1781, confirme la sentence.

Crévoisier se fait escroquer à Versailles « une tabatière de vermeil et un anneau d'or »[558] lors d'un jeu truqué. Il n'apprécie pas, on le comprend. En première instance, la juridiction le 25 mars 1784 condamne René Farouette à deux heures de carcan avec port d'écriteau « escroc au jeu », et à un bannissement de cinq ans. Le Parlement de Paris, dans son arrêt du 7 octobre 1784, a exactement la même vision du dossier et confirme la sentence.

Enfin, Charles Maguyer[559] escroque Aubry et lui vole les seules choses de valeur qu'il portait, ses boucles de souliers en argent. La juridiction de première instance de Beauvais le condamne sévèrement le 16 novembre 1788, à deux heures

---

[555] Arch. Nat. X^{2B} 1.060, affaire n° 297 : François Bonnard, arrêt du 7 juillet 1778. Voir partie II, titre I, chapitre 1, section 1, § 1 et chapitre 3, section 1, § 1.

[556] Arch. Nat. X^{2B} 1.065, affaire n° 594 : Didier Baillot, arrêt du 5 mai 1780. Voir partie I, titre III, chapitre 3, section 1, § 2 ; voir aussi partie II, titre I, chapitre 2, section 2, § 2.

[557] Arch. Nat. X^{2B} 1.068, affaire n° 629 : Pierre Deniau, arrêt du 11 septembre 1781. Voir partie I, titre III, chapitre 3, section 1, § 1.

[558] Arch. Nat. X^{2B} 1.075, affaire n° 648 : René Farouette, arrêt du 7 octobre 1784. Voir partie I, titre III, chapitre 3, section 1, § 2 ; voir aussi partie II, titre I, chapitre 1, section 1, § 1 et chapitre 2, section 2, § 2.

[559] Arch. Nat. X^{2B} 1.085, affaire n° 697 : Charles Maguyer, arrêt du 20 février 1789. Voir partie I, titre III, chapitre 3, section 1, § 2 ; voir aussi partie II, titre I, chapitre 1, section 1, § 1 et chapitre 2, section 2, § 2.

de carcan et à trois ans de galères. La sentence est confirmée en appel par le Parlement de Paris le 20 février 1789. Nous sommes à cinq mois de la Révolution.

Mais ne sont pas victimes uniquement ceux qui veulent jouir de leur vice. D'autres, par naïveté ou fausse croyance, se font escroquer à la divination et à la magie. Prenons le cas de Jeanne Burou, veuve Thévenou. Elle remet volontairement seize louis d'or à Marie La Croize[560] veuve Touret, qui lui avait promis de lire son avenir. « Quelques pratiques superstitieuses et avec abus de quelques pratiques de religion » suffisent à entraîner Jeanne Burou dans la supercherie. Elle n'est pas la seule. Rose Vizemberg, femme de Benoît Gaucher, paie tout de même cent-vingt livres dans l'espoir d'apprendre de bonnes nouvelles. Les femmes ne sont pas les seules à se faire tourner la tête. Antoine Gnoux remet, quant à lui, vingt-quatre louis d'or pour succomber à ces mêmes chimères. Blaise Perret a joué moins gros, il s'en tire pour quarante-deux sous, mais il n'y a pas de petit profit. Tous en tout cas, ont cru aux prédictions. Et après tout, de quoi se plaignent-ils, puisqu'on pourrait arguer que le cérémonial était respecté ? La sénéchaussée de Lyon bannit cette femme escroc, après l'avoir battue et fustigée de verges, flétrie d'un V sur l'épaule droite, afin de lui ôter l'envie de recommencer. Elle doit en outre verser dix livres d'amende au roi. La sentence est confirmée par le Parlement de Paris le 9 mars 1759, l'amende étant aggravée à douze livres et le bannissement étendu à la ville, prévôté et vicomté de Paris. Il n'est pas question de jouer avec la foi.

L'appel à ces superstitions et à l'affirmation de pouvoirs surnaturels n'est pas seulement un relent du Moyen Âge. Les victimes sont toujours abusées dans leur crédulité par des charlatans et cette attitude psychologique perdure à travers les âges. Beaucoup ne sont victimes que d'un simple mensonge non punissable, comme l'affirme la Cour de cassation le 11 janvier 1955[561]. Pour qu'une véritable escroquerie prenne forme, il faut plus : les mensonges doivent être matérialisés par une mise en scène, un décor, des acteurs qui laissent à penser qu'existe véritablement le pouvoir invoqué[562].

---

[560] Arch. Nat. X^{2B} 1.021, affaire n° 458 : Marie La Croize veuve Touret, arrêt du 9 mars 1759.

[561] Cass. crim., 11 janv. 1955 : *Bull crim.*, n° 17, cf. Michelle-Laure Rassat, art. « Escroquerie », *Jurisclasseur*, 1996, p. 29.

[562] « Elle [l'affirmation de pouvoir surnaturel] devient cependant escroquerie dès qu'il y a intervention d'un tiers (« experts » confirmant la réalité du pouvoir de bonne ou mauvaise foi – clients satisfaits !-) ou machinations frauduleuses tenant soit à la mise sur pied d'entreprises de façade soit à un folklore de nature à impressionner les clients potentiels (Cass. crim., 25 avril 1867 : D. 1867, 1, p 368. – 8 fév. 1913 : *Bull. crim.*, n° 74 – 28 déc. 1934 : *DH* 1935, p. 104 ; *Rev. Sc. Crim.* 1936, p. 76, obs. Donnedieu de Vabre – 3 mai 1961 : *Bull. crim.*, n°232 ; *Rev. Sc. Crim.*, n° 1962, p. 101, obs. Bouzat) », cf. Michelle-Laure Rassat, art. « Escroquerie », *Jurisclasseur*, 1996, p. 29.

Cependant, Michelle-Laure Rassat fait elle-même remarquer qu'il en faut bien peu pour que la duperie prenne.

> « Il suffit souvent d'observer les procédés employés par nombre de devins pour écarter leur soi-disant bonne foi. Ainsi, l'emploi de formules standard (imprimées ou ronéotypées), d'horoscopes ou de « traitements », la délégation systématique à des employés à l'évidence démunis du don du « maître » du soin de répondre (par formules stéréotypées) aux demandes, illustrent le parfait mépris pour la clientèle »[563].

Le besoin de croire et d'espérer est universel, il est sans doute assez facile pour un escroc d'en jouer.

§ 2 - Les magistrats : juges ou victimes des escrocs ?

Mais les victimes sont-elles les seules à accorder du crédit aux pouvoirs mystérieux dont jouiraient ces sorciers, guérisseurs, magnétiseurs et autres devins ? Certains hystériques finissent aussi par croire à leurs propres mensonges[564].

Les moins crédules demeurent finalement les magistrats. Prenons le cas des juges du Châtelet. Le 17 octobre 1781, ils condamnent Jacques Paribol[565] parce qu'il a dupé qui voulait bien l'être en se faisant payer « pour de prétendus talents de mage ». La sanction est sévère. Il est condamné à deux heures de carcan, et à être banni neuf années. Il faut dire qu'il n'en est pas à son coup d'essai. Le Parlement de Paris, dans un arrêt en date du 6 mars 1782, fait preuve d'encore plus de rigueur. Il décide de faire battre aux verges Paribol et de l'envoyer servir le roi pendant cinq années sur ses galères.

Le 1er février 1770, Dubuisson est jugé pour avoir fait croire à Jean Thiebault, cocher au service de Monsieur l'Ambassadeur d'Angleterre, qu'il pouvait, pour la somme de six livres, « lui indiquer ce qu'étoit devenue sa montre d'or qu'il a perdue »[566]. Mais Jean Thiébault est-il finalement si mécontent du service rendu par ce marchand d'indiennes ? Son préjudice est mineur et il a été

---

[563] Michelle-Laure Rassat, *op. cit.*, p. 29.

[564] « Quant aux magnétiseurs, guérisseurs et sorciers qui œuvrent plus discrètement, de façon artisanale et locale, leur mauvaise foi est parfois douteuse (V. au sujet d'une magnétiseuse relaxée : *Tribunal corr. Caen, 18 mai 1966 : JCP 1967, éd. G., I, 2055*) ; *on peut rencontrer, en l'occurrence,* des individus qui se trompent eux-mêmes, plus qu'ils ne trompent leurs « patients » (V. Douala, 12 mai 1948 : *Rec. Penant* 1951, 1, p. 60, obs. Cosnard) », cf. Michelle-Laure Rassat, *op. cit.*, p. 29.

[565] Arch. Nat. X^{2B} 1.069, affaire n° 707 : Jacques Paribol, arrêt du 6 mars 1782. Voir partie I, titre III, chapitre 2, section 2, § 2.

[566] Arch. Nat. Y 9.754, affaire n° 40 : Jean-Baptiste Dubuisson, sentence du 1er février 1769, jugement à l'ordinaire. Voir partie I, titre III, chapitre 2, section 2, § 1 ; voir aussi partie II, titre I, chapitre 1, section 2, § 2 et chapitre 2, section 2, § 1.

rasséréné en pensant que les auteurs du vol pouvaient être découverts. Qui est plus coupable ? Le crédule ou l'escroc ?

> « On observe également que nombreuses sont les victimes qui n'éprouvent pas de réel préjudice et, qui plus est, sont satisfaites de l'horoscope reçu ou des passes magnétiques pratiquées. Tous les charlatans font état de lettres de reconnaissance émanant de dupes satisfaites »[567].

Qu'en est-il de Jean Thiébault ? Après tout, grâce à Jean-Baptiste Dubuisson, il a pu trouver compensation à penser que sa montre avait été retrouvée par des malheureux. Dubuisson n'a-t-il pas avoué :

> « Il est vrai qu'il a dit au cocher de Monsieur l'Ambassadeur d'Angleterre que sa montre était perdue, que c'étoient de pauvres gens qui l'avoient trouvée, c'étoit une femme plus brune que blonde, et qu'il avait vu toutes ces choses dans les cartes qu'ils avoient tirées »[568].

Mais l'absence ou le peu de préjudice constituent-ils une raison valable qui excuserait l'escroquerie à la superstition ? Michelle-Laure Rassat est catégorique :

> « L'argument est à rejeter : premièrement l'escroquerie est un délit de caractère public qui peut être poursuivi et sanctionné nonobstant le défaut ou le retrait de plainte ; elle n'est pas seulement une infraction contre la propriété, mais aussi contre « la liberté d'engagement par convention » (que l'infraction ait ou non occasionné un préjudice pécuniairement chiffrable). Le fait que nombre de victimes soient naïves au point de n'être point conscientes de la duperie ne doit être qu'un encouragement pour les parquets à traquer les escrocs »[569].

Il s'agit d'une conception presque morale de l'infraction. Celle-ci devient inadmissible parce qu'elle abuse de la naïveté. Comme dans l'escroquerie commise par Marie La Croize[570], « une affaire tristement surprenante »[571] a occupé le Tribunal de Grande Instance de Rennes, le 28 août 1986 : une femme se rendit à sa banque pour emprunter une somme déjà substantielle de 64 500 francs, uniquement pour rémunérer un marabout africain qui aurait en effet réussi à lever un mauvais

---

[567] Michelle-Laure Rassat, art. « Escroquerie », *Jurisclasseur*, 1996, p. 29.
[568] Arch. Nat. Y 9.754, affaire n° 40 : Jean-Baptiste Dubuisson, sentence du 1er février 1769, jugement à l'ordinaire.
[569] Michelle-Laure Rassat, art. « Escroquerie », *Jurisclasseur*, 1996, p. 29.
[570] Arch. Nat. X^{2B} 1.021, affaire n° 458 : Marie La Croize veuve Touret, arrêt du 9 mars 1759, voir supra.
[571] Michelle-Laure Rassat, *op. cit.*, p. 10.

sort jeté sur les lapins de la dame[572]. Les magistrats considérèrent l'escroquerie comme constituée.

En d'autres termes, la notion de préjudice, contrepartie de la remise, doit être interprétée de façon extensive. Considérée au départ comme une rémunération en échange d'un service, cette remise qui est d'une valeur très variable, du zéro à l'infini, par le dol frauduleux et pénal qui l'entache, n'est plus juridiquement que l'élément matériel de l'infraction. R. Garraud établit plus tard la distinction suivante entre les objets « ayant une valeur facile à traduire en argent et les autres objets pouvant compromettre la fortune d'autrui »[573] comme actes de propriétés, pièces de procédure telles que jugements, procès-verbaux de saisie ou commandements, qui bien que ne contenant ni obligations, ni dispositions, ni promesses, ni quittances, ni décharges, ont une valeur réelle sur la personne qui les a remis. Toute matière peut par conséquent constituer une atteinte au patrimoine. Dans ce but, manipuler la crédulité, l'espoir, la foi, est alors très sévèrement réprimé.

Mais il y a plus, comme le rappellent Pierre Goubert et Daniel Roche : « Dans le rapport au monde et à Dieu, une place centrale doit être faite à la sorcellerie et au crime [...]. La défense de l'ordre public s'étend donc à l'ordre religieux et moral, c'est une police du sacré qui surveille et punit les atteintes au conformisme de foi et de discipline, c'est une police des mœurs qui veille et qui châtie les infractions à l'ordre social. [...] Un ordre rationnel du politique s'instaure auquel ne sont pas étrangers les clercs et leurs exigences nouvelles. La fin des sorciers et la survivance des sortilèges, la socialisation du crime et la constance du recours permettent de mettre en valeur permanences et ruptures »[574].

La défense des victimes devient alors celle de l'ensemble des chrétiens. L'évolution de la mentalité des juges est incontestable. Dépassant l'indulgence médiévale sur le sujet, mais aussi toute forme d'inquisition contre l'hérésie, c'est désormais dans le droit pénal classique qu'un équilibre est recherché entre les anciennes croyances païennes, une religion catholique forte et une philosophie des Lumières qui s'affirme. Dans ce contexte, l'outil répressif se tourne résolument vers la modernité.

Comme nous l'avons déjà dit, se pose la question de savoir si le juge Goezman est ou non, par l'intermédiaire de son épouse, victime d'une tentative de corruption voire d'une concussion, ou tout simplement d'une escroquerie au

---

572 TGI Rennes, 28 août 1986 : *Rev. Sc. Crim.*, 1987, p. 703.

573 R. Garraud, *Traité théorique et pratique du droit pénal français*, Paris, éd.Larose, 1894, t. V, p. 265, et Metz, 22 mai 1867 (D. 67.2.91).

574 Pierre Goubert et Daniel Roche, *Les Français et l'Ancien Régime, t. II, Culture et société*, Paris, Armand Colin, 1991, p. 82-83.

jugement de la part de Beaumarchais[575]. Or, la doctrine a souvent considéré que cette infraction d'escroquerie dite « au jugement »[576] constitue la forme la plus contemporaine de l'application de cette qualification. Encore faut-il se demander si cette infraction est réellement applicable à celui qui dépouille un tiers au moyen d'un procès qu'il ne gagne que parce qu'il trompe la justice. Car l'objectif de Beaumarchais est bien *in fine* de gagner son procès contre le comte Alexandre Falcoz de La Blache, qui prétend que la signature de son grand-oncle Pâris-Duverney, sur son dernier relevé de compte avec Beaumarchais, est un faux[577]. À suivre ce raisonnement, Beaumarchais ne détiendrait aucune créance à faire valoir sur la succession de son aïeul. C'est ce procès que l'auteur à succès veut gagner, et il s'en donne les moyens.

La juridiction de première instance rend en février 1772 une première sentence en faveur de Beaumarchais, relaxant ce dernier de toute accusation de faux et usage de faux. Le comte de La Blache fait appel devant le Parlement de Paris. Le juge Goëzman est chargé de rapporter l'affaire devant ses collègues. A-t-il ou non, comme nous l'avons étudié, été soumis aux pressions de son épouse ? Et celle-ci a-t-elle été corrompue par Beaumarchais ? Le juge Goëzman a-t-il été tenté d'interpréter favorablement les documents produits ou encore d'apporter de fausses pièces à la procédure ?

La jurisprudence contemporaine de la Cour de Cassation ne laisse aucun doute. L'escroquerie au jugement existe, lorsque des documents mensongers sont présentés dans le cadre d'un procès[578]. Elle est par excellence l'action en justice exercée de mauvaise foi, étayée par la production de documents faits pour abuser dans le but de surprendre la religion des juges[579].

Il apparaît rétrospectivement évident que Beaumarchais a plus tenté de s'offrir les bonnes grâces d'un juge en lui faisant verser, par personne interposée, des épices - ce qui correspond à la définition même de la concussion[580] -, que de commettre une escroquerie au jugement *stricto sensu*[581]. Cependant, Beaumarchais

---

[575] Voir *supra*.

[576] Ou comme l'écrit Michelle-Laure Rassat, in « Escroquerie », *Jurisclasseur*, 1996, p. 31, « par une procédure ».

[577] Sarah Maza, *Vies privées, affaires publiques. Les causes célèbres de la France prérévolutionnaire*, Paris, Fayard, 1997, p. 123.

[578] Crim. 22 mars 1973 : *D.* 1973, 379, note Robert ; Crim. 4 mars 1991 : *JCP* 91, IV, 227.- *Adde*, Bouzat, obs. sur l'escroquerie au jugement : *Rev. sc. crim.* 1981, 394.

[579] Crim. 24 sept. 1996 : *Dr. Pénal* 1997, comm. 2, obs. M. Véron ; *Rev. sc. crim.* 1997, p. 644, note Ottenhof.

[580] L'article 432-10 du nouveau *Code pénal* dispose que : « Le fait, par une personne dépositaire de l'autorité publique ou chargée d'une mission de service public, de recevoir, exiger ou ordonner de percevoir à titre de droits ou contributions, impôts ou taxes publics, une somme qu'elle sait ne pas être due, ou excéder ce qui est dû, est puni de cinq ans d'emprisonnement et de 75 000 € d'amende ».

[581] Voir *supra*.

aurait-il voulu acheter son juge qu'il n'en aurait pas eu l'occasion. Le juge Goëzman sait qu'il va participer d'une collégialité qui a bien la volonté de condamner Beaumarchais. Et effectivement, le Parlement de Paris statue en ce sens le 6 avril 1773. On comprend que le comte de La Blache n'ait pas poursuivi plus avant sur ce point la procédure, car là encore il ne subit aucun préjudice. Beaumarchais contre-attaque par une série de quatre mémoires et réussit à faire rouvrir la procédure. Auteur aussi bien que victime de ses propres agissements, Beaumarchais pousse la procédure pénale jusqu'à ses derniers retranchements. C'est toute l'astuce de sa demande, mais c'est aussi toute sa philosophie. La victime, quel que soit son préjudice matériel ou moral, a envie d'agir judiciairement pour voir son droit reconnu. Dans cette perspective, même la mauvaise foi peut être interprétée.

C'est toute la difficulté de la matière. Il faut distinguer qui est la dupe et, en cas d'escroquerie au jugement, elle peut être le juge plus que la victime qui est juridiquement l'adversaire.

> « Il est paradoxal de faire appel à une notion de tromperie de la religion du juge alors que le rôle d'une juridiction est précisément de distinguer le vrai du faux ; qu'on ferait jouer à l'escroquerie le rôle qui devrait normalement revenir à une infraction contre l'administration de la justice »[582].

Ne peut-on soutenir que ce n'est pas le seul juge Goëzman qui a rendu le premier arrêt du Parlement de Paris ? Or, en collégialité, il aurait très bien pu être mis en minorité par ses collègues. Cette hypothèse aurait certainement été la bonne si l'on considère la seule tentative de concussion et non l'escroquerie au jugement[583].

> « On peut répondre au dogme de l'infaillibilité du juge que l'on vient précisément de la prendre en défaut. Tout ce qui reste de l'objection est qu'on doit légitimement requérir en présence d'un juge une intensité de manœuvre frauduleuse plus forte qu'en présence d'une dupe banale. Et surtout, il y a en faveur de la répression la constatation d'un continuum d'actes coupables qui feraient, si l'on ne retenait pas l'escroquerie en bout de course, que des actes moins graves seraient sanctionnés et les actes les plus graves impunis »[584].

---

[582] Michelle-Laure Rassat, art. « Escroquerie », *Jurisclasseur*, 1996, p. 31.

[583] « On remarquait, d'autre part, que si l'on retenait l'escroquerie, cela permettrait au perdant du procès civil (victime de l'escroquerie) de se constituer partie civile dans la poursuite pénale pour escroquerie et donc d'exercer indirectement une voie de recours non prévue par la procédure civile », cf. Michelle-Laure Rassat, *op. cit.*, p. 31.

[584] *Ibid.* Elle poursuit : « Il ne fait, en effet, de doute pour personne qu'il y a escroquerie à convaincre un plaideur potentiel de vous remettre une pièce fondamentale pour la solution d'un litige (Cass. crim., 29 nov. 1838 : *Bull. crim.*, n° 370) ou encore de le dissuader par une mise en scène d'agir en

Reste donc *in fine* l'hypothèse de l'escroquerie au jugement.

L'angle de l'interprétation juridique doit alors, par parti pris, être celui de la victime. L'escroquerie est en tout cas constituée, pour la jurisprudence moderne, lorsqu'il y a eu remise « d'un acte contenant une déclaration qui pouvait servir au gain d'un procès »[585]. Des manœuvres frauduleuses de nature à obtenir un jugement favorable, dans un procès portant sur un intérêt pécuniaire, semblent, pour R. Garraud, entrer dans les termes de l'escroquerie[586]. En effet, un jugement est évidemment un titre et l'obtention de ce jugement peut être considérée comme la remise ou la délivrance exigées par la loi[587].

Le préjudice réel de la victime est alors un élément important à prendre en compte pour apprécier les autres éléments constitutifs de l'escroquerie. Bien sûr, nul indice ne prouve que Beaumarchais ait déposé, par l'intermédiaire de Goëzman, un acte mensonger à la procédure. Mais en ce siècle de Louis XV où les limites de l'escroquerie se dessinent au fur et à mesure, la pensée juridique ne se doit-elle pas d'être plus ouverte ? Or, existent d'autres modes de réflexion. Par exemple, si en droit allemand moderne, ce qui pourrait être l'équivalent de l'escroquerie, à savoir le *Betrug*, est un délit d'enrichissement patrimonial, l'interprétation qui en était donnée antérieurement était beaucoup plus vaste, puisqu'il pouvait y avoir escroquerie en cas de lésion causée à toutes sortes de droits ou intérêts. Comme le souligne Michelle-Laure Rassat, il était possible d'escroquer tout avantage comme un témoignage dans un procès, un vote, la libération d'un prisonnier, ou même une relation sexuelle[588].

Autrement dit, apprécier la culpabilité des auteurs lors du passage à l'acte et déterminer leurs sanctions dépendent de la victime et de son préjudice, au sens le

---

justice pour défendre ses droits ou à consentir à une transaction même après l'action engagée (Cass. crim., 3 mai 1866 : *D.* 1866, 1, p. 185 – 19 juin 1936 : S. 1937, 1, p. 313, note L. Hugueney – 6 avr. 1993 : *Dr. pén.* 1993, comm. 181, note Véron). Il serait donc paradoxal, quand l'escroc n'a pas réussi à dissuader sa victime d'agir en justice, qu'il puisse impunément tromper le juge pour se faire remettre, officiellement en quelque sorte, ce qu'il convoite ».

585 Cass., 8 juillet 1881 (*Bull. crim.*, n° 175) ; *Comp. Cass.*, 23 mars 1838 (S. 39.1.331) ; 22 juin 1854 (S. 55.1.681) ; 7 avril 1854 (*Bull. crim.*, n° 101) ; 24 mars 1855 (*Bull. crim.*, n° 109).

586 Cass., 29 novembre 1838 (*Bull. crim.*, n° 370).

587 R. Garraud, *op. cit.*, p. 265, fait toutefois remarquer : « Il a été, cependant, jugé par la Cour d'Aix, le 19 février 1879 (D. 80.2.68), que le débiteur qui, assigné au paiement d'une dette dont il prétend faussement s'être libéré, produit une quittance dont il a dénaturé la portée, et obtient ainsi un jugement déboutant le créancier de sa demande, ne se fait remettre, à l'aide de cette manœuvre, aucune valeur quelconque, et par suite ne commet pas le délit d'escroquerie. Mais cette solution nous paraît critiquable [...] un jugement a bien le caractère d'un titre. [...] c) les expressions « obligations, promesses, quittances ou décharges », dont se sert l'article 405, sont également générales et absolues : elles embrassent tous les faits juridiques quelconques qui créent un lien de droit ou qui le dissolvent – la décharge d'une obligation s'y trouve, dès lors, comprise : Cass., 30 octobre 1885 (*Bull. crim.*, n° 286) [...] ».

588 Michelle-Laure Rassat, art. « Escroquerie », *Jurisclasseur*, 1996, p. 11.

plus large. Car, si ce préjudice est au cœur de ces procès de droit pénal des affaires, il est paradoxalement loin d'être uniquement financier.

Section 2. Victimes du système économique

Mais les victimes des escroqueries ne se considèrent-elles pas, dans certains cas, comme les souffre-douleur de la société ?

§ 1 - Les victimes de la faim

Le siècle de Louis XV s'inscrit dans un monde où la peur de manquer du pain quotidien reste présente dans tous les esprits. « Des jours glacés de 1709 aux jours chauds de l'été et de l'automne 1789 [...] la police et le peuple sont unis par une tradition où le problème des grains n'est plus seulement affaire d'économie mais de politique »[589]. Une rumeur incessante hante la société : le roi et son gouvernement organisent-ils les pénuries pour régner sans merci ?

L'obsession du « pacte de famine », que le silence des autorités ne dément pas, fragilise la confiance. L'angoisse collective est certainement sans fondement, mais la royauté communique mal. Pour les dirigeants, la tactique consiste à empêcher les paysans et citadins de s'unir. Ils peuvent s'agiter, mais ne doivent pas se révolter. Toute la vocation de la police réside donc, contrairement à ce qui se dit, à veiller à une certaine régulation dans la politique des subsistances afin de se garder des protestations populaires. Il ne faut pas que le peuple se sente victime d'un système économique en pleine mutation. Il en va d'abord de la gestion des grains, qui doit permettre d'éviter tout préjudice. Tolérer aussi quelque corruption en la matière serait se condamner soi-même à la perte du pouvoir. Les magistrats en sont conscients et très sensibles sur la question.

Peut-on expliquer de cette façon la réelle sévérité dont font preuve les juridictions quand elles ont à connaître des affaires de cette nature ? Toujours est-il que le tribunal de Belleyme rend une sentence le 14 janvier 1747, par laquelle il considère qu'Hilaire Taillet a escroqué toute une population, en l'espèce les habitants de La Fresnaye, « en gagnant sur le poids du pain »[590]. Il n'hésite pas à condamner le boulanger aux galères à perpétuité et sa femme, la boulangère, à être bannie à perpétuité du ressort de la cour de justice de Belleyme, après avoir été exposés au carcan, et, pour le premier, flétri à l'épaule droite, pour la seconde, battue de verges. Le Parlement de Paris rend, le 3 août 1747, en appel, un arrêt de

---

[589] Pierre Goubert et Daniel Roche, *Les Français et l'Ancien Régime, t. II, Culture et société*, Paris, Armand Colin, 1991, p. 352.

[590] Arch. Nat. X^{2B} 1.001, affaire n° 254 : Hilaire Taillet, arrêt du 3 août 1747. Voir partie I, titre II, chapitre 2, section 2, § 2 ; voir aussi partie II, titre II, chapitre 2, section 2, § 2.

confirmation pour Hilaire Taillet. Il est en revanche plus compréhensif pour sa femme, qui n'est plus bannie que pour une période de trois ans, mais cette fois de l'ensemble du ressort du Parlement de Paris. De tels escrocs doivent donc être exclus, et en tout cas soustraits au contact du public. Toute la société paraît, à travers eux, victime. L'escroquerie caractérise alors un véritable trouble à l'ordre public.

La fin du siècle connaît une recrudescence de ce type d'affaires, puisque notamment le 11 juin 1777, le bailliage de Saint-Pierre-le-Moustier rend une sentence

> « par laquelle ledit Joseph Martin a été déclaré dûment atteint et convaincu de filouteries et escroqueries en prenant la fausse qualité de marchand de blé et déguisant son nom dans les marchés qu'il faisait de différentes espèces de grains, recevant des arrhes plus ou moins considérables, quoi qu'il n'eut aucun grain à vendre, ni faculté pour les acheter »[591].

Or rien n'est plus grave que d'ébranler le marché par ce type d'intervention crapuleuse. Oser faire croire que l'on est capable de vendre ou d'acheter des grains alors que l'on emprunte la fausse qualité de marchand de blé, capter une partie des liquidités en se les faisant remettre sur de fausses promesses sont autant de manœuvres frauduleuses qui, si elles étaient multipliées, favoriseraient de fausses spéculations sur les cours.

Pour lutter contre ce risque majeur, l'administration royale a toujours tenté de contrôler la circulation et les prix des grains afin d'assurer l'approvisionnement. Non sans mal. Comme le rappelle Jean de Viguerie, « l'opinion des milieux gouvernementaux et de la haute administration est semi-libérale »[592]. Faut-il plus de règlements ou au contraire laisser faire le commerce ? Le débat politique est ouvert. Ainsi, à la veille d'une famine, en 1738, l'assemblée de police de Paris ne promulgue pas de décret général de réglementation. En ce qui concerne les prix, là encore, le pouvoir préfère laisser jouer le marché plutôt qu'agir avec autorité. Les exemples de taxation sont rares[593].

Le résultat de cette politique est assez bon. Les disettes s'espacent en effet dans le temps : « on en compte seulement deux qui se produisent à Paris et dans une grande partie du royaume : 1725-1726 et 1738-1742. Elles ne tournent nulle part à la famine. D'ailleurs le gouvernement de Louis XV se montre plus efficace que celui de Louis XIV pour ravitailler les populations. Il achète du grain (« le

---

591 Arch. Nat. X^{2B} 1.058, affaire n° 503 : Joseph Martin, arrêt du 19 septembre 1777.

592 Jean de Viguerie, *Histoire et dictionnaire du temps des Lumières*, Paris, Robert Laffont, coll. « Bouquins », 1995, p. 69.

593 Jean de Viguerie précise que « nous ne connaissons pour toute la période qu'un seul exemple de taxation : en 1725, le lieutenant général de police Hérault taxe la farine aux Halles de Paris », *op. cit.*, p. 71.

grain du roi ») ou du pain pour être distribué à Paris et aux marchés avoisinants. En 1725, le lieutenant de police Hérault constitue un réseau de greniers de réserve qui servira Paris pendant un demi-siècle »[594].

La police et la justice s'unissent en revanche pour condamner sévèrement tous ceux qui commettent des escroqueries aux grains. C'est pourquoi Joseph Martin est condamné par le bailliage de Saint-Pierre-le-Moustier

> « … à être appliqué au carcan de la place publique de Saint-Pierre-le-Moustier le jour du marché qui se tiendrait en icelle et y demeurer attaché par le col l'espace de deux heures, ayant écriteau devant et derrière où seraient inscrits ces mots : faux marchand de grains et escroc et ensuite être battu et fustigé nu de verges par l'exécuteur de la haute justice dans les carrefours et lieux accoutumés de ladite ville de Saint-Pierre-Le-Moustier, et en l'un d'iceux serait flétri d'un fer chaud marqué de la lettre V sur l'épaule dextre »[595].

Les autorités judiciaires s'assurent donc de la large publicité de la condamnation pénale. Elle sert à la fois d'exemple et tente d'éviter que d'autres ne succombent à la velléité de commettre de pareils faits. Elle a également pour mission de montrer que les autorités ne se désintéressent pas de la famine et donc de l'approvisionnement. Joseph Martin est en outre « banni du ressort dudit bailliage dudit Saint-Pierre-le-Moustier pour l'espace de trois ans, à lui enjoint de garder son ban sous les peines portées par l'ordonnance et à été condamné en outre à trois livres d'amende envers le roi »[596].

Cependant, le condamné n'adhère pas à la sanction, il décide d'interjeter appel, « ouï et interrogé en la chambre ledit Joseph Martin sur ses causes d'appel »[597], devant le Parlement de Paris. Ce dernier constate dans son arrêt en date du 19 septembre 1777 : « La chambre faisant droit sur l'appel interjeté par ledit Joseph Martin de ladite sentence met l'appellation et ladite sentence au néant »[598]. Mais c'est pour mieux condamner à son tour Joseph Martin, puisqu'il décide qu'il doit être

> « attaché au carcan par l'exécuteur de la haute justice pendant trois jours de marché consécutifs, à un poteau qui pour cet effet sera planté dans la place publique de la ville de Saint-Pierre-le-Moustier et y demeurer chaque jour pendant deux heures ayant écriteau devant et derrière portant ces mots : Faux marchand de

---

594 Jean de Viguerie, *op. cit.*, p. 71. L'auteur cite également l'étude de Steven L. Kaplan, *Le Pain, le peuple et le roi. La bataille du libéralisme sous Louis XV*, Paris, Perrin, 1986, 461 pages.

595 Arch. Nat. X^{2B} 1.058, affaire n° 503 : Joseph Martin, arrêt du 19 septembre 1777.

596 *Ibid.*

597 *Ibid.*

598 *Ibid.*

grains et escroc, ce fait banni pour le temps et espace de trois ans de l'étendue du ressort du bailliage de Saint-Pierre-le- Moustier et de la ville prévôté et vicomté de Paris, lui enjoint de garder son ban sous les peines portées par les déclarations du roi, le condamne en outre en trois livres d'amende envers le roi à prendre sur ses biens, lui fait défense de se retirer en aucun cas, même après le temps de son bannissement expiré, dans ladite ville de Paris, faubourgs et banlieue d'icelle ni à la suite de la cour, sous les peines portées par lesdites déclarations du roi »[599].

Désormais, Joseph Martin ne doit plus jamais se trouver à Paris, que cela soit dans son centre, ses faubourgs ou sa banlieue. Considéré comme dangereux, Joseph Martin ne doit plus être en mesure, quelles que soient les circonstances, de peser sur le marché des grains de la capitale.

Le 25 février 1783, la juridiction de première instance de Beauvais constate encore qu'Antoine Margueritte a « mouillé la farine avant de la vendre pour l'alourdir »[600]. Or, oser escroquer en touchant jusqu'à l'essence même du pain constitue une infraction intolérable par excellence, sur un plan à la fois économique et symbolique. Les consommateurs sont alors non seulement victimes d'agissements frauduleux au sens quasi étymologique du terme, mais encore trompés sur ce qui est le plus essentiel à la vie. Les magistrats ne s'y trompent pas. Antoine Margueritte est condamné à cinq ans de galères, et le Parlement de Paris, par son arrêt du 13 octobre 1783, confirme cette décision.

Il faut dire que tout le système économique pourrait se trouver fragilisé si de pareilles affaires se répétaient. Les prix des céréales ont en effet augmenté de 50 à 60 % entre le début et la fin de la période[601]. Mais il n'y a pas que le blé. Le prix de la viande augmente dans la même proportion. La situation est identique pour les combustibles, puisque par exemple le bois à brûler progresse de 63 % entre 1726 et 1741 et entre 1771 et 1789[602]. Mais il faut bien avouer que les prix agricoles sont ceux qui connaissent la plus forte inflation, et le petit peuple en est la première victime, même si, *a contrario*, en terme de profit, les grands propriétaires fonciers et les commerçants en sont les bénéficiaires. Mais l'un ne compense pas l'autre parce qu'ils ne se situent pas sur le même registre.

En tout état de cause, les escrocs ne doivent pas mettre en péril la distribution des produits alimentaires. C'est dans ce contexte que le Châtelet rend une sentence en première instance le 10 juin 1769

---

599 *Ibid.*
600 Arch. Nat. X^{2B} 1.073, affaire n° 692 : Antoine Margueritte, arrêt du 13 octobre 1783. Voir partie I, titre II, chapitre 2, section 2, § 2.
601 Ces chiffres sont donnés par Jean de Viguerie, *op. cit.*, p. 233.
602 *Ibid.*

> « par laquelle la contumace a été déclarée bien et valablement instruite contre le nommé Faucourt, et en adjugeant le profit d'icelle, lesdits Faucourt et Jean François Le Clerc ont été déclarés dûment atteints et convaincus d'avoir, chez différents marchands épiciers, à l'aide de faux mandats que ledit Jean François Le Clerc avait faussement écrits et signés de noms de personnes connues et accréditées chez lesdits marchands, escroqué les marchandises et épiceries mentionnées au procès »[603].

Se faire remettre ainsi des produits épiciers, en usant de fausses qualités, et en cassant la confiance qui existe sur le marché des denrées envers les signatures, et par conséquent envers les partenaires, ne peut que rompre la chaîne existant entre les fournisseurs et les consommateurs. Là encore, l'affaire est extrêmement sensible et les faits insupportables au regard du système économique.

D'autant qu'une multitude de petits marchands de blé fait son apparition, profitant des opportunités du nouveau laisser-faire qui se met en place à partir des années 1760. « Ils sont anciens coiffeurs, ex-fermiers, étrangers ou blatiers obscurs ; on se croirait, en ces années-là, au temps déjà ancien de John Law quand les négoces poussaient comme des champignons ; mais le sac de grains ultra-mobile remplace les ci-devant billets de banque de l'Ecossais »[604]. C'est l'ère de tous les dangers. Il faut être prêt à surveiller et à punir. Un cinquième des marchands de grains est illettré. « La grande masse des néo-commerçants se compose de bricoleurs qui traficotent sur le grain dans les auberges, où ce petit négoce jadis était interdit, au même titre que la prostitution »[605]. Une petite minorité possède les connaissances intellectuelles minimales nécessaires – savoir lire, savoir compter – pour améliorer sa condition, en s'associant ou en constituant des compagnies. Autant dire qu'il faut garantir cet embryon de développement de toute escroquerie.

C'est pourquoi le Châtelet condamne ainsi Jean-François Le Clerc et un certain Faucourt, qui reste en première instance contumax,

> « à être attaché chacun à un carcan qui pour cet effet serait planté au carrefour de la Croix Rouge et y demeurer depuis midi jusqu'à deux heures, ayant écriteau devant et derrière portant ces mots : escroc chez des épiciers, ce fait bannis pour neuf ans de la ville, prévôté et vicomté de Paris, à eux enjoint de garder leur ban sous les peines portées par les déclarations du roi qui sont les galères, s'ils sont pris ou rencontrés dans l'étendue de ladite ville, prévôté et vicomté de Paris ou à la suite de la cour, ne gardant pas leur ban. Condamnés en

---

[603] Arch. Nat. X^{2B} 1.042, affaire n° 474 : Jean-François Le Clerc, arrêt du 7 juillet 1769.

[604] Emmanuel Le Roy Ladurie, *L'Ancien Régime. L'absolutisme bien tempéré (1715-1770)*, Paris, Hachette, coll. « Pluriel », 1991, p. 224.

[605] *Ibid.*

outre en 3 livres d'amende envers le roi à prendre sur leurs biens, défense à eux faite de se retirer en aucun cas même après le temps de leur ban expiré dans cette ville de Paris, faubourgs et banlieue d'icelle ni à la suite de la cour, sous les peines portées par lesdites déclarations du roi, laquelle condamnation à l'égard dudit Faucourt serait transcrite dans un tableau, lequel serait attaché par l'exécuteur de la haute justice à un poteau qui pour cet effet serait planté audit carrefour de la Croix Rouge. Il a été dit en outre que ladite sentence serait à la diligence du substitut du procureur général du roi imprimée et affichée dans tous les lieux et carrefours accoutumés de la ville, faubourgs et banlieue de Paris et partout où besoin serait »[606].

Jean-François Le Clerc fait lui aussi appel « ouï et interrogé en la cour ledit Jean François Le Clerc sur ses causes d'appel et cas à lui imposés, tout considéré ». Le Parlement de Paris, tout aussi sensible aux questions d'ordre public et de politique pénale que le Châtelet, n'a cependant pas la même appréhension juridique des faits de l'espèce que les premiers juges de rigueur. Il se dit insuffisamment informé quant aux preuves rapportées, mais décide néanmoins qu'il n'est pas question de relâcher en l'état Jean-François Le Clerc.

« La cour faisant droit sur l'appel interjeté par ledit Jean François Le Clerc de ladite sentence, met l'appellation et sentence de laquelle a été appelé au néant, émandant pour les [ces deux derniers mots rayés], ordonne qu'à la requête du procureur général du roi, poursuite et diligence de son substitut au Châtelet de Paris et par devant le lieutenant criminel audit siège, il sera plus amplement informé des faits mentionnés au procès, circonstances et dépendances, pendant six mois contre ledit Jean François Le Clerc, pendant lequel temps il gardera prison, pour l'information faite, rapportée, communiquée au procureur général du roi et vu par la cour être ordonné ce que de raison »[607].

Le droit et l'économie convergent désormais pour éradiquer tout auteur d'escroquerie qui aurait comme première victime le marché. L'Ancien Régime opte donc pour le libéralisme et la structure juridique qui doit lui permettre de fonctionner.

§ 2 - Sécuriser le marché

La priorité accordée aux marchands et à leur protection s'affiche alors, d'autant que les économistes de l'époque comme Adam Smith conceptualisent les rapports du producteur au distributeur.

---

606 Arch. Nat. X^{2B} 1.042, affaire n° 474 : Jean-François Le Clerc, arrêt du 7 juillet 1769.
607 *Ibid.*

« Les profits du fermier, du manufacturier, du marchand, du détaillant, sont tous tirés du prix des marchandises que produisent les deux premiers, et dont trafiquent les deux autres »[608].

Intermédiaires obligés, les marchands doivent pouvoir travailler en toute sécurité pour que la circulation des biens s'opère dans de bonnes conditions.

Leur identité de commerçants ne doit pas être usurpée. Pourtant Louis Bonneau[609] n'hésite pas, pour escroquer, à se faire passer pour un marchand. Le bailliage de Provins, juge de rigueur, par sa sentence du 15 novembre 1736, le condamne à être battu de verges et à être banni neuf ans. Le Parlement de Paris fait preuve de plus de mansuétude en appel, par son arrêt du 8 avril 1737, en se contentant d'admonester au principal le coupable.

Ce cas de figure peut aussi concerner des détaillants par rapport à leur fournisseur, qui n'hésitent pas alors à lier leurs intérêts par exemple avec une prostituée. Ainsi en est-il de Charles Martin, marchand forain, Jacques Delarue, marchand de toiles et de dentelles, Louise Bellanger, sa femme, et Jeanne Lepois, fille du monde qui ont été déclarés

« dûment atteints et convaincus d'avoir abusé de la confiance de plusieurs marchands de cette ville de Paris, pour avoir d'eux différentes marchandises de toiles, dentelles, de bijoux, diamants et autres effets, ainsi qu'il est mentionné au procès, en paiement desquels ils ont donné une très petite quantité d'argent comptant, et pour le reste des lettres de change, et de s'être évadés furtivement dans un temps voisin de l'échéance desdites lettres de change, en emportant avec eux une partie desdites marchandises qu'ils avaient détournées »[610].

Bien entendu, les pratiques commerciales ont, de tous temps, plus reposé sur la confiance en la parole donnée que les matières purement civiles. Compte tenu de la particularité de cette culture, toute la difficulté réside en la qualification des faits. L'arrêt fait expressément référence à la notion d'abus de confiance, ce qui semblerait indiquer que (notamment dans la mesure où Jacques Delarue était marchand de toiles et de dentelles), il était normal que les marchands lui remettent

---

608 Adam Smith, tome I, livre II, chapitre V, page 452. Il ajoute : « Cependant des capitaux égaux, selon qu'ils seront employés de l'une ou de l'autre de ces quatre manières différentes, mettront en activité des quantités très différentes de travail productif, et augmenteront aussi, dans des proportions très différentes, la valeur du produit annuel des terres et du travail de la société à laquelle ils appartiennent ».

609 Arch. Nat. X^{2B} 980, affaire n° 152 : Louis Bonneau, arrêt du 8 avril 1737. Voir partie I, titre I, chapitre 2, section 1, § 1, et titre III, chapitre 3, section 1, § 1 ; voir aussi partie II, titre I, chapitre 1, section 1, §1 ; chapitre 2, section 1, § 1 ; titre II, chapitre 2, section 1, § 1.

610 Arch. Nat. X^{2B} 1.043, affaires n° 359 et 502 : Jacques Delarue et Charles Martin, arrêt du 16 février 1770.

la marchandise en dépôt. Les délinquants se seraient alors contentés de la détourner en n'honorant pas leurs engagements. C'est ce qu'écrivent les juges.

Il est possible cependant d'analyser ces faits d'une autre façon, et de considérer que les auteurs de l'infraction n'ont jamais eu l'intention de payer la totalité de ce qui était dû, et qu'ils ont fait croire, en donnant une très petite quantité d'argent comptant à leurs fournisseurs, qu'ils étaient solvables. Cette manœuvre leur aurait permis de se faire remettre la marchandise, et ce faisant de l'escroquer. L'interprétation des magistrats du premier degré est évidemment à privilégier, mais il n'en demeure pas moins que leur analyse doit être commentée et critiquée.

Le Parlement de Paris, en appel, par son arrêt en date du 16 février 1770, se réserve évidemment le même droit. Considérant les recours interjetés par Charles Martin et Jacques Delarue, il « met à leur égard lesdites appellation et sentence de laquelle a été appelé au néant ».

Il condamne finalement

> « lesdits Charles Martin et Jacques Delarue à être attachés au carcan par l'exécuteur de la haute justice, pendant trois jours consécutifs, savoir le premier jour à la Croix du Trahoir, le second au devant de la principale porte de la nouvelle Halle, et le troisième et dernier jour en la place de Grève, et y demeurer chacun desdits jours depuis midi jusque deux heures, ayant chacun écriteaux devant et derrière portant ces mots : escroc, ce fait les bannit chacun pour le temps et espace de neuf années de la ville, prévôté et vicomté de Paris, leur enjoint de garder leur ban, sous les peines portées par les déclarations du roi, leur fait défense de se retirer en aucun cas, même après le temps de leur ban expiré dans cette ville de Paris, faubourgs et banlieue d'icelle, ni à la suite de la cour, sous les peines portées par lesdites déclarations du roi »[611].

La qualification des magistrats du premier parlement de France est donc différente de celle des juges du premier degré, puisque désormais les faits sont qualifiés d'escroquerie.

Anne-Antoinette Le Lois, veuve de Louis-Michel Rousselet, utilise-t-elle à son tour l'ancienne qualité de son défunt mari qui était marchand fripier pour arriver à ses fins ? Toujours est-il qu'elle s'acoquine avec une fille ouvrière en dentelles, Marie-Angélique Poullier, et avec une quidam connue sous le nom de la femme des Ormes, aussi accusée, absente et contumax. Ces dames demandent à un homme de se joindre à elles. C'est ainsi que Louis-Victor de Rotrou des Ormes, un novice servant d'armes, tout de même chevalier magistrat de l'ordre de Malte, décide de les accompagner.

---

[611] *Ibid.*

Le Châtelet est finalement saisi de l'affaire et il rend une sentence le 31 décembre 1773. Il commence par déclarer

> « ladite *quidam* [...] dûment atteinte et convaincue d'avoir sous différents prétextes faux et supposés escroqué à une marchande lingère établie en la ville de Paris une quantité considérable de toiles, mousselines et dentelles qu'elle a vendue en partie et en partie placée chez des prêteurs sur gages, après quoi elle s'est évadée de Paris »[612].
>
> Quant à « Louis Victor de Rotrou des Ormes, Anne Antoinette Le Lois, veuve Rousselet et Marie Angélique Poullier, [ils] sont pareillement atteints et convaincus savoir, ladite Anne Antoinette Le Lois, veuve Rousselet d'avoir été de connivence avec ladite quidam pour faciliter l'escroquerie des susdites marchandises et la vente d'aucunes d'icelles, et ledit de Rotrou des Ormes, d'avoir facilité l'évasion de ladite quidam aussitôt après ladite escroquerie dont il avait eu connaissance et véhémentement suspect de l'avoir facilité et d'y avoir même participé »[613].

Le Châtelet considère que l'escroquerie de marchands par d'autres marchands est constituée. En conséquence de quoi il prononce la culpabilité de l'ensemble des protagonistes. Il condamne donc ladite femme des Ormes, au cas où elle serait interpellée, à

> « être attachée au carcan à la porte Saint Michel et y demeurer depuis midi jusqu'à deux heures ayant écriteau devant et derrière portant ces mots : escroque de marchandises chez une lingère, ce fait bannie pour neuf ans de la ville, prévôté et vicomté de Paris, condamnée en outre en 3 livres d'amende envers le roi, à prendre sur ses biens, lui a été enjoint de garder son ban sous les peines portées par les déclarations du roi, défense lui a été faite de se retirer en aucun cas même après le temps de son bannissement expiré dans la ville, faubourgs et banlieue de Paris, ni à la suite de la cour, sous les peines portées par lesdites déclarations du roi, laquelle condamnation serait transcrite en un tableau attaché à un poteau lequel serait à cet effet planté à la porte Saint Michel »[614].

Lesdits Rotrou des Ormes, veuve Rousselet et fille Poullier sont, en ce qui les concerne,

> « mandés en la chambre pour y être admonestés en présence des juges, défense leur a été faite sous peine de punition exemplaire, condamnés chacun en trois livres d'aumône applicables au pain des pauvres prisonniers du grand Châtelet

---

612 Arch. Nat. X^{2B} 1.052, affaire n° 484 : Anne-Antoinette Le Lois, arrêt du 24 janvier 1775.
613 *Ibid.*
614 Arch. Nat. X^{2B} 1.052, affaire n° 484 : Anne-Antoinette Le Lois, arrêt du 24 janvier 1775.

[…] et que ladite sentence serait à la diligence du substitut du procureur général du roi, imprimée et affichée dans tous les lieux et carrefours accoutumés de la ville, faubourgs et banlieue de Paris et partout où besoin serait »[615].

La cour du Parlement de Paris, le 24 janvier 1775, fait droit à l'appel interjeté par lesdits Louis Victor de Rotrou des Ormes, Marie Angélique Poullier et Anne Antoinette Le Lois, veuve Rousselet. Elle met les appellations et ladite sentence au néant. Elle condamne Louis-Victor de Rotrou des Ormes à être « mandé en la chambre, et y étant debout derrière le barreau a être admonesté, le condamne en trois livres d'aumône applicable au pain des pauvres prisonniers de la conciergerie du palais »[616]. En revanche, elle

« … décharge Marie Angélique Poullier des plaintes et accusations contre elle intentées à la requête du substitut du procureur général audit Châtelet, ordonne que ses écrous seront rayés et biffés des registres où ils sont insérés, et que mention sera faite du présent arrêt en marge d'iceux, à ce faire tous greffiers dépositaires desdits registres contraints même par corps, quoi faisant déchargés »[617].

Enfin, elle ordonne que « le présent arrêt sera à la diligence du procureur général du roi, imprimé et affiché dans tous les lieux et carrefours accoutumés de la ville, faubourgs et banlieue de Paris et partout où besoin sera »[618].

À l'inverse, il convient d'éviter que la clientèle se fasse passer auprès des marchands pour ce qu'elle n'est pas, afin d'acquérir des produits remis frauduleusement. C'est ainsi que Jean-Baptiste Pellerin[619] dit Villeneuve est condamné par le Châtelet le 27 juillet 1760 à « trois jours de carcan, l'épaule droite flétrie par un fer chaud formant les lettres GAL puis envoyé aux Galères pour neuf ans »[620]. Le Parlement de Paris confirme, par son arrêt du 13 août 1762, cette décision.

Le 8 mai 1769, la sénéchaussée de Lyon rend une sentence par laquelle

« ledit Pierre Hardy a été déclaré dûment atteint et convaincu d'avoir fabriqué sous le nom de Comte de Florence dont il se disait faussement domestique plusieurs lettres missives et de change à l'aide desquelles ledit Pierre

---

615 *Ibid.*
616 *Ibid.*
617 *Ibid.*
618 *Ibid.*
619 Arch. Nat. X^{2B} 1.028, affaire n° 527 : Jean-Baptiste Pellerin, arrêt du 13 août 1762. Voir partie II, titre I, chapitre 2, section 1, § 2 ; titre II, chapitre 1, section 1, § 2.
620 *Ibid.*

Hardy a tenté de surprendre plusieurs négociants et marchands de la ville de Lyon et de leur escroquer différentes sortes de marchandises, d'avoir exécuté son projet envers le Sieur Chaix, négociant à Lyon, par lequel il s'est fait délivrer sous la foi desdites lettres les marchandises »[621].

L'abus de qualité induit les commerçants en erreur. Mais aucun acte de vente ne pourrait avoir lieu si le marchand ne croyait pas l'acheteur. Aussi les juges de première instance font-ils preuve d'une parfaite rigueur dans leur décision. Pierre Hardy est condamné

> « à servir le roi sur ses galères à perpétuité en qualité de forçat, avec défense à lui de les désemparer sous les peines portées par les ordonnances dont lecture lui serait faite, ledit Hardy préalablement marqué aux trois lettres GAL sur l'épaule droite avec un fer chaud sur lequel lesdites lettres seraient empreintées (*sic*). Ledit Pierre Hardy condamné en outre à être attaché pendant trois jours au poteau qui serait à cet effet planté, savoir le premier jour à la place des Changes, le second à la place des Terreaux et le troisième dans la rue Grivette et y rester deux heures chaque jour ayant un écriteau portant ces mots : fabricateur de fausses lettres de change et missives, a été ordonné au surplus que ladite sentence serait imprimée et affichée dans tous les lieux accoutumés de la ville de Lyon et que les effets appartenant audit Sieur Chaix lui seraient rendus par le greffier »[622].

En appel le 1er juillet 1769, le Parlement de Paris confirme cette décision.

> « La cour faisant droit sur l'appel a mis et met l'appellation et sentence de laquelle a été appelé au néant, émandant pour les cas résultants du procès, condamne ledit Pierre Hardy à être attaché au carcan pendant trois jours consécutifs, savoir le premier jour à la place des Changes, le second à la place des Terreaux et le troisième et dernier jour dans la rue Grivette et chacun desdits jours y demeurer depuis midi jusqu'à deux heures ayant écriteau devant et derrière portant ces mots : fabricateur de fausses lettres de change et missives, et ledit dernier jour flétri d'un fer chaud en forme des lettres GAL, par l'exécuteur de la haute justice, ce fait conduit es galères du roi pour y être détenu et servir en icelles comme forçat ledit seigneur roi pendant le temps et espace de neuf ans, lui fait défense de se retirer en aucun cas même après le temps de sa condamnation expiré, dans cette ville de Paris, faubourgs et banlieue d'icelle, ni à la suite de la cour sous les peines portées par lesdites déclarations, ordonne que le présent arrêt sera imprimé et affiché dans les lieux accoutumés de la ville de Lyon et partout où besoin sera, et que les effets appartenant audit Chaix lui seront rendus, à ce faire le greffier contraint, quoi faisant déchargé, et pour faire mettre le présent arrêt à

---

621 Arch. Nat. X^{2B} 1.042, affaire n° 442 : Pierre Hardy, arrêt du 1er juillet 1769. Voir partie I, titre I, chapitre 2, section 2, § 2 ; voir aussi partie II, titre II, chapitre 2, section 2, § 1.
622 *Ibid.*

exécution, renvoie ledit Pierre Hardy prisonnier par devant le lieutenant criminel de la sénéchaussée de Lyon »[623].

La convergence d'opinions entre le Châtelet et le Parlement de Paris se retrouve dans le cas de Jean-Pierre André[624]. Ce dernier, rappelons-le, est accusé en premier ressort « de différentes escroqueries par lui faites de marchandises à lui livrées par des marchands pour parvenir à l'une desquelles il a fait une fausse lettre de change »[625]. Mais le Châtelet, considérant qu'il n'a pas les preuves nécessaires pour emporter une décision de culpabilité, met hors de cour Jean-Pierre André le 4 mai 1770. Le Parlement, le 26 mars 1773, le décharge définitivement de toute accusation.

Les magistrats du Châtelet n'ont en revanche aucun doute lorsqu'ils rendent leur sentence le 7 avril 1773, condamnant pour escroqueries Pierre-Michel Billot[626]. qui a fait croire à un certain nombre de marchands, tenant différents commerces, qu'il voulait véritablement acheter leurs marchandises, alors que toutes ses manœuvres n'avaient pour objet que de se faire remettre frauduleusement des biens par livraison. Il est donc condamné au carcan pendant trois jours, avec port d'écriteau devant et derrière portant les mots « escroc d'habitude envers les marchands », à un bannissement d'une durée de neuf années, et au paiement de trois livres d'amendes envers les pauvres. Le Parlement de Paris adopte la même position juridique, et confirme cette sentence le 28 avril 1773.

Le Châtelet condamne, le 10 septembre 1776, Claude Doussot[627] pour avoir « escroqué plusieurs marchands en leur achetant des marchandises et en les payant de faux bijoux »[628]. Doussot est alors condamné au principal au carcan et un bannissement de neuf années. Le Parlement de Paris confirme cette sentence le 12 octobre 1776.

La sénéchaussée de Clermont-Ferrand rend, le 13 juin 1777, une sentence contre un nommé Cicardier, absent et contumax, Louis Audigier et Antoinette Costes. En effet, Louis Audigier est accusé

---

623 *Ibid.*

624 Arch. Nat. X^{2B} 1.048, affaire n° 264 : Jean-Pierre André, arrêt du 26 mars 1773. Voir partie I, titre II, chapitre 3, section 1, § 2 ; voir aussi partie II, titre I, chapitre 2, section 1, § 2 ; titre II, chapitre 1, section 1, § 2.

625 *Ibid.*

626 Arch. Nat. X^{2B} 1.048, affaire n° 291 : Pierre-Michel Billot, arrêt du 28 avril 1773. Voir partie I, titre II, chapitre 3, section 1, § 1 ; voir aussi partie II, titre I, chapitre 1, section 3, § 1.

627 Arch. Nat. X^{2B} 1.055, affaire n° 376 : Claude Doussot, arrêt du 12 octobre 1776. Voir partie I, titre II, chapitre 3, section 1, § 2 ; chapitre 3, section 2, § 2 ; voir aussi partie II, titre I, chapitre 3, section 2, § 2.

628 *Ibid.*

« d'avoir dans le courant du mois de décembre 1774 fabriqué et signé les deux lettres datées des 16 et 21 décembre 1774, sous les noms de Montsouris, avocat, toutes les deux adressées au Sieur Juge, Marchand en la ville de Clermont-Ferrand et à la faveur desquelles il a été escroqué par la nommée Antoinette Costes audit Sieur Juge seize aulnes de satin bleu à mouches, huit aulnes de mousseline cerise et noire, deux aulnes sept douzièmes de drap demi écarlate deux aulnes et quart de taffetas noir, et d'avoir fait fabriquer par le nommé Cicardier contumax une autre lettre sous le même nom et avec même signature en date du 10 novembre 1774, à la faveur de laquelle ladite Costes escroqua pareillement dudit Juge quatre aulnes sept huitièmes de satin gris, quatre aulnes de cotonnades rayée paille et violet, une aulne et demie de coton orange »[629].

L'avocat Montsouris devait avoir la réputation de vivre bien et dans un bel environnement. Les escrocs le savaient et ont donc usé de cette réputation et de cette fausse qualité pour bénéficier de tout crédit d'un marchand en la ville de Clermont-Ferrand qui porte en l'espèce un nom prémonitoire, puisqu'il s'agit du sieur Juge.

La sénéchaussée de Clermont-Ferrand, considérant les faits constitués, condamne en conséquence Louis Audigier

« à être battu et fustigé nu de verges dans tous les carrefours et lieux accoutumés de la ville de Clermont-Ferrand par l'exécuteur de la haute justice, ayant écriteau devant et derrière portant ces mots : faussaire et escroc, à l'un d'iceux flétri d'un fer chaud qui aurait l'empreinte des lettres GAL, ce fait conduit es galères du roi pour y servir en qualité de forçat pendant l'espace de six années, avec défense de les désemparer sous les peines portées par les ordonnances et déclarations du roi dont lecture lui en serait faite »[630].

Antoinette Costes est reconnue « avoir participé à la fabrication desdites lettres, et de s'être, avec connaissance d'icelles et munie desdites lettres présentée chez ledit Sieur Juge à qui elle escroqua en trois différentes fois [les pièces de tissus mentionnées au procès] »[631]. Elle est ainsi condamnée à

« être battue et fustigée nue de verges par l'exécuteur de la haute justice dans tous les carrefours et lieux accoutumés de la ville de Clermont Ferrand, et à l'un d'iceux d'être flétrie d'un fer chaud ayant l'empreinte de la lettre V, ayant écriteau devant et derrière portant ce mot : escroque, ce fait conduite dans la

---

629 Arch. Nat. X^{2B} 1.058, affaire n° 268 : Louis Audigier, arrêt du 25 septembre 1777.
630 *Ibid.*
631 Arch. Nat. X^{2B} 1.058, affaire n° 268 : Louis Audigier, arrêt du 25 septembre 1777.

maison de force de la ville de Clermont-Ferrand pour y demeurer renfermée l'espace de six années »[632].

Enfin, en ce qui concerne le nommé Cicardier, la contumace est déclarée

> « bien instruite et passée et pour le profit il a été déclaré atteint et convaincu de la fabrication de ladite lettre du 10 novembre 1774 écrite et signée sous le nom de Montsouris au Sieur Juge, laquelle a servi à ladite Costes pour parvenir auxdites escroqueries et d'avoir participé à icelles, pour réparation de quoi ledit Cicardier a été condamné à être battu et fustigé nu de verges dans tous les carrefours et lieux accoutumés de ladite ville de Clermont Ferrand par l'exécuteur de la haute justice avec écriteau devant et derrière portant ces mots : faussaire et escroc, et à l'un d'iceux flétri d'un fer chaud ayant l'empreinte des lettres GAL, ce fait conduit es galères du roi pour y servir en qualité de forçat pendant l'espace de six années avec défense de les désemparer, sous les peines portées par les ordonnances royales dont lecture lui en serait faite, et attendu que ladite condamnation ne pouvait être réellement exécutée, il a été ordonné que ladite sentence serait inscrite sur une feuille de papier timbré attachée à un poteau qui serait à cet effet planté par l'exécuteur de la haute justice sur la place du marché neuf de ladite ville de Clermont-Ferrand »[633].

Louis Audigier et Antoinette Costes interjettent appel devant le Parlement de Paris qui statue le 25 septembre 1777. Il confirme la sentence, en condamnant

> « Louis Audigier et Antoinette Costes [...] à être attachés au carcan par l'exécuteur de la haute justice à des poteaux qui pour cet effet seront planté dans la place publique de Clermont Ferrand et y demeurer un jour de marché depuis midi jusqu'à deux heures, ayant chacun écriteau devant et derrière portant ces mots, savoir, ledit Audigier faussaire et escroc et pour ladite Costes escroque, et audit lieu battus et fustigés nus de verges, et flétri sur l'épaule droite par ledit exécuteur de la haute justice savoir ledit Audigier d'un fer chaud en forme des trois lettres GAL et ladite Costes aussi d'un fer chaud en forme de la lettre V, ce fait ledit Audigier mené et conduit es galères du roi pour en icelles être détenu et servir ledit seigneur roi comme forçat pendant le temps et espace de cinq ans, et ladite Costes enfermée aussi pendant le temps et espace de cinq ans dans la maison de force de la ville de Clermont-Ferrand. Fait défense auxdits Louis Audigier et Antoinette Costes de se retirer en aucun cas même après le temps de leur condamnation expiré dans la ville de Paris, faubourgs et banlieue d'icelle, ni à la suite de la cour, sous les peines portées par les déclarations du roi »[634].

---

[632] *Ibid.*
[633] *Ibid.*
[634] *Ibid.*

Même cas de figure dans l'affaire que juge le bailliage de Péronne le 22 juillet 1778. Jean-Pierre Boucly[635] y est convaincu de s'être rendu chez un marchand de fil, dénommé Charles Noé, et sous le faux prétexte d'être le frère et commissionnaire d'un certain Jean-Pierre Paux, d'avoir acquis une certaine quantité de ses marchandises. La juridiction de première instance considère que Boucly n'avait pas, dans une transaction commerciale, à induire en erreur le commerçant par ses manœuvres frauduleuses. En répression, elle condamne Boucly au carcan, au port d'écriteau « voleur et escroc », aux verges, à la flétrissure au fer chaud en forme de lettre V. Il est encore banni pour neuf ans et doit payer trois livres d'amende envers le roi. Plus dubitatif sur le plan pénal, le Parlement de Paris demande, par son arrêt du 26 octobre 1778, à être plus amplement informé.

Enfin, la livraison ne doit pas se faire à des escrocs et les taxes ne doivent pas leur être remises. C'est pourquoi le Châtelet, dans une sentence en date du 9 janvier 1767, a déclaré Gaspard Baucheron « dûment atteint et convaincu d'avoir sous différents prétextes et notamment sous celui d'aller retirer aux barrières des denrées et marchandises adressées à plusieurs particuliers, escroqué auxdits particuliers les différentes sommes de deniers comptants mentionnés au procès »[636]. Le Châtelet condamne donc Gaspard Baucheron

> « à être attaché au carcan dans la place de Grève et y demeurer depuis midi jusqu'à deux heures ayant écriteau devant et derrière portant ces mots : escroc public, ce fait banni pour neuf ans de la ville, prévôté et vicomté de Paris, à lui enjoint de garder son ban sous les peines portées par les déclarations du roi, condamné en outre en trois livres d'amende envers le roi à prendre sur ses biens, défenses à lui faites de se retirer en aucun cas, même après le temps de son ban expiré dans cette ville de Paris, faubourgs et banlieue d'icelle ni à la suite de la cour sous les peines portées par lesdites déclarations »[637].

Le Parlement de Paris, par un arrêt en date du 31 janvier 1767, s'il accepte par les faits dévolutifs de l'appel de reconsidérer l'ensemble des faits - « La cour faisant droit sur l'appel interjeté par ledit Gaspard Baucheron de ladite sentence, met l'appellation au néant »[638] -, confirme la condamnation. Il ordonne de surcroît que « le présent arrêt sera imprimé et affiché dans tous les lieux indiqués par ladite

---

635 Arch. Nat. X^{2B} 1.061, affaire n° 301 : Jean-Pierre Boucly, arrêt du 26 octobre 1778. Voir partie II, titre I, chapitre 1, section 1, § 1.
636 Arch. Nat. X^{2B} 1.037, affaire n° 278 : Gaspard Baucheron, arrêt du 31 janvier 1767.
637 *Ibid.*
638 *Ibid.*

sentence et partout où besoin sera, et pour le faire mettre à exécution, renvoie ledit Gaspard Baucheron prisonnier par devant le lieutenant criminel dudit Châtelet »[639].

Ainsi les marchands ne doivent-ils pas être les victimes de leur propre succès. Les échanges s'internationalisent. Les marchandises arrivent de toutes parts et repartent aussitôt. La petite distribution repose sur la grande. L'économie se spécialise, et chacun de ses acteurs commerce avec les autres. Il n'est plus possible de connaître personnellement chacun des intervenants. Par conséquent, la renommée, la signature, et même les documents correspondant à des titres de paiement ne peuvent plus être en eux-mêmes suffisants pour garantir ce nouveau réseau de transactions. Il faut davantage. Se met ainsi en place une nouvelle politique pénale consistant à poursuivre les escrocs qui veulent s'introduire dans ces connexions. C'est le minimum à faire. En effet, l'évolution contemporaine de l'économie montre que le risque d'une telle activité délictueuse croît, au lieu de diminuer, en raison du développement de la technologie nouvelle de l'*internet*, et correspond, somme toute, à une philosophie d'organisation identique à celle de la fin de l'Ancien Régime.

Il faut dire que l'enjeu est de taille. A côté des « métiers jurés » qui sont sous la responsabilité des corporations garantissant la stricte qualité de la production, existe de plus en plus, au XVIIIe siècle, un secteur dit « libre » qui assure des réalisations « brillantes » de produits, comme l'affirme Georges Duby[640].

N'est-ce pas une première révolution industrielle qui débute après 1750 ? Elle annonce, par la nouveauté des techniques, la grande révolution du XIXe siècle. Elle offre au marché une production conçue différemment, même si elle n'en est qu'à ses balbutiements. En effet,

> « Les premières machines à filer, puis à tisser, sont fabriquées à Rouen après 1765, sur le modèle anglais par l'immigré Holker ; les plus perfectionnées, *waterframes* et *mull-jennies* à Passy et à Paris, dans les toutes dernières années de l'Ancien Régime, par deux Anglais. [...Cependant] si les frères Périer construisent à Chaillot, à partir de 1779, des machines à vapeur mises au point par Watt dix ans plus tôt, ils ne parviennent à en vendre qu'une quarantaine, et en partie à l'étranger. Soixante-douze ans après D'Arby, en 1785, les Wendel réussissent pour la première fois en France à fabriquer au Creusot de la fonte au coke ; date mémorable, portée immédiate faible. De même, la rénovation mécanique de la rubannerie à Saint-Chamond (1769), de la papeterie à Annonay (1779) et les premières découvertes (mal accueillies) de Vaucanson dans le domaine de la

---

[639] *Ibid.*

[640] Georges Duby (dir.), *Histoire de la France*, éd. Larousse, p. 306.

soierie constituent bien plus des promesses d'avenir que des modes de production qui transforment la structure économique du pays »[641].

Dans cette nouvelle configuration, les commerçants constituent alors la pierre angulaire de la réussite de la modernité, avec les inventeurs et les industriels. Mais ils ne doivent pas être victimes de leur réussite.

Reste à examiner le sort des ouvriers et des artisans qui ne doivent pas, non plus, se retrouver à supporter des préjudices frauduleux et donc iniques, d'une croissance qui pourrait bientôt les dépasser. Il faut dire que leur situation est paradoxale. En effet si les salaires journaliers nominaux, par exemple des maçons parisiens, augmentent de 50 % entre 1727 et 1785 et ceux des manœuvres du bâtiment de 44 % sur la même période, les prix augmentent quant à eux de 60 % en moyenne. Aussi, assiste-t-on en réalité à une « paupérisation journalière qui n'a pas le côté horrifique de celle intervenue entre la fin du XVe et la fin du XVIe siècle »[642].

Les artisans s'en sortent plutôt mieux. Nous l'avons vu, la production industrielle est rare, alors que le marché est en expansion. Ce sont donc eux, en priorité, qui fourniront les biens diversifiés nécessaires à une vie économique de plus en plus intense. Ils sont donc également victimes des agissements des escrocs.

Dans l'affaire Jacques Delarue, marchand de toiles et de dentelles, qui est rappelons-le, condamné avec ses compagnons pour s'être fait remettre frauduleusement différentes marchandises de toiles, de dentelles, de bijoux et de diamants, Jean-Alexandre Fortin présente une requête devant le Châtelet en sa qualité d'orfèvre-joaillier à Paris. Il demande en effet que lui soit rendu ce qui lui a été escroqué, à savoir ce qu'il fabrique et vend. En l'espèce,

> « une paire de boucles de roses de moyenne grandeur montées en fleurs d'une rosette en haut et des feuillages et tiges dans le bas, une autre paire de boucles d'oreille de roses montées à fleurs d'une rosette en haut et un petit nœud en bas, composée de cent trente quatre roses pesant quatre carats, une bague d'un brillant entouré de huit autres à chatons de rapport, pesant ensemble six grains un huitième et un seizième, une autre bague d'une rose pesant six grains un seizième

---

641 Pierre Goubert et Daniel Roche, *op. cit.*, p. 312-313.

642 Emmanuel Le Roy Ladurie, *L'Ancien Régime. L'absolutisme bien tempéré (1715-1770)*, Paris, Hachette, coll. « Pluriel », 1991, chap. « Un Hercule débonnaire », note 80. Les chiffres proviennent de Yves Durand, « Recherches sur les salaires des maçons à Paris au XVIIIe siècle », *Revue d'Histoire économique et sociale,* 1966, p. 468 *sq.* ; notamment les graphiques.

et un trente-deuxième, une grande paire de boucles de cristal carrées à rosette sur les milieux pour homme »[643].

Considérons maintenant la requête présentée par Tricot, maître tailleur, devant la même juridiction. Il réclame aussi ce qui lui a été escroqué, à savoir « le frac de brocart vert avec des boutonnières et chaînettes en argent, les deux vestes et deux culottes de satin blanc gris, le frac et la culotte de drap vert galonné d'or, les deux bords de chapeau en or à petits grains rouges »[644].

Suit enfin la requête de Pierre Grignon, maître horloger à Paris, qui demande la restitution d'une montre.

Dans l'affaire Philibert Plassure, il est reproché à un petit débitant de boissons d'avoir fait concurrence déloyale par fraude ou escroquerie en ayant « coupé son vin d'eau sucrée en le prétendant pur »[645].

N'oublions pas Jean-Baptiste Vacessin[646], qui ne vend son tissu qu'après avoir raccourci ses étalons. Comment ses confrères pourraient-ils alors dégager les mêmes bénéfices que lui ?

Toutes les victimes, réelles ou potentielles, sont donc à prendre en considération pour apprécier l'importance de l'escroquerie commise. Il est alors possible de rejoindre le raisonnement de Jean Moirel, qui affirme que la notion de *victime* est amphibologique, puisqu'elle recoupe des réalités bien distinctes. Il faut d'abord définir sa personnalité, qui la caractérise dans la société, « c'est-à-dire ses qualités objectives, observables de l'extérieur : son âge, son sexe, sa parenté avec l'agent, sa condition sociale, ses fonctions ou sa profession. Toutes ces qualités constituent ce qu'on peut appeler la personnalité objective de la victime »[647]. Mais cette personnalité peut aussi être comprise dans un second sens, plus profond, et qui consiste en une « individualité irréductible ». « Ce sont les qualités internes de la victime, ses qualités psychologiques (degré d'intelligence, attention, distraction), ses qualités morales surtout bonté ou méchanceté, courage ou lâcheté, honnêteté »[648].

Ne sont donc pas vulnérables uniquement les victimes physiquement ou psychologiquement faibles et sans défense. Peuvent l'être tous ceux qui, disposant

---

[643] Arch. Nat. X^{2B} 1.043, affaires n° 359 et 502 : Jacques Delarue et Charles Martin, arrêt du 16 février 1770.
[644] *Ibid.*
[645] Arch. Nat. X^{2B} 1.065, affaire n° 716 : Philibert Plassure, arrêt du 21 avril 1780. Voir partie I, titre II, chapitre 2, section 2, § 2.
[646] Arch. Nat. X^{2B} 1.065, affaire n° 738 : Jean-Baptiste Vacessin, arrêt du 13 mars 1780. Voir partie I, titre II, chapitre 2, section 2, § 2.
[647] Jean Moirel, « L'influence de la personnalité de la victime sur la répression exercée à l'encontre de l'agent », *Revue internationale de droit pénal*, n° 30 (1959), p. 184-185.
[648] *Ibid.*

d'une assise financière plus ou moins importante, se lancent dans une entreprise et entrent ainsi sur le marché. L'état de l'économie, dans ses spécificités, entraîne alors cette multitude de gens, très différents les uns des autres, à assumer un risque de par leur profession ou leur activité, de façon générale. À la fin du XVIIIe siècle, indépendamment de tout changement de régime politique, il est évident qu'une évolution fondamentale dans l'organisation sociale nécessite l'émergence d'outils juridiques adaptés aux besoins de la population.

TITRE III. UNE RÉPRESSION SPÉCIFIQUE

L'escroquerie commise doit être réprimée. Mais comment ? Toute notre étude démontre la finesse d'analyse des qualifications des magistrats du ressort du Parlement de Paris en cette fin d'Ancien Régime. Ils savent repérer les éléments constitutifs de l'escroquerie et les qualifier. Recherchent-ils pour autant la peine idéale, avec ce même souci de la précision et d'adaptation ? Deux tactiques s'offrent à eux : soit condamner tous les escrocs de la même façon, soit au contraire individualiser la sanction. L'enjeu est important. Il est possible d'espérer que la personnalité de l'escroc, malgré sa complexité et sa duplicité, soit malgré tout comprise par la société qui jugera alors l'homme véritable. Il est aussi sans doute possible de mesurer si le corps social considère cette infraction comme majeure ou non dans ce qu'il convient de réprimer. Or, si la peine de mort, l'envoi aux galères ou un bannissement sont encourus en la matière, l'escroquerie est alors sanctionnée avec sévérité.

Cependant, selon quels critères et surtout quelles références les juges fondent-ils leur décision ?

Chapitre 1. Les caractéristiques de la répression

Les fonctions de la peine apparaissent constantes. Elles sont à la fois individuelles, puisqu'elles assurent la châtiment du coupable, et sociales, puisqu'elles ont une valeur d'exemple pour tous les autres qui seraient tentés de commettre un même fait[649].

Quelle est la politique pénale en matière de répression de l'escroquerie avant le première loi la réprimant expressément en 1791 ?

Sans texte répressif spécifique, les peines de l'escroquerie sont-elles comparables à celles des vols ou sont-elles d'une gravité variable ?

Section 1. Une répression à comparer à celle des vols

L'escroquerie est-elle sanctionnée comme un vol simple ou un vol qualifié ?

---

[649] Comme le rappelle Jean-Marie Carbasse, *Histoire du droit pénal et de la justice criminelle*, coll. « Droit pénal », PUF, 2000, p. 243.

§ 1 - Une infraction punie comme un vol

- L'absence d'élément légal

Ajuster une répression au coupable d'une infraction est bien entendu la fonction principale de la justice. Mais son travail en droit français s'est simplifié à travers le temps. En effet, le droit moderne applique les dispositions prévues par les articles des lois répressives comme l'a conçu, en ce qui concerne l'escroquerie, la loi de 1791. Dès 1810, l'œuvre de codification a permis de rendre ce système efficace.

Depuis 1994, l'alinéa 2 de l'article 313-1 du *Code Pénal* énonce ainsi que : « L'escroquerie est punie de 5 ans d'emprisonnement et de 375.000 € d'amende ». Le tribunal se prononce, par conséquent, en fonction du maximum encouru.

La pratique était moins régulière sous l'Ancien Régime puisque l'infraction ne comportait pas d'élément légal. Il n'existe donc pas de référence à une loi répressive précise et seuls les éléments matériels et moraux justifient le choix d'une sanction. Ainsi le droit pénal a-t-il longtemps ignoré le principe *nullum crimen, nulla poena sine lege*, repris ensuite par le *Code pénal* de 1810, qui dispose dans son article 4 : « Nulle contravention, nul délit, nul crime ne peuvent être punis de peines qui n'étaient pas prononcées avant qu'ils fussent commis ».

Or, le droit pénal reposait-il exclusivement sur le pouvoir arbitraire du juge ? L'expression peut, de nos jours, surprendre et surtout être mal interprétée. Il semblerait d'ailleurs qu'à la fin du siècle des Lumières le mot arbitraire ait pris un sens plus défavorable[650]. Il ne signifie pas pour autant que la peine était ordonnée de façon aberrante, mais plutôt qu'elle reposait sur l'appréciation souveraine par le juge du cas considéré. En fait, il faut revenir à l'*arbitrarius* latin qui peut se définir à partir du XVIIIe siècle comme une décision dépendant de la seule volonté des juges qui ne sont pas tenus à l'observation de règles, quelles qu'elles soient. Encore ne doit-elle pas confondre subjectivité et ajustement, la nuance de la distinction n'étant pas toujours évidente. D'autant que la proportionnalité n'est pas facile à appliquer.

André Laingui et Arlette Lebigre rappellent sur ce point qu'« il n'existe pas de véritable échelle de peines en ancien droit, ni au Moyen Âge, où elle aurait pu, au moins, faute d'une échelle générale inconcevable dans une organisation judiciaire aussi peu centralisée, se trouver au sein de chaque ensemble coutumier, ni en droit classique malgré la tentative esquissée par l'*Ordonnance* de 1670 »[651]. Bien sûr, c'est toujours de l'autorité royale que les juges « reçoivent, formellement ou tacitement le droit de moduler les peines ou même de les déterminer seuls, tantôt s'autorisent des enseignements de la doctrine et des impératifs de la pratique

---

[650] Jean-Marie Carbasse, *Histoire du droit pénal et de la justice criminelle*, PUF, 2000, p. 202.
[651] Jean-Marie Carbasse, *op. cit.*, p. 125.

pour le faire »[652]. Aussi, constater que les peines étaient arbitraires dans le royaume au début du XVIIe siècle n'a rien de péjoratif. En fait, l'arbitraire est l'un des principes de base de la justice pénale. Il consiste en ce droit qu'avaient les magistrats d'« arbitrer » les peines, c'est-à-dire de choisir dans chaque affaire la sanction la plus adaptée « aux exigences du cas ». Cette prérogative s'exerce dans un cadre délimité non seulement par la raison mais aussi par l'équité. Elle doit, dans une certaine mesure, respecter le droit, c'est-à-dire les coutumes, les « usages des cours », et enfin les éventuelles législations royales se rapportant de près ou de loin à la question posée.

Arbitrer signifie alors juger, c'est-à-dire choisir la peine adéquate. Juger est donc un exercice difficile, mais ne l'est-il pas toujours ? Savoir évaluer la gravité de chaque infraction, apprécier la culpabilité de son auteur et énoncer la juste peine exige toujours un arbitrage serré entre plusieurs solutions. En d'autres termes, le jugement n'est pas une science exacte mais un art éminemment humain.

Bien sûr, en 1781, tonnent, après les critiques de Voltaire et les polémiques à propos de la reforme de Maupeou, les premiers tirs pré-révolutionnaires contre la justice de l'Ancien Régime. J.-P. Brissot de Warville l'affirme « [...] Toute peine qui ne sera pas proportionnée au délit, seroit donc une atrocité, pas même utile à l'État. »[653]. Les juges portent donc sur leurs épaules une bien lourde responsabilité, celle de bien savoir équilibrer leur balance avant de prononcer leurs sentences et arrêts. Et ainsi celle de leur légitimité.

Cependant le constat de l'absence d'élément légal *stricto sensu* en matière d'escroquerie doit être affinée *in concreto*. François Serpillon, dans son *Code criminel ou Commentaire sur l'Ordonnance de 1670*, remarque, peut-être de façon énigmatique, à propos « des crimes contre lesquels nos ordonnances n'ont point prononcé de peines », que « nous avons cependant une règle générale qui est que les juges, même les Cours, ne peuvent prononcer d'autres peines que celles établies par les Ordonnances [...]. C'est une maxime fausse de dire que les peines sont arbitraires »[654].

Cette affirmation doit être bien sûr relativisée, mais elle est loin d'être inintéressante si on la rapporte d'abord à la distinction qu'effectue Jean-Antoine Soulatges entre les crimes capitaux et les autres.

> « On appelle crimes capitaux les vols, les homicides, les assassinats prémédités, les incendies causés à dessein, les empoisonnements, les viols, le crime de lèse-majesté divine et humaine, les duels et autres crimes exprimés... qui

---

[652] Jean-Marie Carbasse, *op. cit.*, p. 129.
[653] J.P. Brissot de Warville, *Théorie des lois criminelles*, Paris, 1781, p. 130.
[654] François Serpillon, *Code criminel ou commentaire sur l'Ordonnance de 1670*, Lyon, 1767, 3e partie, cité aussi par André Laingui et Arlette Lebigre, *Histoire du Droit pénal*, tome I, p. 132.

méritent la peine de mort naturelle ou civile. (...) Et on appelle crimes non capitaux ceux qui ne sont point punis de mort, mais seulement de quelques peines qui notent d'infamie, comme des galères, du bannissement, du fouet, de la fleur de lys, d'amende honorable, d'amende envers le Roi, du carcan et autres peines semblables »[655].

L'escroquerie est-elle alors un crime capital ? Peut-elle être punie de mort ? Il ne le semble pas, tout du moins sur le plan des principes, car par essence, l'escroquerie touche à la sécurité des contrats et non à la protection physique des personnes et des biens lors d'une atteinte brutale à l'ordre public. Rappelons cependant que, pour la période 1700 à 1790, deux affaires ont fait néanmoins l'objet d'une condamnation à mort en première instance. Comment interpréter de pareilles décisions ?

Un décrotteur, Jean Frémont, a altéré et falsifié des liards au point de les faire passer pour des pièces de 18 deniers. Il est donc poursuivi non seulement pour avoir escroqué la foi publique, mais également, d'une certaine façon, pour avoir écoulé de la fausse monnaie. Le Châtelet considère que ces faits doivent être sanctionnés d'une peine capitale, et condamne en conséquence Jean Frémont « à être pendu et étranglé tant que mort s'ensuive par l'exécuteur de la haute justice à une potence qui pour cet effet serait plantée en place de Grève »[656]. La peine ne sera pas exécutée, puisque Jean Frémont fait appel, on le comprend, et le Parlement de Paris décide quant à lui qu'il sera plus amplement informé.

Anne Varlet, domestique de son état, est convaincue « d'escroquer les maisons où elle travailloit »[657]. Elle n'a pas hésité à se faire remettre de l'argent par ses employeurs en inventant de fausses courses, et à garder le tout pour elle. La juridiction de première instance de Bourges condamne, le 12 février 1782, cette escroquerie de domestique comme un crime capital. Anne Varlet est donc, au principal, condamnée à être pendue. En appel, le Parlement de Paris, le 18 septembre 1782, adoucit cette peine et enferme à perpétuité la coupable à l'hôpital. On peut se demander si l'assimilation de ces faits à un vol domestique n'est pas la cause principale d'une pareille sévérité.

En tout état de cause, les décisions de ces deux affaires n'ont pas, en appel, été confirmées, et cela sur les 477 accusés dont nous avons examiné le procès. Les magistrats suivent aussi, en caractérisant la gravité de l'infraction commise, l'ordre

---

[655] Jean-Antoine Soulatges, *Traité des crimes*, I, Toulouse, 1762, p. 45.

[656] Arch. Nat. X^{2B} 1.025, affaire n° 405 : Jean Frémont, arrêt du 22 janvier 1761. Voir partie I, titre II, chapitre 2, section 2, § 2 ; voir aussi partie II, titre II, chapitre 1, section 2, § 1.

[657] Arch. Nat. X^{2B} 1.070, affaire n° 739 : Anne Varlet, arrêt du 18 septembre 1782. Voir partie II, titre I, chapitre 1, section 1, § 1.

des peines[658] établi notamment par l'*Ordonnance criminelle* de 1670. Celle-ci dispose ainsi dans son titre XXV, article 13 : « Après la peine de mort naturelle, la plus rigoureuse est celle de la question avec la réserve des preuves en leur entier, des galères perpétuelles, du bannissement perpétuel, de la question sans réserve des preuves, des galères à temps, du fouet, de l'amende honorable et du bannissement à temps ». Les juges adaptent donc leur punition en fonction des peines en vigueur, en tentant d'évaluer le plus justement possible la gravité des faits reprochés au regard de l'échelle des châtiments.

Le dépouillement des affaires d'escroquerie n'a pas en revanche permis de trouver de mise à la question. Peut-on considérer qu'au XVIIIe siècle, les juges s'accordent à préférer l'information par récolement de témoins et preuves matérielles ?

Dans son commentaire sur les ordonnances royales, et particulièrement celle de 1670, Soulatges continue son énumération *decrescendo* des peines existantes.

> « La peine des galères perpétuelles est la plus rigoureuse après la question avec réserve des preuves, parce qu'elle produit les mêmes effets que la mort naturelle ; quant aux effets civils, c'est à dire qu'elle prive celui qui y est condamné de pouvoir contracter ni disposer de ses biens, soit par des dispositions entre vifs ou à cause de mort et d'exercer aucune action en justice. [...] Le bannissement perpétuel est placé après les galères perpétuelles, parce que par cette peine, le condamné est chassé hors du royaume pour toujours et qu'elle comporte mort civile et confiscation des biens dans les pays où cette confiscation a lieu... Cette peine est néanmoins plus douce que les galères »[659].

Il est évident néanmoins que « douceur » n'est pas précisément le terme le mieux adapté à ce type de sanctions, souvent définitives, car il peut être difficile de survivre dans de pareilles conditions.

---

[658] C'est exactement le commentaire de Jean-Antoine Soulatges, qui précise que peuvent être prononcés, après la peine de mort, « celle de la question, avec réserve des preuves de leur entier ; deuxièmement les galères perpétuelles ; troisièmement, le bannissement perpétuel ; quatrièmement, la question sans réserve des preuves ; cinquièmement, les galères à temps ; sixièmement, le fouet ; septièmement, l'amende honorable ; huitièmement, le bannissement à temps ; neuvièmement, l'admonition qui est une remontrance que fait le juge ; dixièmement, le blâme qui est une sévère réprimande qui est faite par le juge ; onzièmement, la prison à temps, la contrainte par corps pour cause de stellionat ; douzièmement, amende envers le Roi et aumône » (Jean-Antoine Soulatges, *op. cit.*, p. 165). L'*Ordonnance* de 1670 prévoit d'ailleurs, comme le souligne Soulatges, que « la peine de mort naturelle comprend tous les genres de mort dont les coupables peuvent être punis, suivant l'énormité de leur crime [...] pendus [...] avoir le poing coupé [...] ou la langue coupée ou percée [...] brûlés vifs, etc » (Soulatges, *op. cit.*). Or, lorsqu'il s'agit d'escroquerie, les deux jugements de première instance décidant la peine de mort choisissent expressément la pendaison.

[659] Jean-Antoine Soulatges, *op. cit.*, t. I, p. 165.

Reste que certaines peines sont de surcroît infamantes : « la mort naturelle, les galères, le bannissement, [...], le blâme, le carcan, le fouet, l'amende »[660]. D'après J. A. Soulatges, il faut encore considérer les crimes « qui intéressent le public et qui sont punis de peines très sévères telles que sont : premièrement, le crime de faux principal ou incident ; la transposition ou l'enlèvement des bornes ; le crime d'injure ; le crime de péculat, la banqueroute, le monopole, la contrebande et le stellionat »[661].

Ainsi l'absence d'élément légal, comme l'a noté François Serpillon, est une notion relative. Nous en voulons pour preuve l'existence d'un autre texte qui peut être en rapport direct avec la sanction de l'escroquerie. Il s'agit de la nouvelle *Déclaration* du roi du 4 mai 1724. Dans son *Traité de la Justice criminelle de France*, Jousse précise à ce sujet, procédant à une revue de l'actualité juridique de l'époque :

> « Il y a une nouvelle *Déclaration* du roi du 4 mai 1724, qui fixe les peines sur plusieurs espèces de vols. L'article III de cette *Déclaration*, porte : « que ceux ou celles qui n'ayant été repris de justice, se trouveront convaincus de vol, autre que ceux commis dans les églises, ou vols domestiques, ne pourront être condamnés à moindre peine que celle du fouet et d'être flétris d'une marque en forme de lettre V ; sans préjudice de plus grandes peines, s'il y échet, suivant l'exigence des cas. » On joint ordinairement à cette peine, celle du bannissement à temps hors du ressort de la juridiction »[662].

S'il est vrai que ce texte fait référence à la notion de vol, peut-il néanmoins servir de fondement juridique à un raisonnement sur l'escroquerie ?

Merlin, dans le *Répertoire* de Guyot, ne dit pas autre chose[663]. Il existe donc un véritable arsenal de peines, rigoureusement prévues et à la disposition des juridictions de jugement. C'est encore une fois Jousse qui analyse ces différentes possibilités que le juge doit *arbitrer* :

> « Les crimes peuvent encore être considérés selon les différentes manières dont ils troublent l'Ordre public et la société civile. On peut, sous ce rapport, distinguer quatre espèces ou classes principales de crimes : le crime d'hérésie, les

---

660 Jean-Antoine Soulatges, *op. cit.*, t. I, p. 177.

661 Jean-Antoine Soulatges, *op. cit.*, t. I, p. 271.

662 Jousse, *Traité de la justice criminelle de France*, tome IV, Paris, 1771, p. 170.

663 Guyot, *Répertoire*, article « Vol », 1ère partie, « Nature et caractère du vol », p. 644, col. 2 : « Lorsqu'une fois le vol se trouve consommé, le repentir du voleur et la restitution qu'il feroit de la chose volée ne suffiroient point pour le mettre à couvert de la poursuite et des peines que la loi y a attachées (*qui ea mente alienum quid contrectavit, ut lucri faceret, tametsi, mutato consilio, id postea domino reddidit, fur est, nemo enim tali peccato poenitentia sua nocens esse desiit*, L. 65, D. *de furtis*) ».

crimes de lèse-majesté, les délits qui blessent les justiciables et les crimes et les délits qui attaquent l'honneur »[664].

C'est alors en fonction de cette appréciation que les peines prononcées doivent être mises en rapport avec la personnalité de l'accusé d'une part, son honneur et sa réputation d'autre part, et enfin ses biens[665]. C'est ainsi que les crimes doivent être évalués en différents degrés : « les crimes à l'égard des choses, sont aussi de différents degrés ; ainsi le vol ou la profanation d'une chose sacrée, est plus grave que si c'étoit une chose profane »[666].

Jousse conclut que les peines arbitraires doivent être comprises comme celles « qui dépendent de la jurisprudence du juge et qui s'infligent à proportion de la grandeur du crime »[667]. Il ajoute que les peines prononcées « dépendent du lieu,

---

[664] Jousse, *op. cit.*, t. I, p. 17.

[665] « Les peines considéroies par rapport à l'accusé peuvent regarder : 1) la personne de l'accusé ; 2) son honneur et sa réputation ; 3) ses biens.
Les peines qui regardent la personne de l'accusé sont la mort naturelle, l'amputation de quelque membre, la question, le fouet, la flétrissure, le carcan ;
Deuxièmement celles qui punissent l'accusé dans son honneur et sa réputation seulement, sont l'amende honorable et le blâme ;
Troisièmement celles qui l'affligent dans ses biens sont la confiscation et d'autres peines pécuniaires ; on peut encore diviser les peines par rapport aux accusés, en Capitales, Afflictives et Infamantes... Les peines capitales sont celles qui font perdre la vie, ou qui privent pour toujours de la liberté, ou de droit de citoyen. Telles sont la mort naturelle, le bannissement à perpétuité hors du royaume ; les galères perpétuelles et la réclusion à perpétuité en un hôpital ou maison de force. La peine d'être traîné sur la claie et toute autre condamnation contre le cadavre ou contre la mémoire d'un défunt, au cas de l'article premier du titre 22 de *l'Ordonnance* de 1670, peuvent aussi être mises au nombre des peines capitales. Toutes les peines capitales sont aussi afflictives et infamantes et emportent de droit la confiscation des biens et la mort naturelle ou civile. Les peines afflictives et qui ne sont point capitales sont celles qui affligent le corps, ou qui gênent la liberté. Les peines qui affligent le corps, se nomment peines corporelles ; telles sont la question ou torture, le fouet, la flétrissure, le carcan et le pilori. Les peines afflictives non-corporelles ou simplement afflictives sont celles qui privent de la liberté ; telles sont les galères, le bannissement, et la réclusion en une maison de force. Toutes ces peines, tant corporelles qu'afflictives, sont aussi infamantes, à la réserve seulement de la question. Enfin, les peines qui sont purement infamantes sont celles qui affligent seulement l'accusé dans son honneur et sa réputation et qui le rendent infâme. Telle est la peine de l'amende honorable ; celle du bannissement à temps ; le blâme et l'amende en matière criminelle quand elle est prononcée en dernier ressort ou confirmée par arrêt (*Ordonnance* de 1670, titre 25, article 7). Il y a encore d'autres peines en usage, qui ne sont ni afflictives ni infamantes. Telles sont les admonitions et corrections qui se font en justice ; l'aumône...ou lorsque l'on fait de simples injonctions ou défenses à l'accusé ; On entend par peine ou punition exemplaire toute punition et correction qui peut servir d'exemple, de quelque nature qu'elle soit, légère ou grave. Il est partie de cette punition, dans les articles 14 et 19 du titre 13 de l'*Ordonnance* de 1670. », Jousse, *op. cit.*, tome I, titre III « Des peines », p. 36.

[666] Jousse, *op. cit.*, t. I, p. 15.

[667] Jousse, *op. cit.*, t. I, p. 38, « Des peines considérées par rapport aux juges ».

du temps, de la cause, de la quantité, de la mauvaise volonté et des autres circonstances qui peuvent contribuer à rendre le crime plus ou moins grave »[668].

Le traitement des escrocs est ainsi assuré avec la plus grande minutie, puisqu'il s'agit de personnaliser la peine pour la rendre la plus adaptée possible. Et si les magistrats de cette fin d'Ancien Régime ne disposent pas encore d'élément légal à proprement parler, c'est à dire d'un texte spécial qui pénalise l'escroquerie, ils tiennent compte cependant de ce que Jousse appelle les « peines légales »[669], et qui sont celles « qui sont établies par les lois et ordonnances du royaume, pour certains crimes ; comme la peine de mort pour le vol domestique »[670].

Reste que Jousse lui-même reconnaît qu'il n'est pas possible de systématiser à outrance la procédure existante, puisqu'il existe, à côté des peines ordinaires, des peines extraordinaires qui se définissent comme « d'autres peines moindres qui s'infligent pour les mêmes crimes, par des raisons de tempérament ou d'équité, tirées en des circonstances particulières qui rendent ces crimes plus excusables ; ou du défaut de preuve suffisante »[671].

Dans ces conditions, peut-on imaginer que les magistrats du ressort du Parlement de Paris pendant le siècle de Louis XV ont tenté de rechercher une peine plus spécifique au délit de l'escroquerie ?

- La recherche d'une peine spécifique

Il est évidemment utile de disposer d'une peine particulièrement adaptée à l'infraction d'escroquerie. Sa conception participerait de ce que Jean Pinatel et, bien plus tard, Raymond Gassin, appellent la « réaction sociale contre le crime »[672]. Cette notion s'entend à la fois comme la mise en place d'une véritable politique criminelle de lutte contre ce type de délits, mais également comme l'affirmation d'une volonté de contrôle social, qui aurait pour vocation de prévenir la commission même de tels actes[673].

Au XVIIIe siècle, cette réaction est déjà pour partie conceptualisée. Sébastien Mercier propose l'archétype du prototype de peine pour ceux qu'il appelle « escrocs polis, filoux »[674]. En voici la description :

> « On est si peu accoutumé à entendre les valets parler bien de leurs maîtres, que l'on conçut un grand respect pour le faux Baron. On lui apporta les

---

[668] *Ibid.*
[669] *Ibid.*
[670] *Ibid.*
[671] *Ibid.*
[672] Raymond Gassin, *Criminologie*, Précis Dalloz, 2e éd., 1990, p. 69, et Pinatel (1987), v « Réaction sociale », 185-187.
[673] *Ibid.*
[674] Sébastien Mercier, *Tableaux de Paris*, tome I, chap. XXXI.

marchandises les plus rares ; il n'eut qu'à choisir dans les boutiques des magasiniers.

Par réflexion, tout lui convenoit, parce que, disoit-il, ayant reçu de nouvelles commissions, tous ces objets ne devoient passer que par ses mains, étant destinés pour les pays étrangers.

Des revendeurs et des revendeuses, toujours prompts à favoriser la friponnerie et à effacer les traces du vol, achetèrent à vil prix ces mêmes marchandises. Et c'étoient là ces villes de Madrid, de Vienne, de Lisbonne, de Copenhague, et beaucoup d'autres, dont il enfloit les discours.

Démasqué, il fut condamné aux galères pour neuf ans, fouetté, marqué, et préalablement attaché au carcan pendant trois jours consécutifs. Son valet de chambre assista à l'exécution, et fut banni »[675].

La sévérité de la sanction infligée est très significative. L'escroquerie trouve sa place dans l'échelle des peines, comme un délit portant atteinte à l'ordre public et devant faire l'objet d'une sanction lourde et publique.

Encore plus spécifique est l'interprétation que nous donne Guyot en 1784. Pour construire sa démonstration, il rappelle que chacun sait ce qu'est le vol. Il ajoute que « toutes les nations l'ont défendu et puni »[676]. Il peut alors considérer la façon dont il convient de traiter pénalement l'escroquerie : « C'est aussi par cette raison qu'il est d'usage dans notre jurisprudence d'augmenter en pareil cas, la peine de vol simple, soit en prolongeant le temps du bannissement, soit même en portant cette peine jusqu'à celle des galères, sur tout lorsque ces escroqueries ont été repérées et forment un objet considérable... »[677]

Il en résulte que les peines prononcées en matière d'escroquerie sont plus lourdes, en théorie du moins, que celles plus ordinaires applicables dans le cas du vol, puisqu'alors les sanctions prononcées, d'après Guyot, « étoient le fouet, le bannissement, ou la condamnation aux travaux publics »[678].

Guyot motive sa réflexion sur la nécessité d'une peine spécifique en matière d'escroquerie en se fondant sur le droit romain, qui a toujours envisagé les vols faits par escroquerie et filouterie « avec plus de sévérité que les vols simples, à cause de la trahison et de l'abus de confiance dont ils se trouvent accompagnés »[679]. C'est alors qu'il considère que l'arbitraire des juges en cette fin de l'Ancien Régime doit être limité par cette idée de la peine prononcée contre

---

[675] *Ibid.*

[676] Guyot, *Répertoire universel et raisonné de jurisprudence civile, criminelle, canonique et bénéficiale.* Ouvrage de plusieurs jurisconsultes mis en ordre et publié par M. Guyot, écuyer, ancien magistrat. Tome VII, Paris, Visse, libraire, rue de la Harpe, près de la rue Serpente, et chez les principaux libraires de provinces de France, 1784, p. 643.

[677] Guyot, *op. cit.*, t. VII, page 651.

[678] *Ibid.*

[679] Guyot, *op. cit.*, t. VII, p. 651.

ceux qui commettent des escroqueries. Il s'interroge : « Comment d'ailleurs concevoir qu'un magistrat puisse avoir à son arbitrage le châtiment d'un coupable ? Nul homme n'a reçu de la nature le droit de prononcer sur l'honneur ou la vie d'un autre : il faut donc que ceux qui ont ce droit l'aient acquis par convention, mais cette convention, comment s'est-elle formée, quelles en sont les conditions, quel en est l'objet ? »[680].

Guyot opte donc pour un système légitime de répression avec une aggravation des peines prononcées dans le cas de l'escroquerie par rapport à celles ordonnées en cas de vol. Mais dans le même temps il se montre très critique, disant que « tous les jours, les magistrats délibèrent s'ils doivent condamner un voleur au bannissement à temps ou à perpétuité, hors d'une ville ou hors du royaume ; tous les jours ils sont partagés pour l'envoyer aux galères pour trois, cinq ou neuf ans, ou pour toute la vie »[681], sans que pour autant ils ne puissent s'appuyer sur une référence sans équivoque.

Le débat est donc officiellement posé par les criminalistes de la nécessité d'une peine plus spécifique et légale en matière d'escroquerie. Des Essarts tente également d'y voir un peu plus clair en distinguant dans son *Dictionnaire* les peines qu'il convient d'infliger en cas d'escroquerie légère de celles qui doivent être prononcées en cas de commission d'infraction grave. « La prison, la détention à Bicêtre, l'expulsion avec défense de rentrer dans la capitale, sont les peines qu'on inflige aux filous qui n'ont commis que de légères escroqueries ; mais ceux qui sont coupables de délits plus graves sont soumis à une instruction criminelle »[682].

Mais aussitôt après, Des Essarts relève dans quelle situation paradoxale le droit de cette fin d'Ancien Régime se trouve en la matière. Il analyse en effet la situation de ceux qu'il nomme « les affronteurs », qui sont une sorte d'escrocs, et qui sont soumis, quelles que soient les analogies auxquelles il est possible de se livrer pour prononcer une peine, à l'arbitraire des juges.

> « Les peines infligées aux affronteurs ont presque toujours été arbitraires et analogues aux circonstances ; elles ont été quelquefois célèbres par leur singularité ; de ce nombre est celle d'un affronteur qui, ayant vendu de faux diamants d'une impératrice, fut condamné à être jeté dans la fosse aux lions pour y être dévoré. Descendu dans ce lieu terrible, il s'attendoit à voir sortir de la loge fatale un lion furieux prêt à le dévorer, lorsqu'il voit paroître un chapon aussi tremblant que lui : ainsi le trompeur fut trompé lui même, trop heureux d'en être quitte pour la peur. Parmi nous, les affronteurs sont punis d'une manière plus réelle et cela est indispensable. Le fouet, le carcan, la prison, les galères sont, pour

---

680 *Ibid.*
681 *Ibid.*
682 Des Essarts, art. « Escroquerie ».

l'ordinaire, la récompense de leurs manœuvres : la jurisprudence nous en offre divers exemples »[683].

Or, pour faire progresser le droit, ne faudrait-il pas alors dépasser l'aléa de l'arbitraire en conservant la faculté d'adaptation ? Quelle pourrait alors être la peine spécifique de l'escroquerie ?

§ 2 - Une infraction punie comme un vol qualifié

- La sanction d'une espèce de vol

Devrait-il exister un texte particulier qui réprimerait l'infraction d'escroquerie ? La question se pose désormais. Le besoin existe en tout cas. Il réside dans la proportionnalisation de la peine de façon rationnelle. Les criminalistes n'ont-ils pas chacun construit leur propre échelle de valeurs ? Mais d'abord, il faut pouvoir mesurer la peine à une sanction existante. Et comme la répression de l'escroquerie n'est ni définitivement fixée, ni parfaitement appréhendée, la référence se construit donc à partir du vol, d'abord en raison des réminiscences du droit romain dans la réflexion juridique de l'Ancien Régime, et aussi parce que la soustraction du bien d'autrui, identifiée depuis la nuit des temps, a toujours été commentée et réprimée avec précision. En d'autres termes, il est sans doute plus facile de prononcer une sanction par rapport au vol. Une certaine appréciation de ce qu'il convient se fait alors jour, mais comment l'évaluer techniquement ?

La peine de l'escroquerie ne peut, par conséquent, être purement symbolique. À l'opposé, le chancelier d'Aguesseau s'interroge encore pour savoir si l'escroc d'habitude ou multirécidiviste doit être vraiment puni de mort[684]. La brutalité de cette peine apparaît exagérée au Siècle des Lumières. Plus que jamais, il faut trouver la juste peine : on ne peut admettre la cruauté légale ou un châtiment inadapté. Ces peines n'étaient donc pas celles appliquées, en fait, aux voleurs.

En 1715, c'est à dire l'année où commence le règne de Louis XV, les juristes ont depuis longtemps compris que la sanction unique n'avait aucun sens. Il suffit de se rapporter à la jurisprudence, qui elle-même traduit ce besoin constant d'individualisation et de proportionnalité. Ainsi Bruneau écrit-il :

---

[683] *Ibid.*

[684] *Œuvres de Monsieur le Chancelier d'Aguesseau contenant les lettres sur les matières criminelles et sur les matières civiles*, par Henri-François d'Aguesseau, Chancelier de France, Commandeur des Ordres du Roi, né à Limoges le 27/11/1668, doit être mis au rang des hommes illustres, soit comme savant, soit comme magistrat, publié en 1759, à Paris chez les Libraires associés, tome VIII, p. 148, lettre n°CVIII du 29 avril 1742.

« La peine du larcin est souvent diverse, à cause des différentes espèces d'icelui, c'est pour cela qu'on ne la sauroit précisément établir, et qu'il est vrai de dire qu'elle est ordinaire et extraordinaire, cette dernière peine pour les simples et médiocres larcins sans aucun mélange de circonstances aggravantes, pour raison desquelles on condamne les larrons ou en simple amende, ou au pilori, tantôt au fouet et le délinquant marqué et flétri d'une fleur de lys à l'épaule ou au front, leur coupant le bout de nez et des oreilles ; anciennement on coupoit les oreilles, suivant Expilly, (plaidoyer 25, num 29 et 30). Tantôt on les condamne au bannissement, d'autres aux galères, selon l'âge, l'état du coupable, le pays ; quant aux grands, doubles, fameux, domestiques... la peine est ordinaire de la mort, établie non seulement par les lois, mais par expresse, dans nos Ordonnances royaux, coutumes et arrêts des cours souveraines »[685].

L'escroquerie doit-elle être aussi subtilement réprimée ? La sévérité se justifie-t-elle en la matière ?

Nous l'avons montré, seules deux condamnations à mort ont été prononcées en première instance[686] et immédiatement réformées en appel. En revanche, le constat est net : l'escroquerie n'est guère punie de mort, mais elle est sanctionnée comme une espèce de vol, de façon variée.

La jurisprudence garde cette référence chevillée en son corps et illustre bien plus qu'il ne faut ce besoin de clarification.

Relisons le procès criminel mené par le prévôt de Paris au Châtelet , à la requête du substitut du procureur général du roi contre Marie Joseph Alexandre Defoix, se disant Baron d'Orsay et Odile Laye dite Nanette Adélaïde, cuisinière sans condition.

Les deux accusés sont prisonniers à la conciergerie du palais à Paris. Ils sont « dûment atteints et convaincus, savoir, ledit Defoix, d'avoir, en s'annonçant comme officier de marine en charge des commissions pour l'Amérique, escroqué des bijoux d'or et d'argent à un marchand orfèvre et d'avoir tenté un vol d'autres marchandises et plusieurs autres escroqueries, et ladite Odile Laye dite Nanette Adélaïde d'avoir facilité et coopéré à l'escroquerie de bijoux faite audit marchand orfèvre »[687].

---

[685] *Observations et maximes sur les matières criminelles, avec les remarques tirées des auteurs, conformes aux édits, ordonnances, arrêts et règlements des cours souveraines. Ouvrage nécessaire à tous juges, avocats, procureurs, greffiers, huissiers et praticiens pour bien faire et instruire sur un procès criminel.* par M.A. Bruneau, Avocat au Parlement, imprimé chez Guillaume Cavelier fils, rue Saint-Jacques, au coin de la rue de la Parcheminerie, à la fleur du lys d'or, à Paris, en 1715, p. 418.

[686] Il s'agit de X^{2B} 996, affaire n° 196 : Henry Froquet, arrêt du 23 mars 1745, et de X^{2B} 1025, affaire n° 405 : Jean Frémont, arrêt du 22 janvier 1761. Pour Froquet, voir partie II, titre II, chapitre 3, section 1, §1.

[687] Arch. Nat. X^{2B} 1.063, Affaires n° 350 et 468.

La Compagnie des Indes, qui a vu son privilège suspendu par un arrêt du Conseil d'août 1769[688], n'est plus la seule à écumer les mers. Désormais, tous les sujets du roi sont autorisés à négocier librement partout dans le monde[689]. Toutes sortes de marchandises, des plus grossières aux plus précieuses, partent par bateau vers le Nouveau Monde ou vers l'Asie, *via* Le Cap. Rien n'est donc plus plausible que l'existence de transactions de ce type. Comme ces destinations sont plus ou moins lointaines, il est essentiel de se prémunir de toutes sortes de vols qui peuvent se perpétrer dans de pareils circuits commerciaux. D'autant que se perpétue en quelque sorte la tradition des comptoirs et que l'aménagement du territoire s'améliore.

Comment alors sanctionner le soi-disant officier de marine Defoix, qui prétendait transporter entre autres de l'or et de l'argent en Amérique pour se faire ainsi remettre toutes les valeurs ? Comment punir cette espèce de vol, en faisant référence à cette infraction ? Le Châtelet annonce d'abord qu'il va réparer l'infraction commise. En conséquence de quoi, il condamne Marie-Joseph-Alexandre Defoix

> « à être attaché au carcan dans la place de Grève et y demeurer depuis midi jusqu'à deux heures ayant écriteau devant et derrière portant ce mot : escroc et ladite Odile Laye dite Nanette Adélaïde à assister audit carcan, ce fait ils ont été bannis savoir ledit Defoix pour neuf ans et ladite Odile Laye pour trois ans de la ville, prévôté et vicomté de Paris, et ont été condamnés chacun en outre en trois livres d'amende envers le roi à prendre sur leurs biens, à eux enjoints de garder leur ban sous les peines portées par les déclarations du roi ; il leur a été fait défense de se retirer en aucun cas, même après le temps de leur bannissement expiré, dans la ville, faubourgs et banlieue de Paris ni à la suite de la cour, sous les peines portées par lesdites déclarations du roi. Il a été dit aussi que ladite sentence serait à la diligence du substitut du procureur général du roi imprimée et affichée dans tous les lieux et carrefours accoutumés de la ville, faubourgs et banlieue de Paris et partout où besoin serait »[690].

---

[688] Philippe Haudrère, *La Compagnie française des Indes, op. cit.*, vol. IV.

[689] « Cette décision gouvernementale est conforme aux vœux de Choiseul. Elle fut préparée en profondeur par l'action de divers groupes au nombre desquels figure le clan des hommes d'affaires marseillais et malouins, volontiers libre-échangistes. L'armateur Jacques Montaudouin, en 1755, se fait porte-parole du lobby hostile à la Compagnie des Indes. Après cette date, l'économiste Vincent de Gournay, l'abbé Morellet, le physiocrate Dupont de Nemours s'expriment eux aussi, avec vivacité, au fil de leurs publications, comme adversaires de tout monopole dans le commerce indien », Emmanuel Le Roy Ladurie, *L'Ancien Régime*, p. 212-213.

[690] Arch. Nat. X^{2B} 1.063, affaires n° 350 et 468 : Marie-Joseph-Alexandre Defoix et Odile Laye, arrêt du 26 août 1779.

La peine principale de bannissement pour une durée de neuf ans a ainsi été ordonnée en première instance contre Defoix, maître d'œuvre de toute l'organisation. Odile Laye est quant à elle bannie pour une durée de trois ans. Le Châtelet applique donc avec beaucoup de rigueur les grands principes de la pénalité et prononce des sanctions en parfait accord avec le type de répression qui aurait été ordonné en cas de vol. En appel devant le Parlement de Paris le 26 août 1779,

> « la Cour faisant droit sur l'appel interjeté par lesdits Marie Joseph Alexandre Defoix et Odile Laye dite Nanette Adélaïde de ladite sentence, met l'appellation et ladite sentence au néant, émandant, ordonne qu'à la requête du procureur général du roi, poursuite et diligence de son substitut au Châtelet de Paris et par devant le lieutenant criminel audit siège, il sera plus amplement informé des faits mentionnés au procès, circonstances et dépendances, pendant six mois, contre ledit Marie Joseph Alexandre Defoix, accusé, pendant lequel temps il gardera prison, pour l'information faite, apportée au greffe criminel de la cour, communiquée au procureur général du roi, être par lui pris telles conclusions qu'il appartiendra et vu par la cour être ordonné ce que de raison »[691].

La première juridiction de France considère ainsi qu'elle ne possède pas tous les éléments nécessaires pour entrer en voie de condamnation. Cependant, elle décide que l'accusé sera détenu provisoirement pendant six mois, le temps de la continuation de l'information. Même appréciation des faits et de la répression lorsqu'il s'agit d'Odile Laye, puisque le Parlement

> « surseoit à faire droit sur les plaintes et accusations intentées contre Odile Laye, dite Nanette Adélaïde, à la requête du substitut du procureur général du roi au Châtelet de Paris, jusqu'après l'expiration du plus amplement informé [...] et cependant ordonne qu'elle sera relaxée et mise hors des prisons de la conciergerie du palais, à la laisser sortir les greffier et geôlier desdites prisons contraints par corps, quoi faisant déchargés, à la charge par elle de se représenter toutes fois que par la cour sera ordonné faisant à cet effet ses soumissions au greffe et élisant domicile »[692].

Sanctionner avec rigueur l'escroquerie comme une espèce de vol, lorsque l'infraction est constituée, ou ordonner un supplément d'information en opportunité, permet d'une part d'harmoniser la jurisprudence et surtout, d'autre part, de la rendre cohérente.

À titre de comparaison, considérons le cas d'Armand Vontschatchoven, compagnon menuisier, jugé en première instance par le Châtelet le 4 décembre

---

[691] *Ibid.*
[692] *Ibid.*

1778. La qualification retenue par la juridiction de première instance est très claire : il « a été déclaré dûment atteint et convaincu du vol fait à l'étalage d'un marchand orfèvre du gobelet d'argent mentionné au procès »[693]. Il est condamné « à être battu et fustigé nu de verges par l'exécuteur de la haute justice dans les lieux et carrefours accoutumés et dans l'un d'iceux flétri d'un fer chaud en forme de la lettre V sur l'épaule droite, ce fait banni pour trois ans de la ville, prévôté et vicomté de Paris. A été condamné en outre en trois livres d'amende envers le roi à prendre sur ses biens. Il lui a été enjoint de garder son ban sous les peines portées par les déclarations du roi, défense lui a été faite de se retirer en aucun cas même après le temps de son bannissement expiré dans ladite ville, faubourgs et banlieue de Paris, ni à la suite de la cour, sous les peines portées par lesdites déclarations »[694]. Le Parlement de Paris a de plus, par son arrêt en date du 11 juin 1779, ordonné que « ladite sentence sortira son plein et entier effet »[695].

On observe par conséquent que la peine de bannissement pour une durée plus ou moins longue est aussi bien administrée aux voleurs qu'aux escrocs. Elle participe d'une sanction qui paraît adaptée à l'infraction qui semble à la société d'une gravité similaire à celle du vol *stricto sensu*. Le mécanisme de la proportionalité s'impose.

Enfin, revenons à cette affaire largement commentée par les criminalistes du XVIIIe siècle, à savoir le procès intenté contre Jean-Pierre Hersitz[696], souvent appelé « Herfils » pour les besoins de la cause[697]. Le substitut du procureur général du roi au Châtelet reproche à Hersitz, qui se trouve sans état, mais aussi à Charles-François-Romain Deschamps, commis voyageur pour les négociants, à encore Nicolas Sener et Jean Regnault, tous deux valets de chambre, tous prisonniers à la conciergerie du Palais, d'avoir

> « en se [Hersitz] qualifiant faussement du titre de baron, et s'annonçant comme un commerçant étranger très accrédité, cherché à en imposer à différents marchands de cette ville, qui, le voyant logé dans une maison considérable et avoir à sa suite nombre de commis et de domestiques, crut en la facilité de traiter avec lui et quelques uns même de lui fournir à crédit des marchandises que ledit Hersitz a fait ensuite revendre pour en escroquer la valeur, et ledit Deschamps d'avoir favorisé et facilité lesdites escroqueries, en faisant valoir auprès des marchands les qualités et richesse prétendues dudit Hersitz qu'il avait connu en prison à

---

693 Arch. Nat. X^{2B} 1.063, affaire n° 590 : Armand Vonschatchoven, arrêt du 11 juin 1779.
694 *Ibid.*
695 *Ibid.*
696 Arch. Nat. X^{2B} 1.062, affaires n° 367, 444, 547 et 563 : Charles Deschamps, Jean-Pierre Hersitz, Jean Regnault et Nicolas Sener, arrêt du 19 février 1779.
697 Cf. *supra*.

> Bruxelles et que depuis il avait trouvé et vu à Paris dans un temps précédent et très voisin desdites escroqueries dans la plus grande détresse »[698].

En conséquence de quoi le Châtelet a, le 23 janvier 1779, condamné ledit Hersitz

> « à être par l'exécuteur de la haute justice attaché au carcan dans la place de Grève et y demeurer depuis midi jusque deux heures, ayant écriteau devant et derrière portant ces mots : escroc public déjà repris de justice en pays étranger pour pareil fait, ce fait, flétri des lettres GAL sur l'épaule droite, ensuite conduit à la chaîne pour y être attaché et servir le roi comme forçat sur ses galères, pendant le temps et espace de neuf ans »[699].

Cette escroquerie particulièrement astucieuse, qui a abusé de la crédulité de nombreux marchands en les trompant par des manœuvres frauduleuses, a donc été réprimée sévèrement par une peine de même nature que celle qui aurait été prononcée pour un vol d'une réelle gravité.

La même appréciation est encore faite de la peine par le Châtelet en ce qui concerne le cas de Charles Deschamps qui, condamné à « assister audit carcan, ensuite banni pour neuf ans de la ville, prévôté et vicomté de Paris, a été condamné en outre en trois livres d'amende envers le roi à prendre sur ses biens, il lui a été enjoint de garder son ban sous les peines portées par les déclarations du roi »[700]. Il est alors possible d'observer que sont prescrites, dans un même procès, une peine de galères et de bannissement, suivant l'importance accordée à tel ou tel accusé. Comme Deschamps a malgré tout agi sous l'autorité d'Hersitz, il est donc sanctionné d'une peine un peu moins sévère : un bannissement pour neuf ans.

Quant à Nicolas Sener et Jean Regnault, le Châtelet se considère insuffisamment informé pour statuer sur leur cas. En appel, le 19 février 1779, le Parlement de Paris

> « condamne ledit Jean Pierre Hersitz à être attaché au carcan par l'exécuteur de la haute justice, pendant trois jours consécutifs, à un poteau qui pour cet effet sera planté, savoir le premier jour à la place du palais royal, le second jour à la place de la Croix du Trahoir et le troisième et dernier jour à la place de Grève, et y demeurer chacun desdits jours depuis midi jusqu'à deux heures, ayant écriteau devant et derrière portant ces mots : escroc public, et audit lieu le troisième et dernier jour, flétri d'un fer chaud en forme des trois lettres GAL sur l'épaule droite par ledit exécuteur, ce fait mené et conduit es galères du roi pour en icelles être détenu et servir ledit seigneur roi comme forçat pendant le

---

[698] *Ibid.*
[699] *Ibid.*
[700] *Ibid.*

temps et espace de neuf ans, lui fait défense de se retirer même après le temps de sa condamnation expiré dans la ville de Paris, faubourgs et banlieue d'icelle, ni à la suite de la cour, sous les peines portées par les déclarations du roi, condamne ledit Charles François Romain Deschamps à assister à l'exécution dudit Jean Pierre Hersitz, ce fait le bannit pour le temps et espace de neuf ans de la ville, prévôté et vicomté de Paris, lui enjoint de garder son ban, sous les peines portées par les déclarations du roi, le condamne en outre en trois livres d'amende envers le roi à prendre sur ses biens, lui fait pareillement défense de se retirer en aucun cas même après le temps de son bannissement expiré, dans ladite ville de Paris, faubourgs et banlieue d'icelle, ni à la suite de la cour, sous les peines portées par lesdites déclarations du roi. Fait défense auxdits Nicolas Senet et Jean Regnault de plus à l'avenir récidiver sous peine de punitions corporelles, ordonne qu'à la requête du procureur général du roi, le présent arrêt sera imprimé, publié et affiché dans tous les lieux et carrefours accoutumés de ladite ville, faubourgs et banlieue de Paris et partout où le besoin sera, et pour faire mettre le présent arrêt à exécution, renvoie lesdits Jean Pierre Hersitz et Charles François Romain Deschamps prisonniers par devant le lieutenant criminel dudit Châtelet »[701].

Les peines prononcées pour l'escroquerie sont donc celles du vol et comprennent l'envoi aux galères. Toute la question consiste alors à se demander si les mêmes peines sont ordonnées dans le cas de commission de vols simples ou de vols qualifiés.

- la sanction d'un vol qualifié

L'échelle des peines ne précise pas leur *quantum*, pas plus d'ailleurs que leur durée. La gravité de la sanction de l'escroquerie doit pourtant se situer entre un *maximum* et un *minimum*. La référence de la sanction de l'escroquerie étant celle d'une infraction punie comme une espèce de vol, elle ne peut alors être complétée que par une analyse comparative plus poussée de la pénalité du vol qualifié. Rappelons que Merlin, avec le *Répertoire* de Guyot, à l'article « Vols qualifiés par les personnes qui les commettent », indique :

« On a dit ci-devant [...] que Saint-Louis avait prononcé la peine de mort contre les domestiques qui voleroient leurs maîtres. Des arrêts du 13 septembre 1532 et de l'année 1558 ont maintenu cette législation rigoureuse, en condamnant à mort deux laquais qui avoient volé à leurs maîtres, l'un 1500 livres, et l'autre 60. L'article 2 de la *Déclaration* du 4 mars 1724 a mis le sceau à cette jurisprudence. Reste à savoir quelles personnes on doit en cette matière comprendre sous le nom de domestiques. Suivant le texte des Etablissements de Saint-Louis, on devroit appliquer cette dénomination à tous ceux qui sont au pain et au vin de leur maître, comme à ceux qui sont connus particulièrement sous le nom de serviteurs. Mais

---

701 *Ibid.*

parce que les lois odieuses doivent toujours être interprétées strictement, on a restreint à ces derniers les dispositions des ordonnances dont il s'agit. On ne peut pas, en effet, dire des autres, comme on le dit d'eux, que la garde de la personne et des biens de leur maître leur est spécialement confiée. Ainsi les vols qu'ils commettent ont des caractères plus graves que ceux dont les premiers peuvent se rendre coupables »[702].

Peut-on alors comparer la sanction de l'escroc à celle, emblématique, du domestique voleur ? Cette assimilation est d'autant plus fondée que si depuis l'*Ordonnance* de 1670[703], les domestiques sont distingués des serviteurs, car les premiers sont d'une condition supérieure et occupent les fonctions de secrétaire, agent, maître d'hôtel, et autres gens à gages, tandis que les seconds ne sont que valets, laquais, portiers, cochers ou cuisiniers, cette disposition s'imposait d'autant plus que la confusion restait constante en pratique.

La référence de la sanction de l'escroquerie à celle d'un vol qualifié, en raison de la qualité de domestique de son auteur, prend alors tout son sens : « Il serait donc à désirer que la loi, en voulant satisfaire le juste ressentiment qu'un maître peut avoir contre celui qui a trompé sa confiance, ne le forçât pas, par sa sévérité absolue, à étouffer ce même ressentiment, et qu'il fût libre à l'accusateur, en dénonçant son valet à la justice, ou de le livrer à la vengeance du ministère public, pour être puni suivant la rigueur des *Ordonnances*, ou de requérir en son nom, qu'il fût seulement condamné à une peine afflictive, telle que celle du bannissement, et à être déclaré indigne de servir d'autres maîtres »[704].

La sanction de l'escroquerie participe de cette même nécessité de se prémunir d'une quelconque réitération, tout en comprenant bien la place essentielle que l'ensemble de ces personnels joue dans la division du travail. Ainsi Muyart de Vouglans affirme-t-il :

> « Nous mettons ce vol au premier rang de ceux qui sont qualifiés par les Personnes, parce que c'est sans contredit le plus punissable, tant à cause de la trahison qu'il renferme, qu'à cause de l'impossibilité qu'il y a de s'en garantir par les facilités particulières que donne cet état »[705].

Concluons avec Muyart de Vouglans que l'on doit faire application de cette sorte de peine, non seulement pour les domestiques connus sous le nom de « serviteurs »,

---

[702] Merlin, *Répertoire* de Guyot, tome XVII, p. 651.
[703] Titre VI, article 5.
[704] *Ibid.*
[705] Muyart de Vouglans, *Les lois criminelles en France*, « Vol fait par les domestiques », partie I, livre III, titre 6, chapitre 2, p. 294.

> « mais encore généralement à tous ceux qui sont à nos gages, comme ceux qu'on appelle intendants, gouverneurs, précepteurs, pensionnaires, etc. [...] L'on peut aussi rapporter à ces sortes de vols, ceux faits par des gens de justice, tels que greffiers, procureurs, huissiers [...]. L'on peut encore y rapporter des vols faits par les commis des postes qui décachettent les lettres et paquets pour s'approprier l'argent et effets qui s'y trouvent renfermés. [...] Comme aux différents vols dont nous parlons ici, se trouve joint un abus particulier des fonctions de ceux qui les font, ils sont sans contredit plus punissables que les vols ordinaires »[706].

C'est pourquoi Marie-Louise Sevestre[707], domestique âgée de 22 ans, est condamnée en première instance par le bailliage d'Orléans, à une peine relativement sévère de bannissement d'une durée de neuf ans. Cette peine se trouve confirmée en appel par le Parlement de Paris, par son arrêt en date du 29 avril 1773, parce qu'à la faveur de sa place, elle a commis des escroqueries.

Vincent Huet est quant à lui condamné en première instance par le Châtelet au principal à être envoyé aux galères du roi pendant une durée de neuf ans. Le Parlement de Paris aggrave la peine de ce valet de chambre de 23 ans auteur d'escroqueries, en l'envoyant à perpétuité aux galères[708].

Le manquement à la confiance, la tromperie, l'abus de la crédulité deviennent alors les facteurs d'aggravation de peines prononcées pour des infractions comme les vols simples.

Dans les *Lois criminelles en France*, Muyart de Vouglans esquisse encore une fois d'une main de maître le schéma de la répression « Des vols faits par escroquerie ou filouterie »[709].

> « [Ils] devoient, [...] être punis plus rigoureusement que les voleurs ordinaires à cause de la trahison et de l'abus de confiance dont ces sortes de vols se trouvent accompagnés ».

La conception morale du droit et, par conséquent, de la répression est à son apogée. Yvonne Bongert le confirme :

> « L'honneur, principe des monarchies selon Montesquieu, n'était pas un ressort limité à cette forme de gouvernement. Si l'on en croit le même auteur, il était aussi « le préjugé de chaque personne et de chaque condition ». Le sentiment de l'honneur était effectivement très vif au XVIIIe siècle, peut-être plus encore

---

706 *Ibid.*

707 Arch. Nat. X^{2B} 1.048, affaire n° 565 : Marie-Louise Sevestre, arrêt du 29 avril 1773.

708 Arch. Nat. X^{2B} 1.070, affaire n° 666 : Vincent Huet, arrêt du 9 juillet 1782.

709 Muyart de Vouglans, *Lois criminelles en France*, Paris, 1780, Livre III, titre VI, chapitre 2 « Des vols qualifiés », § 6, art. 3 (« Des vols faits par escroquerie ou filouterie »), p. 292.

dans les classes populaires que dans l'aristocratie. Les magistrats s'y montraient particulièrement sensibles »[710].

Les mauvais traitements[711] accompagnent-ils des escroqueries ou de simples abus de confiance ? Peu importe, puisqu'il convient de condamner ces faits comme des vols qualifiés. Cette réflexion se retrouve dans la conception de la *juste peine* de l'affronterie par Des Essarts, qui expose de façon précise comment il convient de sanctionner la forme la plus achevée, ou du moins reconnue comme telle, de l'escroquerie : « parmi nous, les affronteurs sont punis d'une manière plus réelle et cela est indispensable. Le fouet, le carcan, la prison, les galères sont, pour l'ordinaire, la récompense de leurs manœuvres : la jurisprudence nous en offre divers exemples »[712].

Le Châtelet condamne alors

> « ladite Rosemberg à être attachée au carcan dans la place de Grève et y demeurer depuis midi jusqu'à deux heures, ayant écriteau devant et derrière portant ces mots : elle a obsédé, vexé et maltraité son maître, et ledit Lelièvre à assister à ladite exécution. Ce fait lesdits Lelièvre et Rosemberg bannis pour neuf ans de la ville, prévôté et vicomté de Paris, à eux enjoints de garder leur ban, sous les peines portées par les déclarations du roi, qui sont les galères à l'égard dudit Lelièvre, s'il était pris et rencontré dans l'étendue de ladite ville, prévôté et vicomté de Paris ou à la suite de la cour ne gardant pas son ban, et défense à ladite Rosemberg de se retirer en aucun cas même après le temps de son ban expiré, dans cette ville de Paris et faubourgs et banlieue d'icelle, ni à la suite de la cour, sous les peines portées par lesdites déclarations, condamnés en outre chacun en trois livres d'amende envers le roi à prendre sur leurs biens. Ayant aucunement égard à la requête dudit de La Bourdonnaye, lesdits Lelièvre et Rosemberg auraient été pareillement condamnés en 200 livres de dommages et intérêts par forme de réparation civile envers ledit de La Bourdonnaye (…) aurait été dit aussi que la remise des clefs et du chapeau à bord d'or saisis et revendiqués le 9 janvier dernier sur lesdits Lelièvre et Rosemberg et déposés es mains de Lévêque, procureur audit Châtelet serait faite audit de La Bourdonnaye, à quoi faire ledit Lévêque contraint, quoi faisant il en demeurerait bien et valablement quitte et déchargé. Aurait été permis audit de La Bourdonnaye de faire imprimer et publier ladite sentence aux frais desdits Lelièvre et Rosemberg aussi solidairement. Pour l'exécution de laquelle sentence ledit Lelièvre passerait à l'instant le guichet de la prison du Grand Châtelet pour y être écroué sur le registre d'icelle, à la requête dudit de La

---

[710] Yvonne Bongert, préface de C. Samet, *La naissance de la notion d'abus de confiance dans le ressort du Parlement de Paris au cours du XVIIIe siècle*, PUF, 1989, p. 11.
[711] Arch. Nat. X^{2B} 1.036, affaires n° 486 et 556 : Jacques Lelièvre et Esther Rozemberg, arrêt du 29 août 1766. Voir partie II, titre II, chapitre 2, section 2, § 2.
[712] Des Essarts, *Dictionnaire universel de police*, Paris, 1786-1789, t. I « affronteur ».

Bourdonnaye, par Barbery, huissier audiencier de service près la chambre criminelle »[713].

La peine de bannissement à temps n'est pas la plus grave et démontre, s'il le fallait, la subtilité de la palette des sanctions. Ces sortes de vols qualifiés sont finalement plus gravement punies que les vols simples mais moins sévèrement que les vols domestiques. Muyart de Vouglans écrit à propos de ces infractions de vols faits par escroquerie ou filouterie qu'ils « [...] n'ont point à beaucoup près, des caractères aussi graves que les premières », c'est à dire celles de vols domestiques[714].

Jousse se livre à une analyse identique à propos des gens d'affaires qu'il convient de condamner en cas de commissions *d'espèce de vols* :

> « Des vols faits par gens d'affaires comme intendants, receveurs et autres administrateurs qui sont à nos gages, [ils commettent une] espèce de vol, parce que tout emploi des deniers d'autrui, contre l'intention du propriétaire, est un vol »[715].

Jousse écrit : « Comme ces sortes de délits emportent avec eux un abus de confiance et de prévarication dans les fonctions, on les punit sévèrement »[716]. Il s'explique : « Même on peut dire que c'est, en quelque sorte, un vol domestique, parce qu'il est fait par un serviteur à son maître »[717]. Par la trahison commise, il s'agit donc d'un vol qualifié, et « il est certain que le maître n'a, dans ce cas, contre son intendant, commis ou receveur, que l'action pour le poursuivre et pour le faire contraindre par corps au paiement du reliquat »[718]. Jousse conclut : « Nous ne regardons point cette espèce de vol comme un vol capital»[719].

Voyons ainsi le procès criminel que connaît la chambre de vacations du Parlement de Paris, le 25 septembre 1777. Le procès se tient à la requête du substitut du procureur général du roi audit siège, demandeur et accusateur, contre le nommé Cicardier, accusé absent et contumax, et encore contre Louis Audigier et Antoinette Costes défendeurs et accusés, prisonniers à la conciergerie du Palais à Paris. Ces derniers ont interjeté appel de la sentence rendue par la sénéchaussée de Clermont-Ferrand le 13 juin 1777. Louis Audigier avait en effet été déclaré, en premier instance,

---

[713] Arch. Nat. X^{2B} 1.036, affaires n° 486 et 556 : Jacques Lelièvre et Esther Rozemberg, arrêt du 29 août 1766.
[714] Muyart de Vouglans p. 295,
[715] Jousse, *Traité de la justice criminelle*, partie IV, titre LVII, article III, § 29-30, p. 179.
[716] *Ibid.*
[717] *Ibid.*
[718] *Ibid.*
[719] *Ibid.*

« dûment atteint et convaincu d'avoir dans le courant du mois de décembre 1774 fabriqué et signé les deux lettres datées des 16 et 21 décembre 1774, sous les noms de Montsouris, avocat, toutes les deux adressées au Sieur Juge, Marchand en la ville de Clermont Ferrand et à la faveur desquelles il a été escroqué par la nommée Antoinette Costes audit Sieur Juge seize aulnes de satin bleu à mouches, huit aulnes de mousseline cerise et noire, deux aulnes sept douzièmes de drap demi écarlate deux aulnes et quart de taffetas noir, et d'avoir fait fabriquer par le nommé Cicardier contumax une autre lettre sous le même nom et avec même signature en date du 10 novembre 1774, à la faveur de laquelle ladite Costes escroqua pareillement dudit Juge quatre aulnes sept huitièmes de satin gris, quatre aulnes de cotonnades rayée paille et violet, une aulne et demie de coton orange »[720].

Antoinette Costes, quant à elle, a été déclarée « suffisamment atteinte et convaincue, d'avoir participé à la fabrication desdites lettres, et de s'être, avec connaissance d'icelles et munie desdites lettres présentée chez ledit Sieur Juge à qui elle escroqua en trois différentes fois les pièces de tissus mentionnées au procès »[721]. Enfin, en ce qui concerne le nommé Cicardier, « la contumace » a été déclarée contre lui bien instruite et passée, et pour le profit il a été déclaré atteint et convaincu de la fabrication de ladite lettre du 10 novembre 1774 écrite et signée sous le nom de Montsouris au Sieur Juge, laquelle a servi à ladite Costes pour parvenir auxdites escroqueries et d'avoir participé à icelles »[722].

La sénéchaussée de Clermont Ferrand condamne, en conséquence, Louis Audigier

« à être battu et fustigé nu de verges dans tous les carrefours et lieux accoutumés de la ville de Clermont Ferrand par l'exécuteur de la haute justice, ayant écriteau devant et derrière portant ces mots : faussaire et escroc, à l'un d'iceux flétri d'un fer chaud qui aurait l'empreinte des lettres GAL, ce fait conduit es galères du roi pour y servir en qualité de forçat pendant l'espace de six années, avec défense de les désemparer sous les peines portées par les ordonnances et déclarations du roi dont lecture lui en serait faite »[723].

La sénéchaussée est relativement aussi sévère avec Antoinette Costes, puisque celle-ci est

---

[720] Arch. Nat. X^{2B} 1.058 Affaire n° 268 : Cicardier, Louis Audigier et Antoinette Costes. Voir partie II, titre II, chapitre 3, section 2, § 2.
[721] *Ibid.*
[722] *Ibid.*
[723] *Ibid.*

> « condamnée à être battue et fustigée nue de verges par l'exécuteur de la haute justice dans tous les carrefours et lieux accoutumés de la ville de Clermont Ferrand, et à l'un d'iceux d'être flétrie d'un fer chaud ayant l'empreinte de la lettre V, ayant écriteau devant et derrière portant ce mot : escroque, ce fait conduite dans la maison de force de la ville de Clermont Ferrand pour y demeurer renfermée l'espace de six années »[724].

Enfin, Cicardier, a été déclaré *contumax* et

> « ledit Cicardier a été condamné à être battu et fustigé nu de verges dans tous les carrefours et lieux accoutumés de ladite ville de Clermont Ferrand par l'exécuteur de la haute justice avec écriteau devant et derrière portant ces mots : faussaire et escroc, et à l'un d'iceux flétri d'un fer chaud ayant l'empreinte des lettres GAL, ce fait conduit es galères du roi pour y servir en qualité de forçat pendant l'espace de six années avec défense de les désemparer, sous les peines portées par les ordonnances royales dont lecture lui en serait faite et attendu que ladite condamnation ne pouvait être réellement exécutée, il a été ordonné que ladite sentence serait inscrite sur une feuille de papier timbré attachée à un poteau qui serait à cet effet planté par l'exécuteur de la haute justice sur la place du marché neuf de ladite ville de Clermont Ferrand»[725].

L'affaire est portée en appel devant le Parlement de Paris, qui statue le 25 septembre 1777, et confirme la condamnation de Louis Audigier et Antoinette Costes

> « à être attachés au carcan par l'exécuteur de la haute justice à des poteaux qui pour cet effet seront plantés dans la place publique de Clermont Ferrand et y demeurer un jour de marché depuis midi jusqu'à deux heures, ayant chacun écriteau devant et derrière portant ces mots, savoir, ledit Audigier faussaire et escroc et pour ladite Costes escroque, et audit lieu battus et fustigés nus de verges, et flétri sur l'épaule droite par ledit exécuteur de la haute justice savoir ledit Audigier d'un fer chaud en forme des trois lettres GAL et ladite Costes aussi d'un fer chaud en forme de la lettre V, ce fait ledit Audigier mené et conduit es galères du roi pour en icelles être détenu et servir ledit seigneur roi comme forçat pendant le temps et espace de cinq ans, et ladite Costes enfermée aussi pendant le temps et espace de cinq ans dans la maison de force de la ville de Clermont Ferrand. Fait défense auxdits Louis Audigier et Antoinette Costes de se retirer en aucun cas même après le temps de leur condamnation expiré dans la ville de Paris, faubourgs et banlieue d'icelle, ni à la suite de la cour, sous les peines portées par les déclarations du roi. En conséquence, sur l'appel a minima met les parties hors de cour et pour faire mettre le présent arrêt à exécution, renvoie lesdits Louis

[724] *Ibid.*
[725] *Ibid.*

Audigier et Antoinette Costes prisonniers par devant le lieutenant criminel de ladite sénéchaussée de Clermont Ferrand »[726].

La diminution de la peine principale pour Louis Audigier de six de galères à cinq années n'est pas symboliquement considérable, mais est bien entendu très importante pour le condamné lui-même. Le même raisonnement peut être tenu en ce qui concerne Antoinette Costes condamnée à être enfermée pour six ans en la maison de force de la ville de Clermont Ferrand, en première instance, et en appel à seulement cinq années.

Toujours considérés comme d'une gravité aussi importante que ceux de vol qualifié et devant être sanctionnés comme tels, voici les faits multiples qu'ont à juger en première instance les juridictions de Nangis, Grandpont et Meaux, et qui sont portés en appel devant le Parlement de Paris dans une procédure jointe. Sont ainsi poursuivis Bernard Pinson, Jean-Baptiste Halose et Marie-Victoire Grosjean[727], pour avoir escroqué et volé, le 31 août 1771, au village de Grandpuit, quatre louis d'or dans un cabaret à un dénommé Brotel, marchand-épicier du village ; le 25 octobre de la même année, au cabaret de Neuilly-sur-Marne, trente-six livres et une montre d'argent au nommé Antoine Grison, domestique de l'abbaye de Chelles ; le 2 juin 1772, au nommé Rossignol qu'ils avaient amené dans un cabaret de Pomponne, vingt-quatre francs et une fois que celui-ci fut endormi,

> « seize écus de six livres, un écu de trois livres, une vieille pièce de six sols, un bonnet de coton et trois mouchoirs dont deux de soie et un de coton, et encore d'avoir pendant la nuit du 29 au 30 septembre 1771 commis le bris fait aux prisons de Nangis, dans lesquelles ils étaient lors détenus et dont ils se sont évadés. Ledit Pinson aurait en outre été déclaré véhémentement suspect d'avoir dans le courant de l'année 1771 escroqué dans le cabaret du nommé Mignot à Grandpuit et à des garçons cordonniers quatre louis d'or en jouant aux cartes et d'avoir volé la montre à boîte d'argent et chaîne d'acier faite par Goret, qu'on l'a vu en fuyant du cabaret de Conmarteau à la montagne de Fresne jeter et cacher sous une raye de terre le 2 décembre 1772. La fille Gérard aurait été déclarée dûment atteinte et suffisamment convaincue d'avoir fourni et administré auxdits Pinson et Haloze le 29 septembre 1771 le couteau dont ils se sont servis pour se sauver des prisons de Nangis où ils étaient lors détenus et en outre d'avoir pendant qu'elle faisait chez un laboureur du village de Landois le service de journalière en place de la domestique lors malade et absente, volé et emporté un jupon, un casaquin et un tablier appartenant à ladite domestique »[728].

---

[726] *Ibid.*

[727] Arch. Nat. X^{2B} 1.052, affaires n° 440 et 536 : Jean-Baptiste Halose et Bernard Pinson, arrêt du 22 février 1775.

[728] *Ibid.*

La double nature des faits jugés, se rapportant autant au vol, pour certains passages à l'acte, qu'à l'escroquerie pour ceux relatifs à des manœuvres rusées, permet aux magistrats d'entrer en voie de condamnation avec une motivation clairement affichée de condamner cette série d'infractions de façon équivalente. C'est ainsi que la cour sanctionne les protagonistes

> « à être attachés au carcan, par l'exécuteur de la haute justice, à des poteaux qui pour cet effet seront plantés dans la place publique de la ville de Meaux, et y demeurer depuis midi jusqu'à deux heures, ayant chacun écriteau devant et derrière portant ces mots : escroc au jeu, et audit lieu flétris chacun d'un fer chaud en forme des trois lettres GAL sur l'épaule droite par ledit exécuteur, ce fait menés et conduits es galères du roi pour en icelles être détenus et servir ledit seigneur roi comme forçats chacun pendant le temps et espace de neuf ans, leur fait défense de se retirer en aucun cas même après le temps de leur condamnation expiré dans la ville de Paris, faubourgs et banlieue d'icelle, ni à la suite de la cour sous les peines portées par les déclarations du roi, ordonne qu'à la requête du procureur général du roi, poursuite et diligence de son substitut au bailliage de Meaux, et par devant le lieutenant criminel audit siège, il sera plus amplement informé des faits mentionnés au procès, circonstances et dépendances pendant six mois contre ladite Marie Victoire Gérard, dite Grosjean, pendant lequel temps elle gardera prison, pour l'information faite, apportée au greffe criminel de la cour, communiquée au procureur général du roi, être par lui prises telles conclusions qu'il appartiendra, et vue par la cour être ordonné ce que de raison. Et pour faire mettre le présent arrêt à exécution, renvoie lesdits Bernard Pinson et Jean Baptiste Haloze prisonniers par devant le lieutenant criminel audit bailliage de Meaux »[729].

Cette étude de la répression de l'escroquerie évaluée comme une espèce de vol qualifié prouve combien les peines ordonnées sont importantes, et que la publicité donnée à la sanction, ainsi que la nécessité d'écarter les auteurs du lieu de commission des faits, sont une priorité pour les juges.

L'affaire où Joseph Martin « a été déclaré dûment atteint et convaincu de filouteries et escroqueries en prenant la fausse qualité de marchand de blé et déguisant son nom dans les marchés qu'il faisait de différentes espèces de grains, recevant des arrhes plus ou moins considérables, quoi qu'il n'eut aucun grain à vendre, ni faculté pour les acheter »[730] devant le bailliage de Saint-Pierre-Le-Moustier, le 11 juin 1777, en est un exemple. Pour ces faits, Martin est condamné

---

[729] Arch. Nat. X^{2B} 1.052, affaires n° 440 et 536 : Jean-Baptiste Halose et Bernard Pinson, arrêt du 22 février 1775.

[730] Arch. Nat. X^{2B} 1.058, affaire n° 503 : Joseph Martin, arrêt du 19 septembre 1777. Voir partie II, titre II, chapitre 3, section 2, § 1.

> « à être appliqué au carcan de la place publique de Saint Pierre Le Moustier le jour du marché qui se tiendrait en icelle et y demeurer attaché par le col l'espace de deux heures, ayant écriteau devant et derrière où seraient inscrits ces mots : faux marchand de grains et escroc et ensuite être battu et fustigé nu de verges par l'exécuteur de la haute justice dans les carrefours et lieux accoutumés de ladite ville de Saint Pierre Le Moustier, et en l'un d'iceux serait flétri d'un fer chaud marqué de la lettre V sur l'épaule dextre. Ce fait a été banni su ressort dudit bailliage dudit Saint Pierre Le Moustier pour l'espace de trois ans, à lui enjoint de garder son ban sous les peines portées par l'ordonnance et à été condamné en outre à trois livres d'amende envers le roi »[731].

Le plus important n'est-il pas, pour les magistrats, d'indiquer à la population civile que Joseph Martin est un faux marchand de blé et un escroc ?

Le Parlement de Paris, en appel, rend son arrêt le 19 septembre 1777 et confirme la culpabilité de Joseph Martin. Il reprend la qualification de faux marchand de grains et d'escroc, et condamne en conséquence Martin

> « à être attaché au carcan par l'exécuteur de la haute justice pendant trois jours de marché consécutifs, à un poteau qui pour cet effet sera planté dans la place publique de la ville de Saint Pierre Le Moustier et y demeurer chaque jour pendant deux heures ayant écriteau devant et derrière portant ces mots : « Faux marchand de grains et escroc », ce fait banni pour le temps et espace de trois ans de l'étendue du ressort du bailliage de Saint Pierre Le Moustier et de la ville prévôté et vicomté de Paris, lui enjoint de garder son ban sous les peines portées par les déclarations du roi, le condamne en outre en trois livres d'amende envers le roi à prendre sur ses biens, lui fait défense de se retirer en aucun cas même après le temps de son bannissement expiré dans ladite ville de Paris, faubourgs et banlieue d'icelle ni à la suite de la cour, sous les peines portées par lesdites déclarations du roi. Et pour faire mettre le présent arrêt à exécution, renvoie ledit Joseph Martin prisonnier par devant le lieutenant criminel dudit bailliage de Saint Pierre le Moustier »[732].

La cohérence des sanctions et leur mesure est ici à souligner.

Rappelons sur ce point les condamnations prononcées dans l'affaire Trinquelaire le 16 janvier 1761 où le Châtelet a eu à se prononcer sur cette monumentale escroquerie organisée par une famille et leurs amis au préjudice de Briet et de son cabaret. Les escrocs n'avaient pas hésité à lui promettre la place de Directeur de la Compagnie des Indes et, après entre autres une fausse cérémonie d'adoubement, les dupeurs s'étaient fait financer intégralement tous leurs projets. Ils avaient usé de tous les subterfuges, comme l'utilisation de faux noms, de

---

[731] *Ibid.*
[732] *Ibid.*

fausses qualités et avaient fait croire à des entreprises imaginaires comme celle d'un beau mariage. C'est pourquoi le Châtelet n'hésita pas à condamner les auteurs de cette escroquerie

> « [...] à être attachés au carcan pendant trois jours consécutifs savoir le premier aux Halles, le second à la place du Palais Royal, et le troisième à la place de Grève et y demeurer depuis midi jusqu'à deux heures ayant chacun écriteaux devant et derrière portants ce mot « Escroc » et là le troisième et dernier jour battus et fustigés nus de verges par l'exécuteur de la haute justice, ce fait flétris d'un fer chaud savoir les dits Delaville, quidam, Jean Pierre Trinquelaire et François Jean Planchenot en forme des lettres GAL et les dites Marie Jeanne Trinquelaire et Anne Hervelue en forme d'une fleur de lys sur l'épaule droite, ce fait les dits Delaville, quidam, Trinquelaire et Planchenot conduits à la chaîne pour y être attachés et servir le Roy comme forçats sur les galères pendant neuf ans, et les dites Feuillebarbe et Hervelue en la maison de force de l'hôpital général de la Salpêtrière pour y demeurer détenues et renfermées pendant le dit temps de neuf ans ; laquelle condamnation à l'égard des dits Delaville et quidam sera transcrite dans un tableau qui sera attaché à un poteau lequel sera planté à cet effet pendant chacun des dits trois jours aux Halles, place du Palais Royal et dans la place de Grève [...] »[733].

Enfin, sur les plaintes et accusations intentées contre lesdits Jean Pierre Trinquelaire fils et Marie Jeanne Trinquelaire,

> « il est dit qu'il sera plus amplement informé des faits mentionnés au procès pendant 6 mois pendant lequel temps ledit Trinquelaire gardera prison et ladite Marie Jeanne Trinquelaire sera relaxée et mise en liberté à la charge de se présenter (...) En outre ladite sentence sera imprimée et publiée et affichée dans tous les lieux et carrefours accoutumés de la ville, faubourgs et banlieue de Paris et partout ou besoin sera »[734].

En appel, le Parlement de Paris a rendu, le 27 janvier 1761, un arrêt par lequel il fait droit

> « sur les plaintes et accusation intentées contre Jean Pierre Trinquelaire, Marie Anne Feuillebarbe, Anne Hordut, François Jean Planchenot et Jean Pierre Trinquelaire fils, met les appellations au néant, ordonne que ladite sentence sortira son plein et entier effet, les condamne en l'amende [ordinaire] et sur l'appel interjeté de ladite sentence par Marie Jeanne Trinquelaire met l'appellation et la

---

[733] Arch. Nat. Y 10.225, affaire n° 38 : Trinquelaire, sentence du 16 janvier 1761. Voir partie I, titre II, chapitre 3, section 2, § 1-2 ; voir aussi partie II, titre I, chapitre 1, section 2, § 1 ; chapitre 2, section 1, § 1 ; titre II, chapitre 2, section 1, § 1.
[734] *Ibid.*

sentence de laquelle a été appelé au néant, émandant, ordonne qu'à la requête du procureur général du roi, poursuite et diligence de son substitut au Châtelet de Paris il sera plus amplement informé pendant six mois par devant le lieutenant criminel dudit Châtelet contre ladite Marie Jeanne Trinquelaire pour raison des cas mentionnés au procès circonstances et dépendances pendant lequel temps ladite Trinquelaire tiendra prison pour l'information faite apportée au greffe criminel de la cour communiquée au procureur général du roi et vu par la cour sera ordonné ce que de raison, ordonne que le présent arrêt sera publié, imprimé et affiché dans tous les lieux et carrefours accoutumés de la ville faubourgs et banlieue de Paris et partout où besoin sera. Et pour faire mettre le présent arrêt à exécution, renvoie lesdits Trinquelaire père et fils, Feuillebarbe Hordut et Planchenot prisonniers par devant le lieutenant criminel du Châtelet »[735].

La juridiction de première instance a, dans la répression ordonnée, pris en compte avec rigueur la gravité des faits reprochés, qui résultaient non seulement de la multiplication des éléments constitutifs de l'escroquerie, mais également de leur importance. Le Parlement de Paris a, quant à lui, vérifié la qualité des preuves qui lui étaient soumises et en a tiré pour conséquence que l'information doit être vérifiée. Il prononce donc un plus amplement informé pour six mois, mais maintient les accusés en prison, ce qui montre le sérieux des charges. La parfaite adaptation au système judiciaire et à l'échelle des peines des décisions rendues dans cette affaire est alors exemplaire.

Mais l'ensemble de ces sanctions doit encore être mis en perspective avec les sanctions préconisées par les criminalistes dans des matières autres que le vol qualifié, mais de nature comparable. Considérons le *Traité de la justice criminelle* de Jousse. User abusivement des deniers royaux, lorsque l'on est intendant, trésorier ou receveur, peut conduire ceux-ci à « être poursuivis criminellement et punis de la peine capitale »[736].

Jousse suggère, en ce qui concerne des faits de banqueroute, que ceux-ci soient sanctionnés « par amende honorable et punition corporelle, imposition au carcan et pilori et autres peines à l'arbitrage du juge »[737], et éventuellement peine de mort, lorsque les faits ont été accompagnés de fraude et d'abus[738].

L'auteur de péculat, qui est un vol des deniers royaux, doit être selon Pierre-Jacques Brillon, puni de mort ou « déporté »[739].

---

735 Arch. Nat. X^{2B} 1.025, affaires n° 398, 537, 576 et 577, arrêt du 27 janvier 1761.
736 Jousse, *Traité de la justice criminelle*, partie IV, titre LVII, article III, §30, p. 179.
737 Jousse *Traité de la justice criminelle,* tome III, titre V, p. 254.
738 Jousse se réfère à la déclaration du 10 octobre 1536, article 3 ; à l'*Édit* du mois de mai 1609, renouvelé par l'article 12 du titre II de *l'Ordonnance du Commerce* de 1673 ; ainsi qu'à la *Déclaration* du 11 janvier 1716.
739 Pierre-Jacques Brillon, *Dictionnaire des Arrêts, ou jurisprudence universelle des Parlements de France et autres tribunaux, contenant par ordre alphabétique les matières bénéficiales, civiles et*

Bruneau, en 1715, considère qu'en droit, les peines laissées à l'arbitrage du juge pour des faits de stellionat sont : « le fouet, le bannissement, l'amende, ou la prison, selon les circonstances aggravantes du délit ; car dans les matières criminelles, il faut observer toutes les particularités pour y appliquer les peines suivant les lois, à proportion des délits »[740].

L'appréciation laissée aux magistrats d'un arsenal de peines est très étendu. Il peut aller d'une relative mansuétude jusqu'à une grande sévérité, et témoigne de l'importance qu'ont pris les infractions financières durant cette fin d'Ancien Régime. Mais il y a plus. Chaque délit spécial comporte une pénalité, et l'escroquerie - suivant le mouvement du péculat, du stellionat, voire de la banqueroute frauduleuse -, par sa répression particulière, atteint une autonomie juridique qui nécessite *a contrario* une analyse précise des faits et ainsi une qualification spécifique.

Section 2. Une répression d'une gravité plus ou moins importante

La répression cherche à caractériser la peine de l'escroquerie, c'est à dire à adapter au mieux la sanction à l'importance du passage à l'acte et du préjudice.

§ 1 - Une peine d'escroquerie

Comment sont alors réprimées les affaires d'escroquerie durant l'ensemble du XVIIIe siècle ? Quelle que soit la différence entre les sanctions ordonnées, voit-on toujours apparaître une peine principale afflictive, et des peines secondaires infamantes et pécuniaires ?

Leur euphonie éventuelle serait l'écho de leur autonomie. Mais peut-on conceptualiser la répression la plus adaptée ?

Comme l'a écrit Montesquieu, la question qui se pose en fait est celle de « la juste proportion des peines avec le crime ». Il est un des premiers à avoir souligné qu'il « est essentiel que les peines aient de l'harmonie entre elles ; parce qu'il est essentiel que l'on évite plutôt un grand crime qu'un moindre ; ce qui attaque plus la société, que ce qui la choque moins. [...] C'est un grand mal, parmi nous, de faire subir la même peine à celui qui vole sur un grand chemin, et à celui

---

criminelles, les maximes du droit ecclésiastique, du droit romain, du droit public, des coutumes, ordonnances, édits et déclarations, 1727, Tome V, p. 127.

[740] M.A. Bruneau, *Observations et maximes sur les matières criminelles, avec les remarques tirées des auteurs, conformes aux édits, ordonnances, arrêts et règlements des cours souveraines. Ouvrage nécessaire à tous juges, avocats, procureurs, greffiers, huissiers et praticiens pour bien faire et instruire sur un procès criminel*, Paris, 1715, p. 466.

qui vole et assassine. Il est visible que, pour la sûreté publique, il faudrait mettre quelque différence dans la peine »[741].

Qu'en est-il en France en matière d'escroquerie ?

- Une peine principale afflictive

Il faut d'abord rappeler que la peine principale, comme les peines secondaires, a une double fonction. Elle assure le châtiment du coupable et donne un exemple aux autres, en consolidant si possible l'ordre public et la prévention des crimes. Pour ce faire existent à la fois la peine de mort, des châtiments afflictifs et des peines infamantes.

Parmi les peines afflictives, outre la fustigation, qui consiste en des coups de verges ou de fouet, se trouvent l'exposition au carcan, la flétrissure, marque au fer rouge qui doit permettre d'identifier les éventuels récidivistes, mais aussi l'envoi aux galères ou encore l'enfermement, qui sont des peines de grande sévérité.

Comment les escrocs sont-ils alors sanctionnés dans le ressort du Parlement de Paris pendant le siècle des Lumières ?

De la peine de mort à celle des galères ou de l'enfermement

De 1700 à 1790, sur l'ensemble des affaires d'escroquerie jugées durant le siècle du règne de Louis XV et Louis XVI, dans le ressort du Parlement de Paris que nous avons pu recenser et qui portent sur 477 accusés, ont été prononcées 2 condamnations à mort par pendaison pour des faits d'escroquerie aggravés par l'usage de fausse monnaie ou par la qualité de domestique, et atténuées en appel en des peines plus douces, à savoir pour le premier en galères à perpétuité[742], et pour la deuxième en enfermement à vie[743]. Rappelons pour mémoire que la troisième peine de mort que nous avons trouvée dans les 477 cas, concerne en réalité une série de vols à main armée et d'extorsion de fonds commis le Lundi gras 17 février 1741[744]. Cette dernière affaire a néanmoins été classée par l'Inventaire 450 comme des faits pouvant être qualifiés d'escroquerie, ce qui est inexact. Cela étant, cette dernière affaire, qui est caractérisée par la violence et la réunion, illustre bien ce qui est considéré par les magistrats comme une atteinte grave à l'ordre public. Les juges du bailliage de Meaux avaient en effet décidé le 5 janvier 1745 de condamner à mort Henry Froquet, dit La Force Buillet. Le Parlement de Paris, dans son arrêt en date du 23 mars 1745, a diminué sa peine en galères à perpétuité.

---

[741] Montesquieu, *De l'Esprit des lois*, Paris, Garnier-Flammarion, livre VI, chap. XVI, « De la juste proportion des peines avec le crime », p. 218-219.

[742] Arch. Nat. X^{2B} 1.025, affaire n° 405 : Jean Frémont, arrêt du 22 janvier 1761.

[743] Arch. Nat. X^{2B} 1.070, affaire n° 739 : Anne Varlet, arrêt du 18 septembre 1782.

[744] Arch. Nat. X^{2B} 996, affaire n° 196 : Henry Froquet, arrêt du 23 mars 1745.

Il est désormais clair que le Parlement de Paris ne souhaite voir prononcée et exécutée une peine de mort que rarement, et en tout cas pas en matière d'escroquerie. Sa jurisprudence rejoint la conception de la répression telle que développée par Montesquieu dans *De l'Esprit des lois*, qui rappelle qu'en Chine, « les voleurs cruels sont coupés en morceaux, les autres non : cette différence fait que l'on y vole, mais que l'on n'y assassine pas. En Moscovie, où la peine des voleurs et celle des assassins sont les mêmes, on assassine toujours. Les morts, y dit-on, ne racontent rien »[745] Chaque crime nécessite donc une peine appropriée pour être utile. Le Parlement de Paris, par sa jurisprudence, signifie alors que les escroqueries les plus importantes ne doivent être au plus sanctionnées que par des galères à perpétuité.

Mais pourquoi envoyait-on encore aux galères des condamnés, qui y rejoignaient les rares volontaires et les esclaves ? Les galères de l'après-Louis XIV n'ont en effet plus aucune activité militaire, si ce n'est quelques déplacements de parade le long des côtes d'Italie. Leur nombre a été réduit à une quinzaine de bâtiments assez archaïques, et ces bateaux sont principalement maintenus à flots au XVIIIe siècle pour continuer d'exécuter les décisions judiciaires, qui représentent 15 à 20 % des condamnations afflictives prononcées par les Parlements[746]. En fait, il n'existe plus véritablement de galères après 1748. Les condamnés sont désormais des forçats dans les ports.

L'exploitation statistique et informatique des registres d'inscription ou matricules des forçats dévoile la composition de cette population pénale. De 1680 à 1715, les condamnés de droit commun forment moins du tiers des forçats et sont principalement des petits délinquants jugés pour vol[747].

Entre 1700 et 1790, 13 peines de galères à perpétuité ont été ordonnées contre des escrocs par les juridictions de première instance dont le Châtelet, soit 2,73 % des condamnations prononcées contre ce type de délinquants. Ces décisions ont été, à une très large majorité, confirmées en appel par le Parlement, puisque 11 d'entre elles le sont, soit 2,31% du total des condamnations prononcées. Bien entendu, nos statistiques portent sur les décisions judiciaires que nous avons pu retrouver. Or, les fonds semblent être davantage lacunaires pour la première partie du XVIIIe siècle que pour la seconde. Sur une période de cinquante années, entre

---

[745] Montesquieu, *loc. cit.*

[746] Lucien Bély, *Dictionnaire de l'Ancien Régime*, Paris, PUF, 1996, art. « Galères, galériens ». Concernant les galères, on pourra avec intérêt se référer à l'ouvrage d'André Zysberg, *Les Galériens. Vies et destins de 60 000 forçats sur les galères de France (1680-1748)*, Paris, Seuil, coll. « L'Univers historique », 1987.

[747] Lucien Bély, *op. cit.*, ajoute : « Plus de 15 % du total étaient des faux-sauniers jugés sans appel par les tribunaux des greniers à sel ; 45 % sont des soldats déserteurs, enfin 4 % sont des protestants qui n'avaient pas commis d'autre crime que celui de rester fidèles à leur confession après la Révocation de 1685 ».

1740 et 1790, nous pouvons préciser que 2,41 % des condamnations en appel le sont pour des galères à perpétuité.

Bien sûr, il a été quelquefois discuté de la réalité de l'exécution de ces envois aux galères à la fin de l'Ancien Régime. En effet les forçats, au lieu d'être embarqués, sont souvent restés dans les ports où ils ont été « embauchés » pour effectuer du travail de *docker*. Il n'en demeure pas moins que ce travail forcé à vie, s'il n'équivalait pas toujours à une peine de mort, pouvait néanmoins la hâter par le caractère pénible de ces tâches.

Sont dénombrées ainsi de nombreuses condamnations aux galères à temps. 21 condamnations à des galères pour une durée de neuf ans sont prononcées en première instance, ce qui représente 4,4 % des décisions de ce type sur l'ensemble des sanctions énoncées. En appel, le Parlement aggrave ce pourcentage à 6 %, puisqu'il prononce 29 envois aux galères pour une durée de neuf ans. Entre 1740 et 1790, ont donc été prononcées 29 condamnations de ce type, soit 6,99 % des peines sur ces cinquante années.

38 envois pour servir sur les galères du roi pour une durée de cinq ans sont encore ordonnés en première instance, soit 7,97 % des condamnations. Le Parlement est ici moins sévère, puisqu'il ne prononce que 30 condamnations à cette peine, et en ramène la proportion à 6,29 %. Sur la période 1740-1790, cela correspond à 26 condamnations, soit 6,27 %.

Enfin, 26 condamnations aux galères pour une durée de trois ans sont prononcées en première instance, ce qui représente une part de 5,45 % des peines prononcées. Le Parlement aggrave ces sanctions en ordonnant 34 envois aux galères d'une durée de trois ans en appel, ce qui représente alors une part de 7,13 %. Entre 1740 et 1790, le pourcentage est de 7,71 %.

Il est d'ores et déjà possible de confirmer que lorsque l'escroquerie est caractérisée, elle est punie comme le vol dont elle est une espèce assez grave, c'est-à-dire souvent par des galères. Ainsi sur les 477 condamnations de 1700 à 1790, 101 peines de galères sont prononcées en première instance, ce qui représente 21,17 % des condamnations prononcées, tandis qu'en appel, 104 condamnations au même type de peine maintiennent le pourcentage à 21,80 % des condamnations.

Mais le plus intéressant est l'évolution de cette peine de l'envoi aux galères durant tout le XVIIIe siècle. Notons d'abord que jusque dans les années 1730, la condamnation à une peine de galères à perpétuité ou à temps pour des faits d'escroquerie reste rare. Est-ce parce que les fonds sont lacunaires ? Toujours est-il que l'on ne trouve en première instance que 5 condamnations de ce type prononcées de 1700 à 1730, et 4 en appel devant le Parlement de Paris. En revanche, de 1730 à 1790, la progression est constante et substantielle. À partir des années 1760 en revanche, la moyenne des condamnations aux galères en première instance oscille entre 25,25 et 32,32 % du total des condamnations, tandis qu'en appel, le pourcentage reste très élevé, entre 20,98 et 30,97 %.

Cette fréquence illustre la suppression progressive de toute peine de mort, et l'on peut observer que l'envoi aux galères à perpétuité est multiplié par deux en appel, puisque par exemple, de 1780 à 1790, 3 condamnations aux galères à perpétuité sont prononcées par les juridictions de premier degré, pour 7 condamnations de ce type ordonnées en appel. Le Parlement se montre également plus sévère qu'auparavant.. Ainsi, entre 1740 et 1749, 5 envois aux galères sont prononcés en première instance et 6 en appel.

Cependant, les femmes ne sont jamais envoyées aux galères, qui demeurent jusqu'au bout une condamnation virile. Lorsque les faits le justifient, le sexe dit faible est enfermé à l'hôpital général ou dans des couvents, comme l'indique Muyart de Vouglans[748]. De 1700 à 1790, les juridictions du ressort du Parlement de Paris ont ainsi prononcé 7 peines d'enfermement en première instance, et 12 peines d'enfermement en appel.

En détaillant les condamnations prononcées, nous remarquons qu'aucune peine de ce type n'est prononcée avant 1760. En revanche, après cette date, peut-être parce que les juridictions veulent accentuer la répression de l'escroquerie commise par les femmes, cette peine est prononcée de façon plus significative. Ainsi de 1760 à 1769, si les juridictions de première instance n'ont toujours pas enfermé à l'hôpital général, il n'en va pas de même pour le Parlement, qui en appel a prononcé 2 condamnations de cette sorte pour une durée de cinq ans, et 1 d'une durée de neuf ans. Entre 1770 et 1779, les juridictions du premier degré s'alignent sur la jurisprudence du Parlement, qui confirme alors systématiquement les premières décisions. Nous trouvons alors, pour les deux degrés de juridiction, une condamnation à l'enfermement pour une durée de trois ans, et 2 condamnations à l'hôpital général à perpétuité. Enfin, entre 1780 et 1790, le Parlement choisit plus fréquemment encore cette peine, puisqu'en première instance, nous rencontrons 2 condamnations à l'enfermement pour une durée de neuf ans, et 5 en appel. Est encore prononcée par une juridiction de premier degré une peine d'enfermement à l'hôpital pour une durée de vingt ans. Enfin, le Parlement de Paris confirme une sentence de premier ressort qui condamne à un enfermement à perpétuité.

Ces enfermements ont lieu à la Salpêtrière pour les femmes, comme à Bicêtre pour les hommes. Louis-Sébastien Mercier n'a pas manqué de décrire ces lieux et rappelle qu'il ne s'agissait pas seulement d'une sorte de prison, mais aussi d'un hospice. La population y était donc bigarrée, et les sexes toujours logés séparément. En revanche les conditions matérielles sont identiques.

> « Bicêtre sert de retraite à ceux que la fortune ou l'imprévoyance ont trompés, et qui étoient forcés d'aller mendier le soutien de leur dure et pénible

---

[748] Muyart de Vouglans, *Les Lois criminelles*, III, p. 74.

existence. C'est encore une maison de force, ou plutôt de tourments, où l'on entasse ceux qui ont troublé la société »[749].

Mercier n'a pas de mots trop forts pour décrire ce qu'est cet endroit d'enfermement :

> « Trop grande lèpre pour [...] la capitale, ce nom de Bicêtre est un mot que personne ne peut prononcer sans je ne sais quel sentiment de répugnance, d'horreur et de mépris. Comme il est devenu le réceptacle de tout ce que la société a de plus immonde, de plus vil, et qu'il n'est presque composé que de libertins de toute espèce, d'escrocs, de mouchards, de filoux, de voleurs, de faux monnoyeurs, de pédérastes, etc. L'imagination est blessée dès qu'on profère ce mot qui rappelle toutes les turpitudes »[750].

Entre les quatre murs se trouve alors concentrée toute une population de condamnés, de vagabonds, d'épileptiques, d'imbéciles, de fous, de vieillards et de gens mutilés. Le nombre de pensionnaires n'y est pas fixe, mais en hiver ont été recensés jusqu'à 4500 « habitants »[751].

> « La situation de Bicêtre est sur une colline, entre le village de Ville-Juif et Gentilly, à la distance de Paris d'une lieue. Sa position le rend très propre pour le rétablissement des malades, et c'est déjà un séjour moins infect que la plupart des hôpitaux de la ville. Il est certain que si la Seine pouvoit être conduite à Bicêtre, ce seroit le lieu le plus commode pour former un hôpital des mieux placés et des plus considérables »[752].

---

[749] Louis-Sébastien Mercier, *Tableaux de Paris*, t. I, chap. DCIV, « Bicêtre ».

[750] *Ibid.*

[751] Ces chiffres sont donnés par Louis-Sébastien Mercier, qui précise que cette population était encadrée : « Des sœurs officières, présidées par une sœur supérieure, gouvernent cette maison. Si quelque chose doit causer de l'horreur pour la pauvreté, et inspirer l'amour du travail aux fainéants, c'est l'image de Bicêtre. Là, on trouve trop rarement cette compassion, cet abord consolateur, qui adoucissent le poids de l'infortune. Le pauvre est bien un être nul ; on lui fait sentir que c'est la charité qu'on lui donne. Le pauvre l'est quelquefois par sa faute ; mais il est pauvre. Hommes, chrétiens, répondez : *il est pauvre* ! ».

[752] *Ibid.* Mercier poursuit en ce qui concerne l'hygiène de Bicêtre : « Il n'y a pas longtemps que douze chevaux étoient journellement occupés à cet exercice *[de captation de l'eau]* ; mais par une sage économie, dont il résulte encore un plus grand avantage, des prisonniers forts et vigoureux ont été depuis employés à ce travail. Il les enlève à une dangereuse oisiveté, maintient leur vigueur, leur procure de quoi ajouter à leur nourriture. C'est à M. le Noir à qui l'on est redevable de ce changement utile, qui pourroit s'étendre plus loin ; car il arrive quelquefois qu'on est obligé, par défaut d'eau, de diminuer le nombre des bains des malades : ce qui est, comme on doit le sentir, un inconvénient souvent funeste. Quant à l'eau qui a passé par les conduits de plomb, on sait qu'elle peut devenir malfaisante, et que conséquemment il seroit prudent de pourvoir à cet inconvénient. »

Être condamné à être enfermé à l'hôpital général n'est pas alors, loin s'en faut, synonyme de séjour de villégiature. Tout un chacun qui y pénétrait pour la première fois était saisi par le spectacle offert, comme le fut Madame Necker, épouse du Ministre, qui visita l'intérieur des salles :

> « Madame Necker, lorsque son époux étoit en place, ayant visité elle-même l'intérieur des salles, fut frappée d'un spectacle qui parloit suffisamment à son âme. La salle dite *Saint François* renfermoit un air qui par sa puanteur faisoit tomber évanoui et suffoquoit le plus charitable et le plus intrépide visiteur. Elle vit six malheureux couchés dans un lit, stagnants dans leurs excréments, qui communiquoient bientôt leurs principes de mort. Elle mit en usage le crédit dont elle jouissoit pour faire construire des lits où il ne couche plus que deux personnes, et qui par une séparation de bois, les met à couvert des miasmes pestilentiels. Il étoit une salle affreuse, où cinq à six cents hommes mêlés ensemble s'infectoient mutuellement de leurs haleines et de leurs vices, où le désespoir sourd aigrissoit sans cesse des caractères furieux. On n'y pouvoit entrer pour leur porter des aliments que la baïonnette au bout du fusil ; c'étoit bien le lieu le plus abominable, le plus pervers et le plus corrompu qui existât et qui ait existé peut-être sur la surface entière du globe »[753].

Précisons enfin que cet endroit peut être aussi utilisé de lieu de détention après que le condamné mineur a subi la question. Nous avons ainsi trouvé, dans une affaire où Jacques-Philippe Froment est en réalité puni, avec ses compagnons Cadet Menuisier, Bouret et Coiffret, pour le « vol fait sur l'étalage d'un marchand épicier d'un pain de cire »[754] et non pour escroquerie, que Froment est aussi, compte tenu de son bas âge, « condamné à être fouetté sous la custode par le questionnaire de la chambre de la question, ce fait conduit en la salle de correction du Château de Bicêtre pour y être détenu et renfermé pendant le temps et espace de trois ans ».

---

[753] Louis-Sébastien Mercier, *Tableaux de Paris*, t. I, chap. DCIV, « Bicêtre ». Le lieu est tellement horrible que les résidents s'y révoltent : « Il y a de temps en temps des révoltes à Bicêtre. Le premier février 1756, les prisonniers renfermés dans l'endroit de cette maison appelée *La petit fosse*, attendirent, pour exécuter leur coup, l'heure des vêpres, comme la plus propre à favoriser leur délivrance. Ils forcèrent la sentinelle, entrèrent dans le corps de garde, et se saisirent des armes ; mais la sentinelle ayant eu le temps de donner un coup de sifflet, la garde se rassembla. Il y eut dans le combat deux archers tués, et quatorze des mutins. Plusieurs se sauvèrent ; mais ils furent bientôt rattrapés, parce que l'habit, d'un drap grossier, qu'ils endossent en entrant dans cette maison, servit à les faire reconnoître. Les prisonniers interrogés sur le motif qui les avoit portés à la révolte, répondirent qu'on avoit retranché de leur nourriture ordinaire, quoiqu'elle ne consistât qu'en un peu de pain, et un peu de viande un seul jour de la semaine ; qu'ils n'en avoient voulu qu'au supérieur et à l'économe qui les faisoient jeûner si cruellement, afin de rendre leurs tables plus abondantes, et que, las de la vie, ils n'avoient écouté que leur désespoir. »

[754] Arch. Nat. X^{2B} 1.037, affaire n° 307 : Jean-François Bouret, arrêt du 23 mai 1767.

Les accusés ou les condamnés non définitifs, dans l'attente de leur appel, pouvaient aussi séjourner en prison, qui est l'autre lieu d'enfermement de l'Ancien Régime.

> « C'est un lieu de sûreté dans lequel on retient l'accusé qui a mérité qu'on décernât contre lui un décret de prise de corps et le débiteur contre lequel il a été rendu un jugement qui le condamne par corps à payer une somme quelconque, à quoi il n'a pas satisfait... »[755].

Yvonne Bongert note que « Muyart de Vouglans est le seul à indiquer dans ses développements sur la prison que celle-ci peut être infligée à titre de peine, emportant mort civile et confiscation lorsqu'elle est perpétuelle. Il n'en cite d'ailleurs que trois cas d'application : le duel, la commutation de la peine de mort et les voies de fait entre gentilshommes ou officiers de robe. Dans la suite de son propos, il fait aussi allusion à l'emprisonnement prononcé par les tribunaux militaires »[756]. Ce qui n'est évidemment pas le cas pour des affaires d'escroquerie. La prison de la Conciergerie du Palais, par exemple, reste plutôt un lieu de détention provisoire pour la délinquance financière.

Les autre peines afflictives

D'autres peines afflictives sont encore prononcées, et on les retrouve dans l'ensemble des décisions judiciaires que nous avons pu dépouiller. Il s'agit d'abord de la fustigation à coups de verges, et aussi de la flétrissure en forme de V pour

---

[755] Delacroix, *Répertoire universel et raisonné de jurisprudence civile, criminelle, canonique et bénéficiale*, t. XIII, Paris, 1784, V° Prison, p. 661 *sq*., cité par Yvonne Bongert, « Quelques aspects de la prison au XVIIIe siècle », *Études dédiées à la mémoire de Gérard Dehove*, Paris, PUF, 1982, p. 72-73.

[756] *Les Lois criminelles de France*, Paris, 1780, liv. II, tit. IV, ch. III, § IV, II, p. 74. Quant à Serpillon, *Code criminel*, t. II, Lyon, 1767, p. 1095, n° 33, et à Rousseaud de la Combe, *Traité des matières criminelles*, Paris, 1768, p. 5, ils se bornent à énoncer le principe hérité du droit romain selon lequel la prison n'est pas regardée comme une peine. Denisart, dans sa *Collection de décisions nouvelles et de notions relatives à la jurisprudence actuelle*, Paris, 1773, t. III, V° Prison, n'évoque même pas la question. Soulatges, en revanche, dans son *Traité des crimes*, t. I, Toulouse, 1762, p. 174-175, mentionne la prison pour un temps parmi « les peines légères dont l'ordonnance [de 1670] ne parle pas, et qui sont néanmoins prononcées tous les jours par les juges au égard à la qualité des personnes et à la nature des crimes et délits ». D'après les exemples cités p. 314-318, il s'agit des cas prévus par le *Règlement des Maréchaux de France* de 1653, par la *Déclaration* du 12 avril 1723, relatifs aux querelles et injures « proférées entre Gentilshommes et autres personnes faisant profession des Armes, de ceux réprimés par l'Édit du mois de février 1723 sur les Duels ou par l'Édit du mois de décembre 1704 concernant les voies de fait et outrages commis par les Officiers de Robe ». Bien que les auteurs n'y fassent aucune allusion, on peut citer aussi parmi les peines de prison celle de l'Authentique *Sed hodie* qui frappait, sur plainte du mari ; la femme adultère, et consistait en son enfermement dans un monastère ou une maison de force.

« voleur » ou de GAL pour « galères », marquée à l'épaule droite du condamné, et qui est systématiquement apposée sur le corps des condamnés aux galères.

Les peines afflictives sont donc nombreuses, et nous n'avons pu que constater leur sévérité.

- Des peines complémentaires infamantes et pécuniaires

Mais l'escroc est aussi sanctionné de châtiments infamants et de peines pécuniaires qui apparaissent très opportunes pour ce type de délinquants. Les châtiments infamants sont assez divers. Yvonne Bongert en recense sept, dont en premier la fustigation, qui touche certes le corps mais qui est principalement une atteinte à l'honneur[757], puisqu'elle consiste à corriger à coups de verges l'auteur de l'infraction.

Les autres peines infamantes

Qu'en est-il des autres peines ?

L'admonestation est-elle vraiment infamante ? La plus légère des peines n'est, d'après François Serpillon, qu'« un simple avertissement donné au condamné en la Chambre du conseil, de ne plus tomber en pareil cas, sous plus grande peine »[758]. Sa nature la fait donc davantage participer d'une fonction de prévention que d'un acte de déshonneur. Yvonne Bongert souligne que trop souvent est commise l'erreur de la considérer comme une sanction dégradante.

L'accusé peut être également réprimandé, c'est-à-dire blâmé. Serpillon définit cette peine comme une « réprimande faite par le juge à la partie qui est condamnée en la Chambre du conseil et que l'on subit tête nue »[759]. Cette troisième sanction est bien évidemment infamante et se distingue, par conséquent, de l'admonestation.

Sont ainsi constatés, de 1700 à 1790, 28 blâmes ou admonestations prononcés par des juridictions de première instance dans le ressort du Parlement de Paris pour des faits qualifiés d'escroquerie, soit 5,87 % des sentences. Entre 1740 et 1790, le pourcentage s'élève à 6,27 %. En appel, 45 décisions du même type sont ordonnées sur l'ensemble de la période, soit 9,43 % des arrêts ; entre 1740 et 1790, on dénombre 35 condamnations de ce type, soit 8,43 %.

Les quatrième et cinquième peines infamantes sont la condamnation au carcan ou au pilori, et à l'écriteau. Ces sanctions sont présentes dans chaque sentence ou arrêt qui condamne des escrocs. Les mentions reprennent la qualification retenue par la juridiction de jugement, et sont particulièrement utiles

---

[757] Yvonne Bongert, *Histoire du droit pénal français du XVIe siècle à la Révolution*, Paris, Les cours de Droit, 1967, p. 201.

[758] François Serpillon, *Code criminel ou commentaire sur l'Ordonnance de 1670*, IIIe partie, p. 1093.

[759] François Serpillon, *op. cit.*, p. 1092.

pour le Parlement de Paris, qui indique ainsi, en une formule, la motivation de sa condamnation.

> « Le pilori était un procédé d'exposition du condamné dans un lieu public. C'était le plus souvent un simple pilier (c'est le sens exact du mot italien *pilori*), mais aussi un pan de mur, ou une échelle de bois, auquel on attachait le malfaiteur pour le livrer aux regards, risées et injures du public, qui était ainsi le véritable exécuteur du châtiment. Le pilori de Paris, reconstruit en 1542 au milieu des halles, *se composait d'un plancher rond et surélevé qui tournait sur un pivot : ainsi* le patient pouvait-il être présenté successivement à tous les côtés de la place. L'exposition était parfois aggravée par le carcan, lourde pièce de bois percée de trois trous pour enserrer le cou et les poignets du condamné »[760].

Le caractère infamant d'une telle présentation est incontestable et participe aussi d'une meilleure connaissance pour le public de ce que la société ne doit pas tolérer.

La sixième condamnation infamante permet l'impression et l'affichage de la décision judiciaire, qu'elle soit sentence ou arrêt. Cette diffusion est également utile et contribue à la publicité nécessaire pour faire connaître les agissements des escrocs. Elle est là encore presque systématiquement ordonnée.

Enfin, la septième peine infamante, selon Yvonne Bongert, est le bannissement, qui atteint la réputation d'une personne au point que celle-ci est interdite de séjour, par exemple dans la prévôté de Paris.

> « En l'absence de prison répressive, le bannissement a constitué jusqu'au XVIe siècle le seul moyen de débarrasser la contrée d'un individu dangereux sans cependant le tuer. Il comprenait plusieurs degrés, selon que le condamné était expulsé seulement du ressort de la juridiction locale, ou du ressort du parlement, ou du royaume tout entier. En règle générale, chaque tribunal ne pouvait bannir que de son ressort, mais les parlements admettaient que les juridictions royales locales prononcent le bannissement pour un ressort plus étendu, et même hors du royaume. Cette peine était à temps ou perpétuelle ; on la trouve prononcée, à l'encontre de petits délinquants, pour quelques mois ou un an »[761]

Mais, à notre sens, cette peine est d'une certaine façon afflictive, puisque les corps se trouvent déportés dans d'autres lieux que ceux où ils résidaient habituellement. La peine est sans doute plus sévère qu'il n'y paraît au premier abord. Tout dépend, il est vrai, de l'état de la fortune et des relations du condamné.

---

[760] Jean-Marie Carbasse, *Histoire du droit pénal et de la justice criminelle*, coll. « Droit pénal », PUF, 2000, p. 270.
[761] Jean-Marie Carbasse, *op. cit.*, p. 263.

En effet, si celui-ci possède par exemple un château ou de la famille qui puisse l'héberger, dans un cadre géographique compatible avec la peine, la difficulté d'exécuter celle-ci est bien moindre que pour celui qui ne possède rien d'autre que ce dont on va l'écarter. Or il n'est pas toujours aisé de trouver une situation similaire à celle perdue, ni un environnement de même qualité. Pourtant cette peine est très largement ordonnée et apparaît alors dans sa juste gravité.

En effet, sur l'ensemble du siècle, 176 bannissements sont ordonnés en première instance, soit 36,90 % des peines, et le Parlement confirme 119 fois le principe d'une telle sanction en appel, soit dans presque un quart des cas (24,95 %). Rappelons que cette répression n'était pas anodine, puisque l'escroc se trouve coupé de ses relations, de sa famille et éventuellement de son emploi. Sans ces solidarités, il n'était pas, encore une fois, facile de survivre. Analysons plus précisément cette catégorie de peine.

En première instance, 3 bannissements à perpétuité sont prononcés, soit 0,63 % des peines ordonnées. Cette proportion tombe à 0,42 % en appel, puisque nous n'avons trouvé que 2 condamnations de ce type devant le Parlement de Paris[762].

La condamnation au bannissement pour une durée de dix ans a été prononcée 3 fois en première instance, ce qui correspond à une proportion de 0,63 % des affaires. Le Parlement n'a jamais en appel confirmé une pareille sanction. De la même façon, le bannissement pour une durée de six ans a été ordonné 5 fois en première instance, ce qui représente 1,05 % des sentences ; le Parlement n'a jamais repris cette condamnation.

En revanche, la condamnation à une bannissement de neuf ans a été très largement ordonnée par les juridictions du premier degré, puisque prononcées 75 fois, soit 15,72 % des sentences ; et le Parlement de Paris en appel a, dans 41 cas, repris à son compte cette pénalité, ce qui représente 8,6 % des arrêts. Si l'on considère plus précisément la période 1740-1790, on trouve 69 condamnations de ce type, soit 16,63 % en première instance ; en appel, ces condamnations touchent 34 accusés, soit 8,19 % des arrêts.

Il en est de même pour des bannissements d'une durée de cinq ans, qui sont choisis comme répression pour 37 affaires jugées en première instance, soit 7,76 % des sentences prononcées. Le Parlement de Paris utilise, quant à lui, cette sanction dans 6,29 % des arrêts, ce qui correspond à 30 affaires. Entre 1740 et 1790, on trouve 34 condamnations à cinq ans de bannissement en première instance, soit 8,19 % des sentences, et 26 condamnations en appel, soit 6,27 % des arrêts.

---

[762] Les 2 accusés condamnés à un bannissement à perpétuité en appel sont :
Arch. Nat. X^{2B} 1.021, affaire n° 458 : Marie La Croize, arrêt du 9 mars 1759.
Arch. Nat. X^{2B} 1.036, affaire n° 402 : Marie-Françoise Fontaine, arrêt du 22 octobre 1766.

Enfin, l'envoi à un bannissement de trois ans semble également une peine très adaptée aux besoins, puisqu'elle est ordonnée 53 fois en première instance, soit 11,11 % des décisions et le Parlement de Paris a confirmé 46 fois cette sanction en appel, ce qui revient à un 9,64 % des arrêts. Entre 1740 et 1790, les pourcentages sont respectivement de 12,05 % et de 10,36 %.

Nous remarquons, après dépouillement de l'ensemble des décisions judiciaires concernant l'escroquerie rendues dans le ressort du Parlement de Paris de 1700 à 1790, qu'en première instance et jusqu'en 1739, seules 12 condamnations au bannissement sont prononcées. En appel, le Parlement de Paris aggrave quant à lui les sanctions prononcées en ordonnant le bannissement 14 fois. À partir de 1740 et jusqu'à 1790, les juridictions de première instance condamnent très fréquemment à cette peine, puisque la part de cette condamnation oscille entre 36,28 et 47,06 %. En effet, sont ordonnées 164 condamnations par les juridictions du premier degré durant la période considérée. En appel, la fréquence de 1740 à 1790 varie entre 15,92 et 30,77 %, soit un total de 105 condamnations au bannissement qui sont alors prononcées.

Les peines pécuniaires

Les sanctions infamantes touchent donc l'honneur et la probité. Mais les magistrats ont bien compris qu'en face d'une infraction financière comme l'escroquerie, il fallait compléter l'arsenal par des sanctions moins effrayantes, mais sans doute tout aussi efficaces : les peines pécuniaires.

Encore faut-il distinguer les aumônes, qui ne sont pas infamantes, de l'amende qui est une véritable peine. Jousse rappelle que l'aumône « se prononce aussi quelquefois contre des officiers pour négligence et abus par eux commis dans leurs fonctions ; et dans ce dernier cas, on y joint ordinairement la peine de l'admonition (le terme même d'admonition renvoie à la même réalité que l'admonestation, mais provenant d'une autorité judiciaire ou ecclésiastique) »[763].

L'amende est donc d'une autre nature, et c'est ainsi que la définit Jousse, puisqu'il s'agit d'une « peine pécuniaire au profit du fisc qui se prononce dans la plus grande partie des procès criminels contre les accusés convaincus de quelque crime »[764].

Le Châtelet rend une sentence le 20 juillet 1779

> « contre Clément-Alexandre de Brie Ferrant, marquis du Belloy, baron de Retz, défendeur et accusé, et encore contre Denis Gauvain, se disant intéressé dans les affaires du roi, ayant pris le surnom d'Aunois, Pierre Jean Challot, premier huissier audiencier au bureau des finances, chambre du Domaine et Trésor du

---

763 Jousse, *Traité de justice criminelle*, tome I, 1ère partie, titre III, p. 79.
764 Jousse, *op. cit.*, tome I, 1ère partie, titre III, p. 69.

palais à Paris et Bernarde Martré, sa femme, si étant dite nommée Bernarde Rozatier de Sainte Marie »[765].

Denis Gauvain est accusé

> « d'avoir abusé de la confiance dudit de Brie Ferrant, marquis du Belloy en tentant de faire valoir comme sérieuse et véritable une obligation qui n'était que simulée et que ledit marquis en souscrivait, que pour lui faciliter le moyen d'emprunter cinquante mille livres pour le compte dudit marquis du Belloy et d'avoir tenté d'escroquer audit marquis le montant de ladite obligation, en soutenant faussement qu'il lui en avait fourni et fait fournir la valeur jusqu'à la concurrence de quarante mille livres, et ledit Challot et sa femme d'avoir, par de faux témoignages, voulu favoriser l'escroquerie pratiquée par ledit Gauvain envers ledit marquis du Belloy »[766].

Le Châtelet condamne en conséquence Gauvain

> « à être attaché au carcan par l'exécuteur de la haute justice à un poteau qui serait à cet effet planté dans la place des Barnabites pour y rester depuis midi jusqu'à deux heures, ayant écriteau devant et derrière portant ces mots : proxénète escroc, ce fait banni pour neuf ans de la ville prévôté et vicomté de Paris, et ledit Challot et sa femme à assister audit carcan, ce fait bannis l'un et l'autre pour trois ans de ladite ville, prévôté et vicomté de Paris, il a été enjoint auxdits Gauvain, Challot et sa femme de garder leur ban sous les peines portées par les ordonnances, édits et déclarations du roi, et ont été aussi en outre condamnés chacun en trois livres d'amende envers le roi »[767].

Pour cette escroquerie exclusivement financière, le Châtelet a donc décidé de condamner Gauvain et ses complices « en trois livres d'amende envers le roi ». La juridiction de première instance a-t-elle voulu ainsi montrer que la royauté était partie prenante, non seulement par l'exercice de son ministère public, mais encore comme première victime, d'un pareil comportement délictueux ? Compte tenu des sommes en jeu, il est en tout cas certain que le montant de l'amende est plus infamant qu'autre chose.

En appel, le Parlement de Paris a, par son arrêt en date du 20 août 1779, confirmé la culpabilité de Denis Gauvain, et en conséquence l'a condamné

> « à être attaché au carcan par l'exécuteur de la haute justice, à un poteau qui pour cet effet sera planté dans la place de Grève, et y demeurer depuis midi

765 Arch. Nat. X^{2B} 1.063, affaire n° 419 : Denis Gauvain, arrêt du 20 août 1779.
766 *Ibid.*
767 Arch. Nat. X^{2B} 1.063, affaire n° 419 : Denis Gauvain, arrêt du 20 août 1779.

jusqu'à deux heures, ayant écriteau devant et derrière portant le mot Escroc, et audit lieu flétri d'un fer chaud en forme des trois lettres GAL sur l'épaule droite par ledit exécuteur, ce fait mené et conduit es galères du roi pour en icelles être détenu et servir ledit seigneur roi comme forçat pendant le temps et espace de cinq ans, lui fait défense de se retirer en aucun cas même après le temps de sa condamnation expiré dans la ville, faubourgs et banlieue de Paris ni à la suite de la cour sous les peines portées par les déclarations du roi[768] ». Le Parlement condamne également Pierre-Jean Challot et Bernarde Martré, sa femme à assister audit carcan, « ce fait les bannit chacun pour le temps et espace de trois ans de la ville, prévôté et vicomté de Paris, leur enjoint de garder leur ban sous les peines portées par les déclarations du roi, les condamne en outre chacun en trois livres d'amende envers le roi »[769].

Enfin, Clément-Alexandre de Brie Ferrant est déchargé « des plaintes et accusations contre lui intentées tant à la requête du substitut du procureur général du roi au Châtelet de Paris qu'à celle dudit Gauvain »[770].

Le Parlement condamne en outre

« lesdits Gauvain, Challot et sa femme solidairement en mille livres de dommages et intérêts par forme de réparation civile envers ledit de Brie Ferrant, applicables de son consentement au pain des pauvres prisonniers de la conciergerie du palais et aux dépens des causes principales, d'appel et demandes aussi solidairement. Sur le surplus des demandes, faits et conclusions respectives des parties les met hors de cour. Ordonne qu'à la requête du procureur général du roi, le présent arrêt sera imprimé, publié et affiché dans les lieux et carrefours accoutumés de la ville, faubourgs et banlieue de Paris et partout où besoin sera, et pour le faire mettre à exécution renvoie lesdits Denis Gauvain, Pierre Jean Challot et Bernarde Martré sa femme prisonniers par devant le lieutenant civil du Châtelet de Paris »[771].

Le Parlement de Paris a donc confirmé la condamnation aux trois livres d'amende envers le roi. De surcroît, il a accordé 1.000 livres de dommages et intérêts à titre de réparation civile, solidairement payables par Gauvain, Challot et sa femme, qui ne seront pas payées à leur victime, Clément-Alexandre de Brie Ferrant, marquis du Belloy, baron de Retz, mais en accord avec celle-ci, données pour le pain des prisonniers de la Conciergerie du Palais. Voilà qui distingue de façon évidente la charité de l'aumône d'une amende au fisc.

---

[768] *Ibid.*
[769] *Ibid.*
[770] *Ibid.*
[771] *Ibid.*

Nous avons constaté que le montant de l'amende, dans l'ensemble de la jurisprudence, est généralement de trois livres. L'amende ordinaire était de douze livres. Cependant, des exceptions existent. Ainsi, par un arrêt en date du 8 mars 1718, le Parlement de Paris a condamné un certain Delhisle[772], examinateur des fermes du tabac âgé de 29 ans, non seulement à un bannissement de cinq ans, mais à une amende de 1000 livres. Le 18 février 1723, le Parlement de Paris a encore condamné pour escroquerie Mathieu Lassus[773], qui est un de ses avocats, âgé de 45 ans, à une peine de galères de cinq ans et à une amende de 10 000 livres. Sa culpabilité en tant qu'escroc était incontestable, et c'est pourquoi l'arrêt a confirmé la sentence du Châtelet qui l'avait condamné à être banni pendant une durée de neuf années.

Il n'existe donc pas une seule forme de condamnation pour réprimer l'escroquerie mais une variété de sanctions qui permet d'individualiser la peine. Et la modernité de cette acception de la répression démontre, si besoin était, combien le droit de l'Ancien Régime était abouti.

§ 2 - Une peine adaptée

Une répression spécifique induit le prononcé de peines adaptées à une délinquance qui apparaît d'abord économique, mais aussi urbaine.

- L'adaptation à une délinquance économique

Les escrocs sont principalement des marchands.

L'escroquerie ne tient pas du hasard et n'est donc pas commise par inadvertance. Son auteur mûrit son dessein. Mais cette infraction nécessite-t-elle de bien connaître le système sur lequel elle va agir ? Il n'est en tout cas pas étonnant de constater que les accusés participent du monde économique. A cet égard, il est intéressant d'étudier les professions qu'ils déclarent, telles qu'elle figurent dans les décisions judiciaires. Cette analyse statistique rejoint celle effectuée par Montyon, qui tient compte, lui aussi, de l'activité des condamnés.

> « Il est délicat de fixer précisément le contenu professionnel des catégories employées par Montyon. En effet, elles recouvrent à la fois des activités rurales et urbaines (c'est le cas des domestiques et des manouvriers, des marchands et leurs commis, des maîtres-artisans comme des compagnons ou des apprentis, bien plus, comme il le relève lui-même, le refus d'avouer une activité moins bien considérée ou une situation de chômage, contribue à rendre incertains ces calculs. Ces indications permettent toutefois d'accorder d'emblée plus de 5 % aux marchands

---

772 Arch. Nat. X^{2B} 939, affaire n° 36 : Delhisle, arrêt du 8 mars 1718.

773 Arch. Nat. X^{2B} 949, affaire n° 78 : Mathieu Lassus, arrêt du 18 février 1723. Voir partie II, titre II, chapitre 1, section 1, § 1 ; chapitre 2, section 2, § 1.

ambulants et aux gens sans état. Notons de plus que 10,4 % d'indéterminés [...] rassemblent certainement des errants et des chômeurs aux côtés des contumaces [...] »[774].

Aussi notre lecture de l'Inventaire 450 a-t-elle été complétée en la matière par les informations contenues dans les sentences et les arrêts rendus entre 1700 et 1790.

C'est ainsi que, sur la période considérée, nous avons pu observer que 99 marchands se livrent à des escroqueries, soit 20,75 % des auteurs de ce délit. Cette proportion est considérable. On trouve entre autres dans cette catégorie des marchands de vin, de peaux, de chevaux ou de tissus, de nombreux petits marchands et autres colporteurs... Notons cependant qu'elle s'accentue à partir de 1740, puisque 7 marchands sont poursuivis pour escroquerie entre 1740 et 1749, 8 entre 1750 et 1759, 16 entre 1760 et 1769, 37 entre 1770 et 1779, et enfin 28 entre 1780 et 1790.

Ces données sont complétées par la liste des 98 artisans poursuivis pour escroquerie. Nous trouvons ainsi un maître coutelier, des tailleurs, des bijoutiers, des quincailliers, des coiffeurs, un perruquier et un couple de boulangers... Les artisans forment une très grande proportion des escrocs, puisqu'ils en représentent 20,55 %. La plupart des artisans suspectés d'escroquerie le sont dans la seconde moitié du XVIIIe siècle. 26 artisans sont ainsi mis en cause entre 1760 et 1769, 37 entre 1770 et 1779, et 30 entre 1780 et 1790.

S'ajoutent à ces deux secteurs d'activité tous ceux qui participent de la vie économique en exerçant des « petits métiers », puisqu'ils représentent encore 43 accusés d'escroquerie sur le siècle, soit 9,01 % des affaires. Il faut entendre par cette désignation notamment des gagne-deniers, revendeurs, un rapeur de tabac, une raccommodeuse de dentelles, des décrotteurs et dégraisseurs... Là encore, les principales poursuites sont exercées à partir de 1760 : 15 entre 1760 et 1769, 10 entre 1770 et 1779, et enfin 10 entre 1780 et 1790.

On doit bien entendu considérer que les gens de finances, dont les banquiers et courtiers de change qui commettent des escroqueries sont, plus que tous les autres, des acteurs du marché. Sont-ils bien formés au droit ? Ou plus astucieux encore que le simple marchand ? Toujours est-il qu'ils sont très rarement poursuivis. Citons néanmoins pour exemple le cas de Denis Gauvain, un courtier de change de 45 ans, poursuivi pour escroquerie, qui est condamné en première instance par le Châtelet, à être banni pour neuf années. Le Parlement de Paris est

---

774 Jean Lecuir, « Criminalité et moralité : Montyon, statisticien du Parlement de Paris. », *Revue d'histoire moderne et contemporaine,* Université de Paris-X, 1999, p. 476.

plus sévère, puisqu'il est finalement envoyé pour cinq ans servir les galères du roi, par un arrêt du 20 août 1779[775].

Jean-Nicolas Mellier est un jeune banquier de 30 ans, mais sa fougue est aussi un écueil, puisqu'il est condamné en première instance par le Châtelet, pour escroquerie, à être banni pour neuf années. Le Parlement de Paris considère quant à lui que l'information n'est pas complète, et ordonne un plus amplement informé dans son arrêt du 29 janvier 1784[776].

Nous ne trouvons finalement que 11 procès concernant des gens de finances, entre 1700 et 1790, soit 2,31 % des affaires, s'échelonnant entre 1760 et 1790.

Enfin, les tenanciers de débits de boissons, sous toutes leurs formes, offrent de multiples services à la société, et des cabaretiers aux aubergistes sont quelquefois poursuivis pour des faits d'escroquerie. Leur participation à ces faits est identifiée de 1760 à 1790, puisqu'ils représentent 2,10 % des affaires, soit 10 accusés sur les 477 étudiés.

Il faut, bien entendu, indiquer que, notamment au début du siècle, les professions des accusés n'étaient pas toujours parfaitement identifiées. Certains des escrocs laissés pour compte de la société étaient certainement des vagabonds. Cependant, en additionnant les différentes catégories directement associées à la vie économique que sont les marchands, les artisans, les personnes exerçant un petit métier, les banquiers et les aubergistes, nous trouvons alors un total de 261 accusés, soit 54,72 % des affaires d'escroquerie sur l'ensemble du XVIIIe siècle dans le ressort du Parlement de Paris.

Des professions de service et assermentées

L'escroc agit par intelligence et nécessairement avec préméditation. Il n'est dès lors pas étonnant de trouver comme auteurs d'infraction des membres d'un certain nombre de professions préservées habituellement de la délinquance pulsionnelle. C'est ainsi que l'on trouve, éparpillés tout le long du XVIIIe siècle, des officiers et des gens de justice qui commettent des escroqueries. 29 personnes sont accusées de 1700 à 1790, ce qui représente 6,08 % des affaires. Il ne s'agit bien entendu pas d'un contentieux de masse, mais d'une répétition significative. Ainsi, entre 1700 et 1709, nous trouvons une affaire d'escroquerie mettant en scène par exemple un clerc au Châtelet[777], 3 cas entre 1710 et 1719, 1 entre 1720 et 1729, 2 entre 1740 et 1749, 6 entre 1750 et 1759, 4 entre 1760 et 1769, 4 entre 1770 et 1779, et enfin 8 entre 1780 et 1790.

---

775 Arch. Nat. X^{2B} 1063, affaire n° 419 : Denis Gauvain, arrêt du 20 août 1779.
776 Arch. Nat. X^{2B} 1074, affaire n° 698 : Jean-Nicolas Mellier, arrêt du 29 janvier 1784.
777 Arch. Nat. X^{2B} 903, affaire n° 13 : Jean Besnard, arrêt du 20 juin 1701.

Michel Deville[778], âgé de 36 ans, est ainsi banni pour trois ans en première instance, et simplement admonesté par le Parlement de Paris dans son arrêt du 8 mars 1718. Doit-il cette simple admonestation à sa qualité de procureur ?

Mathieu Lassus, avocat au Parlement, est également poursuivi pour escroquerie, à 45 ans, et fait l'objet d'une première condamnation en première instance par le Châtelet à une peine de bannissement de neuf années, qui est aggravée en appel par le Parlement de Paris le 18 février 1723, puisqu'il est finalement puni par un envoi aux galères d'une durée de cinq ans et par une amende de 10.000 livres[779].

Louis Desforges[780] est un officier de 32 ans. Poursuivi en première instance devant le bailliage de Lyon pour des faits d'escroquerie, il est condamné pour cinq ans aux galères. Le Parlement de Paris, par un arrêt du 10 mars 1752, demande à être plus amplement informé.

Il est vrai que l'armée apporte son lot de mauvais garçons. Nous trouvons ainsi sur le siècle 9 soldats poursuivis, de façon caractérisée, pour escroquerie, soit 1,89 % des affaires.

Se trouvent encore des médecins et étudiants en médecine. Est-ce parce qu'ils fréquentent les cabarets ou qu'ils recherchent toujours plus d'argent ? Toujours est-il que 10 cas sont recensés entre 1700 et 1790, soit 2,10 % des affaires.

Remarquons aussi la présence de gens d'Église, qui n'hésitent pas à tromper leur monde par des escroqueries. Jacques de La Cour, un chanoine de quarante ans, est condamné en première instance par le bailliage de Riom à cinq ans de galères. Le Parlement de Paris, par un arrêt du 18 juillet 1774, ordonne un plus amplement informé[781]. Citons encore le cas de Jacques Meirand[782], prêtre de 39 ans, condamné au Châtelet pour escroquerie à cinq ans de galères, qui voit sa peine aggravée à neuf ans de galères par le Parlement de Paris, dans un arrêt en date du 13 décembre 1774. Ce sont là cependant les deux seules affaires de ce type.

Les vignerons et laboureurs sont les seules professions du monde agricoles mentionnées. Encore faut-il tout de suite souligner que leurs auteurs ne sont guère nombreux : au total 16 personnes renvoyées devant des juridictions de jugement, soit 3,35 % des affaires. Il faut également noter que 11 de ces escroqueries sont jugées entre 1770 et 1790.

---

[778] Arch. Nat. X^{2B} 940, affaire n° 40 : Michel Deville, arrêt du 8 mars 1718.

[779] Arch. Nat. X^{2B} 949, affaire n° 78 : Mathieu Lassus, arrêt du 18 février 1723.

[780] Arch. Nat. X^{2B} 1.010, affaire n° 368 : Louis Desforges, arrêt du 10 mars 1752.

[781] Arch. Nat. X^{2B} 1.051, affaire n° 354 : Jacques de La Cour, arrêt du 18 juillet 1774. Voir partie I, titre III, chapitre 3, section 1, § 2 ; voir aussi partie II, titre I, chapitre 2, section 2, § 2 ; chapitre 3, section 2, §2.

[782] Arch. Nat. X^{2B} 1.051, affaire n° 508 : Jacques Meirand, arrêt du 13 décembre 1774.

Reste la catégorie précisément nommée des domestiques. Il s'agit uniquement de ceux qui servent leur maître à domicile, comme des femmes de chambre, des laquais et autres valets. Dans le cadre des affaires d'escroquerie, ils appartiennent de façon plus générale aux « prestataires de services », avec cette spécificité que nous avons pu noter, qu'il est extrêmement difficile de se prémunir de leurs mauvaises actions. Seulement 13 domestiques sont poursuivis durant tout le XVIIIe siècle pour escroquerie, soit 2,73 % des affaires. Notons également que 10 poursuites sont exercées à partir de 1760.

Nous pouvons alors conclure que l'escroquerie est typiquement une infraction d'affaires, bien plus qu'un délit commis par de simples domestiques. Sa commission nécessite intelligence, connaissance du métier ou du système et bonne introduction dans l'espace économique. L'escroquerie ne se commet donc pas sans rapport avec le milieu sur lequel elle s'exerce. Elle est par excellence une infraction économique, commise la plupart du temps par des gens éduqués et mûrs.

- L'adaptation à une délinquance urbaine et d'échanges

Assurer la sécurité des marchés

L'origine professionnelle des auteurs d'infractions n'est donc pas neutre. De la même façon, dans le domaine de la sécurité publique, s'exprimait la volonté de lutter contre la situation d'insécurité issue de la Régence. Avec les gouvernements du duc de Bourbon et de Fleury, qui avaient réprimé le vagabondage et la mendicité[783], l'action publique est nettement perceptible à partir des années 1750, contre les négociants, marchands, artisans et financiers qui nuisent à la sécurité du marché en commettant des escroqueries.

Monde rural et monde urbain se croisent désormais dans les Halles des villes. Un Anglais, Arthur Young, au cours de ses *Voyages en France en 1787, 1788 et 1789*, les décrit ainsi : « Mais la plus belle chose, de beaucoup, que j'aie vue à Paris, c'est la *Halle aux bleds* (ou *corn market*) ; c'est une vaste rotonde ; le toit entièrement de bois, construit d'après un nouveau système de charpente »[784]. Les denrées convergent vers les agglomérations et s'y échangent. Trafic et commerce se multiplient dans le bruit et les odeurs de rues trop étroites et grouillantes.

---

[783] « La Régence avait été une période d'insécurité. Les gouvernements du duc de Bourbon et de Fleury réagissent avec vigueur. Le vagabondage est réprimé. Toute personne trouvée à mendier et à vagabonder est conduite dans l'hôpital général le plus proche. », in Jean de Viguerie, *op. cit.*, p. 71.

[784] Arthur Young, *Voyages en France en 1787, 1788 et 1789*, tome I, traduction et édition critique par Henri Sée, collection « les classiques de la Révolution française », librairie Armand Colin, 1931, p. 187.

> « Les marchés de Paris sont malpropres, dégoûtants. C'est un chaos où toutes les denrées sont entassées pêle-mêle. Quelques hangars ne mettent pas les provisions des citoyens à l'abri des intempéries des saisons. Quand il pleut, l'eau des toits tombe ou dégoutte dans les paniers où sont les œufs, les légumes, les fruits, le beurre, etc.
>
> Les environs des marchés sont impraticables ; les emplacements sont petits, resserrés, et les voitures menacent de vous écraser, tandis que vous faites votre prix avec les paysans. Les ruisseaux qui s'enflent, entraînent quelque fois les fruits qu'ils ont apportés de la campagne ; et l'on voit les poissons de mer qui nagent dans une eau sale et bourbeuse.
>
> Le bruit, le tumulte est si considérable, qu'il faut une voix plus qu'humaine pour se faire entendre : la tour de Babel n'offroit pas une plus étrange confusion »[785].

Des transactions se font alors rapidement. Les cocontractants ne se connaissent plus. Ils arrivent d'ailleurs et y repartent. Souvent ils ne font que se croiser, sans autre garantie que leurs nom et signature. Le milieu est donc propice à la commission d'escroqueries.

Cette délinquance urbaine est liée aux échanges. Il n'est donc pas étonnant que sur les 477 accusés recensés entre 1700 et 1790, 264 aient été jugés en première instance par le Châtelet et autres juridictions parisiennes (Hôtel de Ville, bailliage du Palais et Connétablie), soit 55,34 % des cas. Mais d'autres centres urbains sont concernés dans le ressort du Parlement de Paris. Le plus important est celui d'Orléans, qui juge en première instance au total 21 escrocs, soit 4,40 % des accusés. Suit le bailliage de Tours, qui connaît 14 escrocs durant la période, soit 2,94 % des affaires. Le marché du Mans attire nombre d'escrocs, puisque son bailliage juge 11 escrocs, soit 2,31 % des affaires. Lyon ne connaît, à titre de comparaison, que 10 cas d'escroquerie, soit 2,10 % des affaires. Suivent ensuite les villes de Sens, Beauvais et Angers, avec respectivement 1,68 %, 1,26 % et 1,05 % des affaires d'escroquerie jugées en première instance entre 1700 et 1790 dans le ressort du Parlement de Paris. Notons enfin que des villes comme Amiens et Châteauroux connaissent peu ce type de délinquance, puisque seulement 4 escrocs sont poursuivis dans chacune d'entre elles, ce qui représente 0,84 % des affaires.

L'escroc est donc principalement urbain, voire parisien ou de la région Centre.

Une délinquance d'échanges

Cependant, une analyse plus fine de la répartition géographique des contentieux révèle que la part des affaires jugées par le Châtelet, aussi importante

---

[785] Louis-Sébastien Mercier, *Tableaux de Paris*, t. I, chap. LXVIII, « Marchés ».

soit-elle, diminue au cours du temps, au profit d'autres centres urbains du ressort du Parlement de Paris. Ainsi, à partir de 1720, nous pouvons observer que le nombre d'affaires jugées à Paris en première instance, toutes proportions gardées, décroît. De 1720 à 1729, 84,62 % des affaires sont encore jugées dans les juridictions parisiennes. Entre 1730 et 1739, 72,22 % sont jugées au Châtelet. De 1740 à 1749, 69,23 % des cas sont encore jugés au Châtelet. Mais entre 1750 et 1759, ce ne sont plus que 58,82 % des affaires que le Châtelet est appelé à connaître en première instance. Le contentieux parisien augmente à nouveau entre 1760 et 1769, pour représenter 65,66 % des affaires jugées, mais entre 1770 et 1779, il n'est plus que de 48,25 %, et ne représente enfin, de 1780 à 1790, que 45,13 % des affaires.

Dans le même temps, la dispersion d'une population astucieuse augmente. Entre 1760 et 1769, 13 accusés sont jugés au bailliage d'Orléans, ce qui représente 13,13 % des affaires de la décennie considérée. Entre 1770 et 1779, 7 affaires sont jugées au Mans, soit 4,89 % des affaires de la décennie, pendant que 6 cas d'escroquerie sont de la compétence de Tours, soit 4,20 %, tandis que Riom connaît le même nombre de cas. Enfin, entre 1780 et 1790, les bailliages d'Angers et de Beauvais connaissent à eux deux 10 cas d'escroquerie, soit 8,85 % des affaires jugées en première instance entre 1780 et 1790.

L'analyse de ces résultats conduit à deux réflexions. Premièrement, les juristes provinciaux ont peut être renouvelé leur connaissance en suivant la jurisprudence du Parlement de Paris. Deuxièmement, le développement du réseau des transports a certainement accentué l'expansion de ce type de délinquance.

Chapitre 2. Responsabilité et réparation

La répression de l'escroquerie se caractérise par sa spécificité et ainsi par la nécessité d'individualiser, dans la peine, la part de responsabilité de chaque auteur, tout en respectant le principe de réparation qui gouverne en cas de préjudice. La répartition des rôles par les juges est alors essentielle, tout comme la sanction particulière de toute réitération.

Section 1. Action et réitération

Comme l'escroquerie participe d'une action astucieuse où la réflexion et l'organisation sont essentielles, l'infraction est par essence intellectuelle et non pulsionnelle. L'usage éventuel de la force, de la violence sont toujours accessoires. Dans ces conditions, l'escroc peut agir seul ou en groupe. Sommes-nous pour autant en présence d'une délinquance d'habitude ? Les auteurs de l'infraction sont-ils des « professionnels » de la délinquance financière ?

§ 1 - Répartition des rôles : coaction et complicité

L'escroquerie est un mécanisme dont les magistrats doivent décortiquer les moindres rouages. Or, l'escroc n'est pas toujours seul, il peut faire appel à d'autres coauteurs, ou encore à des complices. Il peut aussi avoir une certaine habitude à commettre ce type d'infraction. La question de la récidive est dès lors posée.

- L'escroquerie et la coaction

Condamner est fonction d'une échelle des peines. Réprimer une coaction pose un problème supplémentaire. L'appréhension de l'infraction pour chaque auteur doit en effet permettre la comparaison et l'appréciation de la gravité de l'acte commis par l'un ou l'autre.

De nombreuses escroqueries sont commises de 1700 à 1790 avec une multiplicité d'auteurs. De façon générale, nous notons que 217 accusés sont renvoyés comme coauteurs, soit 45,49% des accusés, c'est-à-dire presque la moitié du nombre total, sans que pour autant ne soit alors distinguée la complicité de la coaction. Par conséquent, 54,51 % des accusés agissent seuls.

Plus intéressante encore est la configuration de l'action collective. Les escrocs agissent souvent à deux, dans 45,16 % des cas où ils agissent en groupe : c'est le *modus operandi* préféré pour 98 accusés. Nous rencontrons ainsi de nombreux conjoints, mais aussi des pères et des fils, des amis et des collègues de travail souvent associés en affaires. La complicité rejoint l'intimité, voire la promiscuité. Une grande confiance doit unir, car le trompeur n'aime pas être lui-même trompé, pas plus qu'il ne souhaite être pris.

22,12 % des accusés qui ont agi collectivement font partie d'une équipe de trois coauteurs. La proportion reste suffisamment élevée pour être significative et représente 48 accusés.

Nous trouvons encore 16,59 % des coauteurs soit 36 accusés qui agissent à quatre. Ce nombre est assez important, car il n'est pas facile d'organiser intellectuellement une telle répartition des rôles. La complexité des manœuvres et de la mise en scène est peut-être la raison de ce besoin en acteurs.

Rares sont en effet les infractions de type financier nécessitant autant de participants qui, à tout moment, peuvent trahir leurs compagnons. Pourtant l'on trouve encore 6,91 % des accusés (c'est-à-dire 15) qui agissent en groupe de cinq coauteurs. Il n'y a en revanche que 2,76 % des accusés qui procèdent à des escroqueries à six, soit un seul groupe de 6 accusés. Enfin nous trouvons deux équipes de sept coauteurs, ce qui correspond littéralement à une bande organisée.

Rappelons les deux affaires qui nécessitent chacune sept coauteurs. Estienne Bourdoiseau[786] est accusé devant le bailliage d'Orléans d'escroqueries au jeu commises en compagnie de François Clairet, Louis Durfort, René Fromentin, Pierre Grignet, Robert Le Loutre et René Pellé le 18 août 1762. Le Parlement de Paris, par son arrêt du 7 septembre 1762, met hors de cour René Fromentin et condamne les autres coauteurs à être admonestés et à « aumôner » chacun la somme de douze livres au profit des pauvres prisonniers de la Conciergerie du Palais.

Jean-André Delgies est également accusé avec six autres comparses, à savoir Jean-Esprit Desmares, Marie-Alexandrine Dupont, Joseph Fayeux, Blaise Le Comte, Jean-Baptiste Legris et Jacques Meirand,

> « d'une multitude de filouteries et d'escroqueries par eux pratiquées dans Paris, ses environs et même en province, envers différents marchands et autres particuliers auxquels ils ont par la plus inique mauvaise foi trouvé les moyens d'enlever des marchandises pour des sommes considérables ou de l'argent comptant soit au jeu avec des cartes préparées, soit par des tours d'adresse et de subtilité, soit enfin par des paris en apparence avantageux à ceux qui s'y livroient, mais dont le succès leur assuroit davantage de crédit sur leur dupes dans aucunes desquelles occasions ils ont été véhémentement suspects d'avoir eu recours à la violence ou aux voyes de fait »[787].

---

[786] Arch. Nat. X^{2B} 1.028, affaires n° 304, 333, 389, 407, 436, 485 et 526 : Estienne Bourdoiseau, François Clairet, Louis Durfort, René Fromentin, Pierre Grignet, Robert Le Loutre et René Pellé, arrêt du 7 septembre 1762. Voir partie I, titre III, chapitre 3, section 1, § 1 ; voir aussi partie II, titre I, chapitre 1, section 1, § 1 et chapitre 2, section 2, § 2 ; titre II, chapitre 3, section 1, § 1.

[787] Arch. Nat. X^{2B} 1.051, affaires n° 364, 370, 386, 396, 475, 483 et 508 : Jean-André Delgies, Jean-Esprit Desmares, Marie-Alexandrine Dupont, Joseph Fayeux, Blaise Le Comte, Jean-Baptiste Legris et Jacques Meirans, arrêt du 13 décembre 1774.

Le Châtelet, par sa sentence en date du 27 août 1774, apprécie la responsabilité individuelle de chacun : Delgies, Dupont et Le Comte sont mis hors de cour, il est plus amplement informé pour Desmares, Fayeux est banni pour une durée de neuf ans, Legris est condamné aux galères à perpétuité et Meirand se voit envoyé aux galères pour cinq ans. En appel, le Parlement de Paris, par son arrêt du 13 décembre 1774, confirme la décision de première instance pour Fayeux et Le Comte, décharge Dupont de l'accusation, et ordonne un plus amplement informé pour Delgies. Quant à Desmares, Legris et Meirand, leurs peines sont respectivement portées à trois ans de galères pour les deux premiers, et neuf ans pour le dernier.

Nous avons souvent mentionné l'affaire Trinquelaire[788], qui a nécessité une mise en scène particulièrement élaborée, et six acteurs, à savoir Jean-Pierre Trinquelaire, travaillant en journée, Marie-Anne Feuillebarbe, femme dudit Trinquelaire, revendeuse, Marie-Jeanne Trinquelaire, fille, Jean-Pierre Trinquelaire fils, gagne deniers, Anne Hordut, fille qui aurait pris le nom de la Duchesse de Bonvallier, et François-Jean Planchenot qui aurait pris le nom de Vicomte de Pontboigier, étudiant en chirurgie. Le Châtelet, par sa sentence en date du 6 janvier 1761, a eu encore à se prononcer sur le cas du nommé De La Ville, et « un quidam prenant le nom et se faisant passer pour le duc de Le Rochefoucault ». La juridiction les déclare finalement coupables

> « des manœuvres et escroqueries mentionnées au procès, en outre lesdits François Jean Planchenot et Anne Hordut d'avoir pris des noms de qualité supposés pour parvenir auxdites manœuvres et escroqueries ainsi qu'il est mentionné au procès, pour réparation ils sont condamnés à être attachés au carcan pendant trois jours consécutifs, savoir le premier aux Halles, le second à la place du Palais Royal, et le troisième en la place de Grève et y demeurer depuis midi jusqu'à deux heures ayant chacun écriteau devant et derrière portant le mot : escroc ; ce fait le troisième et dernier jour battus et fustigés nus de verges par l'exécuteur de la haute justice et puis flétris d'un fer chaud, savoir lesdits De La Ville, quidam, Jean Pierre Trinquelaire et François Jean Planchenot en forme des lettres GAL, lesdites Marie Jeanne Trinquelaire et Anne Hordut en forme d'une *fleur de lys, sur l'épaule dextre, ce fait lesdits De La Ville, quidam, Trinquelaire* et Planchenot conduits à la chaîne pour être attachés et servir le roi comme forçats sur ses galères pendant neuf ans, lesdites Feuillebarbe et Hordut en la maison de force de l'Hôpital général de la Salpêtrière pour y demeurer détenues et renfermées pendant ledit temps de 9 ans, laquelle condamnation à l'égard desdits De La Ville et quidam sera transcrite dans un tableau qui sera attaché à un poteau

---

[788] Arch. Nat. X^{2B} 1.025, affaires n° 398, 537, 576 et 577 : Marie-Jeanne Feuillebarbe, Jean-François Planchenot, Jean Trinquelaire et Marie Trinquelaire, arrêt du 27 janvier 1761. Voir partie I, titre II, chapitre 3, section 2, § 1-2 ; voir aussi partie II, titre I, chapitre 1, section 2, § 1 ; chapitre 2, section 1, § 1 ; titre II, chapitre 2, section 1, § 1.

lequel sera planté à cet effet pendant chacun desdits trois jours aux Halles, à la place du Palais Royal et en la place de Grève »[789].

Le Parlement de Paris, dans son arrêt en date du 27 janvier 1761, confirme la sentence rendue en première instance pour les quatre accusés principaux, soit Marie-Jeanne Feuillebarbe, Jean-François Planchenot, Jean et Marie Trinquelaire.

L'affaire Pierre Coursier[790] donne l'exemple d'une escroquerie commise à trois participants. Le Châtelet se prononce en effet le 11 décembre 1777 contre Jean-Jacques Marye, marchand quincaillier, René Giraud, dégraisseur et Pierre Coursier, fabricant de bas au métier, qui commettent une escroquerie au jeu au préjudice d'un voyageur dans un cabaret de Nanterre, et les condamne tous trois à une peine de bannissement de neuf ans. Le Parlement de Paris, par son arrêt du 12 février 1778, porte la condamnation des trois accusés à trois ans de galères chacun.

Plusieurs exemples d'infractions commises à deux peuvent être cités. Prenons le cas d'une marchande de lacets et bonnets dans les villages et assemblées des environs de Paris, Geneviève Auclair, épouse de François Dandré, un potier. Elle s'associe avec un autre marchand mercier forain, un dénommé Alexandre-Urbain Brunet de Castel, avec lequel elle a attiré « de concert dans un cabaret au Pré Saint Gervais deux particuliers envers lesquels par des tours de cartes et autres subtilités ils ont escroqué les deniers comptants et autres effets »[791]. Le Châtelet, dans sa sentence du 31 août 1769, les condamne

> « à être attachés au carcan dans la place du Pré Saint Gervais un jour de marché et y demeurer depuis quatre heures jusque six heures ayant chacun écriteaux devant et derrière portant ces mots, savoir ledit Brunet de Castelle : escroqueur, et ladite Auclair : escroqueuse, ce fait bannis pour neuf ans de la ville, prévôté et vicomté de Paris, leur a été enjoint de garder leur ban sous les peines portées par les déclarations du roi, condamnés en outre chacun en trois livres d'amende envers le roi à prendre sur leurs biens, défense leur a été faite de se retirer en aucun cas même après le temps de leur ban expiré dans cette ville de Paris, faubourgs et banlieue d'icelle, ni à la suite de la cour sous les peines portées par lesdites déclarations »[792].

Le Parlement de Paris, par son arrêt en date du 6 septembre 1769, confirme la sentence de première instance pour les deux accusés.

---

789 *Ibid.*

790 Arch. Nat. X^{2B} 1.059, affaires n° 340, 428 et 505 : Pierre Coursier, René Giraud et Jean-Jacques Marye, arrêt du 12 février 1778. Voir partie I, titre III, chapitre 3, section 1, § 2 ; voir aussi partie II, titre I, chapitre 1, section 1, § 1 ; chapitre 2, section 2, § 2.

791 Arch. Nat. X^{2B} 1.042, affaires n° 313 et 473 : Alexandre-Urbain Brunet de Castel et Geneviève Auclair, arrêt du 6 septembre 1769.

792 *Ibid.*

Rappelons que Jacques Grandvarlet et Antoine-Christian Klée sont poursuivis devant le Châtelet pour un jugement à l'extraordinaire. La sentence est rendue le 15 janvier 1777, et ils sont condamnés pour des escroqueries

> « à être attachés au carcan pendant trois jours consécutifs, savoir le premier à la Place Maubert, le second à la place du Palais Royal, et le troisième à la Place de Grève, et y demeurer depuis midi jusqu'à deux heures ayant chacun un écriteau devant et derrière portant ces mots {Excroq public}, ce fait bannis chacun pour neuf ans de *la ville, prévosté et vicomté* de Paris, *condamnés chacun en trois* livres d'amende envers le Roi à prendre sur leurs biens, à eux enjoint de garder leur ban, sous les peines portées par les déclarations du roi, deffenses à eux faites de se retirer en aucun cas, même après le temps de leur bannissement expiré, dans la dite ville, faubourgs et banlieue de Paris »[793].

Le Parlement de Paris, par son arrêt en date du 10 juin 1777, confirme la sentence de première instance[794].

Mentionnons enfin l'affaire Pecques qui montre qu'il n'est pas toujours évident de connaître tous les protagonistes de l'histoire. Ainsi, le marchand fripier de Saint-Quentin Pierre Pecques est mis en cause avec

> « deux quidams dont un grand âgé d'environ 40 ans, portant perruque, vêtu d'un habit gris blanc avec redingote, chapeau uni, et l'autre moins grand et n'ayant que cinq pieds et trois pouces, âgé d'environ trente ans portant ses cheveux châtain en bourse, habit usé, l'un desquels se nomme François, accusés absents et contumax et encore contre deux quidams dont un âgé d'environ 28 à 30 ans, grand, haut environ de cinq pieds et demi, blond, beau de visage, grands cheveux blonds sans bourse vêtu d'un habit blanchâtre, veste et culotte noire ayant un chapeau [...], des bas blanchâtres, le second âgé au plus de 24, 25 ans, assez beau de visage, brun, ayant la barbe et les cheveux noirs bien frisés en bourse, aussi accusés absents et contumax »[795].

Le Châtelet, puis le Parlement de Paris se contentent de condamner Pierre Pecques à neuf années de galères, les deux autres faisant l'objet d'une contumax.

Il n'est donc pas toujours évident de poursuivre et réprimer de façon équitable une coaction.

---

[793] Arch. Nat. Y 10.372, affaire n° 31 : Jacques Grandvarlet, sentence du 15 janvier 1777, jugement à l'extraordinaire. Voir partie II, titre I, chapitre 2, setion 1, § 2 ; titre II, chapitre 1, section 1, § 2 ; chapitre 2, section 1, § 1.

[794] Arch. Nat. X^{2B} 1.057, affaire n° 435 : Jacques Grandvarlet, arrêt du 10 juin 1777. Voir partie *II*, titre I, chapitre 2, setion 1, § 2 ; titre II, chapitre 1, section 1, § 2 ; chapitre 2, section 1, § 1.

[795] Arch. Nat. X^{2B} 1.009, affaire n° 524 : Pierre-Léonard Pecques, arrêt du 22 décembre 1751.

- La complicité d'escroquerie

Les magistrats doivent encore distinguer l'auteur principal des complices. Le complice est celui qui prend part au délit, au crime d'un autre, par un accord secret. Le radical latin *complex* exprime bien la difficulté à démêler l'écheveau de l'organisation. Le droit contemporain considère comme complice d'un crime ou d'un délit, la personne qui, sciemment, par aide ou assistance, en a facilité la préparation ou la consommation. Est également complice la personne qui par don, promesse, menace, ordre, abus d'autorité ou de pouvoir, aura provoqué une infraction ou donné des instructions pour la commettre[796].

Les juridictions du ressort du Parlement de Paris durant le siècle des Lumières ont souvent, avec une très grande précision, distingué les complices des coauteurs. Dans l'affaire Delgies que nous avons citée ci-dessus, le Parlement de Paris, dans son arrêt du 13 décembre 1774, a ainsi précisé que « d'autres, dûment atteins et convaincus d'avoir, par des propos et des démarches concertés avec les susnommés (Legris, Meirand et Laval) et autres leurs complices, secondé et favorisé lesdites escroqueries et filouteries, même d'y avoir participé et d'en avoir tiré du profit »[797].

Les juridictions qualifient désormais nettement la complicité. Ainsi Elisabeth Thomin[798] est-elle condamnée « à deux heures de carcan avec écriteau « complice de prévarications » et à cinq ans de bannissement », tandis que Jacques Badin est « condamné à deux heures de carcan avec écriteau « prévaricateur » et à neuf ans de bannissement » en première instance. En appel, le Parlement de Paris met hors de cour l'auteur principal et, par voie de conséquence, sa complice.

Le bailliage de Riom condamne le 28 janvier 1770 Jacques James « à être exposé deux heures au carcan avec un écriteau « complice d'escrocs » puis banni trois ans »[799]. Sa peine est confirmée en appel par le Parlement de Paris dans un arrêt du 29 mai 1770. Les auteurs principaux de cette escroquerie sont jugés bien plus sévèrement, puisque Pierre Lamy et Jean-Baptiste Meynier sont condamnés en première instance chacun à trois années de galères, après avoir été exposés deux heures au carcan avec un écriteau « escrocs ». Cette sentence est confirmée en appel.

Enfin, Catherine Lefèvre connaît un sort bien moins funeste, en tant que complice, que celui réservé à Jean-Baptiste Pellerin, le principal auteur de

---

[796] *Code pénal*, articles 121-6 et 121-7.

[797] Arch. Nat. X^{2B} 1.051, affaires n° 364, 370, 386, 396, 475, 483 et 508 : Jean-André Delgies, Jean-Esprit Desmares, Marie-Alexandrine Dupont, Joseph Fayeux, Blaise Le Comte, Jean-Baptiste Legris et Jacques Meirans, arrêt du 13 décembre 1774. Voir partie I, titre III, chapitre 3, section 1, § 2.

[798] Arch. Nat. X^{2B} 1.011, affaires n° 271 et 573 : Jacques Badin et Elisabeth Thomin, arrêt du 30 septembre 1752. Voir partie I, titre II, chapitre 1, section 1, § 2.

[799] Arch. Nat. X^{2B} 1.043, affaires n° 450, 464 et 512 : Jacques James, Pierre Lamy et Jean-Baptiste Meynier, arrêt du 29 mai 1770. Voir partie I, titre II, chapitre 3, section 1, § 2.

l'escroquerie consistant à avoir, « à l'aide de lettres ou ordres par lui fabriqués et faussement signés du nom de personnes de la connoissance de plusieurs marchands de différentes professions chez lesquels il s'est introduit, escroqué chez un des marchands les marchandises mentionnées »[800]. En effet, le Châtelet, dans sa sentence du 27 juillet 1760, décharge Catherine Lefèvre des plaintes et accusations contre elle intentées, tandis qu'il condamne Jean-Baptiste Pellerin « à trois jours de carcan, l'épaule droite flétrie par un fer chaud formant les lettres GAL puis envoyé aux galères pour neuf ans »[801]. Si en appel, la sentence est confirmée pour Jean-Baptiste Pellerin, Catherine Lefèvre, quant à elle, est mise hors de cour par le Parlement de Paris dans son arrêt du 13 août 1752.

La psychologie de chaque escroc, et les faits qui lui sont reprochés, ont donc été appréhendés, précisés et nuancés. Lorsque les escrocs agissent de concert, leur plan d'action apparaît dans leur capacité à s'organiser. La ruse et l'habitude de commettre ensemble des actes répréhensibles caractérisent leurs agissements, et rendent d'autant plus difficile leur jugement.

§ 2 - Réitération et récidive : précédents et casier judiciaire

L'escroc peut certes commettre un acte unique, mais il lui est toujours loisible, s'il n'est pas pris, de tenter une réitération. Comment la société se prémunit-elle alors contre un tel risque de récidive ?

- La réitération

Nombreuses sont les affaires d'escroquerie où les juridictions ont elles-mêmes indiqué que le ou les auteurs des faits agissaient dans le cadre d'une multitude de passages à l'acte. La réitération peut alors les caractériser. L'escroc, même primaire, peut être suspecté d'avoir déjà commis des faits de même nature mais restés inconnus, ou bien est poursuivi dès la première affaire pour des faits multiples.

Prenons le cas de Pierre-Michel Billot, condamné le 7 avril 1773 par le Châtelet, puis par le Parlement de Paris, pour avoir commis « une multitude combinée et fort réfléchie d'escroqueries consécutives »[802]. Le Châtelet le condamne même à porter un écriteau où il est indiqué « escroc d'habitude envers les marchands », et cette décision est confirmée le 28 avril 1773 en appel.

---

[800] Arch. Nat. X^{2B} 1.028, affaires n° 478 et 527 : Catherine Lefèvre et Jean-Baptiste Pellerin, arrêt du 13 août 1762. Voir partie II, titre I, chapitre 2, section 1, § 2 ; voir aussi titre II, chapitre 1, section 1, § 2 et chapitre 3, section 2, § 2.
[801] *Ibid.*
[802] Arch. Nat. X^{2B} 1.048, affaire n° 291 : Pierre-Michel Billot, arrêt du 28 avril 1773. Voir partie I, titre II, chapitre 3, section 1, § 1 ; voir aussi partie II, titre I, chapitre 1, section 3, § 1.

Jean-André Delgies, Jean-Esprit Desmares, Marie-Alexandrine Dupont, Joseph Fayeux, Blaise Le Comte, Jean-Baptiste Legris et Jacques Meirand sont condamnés pour « une multitude de filouteries et d'escroqueries par eux pratiquées dans Paris, ses environs et même en province »[803].

Certains auteurs sont déjà connus en raison de leurs précédents. Tous n'ont pas bien sûr commis des escroqueries, mais ils n'en sont pas moins de véritables délinquants.

Tel est le cas de François-Guillaume Marseille, « défendeur et accusé, prisonnier es prisons de la conciergerie du palais à Paris, appelant de la sentence rendue sur ledit procès le 20 avril 1779 »[804]. Il a été jugé par le bailliage de Beauvais, qui a motivé sa décision en considérant que Marseille était « notoirement mal famé, redouté dans le pays par ses menaces, violences, mauvais comportements et mauvaise conduite ». C'est ainsi qu'il est condamné pour avoir

> « escroqué sous de faux prétextes et de faux exposés divers effets et sommes d'argent de différents particuliers tant en ladite ville que dans les villages circonvoisins, notamment six francs de Jean Marie Michel, trois livres du sieur Dante de Boiquennoy, 25 sous de la dame veuve Dufour, 3 livres douze sous des seigneurs de Troissereux, trois livres du sieur curé de Saint Jacques, 3 livres d'Angot, meunier, 44 sous de la fermière de Vallois, quelques sommes d'argent du sieur principal du collège, 25 sous du sieur curé de Therdonne, 6 livres 3 sous du sieur curé de Berneuil, une hache à Jean Baptiste Thiré, meunier, un mail au nommé Vacquerie, teinturier, un sac à la femme Désesquelles, d'avoir tenté d'escroquer trois livres du sieur Parent receveur de Frocourt qui l'a forcé de les restituer, de l'argent ou autres effets au sieur curé de Trodenc l'Evêque, à la demoiselle Héré et au sieur Héré son père, d'avoir fait divers écots et dépenses dans des auberges et d'en être parti sans payer, notamment chez Lormier, cabaretier à Saint Antoine et chez Duhamel cabaretier à Warluis, d'avoir le 28 juin 1774 à l'entrée de la nuit insulté des particuliers qui buvaient de l'eau de vie chez un épicier et d'avoir ensuite été les attendre dans le cimetière de Saint Jacques où il les aurait de nouveau insultés et aurait tiré son couteau pour les en frapper violemment, soupçonné d'avoir aussi escroqué sous faux prétexte 3 livres au sieur curé de Montherlant, d'autres sommes d'argent et d'autres effets à divers particuliers »[805].

En répression, la juridiction de première instance applique François-Guillaume Marseille

---

[803] Arch. Nat. X^{2B} 1.051, affaires n° 364, 370, 386, 396, 475, 483 et 508 : Jean-André Delgies, Jean-Esprit Desmares, Marie-Alexandrine Dupont, Joseph Fayeux, Blaise Le Comte, Jean-Baptiste Legris et Jacques Meirans, arrêt du 13 décembre 1774.
[804] Arch. Nat. X^{2B} 1.063, affaire n° 501 : François-Guillaume Marseille, arrêt du 30 août 1779.
[805] *Ibid.*

« au carcan pendant l'espace de deux heures sur la place publique de la ville de Beauvais en chacun des deux jours ordinaires de marché avec écriteau portant ces mots : escroc et affronteur, et à être ensuite banni pendant 9 ans de l'étendue du bailliage et siège présidial de Beauvais. Il lui a été enjoint de garder son ban sous les peines portées par la déclaration du roi du 31 mai 1682, qui lui seraient données à entendre, il a été condamné en outre en trois livres d'amende envers le roi et il a été dit que ledit jugement serait imprimé jusqu'à concurrence de 200 exemplaires et affiché par tout où besoin serait ».

En appel, le Parlement de Paris, dans son arrêt du 30 août 1779, complète la décision des premiers juges en faisant défense « audit François-Guillaume Marseille de plus à l'avenir récidiver sous peine de punition corporelle »[806].

L'objectif est clair : il convient de lutter contre la répétition d'actes de délinquance, et notamment de délinquance financière. Il est vrai que, pas plus hier qu'aujourd'hui, les auteurs d'infractions multiples ne sont en odeur de sainteté. Claude-Joseph de Ferrière, ancien Avocat au Parlement, doyen des docteurs-régents de la Faculté de Droit de Paris, précise ainsi en 1771 que

« ceux qui sont derechef convaincus de vol, après avoir été repris de justice pour raison de larcin non qualifié, doivent être pendus, quand même la chose volée seroit de peu de valeur. Cependant, on ne les condamne ordinairement qu'au fouet et à la fleur de lys qu'on ne leur applique que sur les épaules. Aussi, le mal n'est pas plutôt passé, qu'ils sont aussi effrontés qu'auparavant »[807].

La tentation est donc grande pour les criminalistes de réprimer très sévèrement ceux qui réitèrent les infractions, qu'elles aient été commises dans le passé ou qu'elles soient poursuivies de façon groupée. Les juridictions de jugement font preuve de beaucoup plus de mesure, mais motivent leurs décisions en fonction des précédents et de la multitude des infractions commises.

- La récidive

La récidive se définit, en théorie, comme une cause d'aggravation de la peine résultant pour un délinquant de la commission d'une seconde infraction dans les conditions précisées par la loi, après avoir été condamné définitivement pour une première infraction. En droit moderne, la récidive est dite générale ou spéciale selon qu'elle existe pour deux infractions différentes ou seulement pour deux infractions semblables ; elle est dite perpétuelle ou temporaire selon qu'elle existe

---

[806] *Ibid.*

[807] Claude-Joseph de Ferrière, *Dictionnaire de droit et de pratique*, Paris, Brocas libraire, 1771, p. 804.

quel que soit le délai qui sépare les deux infractions, ou seulement si la seconde infraction est commise dans un certain délai qui court à compter de l'expiration de la première peine.

Jousse, dans son *Traité de la justice criminelle*, nous présente la récidive comme une condition d'aggravation de l'infraction et de sa sanction. Il explique :

> « La récidive du vol est punie plus sévèrement que le premier vol. L'article IV de la Déclaration du 4 mai 1724, porte : « que ceux et celles qui, après avoir été condamnés pour vol, ou flétris de quelque autre crime que ce soit, se trouveront convaincus de récidive en crime de vol, ne pourront être condamnés à moindre peine que, savoir, les hommes aux galères à temps ou à perpétuité ; et les femmes à être de nouveau flétries d'un double V ; si c'est pour récidive de vol, ou d'un simple V, si la première flétrissure a été encourue pour autre crime, et enfermées à temps, ou pour leur vie dans les maisons de force ; le tout sans préjudice de la peine de mort, s'il y échet suivant l'exigence des cas »[808].

Observe-t-on l'application de ce principe d'aggravation dans la jurisprudence du Parlement de Paris ? Il faut nuancer la position de Jousse. Jean Fournereau[809] est ainsi condamné le 13 décembre 1759 par le Châtelet au carcan en place de Grève avec écriteaux portant la mention « escroc » et est banni cinq ans de la ville, prévôté et vicomté de Paris. Il est en outre condamné à verser trois livres d'amende envers le roi, la sentence devant être lue, publiée et affichée dans les rues et faubourgs de Paris. Or, si le Parlement de Paris relève que défense doit être faite à Jean Fournereau de récidiver et caractérise donc celle-ci, paradoxalement, l'arrêt est bien plus doux, puisque Fournereau est simplement condamné à être admonesté, à ne plus récidiver et à verser trois livres d'aumônes pour les prisonniers de la Conciergerie du Palais.

La défense de récidiver devient alors une véritable condamnation, prenant la forme dans le dispositif d'une « défense lui est faite de récidiver », bien davantage qu'elle ne constitue une aggravation de la peine. Nous trouvons ainsi sur la période 1700-1790, 17 arrêts rendus par le Parlement de Paris qui mentionnent expressément comme condamnation la défense faite de récidiver[810], tous entre 1760 et 1790.

---

[808] Jousse, *Traité de la justice criminelle*, Paris, Debure père libraire, 1771, t. IV, p. 171.

[809] Arch. Nat. X^{2B} 1.023, affaire n° 403 : Jean Fournereau, arrêt du 19 janvier 1760. Voir partie I, titre II, chapitre 3, section 1, § 1.

[810] Ces 17 défenses de récidives concernent les accusés suivants :
Arch. Nat. X^{2B} 1.024, affaire n° 547 : Jean Regnault, arrêt du 5 septembre 1760.
Arch. Nat. X^{2B} 1.041, affaire n° 491 : François-Nicolas Lévêque, arrêt du 23 février 1769.
Arch. Nat. X^{2B} 1.041, affaire n° 492 : Simon Lévêque, arrêt du 23 février 1769.
Arch. Nat. X^{2B} 1.047, affaire n° 434 : Jean-Baptiste Graincourt, arrêt du 22 octobre 1772.
Arch. Nat. X^{2B} 1.051, affaire n° 283 : Charles Belin, arrêt du 22 septembre 1774.

La deuxième conséquence de l'existence, ou tout du moins du risque, d'une récidive consiste dans toutes les mesures destinées à marquer le corps et à assurer la publicité de la condamnation.

> « On marquait autrefois au front, en France, les larrons d'un fer chaud où était gravé le mot *FUR* (voleur en latin). Celui qui portait cette marque d'ignominie était appelé l'homme aux trois lettres. À partir de 1742, on les flétrit de la marque V. Ceci pour reconnaître les récidivistes »[811].

Cette extériorisation de la décision de justice est parfaitement illustrée par l'affaire Marie La Croize, veuve Touret, condamnée par la sénéchaussée de Lyon le 31 janvier 1759 à trois jours de carcan en place publique avec écriteaux « voleuse et diseuse de bonnes sentences », puis battue et fustigée de verges, flétrie d'un V sur l'épaule droite[812]. La sentence est confirmée par le Parlement de Paris le 9 mars 1759.

Quant à François-Philippe Delasalle, il est condamné par le bailliage de Montdidier le 16 juillet 1772 « à être battu et fustigé nu de verges par l'exécuteur de la haute justice dans les carrefours et lieux accoutumés de la ville de Montdidier, ayant écriteau devant et derrière portant les mots « filou et escroc sur les routes », flétri d'un fer chaud formant la lettre V sur l'épaule dextre »[813]. En appel, le Parlement de Paris, par son arrêt en date du 3 septembre 1772, demande à être plus amplement informé.

Arch. Nat. X^{2B} 1.051, affaire n° 476 : Jean-Baptiste Le Dain, arrêt du 22 septembre 1774.
Arch. Nat. X^{2B} 1.052, affaire n° 551 : Théodore Roquelaure, arrêt du 16 janvier 1775.
Arch. Nat. X^{2B} 1.062, affaire n° 547 : Jean Regnault, arrêt du 19 février 1779.
Arch. Nat. X^{2B} 1.062, affaire n° 563 : Nicolas Sener, arrêt du 19 février 1779.
Arch. Nat. X^{2B} 1.063, affaire n° 501 : François Marseille, arrêt du 30 août 1779.
Arch. Nat. X^{2B} 1.067, affaire n° 630 : Marie de Sainte-Marie, arrêt du 7 avril 1781.
Arch. Nat. X^{2B} 1.067, affaire n° 643 : Jeran-Baptiste Dufresne, arrêt du 7 avril 1781.
Arch. Nat. X^{2B} 1.070, affaire n° 683 : Michelle Leroy, arrêt du 17 juillet 1782.
Arch. Nat. X^{2B} 1.070, affaire n° 727 : Jean Sarrazin, arrêt du 17 juillet 1782.
Arch. Nat. X^{2A} 1.077, affaire n° 667 : Etienne Hudelot, arrêt du 1er juillet 1785.
Arch. Nat. X^{2A} 1.077, affaire n° 693 : Louis Margueron, arrêt du 1er juillet 1785.
Arch. Nat. X^{2A} 1.080, affaire n° 593 : Pierre Aufranc, arrêt du 28 décembre 1786.

[811] J.-B. Denisart, *Collection des décisions de jurisprudence*, Paris, 1771, t. IV, p. 872.

[812] Arch. Nat. X^{2B} 1.021, affaire n° 458 : Marie La Croize veuve Touret, arrêt du 9 mars 1759. Voir partie I, titre III, chapitre 2, section 1, § 2 ; voir aussi partie II, titre I, chapitre 1, section 1, § 1 et chapitre 2, section 2, § 1.

[813] Arch. Nat. X^{2B} 1.047, affaire n° 360 : François-Philippe Delasalle, arrêt du 3 septembre 1772. Voir partie I, titre III, chapitre 3, section 1, § 2 ; voir aussi partie II, titre I, chapitre 2, section 2, § 2.

Rappelons que, le 7 avril 1773, le Châtelet condamne Pierre-Michel Billot au carcan pour une durée de trois jours, avec écriteau devant et derrière portant ces mots : « escroc d'habitude envers les marchands »[814].

Les condamnés portent ainsi sur eux leur casier judiciaire dont la lisibilité est immédiate. La publicité des décisions est constante, puisque les condamnés sont exposés aux carrefours et places principales de la ville, siège de la juridiction, avec carcan et écriteau. Ils sont également fouettés en public. L'objectif est clair : il s'agit de faire peur et donc de dissuader. Il faut dénoncer et condamner, par une mention spéciale, ceux qui multiplient les infractions et récidivent en tant qu'escrocs. L'objectif est aussi d'avertir le public de manière à ce qu'il se méfie de ces individus.

Section 2. Poursuites et plus amplement informés

Réprimer implique aussi, pour les magistrats, de choisir entre une condamnation ferme, un plus amplement informé ou une mise hors de cour. Or les condamnations pénales et les réparations civiles ne sont encourues que si l'information prouve la culpabilité de l'escroc. Rappelons que les magistrats peuvent aussi prononcer un blâme ou une admonestation, l'un et l'autre étant plus sévères, surtout le blâme, que le hors de cour, et correspondant à une condamnation.

§ 1 - Information et plus amplement informé

Il appartient à l'information judiciaire de donner toute sa validité à l'enquête et d'apporter les preuves suffisantes pour que les juridictions puissent valablement se prononcer. Deux étapes marquantes sont à examiner : d'une part l'information, d'autre part les conséquences d'un prononcé de plus amplement informé.

- Information

L'information appartient aux hommes de la police et aux magistrats.

Dans ses *Tableaux de Paris*, Louis-Sébastien Mercier décrit ces hommes de police et les méthodes qu'ils emploient. « C'est une masse de corruption, que la Police divise et partage en deux. De l'une, elle en fait des espions, des mouchards ; de l'autre, des satellites, des exempts, qu'elle lâche ensuite contre les filous, les

---

[814] Arch. Nat. X^{2B} 1.048, affaire n° 291 : Pierre-Michel Billot, arrêt du 28 avril 1773. Voir partie I, titre II, chapitre 3, section 1, § 1 ; voir aussi partie II, titre I, chapire 1, section 3, § 1 et titre II, chapitre 3, section 2, § 2.

escrocs, les voleurs, et à peu près comme le chasseur ameute les chiens contre les renards et les loups »[815].

De célèbres lieutenants généraux de police se sont fait connaître et ont permis aux enquêtes d'aboutir avec succès. Citons ainsi Gabriel Tachereau de Baudry, Nicolas-Jean-Baptiste Ravol d'Ombreval, René Hérault, mais encore Gabriel-Nicolas de La Reynie, Marc-René de Voyer, marquis d'Argenson, (1652-1721), lieutenant général de police, qui fut aussi garde des Sceaux de 1718 à 1720, et enfin, M. Lenoir. Leurs méthodes reposent essentiellement sur le renseignement. « L'inquisition ministérielle avoit mis ses sentinelles à la porte de toutes les salles, et des écouteurs dans tous les cabinets. »[816].

Les victimes viennent se plaindre, car elles font désormais confiance au système judiciaire. Ainsi, Jean-François Marchand, Nicolas Soulié et Jacques Borelly se rendent chez le sieur De la Villegaudin, conseiller du Roi, inspecteur de police. Ils veulent déposer plainte, car ils se prétendent victimes de Constantin Varoxa[817], comme nous l'avons vu. L'affaire apparaît suffisamment sérieuse pour que l'inspecteur de police conduise les plaignants auprès de Michel-Pierre Guyot, avocat au Parlement, conseiller du Roi et commissaire au Châtelet de Paris. Ce dernier, lors de la comparution des trois victimes, reçoit leurs doléances, le dimanche 27 mai 1759 à huit heures du soir. L'information est ouverte.

Pierre Chenon, également conseiller du Roi et commissaire au Châtelet a été, quant à lui, saisi à la requête du procureur du Roi, en l'espèce par une ordonnance du lieutenant criminel rendue sur les conclusions de M. le Procureur du Roi en suite de l'expédition de la dite plainte. Il a diligenté une information « au sujet des vols et escroqueries par eux faits aux nommés Briet, sa femme et autres, contenus en leurs plainte et déclaration du quatorze août mil sept cent cinquante neuf »[818].

L'importance de cette phase d'information ne peut qu'être soulignée. Le procureur du roi et son lieutenant criminel poursuivent l'action publique et rendent compétent pour l'instruction judiciaire le commissaire du roi. C'est sur les conclusions de cette enquête que les juges du ressort du Parlement de Paris peuvent ou non retenir la responsabilité pénale de tel ou tel escroc et définir la peine la plus adaptée à prononcer.

---

[815] Louis-Sébastien Mercier, *Tableaux de Paris*, t. I, chap. LXI : « Hommes de la police ».
[816] *Ibid.*
[817] Arch. Nat. Y 10.224, affaire n° 15 : Constantin Varoxa, sentence du 30 décembre 1760, jugement à l'extraordinaire. Voir partie I, titre III, chapitre 3, section 1, § 1 ; voir aussi partie II, titre I, chapitre 2, section 2, § 2 ; titre II, chapitre 3, section 1, § 1 ; titre III, chapitre 2, section 1, § 1.
[818] Arch. Nat. Y 10.225, affaire n° 38 : Trinquelaire, sentence du 16 janvier 1761, jugement à l'extraordinaire. Voir partie I, titre II, chapitre 3, section 2, § 1-2 ; voir aussi partie II, titre I, chapitre 1, section 2, § 1 ; chapitre 2, section 1, § 1 ; titre II, chapitre 2, section 1, § 1.

- Plus amplement informé

Les preuves rapportées peuvent apparaître insuffisantes pour caractériser la culpabilité de l'accusé. Pourtant, la nature du crime poursuivi ne permet normalement pas d'ordonner la question préparatoire ; mais lorsque existent trop d'éléments pour absoudre l'accusé et que les magistrats considèrent que des preuves nouvelles seraient susceptibles d'apparaître, ils peuvent ordonner qu'il sera plus amplement informé pendant un certain temps ou indéfiniment.

> « Le plus amplement informé laisse planer un soupçon sur l'accusé qui demeure *in reatu*. Quelquefois, les juges ordonnent en même temps que l'accusé gardera prison pendant un certain temps. En principe, le temps du plus amplement informé expiré, l'accusé présente une requête aux fins d'absolution. Les juges ont alors la possibilité soit d'absoudre l'accusé, soit de rendre un nouveau jugement de plus amplement informé, éventuellement assorti de quelque peine légère »[819].

Deux conséquences sont à tirer de ce jugement interlocutoire. Premièrement, comme le rappelait Pothier, « le jugement de plus amplement informé ne purge pas les preuves qui sont au procès »[820]. Deuxièmement, cette décision judiciaire, qui correspond à la fois à un demi-acquittement et à un supplément d'information, permet la prolongation de l'enquête et, éventuellement, le maintien en détention de l'accusé.

> « La pratique de ces demi-acquittements était ancienne et générale. Nous avons vu que les auteurs de l'Ancien droit ont trouvé l'origine dans la purgation canonique (autrement dit, le serment de l'accusé), imposée par l'Eglise lorsque la culpabilité de l'accusé n'avait pu être démontrée, mais que son innocence demeurait douteuse »[821].

La jurisprudence a alors pu être tentée d'utiliser le plus amplement informé pour maintenir en prison un escroc dont la culpabilité n'était pas suffisamment établie, ou encore pour le bannir, voire l'envoyer aux galères. L'ambiguïté d'un tel châtiment apparaît clairement. Comme l'affirme J.-P. Brissot de Warville, la fonction de l'emprisonnement est double. Il « n'est qu'une précaution, que dans l'autre [cas] il est un châtiment : il devroit donc y avoir deux sortes de prisons »[822]. Yvonne Bongert précise que la notion de prison est à rapprocher du « [...] latin

---

[819] André Laingui et Arlette Lebigre, *Histoire du droit pénal, t. II, La procédure criminelle*, Paris, Cujas, p. 102.
[820] Pothier, *Traité de la procédure criminelle*, éd. de 1821 des *Œuvres* de Pothier, t. XXV, p. 342.
[821] André Laingui et Arlette Lebigre, *Histoire du droit pénal, t. II, La procédure criminelle*, Paris, Cujas, p. 102.
[822] J.-P. Brissot de Warville, *Théorie des Lois criminelles*, Paris, 1781, p. 162.

classique *carcer*[823], et non [du] bas-latin *prisio*, dont le sens premier est celui de prise, d'arrestation. Ce n'est que par extension que le mot en est venu à signifier le droit de saisir quelqu'un, puis l'état de privation de liberté et l'édifice destiné à recevoir les détenus ».

L'usage du plus amplement informé peut alors simplement s'avérer une solution de facilité et ne pas avoir en droit de véritable sens juridictionnel, surtout lorsqu'il permet d'emprisonner et de continuer l'enquête. Mais cet usage peut être paradoxal. Ne peut-on en effet soutenir que si la preuve est insuffisante, il apparaît difficile de conserver en prison un accusé après une première décision judiciaire constatant l'insuffisance de preuves ? À la fin de l'Ancien Régime, le débat est apparu au grand jour. En effet, si l'article 4 du titre XX de l'*Ordonnance criminelle* semblait exclure la pratique du plus amplement informé, puisqu'il déclarait : « après la confrontation des témoins, l'accusé ne pourra plus être reçu en procès ordinaire ; mais sera prononcé définitivement sur son absolution ou sa condamnation », son usage est resté constant. Aussi Lamoignon, lors des Conférences, interrogea-t-il Pussort sur son abrogation éventuelle. « Pussort répondit par la négative, car il y avait deux manières de prononcer, outre la condamnation : « l'une, l'absolution ; et l'autre, le plus amplement informé »[824].

C'est en fait l'abus de courtes peines, c'est-à-dire de courtes détentions, qui peut poser problème et non le plus amplement informé proprement dit. Comme l'explique d'Aguesseau dans une lettre du 4 janvier 1739 :

> « Ou la preuve d'un crime est complète, ou elle ne l'est pas : dans le premier cas, il n'est pas douteux qu'on doit prononcer la peine portée par les ordonnances : mais dans le dernier cas, il est aussi certain qu'on ne doit prononcer aucune peine, et qu'on ne peut ordonner que la question ou un plus amplement informé, suivant la nature des crimes et le genre des preuves »[825].

---

[823] Yvonne Bongert, « Quelques aspects de la prison au XVIIIe siècle », *Études dédiées à la mémoire de Gérard Dehove*, Paris, PUF, 1982, p. 70 : « La notion fait aussi référence au latin classique *cavea*, enceinte où sont renfermés des animaux, cage (l'adjectif *caveatus* signifiant emprisonné, enfermé), qui donnera en vieux français gaiolle, gayolle, gueole… et enfin geôle. Voir sur cette étymologie F. Gaffiot, *Dictionnaire latin*, *s.v. cavea*, Du Cange, *s.v. cavea* et Godefroy *s.v. geôle*. Le mot *cage* continuera d'ailleurs à être utilisé en ce sens comme le prouve un poème du XVe siècle, publié par Pierre Champion : « Le Prisonnier desconforté ». Denisart, au XVIIIe siècle, se souviendra encore de cette étymologie dans sa *Collection de décisions nouvelles et de notions relatives à la jurisprudence actuelle*, Paris, 1773, t. III, *s.v.* Prison. En vieux français, c'est le mot « chartre » qui correspondait au latin *carcer* ».

[824] Jousse, *Procès-verbal des conférences tenues par ordre du roi, pour l'examen des articles de l'ordonnance civile du mois d'avril 1667 et de l'ordonnance criminelle du mois d'août 1670*, Paris, 1776, p. 232, cf. André Laingui et Arlette Lebigre, *op. cit.*, p. 102.

[825] D'Aguesseau, Lettre du 4 janvier 1739, in *Œuvres*, t. VIII, p. 96.

Or, l'escroquerie est tellement complexe et difficile à appréhender que les magistrats du ressort du Parlement de Paris ont fréquemment recours à des sentences ou des arrêts de plus amplement informé. Rappelons que le Parlement y a largement recours, quelle que soit l'infraction, dès lors que les preuves lui paraissent insuffisantes (par exemple, en cas d'homicide, d'infanticide, etc.). Dans ces derniers domaines, les juridictions de première instance ne le prononcent que tout à fait exceptionnellement, leurs juges étant « juges de rigueur », c'est-à-dire qu'ils condamnaient souvent, y compris à mort, sans trop d'états d'âme.

En effet, de 1700 à 1790, 73 arrêts du Parlement de Paris prononcent des plus amplement informés, ce qui représente 15,3 % des décisions en appel.

Nous pouvons encore constater que le plus amplement informé est principalement prononcé après 1720. Les décisions deviennent significatives dès les années 1740, puisque nous avons trouvé trois sentences de plus amplement informé dans le ressort du Parlement de Paris de 1740 à 1749 et, en appel, 2 arrêts de ce type ont été rendus par le Parlement de Paris pendant la même période considérée. Mais c'est surtout à partir de 1760 que nous observons une augmentation substantielle de ce type de décision. Ainsi de 1760 à 1769, 15 sentences prononcent un plus amplement informé dans le ressort du Parlement de Paris et 17 arrêts durant la même période rendent un plus amplement informé. Entre 1770 et 1779, nous trouvons encore 22 sentences de première instance qui prononcent un plus amplement informé, et 21 arrêts en appel qui l'ordonnent. Enfin, de 1780 à 1790, 20 décisions de première instance rendent un plus amplement informé et le Parlement de Paris prononce en appel 19 plus amplement informés. En d'autres termes, il est facile de constater qu'à partir de 1760, les juridictions font preuve d'une très grande prudence lorsque les charges leur paraissent insuffisantes pour prononcer une culpabilité alors que le doute subsiste.

Que cela signifie-t-il ? Les affaires ont-elles une importance de plus en plus grande ? L'Ancien Régime finissant, les débats politiques commencent-ils à entrer dans les prétoires et à semer le trouble dans les esprits des juges ?

Une opinion commence à se faire entendre, comme l'affirme J.-P. Brissot de Warville : « Toute peine qui ne sera pas proportionnée au délit, seroit donc une atrocité, pas même utile à l'État »[826].

La jurisprudence rendue dans le ressort du Parlement de Paris exprime-t-elle une telle inquiétude ?

Nicolas Belisle, marchand de vin de 42 ans, se voit convoqué devant la Chambre des vacations du Châtelet, le 19 octobre 1747, par le Lieutenant criminel, à la requête de Guillemette Lenard, femme de Jacques Ogier, marchande lingère et de Pierre-Claude Henry, maître tapissier, demandeurs et accusateurs. Mais la

---

[826] J.-P. Brissot de Warville, *Théorie des lois criminelles*, Paris, 1781, p. 130.

juridiction considère ne pas pouvoir statuer valablement sur les plaintes qui lui sont présentées, car elle se trouve insuffisamment renseignée sur la réalité des faits. En conséquence de quoi, elle prononce un plus amplement informé pendant six mois, « pendant lequel temps il garderait prison »[827]. Le Parlement de Paris, statuant en appel le 26 octobre 1747, « met les parties hors de cour et de procès ».

Jean-Pierre Hersitz[828], sans état, et Charles-François-Romain Deschamps, commis voyageur pour les négociants, sont jugés par le Châtelet le 23 janvier 1779, et sont déclarés coupables. Sont également poursuivis Nicolas Sener et Jean Regnault, tous deux valets de chambre. La juridiction de jugement de première instance n'est pas en revanche convaincue par les éléments d'information en ce qui concerne ces deux derniers complices. Aussi dit-elle « qu'avant faire droit définitivement sur les plaintes et accusations intentées contre lesdits Nicolas Senet et Jean Regnault, il serait plus amplement informé pendant six mois des faits mentionnés au procès, et cependant qu'ils seraient relaxés et mis en liberté à la charge de se représenter »[829].

En appel, le Parlement de Paris, dans son arrêt en date du 19 février 1779, confirme les condamnations de Deschamps et Hersitz. Il n'en va pas de même pour les décisions de plus amplement informé, puisque la haute juridiction se contente d'ordonner qu'il est désormais « fait défense auxdits Nicolas Senet et Jean Regnault de plus à l'avenir récidiver sous peine de punitions corporelles »[830].

Qu'observe-t-on ? La juridiction de première instance veut, avec rigueur, pouvoir décider de la culpabilité des auteurs et complices d'une escroquerie. En cas de doute, elle opte pour la poursuite de l'information par une décision de plus amplement informé et une mise en liberté. La Parlement de Paris préfère, en l'espèce, trancher et interdire, si besoin était, à Sener et Regnault de récidiver, tout en rendant une décision définitive. En tout état de cause, les magistrats tentent de proportionner les sanctions aux charges existantes et à leurs doutes.

Louis Moutier, étudiant en chirurgie, Jean Du Clas, dit Saint Aubin, ci-devant clerc de procureur, Jean-Baptiste Gougelot, garçon marchand de vin, Hugues Thévenin, maître sellier et Jean-Charles Séruzier, lui aussi étudiant en chirurgie, sont poursuivis devant le Châtelet à la requête du substitut du procureur général du roi, qui rend sa sentence le 16 avril 1779, sur des faits de détournement et d'escroquerie de cabriolet et de redingote[831]. La culpabilité des accusés est

---

[827] Arch. Nat. X^{2B} 1.001, affaire n° 140 : Nicolas Belisle, arrêt du 26 octobre 1747.

[828] Arch. Nat. X^{2B} 1.062, affaires n° 367, 444, 547 et 563 : Charles Deschamps, Jean-Pierre Hersitz, Jean Regnault et Nicolas Sener, arrêt du 19 février 1779. Voir partie II, titre III, chapitre 1, section 1, § 2.

[829] *Ibid.*

[830] *Ibid.*

[831] Arch. Nat. X^{2B} 1.063, affaires n° 379, 433 et 518 : Du Coy, Jean-Baptiste Gougelot et Louis Moutier, arrêt du 13 juillet 1779.

retenue en première instance, sauf pour Jean-Baptiste Gougelot, dont il est dit « qu'il serait plus amplement informé pendant six mois sur les faits mentionnés au procès et cependant, attendu sa longue détention, qu'il serait relaxé et mis en liberté à la charge de se représenter »[832]. Le Parlement de Paris, en appel, se contente de confirmer cette décision, mais limite son application à trois mois.

La jurisprudence fait donc preuve à la fois de prudence et de rigueur dans l'appréciation de la juste répression. Le doute profite toujours aux accusés, lorsque des charges demeurent mais semblent néanmoins insuffisantes pour prononcer une culpabilité entière : le choix des juges se porte alors sur une décision de plus amplement informé, ce qui leur permet également d'ordonner éventuellement de courtes périodes de détention en prison, comme celle de la Conciergerie du Palais de Paris.

Mais quid lorsque, à l'expiration du plus amplement informé, de nouvelles charges ne se sont pas révélées ? L'accusé est-il mis en liberté si la sentence ou l'arrêt ne l'a pas prévu ? Nous n'avons pas trouvé de décisions judiciaires nous permettant de répondre précisément à cette question. Mais il est évident qu'à l'expiration de la période de détention, l'accusé lavé de tout soupçon bénéficie d'une levée d'écrou par absence de titre de détention. L'affaire ne revient pas devant le Parlement, puisqu'il n'y a justement pas de charge nouvelle.

§ 2 - Mise hors de cour, condamnation pénale et réparations civiles

Tout système judiciaire n'est valable que s'il est capable d'acquitter, c'est-à-dire de passer outre les poursuites du procureur et les preuves qui lui sont présentées, pour conclure à l'innocence. Mais quand faut-il mettre hors de cour ou condamner pénalement ? Comment réparer éventuellement le préjudice causé ?

- Mise hors de cour et condamnations pénales

Il est intéressant d'examiner, sur l'ensemble des 477 accusations pour des faits d'escroquerie renvoyées devant les juridictions du ressort du Parlement de Paris, la part de décisions qui finalement mettent hors de cour, voire déchargent de toute accusation.

Il existe une grande différence entre la décharge de l'accusation et le hors de cour. L'accusé « déchargé de l'accusation » est considéré comme étant complètement innocent de l'infraction pour laquelle il était poursuivi. Il peut donc se retourner contre son accusateur et lui demander des dommages et intérêts.

L'accusé mis hors de cour n'est pas considéré comme pleinement innocent. Un doute subsiste sur sa culpabilité, même s'il est mis en liberté et ne peut plus être poursuivi pour l'infraction dont il était chargé. C'est pourquoi il ne lui est pas

---

[832] *Ibid.*

possible de se retourner conre son accusateur pour lui demander des dommages et intérêts : on estime en effet que celui-ci n'avait pas agi de manière inconsidérée.

Nous trouvons ainsi 62 arrêts du Parlement de Paris, entre 1700 et 1790, prononçant des mises hors de cour[833], ce qui représente 13 % des décisions en appel.

---

[833] Ces 62 arrêts du Parlement prononçant des mises hors de cour sont :
Arch. Nat. X^{2B} 915, affaire n° 114 : Henry Pitet, arrêt du 2 janvier 1706.
Arch. Nat. X^{2B} 938, affaire n° 86 : Etienne Le Roy, arrêt du 23 juillet 1717.
Arch. Nat. X^{2B} 946, affaire n° 27 : Antoine Charlain, arrêt du 14 août 1721.
Arch. Nat. X^{2B} 946, affaire n° 57 : Jacques Gaultier, arrêt du 14 août 1721.
Arch. Nat. X^{2B} 946, affaire n° 94 : Margueritte, arrêt du 14 octobre 1721.
Arch. Nat. X^{2B} 949, affaire n° 17 : Jean-Louis Bourguet, arrêt du 18 février 1723.
Arch. Nat. X^{2B} 949, affaire n° 33 : Louis de Goudin, arrêt du 18 février 1723.
Arch. Nat. X^{2B} 949, affaire n° 38 : Joseph de Sabran, arrêt du 18 février 1723.
Arch. Nat. X^{2B} 956, affaire n° 187 : Françoise Dupuis, arrêt du 14 août 1725.
Arch. Nat. X^{2B} 967, affaire n° 194 : Didier Fossoyeur, arrêt du 13 octobre 1730.
Arch. Nat. X^{2B} 984, affaire n° 137 : Jacques Barat, arrêt du 27 avril 1739.
Arch. Nat. X^{2B} 988, affaire n° 200 : Didier Gano, arrêt du 18 mai 1741.
Arch. Nat. X^{2B} 992, affaire n° 147 : Biancolettes de Bois-Morand, arrêt du 20 avril 1743.
Arch. Nat. X^{2B} 993, affaire n° 153 : Jacques Borry, arrêt du 20 août 1743.
Arch. Nat. X2B 993, affaire n° 221 : Thérèse Le Noir, arrêt du 20 août 1743.
Arch. Nat. X^{2B} 1.001, affaire n° 140 : Nicolas Belisle, arrêt du 26 octobre 1747.
Arch. Nat. X^{2B} 1.011, affaire n° 271 : Jacques Badin, arrêt du 30 septembre 1752.
Arch. Nat. X^{2B} 1.011, affaire n° 573 : Elisabeth Thomin, arrêt du 30 septembre 1752.
Arch. Nat. X^{2B} 1.015, affaire n° 423 : Marie Gilbert, arrêt du 21 octobre 1755.
Arch. Nat. X^{2B} 1.020, affaire n° 406 : André Froment, arrêt du 25 octobre 1758.
Arch. Nat. X^{2B} 1.020, affaire n° 437 : Louis Groustel, arrêt du 25 octobre 1758.
Arch. Nat. X^{2B} 1.020, affaire n° 465 : Anne Langlois, arrêt du 25 octobre 1758.
Arch. Nat. X^{2B} 1.022, affaire n° 265 : Charles-Denis Annet, arrêt du 7 décembre 1759.
Arch. Nat. X^{2B} 1.024, affaire n° 369 : Jacques Desmarais, arrêt du 8 octobre 1760.
Arch. Nat. X^{2B} 1.026, affaire n° 400 : Charles Flateau, arrêt du 14 juillet 1761.
Arch. Nat. X^{2B} 1.028, affaire n° 407 : René Fromentin, arrêt du 7 septembre 1762.
Arch. Nat. X^{2B} 1.028, affaire n° 478 : Catherine Lefèvre, arrêt du 13 août 1762.
Arch. Nat. X^{2B} 1.028, affaire n° 560 : Jacques Saude, arrêt du 31 août 1762.
Arch. Nat. X^{2B} 1.033, affaire n° 477 : Christophe Le Duc, arrêt du 20 juin 1765.
Arch. Nat. X^{2B} 1.046, affaire n° 339 : Anne Cotte, arrêt du 21 janvier 1772.
Arch. Nat. X^{2B} 1.046, affaire n° 388 : Jean-René Durand, arrêt du 27 juin 1772.
Arch. Nat. X^{2B} 1.047, affaire n° 337 : Antoine Cornier, arrêt du 22 octobre 1772.
Arch. Nat. X^{2B} 1.047, affaire n° 446 : Louis Hosselet, arrêt du 3 septembre 1772.
Arch. Nat. X^{2B} 1.051, affaire n° 328 : Benoist Chatelain, arrêt du 7 septembre 1774.
Arch. Nat. X^{2B} 1.051, affaire n° 343 : Marie-Rose Cuisinot, arrêt du 22 septembre 1774.
Arch. Nat. X^{2B} 1.051, affaire n° 475 : Blaise Le Comte, arrêt du 13 décembre 1774.
Arch. Nat. X^{2B} 1.052, affaire n° 484 : Anne-Antoinette Le Lois, arrêt du 24 janvier 1775.
Arch. Nat. X^{2B} 1.056, affaire n° 393 : François Duval, arrêt du 15 avril 1777.
Arch. Nat. X^{2B} 1.057, affaire n° 585 : Marguerite Vidard, arrêt du 14 juillet 1777.
Arch. Nat. X^{2B} 1.058, affaire n° 381 : André Dudilien, arrêt du 3 décembre 1777.
Arch. Nat. X^{2B} 1.062, affaire n° 356 : Marie-Françoise Delalance, arrêt du 6 mars 1779.

En première instance, cette proportion est moindre, puisque seulement 5,66 % des décisions rendues se prononcent pour une mise hors de cour, soit 27 cas au total.

Il nous faut encore analyser ces résultats. Regardons par exemple la décennie 1720-1729. Deux poursuites se terminent devant les juridictions de première instance par des mises hors de cour, et 7 en appel. Entre 1730 et 1739, la proportion est identique entre la première instance et l'appel, puisque seulement deux affaires à chaque fois se terminent par une mise hors de cour. Entre 1740 et 1749, 3 mises hors de cour sont ordonnées en première instance, et 5 en appel. Les juridictions commencent à s'enhardir dans leur appréciation des éléments constitutifs de l'escroquerie, puisque entre 1750 et 1759, 3 mises hors de cour sont prononcées en première instance, et 7 en appel. Entre 1760 et 1769, 4 mises hors de cour sont encore ordonnées en première instance, et 6 en appel. Puis, entre 1770 et 1779, 10 mises hors de cour sont recensées en première instance, et 14 en appel. Enfin, entre 1780 et 1790, seulement 3 mises hors de cour sont ordonnées en première instance, tandis qu'en appel, il y en a 19. Cette observation montre nettement que la tendance est à une plus stricte interprétation des preuves et des éléments constitutifs de l'infraction.

Le Parlement de Paris confirme ainsi, le 18 février 1723, la mise hors de cour de Louis de Goudin[834], préalablement prononcée en première instance au Châtelet.

Didier Gano[835] interjette appel de la sentence du Châtelet par laquelle il est condamné au principal à être fouetté de verges et à être banni trois ans. Bien lui en prend, car le Parlement de Paris, dans son arrêt du 18 mai 1741, le met hors de cour.

En revanche, Pierre-Antoine Lemoine[836] a été mis hors de cour par le Châtelet. Le lieutenant général interjette appel et le Parlement de Paris reconsidère

---

Arch. Nat. X^{2B} 1.062, affaire n° 528 : Antoine-Auguste Perrard, arrêt du 16 avril 1779.
Arch. Nat. X^{2B} 1.063, affaire n° 308 : Jean Bourgeois, arrêt du 28 août 1779.
Arch. Nat. X^{2B} 1.068, affaire n° 681 : Louis-Clovis Lemaire, arrêt du 24 juillet 1781.
Arch. Nat. X^{2B} 1.069, affaire n° 684 : Pélagie Leroy, arrêt du 15 février 1782.
Arch. Nat. X^{2B} 1.070, affaire n° 596 : Jean Bajourdan, arrêt du 5 octobre 1782.
Arch. Nat. X^{2B} 1.070, affaire n° 660 : René Girault, arrêt du 3 octobre 1782.
Arch. Nat. X^{2B} 1.070, affaire n° 622b : François Chame, arrêt du 5 octobre 1782.
Arch. Nat. X^{2B} 1.074, affaire n° 669 : Michel Jacquelin, arrêt du 30 mars 1784.
Arch. Nat. X^{2A} 1.080, affaire n° 702 : Jean Moreau, arrêt du 23 septembre 1786.
Arch. Nat. X^{2A} 1.085, affaire n° 718 : François Pottier, arrêt du 21 mars 1789.
Arch. Nat. X^{2A} 1.089, affaire n° 608 : Jean Bourmot, arrêt du 8 juillet 1790.

[834] Arch. Nat. X^{2B} 949, affaire n° 33 : Louis de Goudin, arrêt du 18 février 1723. Voir partie II, titre II, chapitre 2, section 2, § 1.

[835] Arch. Nat. X^{2B} 988, affaire n° 200 : Didier Gano, arrêt du 18 mai 1741.

[836] Arch. Nat. X^{2B} 1.027, affaire n° 487 : Pierre-Antoine Lemoine, arrêt du 7 mai 1762.

le 7 mai 1762 les éléments de culpabilité, au point de décider qu'il convient de bannir au principal durant neuf ans ce marchand de 63 ans.

Cette illustration rapide des cas de mise hors de cour démontre la parfaite indépendance de la magistrature en cette matière, dans le ressort du Parlement de Paris. Que cela soit en première instance ou en appel, chaque juridiction apprécie librement les preuves fournies par l'accusation et la défense et surtout par le lieutenant général, avant de se prononcer dans la plus grande rigueur intellectuelle. Les éléments sont alors constitués ou non, l'accusé doit-il ou pas en être déchargé ?

- Condamnation pénale et réparations civiles

Poursuivre pénalement satisfait l'action publique. Les victimes sont bien sûr associées au procès, mais elles peuvent en outre souhaiter recevoir des réparations civiles.

Jousse explique, à propos des peines considérées par rapport aux juges, qu'il convient de distinguer les peines publiques des peines privées.

Les peines publiques sont composées d'une part des peines ordinaires. Elles « sont celles qui sont déterminées par la loi ou par l'usage pour les crimes qu'il s'agit de punir »[837]. D'autre part, « les peines extraordinaires sont d'autres peines moindres qui s'infligent pour les mêmes crimes, par des raisons de tempérament ou d'équité, tirées en des circonstances particulières qui rendent ces crimes plus excusables ; ou du défaut de preuve suffisante »[838].

De façon générale, Jousse nous explique que ces peines publiques « sont celles qui se prononcent pour la réparation de l'intérêt, ou de l'ordre public offensé ; et ces premières se prononcent ou d'office par les juges, ou sur la réquisition de la partie publique »[839]. Il ne faut pas les confondre avec les peines privées, « celles qui se prononcent par les juges sur la requête de la partie civile, pour la réparation du tort et dommage qui lui a été causé »[840].

Or le préjudice peut être appréhendé de façons multiples par la dupe. Il peut résulter d'un dommage matériel, comme la perte d'un bien ou d'une situation professionnelle par exemple, mais également d'un dommage moral, comme la souffrance, l'atteinte à la considération, au respect de la vie privée, dont aurait eu à souffrir la victime par le fait de l'escroc. Toute réparation, tout dommage et intérêts, correspondrait alors à une évaluation monétaire compensatoire du dommage subi par la dupe.

---

[837] Jousse, *op. cit.*, t. I, p. 38.
[838] *Ibid.*
[839] *Ibid.*
[840] *Ibid.*

Les juridictions pénales auraient alors non seulement à se prononcer sur la culpabilité et la répression du coupable, mais aussi sur l'évaluation civile de la réparation à accorder aux victimes en raison des agissements de l'escroc.

Que trouve-t-on sur ces questions civiles dans la jurisprudence criminelle de la juridiction du Parlement de Paris de 1700 à 1790 ?

De nombreuses requêtes sont présentées au lieutenant criminel du Châtelet, dans le procès qui l'oppose à Jean-Louis Bourguet, Louis de Goudin, Joseph de Sabran, Julie-Hippolyte-Geneviève Huberte de Fontenu et Mathieu Lassus[841]. Analysons-les.

Une première requête est présentée à la juridiction le 14 novembre 1722. Louis de Goudin, baron de Boizeron, en profite pour solliciter de voir le Châtelet condamner

> « ledit Ageron et Butigny solidairement en 20 000 livres de réparation envers ledit de Goudin avec tous les dépens aussi solidairement leur faire défense de plus à l'avenir récidiver sous plus grande peine sauf au substitut du procureur général du Roy à prendre telles autres conclusions qu'il croirait bon d'être »[842].

Le Châtelet ne statue sur ces requêtes qu'après s'être prononcé sur la culpabilité. Il ne rend aucune décision avant-dire droit sur ces demandes. Sa sentence en date du 23 décembre 1722 ne clôt cependant pas le contentieux. Appel est en effet interjeté devant le Parlement de Paris. Les requêtes se multiplient donc, d'autant que, par respect du principe du contradictoire, toutes les parties en ont connaissance.

Voici ainsi celle présentée

> « par ledit Mathieu Lassus audit lieutenant criminel du Châtelet le seize dudit mois de novembre audit an 1722 à ce qu'il lui fut donné acte de ce que pour moyen d'atténuation contre le prétendu décret, déposition des témoins, recollement et confrontation d'iceux, il employait le contenu en ladite requête en conséquence qu'il serait déchargé de la téméraire et calomnieuse accusation contre lui intentée par ledit Ageron et pour y parvenir il lui fut permis de faire assigner ladite de Fontenu pour voir dire qu'elle serait tenue d'intervenir en l'instance contre lui calomnieusement intentée par ledit Ageron et de prendre son fait et cause, attendu qu'il n'avoit agi que par ses ordres qu'aux risques, périls, fortunes, frais et dépens, dommages et intérêts tels que de raison dont ladite de Fontenu serait tenue ; il poursuivrait à l'encontre dudit Ageron sa décharge sauf ses dommages et intérêts soufferts et à souffrir, il lui fut permis de produire par emploi, par production

---

841 Arch. Nat. X^{2B} 949, affaires n° 17, 33, 38, 68 et 78 : Jean-Louis Bourguet, Louis de Goudin, Joseph de Sabran, Julie-Hippolyte-Geneviève Huberte de Fontenu et Mathieu Lassus, arrêt du 18 février 1723. Voir *supra*.

842 *Ibid.*

nouvelle les pièces énoncées en ladite requête, en conséquence procédant au jugement du procès lui adjuger ses faits et conclusions sous préjudices de ses autres demandes, droits et actions »[843].

Est encore signifiée

« la requête présentée au lieutenant criminel du Châtelet le 18 novembre 1722 par ledit Joseph de Sabran à ce qu'il lui fut donné acte de ce qu'il employait pour écriture et production le contenu en ladite requête en conséquence qu'il fut déchargé de la fausse et calomnieuse accusation contre lui formée, condamne ledit Ageron en mille livres de réparation, dommages, intérêts et dépens et que défense lui serait faite de plus à l'avenir récidiver sous plus grande peine aux dépens, au bas est l'ordonnance dudit juge portant acte de l'emploi »[844].

Est encore présentée au lieutenant criminel du Châtelet la requête de Jean-Honoré Artault

« ledit jour 18 novembre 1722 à ce qu'il lui fut donné acte de ce qu'il employait pour écriture et production le contenu en ladite requête en conséquence le décharge de la fausse et calomnieuse accusation contre lui formée avec réparation d'honneur, ledit Ageron condamné en outre en dix mille livres de réparation civile dommages et intérêts et aux dépens lui fait défense de plus à l'avenir récidiver sous plus grande peine au bas de l'ordonnance portant acte de l'emploi »[845].

Nous trouvons encore la requête présentée par Julie-Hippolyte-Geneviève Huberte de Fontenu

« audit lieutenant criminel du Châtelet le 22 dudit mois de novembre audit an 1722 à ce qu'elle fut déchargée de la fausse et calomnieuse accusation contre elle intentée, déclare nulle la transaction passée à Longjumeau entre Lassus porteur de sa procuration et ledit Ageron, lui donne acte de ce qu'elle produit le décret décerné contre Ageron à Marseille le condamne solidairement avec Butigny à déclarer en l'audience que c'est méchamment et à tort qu'ils lui ont imputé les cas mentionnés au procès dont ils lui demandent pardon et à la justice, ordonne qu'ils mettront acte semblable au greffe et que l'écrou fait de sa personne sera rayé et biffé partout où il se trouvera registré comme nul, injurieux, tortionnaire et déraisonnable, qu'à cet effet les prisons lui seront ouvertes, à la faire sortir tous geôliers et greffiers contraints par corps quoi faisant déchargés, condamne ledit

[843] *Ibid.*
[844] *Ibid.*
[845] *Ibid.*

Ageron et Butigny solidairement et par corps en tous les dépens dommages et intérêts de ladite de Fontenu pour lesquels elle se restreint de la somme de 250 000 livres, lui permettre de faire imprimer et afficher la sentence qui interviendrait partout où besoin lui semblerait sauf et sous préjudice à tous autres droits et actions qu'elle se réserve expressément pour se pourvoir là ainsi que bon lui semblera »[846].

Pour compliquer le tout, le lieutenant criminel reçoit la requête présentée par Jean-François-Tobie Ageron, le 9 décembre 1722, où il sollicite

« qu'il lui fut donné acte de ce que pour faits et conclusions civiles, écriture et production sur les poursuites extraordinaires faites à sa requête tant contre ladite de Fontenu que les autres accusés, il employait le contenu en ladite requête avec les pièces jointes et celles qui sont au greffe, faisant droit sur le tout, déclarer ladite de Fontenu dûment atteinte et convaincue d'avoir par mauvaises voies extorqué et retenu le billet de 200.000 livres signé dudit Ageron et daté du 9 juillet 1720 sans en avoir jamais fourni aucune valeur, déclarer ledit billet nul et de nul effet, ordonne qu'il sera rendu audit Ageron, à ce faire ladite de Fontenu contrainte par corps, la condamne pour raison de ce en 20.000 livres de réparation et intérêts civils au payement desquels elle sera pareillement contrainte par toutes voies même par corps, et en tous les dépens, en ce qui concerne les plaintes et accusations au sujet de l'enlèvement fait de sa personne le 26 août dernier, déclarer la contumace poursuivie tant contre l'huissier Duc de Foye, que contre les nommés Depresle, Lecomte, Guillaume de Laverdure, Vauvillières et Petit, en conséquence déclare lesdits Duc de Foye, et les six particuliers, ensemble lesdits de Fontenu, Boizeron, Lassus, Bourguet, Sabran et Artault atteints et convaincus d'avoir sans ordre ni pouvoir enlevé et fait enlever ledit Ageron à la Porte Saint Denis le 26 août dernier, neuf heures du matin, de l'avoir conduit et fait conduire d'abord à Longjumeau, dans l'Hostellerie du Sauvage et ensuite à Arpajon, dans celle des Singes Verts et de l'y avoir retenu trois jours et trois nuits enfermé et enchaîné avec une chaîne de fers, et de l'avoir forcé par violence, à signer tant l'acte en forme de transaction du 29 août 1722 que les trois billets déposés au greffe dont deux de 5.000 livres et un de 10.000 livres tous signés dudit Ageron et datés à Paris du 25 août 1722 : déclare la saisie et revendication desdits billets bonne et valable ; déclare lesdits billets ensemble l'acte en forme de transaction du 29 août 1722 nul et de nul effet, ordonne que lesdits billets seront rendus audit Ageron à quoi faire les greffiers contraints, quoi faisant ils en demeureront bien et valablement déchargés. Condamne lesdits Duc de Foye, huissier, Depresle, Lecomte, Guillaume de Laverdure, Vauvillières, Petit, Fontenu, Boizeron, Lassus, Bourguet, Sabran et Artault solidairement en 50.000 livres d'intérêts et réparations civiles et en tous les dépens aussi solidairement. Condamne Boizeron en particulier à demander pardon audit Ageron en présence de douze personnes telles

[846] *Ibid.*

qu'il voudra les choisir, des injures qu'il a proférées contre lui et ordonne que la sentence qui interviendrait serait lue, publiée et affichée partout où besoin sera sauf au substitut du procureur général du Roy à prendre pour l'intérêt public telles conclusions qu'il croirait bon être, et au surplus il lui fut donné acte de ce qu'il employait toutes les pièces étant au greffe concernant lesdites poursuites faites à sa requête contre ladite de Fontenu, ledit Boizeron et autres accusés et en conséquence lui adjuge ses conclusions »[847].

En réaction est enfin présentée une nouvelle requête de Louis de Goudin, le 17 décembre 1722, où il demande qu'il « lui fût donné acte de ce qu'il emploie pour réponses à la requête dudit Ageron le contenu en ladite requête, ce qu'il a dit dans la précédente requête, en conséquence lui adjuge les faits et conclusions par lui prises avec réparation et des dommages et intérêts proportionnés à l'injure considérable qui lui a été faite en l'arrêtant à mains armées après avoir cassé et brisé ses portes quoi qu'il n'y eut aucune résistance et par rapport à sa longue détention, au bas est l'ordonnance portant acte de l'emploi »[848].

Une fois étudiés les différents mémoires et requêtes échangés en réponse entre les parties, il convient encore de noter la requête présentée par Jean-Louis Bourguet, le 15 février 1723, par laquelle il souhaite voir prononcer la « décharge de la téméraire accusation contre lui rendue et condamne ledit Ageron aux dépens et en 10.000 livres d'amendes de dommages et intérêts attendu le tort considérable qu'il a souffert de cette calomnieuse accusation injuste ou en telle autre somme qu'il plaira à la Cour arbitrer »[849].

La Cour, dans son arrêt en date du 18 février 1723, reçoit le procureur général du roi dans son appel *a minima* et, « sans s'arrêter aux lettres de rescision obtenues par ladite de Fontenu le quinze du présent mois de février, à sa demande d'entérinement d'icelle et ses autres requêtes et demandes dont elle est déboutée et sans avoir égard aux requêtes »[850], réexamine les faits et entre en voie de condamnation. Finalement, elle ordonne que les condamnés aient à s'exécuter, en précisant de nouveau qu'elle se prononce « sans s'arrêter aux requêtes ».

Pierre Tisson, gentilhomme du sieur marquis de Manciny, Didier Fossoyeur, marchand de grains pour la provision de Paris et Estienne Gruet, marchand de vin à Paris, sont mis hors de cour et blâmés par la sentence du Châtelet en date du 26 janvier 1729. Appel est interjeté devant le Parlement de Paris et une requête est présentée par Pierre Tisson le 20 avril 1730, sollicitant que

---

847 *Ibid.*
848 *Ibid.*
849 *Ibid.*
850 *Ibid.*

« il lui fut donné acte de ce que pour quels moyens de nullité et d'atténuation contre la procédure extraordinaire contre lui intentée à la requête dudit Boistel ensemble contre la sentence du 26 janvier 1729 dont est appel, il employait le contenu en ladite requête et les pièces qui sont jointes à ladite procédure extraordinaire, lui permettre de produire et joindre par manière de production nouvelle les pièces y énoncées [...] et au surplus le décharge de ces calomnieuses accusations, déclare en outre ledit Boistel non recevable dans les lettres de rescision par lui prises le 20 novembre 1728, le déboute de l'entérinement d'icelle et de toutes ses demandes, faits et conclusions, le condamne en 20 000 livres de réparations civiles envers ledit Tisson, ordonne que son écrou serait rayé et biffé, que le billet de 2 675 livres du 12 novembre 1726 déposé au greffe du Châtelet lui serait rendu pour en poursuivre le paiement ainsi qu'il aviserait, comme aussi que le billet du 15 mai 1726 aussi déposé au greffe dudit Châtelet ensemble les autres papiers et effets à lui appartenant trouvés sous les scellés apposés dans sa chambre lui seraient rendus, à ce faire les greffiers contraints quoi faisant déchargés »[851].

Le Parlement de Paris statue le 13 octobre 1730 et son arrêt dispose, dans une même formule lapidaire que précédemment, qu'il le fait « sans s'arrêter aux requêtes » et même « en n'ayant aucunement égard aux requêtes » et confirme la sentence du Châtelet.

Les demandes civiles ne sont donc ni analysées ni satisfaites, compte tenu du sens de la décision de la juridiction, se contentant de mettre hors de cour et de blâmer. Elles ne portaient principalement pourtant que sur des demandes de dommages et intérêts en raison de dénonciations calomnieuses et de réparations civiles du préjudice causé.

Il en va tout autrement pour François Petit, un avocat à la Cour jugé en première instance par le Châtelet, où il est condamné le 28 juillet 1764 pour avoir

« après s'être procuré dudit Jean-Baptiste Dacolans de Colonges une lettre de change par une négociation suspecte envers ledit Dacolans de Colonges, des surprises et manœuvres les plus odieuses, singulièrement d'avoir, en se faisant passer pour l'ami dudit Dacolans de Colonges soustrait un exploit qui venait d'être apporté au domicile dudit de Colonges, pour raison de ladite lettre de change et de l'empêcher de se garantir dudit emprisonnement, ce à quoi il était parvenu en attirant ledit Dacolans de Colonges dans une rue de Paris où il l'a fait arrêter à ses côtés et écrouer à la requête d'un prête-nom qui n'aurait pu être trouvé aux différents domiciles indiqués »[852].

---

[851] Arch. Nat. X^{2B} 967, affaires n° 194, 207 et 259 : Didier Fossoyeur, Estienne Gruet et Pierre Tisson, arrêt du 13 octobre 1730.

[852] Arch. Nat. X^{2B} 1.032, affaire n° 530 : François Petit, arrêt du 23 août 1764. Voir partie II, titre II, chapitre 2, section 2, § 1.

Le Châtelet décide en effet de condamner François Petit à réparer civilement son dommage par « deux mille livres de dommages et intérêts par forme de réparations civiles envers ledit Dacolans de Colonges ».

Le Parlement de Paris se contente, par son arrêt en date du 23 août 1764, de confirmer le blâme prononcé en première instance et la réparation civile. Charles Martin et Jacques Delarue[853] sont condamnés au principal à être bannis durant une durée de neuf années, aussi bien par le Châtelet que par le Parlement de Paris dans son arrêt en date du 16 février 1770. Les victimes de leurs agissements sont nombreuses. Chacune présente sa requête. L'arrêt statue de façon non équivoque, en énonçant d'une part que Martin et Delarue sont des escrocs, mais également que pour que soit « fait droit sur les différentes requêtes et demandes données en la cour, tant de la part desdits Charles Martin, Jacques Delarue, Louise Bellanger, sa femme, et Jeanne Lepois, accusés, que de celle de Tricot, Pierre Grignon et Jean Alexandre Fortin, les renvoie à se pourvoir à fins civiles ainsi qu'ils aviseront bon être, par devant les juges qui en doivent connaître »[854].

Ainsi, le Parlement de Paris considère-t-il dans ce cas d'espèce que les réparations civiles doivent être disjointes de l'action publique et qu'elles relèvent de la compétence d'une chambre civile.

Cette position n'est cependant pas commune. Ainsi est jugé Joseph Cayen, en premier ressort par le bailliage d'Auxerre le 26 février 1779, où il est condamné pour s'être enfui de la ville d'Auxerre, non sans avoir

> « emporté des effets et marchandises de différentes espèces appartenant à plusieurs marchands, sans les avoir payés, comme aussi d'avoir escamoté au nommé Bourseneau un écu de six livres chez le sieur Million, cafetier, et en outre d'avoir refusé de rendre au sieur Laroche une somme de dix huit livres qu'il avait emprunté de lui »[855].

Ces faits peuvent recevoir différentes qualifications, comme celles entre autres d'abus de confiance et de vol. Mais la juridiction préfère s'en tenir à celle de « filou et escroc ». Cayen est banni pour trois ans, et doit payer dix livres d'amende envers le roi. Mais il est de surcroît ordonné que

> « les effets et marchandises déposés au greffe du bailliage d'Auxerre seraient rendus à ceux qui les ont réclamés comme à eux appartenants, et que sur l'argent qui était aussi déposé audit greffe, il serait payé auxdits sieurs Million et

---

853 Arch. Nat. X^{2B} 1.043, affaires n° 359 et 502 : Jacques Delarue et Charles Martin, arrêt du 16 février 1770. Voir partie II, titre II, chapitre 3, section 2, § 2.

854 *Ibid.*

855 Arch. Nat. X^{2B} 1.063, affaire n° 320 : Joseph Cayen, arrêt du 21 mai 1779.

Laroche la somme à eux légitimement due, quoi faisant le greffier demeurerait du tout valablement déchargé »[856].

Le Parlement de Paris, statuant le 21 mai 1779 sur l'appel interjeté par Joseph Cayen, ordonne que la sentence portera son plein et entier effet. Les réparations civiles accordées à Million et Laroce sont ainsi confirmées.

Reste à examiner le cas de Clément-Alexandre de Brie-Ferrant, marquis de Belloy, baron de Retz, et de Denis Gauvain, courtier de change de 45 ans, qui ont été jugés par le Châtelet le 20 juillet 1779. Gauvain est accusé, avec la complicité fort discutable de Brie-Ferrant, d'avoir tenté d'escroquer audit marquis cinquante mille livres, « en soutenant faussement qu'il lui en avait fourni et fait fournir la valeur jusqu'à la concurrence de quarante mille livres »[857]. En répression de quoi Gauvain a été banni pour neuf ans de la ville, prévôté et vicomté de Paris, non sans avoir été exposé avec un écriteau portant la mention « proxénète escroc » ; tandis que le marquis du Belloy était déchargé de l'accusation.

Le procureur général fait appel *a minima* de la sentence du Châtelet et le Parlement de Paris rend son arrêt le 20 août 1779. Le Parlement aggrave la condamnation, puisqu'il envoie Denis Gauvain servir les galères du roi pendant cinq ans. Il précise de surcroît qu'il n'accorde pas égard aux requêtes et demandes dudit de Brie-Ferrant. C'est donc de sa pleine autorité qu'il « déclare nul l'écrit en forme d'obligation dressé en l'étude de Gaillard, notaire le douze janvier dernier et non encore signé dudit notaire, ordonne que mention sera faite du présent arrêt en marge dudit écrit ; ordonne pareillement que le contrat d'acquisition du duché de Retz sera remis audit de Brie Ferrant, à ce faire le greffier dépositaire contraint, quoi faisant déchargé. Ordonne en outre que les termes injurieux audit de Brie Ferrant répandus dans le mémoire imprimé, publié sous le nom de Challot et sa femme seront et demeureront supprimés »[858]. Enfin, sur la réparation civile *stricto sensu*, il condamne Gauvain en « mille livres de dommages et intérêts par forme de réparation civile envers ledit de Brie-Ferrant, applicables de son consentement au pain des pauvres prisonniers de la conciergerie du palais et aux dépens des causes principales, d'appel et demandes »[859].

Par conséquent, la jurisprudence criminelle du ressort du Parlement de Paris durant le XVIIIe siècle considère qu'il y a lieu d'indemniser les préjudices

---

856 *Ibid.*
857 Arch. Nat. X^{2B} 1.063, affaire n° 419 : Denis Gauvain, arrêt du 20 août 1779. Voir partie II, titre III, chapitre 1, section 2, § 1.
858 *Ibid.*
859 *Ibid.*

causés par les escrocs, soit exceptionnellement en renvoyant à l'audience civile ce contentieux, soit plus généralement en statuant, après le prononcé de la condamnation pénale, sur les réparations civiles à accorder. Cependant, il faut souligner que si les juges se réservent le droit d'apprécier leur montant, ils ne tiennent que rarement compte de l'ensemble des demandes et requêtes des parties, parce que les accusés n'ont pas été déclarés « déchargés de l'accusation ».

Chapitre 3. L'évolution de la répression

La configuration de l'infraction d'escroquerie est-elle achevée à la veille de la première Révolution française par la jurisprudence?

Un besoin juridique nouveau a en tout cas vu le jour et les magistrats ont fait évoluer leurs décisions en conséquence. Mais celles-ci doivent encore être mises en perspective.

Section 1. L'évolution jurisprudentielle

La qualification moderne de l'escroquerie naît donc en 1791 et se trouve alors systématiquement poursuivie. Comment et pour quels résultats ?

§ 1 - Une répression systématique de l'escroquerie

- La gravité de la répression

Notons pour commencer que les juridictions du ressort du Parlement de Paris prononcent expressément la culpabilité pour escroquerie et entrent en voie de condamnation de façon spécifique.

Les qualifications retenues sont en effet non seulement précises mais aussi caractérisées publiquement comme lors du procès de Pierre Hardy durant lequel il est estimé « duement atteint et convaincu d'avoir escroqué ledit Pauliet... ». Il est condamné au carcan avec écriteau « escroc public » et aux galères à perpétuité. Il fait appel. Devant le Parlement de Paris, il est condamné au carcan avec écriteau « escroc public » et à neuf ans de galères[860].

---

[860] Arch. Nat. X^{2B} 1042 : Affaire n° 442 : Pierre Hardy, arrêt du 1er juillet 1769. Voir partie I, titre I, chapitre 2, section 2, § 2 ; voir aussi partie II, titre II, chapitre 2, section 2, § 1 et chapitre 3, section 2, § 2.

« Première instance : bailliage de Lyon, sentence du 8 février 1769. Vu par la cour le procès criminel fait par le lieutenant criminel de la sénéchaussée de Lyon à la requête du substitut du procureur général du roi audit siège, demandeur et accusateur, contre Pierre Hardy, défendeur et accusé, prisonnier es prisons de la conciergerie du palais à Paris, appelant de la sentence contre lui rendue sur ledit procès le 8 mai 1769, par laquelle ledit Pierre Hardy a été déclaré dûment atteint et convaincu d'avoir fabriqué sous le nom de Comte de Florence dont il se disait faussement domestique plusieurs lettres missives et de change à l'aide desquelles ledit Pierre Hardy a tenté de surprendre plusieurs négociants et marchands de la ville de Lyon et de leur escroquer différentes sortes de marchandises, d'avoir exécuté son projet envers le Sieur Chaix, négociant à Lyon, par lequel il s'est fait délivrer sous la foi desdites lettres les marchandises mentionnées au procès, pour réparation de quoi ledit Pierre Hardy a été condamné à servir le roi sur ses galères à perpétuité en qualité de forçat, avec défense à lui de les désemparer sous les peines portées par les ordonnances dont lecture lui serait faite, ledit Hardy préalablement marqué aux trois lettres GAL sur l'épaule droite avec un fer chaud,

Observons aussi que la pénalité est cohérente. Sont principalement prononcés des envois aux galères, 101 en première instance sur 477 espèces considérées, et 104 en appel, 7 peines d'enfermement en première instance, et 12 peines d'enfermement en appel, enfin des bannissements, 176 prononcés en première instance et 119 par le Parlement de Paris.

Cette répression s'affiche et prend ainsi sa valeur officielle :

> « La cour...condamne ledit Pierre Hardy à être attaché au carcan pendant trois jours consécutifs, savoir le premier jour à la place des Changes, le second à la place des Terreaux et le troisième et dernier jour dans la rue Grivette et chacun desdits jours y demeurer depuis midi jusqu'à deux heures ayant écriteau devant et derrière portant ces mots : fabricateur de fausses lettres de change et missives, et

---

émandant pour les cas résultants du procès, condamne ledit Pierre Hardy à être attaché au carcan pendant trois jours consécutifs, savoir le premier jour à la place des Changes, le second à la place des Terreaux et le troisième et dernier jour dans la rue Grivette et chacun desdits jours y demeurer depuis midi jusqu'à deux heures ayant écriteau devant et derrière portant ces mots : fabricateur de fausses lettres de change et missives, et ledit dernier jour flétri d'un fer chaud en forme des lettres GAL, par l'exécuteur de la haute justice, ce fait conduit es galères du roi pour y être détenu et servir en icelles comme forçat ledit seigneur roi pendant le temps et espace de neuf ans, lui fait défense de se retirer en aucun cas même après le temps de sa condamnation expiré, dans cette ville de Paris, faubourgs et banlieue d'icelle, ni à la suite de la cour sous les peines portées par lesdites déclarations, ordonne que le présent arrêt sera imprimé et affiché dans les lieux accoutumés de la ville de Lyon et partout où besoin sera, et que les effets appartenant audit Chaix lui seront rendus.
Ledit Pierre Hardy condamné en outre à être attaché pendant trois jours au poteau qui serait à cet effet planté, savoir le premier jour à la place des Changes, le second à la place des Terreaux et le troisième dans la rue Grivette et y rester deux heures chaque jour ayant un écriteau portant ces mots : fabricateur de fausses lettres de change et missives, a été ordonné au surplus que ladite sentence serait imprimée et affichée dans tous les lieux accoutumés de la ville de Lyon et que les effets appartenant audit Sieur Chaix lui seraient rendus par le greffier. Ouï et interrogé en la cour ledit Pierre Hardy sur ses causes d'appel et cas à lui imposés Tout considéré

La cour faisant droit sur l'appel a mis et met l'appellation et sentence de laquelle a été appelé au néant, émandant pour les cas résultants du procès, condamne ledit Pierre Hardy à être attaché au carcan pendant trois jours consécutifs, savoir le premier jour à la place des Changes, le second à la place des Terreaux et le troisième et dernier jour dans la rue Grivette et chacun desdits jours y demeurer depuis midi jusqu'à deux heures ayant écriteau devant et derrière portant ces mots : fabricateur de fausses lettres de change et missives, et ledit dernier jour flétri d'un fer chaud en forme des lettres GAL, par l'exécuteur de la haute justice, ce fait conduit es galères du roi pour y être détenu et servir en icelles comme forçat ledit seigneur roi pendant le temps et espace de neuf ans, lui fait défense de se retirer en aucun cas même après le temps de sa condamnation expiré, dans cette ville de Paris, faubourgs et banlieue d'icelle, ni à la suite de la cour sous les peines portées par lesdites déclarations, ordonne que le présent arrêt sera imprimé et affiché dans les lieux accoutumés de la ville de Lyon et partout où besoin sera, et que les effets appartenant audit Chaix lui seront rendus, à ce faire le greffier contraint, quoi faisant déchargé, et pour faire mettre le présent arrêt à exécution, renvoie ledit Pierre Hardy prisonnier par devant le lieutenant criminel de la sénéchaussée de Lyon. Fait en Parlement le premier juillet mille sept cent soixante neuf.

ledit dernier jour flétri d'un fer chaud en forme des lettres GAL, par l'exécuteur de la haute justice… »[861].

L'escroquerie devient donc une infraction autonome sanctionnée comme un vol qualifié d'une réelle gravité.

- Des peines complémentaires

Cependant, la tromperie qui caractérise l'escroquerie nécessite l'administration de peines complémentaires de protection que met en place, de façon très pragmatique, la jurisprudence, illustrant par là également le sérieux de la réaction sociale.

Lors du procès criminel fait par le lieutenant criminel du Châtelet à la requête de Jean François Tobie Ageron[862], la juridiction du Châtelet par sa sentence du 23 décembre 1722 :

> « Ordonne que la transaction passée devant Lhéritier Lejeune, notaire à Arpajon le 29 août 1722, les trois billets montant à 20.000 livres faussement datés du 25 août audit an 1722 et le billet de 200.000 livres du 9 juillet 1720 sont et demeureront nuls, que mention sera faite de ladite sentence sur la minute de ladite transaction, que les trois billets étant au greffe ensemble le billet de 200.000 livres seront rendus audit Jean Ageron à le faire les greffiers criminels et autres dépositaires contraints quoi faisant ils en demeureront bien et valablement quittes et déchargés ».

Le Parlement de Paris, dans son arrêt en date du 18 février 1723, ne tranche pas autrement et

> « ordonne que la transaction passée devant par devant Lhéritier Lejeune, notaire à Arpajon le vingt neuf août mille sept cent vingt deux, les trois billets montant à vingt mille livres faussement datés le vingt cinq août audit an mille sept cent vingt deux et ledit billet de deux cent mille livres du neuf juillet mille sept cent vingt sont et demeureront nuls, que mention sera faite du présent arrêt sur la minute de ladite transaction, que lesdits trois billets étant au greffe ensemble ledit billet de deux cent mille livres seront rendues audit Ageron, à ce faire les greffiers criminels et autres dépositaires seront contraints quoi faisant déchargés ».

La confiscation et la destruction de l'acte incriminé constituent donc un type de sanctions indispensables pour les juges chargés de ce contentieux pénal.

---

[861] Arch. Nat. X^{2B} 1042, affaire n° 442 : Pierre Hardy, arrêt du 1er juillet 1769.Première instance : bailliage de Lyon, sentence du 8 février 1769.
[862] Arch. Nat. X^{2B} 949, affaires n° 17, 33, 38, 68, 78 (même Duclos et François Laisné, arrêt du 8 mai 1702). Voir partie II, titre II, chapitre 2, section 2, § 1.

D'autres peines se déduisent naturellement de la situation juridique créée par l'escroc comme l'interdiction d'exercer telle ou telle profession. Le Parlement de Paris déclare ainsi un coupable « incapable de posséder à l'avenir aucune charge, lui enjoint de se défaire de celle-ci »[863].

L'affichage ou la diffusion de la décision prononcée durant le XVIIIe siècle font partie de la peine principale, même si certaines sentences prononcent ces dispositions plus spécifiquement.

Soulignons que la nécessité de ces peines complémentaires s'est transmise en l'état aux systèmes juridiques ultérieurs.

La législation française la plus contemporaine a confirmé l'utilité de pareille répression. L'article 313.7 prévoit ainsi l'applicabilité de l'interdiction des droits civiques, civils et de famille ; l'interdiction, pour une durée de cinq ans au plus, d'exercer une fonction publique ou d'exercer une activité professionnelle ou sociale dans l'exercice ou à l'occasion d'exercice de laquelle l'infraction a été commise ; la fermeture pour une durée de cinq ans au plus des établissements ayant servi à commettre les faits incriminés ; la confiscation de la chose qui a servi ou était destinée à commettre les faits incriminés ; la confiscation de la chose qui en est le produit à l'exception des objets susceptibles de restitution ; l'interdiction de séjour ; une interdiction pour une durée de cinq ans au plus d'émettre des chèques autres que ceux qui permettent le retrait de fonds par le tireur auprès du tiré ou ceux qui sont certifiés ; l'article 313.8 ajoute l'exclusion des marchés publics pour une durée de cinq ans au plus[864].

L'interprétation moderne donnée est cependant édifiante puisqu'il est soutenu que : « *La liste des peines complémentaires retenues pour l'escroquerie*

---

[863] Arch. Nat. X^{2B} 906 : affaires n° 43 et 75 : François Duclos et François Laisné, arrêt du 8 mai 1702.

[864] Article 313.7 du *Code pénal* : Les personnes physiques coupables de l'un de délits prévus aux articles 313.1, 313.2, 313.4 et 313.6 encourent également les peines complémentaires suivantes : 1) l'interdiction des droits civiques, civils et de famille, suivant les modalités prévues par l'article 131.26 ; 2) l'interdiction, suivant les modalités prévues par l'article 131.27, d'exercer une fonction publique ou d'exercer une activité professionnelle ou sociale dans l'exercice ou à l'occasion de l'exercice de laquelle l'infraction a été commise, pour une durée de cinq ans au plus ; 3) la fermeture, pour une durée de cinq ans au plus, ou de l'un ou de plusieurs établissements de l'entreprise ayant servi à commettre les faits incriminés ; 4) la confiscation de la chose qui a servi ou était destinée à commettre l'infraction ou de la chose qui en est produit, à l'exception des objets susceptibles de restitution ; 5) l'interdiction de séjour, suivant les modalités prévues par l'article 131.31 ; 6) l'interdiction pour une durée de cinq ans au plus, d'émettre des chèques autres que ceux qui permettent le retrait de fonds par le tireur auprès du tiré ou ceux qui sont certifiés ; 7) l'affichage ou la diffusion de la décision prononcée dans les conditions prévues par l'article 131.35.

Article 313.8 : « Les personnes physiques coupables de l'un des délits prévus aux articles 313.1, 313.2 et 313.6 encourent également l'exclusion des marchés publics pour une durée de cinq ans au plus. »

Article 313.9 : « Des personnes morales peuvent être déclarées responsables pénalement [...]. »

manifeste, une fois de plus, la gravité attribuée par la loi à l'infraction, puisque cette liste est beaucoup plus étendue que dans le cas du vol, par exemple »[865].

L'escroquerie apparaît de toute façon plus grave qu'un simple vol, à sa maturité comme durant tout le temps de sa genèse.

§ 2 - Une répression rigoureuse

- Du dol à l'escroquerie

La rigueur de la répression s'explique bien entendu par la duperie de l'escroc. Encore faut-il considérer les éléments constitutifs de l'escroquerie tels qu'ils ont été analysés par la jurisprudence du ressort du Parlement de Paris. Or sont-ils précisément ceux que retiendra le premier législateur de l'escroquerie en 1791 ?

Le 31 août 1769, le Châtelet rend une sentence par laquelle « Alexandre Urbain de Castelle et Geneviève Auclair ont été déclarés dûment atteints et convaincus d'être des escroqueurs et d'avoir en conséquence attiré de concert dans un cabaret au Pré Saint Gervais deux particuliers envers lesquels, par des tours de cartes et autres subtilités, ils ont escroqué les deniers comptants et autres effets »[866].

La juridiction de première instance les condamne en répression :

> « à être attachés au carcan dans la place du Pré Saint Gervais un jour de marché et y demeurer depuis quatre heures jusque six heures ayant chacun écriteaux devant et derrière portant ces mots, savoir ledit Brunet de Castelle : escroqueur, et ladite Auclair : escroqueuse, ce fait bannis pour neuf ans de la ville, prévôté et vicomté de Paris, leur a été enjoint de garder leur ban sous les peines portées par les déclarations du roi, condamnés en outre chacun en trois livres d'amende envers le roi à prendre sur leurs biens, défense leur a été faite de se retirer en aucun cas même après le temps de leur ban expiré dans cette ville de Paris, faubourgs et banlieue d'icelle, ni à la suite de la cour sous les peines portées par lesdites déclarations. A été dit aussi que ladite sentence serait à la diligence du substitut du procureur général du roi imprimée et affichée dans tous les lieux et carrefours accoutumés de la ville, faubourgs et banlieue de Paris, dans les villages de Pantin, Belleville, au Pré Saint Gervais, dans les lieux voisins et partout où besoin serait »[867].

Le Parlement de Paris confirme cette condamnation le 6 septembre 1769 :

---

[865] Michelle-Laure Rassat, *Escroquerie*, Juris-Classeur Pénal. 1996, p. 35.

[866] Arch. Nat. X^{2B} 1042, affaires n° 313 et 473, arrêt du 6 septembre 1769. Voir partie II, titre III, chapitre 2, section 1, § 1.

[867] *Ibid.*

« La cour faisant droit sur l'appel a mis et met l'appellation au néant, ordonne que la sentence de laquelle a été appelé sortira son plein et entier effet, condamne lesdits Geneviève Auclair et Alexandre Urbain Brunet de Castelle en l'amende ordinaire, ordonne que le présent arrêt sera imprimé et affiché dans tous les lieux indiqués par ladite sentence et partout où besoin sera et pour le faire mettre à exécution, renvoie lesdits Auclair et Brunet de Castelle prisonniers par devant le lieutenant criminel du Châtelet »[868].

Le dol est ici constitué par des espérances chimériques qui doivent naître chez la dupe. Mais comment cette dernière est-elle conduite à y croire, si ce n'est par les manœuvres de persuasion de l'escroc qui « attire » ses victimes ?

Le 10 juin 1769, le Châtelet estime que

« lesdits Faucourt et Jean François Le Clerc ont été déclarés dûment atteints et convaincus d'avoir, chez différents marchands épiciers, à l'aide de faux mandats que ledit Jean François Le Clerc avait faussement écrits et signés de noms de personnes connues et accréditées chez lesdits marchands, escroqué les marchandises et épiceries »[869].

En conséquence, la juridiction parisienne les condamne :

« à être attaché chacun à un carcan qui pour cet effet serait planté au carrefour de la Croix Rouge et y demeurer depuis midi jusqu'à deux heures, ayant écriteau devant et derrière portant ces mots : escroc chez des épiciers, ce fait bannis pour neuf ans de la ville, prévôté et vicomté de Paris, à eux enjoints de garder leur ban sous les peines portées par les déclarations du roi qui sont les galères, s'ils sont pris ou rencontrés dans l'étendue de ladite ville, prévôté et vicomté de Paris ou à la suite de la cour, ne gardant pas leur ban. Condamnés en outre en 3 livres d'amende envers le roi à prendre sur leurs biens, défense à eux faite de se retirer en aucun cas même après le temps de leur ban expiré dans cette ville de Paris, faubourgs et banlieue d'icelle ni à la suite de la cour, sous les peines portées par lesdites déclarations du roi, laquelle condamnation à l'égard dudit Faucourt serait transcrite dans un tableau, lequel serait attaché par l'exécuteur de la haute justice à un poteau qui pour cet effet serait planté audit carrefour de la Croix Rouge. Il a été dit en outre que ladite sentence serait à la diligence du substitut du procureur général du roi imprimée et affichée dans tous les lieux et carrefours accoutumés de la ville, faubourgs et banlieue de Paris et partout où besoin serait »[870].

---

868 *Ibid.*

869 Arch. Nat. X^{2B} 1042, Affaire n° 474 : 7 juillet 1769. Voir partie II, titre II, chapitre 3, section 2, § 1.

870 *Ibid.*

Le Parlement n'a pas été convaincu et ordonne le 7 juillet 1769 un plus amplement informé. Les faux écrits n'auraient en effet été que des éléments matériels de manœuvres dolosives des escrocs qu'il faut encore prouver. Elles sont cependant suffisamment probables pour que le Parlement décide qu'il « sera plus amplement informé des faits mentionnés au procès, circonstances et dépendances, pendant six mois contre ledit Jean François Le Clerc, pendant lequel temps il gardera prison, pour l'information faite, rapportée, communiquée au procureur général du roi et vu par la cour être ordonné ce que de raison »[871].

Comment ces manœuvres peuvent-elles être constituées ?

Les escrocs agissent grâce à un usage fallacieux de noms de personnes connues et tentent de faire croire à leur crédit imaginaire. Un tel usage doit, bien sûr, être prouvé. Mais leur action n'est crédible que par la façon dont les escrocs se présentent. Leurs prestations dolosives ajoutent la touche finale à leur mise en scène. Leur passage à l'acte n'est donc rendu possible que si l'on tient compte de l'intégralité de la manœuvre.

La notion de manœuvres frauduleuses est constamment sous-jacente à la qualification répréhensible de l'escroquerie. Mais le législateur préfère-t-il finalement retenir chacun des moyens utilisés ou, dépassant la notion de dol, prendre en compte expressément la notion de manœuvres afin de réprimer l'escroquerie ?

L'enjeu est de taille : comme tous les éléments de l'infraction moderne d'escroquerie sont désormais apparus et identifiés, il convient désormais de les mettre en ordre.

- la sanction des manœuvres frauduleuses

Faut-il conférer une formulation juridique à l'astuce de l'escroc et l'organiser ? Elle est en effet quasi illimitée et perpétuellement innovante. La clairvoyance des magistrats du ressort du Parlement de Paris a été nécessaire pour l'élaboration d'une véritable qualification de cette tromperie pénale.

Pourtant, l'affaire n'était pas simple. L'escroquerie est d'abord un acte positif qui illustre la mauvaise foi de son auteur. Elle ne peut être une abstention, un silence ; une omission aussi coupable soit-elle ne la constitue pas.

L'escroquerie est aussi une infraction complexe. Les manœuvres frauduleuses tendant à déterminer la dupe à procéder à la remise sont étalées dans le temps et parfois dans l'espace.

Rappelons que dans le procès de Jean-Pierre Hersitz mené par le lieutenant de Paris au Châtelet, Hersitz est accusé d'avoir connu un de ses complices, Romain Deschamps, à la prison de Bruxelles puis d'avoir, en se qualifiant faussement de

---

871 *Ibid.*

Baron, « cherché à en imposer à différents marchands de cette ville, qui, le voyant logé dans une maison considérable et avoir à sa suite nombre de commis et de domestiques, crut en la facilité de traiter avec lui et quelques uns même de lui fournir à crédit des marchandises que ledit Hersitz a fait ensuite revendre pour en escroquer la valeur »[872].

L'ensemble de l'opération requiert à la fois beaucoup d'audace et du temps. Néanmoins l'infraction est instantanée dans la mesure où les actes postérieurs à la remise ne doivent pas être pris en compte, alors qu'ils peuvent venir en exécution des promesses.

Enfin, les manœuvres sont difficiles à définir. Les juristes aiment encore à employer le mot « dol », mot générique suffisamment imprécis pour leur laisser le pouvoir d'appréciation

En 1808, la Chambre criminelle de la Cour de Cassation ne dira pas autre chose en indiquant que le dol criminel est constitué par « des faits capables d'égarer la prudence ordinaire, de déconcerter les mesures de prévoyance et de sureté qui, dans l'usage, doivent accompagner les transactions civiles et commerciales »[873]. De fait, le dol est synonyme de manœuvre frauduleuse destinée à tromper.

Que retiendra alors le législateur ? Est-ce l'ancienne notion de dol ou la moderne expression de manœuvres ? Ne préférera-t-il pas les moyens précis de l'escroquerie tels que les recense la jurisprudence ?

Section 2. La mise en perspective : la modernité

Deux étapes marquent l'infraction d'escroquerie : la loi des 19-22 juillet 1791 et la législation moderne.

§ 1 - La loi des 19-22 juillet 1791

- La répression du dol, des faux noms et des fausses entreprises

L'acte de naissance officiel de l'escroquerie date de la loi de l'Assemblée Nationale Constituante des 19 et 22 juillet 1791 sur la police municipale et correctionnelle qui incrimine, pour la première fois, l'escroquerie d'une manière spéciale. Cette loi tranche en faveur de la transition dans la tradition. Elle opte ainsi pour l'usage du dol, et non des manœuvres, ou des moyens incontestables relevés par la jurisprudence tels que l'utilisation de faux noms, de fausses entreprises, de

---

[872] Arch. Nat. X^{2B} 1062 : affaires n° 367, 444, 547 et 563 : Jean Pierre Hersitz, arrêt du 19 février 1779. Voir partie II, titre III, chapitre 1, section 1, § 2 et chapitre 2, section 2, § 1.
[873] Cass crim. 28 mai 1808, *Bull. crim.*, n°111.

crédits imaginaires, ou encore d'espérances et de craintes chimériques qui servent à abuser de la crédulité et à obtenir la fortune[874].

Ainsi le mot de manœuvre n'est-il pas mentionné. Le législateur insiste sur la criminalisation du dol et mentionne certains moyens qui permettent d'escroquer. La répression est désormais textuellement organisée lorsque l'escroquerie est prouvée. Le tribunal de district, après avoir prononcé les restitutions et dommages et intérêts, est autorisé, en application de ce nouvel élément légal, à condamner par voie de police correctionnelle à une amende qui ne pourra excéder cinq mille livres, et à un emprisonnement qui ne pourra excéder deux ans. En cas de récidive, la peine sera double. Tous les jugements de condamnation à la suite des délits mentionnés au présent article, seront imprimés et affichés.

Après la première révolution bourgeoise, s'instaure la Terreur et il émerge comme une urgence absolue la nécessité de financer par le marché le nouveau régime. C'est pourquoi, du 27 au 29 novembre 1793, est pris le *décret relatif à la poursuite des délits d'escroquerie et d'abus de la crédulité* du 7 au 9 frimaire an II, qui confirme l'existence de cette qualification de l'infraction d'escroquerie. La distinction du faux avec le moyen d'usage du faux nom est d'avantage soulignée par l'oralité des manœuvres de l'escroc « à l'aide de faux noms pris verbalement et sans signature »[875].

---

874 Loi des 19 et 22 juillet 1791 :« Ceux qui, par dol, ou à l'aide de faux noms ou de fausses entreprises, ou d'un crédit imaginaire, ou d'espérances et de craintes chimériques, auraient abusé de la crédulité de quelques personnes et escroqué la totalité ou partie de leur fortune, seront poursuivis devant les tribunaux de district ; et, si l'escroquerie est prouvée, le tribunal de district, après avoir prononcé les restitutions et dommages et intérêts, est autorisé à condamner, par voie de police correctionnelle, à une amende qui ne pourra excéder cinq mille livres, et à un emprisonnement qui ne pourra excéder deux ans. [...] En cas de récidive, la peine sera double. [...] Tous les jugements de condamnation à la suite des délits mentionnés au présent article, seront imprimés et affichés ».

875 *Décret relatif à la poursuite des délits d'escroquerie et d'abus de la crédulité*, en date du 7 au 9 frimaire an II (27 au 29 novembre 1793), t. XVI, p. 556.

Article 1 : « Ceux qui, par dol, ou à l'aide de faux noms pris verbalement et sans signature, ou de fausses entreprises, ou d'un crédit imaginaire, ou d'espérances et de craintes chimériques, auroient abusé de la crédulité de quelques personnes, et escroqué la totalité ou partie de leur fortune, seront à l'avenir poursuivis en première instance devant les tribunaux de police correctionnelle, sauf l'appel devant les tribunaux de district, et, à Paris, devant le tribunal d'appel de police correctionnelle.

Art. 2. Les tribunaux de district ou d'arrondissement qui se trouvent actuellement saisis de la connaissance en première instance de quelques uns des délits rapportés en l'article précédent, en continueront l'instruction, et l'appel de leur jugement sera porté devant d'autres tribunaux de district ou d'arrondissement conformément à l'article Ier du titre 5 du décret du 16 août 1790.

Art. 3. Les tribunaux de district ou d'arrondissement connaîtront en première instance de ces mêmes délits, lorsque la plainte en sera incidente à une demande civile de laquelle ils se trouveront saisis ».

L'action publique spécifique contre l'escroquerie est, par conséquent, de droit commun. Le dol civil est définitivement distingué du dol pénal. L'escroquerie est désormais devenue un délit à part entière.

- L'appréciation de l'élément légal

En 1789 est votée la *Déclaration des Droits de l'Homme et du citoyen.* Son article 8 dispose que nul ne peut être puni qu'en vertu d'une loi établie et promulguée antérieurement au délit ; qu'il en résulte la nécessité pour le législateur de définir les infractions en termes suffisamment clairs et précis pour éviter l'arbitraire.

En 1791, l'Assemblée constituante devait donc permettre la répression de l'escroquerie pour la première fois de façon légale. La sanction prévue était alors de deux ans de prison ou quatre ans en cas de récidive. Il n'était pas possible de dépasser ce maximum légal. La jurisprudence de la Cour de Cassation a confirmé depuis ce principe[876].

Mais la peine est-elle suffisamment sévère au regard des pénalités précédemment ordonnées ?

Une réflexion, issue de la philosophie libérale, sur le sens de la peine a, certes, fait évoluer les mentalités. Beccaria en a déjà tracé les principaux traits en se demandant quel est le principal fondement du droit pénal[877]. Mais, en pratique, quels doivent être le caractère et la mesure des peines les plus adaptées ?

Il est désormais établi que la punition doit avoir un triple but : la correction du coupable, la réparation du dommage et l'exemple. Le droit de punir est justifié par la nécessité d'expiation d'une faute. L'appréciation de la sanction la plus juste, qui était déjà la préoccupation constante des juges de l'Ancien Régime, perdure et devient légale : « Ni plus qu'il n'est juste ni plus qu'il n'est utile »[878].

Or cette exigence cumulative de la justice et de l'utilité est riche de conséquences en ce qui concerne les sanctions[879]. Tout comme le choix de la prison comme peine, la modernité impose le choix du *quantum* et de la modération.

Or, si l'escroquerie est grave pour l'économie et la confiance, l'escroc n'apparaît pas dangereux en lui-même.

---

[876] Crim. 19 Déc. 1983 : *Bull.crim.* n°343 ; *D.* 1984, 326, note Chambon, pour l'emprisonnement.

[877] Ce philosophe italien (1738-1794) proposa des réformes juridiques et un adoucissement du droit pénal dans son *Traité des délits et des peines*.

[878] Ortolan, *Éléments de droit pénal*, 4e éd., 1875, p. 93.

[879] Jean Pradel, *Manuel de droit pénal général*, septembre 2000, éditions Cujas, Paris, 2000, p. 94.

§ 2 - La législation moderne

Quelle est, dans ce contexte, l'évolution du régime de l'escroquerie moderne et quelles sont les nouvelles problématiques qui annonce la période contemporaine?

- L'évolution

En 1810, l'œuvre de codification napoléonienne reprend à son compte l'escroquerie dans son fameux article 405. La remise ou la délivrance à l'agent de fonds, meubles, etc... reste le résultat de moyens spécifiques ou du dol qualifié pour la première fois de manœuvres frauduleuses. Mais le nouvel article 405 réprime aussi la tentative. Cependant, « Il situait celle-ci à un stade avancé de l'*iter criminis* : ce n'est qu'après avoir décrit le dol incriminé et évoqué la remise ou la délivrance à l'agent des fonds, meubles, etc. », que le texte poursuivait : « et aura par un de ces moyens escroqué ou tenté d'escroquer la totalité ou partie de la fortune d'autrui »[880].

Pour qu'il y ait tentative, il ne suffisait donc pas que les manœuvres en restent au stade d'actes préparatoires sans que l'agent ait essayé, par des agissements positifs, de se faire remettre l'objet convoité[881].

Cette disposition donna lieu à des controverses, car la distinction n'était pas aisée entre le stade des actes préparatoires et celui du commencement d'exécution. À quel moment basculait-on de l'un à l'autre ? Quelle est la nature de l'acte qui consomme l'infraction ? La Chambre criminelle jugea tout d'abord que l'usage de l'un des moyens incriminés constituait une tentative, mais la Cour suprême, toutes chambres réunies revint, le 29 novembre 1828 sur cette appréciation, considérant que les manœuvres frauduleuses n'étaient qu'actes préparatoires, le seuil du commencement d'exécution n'étant franchi que lors de la remise[882]. Par la loi du 13 mai 1863, le législateur s'efforça, tant bien que mal, de mettre fin à ces incertitudes. La tentative est désormais visée par deux fois : d'abord au stade de la remise par une disposition nouvelle : « se sera fait remettre ou délivrer ou aura tenté de se faire remettre ou délivrer » ; ensuite, à un stade ultérieur tel que résultant des dispositions de 1810 : « et aura par un de ces moyens escroqué ou tenté d'escroquer la totalité ou partie de la fortune d'autrui ».

---

[880] *Code pénal*, 1810, cf. Michelle-Laure Rassat, *op. cit.*, p, 6.

[881] Ainsi il a été jugé qu'il n'y avait pas tentative d'escroquerie dans l'incendie volontaire d'un camion assuré, dès lors que le propriétaire n'avait entrepris aucune démarche auprès de son assureur pour obtenir un remboursement (22 mai 1984 : *Bull. crim.* n. 187 ; *D.* 1984, 602, note Robert ; *Rev. Sc. Crim.* 1985, 63, obs. Vitu). Mais la destruction volontaire du véhicule accompagnée d'une plainte pour vol réalise une tentative d'escroquerie (Crim. 19 avril 1989 : *Dr. Pénal* 1989, n. 12).

[882] Cass. Chambres réunies 29 novembre 1828, *DP* 1828. La Chambre criminelle se rallia alors à ce point de vue bien que, comme le rappelle André Vitu, les chambres réunies l'eussent abandonné par deux fois (20 janvier 1846 : *Bull. crim.*, n°24.- 30 mars 1847 : *DP* 1847, 1, p. 168).

Le rapporteur de la loi de 1863 observait avec subtilité qu'il ne fallait pas confondre « la tentative de se faire remettre des valeurs à l'égal de la tentative d'escroquerie »[883].

Cette loi de 1863 ne lève donc pas toutes les zones d'ombre, bien au contraire. Selon le professeur André Vitu, la loi de 1863 « laissait dans l'obscurité le point de savoir si, désormais, l'accomplissement des manœuvres frauduleuses ou l'usage d'un faux nom ou d'une fausse qualité suffit à constituer le commencement d'exécution »[884].

C'est à nouveau la Chambre criminelle qui, par son interprétation, a décidé que l'usage de l'un des moyens frauduleux incriminés ne constitue, en principe, qu'un acte préparatoire, le seuil du commencement d'exécution n'étant franchi que lorsque l'agent « demande à la victime qu'elle lui remette l'objet convoité »[885].

Cependant, la Cour de Cassation, dès 1820, dans l'arrêt de principe Poirier, a jugé :

> « que les expressions manœuvres frauduleuses, qui ont été substituées dans l'article 405 au mot dol, employé par la loi de 1791, et dont le sens était trop général et trop vague, n'ayant pas elles-mêmes une signification assez précise pour que l'application n'en pût devenir arbitraire, il a été dans la prévoyance du législateur de fixer le cas où cette application devrait être faite, en déterminant dans quel objet ces manœuvres ont dû être employées, pour qu'elles pussent être jugées former une circonstance élémentaire du délit d'escroquerie »[886].

Les rédacteurs du *Code pénal* de 1810 avaient, en effet, tenté d'éviter les inconvénients de l'ancienne rédaction en supprimant le mot « dol » et en le remplaçant définitivement par l'expression manœuvres frauduleuses. L'exposé des motifs de la nouvelle loi l'attestait : « La suppression du mot dol, qui se trouvait dans les deux premières rédactions, ôtera tout prétexte de supposer qu'un délit d'escroquerie existe par la seule intention de tromper »[887]. Comme pour illustrer leurs propos, les législateurs ont inclus l'usage de fausses qualités qui complète formellement la notion d'usage de faux noms.

L'escroquerie était ainsi sortie de ses limbes et se présentait enfin au grand jour dans sa véritable nature. Elle est la tromperie par manœuvres frauduleuses.

L'article 405 du *Code pénal* de 1810 disposait ainsi que :

---

883 *DP* 1863, 4, p. 94.

884 *Droit pénal spécial*, Cujas, 1981.

885 André Vitu, *loc. cit.* – V. Cass. crim., 27 mai 1959 : *Bull. crim.*, n°282 ; *Rev. Sc. Crim.* 1959, p. 842, obs. Légal – V. aussi Cass. crim., 16 février 1983 : *Juris-Data* n° *001030*.

886 Cass., 5mai 1820, Poirier *Bull.* 72, *S. P. chr.*, *D.* vol. 725.

887 *Code pénal* de 1810, exposé des motifs, *Jur. Gén.*,V. « Vol et escroquerie », p. 1111.

« Quiconque, soit en faisant usage de faux noms ou de fausses qualités, soit en employant des manœuvres frauduleuses pour persuader l'existence de fausses entreprises, d'un pouvoir ou d'un crédit imaginaire, ou pour faire naître l'espérance ou la crainte d'un succès, d'un accident ou de tout autre événement chimérique, se sera fait remettre ou délivrer, ou aura tenté de se faire remettre ou délivrer des fonds, des meubles ou des obligations, dispositions, billets, promesses, quittances ou décharges, et aura, par un de ces moyens, escroqué ou tenté d'escroquer la totalité ou partie de la fortune d'autrui, sera puni d'un emprisonnement d'un an au moins et de cinq ans au plus, et d'une amende de 50 francs au moins et de 3000 francs au plus »[888].

L'infraction était devenue une infraction moderne dont la nature complexe et exclusivement pénale faisait un délit autonome.

L'article 405 du *Code pénal* de 1935 aggravait encore les amendes : de 1.000 francs au moins et de 10.000 francs au plus.

Le décret-loi du 8 août 1935 énonçait de surcroît que :

« Si le délit a été commis par une personne ayant fait appel au public en vue de l'émission d'actions, obligations, bons, parts, ou titres quelconques, soit d'une société, soit d'une entreprise commerciale ou industrielle, l'emprisonnement pourra être porté à dix années et l'amende à 50.000 francs »[889].

Dans tous les cas, les coupables pouvaient être, en outre, frappés pour dix ans au plus de l'interdiction des droits et ils pouvaient aussi faire l'objet de l'interdiction de séjour pendant le même nombre d'années.

Un décret-loi du 16 juillet 1935 accentua les pénalités. La loi du 8 décembre 1943 « réprimant les vols et escroqueries commis par de faux officiers civils ou militaires » aggrava les pénalités attachées aux dites infractions (ou à leur tentative) lorsque celles-ci avaient été commises, soit en prenant indûment certains titres (OPJ, agent de la force publique...), soit en portant indûment les uniformes, costumes ou insignes des « personnes désignées », soit en alléguant un faux ordre d'une autorité civile ou militaire.

Mais si l'article 405 de l'ancien *Code pénal* précisait que les manœuvres frauduleuses devaient tendre à « persuader l'existence de fausses entreprises, d'un pouvoir ou d'un crédit imaginaire » ou à « faire naître l'espérance ou la crainte d'un succès, d'un accident ou de tout autre événement chimérique », était-ce pour mieux caractériser leur but illusoire ?

---

[888] Taux de la loi du 24 mai 1946 : 60.000 à 600.000 francs ; de la loi du 25 septembre 1948 : 120.000 à 1.200.000 francs ; de la loi du 14 avril 1952 : 240.000 à 2.400.000 francs.

[889] Taux de la loi du 24 mai 1946 : 3.000.000 francs ; de la loi du 25 septembre 1948 : 6.000.000 francs ; de la loi du 14 avril 1952 : 12.000.000 francs.

Le but des manœuvres est donc, aujourd'hui comme hier, la tromperie de la victime qui doit être une personne moyenne et normale. Cependant, le juriste contemporain reste à jamais marqué par la portée de la réflexion des magistrats de l'Ancien Régime. Au point qu'en 1992, par l'article 313-1 du nouveau Code Pénal, le législateur revient à la seule notion historique de la tromperie :

> « L'escroquerie est le fait, soit par l'usage d'un faux nom ou d'une fausse qualité, soit par l'abus d'une qualité vraie, soit par l'emploi de manœuvres frauduleuses, de tromper une personne physique ou morale et de la déterminer ainsi, à son préjudice ou au préjudice d'un tiers, à remettre des fonds, des valeurs ou un bien quelconque, à fournir un service ou à consentir un acte opérant obligation ou décharge. L'escroquerie est punie de cinq ans d'emprisonnement et de 375.000 € d'amende ».

Il s'en explique en indiquant que « Le nouveau texte dispose, ce qui revient au même eu égard à la généralité des situations visées par ces expressions, qui étaient d'ailleurs interprétées de façon extensive par les tribunaux, que ces manœuvres doivent « tromper » la victime de l'escroquerie »[890].

Que signifie cette dernière évolution de la qualification de l'escroquerie ?

Essayons-nous à affirmer que les juristes n'osent peut-être pas se contenter d'une notion de l'escroquerie aussi épurée que celle d'une tromperie pénale, mais qu'ils en ont la tentation.

- La problématique

Mais si l'escroquerie est le fait de provoquer la remise de la chose par son propriétaire en le trompant par des manœuvres frauduleuses, ne se distingue-t-elle du vol et de l'abus de confiance que par le mode d'entrée en possession ? Et n'est-ce pas là finalement ce qui justifie sa naissance ?

Le vol est la soustraction matérielle d'une chose appartenant à autrui sans le consentement du propriétaire, de sorte que la remise de la chose par celui-ci exclut cette qualification. L'abus de confiance se constitue par le détournement d'une chose volontairement remise par son propriétaire. Le critère de distinction des trois infractions réside donc dans la remise de la chose, qui est une condition préalable de l'abus de confiance, un élément constitutif de l'escroquerie et une cause d'exclusion de la qualification dans le vol.

Ainsi présentées, les trois infractions paraissent en rapport évident avec les notions civilistes de propriété et de contrat.

---

[890] Circulaire d'application du nouveau *Code pénal*, en date du 14 mai 1993. L'article 313-1 ajoute que la victime peut être une personne physique ou une personne morale.

Le droit pénal spécial trouverait ainsi sa place aux limites frauduleuses entre les droits de la propriété et ceux des contrats, en se jouant de la théorie de la possession[891]. L'abus de confiance est par exemple la sanction délictueuse d'une inexécution particulièrement malhonnête d'un contrat. Le vol est, bien évidemment, la soustraction par excellence. L'escroquerie, dans cette perspective, consiste en une machination frauduleuse attentatoire à la propriété d'autrui.

La parenté juridique entre ces trois infractions est alors tellement évidente que leurs auteurs bénéficient d'une même immunité familiale[892].

Cependant, il est encore possible d'opposer le voleur qui soustrait avec plus ou moins de violence à l'escroc et à l'abuseur de confiance qui commettent, *lato sensu*, des infractions d'abus de la crédulité des personnes. Le vol est intrinsèquement une infraction de violence, par contraste avec ces deux infractions astucieuses. La distinction réside donc dans l'expression de cet esprit de lucre qui prime chez l'escroc.

Du reste, l'escroc participe éventuellement de mouvements plus généraux de corruption tandis que le voleur peut entamer une carrière de délinquance contre les personnes.

Que veut alors réprimer plus sévèrement le législateur ? Ne peut-on considérer qu'une conception économique du droit aurait la primauté sur une certaine idée sociale des rapports juridiques[893] ?

Toujours est-il qu'il a paru injuste de punir le vol plus que l'escroquerie et l'abus de confiance. Les voleurs sont en effet généralement considérés comme d'extraction plus modeste, voire plus défavorisée que les escrocs qui participent souvent d'une délinquance à « col blanc ». Si le choix inverse avait été effectué par le législateur et s'il avait choisi une répression plus sévère du vol, on aurait pu objecter que le système judiciaire était complaisant avec la délinquance d'affaires.

Cependant, cet *a priori* ne résiste pas à l'épreuve des faits. De très importantes escroqueries contemporaines ont été des escroqueries aux prestations sociales, généralement commises par ceux que l'on déclare les plus démunis comme des immigrés clandestins. D'autres sont perpétrées depuis le XVIIIe siècle par des personnes aux bas revenus pour améliorer leur vie quotidienne[894].

---

[891] M. Léauté, *Mélanges Patin*, Cujas, Paris, 1965, p. 223.

[892] *Code Pénal*, article 313.3, alinéa 2 : applicabilité commune de l'immunité familiale.

[893] Notons que le nouveau *Code* de 1992 s'inscrit dans une politique inaugurée en matière de vol par la loi *Sécurité et Liberté* du 2 février 1981 et qui impose à l'escroquerie simple un régime plus sévère que celui du vol simple. L'article 311-3 sanctionne en effet le vol de trois ans d'emprisonnement tandis que l'article 313-1 réprime l'escroquerie par cinq ans d'emprisonnement.

[894] Constituent ainsi, en 1997, des manœuvres frauduleuses de l'escroquerie au sens des articles 405 ancien et 313-1 nouveau du *Code Pénal*, le fait par des époux, profitant de ce qu'ils sont suivis par des médecins différents et dépendent d'organismes de protection sociale distincts, de se faire verser chacun une pension d'invalidité de troisième catégorie, avec assistance d'une tierce personne, pour

Mais comme sous l'Ancien Régime, c'est la mise en cause de la confiance dans le commerce[895] qui suscite toutes les craintes.

L'évolution de l'escroquerie s'est aussi faite en fonction des innovations de la technologie et a engendré un contentieux pénal indispensable pour protéger le développement technique[896].

Les effets de l'irruption de ces procédés dans la vie quotidienne modifient jusqu'à l'acception de l'escroquerie elle-même. Nombre de biens ne sont plus en effet palpables. La notion de remise de « la chose » s'en trouve changée parce que l'infraction s'est « dématérialisée ». La notion de remise de « la chose », essentielle dans l'appréciation du vol et de l'escroquerie, est critiquable, comme pour l'escroquerie par fraude informatique qui ne se fait rien « remettre ». L'escroquerie devient virtuelle et seuls les effets restent encore bien réels. En d'autres termes, seule la possession dans sa définition juridique se trouve modifiée par l'infraction. Sont alors sanctionnées des escroqueries « de service »[897].

L'évolution de l'escroquerie vers une remise intellectuelle renvoie plus généralement à l'idée d'une atteinte caractérisée à l'autonomie de la volonté dans la formation des conventions et la sanction des moyens frauduleux employés pour

---

des troubles psychiques simulés, chacun assistant l'autre à chaque visite médicale et lui servant de tierce personne.

[895] L'escroquerie est ainsi identifiée, en 1967, dans l'organisation de sociétés fictives en vue de permettre des remboursements indus de taxes à la valeur ajoutée, et l'établissement d'un circuit fictif de marchandises (Crim. 17 oct. 1967 : *Bull. crim.*, n. 252). Elle consiste également, en 1958 et en 1972, dans la création d'une entreprise de façade permettant au prévenu d'acheter à terme et de revendre comptant, souvent à perte, sans payer les fournisseurs. Il s'agit d'escroqueries à la « carambouille »(Crim. 28 janv. 1958 : *Bull. crim.*, n. 92. – 2 fév. 1972 : *Bull. crim.*, n. 41). La Cour de Cassation sanctionne, en 1979, la présentation à l'escompte d'une traite fictive grâce à un concert frauduleux (Crim. 9 mai 1979 : *Bull. crim.*, n. 168), et aussi ; en 1973, une augmentation fictive de capital pour tromper un organisme de crédit (Crim. 5 janvier 1973 : *JCP* 74, II, 17674, note Bouloc).

[896] Les trucages et usages de cartes de crédits sont une escroquerie très commune. Cette évolution a été remarquablement évoquée par le professeur Gassin, dans une note sous un arrêt de la Chambre criminelle du 10 décembre 1970 (*JCP* 1972, ed. G.II, 17277) et plus récemment par le professeur Jeandidier (les trucages et usages frauduleux de cartes magnétiques : *JCP* 1986, ed. G.I, 3229).

[897] Sur l'escroquerie au parcmètre, cf. JP Doucet, *Gaz. Pal.*, 1971, 2, p. 640. En 1982, la remise au service informatique d'une banque d'une bande magnétique confectionnée sous la dénomination d'emprunt d'une société industrielle et dont les données apocryphes tendaient à des virements bancaires d'un montant supérieur à 21 millions de francs (TGI Paris, 13 janv. 1982 : *D.* 1982, IR, 501, obs. Vasseur), ou encore, en 1986, le trucage d'un compteur électrique ou d'un taximètre, ou le fait de trafiquer le monnayeur d'une cabine téléphonique et d'obtenir ainsi des communications gratuites avec l'étranger (Angers, 18 déc. 1986 : *Juris-Data*, n. 045961 Angers, 18 déc. 1986 : *Juris-Data*, n. 045961). En 1990, la Cour de Cassation a aussi réprimé le fait, de la part des gérants d'une société prestataire de services télématiques, d'utiliser une ligne interne à l'administration des télécommunications non taxée à l'arrivée et leur permettant d'interroger gratuitement leur propre centre serveur (Crim. 13 déc. 1990 : *Bull. crim.*, n. 435).

extorquer le consentement d'une personne. Elle en constitue à la fois la criminogénèse et la dynamique. Cette interprétation explique que « le préjudice, au sens de l'article 405 du *Code pénal*, [soit] établi dès lors que les remises ou versements n'ont pas été librement consentis et ont été extorqués par des moyens frauduleux »[898] mais qui est constitué sans égard au préjudice pécuniaire qui a pu ou non découler des faits incriminés pour la victime[899]. Un délit virtuel et sans préjudice peut donc être conçu dans le cas de l'escroquerie. Le droit s'est ici forgé grâce au principe d'intégrité acquis au XVIIIe siècle.

Les conséquences judiciaires peuvent en devenir tactiques et stratégiques. En effet, la mise en réseau des échanges mondiaux, depuis le règne de Louis XV avec les nouvelles voies de communication jusqu'à Internet aujourd'hui, et la très grande difficulté de sécuriser le système donnent à l'escroquerie un avenir international. Toute la question de tromperies à l'échelle mondiale est désormais posée.

---

898 Cass. crim., 20 juin 1983 : *Bull. crim.*, n°189 – 16 février 1980 : *Bull. crim.*, n°107.
899 Cass. crim., 7 mai 1974 : *Bull. crim.*, n°72.

CONCLUSION

Nos recherches sur la naissance de l'escroquerie moderne ont montré qu'elle ne tenait en aucune façon du hasard. En effet, le développement de la vie des affaires et des échanges implique toujours la sécurisation du négoce. L'honnêteté ne participe plus seulement de la philosophie vertueuse du siècle des Lumières lorsqu'elle devient un enjeu essentiel de la croissance économique. Les théoriciens l'affirment : seule l'éthique favorise la richesse des nations.

Or, avant même les événements politiques de la fin du siècle, le « grand mouvement » est en marche, à notre sens. Tout au long de notre étude est affirmé le choix indiscutable opéré par les agents en faveur du commerce qu'ils effectuent, à tous les niveaux de la société. L'argent n'est plus honteux au XVIIIe siècle, car il permet la prospérité comme l'accomplissement. Il devient le produit du travail et le moteur de l'industrie. Il est aussi le ciment d'une relative égalité politique. L'horloge interne de l'Ancien Régime ne s'est ainsi jamais arrêtée de battre. Et, alors que la société française du XVIIIe siècle a été souvent décrite comme bloquée, elle a en fait continué une marche inexorable vers la modernité économique en mettant en place les structures et les outils nécessaires. La culture a été celle du progrès. L'intelligence et l'urbanité devaient prévaloir dans toutes relations. Aussi, lorsque la Révolution Française balaie la noblesse et avec elle, les titres, les repères sociaux et les privilèges, l'intégrité dans les échanges demeure le dernier garant de la capacité de l'économie à financer l'organisation sociale et politique. Pour ce faire, toute la société s'est peu à peu engagée vers une conception bourgeoise de l'économie, qui privilégie la tranquillité du commerce. Reste à savoir si, sans ces événements, l'évolution sociale ne se serait pas déroulée de cette façon, générant un système démocratique et économique à l'anglaise.

En tout état de cause, il ne peut y avoir d'engagement si des manœuvres, comme la fausseté de la qualité des partenaires, vicient le consentement. De l'affaire du collier de la Reine aux opérations de crédit et de négoce, la confiance est la clé du marché. Toutes ses violations doivent être poursuivies et sanctionnées. L'application de l'infraction spécifique de l'escroquerie apparaît et se multiplie, parce qu'elle est utile aux nouveaux besoins du marché. Garantir pénalement les contrats et les signatures est devenu d'autant plus indispensable que les transactions s'internationalisent. Les voies se sont ouvertes vers un étranger européen mais aussi avec le Nouveau Monde. Les banques favorisent en même temps le crédit et des procédés de paiement rapides et efficaces, comme les billets et les lettres de change, qui sont en plein expansion. L'interconnexion des réseaux de circulation des hommes et des biens change déjà l'organisation du monde.

Mais faire émerger puis reconnaître les éléments constitutifs de l'escroquerie n'était certainement pas si simple pour les magistrats du ressort du Parlement de Paris au XVIIIe siècle.

Nous n'avons pu cependant qu'être frappés par leur habileté juridique et leur finesse d'analyse. Maîtrisant le droit romain, ils ont su dépasser ces connaissances pour définir et nommer une nouvelle infraction particulière. Pour résumer, deux problèmes se posaient à eux. Pouvait-il y avoir encore vol alors que l'objet n'avait pas été soustrait mais remis ? Devait-on tolérer que la volonté ait été manœuvrée et trompée pour entraîner frauduleusement un tel consentement ? Leurs réponses furent unanimes : pareils faits, s'ils s'avéraient prouvés, devaient être sanctionnés.

Ces magistrats découvrent alors, lorsqu'ils rédigent la prévention, que le schéma suivi est à la fois original pour les manœuvres, mais constant en ce qui concerne le but auquel doivent tendre les moyens. Existerait ainsi un dol pénal de tromperie avec remise. Par sa spécificité et sa répétition, dans cette composition, l'infraction est enfin identifiée. Elle peut naître au grand jour.

Désormais, l'escroc est dénoncé comme tel dans les procédures et, plus le XVIIIe siècle avance, et plus il est pourchassé pour « avoir escroqué ».

La question est cependant plus complexe pour établir une qualification définitive en la matière. Les magistrats constatent ainsi l'existence de manœuvres frauduleuses mais n'osent pas encore s'affranchir du concept plus général de dol. Ils préfèrent décrire en quoi consistent ces manœuvres qui se servent d'autant d'artifices qu'il en faut pour emporter fallacieusement le consentement. « Se faire passer faussement pour homme de qualité » en prenant des titres comme celui du baron de Klée, chevalier de Furstemberg, constitue alors l'exemple type de moyen participant à des agissements répréhensifs. Mais les manœuvres n'en restent pas là. Voici que le faux baron affirme être en passe de recouvrer des fonds considérables et que Granvarlet prétend porter secours au prétendu baron de Klée. Granvarlet écrit et signe les billets et mandats en utilisant de faux noms de gens connus. Ensemble, ils escroquent différentes sommes à l'aide des faux billets et mandats[900].

---

[900] Arch. Nat. Y 10.372, affaire n° 31 : Jacques Grandvarlet et Antoine-Christian Klée, sentence du 15 janvier 1777, jugement à l'extraordinaire., et Arch. Nat. X^{2B} 1057, affaire n° 435 : Jacques Grandvarlet, arrêt du 10 juin 1777.C'est dans ces conditions que, le 15 janvier 1777, après délibération du conseil, le Châtelet décide que « lesdits Antoine Christian Klée et Jacques Grandvarlet sont déclarés dûment atteints et convaincus, savoir le dit Klée d'avoir escroqué différentes sommes à plusieurs particuliers en se faisant passer faussement pour homme de qualité, prenant les titres de baron de Klée, chevalier de Fistemberg *et annonçant qu'il alloit rentrer dans des biens fonds* considérables et reconnoitroit généreusement les services à lui rendus, et le dit Grandvarlet d'avoir dans le dessein de venir au secours du prétendu baron de Klée et de s'attirer ses bienfaits, escroqué différentes sommes à l'aide de faux billets et mandats souscrits de noms de personnes connues,

Le dol est constitué par ces espérances chimériques que l'escroc fait naître chez la dupe, par moultes manœuvres et persuasions.

Pour lutter efficacement contre cette sorte de délinquance et entrer en voie de condamnation, les magistrats ont dû distinguer le faux de la manœuvre plus générale qui sert d'ossature au passage à l'acte qu'ils ont qualifié de dol. Ils ont alors commencé à rechercher l'usage de faux noms ou de fausses entreprises. Puis ils ont visé les manipulations psychologiques de ceux qui osent faire croire à un crédit imaginaire ou font naître des espérances et des craintes chimériques. L'escroquerie s'est trouvée constituée lorsque les dupes abusées dans leur crédulité de cette manière remettaient la totalité ou partie de leur fortune. Les escrocs n'hésitent pas à user de faux noms, voire de fausses qualités, et remettent en cause toute la confiance qui doit exister dans le monde des affaires. Le processus employé est de toute façon complexe et fait de l'escroquerie une infraction compliquée.

Cette modernité de la structure du délit d'escroquerie est restée constante en raison des critères retenus par la jurisprudence qui a toujours permis l'adaptation à de nouvelles formes d'escroquerie électroniques, informatiques et mondiales, où la fiabilité de l'information et l'identification du partenaire restent plus que jamais primordiales.

De nouvelles formes d'escroquerie apparaissent en permanence tandis que la jurisprudence, et plus tard les textes, se sont toujours adaptés de façon nuancée. Mais, encore une fois, l'essentiel du mécanisme de l'escroquerie est acquis à la fin du règne de Louis XV par l'identification de l'abus de faux noms, de fausses qualités, par les fausses entreprises ou les crédits imaginaires. Le législateur s'est néanmoins obstiné à déterminer spécialement leur objet trompeur et persuasif. La loi des 19 et 22 juillet 1791 a opté pour l'usage du dol et non des manœuvres, ou également pour des moyens contestables définis par la jurisprudence, tels que l'utilisation de faux noms, de fausses entreprises, de crédits imaginaires ou encore d'espérances et de craintes chimériques. L'article 405, à partir du *Code pénal* de 1810, a exigé en effet que les manœuvres elles-mêmes aient pour but de persuader de l'existence de cette fausse entreprise, de ce pouvoir ou de ce crédit imaginaire, ou de faire naître cette espérance ou cette crainte d'un succès, d'un accident ou de tout autre événement chimérique et que la jurisprudence applique ces conditions. L'aspect relativement formel de ces critères a évidemment contraint les magistrats à insérer les faits dans des moules judiciaires. Cette opération est d'autant plus

---

lesquels billets et mandats ledit Grandvarlet a écrits et signés lui-même des noms des dites personnes ».

Le Parlement de Paris, par son arrêt du 10 juin 1777, confirme cette interprétation, puisqu'il considère que Grandvarlet est coupable « d'avoir escroqué différents forains à l'aide de faux billets à mandat souscrits au nom de personnes connues, lesquels faux billets à mandat il a écrits lui-même ».

délicate que l'escroquerie est un mensonge et « qu'il y a toujours un mensonge dans l'escroquerie »[901]. Or, la volonté de tromper induit par elle-même la variété de moyens. Sont donc venus s'agréger expressément au fil du temps dans les critères légaux l'usage d'une fausse qualité qui avait été caractérisé par les juges de la fin de l'Ancien Régime, mais également lors de la refonte du texte en 1992, la notion d'abus de qualité vraie et enfin celle de tromperie qui ont été reprises par le législateur soucieux de conforter la véritable nature de l'infraction. L'objectif est désormais des plus clairement affiché, il est « de tromper une personne physique ou morale et de la déterminer ainsi, à son préjudice ou au préjudice d'un tiers, à remettre des fonds, des valeurs ou un bien quelconque, à fournir un service ou à consentir un acte opérant obligation ou décharge ».

> « Si la jurisprudence est restée ferme sur le principe, elle se montre de moins en moins exigeante sur son application. On peut affirmer, en s'appuyant sur l'ensemble de ses arrêts, que tout acte, de nature à fortifier le mensonge, à le rendre, pour ainsi dire, visible et palpable, est une manœuvre au sens de la loi »[902].

En revanche, l'article 313-1 du nouveau *Code* de 1992 a établi que les manœuvres n'avaient plus besoin d'être caractérisées par leur but.

Les juges ont ainsi tenté d'analyser les différentes manœuvres frauduleuses employées par leurs auteurs pour déterminer si la remise était bien induite de leur fait. La remise d'un bien d'autrui porte toujours sur la fortune de la dupe, qu'elle soit constituée de droits réels ou de droits personnels. Mais bien avant l'apparition des technologies nouvelles, les magistrats ont su s'intéresser à la virtualité des choses, même si elle s'est accentuée dans le monde contemporain. Ainsi la remise de service est-elle déjà au XVIIIe siècle recherchée autant que l'argent.

Cependant la primauté donnée aux valeurs pour l'escroc est évidente. On conçoit facilement alors l'importance accordée dans certains cas, par les juridictions et les victimes, aux restitutions et aux dommages et intérêts. Les condamnations pécuniaires, souvent symboliques sous l'Ancien Régime, ne pouvaient que prendre un essor certain durant les siècles suivants.

Aussi, n'est-il pas étonnant que, dès le premier texte légal des 19 et 22 juillet 1791 sur la police municipale et correctionnelle, il soit prévu que « si l'escroquerie est prouvée, le tribunal de district, après avoir prononcé les

---

[901] Michelle-Laure Rassat, *op. cit.*, p. 55, n° 46.

[902] R. Garraud, *Traité théorique et pratique du droit pénal français*, tome V, Paris, Larose, 1894, p. 246.

restitutions et dommages et intérêts, est autorisé à condamner, par voie de police correctionnelle, à une amende qui ne pourra excéder cinq mille livres »[903].

La politique pénale à suivre en matière d'escroquerie est, de toute façon, très significative.

Les sanctions prononcées sous l'Ancien Régime, nous l'avons vu, sont principalement des envois aux galères à perpétuité ou à temps (101 en première instance sur 477 espèces considérées et 104 en appel). Mais nous trouvons aussi 7 peines d'enfermement pour les femmes en première instance, et 12 peines d'enfermement en appel. Enfin des bannissements sont également régulièrement ordonnés : 176 en première instance et 119 par le Parlement de Paris que cela soit pour les hommes ou les femmes.

À partir de la loi des 19 et 22 juillet 1791, le tribunal de district, après avoir prononcé les restitutions et dommages et intérêts, est autorisé à condamner, par voie de police correctionnelle, à un emprisonnement qui ne pourra excéder deux ans et, en cas de récidive, au double, soit quatre ans.

L'article 405 du *Code pénal* de 1810 dispose à son tour que l'escroc « sera puni d'un emprisonnement d'un an au moins et de cinq ans au plus, et d'une amende de 50 francs au moins et de 3000 francs au plus. » L'article 405 du *Code pénal* de 1935 aggrave encore les amendes : de 1.000 francs au moins et de 10.000 francs au plus.

Le décret-loi du 8 août 1935 précise que :

> « Si le délit a été commis par une personne ayant fait appel au public en vue de l'émission d'actions, obligations, bons, parts, ou titres quelconques, soit d'une société, soit d'une entreprise commerciale ou industrielle, l'emprisonnement pourra être porté à dix années et l'amende à 50.000 francs ».

Enfin, l'article 313-1 du *Code pénal* de 1992, applicable en mars 1994, prévoit que le délit d'escroquerie est puni d'un emprisonnement de cinq ans et de 375 000 € d'amende. Cette sanction, prévue pour l'escroquerie simple, peut être aggravée dans certaines circonstances.

L'article 313-2 de ce *Code pénal* met ainsi en place des peines de sept ans d'emprisonnement et de 750 000 € d'amende lorsque l'escroquerie est commise dans des circonstances qui sont considérées par la loi comme aggravantes, eu égard à la qualité de la personne de l'escroc, du *modus operandi*, ou en considération de la victime. Cinq hypothèses sont visées par l'article 313-2 du *Code pénal*. L'escroquerie est plus lourdement sanctionnée lorsqu'elle est commise : par une personne dépositaire de l'autorité publique ou chargée d'une mission de service

---

903 Loi de l'Assemblée Nationale Constituante des 19 et 22 juillet 1791 sur la police municipale et correctionnelle qui incrimine l'escroquerie.

public, dans l'exercice ou à l'occasion de l'exercice de ses fonctions ou de sa mission ; par une personne qui prend indûment la qualité d'une personne dépositaire de l'autorité publique ou chargée d'une mission de service public ; par une personne qui fait appel au public en vue de l'émission de titres ou en vue de la collecte de fonds à des fins d'entraide humanitaire ou sociale. La sanction est également alourdie lorsque l'infraction est commise au préjudice d'une personne dont la particulière vulnérabilité due à son âge, à une maladie, à une infirmité, à une déficience physique ou psychique, ou à un état de grossesse, est apparente ou connue de son auteur. L'infraction commise en participation est considérée commise en bande organisée et sévèrement réprimée.

Le délit d'escroquerie ne s'est donc pas banalisé, la répression prévue par la jurisprudence, puis par le législateur le montre : les peines sont fermes et importantes. Elles sont plus fortes que celles prévues pour le vol simple.

Le principal facteur choisi pour l'appréciation de cette sanction est l'utilité, tout comme il le fut déjà pour l'émergence d'une qualification spécifique de l'escroquerie. La loi pénale n'a pas en effet pour mission de réprimer sans distinction tout ce que condamne la morale. Locré ne dit pas autre chose dans son *Exposé des motifs du titre I, livre III du Code Pénal*[904], nourri qu'il fut à l'école des utilitaristes tels que Beccaria et Bentham. Ce qu'il faut alors réprimer, c'est moins l'acte immoral que l'acte socialement dangereux[905].

Mais pour être utile, la sanction de l'escroquerie n'en doit pas moins être juste. Au XIXe siècle, Rossi dans son *Traité de droit pénal* estime que le pouvoir pour l'État de créer des infractions est limité. Il s'en explique en nous donnant les exemples du meurtre, de l'usure et du duel. Le meurtre doit être poursuivi pénalement parce que sa répression est à la fois utile à la société et moralement juste. L'incrimination de l'usure est utile, mais elle n'apparaît pas comme juste car ce comportement n'est pas jugé assez immoral pour être réprimé. L'incrimination du duel est juste, mais elle est inutile parce qu'un tel acte n'est pas perçu comme socialement dangereux[906]. Vouloir réprimer l'escroquerie, dans ces conditions, ne peut être, pour les juristes, qu'utile et juste moralement. C'est ainsi, du reste, que le jugent les magistrats du ressort de Parlement de Paris au XVIIIe siècle.

L'économie du droit moderne a aussi retenu le critère de l'efficacité pour compléter cet inventaire des fondements de l'infraction que Michel Villey considère comme « peu maniable »[907]. Il lui préfère la notion d'acceptation[908], tout en la relativisant :

---

[904] *Exposé des motifs du titre I, livre III du C.P.*, Locré, t. XXIX, p. 422

[905] *Observation* de Target sur le Code pénal, Locré, t. XXIX, p. 8.

[906] Rossi, *Traité de droit pénal*, 1829, p. 206-207.

[907] Michel Villey, *Philosophie du droit. II. Les moyens du droit.* Précis Dalloz, 1979, p. 119.

[908] *Ibid.*

« Kelsen, après avoir construit son ordre juridique unitaire sur une « norme fondamentale », parce qu'il lui faut trouver une source à sa norme fondamentale, invite à choisir la plus « efficace », celle dont sortirait le système globalement le plus « effectif ». Comment mesurer le degré d'efficacité des systèmes ? Les théories contemporaines, par exemple de Hart, nous enseignent à ne retenir dans le catalogue des règles du droit que celles « acceptées » par le groupe, et répondant aux « croyances » effectives du groupe. Mais en fait les croyances divergent. Le désordre règne dans les « faits sociaux », ils ne sont rien qu'incohérence et continuelle mobilité. N'espérons pas en induire un ordre juridique »[909].

Reste le sens à donner à la peine dans le cas particulier de l'escroquerie. Le droit, en référence aux idées positives d'individualisation, de répression et d'élimination de certains délinquants dangereux, eut d'abord pour mission d'exclure l'escroc de la cité. L'envoi aux galères, le bannissement, puis l'enfermement dans les maisons de force ont rempli exactement cet objectif. Au XIXe siècle, le législateur a complété, à sa manière, cet arsenal :

« La loi du 27 mai 1885 institua à la fois la relégation qui éliminait de la métropole les récidivistes présumés incorrigibles - quatre condamnations dont le total pouvait ne pas dépasser 18 mois d'emprisonnement étant suffisantes ! - et l'interdiction de séjour qui soustrayait certains condamnés des lieux où ils pouvaient troubler l'ordre public. Puis la loi du 14 août 1885 créa la libération conditionnelle qui permettait de réduire la durée de l'emprisonnement en cas de bonne conduite. Enfin, la loi du 26 mars 1891, qui permettait d'accorder aux délinquants primaires le sursis à l'exécution de l'emprisonnement et de punir plus sévèrement les « petits » récidivistes illustrait exactement la distinction positiviste entre délinquants d'occasion et d'habitude. On peut encore rattacher au positivisme la loi du 22 juillet 1912 qui accentua le particularisme du droit des mineurs et divers textes créant sous la qualification de peines complémentaires de véritables mesures de sûreté consistant en interdictions diverses »[910].

La répression carcérale, aujourd'hui encourue, participe de cette même image de l'escroc dans notre société.

Mais sait-on vraiment ce qu'est un escroc ? La gravité de la peine suffit-elle ? Quelle est la signification pour ce dernier de la qualification et de l'infamie ? Que comprend-il, si la ruse et la débrouillardise sont considérées par lui comme des qualités plus grandes que l'honnêteté et le respect du bien d'autrui ?

---

[909] *Ibid.*

[910] Jean Pradel, *Manuel de droit pénal général*, éditions Cujas, Paris, 2000, p. 105, « La politique législative.

Interrogeons-nous sur la nature de cet homme qui se révèle être un escroc. Est-il moralement libre ou, au contraire, déterminé et donc irresponsable ? Selon E. Ferri, représentant ici l'école positiviste, l'homme commet des méfaits « non pas en libre choix de sa volonté, mais par la tyrannie fatale de son organisme anormal et du milieu extérieur »[911].

L'intention de l'escroc serait, en d'autres termes, aliénée en raison de certains traits saillants de son caractère. Notons au passage ceux qui permettent d'esquisser une sorte de portrait robot.

L'escroc serait au *minimum* atteint de mythomanie, une forme de déséquilibre psychique, marquée par une tendance à l'affabulation, au mensonge et à la simulation. Le mensonge serait alors inhérent à sa personnalité. Mais l'escroc peut encore souffrir de mégalomanie, comportement psychologique illustré par un désir excessif de gloire, de puissance. L'escroc cultive ainsi, sans toujours le vouloir, un certain goût de l'excessif et de folie de grandeur. Narcissique, il admire son image déformée par une illusion d'optique à laquelle, par des manœuvres, il veut donner forme.

Sa responsabilité peut-elle alors être entière tant son intention apparaît soumise à l'influence de ses fantasmes? Sûrement, même s'il convient de l'apprécier à sa juste valeur. L'escroc ne pouvait-il être mieux structuré et éviter tout passage à l'acte par la manifestation contraire de sa volonté résultant, par exemple, de son éducation et tendant à faire prévaloir de vraies valeurs ?

Sans doute difficilement car l'escroc est surtout un égoïste, un égocentrique qui se sert de façon presque infantile de la société et pour lequel tout autre que lui ne présente un intérêt à ses yeux que pour autant qu'il peut lui être utile.

Son propre plaisir, son enrichissement, sa puissance sont alors aussi recherchés avec minutie et pugnacité. Comment nier cette intention maligne et coupable, qui transparaît dans chacun des actes et finit par s'exprimer au grand jour en trompant son monde ?

S'inscrivant dans un style de vie, l'escroc peut d'ailleurs davantage se comporter en profiteur et en filou, même s'il garde le même registre intentionnel. Il est donc considéré comme responsable mais encourt une pénalité de moindre gravité que l'escroc *stricto sensu*. Ainsi, l'article 313-4 du *Code pénal* de 1992 dispose que :

> « L'abus frauduleux de l'état d'ignorance ou de la situation de faiblesse soit d'un mineur, soit d'une personne dont la particulière vulnérabilité, due à son âge, à une maladie, à une infirmité, à une déficience physique ou psychique ou à un état de grossesse, est apparente ou connue de son auteur, pour obliger ce mineur ou

---

[911] E. Ferri, *Sociologie criminelle*, éd. française, 1905, p. 340.

cette personne à un acte ou à une abstention qui lui sont gravement préjudiciables, est puni de trois ans d'emprisonnement et de 375.000 € d'amende ».

L'élément intentionnel révèle ici, de surcroît, une certaine perversion à connotation sadique qu'il convient de bannir par la sanction pénale.

Enfin, l'article 313-5 définit précisément la filouterie comme

> « le fait par une personne qui sait être dans l'impossibilité absolue de payer ou qui est déterminée à ne pas payer :
>
> 1° De se faire servir des boissons ou des aliments dans un établissement vendant des boissons ou des aliments ;
>
> 2° De se faire attribuer et d'occuper effectivement une ou plusieurs chambres dans un établissement louant des chambres, lorsque l'occupation n'a pas excédé dix jours ;
>
> 3° De se faire servir des carburants ou lubrifiants dont elle fait remplir tout ou partie des réservoirs d'un véhicule par des professionnels de la distribution ;
>
> 4° De se faire transporter en taxi ou en voiture de place.
>
> La filouterie est punie de six mois d'emprisonnement et de 7.500 € d'amende ».

La Cour de cassation l'affirme : la filouterie est d'abord le fait d'une « personne qui sait être dans l'impossibilité absolue de payer » le bien ou le service et les juges doivent relever cet élément de l'infraction »[912].

L'absence complète de scrupules finit par caractériser le genre. La malhonnêteté permet le gain et assimile alors l'intention à la remise matérielle.

Par ses froids calculs, l'escroc se mue en homme d'affaires, sans doute véreux mais efficace. Pour le dissuader de ses manœuvres, le rapport entre le risque pris et le coût financier éventuel doit être à son désavantage. L'article 313-6 du *Code pénal* de 1992, modifié en 2000, prévoit ainsi que :

> « Le fait, dans une adjudication publique, par dons, promesses, ententes ou tout autre moyen frauduleux, d'écarter un enchérisseur ou de limiter les enchères ou les soumissions, est puni de six mois d'emprisonnement et de 22.500 € d'amende. Est puni des mêmes peines le fait d'accepter de tels dons ou promesses.
>
> Est puni des mêmes peines :
>
> 1° Le fait, dans une adjudication publique, d'entraver ou de troubler la liberté des enchères ou des soumissions, par violences, voies de fait ou menaces ;
>
> 2° Le fait de procéder ou de participer, après une adjudication publique, à une remise aux enchères sans le concours de l'officier ministériel compétent *(L. n. 2000-642, 10 juill. 2000)* ou d'une société de ventes volontaires de meubles aux enchères publiques agréée.

---

[912] Crim. 21 avr. 1976, *Bull.* n° 120.

La tentative des infractions prévues au présent article est punie des mêmes peines ».

L'ensemble de ces textes spéciaux incrimine, par conséquent, l'absence volontaire de probité qui devrait pourtant normalement prévaloir dans le monde des affaires.

Cette politique d'assainissement des rapports civils et commerciaux n'est pas propre à la France. La conception anglo-saxonne de la fraude répond à cette attente mais reste beaucoup plus générale que notre qualification de l'escroquerie. Les Américains exercent, par exemple, des poursuites à spectre large qui regroupent l'ensemble de ces matières en une action. L'enjeu en est d'ailleurs autant financier que criminel et se termine très souvent par une transaction. Le contentieux est néanmoins substantiel mais ne constitue pas les éléments de l'escroquerie dans leur composition originale même si l'intention coupable et le *modus operandi* peuvent être similaires. Soulignons cependant que les Américains ne retiennent finalement que la quintessence de l'infraction puisque frauder signifie précisément : agir de mauvaise foi dans le but de tromper. Sommes-nous si éloigné de notre remise par tromperie de l'Ancien Régime et du nouveau *Code pénal* de 1992 ?

Le droit allemand s'en tient, quant à lui, au délit d'enrichissement patrimonial, encore appelé *Betrug*.

L'escroquerie en Suisse est moins formelle qu'en France et permet au doyen Graven d'affirmer, en substance, que le système hexagonal offre une indéniable complexité [913] qu'il ne compte pas reprendre à son compte.

La configuration de l'infraction de l'escroquerie tient, il est vrai, beaucoup des magistrats du ressort du Parlement de Paris, au XVIIIe siècle. Le Châtelet, avec ses juges rigoureux, a fait une application stricte de la répression en cas de constitution d'infraction dont ils ont su dessiner, pour l'escroquerie, les éléments avec un esprit d'analyse remarquable. Le Parlement de Paris lui-même ne s'est pas transformé en censeur de l'esprit d'innovation des juridictions de premier degré. Au contraire, il a su jeter les bases juridiques d'une nouvelle infraction et apprécier avec une subtilité à nulle autre pareille si, pour chaque cas d'espèce, l'escroquerie était ou non constituée. Bien avant la législation qu'il a préfigurée, le Parlement a su ainsi adapter ses concepts et dire le droit moderne en remplissant, de la plus élégante façon, son magistère par cette *juris dictio*.

Ce faisant, le monde judiciaire à contribué, en en révélant des normes et une éthique, à la science du commerce qui, à son tour, a fixé les limites à ne pas enfreindre.

---

[913] Graven, « L'escroquerie en droit pénal suisse », *RID pén.* 1946, p.16.

Ainsi, tout ne s'acquiert pas de n'importe quelle manière. Il n'est pas possible de posséder frauduleusement le bien d'autrui, même par transaction. La remise, aussi tentante soit-elle, ne justifie pas tout.

Mais comment une société de plus en plus matérialiste peut-elle se détacher de l'accumulation des biens au profit de principes moraux ?

Lorsque l'ère de la consommation impose ses critères et que l'image de la réussite et de la félicité tient lieu de réalité à tous ceux qui n'ont, dès lors, plus de raison objective de chercher le bonheur de l'homme dans des domaines spéculatifs où les notions de bien et de mal ont encore leur place, la tromperie n'est plus qu'un moyen presque comme un autre de gagner sa vie.

Or l'escroc vit justement, presque *stricto sensu*, aux dépens des autres et donc de la société. Dans le domaine métaphysique, le mot a un sens. Il est celui dont la destinée est de profiter d'autrui sans honneur. Tourné exclusivement vers lui-même, l'escroc nie toute véritable relation humaniste, altruiste et donc désintéressée. Il nie l'autre mais détruit ainsi, en lui-même, sa nature profonde au bénéfice du mensonge. En réalité, l'escroc se ment à lui-même. Se déteste-t-il alors au point de se tromper à la fois sur les autres et sur sa propre personne ?

Malraux affirmait : « Sa mythomanie est un moyen de nier la vie ... de nier, et non pas d'oublier ».

L'escroc n'aime-t-il pas la beauté de son être ?

SOURCES ET BIBLIOGRAPHIE

SOURCES MANUSCRITES

Archives Nationales

Inventaire n° 450 (1700-1790).

D'après l'*Inventaire 450* des Archives Nationales, répertoriées sous le chef d'accusation d' « escroquerie » :

- Registres des arrêts du Parlement de Paris (X^{2A})
- Minutes des arrêts du Parlement de Paris (X^{2B}).

Arrêts du Parlement de Paris :

1700-1709

X^{2B} 900 : n° 97
X^{2B} 902 : n° 48, 74, 91
X^{2B} 903 : n° 13, 32
X^{2B} 904 : n° 107
X^{2B} 905 : n° 77
X^{2B} 906 : n° 43, 75
X^{2B} 909 : n° 100
X^{2B} 913 : n° 5
X^{2B} 914 : n° 42
X^{2B} 915 : n° 114
X^{2B} 919 : n° 24

1710-1719

X^{2B} 925 : n° 35, 132
X^{2B} 935 : n° 89
X^{2B} 936 : n° 22, 45, 128
X^{2B} 937 : n° 18, 76, 128
X^{2B} 938 : n° 86, 92
X^{2B} 939 : n° 36
X^{2B} 940 : n° 40
X^{2B} 941 : n° 61, 76
X^{2B} 942 : n° 51

1720-1729

X^{2B} 945 : n° 81
X^{2B} 946 : n° 27, 57, 94
X^{2B} 948 : n° 112
X^{2B} 949 : n° 17, 33, 38, 68, 78
X^{2B} 956 : n° 187
X^{2B} 961 : n° 136, 215

1730-1739

X^{2B} 966 : n° 184
X^{2B} 967 : n° 142, 194, 207, 243, 259
X^{2B} 974 : n° 219
X^{2B} 976 : n° 195
X^{2B} 978 : n° 145, 167, 251
X^{2B} 980 : n° 152
X^{2B} 984 : n° 137, 144, 175, 202
X^{2B} 985 : n° 229, 237

1740-1749

X^{2B} 988 : n° 200
X^{2B} 990 : n° 212
X^{2B} 991 : n° 180
X^{2B} 992 : n° 147
X^{2B} 993 : n° 153, 221
X^{2B} 994 : n° 179, 185
X^{2B} 996 : n° 134, 196
X^{2B} 997 : n° 139, 177, 178
X^{2B} 999 : n° 138, 217
X^{2B} 1000 : n° 143
X^{2B} 1001 : n° 140, 223, 244, 254
X^{2B} 1002 : n° 162, 174, 204
X^{2B} 1003 : n° 146, 182
X^{2B} 1005 : n° 151

1750-1759

X^{2B} 1006 : n° 355
X^{2B} 1008 : n° 362
X^{2B} 1009 : n° 298, 479, 494, 495, 524

X^{2B} 1010 : n° 368
X^{2B} 1011 : n° 271, 331, 334, 420, 571, 573
X^{2B} 1012 : n° 300
X^{2B} 1015 : n° 423
X^{2B} 1016 : n° 269, 358, 422
X^{2B} 1018 : n° 361, 578
X^{2B} 1019 : n° 287, 516, 570
X^{2B} 1020 : n° 341, 406, 408, 437, 465, 481, 488
X^{2B} 1021 : n° 341, 458
X^{2B} 1022 : n° 265

1760-1769

X^{2B} 1023 : n° 274, 403, 415
X^{2B} 1024 : n° 369, 372, 384, 443, 448, 456, 547, 566
X^{2B} 1025 : n° 383, 390, 398, 405, 537, 557, 576, 577, 580
X^{2B} 1026 : n° 314, 315, 316, 326, 348, 353, 400, 480, 507, 519, 587
X^{2B} 1027 : n° 351, 405, 487
X^{2B} 1028 : n° 304, 323, 333, 389, 407, 436, 478, 485, 509, 526, 527, 560, 574
X^{2B} 1029 : n° 452
X^{2B} 1030 : n° 294, 414, 424, 510, 562, 586, 588
X^{2B} 1031 : n° 380
X^{2B} 1032 : n° 275, 367, 530
X^{2B} 1033 : n° 426, 477, 522, 498b
X^{2B} 1034 : n° 521
X^{2B} 1035 : n° 322, 459, 529
X^{2B} 1036 : n° 311, 402, 413, 486, 497, 556
X^{2B} 1037 : n° 278, 307, 344
X^{2B} 1038 : n° 445
X^{2B} 1040 : n° 284, 421, 439
X^{2B} 1041 : n° 272, 349, 366, 385, 409, 427, 460, 472, 491, 492, 533, 548, 582
X^{2B} 1042 : n° 313, 345, 442, 457, 473, 474

1770-1779

X^{2B} 1043 : n° 262, 288, 359, 450, 461, 464, 502, 512, 552
X^{2B} 1044 : n° 559, 266b
X^{2B} 1045 : n° 270, 330, 404
X^{2B} 1046 : n° 339, 388, 425, 451, 511
X^{2B} 1047 : n° 263, 292, 337, 358, 360, 382, 392, 434, 446, 520, 525, 541, 568
X^{2B} 1048 : n° 264, 291, 329, 429, 565, 584

X^{2B} 1049 : n° 306, 325, 391
X^{2B} 1050 : n° 273, 317, 357, 513
X^{2B} 1051 : n° 283, 321, 328, 343, 354, 364, 370, 375, 386, 395, 396, 411, 438, 466, 475, 476, 483, 499, 508, 589
X^{2B} 1052 : n° 438, 440, 441, 453, 455, 482, 484, 489, 536, 542, 551, 553
X^{2B} 1053 : n° 285, 309, 310, 312, 327, 336, 490, 543
X^{2B} 1054 : n° 303, 342, 417, 496, 567
X^{2B} 1055 : n° 376, 416, 418, 532
X^{2B} 1056 : n° 393, 394, 471
X^{2B} 1057 : n° 295, 435, 583, 585
X^{2B} 1058 : n° 268, 381, 503, 561, 590
X^{2B} 1059 : n° 340, 428, 505
X^{2B} 1060 : n° 297, 373, 377, 431, 572, 547b
X^{2B} 1061 : n° 279, 301
X^{2B} 1062 : n° 356, 367, 444, 528, 545, 547, 563, 564
X^{2B} 1063 : n° 267, 308, 320, 350, 379, 394, 419, 433, 468, 501, 504, 518, 531, 590
X^{2B} 1064 : n° 454, 515, 523, 575

1780-1790

X^{2B} 1065 : n° 594, 609, 673, 716, 738
X^{2B} 1066 : n° 613, 624, 655, 675
X^{2B} 1067 : n° 602, 630, 631, 643, 649
X^{2B} 1068 : n° 595, 605, 606, 619, 629, 681
X^{2B} 1069 : n° 651, 684, 688, 707
X^{2B} 1070 : n° 596, 614, 625, 638, 644, 660, 666, 677, 678, 683, 706, 708, 727, 739, 622b
X^{2B} 1071 : n° 598
X^{2B} 1072 : n° 626
X^{2B} 1073 : n° 658, 692, 701, 687b
X^{2B} 1074 : n° 634, 668, 669, 698, 710, 719, 729
X^{2A} 1075 : n° 648, 661
X^{2A} 1076 : n° 599
X^{2A} 1077 : n° 640, 645, 667, 693, 711, 712
X^{2A} 1078 : n° 703, 742, 726b
X^{2A} 1079 : n° 641, 694, 730
X^{2A} 1080 : n° 593, 635, 642, 671, 702
X^{2A} 1081 : n° 604, 628, 690, 722, 735, 627b
X^{2A} 1082 : n° 597, 610, 621, 699, 713
X^{2A} 1083 : n° 622, 652, 659, 672, 687, 717, 741, 728b
X^{2A} 1084 : n° 601, 616, 627, 636, 662, 714

X^{2A} 1085 : n° 697, 718, 737
X^{2A} 1086 : n° 607, 680
X^{2A} 1087 : n° 612, 637, 653, 715, 725, 736
X^{2A} 1088 : n° 600, 647
X^{2A} 1089 : n° 608, 654, 663

X^{2B} 1338 à 1436 : procès divers du XVIIIe siècle, classés alphabétiquement. Beaumarchais et autres, 1770-1774 (1 carton) ; Cartouche et ses complices, 1721-1725 (4 cartons) ; Rohan (cardinal de), affaire dite du Collier, 1785-1786 (1 carton).

X^{2B} 1417 : procès du cardinal de Rohan, affaire dite du Collier, 1785.

Instructions d'affaires criminelles :

X^{2B} 1304 : affaire Etienne CARRE
X^{2B} 1305 : affaire Edme DELOMAS
X^{2B} 1308 : affaire Thomas REGNAUDET
X^{2B} 1309 : affaire BEGUIN, REGNAULT et BIGOT ; affaire Jean FILLON
X^{2B} 1314 : affaire Charles BELLECOMBE
X^{2B} 1318 : affaire Louis BERGER

Fonds du Châtelet (série Y):

Affaires jugées en première instance, frappées d'appel au Parlement de Paris.

n° 1 : LA SOULEHARPE
n° 2 : Pierre PETITOT
n° 3 : Antoine FRANCOIS (sentence du 23 octobre 1734). Rien trouvé sous la cote Y 10 044 B (jugement à l'extraordinaire) ; rien à cette date en ce qui concerne le Petit Criminel (affaires jugées à l'ordinaire).
n° 4 : Estienne CARRE
n° 5 : Antoine PROTAT (sentence du 31 janvier 1741). Rien trouvé ni à l'ordinaire (cote Y 9 649 A) ni à l'extraordinaire (cote Y 10 082).
n° 6 : Jacques BORNY (sentence du 25 avril 1743). Rien trouvé ni à l'ordinaire (cote Y 9 649 A) ni à l'extraordinaire (cote Y 10 098)
n° 7 : Nicolas BARBUAU (sentence du 13 juillet 1746). Rien trouvé ni à l'ordinaire (cote Y 9 649 A) ni à l'extraordinaire (cote Y 10 110).

n° 8 : Antoine de LA FOSSE (sentence du 29 juillet 1750). Rien trouvé ni à l'extraordinaire (cote Y 10 134) et pas de cote correspondant à un jugement à l'ordinaire à cette date.
n° 9 : Jean-Jacques AUVRAY (sentence du 12 février 1756). Rien trouvé ni à l'ordinaire (cote Y 9 649 B) ni à l'extraordinaire (cote Y 10 181).
n° 10 : François BEGUIN
n° 11 : Pierre HUE
n° 12 : Jean JOUIN DE SAUSEUIL (sentence du 20 janvier 1761). Jugement à l'extraordinaire, cote Y 10 225.
n° 13 : Jean FREMONT (sentence du 14 janvier 1761). Jugement à l'extraordinaire, cote Y 10 225.
n° 14 : Camille SAINT-PAUL (sentence du 26 octobre 1759). Jugement à l'extraordinaire, cote Y 10 213.
n° 15 : Constantin VAROXA ou VAROKA (sentence du 30 décembre 1760). Jugement à l'extraordinaire, cote Y 10 224.
n° 16 : Louis de BARBINS (sentence du 28 octobre 1761). Rien trouvé ni à l'ordinaire (cote Y 9 666) ni à l'extraordinaire (Y 10 233).
n° 17 : Jean-Charles MAYER (sentence du 26 juin 1761). Jugement à l'extraordinaire, cote Y 10 230.
n° 18 : Jean-Baptiste PELLERIN (sentence du 27 juillet 1760). Rien trouvé ni à l'ordinaire (cote Y 9 653) ni à l'extraordinaire (Y 10 219).
n° 19 : Marie Anne TOUSSAINT (sentence du 21 juillet 1762). Rien à l'ordinaire (Y 9 675) ni à l'extraordinaire (Y 10 241).
n° 20 : François VILLEDIEU (sentence du 27 septembre 1763). Rien à l'ordinaire (Y 9 689) ni à l'extraordinaire (Y 10 250 B).
n° 21 : Jacques DUCROS (sentence du 26 septembre 1764). Rien à l'ordinaire (Y 9 701) ni à l'extraordinaire (Y 10 261).
n° 22 : Joseph Claude BAREL (sentence du 17 août 1763). Rien à l'ordinaire (Y 9 700) ni à l'extraordinaire (Y 10 260).
n° 23 : Jacques LELIEVRE et Esther ROZEMBERG (sentence du 11 ou du 17 mai 1766). Rien à l'ordinaire (Y 9 721) ni à l'extraordinaire (Y 10 274).
n° 24 : Pierre DESBORDES (sentence du 26 août 1768). Rien à l'ordinaire (Y 9 748) ni à l'extraordinaire (Y 10 296).
n° 25 : Marie GALOTEAU (sentence du 4 octobre 1768). Rien à l'ordinaire (Y 9 750) ni à l'extraordinaire (Y 10 297).
n° 26 : BRUNET DE COSTEL et Geneviève LECLAIR (sentence du 23 février 1769). Rien à l'ordinaire (Y 9 754) ni à l'extraordinaire (Y 10 298).
n° 27 : François BACOT (sentence du 16 octobre 1770). Rien à l'ordinaire (Y 9 773) ni à l'extraordinaire (Y 10 312).
n° 28 : Jacques BISSON (sentence du 30 avril 1772). Jugement à l'extraordinaire, cote Y 10 325.

n° 29 : Pierre Michel BILLOT (sentence du 7 avril 1773). Jugement à l'extraordinaire, cote Y 10 335.
n° 30 : Claude DOUSSOT (sentence du 10 septembre 1776). Jugement à l'extraordinaire, cote Y 10 369.
n° 31 : Jacques GRANDVARLET (sentence du 15 janvier 1777). Jugement à l'extraordinaire, cote Y 10 372.
n° 32 : Marc Antoine DUBOIS (sentence du 14 avril 1778). Jugement à l'extraordinaire, cote Y 10 387.
n° 33 : François BOISIN (sentence du 12 septembre 1781). Rien à l'ordinaire (Y 9 905) ni à l'extraordinaire (Y 10 429).
n° 34 : Louis d'HARCOURT (sentence du 10 janvier 1782). Rien à l'ordinaire (Y 9 909) ni à l'extraordinaire (Y 10 429).
n° 35 : Jean-Baptiste PERRIN (sentence du 15 septembre 1783). Rien à l'ordinaire (Y 9 929) ni à l'extraordinaire (Y 10 448).
n° 36 : Anne DOISY (sentence du 9 décembre 1785). Rien à l'ordinaire (Y 9 956) ni à l'extraordinaire (Y 10 468).

Autres affaires du Châtelet, n'ayant pas forcément donné lieu à un appel au Parlement de Paris.

Affaire Jean-Baptiste HARET (1756). Jugement à l'extraordinaire, cote Y 10 181.
Affaire TRINQUELAIRE (sentence du 16 janvier 1761). Jugement à l'extraordinaire, cote Y 10 225.
Affaire DELAUNAY contre RIFFAUT (sentence du 23 août 1764). Jugement à l'extraordinaire, cote Y 10 260.
Affaire DUBUISSON (information le 30 janvier1769, jugement porté le 1er février). Jugement à l'ordinaire, cote Y 9 754. Sans appel ni sentence connus.
Affaire DROUET (1769). Jugement à l'ordinaire, cote Y 9 754.

Bibliothèque nationale

Fonds Joly de Fleury (Guillaume-François) : détail des cotes d'après l'inventaire sommaire de Molinier :

- 609-920 : Conclusions du procureur général (1720-août 1789), inventaire détaillé sur microfiche, cote Microfiche 22 sections 3 et 4.
- 1011-1026 : Avis, informations et projets.
- 1801-1887 affaires judiciaires : procès jugés par le Parlement de 1737 à 1775. Nombreuses lacunes dans la série ; affaires rangées par ordre chronologique d'arrêts ; beaucoup de volumes se composent de mémoires et de notes du procureur général.

1801 : Janvier à septembre 1737 : beaucoup d'imprimés
1802-1803 : Parlement année 1747
1804-1807 : année 1748
1808-1809 : année 1749
1810 : année 1750
1811-1812 : année 1751
1813-1814 : année 1752
1815 : année 1753
1816-1821 : année 1755
1822-1824 : année 1756
1825 : année 1757
1826-1830 : année 1758
1831-1834 : année 1759
1835-1836 : année 1760
1837-1840 : année 1761
1841-1843 : année 1762
1844-1847 : année 1763
1848-1849 : années 1763-1764
1850-1854 : année 1764
1855-1856 : année 1764 (août à octobre)
1857-1863 : année 1765
1864-1865 : 9 septembre-26 octobre 1765
1866-1873 : année 1766
1874-1882 : année 1767 (janvier à septembre)
1883 : année 1769 (février à août)
1884-1885 : année 1769 (avril à septembre)
1886 : année 1774
1887 : année 1775

- 1888-1896 : Affaires judiciaires, supplément. Procès criminels et civils, rangés par ordre de dates d'arrêts.

1888 : 1698-1737 (300 feuillets, réalisé le 7 décembre 1877. Les dossiers ne concernent que des problèmes de successions et des mariages sans le consentement des parents, plus quelques conflits entre juridictions.)

1889 : 1740-1745 (352 feuillets, réalisé le 17 décembre 1877. Idem, avec en plus des affaires d'ordre plus économique, comme des problèmes de concurrence déloyale.)

1890 : 1745-1755 (286 feuillets (manquent les numéros 262-265), réalisé le 18 décembre 1877. Il s'agit principalement d'affaires de rapts, querelles de voisinage et problèmes de succession.)

1891 : 1756-1770
1892 : 1772-1778
1893 : 1779-1781
1894 : 1782-1783
1895 : 1783-1786
1896 : 1786-1789

- 1897-1957 : Petits dossiers d'affaires judiciaires (1776-1786). Dossiers au nombre de 1574 rangés dans l'ordre indiqué par un ancien inventaire, par ordre chronologique. Chaque dossier comprend le résumé de l'affaire par le procureur général et les pièces à l'appui, manuscrites et imprimées.

- 1958-1960 : Affaires criminelles (1718-1723). Documents rangés dans l'ordre indiqué par une ancienne numérotation de 1 à 450. Correspondances diverses, interrogatoires, dénonciations etc., ayant trait principalement à des vols commis sur les grandes routes.

- 1961 : Affaires judiciaires : arrêts du Parlement (1548-1719), réunis par M. de la Galissonnière, substitut du procureur général. (volume de 457 feuillets, plus un 303 bis, réalisé le 12 octobre 1876).

- 1962-1963 : Rapports du Parquet de mars 1730 à 1737 ; affaires civiles et criminelles : papiers sans valeurs, on trouve l'analyse de chaque affaire et les conclusions du procureur général.

- 1964 : Affaires criminelles : papiers et lettres au chancelier (1760-1785) sur les affaires terminées, les crimes commis, réponses à des demandes de renseignements sur des causes dont l'instruction était en retard (volume de 215 feuillets, réalisé le 5 novembre 1877).

- 1989-1995 : Recours en grâce, commutations de peine : série très intéressante, classée par ordre alphabétique de noms d'accusés. Chaque dossier comprend l'analyse de l'affaire, des minutes, des lettres du procureur général, les originaux des réponses des ministres. Peu de pièces antérieures à 1780, la plupart sont des années 1781-1789.

- 1996 : Lettres de grâce, sursis et commutations : dossiers individuels rangés par date de présentation de 1755 à 1787.
- 2082 : Affaire Beaumarchais-Goezmann (dossiers individuels, procès de Beaumarchais, Goezman et autres (1773-1776), volume de 167 feuillets, réalisé le 24 avril 1872).
- 2088-2089 : Affaire du collier de la reine (1785-1786-1790, volume 1, 393 feuillets, réalisé le 16 juillet 1875).
- 2557 : Inventaire des cartons de la collection Joly de Fleury par Léopold Delisle ; 105 feuillets.
- 2558 : Inventaire chronologique (1372-1789) des pièces de la collection Joly de Fleury.

SOURCES IMPRIMÉES

Auteurs anciens

Aquin de Château-Lyon, *Siècle littéraire de Louis XV ou lettres sur les hommes célèbres*, 1e partie, Paris-Amsterdam, Duchesne, 1754.

Barbeyrac, J., *Traité du jeu*, Amsterdam, 1709.

Bardet, *Recueil d'arrêts du Parlement de Paris*, 2 vol., Paris, 1690.

Beccaria, *Traité des délits et des peines*, 1764, trad. de l'italien par J.S. Colin de Plancey, Paris, 1823.

Boucher d'Argis, Antoine-Gaspard, *Observations sur les loix criminelles en France*, Amsterdam, 1781.

Brillon, Pierre-Jacques, *Dictionnaire des arrêts ou jurisprudence universelle des Parlements de France et autres tribunaux, contenant par ordre alphabétique les matières bénéficiales, civiles et criminelles, les maximes du droit ecclésiastique, du droit romain, du droit public, des coutumes, ordonnances, édits et déclarations*, 1727.

Brissot de Warville, J.-P., *Théorie des lois criminelles*, Paris, 1781.

Bruneau, M.-A., *Observations et maximes sur les matières criminelles, avec les remarques tirées des auteurs, conformes aux édits, ordonnances, arrêts et règlements des cours souveraines. Ouvrage nécessaire à tous juges, avocats, procureurs, greffiers, huissiers et praticiens pour bien faire et instruire sur un procès criminel*, Paris, 1715.

Abbé Coyer, *La Noblesse commerçante*, Paris, 1756.

Delamare, Nicolas, *Traité de la police*, tome I, Paris, 1722.

Denisart, Jean-Baptiste, *Collection de décisions nouvelles et de notions relatives à la jurisprudence actuelle*, 3 vol., Paris, 6e éd. 1768 ; 7e éd. 1771.

Dumont, M., *Nouveau style criminel, contenant 1° une Instruction sur la Procédure criminelle ; 2° les Formules de tous les Actes qui ont lieu en cette matière ; 3° des procédures entières sur le petit et grand Criminel, le Faux principal, le Faux incident, la reconnoissance des Écritures et l'Instruction conjointe*, nouv. éd. corrigée et augmentée par l'auteur, Paris, chez la Veuve Desaint, libraire, 1778.

Essarts, Nicolas-Toussaint des, *Dictionnaire universel de police*, Paris, 1786-1789.

Ferrière, Claude-Joseph de, *Dictionnaire de Droit et de Pratique contenant l'explication des termes de droit*, 2 vol., Toulouse, 1771.

Fevret, Charles, *Traité de l'abus et du vray sujet des appellations qualifiées du nom d'abus*, 2 tomes en 1 vol., Lyon, 2e éd. 1667 ; 4e éd. 1689.

Guez de Balzac, *Le Prince*, Paris, 1631.

Guyot, Pierre-Jean-Jacques, *Répertoire universel et raisonné de Jurisprudence civile et criminelle, canonique et bénéficiale*, 17 vol., Paris, Visse, 1775-1786 (surtout article « Vol » tome XVII, 1785).

Hulot et Berthelot, *Corps de droit civil romain, 50 livres du Digeste de l'Empereur Justinien VII*, trad. française, Metz-Paris, 1805.

Isambert, F., *Recueil général des anciennes lois françaises depuis l'an 420 jusqu'à la Révolution de 1789*, Paris, 1822.

Jousse, Daniel, *Traité de la Justice criminelle en France*, 4 vol., Paris, Debure, 1771.

Jousse, Daniel, *Nouveau commentaire sur l'ordonnance criminelle du mois d'août 1670, avec un abrégé de la justice criminelle par Monsieur X., conseiller au Présidial d'Orléans*, nouv. éd., 2 vol., Paris, 1769.

Kant, Emmanuel, *Critique de la raison pure*, 1e éd. 1785, Paris, Gallimard, coll. « Folio essais », 1990.

Lange, *La Nouvelle pratique civile, criminelle et bénéficiale*, 2 vol., Paris, 15e éd., 1755.

Loyseau, Charles, *Traité des ordres et simples dignités*, Paris, éd. L'Angelier, 1613.

Mercier, Louis-Sébastien, *Les Tableaux de Paris*, Amsterdam, 1783.

Merlin, Philippe-Antoine, éd. du *Répertoire de Guyot*, Paris, Garnery, 4e éd. 1812-1825 ; 5e éd. 1827-1828.

Muyart de Vouglans, Pierre-François, *Instruction criminelle suivant les lois et ordonnances du Royaume*, Paris, 1762.

Muyart de Vouglans, Pierre-François, *Réfutation des principes hasardés dans le traité des délits et des peines*, Paris, 1767.

Muyart de Vouglans, Pierre-François, *Institutes au droit criminel, ou principes généraux sur ces matières suivant le droit civil, canonique et la Jurisprudence du Royaume, avec un traité particulier des crimes*, Paris, 1757.

Muyart de Vouglans, Pierre-François, *Les Lois criminelles en France dans leur ordre naturel*, Paris, Mérigot le Jeune, 1780.

Abbé Prévost, *Histoire du Chevalier des Grieux et de Manon Lescaut*, 1e éd. 1753, Paris, Garnier-Flammarion, 1967.

Rétif de La Bretonne, *Monsieur Nicolas*, 1e éd. 1794-1797, éd. établie par Pierre Testud, Paris, Gallimard, « Pléiade », 1989.

Rousseau, Jean-Jacques, *Discours sur l'origine et les fondements de l'inégalité parmi les hommes*, Paris, Gallimard, coll. « Folio Essais », 1993.

Rousseaud de la Combe, Guy, *Traité des matières criminelles suivant l'Ordonnance du mois d'Août 1670 et les édits, déclarations du Roy, arrêts et règlements intervenus jusqu'à présent*, Paris, 1740 ; 6e éd., revue et augmentée par son fils, Nicolas-Guy du Rousseaud de la Combe, Paris, Théodore Le Gras, Paris, 1756.

Sedaine, Jean-Michel, *Le Philosophe sans le savoir*, Paris, 1765.
Serpillon, *Code criminel ou commentaire de l'ordonnance de 1670, contenant les règles prescrites par les anciennes et nouvelles ordonnances pour l'Instruction des Procès criminels. Plusieurs questions de Droit incidentes aux Matières criminelles. Les Règlements concernant la compétence des Juges Royaux et subalternes. Les Règles pour l'Instruction conjointe des Juges Royaux et Ecclésiastiques, et les Règlements concernant les privilèges Ecclésiastiques*, 4 tomes en 2 vol., Lyon, Les Frères Périsse, 1767.
Serpillon, François, *Code du faux, ou commentaire sur l'Ordonnance du mois de juillet 1737*, Lyon, chez Gabriel Regnault libraire, 1744.
Servan, *Discours sur l'administration de la justice criminelle*, Paris, 1767.
Smith, Adam, *Recherches sur la nature et les causes de la richesse des nations*, 1e éd. 1976, 2 vol., traduction de Germain Garnier revue par Adolphe Blanqui, GF, Flammarion, 1991.
Soulatges, Jean-Antoine, *Traité des crimes*, 2 vol., Toulouse, Birosse, 1762.
Tocqueville, Alexis de, *L'Ancien Régime et la Révolution*, Paris, 1856.
Trevoux, A., *Dictionnaire universel Français-Latin*, 8 vol., Paris, 1704, rééd. 1771.
Young, Arthur, *Voyages en France en 1787, 1788 et 1789*, éd. critique par Henri Sée, Paris, Armand Colin, coll. « Les Classiques de la Révolution française », 1931.
Waroquier, *État militaire de la France en 1789*, Paris, 1789.

Auteurs modernes et contemporains

Aubry, Gérard, *La Jurisprudence criminelle du Châtelet de Paris sous le règne de Louis XVI*, préface de Yvonne Bongert, Paris, Librairie générale de droit et de jurisprudence, coll. « Bibliothèque de sciences criminelles », 1971.
Baixas, André, *L'évolution de la notion de dol en droit pénal français de 1789 à nos jours. Le délit d'escroquerie et ses dérivés*, thèse pour le doctorat, Bordeaux, 1920.
Barberot, Christine, *Le vol domestique à travers les arrêts du Parlement de Paris de 1770 à 1790*, Mémoire pour le D.E.S. des Institutions et des faits sociaux, Paris, 1973.
Bongert, Yvonne, « Le juste et l'utile dans la doctrine pénale de l'Ancien Régime », in *Archives de Philosophie du Droit*, Sirey, XXVII, 1982, p. 291-347.
Bongert, Yvonne, « Quelques aspects de la prison au XVIIIe siècle », *Etudes dédiées à la mémoire de Gérard Dehove*, Travaux et Recherches de l'Université du Droit et de la Santé de Lille, Paris, PUF, 1982.

Bongert, Yvonne, *Histoire du droit pénal français*, cours polycopié, Les cours de droit, Paris, 1966-1967.
Bongert, Yvonne, *Le Droit pénal français de la fin du XVe siècle à l'ordonnance criminelle de 1670,* Paris, Les cours de droit, 1972-1973, 2 vol.
Bongert, Yvonne, « Délinquance juvénile et responsabilité pénale du mineur au XVIIIe siècle », *Crimes et criminalité en France XVIIe-XVIIIe siècles*, Paris, Cahiers des Annales 33, Armand Colin, 1971.
Bouloc, Bernard, *Répertoire pénal*, Paris, Dalloz, 2001, art. « escroquerie ».
Bouloc, Bernard, Stéfani, Levasseur, *Droit pénal général*, Paris, Dalloz, 11e éd. 1984.
Bouloc, Bernard, « Droit pénal des affaires », *Revue trimestrielle de droit commercial* (*RTD Com*), n°1, 1er janvier 2000, p. 197-204.
Carbasse, Jean-Marie, *Histoire du droit pénal et de la justice criminelle*, Paris, PUF, coll. « Droit pénal », 2000.
Chauveau, Adolphe et Faustin, Hélie, *Théorie du Code pénal*, 2e éd., t. I, Paris, Edouard Legrand, 1843.
Chavanne, Albert, « De l'Escroquerie », art. 405, *Juris-classeur pénal,* 1952.
Dalloz, Édouard et Vergé, Charles, *Code pénal annoté et expliqué d'après la jurisprudence et la doctrine*, avec la collaboration de Louis Brésillon, Joseph Lefort et P. Pradier-Fodere, Paris, 1881.
David, Louis, *Étude théorique et pratique sur le délit d'escroquerie*, Paris, Librairie Nouvelle de Droit et de Jurisprudence, 1883.
Delmas-Marty, Mireille, *Droit pénal des affaires. Partie spéciale : infractions*, tome 2, coll. « Thémis Droit », PUF, 1973, 3e éd. 1990.
Dorigny, Paul, *Etude de la loi et de la jurisprudence sur la délit constitutif d'escroquerie*, Paris, Librairie nouvelle de droit et de jurisprudence, 1899.
Duvillaret, Henri, *Essai sur le droit pénal en Savoie*, thèse de doctorat, Grenoble, 1943.
Esmein, A., *Histoire de la procédure criminelle*, Paris, 1882.
Faustin, Hélie, *Traité de l'instruction criminelle, ou théorie du code d'instruction criminelle*, 2e éd., t. VI, Paris, Plon, 1867.
Ferri, E., *Sociologie criminelle*, Paris, 1905.
Garçon, Emile, *Code pénal annoté*, Paris, Sirey, 1e éd. 1901-1930 ; 2e éd. 1952-1959.
Garraud, René, *Traité théorique et pratique de Droit pénal français*, Paris, 1935.
Gassin, Raymond, *Criminologie*, Précis Dalloz, 2e éd., 1990.
Gaudard, Suzanne, *La Sorcellerie au XVIIIe siècle : la répression d'après la jurisprudence du Parlement de Paris*, Mémoire pour le D.E.S. d'Histoire des institutions et des faits sociaux, Paris, 1970.

Imbert, Jean, *Quelques procès criminels des XVII et XVIIIe siècles*, présentés par un groupe d'étudiants sous la direction de J. Imbert, PUF, 1964.
Jaffré, Yves-Frédéric, *Les grandes affaires criminelles du XXe siècle*, in *La Gazette du Palais*, 2 janvier 2000, p. 18-28, sur Internet in *Le Doctrinal n° 79*, sept. 2000.
Lacroix, Fieffé, *Le Corpus de droit civil romain : la clé des lois romaines,* Metz, 1809.
Laingui, André, *La Responsabilité pénale dans l'ancien droit, XVIe-XVIIIe siècles*, Paris, 1970.
Laingui, André et Lebigre, Arlette, *Histoire du Droit pénal*, 2 vol., coll. « Synthèse », Cujas, Paris, 1979.
Landry, Alfred, *De l'Escroquerie*, thèse de doctorat soutenue à la Faculté de Droit de Poitiers, 1901.
Larguier, Jean et Conte, Philippe, *Droit pénal des affaires*, 9e éd. refondue, Paris, Armand Colin, 1998.
Launais, H. (dir.), *Droit pénal financier. Traité pratique*, avec la collaboration de Yves de la Villeguerin et Louis Accarias, préface de L. Julliot de la Morandière, t. I, Paris, Dalloz, 1947.
Léauté, Jacques, *Mélanges Patin*, Paris, Cujas, 1965.
Le Foyer, Jean, *Exposé du droit pénal normand au XIIIe siècle*, thèse de doctorat, Paris, 1931.
Lévy, Georges, *De l'action* furti *en droit romain. Des éléments constitutifs du vol, de l'escroquerie et de l'abus de confiance en droit français*, thèse pour le doctorat, Paris, Imprimerie Moquet, 1885.
Mascala, Corinne, *Répertoire pénal*, Paris, Dalloz, 2001, art. « escroquerie ».
Mayaud, Yves, *Le Mensonge en droit pénal*, Lyon, éd. l'Hermès, 1977.
Mericskay, A., *Le Châtelet et la répression de la criminalité à Paris en 1770*, thèse de doctorat de 3e cycle, Université de Paris-Sorbonne, 1984.
Metzger, Marie-José, *L'Evolution de la notion de manœuvres frauduleuses dans le délit d'escroquerie et la réforme de l'article 405 du Code pénal*, thèse soutenue devant la Faculté de Droit et des Sciences Economiques de Montpellier I.
Molinier, A., *Inventaire sommaire de la collection Joly de Fleury*, Paris, Alphonse Picard, 1881.
Mommsen, Theodor, *Droit pénal romain,* Paris, Ancienne librairie Thorin et fils, 1907.
Monier, Raymond, *Petit vocabulaire de droit romain*, Paris, 1930.
Monier, Raymond, *Manuel élémentaire du droit romain*, Paris, Monchrétien, 1947-1954.
Olivier-Martin, *Précis d'histoire du droit français*, 2e éd., Paris, Librairie Dalloz, 1934.

- Ortolan, *Eléments de droit pénal*, Paris, 4e éd., 1875.
Payen, Philippe, *Les Arrêts de règlement du Parlement de Paris au XVIIIe siècle. Dimension et doctrine*, préface de Jean Imbert de l'Institut, coll. « Les grandes thèses du droit français », PUF, 1997.
Périer-Daville, Denis, « Le moyen âge sur ordinateur : voyance et désenvoûtement par minitel ou téléphone », *La Gazette du Palais*, n° 166, 16 juin 1994.
Planiol, Marcel, *Traité élémentaire de droit civil*, nouv. éd. refondue par Georges Ripert, t. II, « Obligations, contrats, sûretés réelles », Paris, Librairie générale de droit et de jurisprudence, 1943.
Pradel, Jean et Danti-Juan, Michel, *Manuel de droit pénal spécial*, Cujas, 1995, 2e éd., 2001.
Pradel, Jean, *Manuel de droit pénal général*, mis à jour au 1er septembre 2000, éditions Cujas, Paris, 2000.
- Rassat, Michelle-Laure, *Jurisclasseur pénal*, Paris, art. « Escroquerie », 1996.
Rassat, Michelle-Laure, *Droit pénal spécial. Infractions des et contre les particuliers*, Dalloz, Paris, 1997.
Raveau, Anne-Marie, *La Police des jeux à Paris au XVIIIe siècle*, mémoire pour le DES d'Histoire du Droit, Paris, 1965.
Robert, Jacques-Henri, *Droit pénal général*, 4e éd., coll. « Thémis droit privé », Paris, PUF, 1988.
- Rossi, *Traité de droit pénal*, 1829.
Rousselet, Marcel et Patin, Maurice, *Droit pénal spécial*, 7e éd., Paris, Sirey, 1958.
Samet, Catherine, *La naissance de la notion d'abus de confiance dans le ressort du parlement de Paris au cours du XVIIIe siècle*, Paris, PUF, coll. « Travaux et recherches de l'université de Droit, d'Economie et de Sciences sociales de Paris », Série Sciences historiques n° 27, 1989.
Sevray, Joseph, *De l'Escroquerie*, thèse de doctorat soutenue devant la Faculté de droit de Caen, 1896.
Thouvenot, Nelly, *L'Escroquerie et sa répression dans le ressort du Parlement de Paris de 1780 à 1790*, Mémoire pour le D.E.S. d'Histoire des Institutions, Université de Droit, d'Économie et de Sciences sociales de Paris-II, 1978.
Véron, Michel, *Droit pénal spécial*, 7e éd., Paris, Armand Colin, 1999.
Villey, Michel, *Philosophie du droit. II. Les moyens du droit.* Précis Dalloz, 1979.
Vitu, André et Merle, Roger, *Traité de droit criminel. Droit pénal spécial*, Paris, Cujas, 1982.

BIBLIOGRAPHIE

Ancel, R., *Crimes et châtiments au XVIIIe siècle*, Paris, 1933.

Antoine, Michel, *Le Conseil du Roi sous le règne de Louis XV*, Genève, Droz, 1970.

Antoine, Michel, *Le Gouvernement et l'administration sous Louis XV. Dictionnaire biographique*, Paris, CNRS, 1978.

Antoine, Michel, *Louis XV*, Paris, Fayard, coll. « Pluriel », 1993.

Asselain, Jean-Charles, *Histoire économique de la France du XVIIIe siècle à nos jours*, 1. *De l'Ancien Régime à la Première Guerre mondiale*, Paris, Seuil, coll. « Points Histoire », 1984.

Badinter, Elisabeth et Badinter, Robert, *Condorcet (1743-1794). Un intellectuel en politique*, Paris, Fayard, 1988.

Badinter, Elisabeth, *Les passions intellectuelles. II. Exigence de dignité (1751-1762)*, Paris, de Fallois, 2002.

Basdevant-Gaudemet, Brigitte, *Aux origines de l'État moderne, Charles Loyseau (1564-1627) théoricien de la puissance publique*, Paris, Economica, 1977.

Bastier, Jean, *La Féodalité au siècle des Lumières dans la région de Toulouse au XVIIIe siècle*, Bibliothèque nationale, 1975.

Bell, D., *Lawyers and Citizens. The Making of a Political Elite in Old Regime*, Oxford, 1987.

Bély, Lucien, *Dictionnaire de l'Ancien Régime*, Paris, PUF, 1996.

Bély, Lucien, *La Société des princes (XVIe-XVIIIe siècle)*, Paris, Fayard, 1999.

Bénabou, Erica-Marie, *La Prostitution et la Police des mœurs au XVIIIe siècle*, Paris, Perrin, 1987.

Bérenger, Jean et Meyer, Jean, *La France dans le monde du XVIIIe siècle*, Paris, Sedes, « Regards sur l'histoire », 1993.

Bertière, Simone, *Marie-Antoinette l'insoumise*, Paris, Editions de Fallois, 2002.

Bluche, François, *Les Magistrats du Parlement de Paris au XVIIIe siècle (1715-1771)*, Paris, Les Belles Lettres, 1960 ; rééd. Economica, 1986.

Bluche, François, *Dictionnaire du Grand Siècle*, Paris, 1990.

Bluche, François, *Louis XV*, Paris, Perrin, 2000.

Bordonove, Georges, *Les Rois qui ont fait la France*, t. IV, Paris, Pygmalion, 1982.

Bourcier de Carbon, Luc, *Essai sur l'histoire de la pensée et des doctrines économiques. Tome I : de Montchrétien à Karl Marx*, éditions Montchrestien, Paris.

Bourguinat, Elisabeth, *Les rues de Paris au XVIIIe siècle : le regard de Louis-Sébastien Mercier*, Paris, Musée Carnavalet, catalogue de l'exposition des 18 mars - 20 juin 1999, éd. Paris-Musées, 1999.

- Braudel, Fernand, *Écrits sur l'histoire*, Paris, Flammarion, 1969.
- Braudel, Fernand et Labrousse, Ernest (dir.), *Histoire économique et sociale de la France*, t. 2, *Des derniers temps de l'âge seigneurial aux préludes de l'âge industriel (1660-1789)*, Paris, PUF, 1970.

Braudel, Fernand, *Civilisation matérielle, économie et capitalisme (XVe-XVIIIe siècles)*, Paris, A. Colin, 1979, 3 vol.

Braudel, Fernand, *La Dynamique du capitalisme*, Flammarion, coll. « Champs », 1985.

Braudel, Fernand, *L'Identité de la France* Paris, Arthaud, 1986 ; rééd. en 3 vol., Paris, Flammarion, « Champs », 1990.

Braudel, Fernand, Labrousse, Ernest et *al.*, *Histoire économique et sociale de la France*, t. 2, *1660-1789*, Paris, 1970.

Burguière, André et Revel, Jacques, *Histoire de France*, vol. 1, dir. Jacques Revel, *L'Espace français*, Paris, Seuil, 1989.

Cabourdin, Guy et Viard, Georges, *Lexique historique de la France d'Ancien Régime*, Paris, Armand Colin, rééd. 1998.

- Carrière, Ch., *Négociants marseillais au XVIIIe siècle*, 2 vol., Marseille, 1973.

Chagniot, Jean, *Paris au XVIIIe siècle*, Paris, Hachette, coll. « Nouvelle Histoire de Paris », 1988.

Chaline, Olivier, *La France au XVIIIe siècle (1715-1787)*, Paris, Belin Sup Histoire, 1996.

Chantraine, Pierre, *Dictionnaire étymologique de la langue grecque*, Paris, Klincksieck, 1984.

Chassagne, Serge, *Oberkampf. Un entrepreneur capitaliste au siècle des Lumières*, paris, Aubier, coll. « Historique », 1980.

Chaunu, Pierre, *La Civilisation de l'Europe des Lumières*, Grenoble-Paris, 1971.

Chaussinand-Nogaret, Guy, *La Vie quotidienne des Français sous Louis XV*, Paris, Hachette, 1979.

Chaussinand-Nogaret, Guy, *Gens de finances au XVIIIe siècle*, Bruxelles, Editions Complexes, 1993.

Chiappe, Jean-François, *Louis XV*, Paris, Perrin, 1996.

- Cornette, Joël, *Absolutisme et Lumières (1652-1783)*, Paris, Hachette, coll. « Carré Histoire », 1993.

Cottret, Monique, *Culture et politique dans la France des Lumières (1715-1792)*, Paris, Armand Colin, coll. « U », 2002.

Darnton, Robert, *The Business of Enlightenment, A Publishing History of the Encyclopédie, 1775-1800*, The Belknap Press of Harvard University Press,

1979, trad. *L'Aventure de l'*Encyclopédie *(1775-1800). Un best-seller au siècle des Lumières*, Paris, Perrin, 1982, rééd. Paris, Seuil, coll. « Points Histoire », 1992.

Darnton, Robert, *The Literary Underground of the Old Regime*, Cambridge, Mass., Harvard University Press, 1979, *Edition et sédition : l'univers de la littérature clandestine au XVIIIe siècle*, Paris, Gallimard, 1991.

Darnton, Robert, *Bohème littéraire et Révolution, le monde des livres au XVIIIe siècle*, Paris, 1983.

Darnton, Robert, *Le Grand Massacre des chats. Attitudes et croyances dans l'Ancienne France*, Paris, Robert Laffont, 1985.

Dessert, Daniel, *Argent, Pouvoir et Société au Grand Siècle*, Paris, Fayard, 1984.

Dictionnaire des lettres françaises. Le XVIIIe siècle, sous la dir. du Cardinal Georges Grente, sous la dir. de François Moureau, Fayard, 1960 ; rééd., coll. « La Pochothèque », 1995.

Duby, Georges (dir.), *Histoire de la France*, éd. Larousse.

Duby, Georges et *al.*, *Histoire de la France rurale*, t. 2, Paris, 1975.

Duby, Georges, dir., *Histoire de la France urbaine*, t. 3, Chartier, Roger, Chaussinand-Nogaret, Guy, Neveux, Hugues et Le Roy Ladurie, Emmanuel, *La Ville classique de la Renaissance à la Révolution*, Paris, Seuil, 1981.

Duby, Georges et Perrot, Michèle, dir., *Histoire des femmes*, t. 3, *XVIIe-XVIIIe siècle* Paris, Plon, 1991.

Dupaquier, Jacques et coll., *Histoire de la population française*, t. 2, Paris, 1988.

Durand, Yves, *Les Fermiers généraux au XVIIIe siècle*, Paris, PUF, 1971.

Durantin, Henri (éd. par), *Textes et documents : journal de la Cour et de Paris depuis le 28/11/1731 jusqu'au 30/10/1733*, préface de Françoise Weil, Paris, Bibliothèque Nationale, Université de Saint-Etienne, 1981.

Ernout, A. et Meillet, A., *Dictionnaire étymologique de la langue latine*, Paris, Klincksieck, 1959.

Farge, Arlette et Foucault, Michel, *Le désordre des familles. Lettres de cachet des archives de la Bastille*, Paris, 1982.

Farge, Arlette, *Le Vol d'aliments à Paris au XVIIIe siècle*, Plon, Paris, 1974.

Farge, Arlette, *La Vie fragile. Violence, pouvoirs et solidarités à Paris au XVIIIe siècle*, Paris, Seuil, collection « Points histoire », 1986.

Farge, Arlette, *Vivre dans la rue à Paris au XVIIIe siècle*, Gallimard, Paris, 1992.

Farge, Arlette, *Dire et mal dire. L'opinion publique au XVIIIe siècle*, Paris, Seuil, « La Librairie du XXe siècle », 1992.

Faure, Edgar, *La Disgrâce de Turgot, 12 mai 1776*, Paris, Gallimard, coll. « Trente journées qui ont fait la France », 1961.

Faure, Edgar, *La Banqueroute de Law, 17 juillet 1720*, Paris, Gallimard, coll. « Trente journées qui ont fait la France », 1977.
Fischter, Jean-Jacques, *Le Baron Pierre-Victor de Besenval*, Lausanne, Delachaux et Niestlé, 1993.
Florilège, de Watteau à Fragonard, peintures du XVIIIe siècle du musée d'Angers, Valenciennes, 2001.
Foucault, Michel, *Histoire de la Folie. Folie et déraison à l'âge classique*, Paris, Gallimard, 1961.
Foucault, Michel, *La Volonté de savoir*, Paris, Gallimard, 1976.
Frêche, Georges, *Toulouse et la région Midi-Pyrénées au XVIIIe siècle*, Paris, Editions Cujas, 1974.
Furet, François et Ozouf, Jacques, *Lire et Écrire. L'alphabétisation des Français de Calvin à Jules Ferry*, Paris, Minuit, 1977.
Furet, François, *Penser la Révolution française*, Paris, Gallimard, coll. « Bibliothèque des Histoires », 1978.
Gallet, Danielle, *Madame de Pompadour ou le pouvoir féminin*, Paris, Fayard, 1985.
Gallo, Max, *Que passe la justice du roi. Vie, procès et supplice du chevalier de la Barre*, Paris, Robert Laffont, 1987.
Garden, Maurice, *Lyon et les Lyonnais au XVIIIe siècle*, Paris, 1970.
Garnot, Benoît, *Le peuple au temps des Lumières. Echec d'un dressage culturel*, Paris, 1990.
Garnot, Benoît et Poton, Didier, *La France et les Français au XVIIIe siècle (1715-1788). Société et Pouvoirs*, Ophrys, coll. « Documents et histoire », 1992.
Gauthier, Florence et Ikni, Robert, *La Guerre du blé au XVIIIe siècle*, Paris, Les Editions de la Passion, 1988.
Gaxotte, Pierre, *Le Siècle de Louis XV*, Paris, Arthème Fayard, 1933.
Gaxotte, Pierre, *Paris au XVIIIe siècle*, Paris, Arthaud, coll. « Bibliothèque historique illustrée ».
Gerbaud, Henri et Bimbenet-Privat, Michèle, *Châtelet de Paris. Répertoire numérique de la série Y. Tome premier. Les chambres Y1 à 10718 et 18603 à 18800*, Paris, Archives Nationales, 1993.
Gooch, G.-P., *Louis XV, The Monarchy in Decline*, Greenwood, Westport Connecticut Press, 1976.
Goodwin, A. (éd.), *The American and French Revolutions (1763-1793)*, Cambridge UP, coll. « The New Cambridge Modern History », 1986.
Goubert, Pierre et Roche, Daniel, *Les Français et l'Ancien Régime, Culture et société*, Paris, Armand Colin, 2e éd., 1995.
Grevet, René, *La France et les Français au XVIIIe siècle (1715-1788), Economie et culture*, Paris, éd. Ophrys, coll. « Documents et histoire », 1993.

Guéry, Alain, « Les finances de la monarchie française sous l'Ancien Régime », *Annales ESC*, mars-avril 1978, p. 216-239.
Guichen, Eugène de, *Crépuscule de l'Ancien Régime*, Paris, 1909.
Habermas, Jurgen, *L'Espace public. Archéologie de la publicité comme dimension constitutive de la société bourgeoise*, éd. originale 1962 ; trad. française, Paris, Payot, 1978 ; rééd. 1992.
Haudrère, Philippe, *La Compagnie française des Indes au XVIII*^e^ *siècle (1719-1795)*, Paris, Librairie de l'Inde, 1989.
Humbert, Jean, *Institutions politiques et sociales de l'Antiquité*, Dalloz, 1984.
Kaplan, Steven, « Le Complot de famine : histoire d'une rumeur au XVIIIe siècle », *Cahiers des Annales* n° 39, Paris, Armand Colin, 1982.
Kaplan, Steven, *Provisioning Paris. Merchants and Millers in the Crain and Flour Trade during the Eighteenth Century*, Ithaca-Londres, 1984.
Kaplan, Steven, *Bread, Politics ans Political Economy in the Reign of Louis XV*, La Haye, 1976, trad. *Le pain, le peuple et le Roi, la bataille du libéralisme sous Louis XV*, Paris, Perrin, 1986.
Kaplan, Steven, *Les Ventres de Paris : pouvoir et approvisionnement dans la France d'Ancien Régime*, Paris, Fayard, 1988.
Kaplan, Steven, *Le Meilleur pain du monde. Les boulangers de Paris au XVIII*^e^ *siècle*, Paris, Fayard, 1996.
Kaplan, Steven, *La fin des corporations*, Paris, 2001.
Knabe, Pieter-Eckhard, *Frankreich im Zeitalter der Aufklärung*, Cologne, Dine, 1995.
Kors, C., *D'Holbach's Coterie. An Enlightenment in Paris*, Princeton University Press, 1976.
Kunstler, Charles, *La vie quotidienne sous Louis XV*, Paris, Hachette, 1953.
Labrousse, Ernest, *La Crise de l'économie française à la fin de l'Ancien Régime et au début de la Révolution*, Paris, PUF, 1943.
Lavisse, Ernest, dir., *Histoire de la France depuis les origines jusqu'à la Révolution* ; t. 8, Carré, Henri, *Le Règne de Louis XV (1715-1774)* ; t. 9, Sagnac, Philippe et Lavisse, Ernest, *Le Règne de Louis XVI (1774-1789)*, Paris, Hachette, 1909-1910.
Le Roy Ladurie, Emmanuel, *L'Ancien Régime. L'absolutisme bien tempéré (1715-1770)*, Paris, Hachette, coll. « Pluriel », 1991.
Le Roy Ladurie, Emmanuel, *L'Ancien Régime (1610-1770)*, Paris, Hachette, coll. « Histoire de France », 1991 ; rééd. Hachette, 2000.
Lebigre, Arlette, *La Justice du roi. La vie judiciaire dans l'Ancienne France*, Paris, Albin Michel, 1988.
La Naboun, Eric, *Le Régent, libéral et libertin*, Paris, Lattès, 1984.
Léon, P., *Economies et sociétés préindustrielles, 1650-1780*, Paris, 1970.
Léon, P. et *al.*, *Histoire économique et sociale du monde*, t. 2 et 3, Paris, 1978.

Lever, Evelyne, *Louis XVI*, Paris, Fayard, 1985.
- Lever, Evelyne, *Marie-Antoinette*, Paris, Fayard, 1991.
- Levron, Jacques, *Louis XV. L'homme et le Roi*, Paris, Perrin, 1984.
- Lindsey (J.O.), éd., *The Old Regime (1713-1763)*, Cambridge UP, coll. « The New Cambridge Modern History », 1988.

Maire, Catherine, *De la cause de Dieu à la cause de la Nation : le jansénisme au XVIIIe siècle*, Paris, Gallimard, « Bibliothèque des Histoires », 1998.

Mandrou, Robert, *La France aux XVIIe et XVIIIe siècles*, Paris, 1996.

Marie, Alfred et Jeanne, *Versailles au temps de Louis XV (1715-1745)*, Paris, Imprimerie nationale, 1984.

Marion, Marcel, *Histoire financière de la France depuis 1715*, t. 1, *1715-1789*, Paris, 1914.

Marion, Marcel, *Dictionnaire des institutions de la France aux XVIIe et XVIIIe siècles*, Paris, A. et J. Picard et Cie, 1923 ; rééd. 1968.

Maurepas, Arnaud de et Brayard, Florent, *Les Français vus par eux-mêmes. Le XVIIIe siècle*, Paris, Laffont, coll. « Bouquins », 1996.

Maza, Sarah, *Vies privées, affaires publiques. Les causes célèbres de la France prérévolutionnaire*, traduit de l'anglais (Etats-Unis) par Christophe Beslon et Pierre-Emmanuel Dauzat, Fayard, Paris, 1997.

Méthivier, Hubert, *Le Siècle de Louis XV*, Paris, PUF, Que sais-je ?, n°1229, 1993.

Meyer, Jean, *La Vie quotidienne en France au temps de la Régence*, Paris, Hachette, 1979.

Meyer, Jean, *Le Régent (1674-1723)*, Paris, Ramsay, 1985.

- Meyer, Jean, Tarrade, Jean, Rey-Goldzeiguer, Annie et Thobie, Jacques, *Histoire de la France coloniale*, t. 1, *Des origines à 1914*, Paris, Armand Colin, 1991.

Miquel, Pierre (dir.), *Histoire de France illustrée*, Paris, Larousse, 1987.

Mousnier, Roland, *Les Institutions de la France sous la monarchie absolue*, 2 vol., Paris, 1974 et 1980.

Muchembled, Robert, *L'Invention de l'homme moderne. Culture et sensibilités en France du XVe au XVIIIe siècle*, Paris, Fayard, coll. « Pluriel », 1988.

Muchembled, Robert, *Société, cultures et mentalités dans la France moderne*, Paris, 1994.

Muret, Pierre, *La Prépondérance anglaise (1715-1763)*, Paris, PUF, coll. « Peuples et civilisations », 1933.

- Nerval, Gérard de, *Les Illuminés*, Paris, Gallimard, 1976.

Nicolas J., *La rébellion française, mouvements populaires et conscience sociale*, Paris, 2002.

Perrot J.-C., *Une histoire intellectuelle de l'économie politique (XVIIe-XVIIIe siècles)*, Paris, 1992.

Pris, Claude, *La Manufacture des glaces de Saint-Gobain, 1665-1830, une grande entreprise sous l'Ancien Régime*, Lille, Atelier des thèses de l'Université de Lille-III, 1975.
Richard, Guy, *La Noblesse d'affaires au XVIIIe siècle*, 2e édition, Paris, Armand Colin, 1997.
Richet, Denis, *La France moderne, l'esprit des institutions*, Paris, Flammarion, 1973.
Roche, Daniel, *Le Siècle des Lumières en province. Académies et académiciens provinciaux (1660-1789)*, 2 vol., Paris-La Haye, EHESS et Mouton, 1978.
Roche, Daniel, *Le Peuple de Paris. Essai sur la culture populaire au XVIIIe siècle*, Paris, Aubier, coll. « Historique », 1981.
Roche, Daniel, *La France des Lumières*, Paris, Fayard, 1993.
Rogister, John, *Louis XV and the Parlement of Paris, 1737-1755*, Cambridge University Press, 1995.
Sagnac, Philippe, *La Fin de l'Ancien Régime et la Révolution américaine (1763-1789)*, Paris, PUF, coll. « Peuples et civilisations », 1952.
Sédillot, André, *Histoire morale et immorale de la monnaie*, Paris, Bordas-Cultures, 1989.
Singh, R.-John, *French Diplomacy in the Caribbean and the American Revolution*, New-York, 1977.
Soboul, Albert, Lemarchand, Guy et Fogel, Michèle, *Le Siècle des Lumières*, I, *L'Essor (1715-1750)*, Paris, PUF, coll. « Peuples et civilisations », 1977.
Storez, Isabelle, *Le Chancelier Henri-François d'Aguesseau (1668-1751), monarchiste et libéral*, Paris, Publisud, 1996.
Temple, Nora, *The Road to 1789 : from Reform to Revolution in France*, University of Waterpress, 1992.
Valynseele, Joseph et Brun, Christophe, *Les Bâtards de Louis XV et leur descendance*, Paris, Perrin, 1992.
Van de Vyves, Gisel et Reisse, Jacques, *Études sur le XVIIIe siècle*, hors-série n° 7, Université de Bruxelles, 1991.
Van Kley D., *The Jansenists and the Expulsion of the Jesuits from France, 1757-1765*, New Haven and London, 1975.
Viguerie, Jean de, *Histoire et dictionnaire du temps des Lumières*, Paris, Robert Laffont, coll. « Bouquins », 1995.
Vovelle, Michel, Lemarchand, Guy, Gilli, M. et Cubells, Monique, *Le Siècle des Lumières*, II, *L'Apogée (1750-1780)*, Paris, PUF, coll. « Peuples et civilisations », 1997.
Zysberg, André, *La monarchie des Lumières 1715-1786*, Paris, Seuil, coll. « Points histoire », Nouvelle histoire de la France moderne, t. 5, 2002.

Zysberg, André, *Les Galériens. Vies et destins de 60.000 forçats sur les galères de France (1680-1748)*, Paris, Seuil, coll. « L'Univers historique », 1987.

TABLE DES MATIÈRES

SECONDE PARTIE
L'ESCROQUERIE : DU PASSAGE À L'ACTE À LA RÉPRESSION

ADMINISTRATION, GOUVERNANCE ET DÉCISION PUBLIQUE
Sous la direction de Ali SEDJARI
L'administration n'en finit pas de soulever des questions et de susciter des interrogations à propos du rôle qu'elle est appelée à jouer dans le contexte des mutations actuelles et dans la gestion de la complexité des temps modernes. La gouvernance administrative ne peut s'associer au changement qu'en intervenant elle-même dans l'action créatrice du nouveau. La "bonne gouvernance administrative" serait alors l'art de mieux décider. Il y a donc un lien étroit entre la gouvernance administrative et la décision publique, objet de ce livre.
(39 €, 496 p) *ISBN 2-7475-6389-8*

LA BUREAUCRATIE LIBÉRALE
Nouvelle gestion publique et régulation organisationnelle
GIAUQUE David. Préface de Yves EMERY
Les réformes administratives au sein des pays de l'OCDE sont menées à un rythme toujours plus important. Cet ouvrage propose une réflexion approfondie sur les conséquences des mutations administratives engagées, souvent inspirées des principes et outils de la nouvelle gestion publique, sur la régulation organisationnelle des administrations publiques. Basés sur des enquêtes qualitatives menées auprès de services administratifs canadiens et suisses, les constats réalisés permettent d'identifier l'apparition d'un nouveau type de régulation organisationnelle nommé "bureaucratie libérale".
(Coll. Conception et dynamique des organisations - Série : Publi-Thèses, 27 €, 324 p)
ISBN 2-7475-5535-6

LA CADUCITÉ DES ACTES JURIDIQUES EN DROIT PRIVÉ FRANÇAIS
PELLETIER Caroline. Préface de Philippe JESTAZ
Bien qu'elle ne soit pas une notion juridique nouvelle, la caducité demeure floue et incertaine. Une étude globale s'impose donc aujourd'hui en droit privé français. Cette étude permet de mettre en exergue la dualité fonctionnelle de la caducité, qui peut résulter soit de la disparition d'un élément essentiel à l'exécution de l'acte juridique, soit de l'inaction d'une personne intéressée à l'acte. Toutefois, la caducité ne saurait être considérée comme une notion plurielle, elle s'affirme comme un mécanisme unitaire d'extinction des actes juridiques qui mérite de trouver une place à part entière dans notre système juridique.
(Coll. Logiques Juridiques, 45 €, 582 p) *ISBN 2-7475-6896-2*

LES COLLECTIVITÉS TERRITORIALES FACE AUX RISQUES PHYSIQUES
Sous la direction de Arnaud de LAJARTRE et Vincent GABORIAU
Les risques physiques, c'est-à-dire ceux dont l'origine est matérielle, sont certainement ceux que les collectivités territoriales gèrent le plus souvent. Des risques majeurs classiques (naturels, technologiques, transports) aux risques de la vie quotidienne (infrastructures de plein air, de sports, de voirie, cantine, eau potable, déchets, etc.),

voici une réflexion sur la prévention du risque, la réaction face au risque et sa sanction.
(Coll. Logiques Juridiques, 22 €, 262 p) *ISBN 2-7475-6839-3*

LA CONCURRENCE DÉLOYALE
LECOURT Arnaud
Cet ouvrage examine ainsi tout l'encadrement juridique de la concurrence déloyale, intégrant à la fois la jurisprudence la plus récente, y compris celle des bases de données informatiques, les développements les plus actuels sur les nombreux points d'achoppements que recouvre la matière ainsi que des décisions issues de différents droits étrangers. Il est une aide précieuse pour tout avocat, magistrat, universitaire ou simple commerçant désireux de comprendre les arcanes de cette matière et de défendre ses droits.
(Coll. La Justice au quotidien, 11 €, 96 p) *ISBN 2-7475-6358-8*

LE CONSEIL CONSTITUTIONNEL EN QUESTIONS
Sous la direction de Dominique ROUSSEAU
Le conseil constitutionnel est l'organisme gardien des droits fondamentaux. Mais sa composition et son fonctionnement sont contestés. Comment expliquer que des juges non élus, désignés par des détenteurs du pouvoir politique, puissent s'opposer au pouvoir législatif incarnant la nation souveraine ? Le Conseil constitutionnel n'est en outre pas une troisième chambre; il ne doit donc jamais guider la main du législateur. Il est pourtant souvent critiqué pour la témérité, voire l'impérialisme de certaines de ses décisions.
(Coll. Inter-National, 16 €, 176 p) *ISBN 2-7475-6947-0*

CONTRIBUTION À LA RÉFLEXION SUR LES DROITS
MINOW Martha, COVER Robert M.
Il est constamment fait appel, dans le discours juridique et politique contemporains, à la notion de droits en France, aux Etats-Unis et en beaucoup d'autres lieux. Pourquoi ? Comment faire sens de ces usages ? Quel rôle exact cette notion joue-t-elle dans le fonctionnement réel du droit positif et comment aide-t-elle à l'analyser ? Martha Minow et Robert M. Cover, dans les deux textes traduits dans cet ouvrage, invitent à reprendre la réflexion sur ces sujets.
(Coll. Logiques Juridiques, 11 €, 104 p) *ISBN 2-7475-6970-5*

LES CONTRATS ET LE SYSTÈME ÉDUCATIF
FIALAIRE Jacques. Préface de André LEGRAND
De nos jours, l'institution scolaire s'est muée en un "système éducatif". Cette multiplication des acteurs des politiques éducatives s'est accompagnée d'une large diffusion du procédé contractuel (contrats d'association dans le secteur privé, ou plus éphémère, les contrats emplois-jeunes). Cette étude envisage donc le droit positif applicable à ces contrats. Elle les met en perspective avec les objectifs des politiques éducatives qu'ils traduisent. Cet ouvrage constitue un apport général à la théorie générale des contrats.
(Coll. Logiques Juridiques, 26.50 €, 310 p) *ISBN 2-7475-5916-5*

LE CONTRÔLE FISCAL DES OPÉRATIONS INTERNATIONALES
THOMAS Jérôme Nirmal. Préface de Guy GEST
Entre la mondialisation croissante de l'économie et les facilités offertes par l'Union européenne, le contrôle fiscal des opérations internationales est devenu un enjeu majeur de ce nouveau millénaire. En matière internationale, l'administration française a plus de mal à vérifier la véracité des déclarations des contribuables. C'est pourquoi les pouvoirs publics se sont efforcés d'adapter le contrôle fiscal à cette spécificité afin de le rendre plus efficace. Une réflexion centrée autour de la question de l'efficacité du contrôle fiscal des opérations internationales.
(Coll. Finances Publiques, 32 €, 396 p) *ISBN 2-7475-6711-7*

LE CONTRÔLE JURIDICTIONNEL DE LA RÉGULARITÉ DE LA PROCÉDURE D'IMPOSITION
AYRAULT Ludovic
Face à un droit aussi formaliste que celui des procédures fiscales, le juge de l'impôt a renforcé son contrôle afin de rééquilibrer les rapports entre l'Administration fiscale et le contribuable. Mais si le contrôle assuré permet aux assujettis de bénéficier d'une protection efficace de leurs droits et de leurs garanties, la situation est différente lorsqu'il s'agit d'annuler la décision d'imposition. Une analyse sur l'efficacité et la nature de la protection juridique du contribuable.
(Coll. Finances publiques, 35 €, 444 p) *ISBN 2-7475-6271-9*

LA COUR PÉNALE INTERNATIONALE ET LES ETATS-UNIS
BOUQUEMONT Clémence. Préface de Yves PETIT
A la grande surprise de la communauté internationale, les Etats-Unis, fervents défenseurs de la justice internationale, s'élèvent contre l'avènement historique de la Cour Pénale Internationale le 1er juillet 2002. Le gouvernement de G. W. Bush prend toutes les mesures nécessaires pour offrir une immunité générale et préventive aux citoyens américains, qu'ils soient chef d'Etat, militaire ou simple citoyen. Hormis la crainte d'une ingérence dans leurs affaires intérieures, les Etats-Unis ne craignent-ils pas davantage une ingérence dans leur gestion de la scène internationale?
(Coll. Inter-National, 14.50 €, 162 p) *ISBN 2-7475-5408-2*

DICTIONNAIRE DE LA JUSTICE INTERNATIONALE, DE LA PAIX ET DU DÉVELOPPEMENT
BEMBA Joseph
Ce Dictionnaire a pour principal objet de rassembler et de définir, conformément aux textes et à l'état du droit en vigueur, les principaux termes et expressions utilisés dans le cadre de la Justice internationale. Il a pour ambition de rendre accessible au plus grand nombre, praticiens et non praticiens du Droit, le vocabulaire parfois "fermé" de la Justice internationale pour une meilleure compréhension de son action et de ses enjeux. Outre les définitions, l'ouvrage comporte l'énoncé d'articles, préambules et extraits significatifs des textes fondamentaux nationaux, régionaux et internationaux.
(Coll. Justice Internationale, 32 €, 404 p) *ISBN 2-7475-6576-9*

DISPOSER DE SOI
Une analyse du discours juridique sur les droits de la personne sur son corps
Stéphanie HENNETTE-VAUCHEZ. Préface de Etienne PICARD
A partir d'une analyse du corpus que constitue le discours doctrinal juridique relatif à la question des rapports de la personne à son corps, ce travail souligne en premier lieu l'existence d'un décalage important entre la substance de ce discours et la réalité du droit positif qu'il prétend décrire. En second, il met en évidence que les normes juridiques intervenant sur le terrain des rapports de la personne à son corps (refus de soins, prélèvements d'organes...) sont bien plus des normes restrictives, voire prohibitives qu'elles ne consacrent des droits nouveaux au profit de la personne.
(Coll. Logiques Juridiques, 36.50 €, 448 p) *ISBN 2-7475-5917-3*

DROIT AU TRAVAIL ET HANDICAP
L'obligation d'emploi entre mythe et réalité
COULIBALY Alban Alexandre. Préface du Docteur Michel FARDEAU
Les conditions d'accès des personnes handicapées à un emploi en milieu ordinaire de travail, sont aujourd'hui encore, peu satisfaisantes en dépit des progrès indéniables accomplis notamment grâce à la loi du 10 juillet 1987 sur l'obligation d'emploi des travailleurs handicapés. Cette loi a suscité beaucoup d'espoir mais la réalité du terrain est venue tempérer fortement celui-ci. Cette réflexion a pour objet de mettre à nu les difficultés d'application de cette loi en vue d'esquisser une série de propositions visant à améliorer le dispositif d'insertion socioprofessionnelle.
(Coll. Technologie de l'action sociale, 14 €, 144 p) *ISBN 2-7475-5660-3*

LE DROIT CONTRE L'ETAT ?
Droit et défense associative des étrangers : l'exemple de la CIMADE
DRAHY Jérôme. Préface de Jacques CHEVALLIER
Depuis plusieurs décennies, le droit relatif aux étrangers a connu une inflation sans précédent, dans un sens toujours plus restrictif pour les immigrés désireux de vivre légalement en France. Mais si cette multiplication des textes juridiques constitue une contrainte, elle peut être également perçue comme une ressource pour les intéressés et les associations les défendant. Elaborant de véritable stratégies juridiques, celles-ci se réapproprient le droit qui constitue un moyen d'action au service de la cause des étrangers. Telle est la perspective dans laquelle s'inscrit la CIMADE.
(Coll. Logiques Juridiques, 30 €, 370 p). *ISBN 2-7475-6622-6*

LE DROIT DE LA CRÉATION CINÉMATOGRAPHIQUE EN FRANCE
FOUASSIER Christophe
D'une part, cet ouvrage dresse un état des lieux du droit applicable à la création cinématographique en France, aujourd'hui, de ce droit souvent considéré, non sans raison, comme exemplaire d'une mobilisation réussie des pouvoirs publics au service d'une activité artistique. D'autre part, il essaie de mieux comprendre le droit français de la création cinématographique, à la lumière de son histoire et de celle de son cinéma.
(Coll. Logiques Juridiques, 31 €, 416 p) *ISBN 2-7475-5856-8*

LE DROIT DES ASSOCIATIONS. Les règles générales
RODRIGUEZ Karine
Alors que la science des associations est la science mère dans les pays démocratiques, le droit des associations est difficilement saisissable. D'une part, s'il est à l'origine issu de la loi du 1er juillet 1901, ce droit extrêmement libéral s'est surtout développé en dehors de la loi. D'autre part, ce droit évolue en s'adaptant aux mutations considérables que subissent les associations, notamment en pénétrant dans le monde économique. Cet ouvrage dresse un tableau du corpus de règles applicables à la plupart des associations : leur création, leur fonctionnement et leur disparition.
(Coll. La Justice au quotidien, 11.80 €, 114 p) *ISBN 2-7475-6568-8*

DROIT DE LA FORÊT AU XXIe SIÈCLE. Aspects internationaux
sous la direction de Marie CORNU et Jérôme FROMAGEAU
La protection de la forêt constitue une urgence à l'échelle régionale tout comme au niveau mondial. L'efficacité des politiques forestières est conditionnée par la cohérence entre les droits nationaux et les grands principes du droit international de l'environnement. La difficulté d'harmoniser les législations n'est pas un problème spécifique aux pays en développement, comme le montre bien l'exemple européen. Dans ce volume est abordée, outre les aspects internationaux et communautaires, l'approche comparatiste avec les exemples de l'Allemagne, l'Espagne, la Finlande et l'Italie.
(Coll. Droit du patrimoine culturel et naturel, 25.50 €, 303 p) *ISBN 2-7475-7637-X*

ELECTIONS ET MODES DE SCRUTIN
PAUVERT Bertrand
Mode préférentiel de désignation des gouvernants contemporains, les élections sont l'une des clés de tout système démocratique. Si chacun pense sans doute connaître les grandes lignes de fonctionnement du système électoral, il est rare que le citoyen en connaisse le déroulement pratique. Cet ouvrage examine la réglementation applicable en matière électorale, tout en intégrant les éléments jurisprudentiels les plus pertinents. Il constitue un guide juridique indispensable pour tous les citoyens soucieux de comprendre les modalités de fonctionnement du système électoral français.
(Coll. La Justice au quotidien, 11 €, 92 p) *ISBN 2-7475-5542-9*

L'EURL. Structure d'organisation de l'entreprise
LECOMTE Didier
"L'Entreprise Unipersonnelle à Responsabilité Limitée, structure d'organisation de l'entreprise", un intitulé apparemment simpliste qui traduit en réalité un paradoxe évident. L'EURL existe depuis bientôt 20 ans et elle reste méconnue, sous-utilisée et certainement sous-estimée. Pourtant, l'EURL se révèle être un formidable outil d'organisation de l'entreprise et l'affirmation vaut sur le plan juridique, fiscal et social. Sur le plan juridique l'EURL permet d'assurer la sécurité patrimoniale de l'entrepreneur. Sur le plan fiscal permet une réelle optimisation en matière de fiscalité d'entreprise.
(Coll. Logiques Juridiques, 32 €, 398 p) *ISBN 2-7475-7384-2*

www.ingramcontent.com/pod-product-compliance
Lightning Source LLC
LaVergne TN
LVHW010631051026
849532LV00001B/23
9782747587211